学术研究丛书

中国文化的历史反思和当代构建

ZHONGGUO WENHUA DE LISHI FANSI HE DANGDAI GOUJIAN

李宗桂　叶金宝◎主　编

张　倩　罗　苹◎副主编

SPM 南方出版传媒　广东人民出版社

·广州·

图书在版编目（CIP）数据

中国文化的历史反思和当代构建 / 李宗桂，叶金宝主编．— 广州：广东人民出版社，2019.11（2023.1重印）

ISBN 978-7-218-13938-8

Ⅰ．①中…　Ⅱ．①李…②叶…　Ⅲ．①中华文化—研究　Ⅳ．①K203

中国版本图书馆 CIP 数据核字（2019）第240164号

ZHONGGUO WENHUA DE LISHI FANSI HE DANGDAI GOUJIAN

中国文化的历史反思和当代构建

李宗桂　叶金宝　主编　张　倩　罗　苹　副主编

出 版 人：肖风华

责任编辑：廖智聪
封面设计：钟　清
责任技编：吴彦斌　周星奎

出版发行：广东人民出版社
地　　址：广州市大沙头四马路10号（邮政编码：510199）
电　　话：（020）85716809（总编室）
传　　真：（020）83289585
网　　址：http://www.gdpph.com
印　　刷：三河市嵩川印刷有限公司
开　　本：787毫米 × 1092毫米　1/16
印　　张：38.75　　字　　数：500千
版　　次：2019年11月第1版
印　　次：2023年1月第2次印刷
定　　价：95.00元

目　录 | Contents

中国传统文化的历史反思

中国优秀传统文化的现代价值

中国传统文化的历史反思

矛盾融合，承传创新

——论中国哲学、传统思想文化发展的特点

◎李锦全

关于中国传统哲学发展的特点，我用“矛盾融合”与“承传创新”八个字来加以概括，这可能是我研究中国哲学的理解和体会，下面试就有关问题进行论证。

一

我认为中国哲学的特点，从先秦各家学派开始，多是带有矛盾的两重性。由于中国传统并不单纯重视研究自然观问题，所探讨的多属有关政治、伦理方面的人生哲学。即使谈到天人关系，也往往是借天意说明人意。如各家较普遍使用“道”这个范畴，是唯心论还是唯物论也难以判断。我主张按照各家思想的特点和对学术界看法多有分歧的问题进行探讨。

中国儒家从孔子开始有个特点，就是着意研究和解决人际关系问题。“仁”学是孔子伦理学说的核心，“仁”字在《论语》中出现最多，虽然涵义不尽相同，但总离不开有关“人”的界说。孔子往往把有完全人格的人称为“仁人”。由于“仁”的字形结构，许慎的《说文解字》解释为“从人，从二”，《礼记》郑玄注认为“仁”是“相人偶”之意，即用以协调人与人之间的相互关系。所以孔子的“仁”也可以说是一种人际关系学。

对孔子的儒家处理人际关系的问题如何评价？学术界的看法很有分歧。由于孔子对“仁”所悬标准很高，处理人际关系要做到正己正人。《论语》中有两句话：“夫仁者，己欲立而立人，己欲达而达人”（《雍也》）；“己所不欲，勿施于

人”（《卫灵公》）。有的学者认为这表现出人与人平等的因素，反映出孔子的人与人平等的思想。但也有学者提出，孔子讲“节用而爱人，使民以时”（《学而》），对“人”讲“爱”，对“民”讲“使”，那表现出阶级差别，“人”与“民”是否都有这种区别可以研究？但孔子的时代肯定存在等级差别。后来司马谈评述儒家思想要旨时说：“若夫列君臣父子之礼，序夫妇长幼之别，虽百家弗能易也。”（《论六家要旨》）在《论语》中，孔子主张维护社会等级秩序的言行也是清楚的，很难说真有人民平等的思想。

这里就产生一个问题。孔子对人格的完善、道德的修养，在要求上是人人平等的，如正己正人、立己立人、达己达人，他要求所有的人都去做，并无等级之分。但由于在现实政治生活中，人们的地位是不平等的，如以正己正人而论，若使国君或居上位的能“正其身”，下面的臣民“孰敢不正”，就要做到各安其位、各守其分，更不能犯上作乱，在实践效果上仍有利于维护社会等级秩序。孔子对人们在人格道德上的平等要求和在社会政治上对等级的维护，形成儒家在人际关系上两重性的思想矛盾。

在君臣关系方面，儒家是尊君的，君臣、父子那一套亲亲、尊尊等级观念是牢不可破，但又不是无条件忠君的。如孔子要“君使臣以礼”才“臣事君以忠”（《八佾》），否则“天下有道则见，无道则隐”（《泰伯》）。对君主可以不予合作，所谓“以道事君，不可则止”（《先进》）。对无道之君就不用尽臣子之责。孟子则说得更清楚，“君之视臣如手足，则臣视君如腹心……君之视臣如土芥，则臣视君如寇仇”（《离娄下》）。臣子对君主既能以德报德，又能以牙还牙，这是处于对等的地位。孟、荀还将暴君比之独夫民贼，称赞汤武革命的上下易位。这和尊君、忠君意识，自会构成二重性的思想矛盾。

在封建社会中有个特点，就是普遍存在着人身依附关系，但先秦儒家却很强调个人独立人格的尊严，如孔子就说过“三军可夺帅也，匹夫不可夺志也”（《子罕》）；孟子对此更加以发挥说“居天下之广居，立天下之正位，行天下之大道，得志，与民由之，不得志，独行其道；富贵不能淫，贫贱不能移，威武不能屈，此之谓大丈夫”（《滕文公下》）。荀子还提出“从道不从君”（《臣道》）的命题。所有这些强调独立人格的精神，与维护社会等级制度的封建时代意识相比，构成强烈的反差，而这种矛盾的两重性，正显示出先秦儒家对人际关系问题的思想特色。

先秦道家以老庄为代表，老庄的政治哲学是变革时代的产物。他们不满现实，对当政者展开猛烈的抨击；但也像先秦各家那样，是“务为治者也”（《论六家要旨》）。要为统治者的长远利益出谋献策，从而表现道家思想矛盾两重性的立场。

《老子》书中反映出的思想，很明显对当时社会现状和统治者是不满的，认为在哲学上是不符合天道自然之理。如说“天之道，其犹张弓与！高者抑之，下者举之，有余者损之，不足者补之。天之道，损有余而补不足。人之道，则不然，损不足以奉有余。孰能有余以奉天下，唯有道者”（《老子》七十七章）。他还以有道与无道作对比，说“天下有道，却走马以粪；天下无道，戎马生于郊”（《老子》四十六章）。这里用安定生产和战乱频繁相比较，作为有道与无道的分界线。老子对当时农业生产受到破坏，而统治者却忙于搜刮财富表示出极为不满，他指斥那些“服文采，带利剑，厌饮食，财货有余”的人，“是谓盗夸（竽）”（《老子》五十三章），即称之为强盗头子，并发出“多藏必厚亡”的警告。

由于老子对现实统治者的强烈批评，因此近年来，有人主张老子思想是作为人民群众主体的农民阶级思想的流露，也有说成是逃亡奴隶的旗帜，更有甚者认为《老子》一书是无产阶级前身的革命文献。其实老子并非革命造反派，也不是要推翻当时的统治者，他提出一套道家的治国方术，主张“以正治国，以奇用兵，以无事取天下”，又说“我无为而民自化，我好静而民自静，我无事而民自富，我无欲而民自朴”（《老子》五十七章）。这就是所谓“道常无为而无不为，侯王若能守之，万物将自化”（《老子》三十七章）的治国之术，也是将天道自然无为应用到社会政治方面的例证。而对于现实统治者则在思想上陷入既欲毁之又要成之的两重性矛盾。

另外，老子在批判现实社会时还走向一个思想误区，他把人类智慧文明的进步和物质欲望的提高看成是社会动乱的根源。如说“民多利器，国家滋昏，人多伎巧，奇物滋起”（《老子》五十七章），又说“五色令人目盲，五音令人耳聋，五味令人口爽，驰骋田猎令人心发狂，难得之货令人行妨”（《老子》十二章）。他从而提出“罪莫大于多欲，祸莫大于不知足”（《老子》四十六章），这些论断，如果是针对统治层的骄奢逸乐和无限制的纵欲，当然是对的，但不能走向另一极端，老子从主张“见素抱朴，少私寡欲”（《老子》十九章）进而要“常使民无知无欲”（《老子》三章），这就使批判社会现实的积极意义走向反面。他把社会纷争变乱从谴责“损不足以奉有余”的统治层，却转而归咎于人类知识的文明进化。他公然提出“民之难治，以其智多。故以智治国，国之贼；不以智治国，国之福”，并从而主张“古之善为道者，非以明民，将以愚之”（《老子》六十五章），这就明显提倡愚民政策了。老子提出天道自然，主张无为而治，这是与民休息的一面，但又要把人民变成愚昧无知，因之出现两重性的社会效果，这种思想矛盾给后世带来深远影响。

庄子基本上是沿着老子的思路，对现实统治者进行猛烈的抨击。老子是反对仁义的，他说“大道废，有仁义”（《老子》十八章），并主张“绝仁弃义”（《老子》十九章）。庄子则进一步指出，“仁义”不过是为统治者野心家所利用。比如说“为之仁义以矫之，则并与仁义而窃之。何以知其然邪？彼窃钩者诛，窃国者为诸侯，诸侯之门而仁义传焉，则是非窃仁义圣知邪”（《庄子·胠箧》）。他指出在现实社会中，“窃钩”的人不过是个小偷，却被判成死罪；而抢夺了整个国家的大盗，反而登上诸侯高位。那些统治者就是拿仁义作标榜，这岂非仁义圣知都被偷盗了吗？庄子揭露仁义的虚伪性是相当深刻的，但对于人类运用智慧所缔造的文明也连带否定，和老子一样也是犯了因噎废食的错误。

先秦墨家的代表人物是墨子，按照一般看法，墨子是属于小手工业者阶层，即是小生产者的思想代表。为了自身生存，这个阶层的人必须倚靠自己的力量奋斗；但是这个阶层在社会上的力量又是薄弱的，没有坚强的信念。因此，墨家既提出“非命”，主张“尚力”，但同时又宣扬“天志”，倡导“明鬼”，构成思想上的两重性矛盾。

墨子是个经验论者，他驳斥“执有命者”的根据是历史事实。他说：“昔者桀之所乱，汤治之；纣之所乱，武王治之。此世不渝而民不改，上变政而民易教，其在汤武则治，其在桀纣则乱。安危治乱，在上之发政也，则岂可谓有命哉！”（《墨子·非命中》）国家和人民都没有变化，但桀纣乱而汤武治，靠的是人力而非天命，这是对的。但对现实的统治者的暴行，自身却又感到无能为力，只能借助上天的权威，因此又说：“天子为暴，天能罚之。”（《墨子·天志中》）这里又陷入矛盾的心态。

还有先秦法家以慎到、商鞅、韩非等人为代表，韩非是集大成者，按一般印象，认为法家是绝对君权论者，只是用严刑峻法实行统治，其实这种看法是片面的，从君臣、君民等人际关系来看，法家思想同样带有矛盾的两重性。

法家固然尊君，但君主也要依法行事，如慎到提出要做到“官不私亲，法不遗爱，上下无事，唯法所在”（《慎子·君臣》）；商鞅也主张“不贵义而贵法，法必明，令必行”（《商君书·赏刑》）；韩非讲要做到“法不阿贵”“刑过不避大臣，赏善不遗匹夫”（《韩非子·有度》）。这都带有在法治面前人人应该遵守的意味。

法家对君臣关系非绝对尊君，也有主张合作共事的一面，如韩非承认“凡五霸所以能成功名于天下者，必君臣俱有力焉”（《韩非子·难二》），他虽认为“君臣不同道”，只是分工不同，“君操其名，臣效其形，形名参同，上下和调也”（《韩非子·扬权》）。当然他也注意到君臣之间是有利害关系的矛盾，但他们主张设法去缓和，例如要“明主立可为之赏，设可避之罚”，以便使得“上下之恩结”（《韩非子·用人》），这里仍表现出两重性的思想矛盾。

二

先秦诸子在学术思想上百家争鸣，构成中国哲学思想史上的黄金时代，而各家在争鸣中尽管相互间激烈批评，甚至加以攻击，但相互间并非没有相通之处，即表现为矛盾融合论。

如众所周知，孟子对墨家兼爱和杨朱的为我曾进行猛烈的抨击，指称“杨氏为我，是无君也；墨氏兼爱，是无父也。无父无君，是禽兽也”。据此，他表示要“距杨墨，放淫辞，邪说者不得作”，还说“能言距杨墨者，圣人之徒也”（《孟子·滕文公下》）。

不过孟子虽是痛骂杨墨，究其原因，他说“杨墨之道不息，孔子之道不著”（《孟子·滕文公下》），似乎是卫道派性在作怪，其实各家思想也不是完全对立的。如孟子承认“墨子兼爱，摩顶放踵利天下，为之”（《孟子·尽心上》），不是也作了肯定吗？墨家讲兼爱，似与儒家推爱不同，其实只是操作程序上的差别。儒家讲正己正人，推己及人，如孔子讲“夫仁者，己欲立而立人，己欲达而达人”（《论语·雍也》），而孟子说“老吾老，以及人之老；幼吾幼，以及人之幼，天下可运于掌”（《孟子·梁惠王上》）。墨家在思维逻辑上却倒转过来，讲视人犹己，如墨子说“为彼者，犹为己也”（《墨子·兼爱下》），并大讲“视人之国，若视其国；视人之家，若视其家，视人之身，若视其身”（《墨子·兼爱中》)，这和儒家的泛爱、博爱实质上应该是可以融合的。

对杨朱的为我，看来孟子是有误解。杨朱主要不是讲是否利天下的问题，他所谓“为我”讲的是“全性保真”，实质上是道家式的个人修养，如果与儒家比较，是有点“独善其身”的味道。孟子说杨朱为我是无君，那么孔子讲“天下有道则见，无道则隐”(《论语·泰伯》)，孟子讲“得志，与民由之，不得志，独行其道”(《孟子·滕文公下》)，荀子更是讲“从道不从君”(《荀子·臣道》)，那不也是无君思想吗?

先秦道家老子，对儒、墨、法各家都提出批评，如说“大道废，有仁义。智慧出，有大伪。六亲不和，有孝慈。国家昏乱，有忠臣”(《老子》十八章)，“故失道而后德，失德而后仁，失仁而后义，失义而后礼，夫礼者，忠信之薄而乱之首”(《老子》三十八章)。他的主张是：“绝圣弃智，民利百倍；绝仁弃义，民复孝慈；绝巧弃利，盗贼无有。”(《老子》十九章)老子这些批评主要是针对儒家，他认为仁义礼智并不能解决社会问题，只有抛弃这些东西，实行无为而治，才对民众有利。老子还说“不尚贤，使民不争”(《老子》三章)，这是针对墨家。对法家严刑峻法的统治，老子也表示反对，如说“法令滋彰，盗贼多有”(《老子》五十七章)，“民不畏死，奈何以死惧之”(《老子》七十四章)。他还同情人民，说“民之饥，以其上食税之多，是以饥”(《老子》七十五章)，这是他反对“损不足以奉有余”的“人之道”的又一种表达。

但是，儒、墨、法各家与道家思想并非没有相通之处。儒家亦讲无为而治，并且作为最高层次的理想政治，如孔子说“大哉，尧之为君也！巍巍乎，唯天为大，唯尧则之。荡荡乎，民无能名焉。巍巍乎，其有成功也”(《论语·泰伯》)，又说“无为而治者，其舜也与?夫何为哉?恭己正南面而已矣”(《论语·卫灵公》)。尧舜是儒家最崇拜的君主，那么无为而治当然也是最高的政治理想了。

被称为讲绝对君权的法家，前面说过他们亦主张君臣合作共事关系，不是由君主个人独断。如韩非指出：“故古之能致功名者，众人助之以力，近者结之以成，远者誉之以名，尊者载之以势。如此，故太山之功长立于国家，而日月之名久著于天地，此尧之所以南面而守名，舜之所以北面而效功也。”①

至于反对“损不足以奉有余”，儒、墨、法各家从不同角度都有所表述。如

① 这里又以尧舜作为君臣关系的样板，那不是垂拱而治吗?

孔子主张“有国有家者，不患寡而患不均，不患贫而患不安。盖均无贫，和无寡，安无倾”（《论语·季氏》），故要“因民之所利而利之”（《论语·尧曰》）。墨子则主张“有力者疾以助人，有财者勉以分人，有道者劝以教人。若此，则饥者得食，寒者得衣，乱者得治。若饥则得食，寒则得衣，乱则得治，此安生生”（《墨子·尚贤下》），为此他劝告统治者“凡足以奉给民用，则止。诸加费不加于民利者，圣王弗为”（《墨子·节用中》）。对这个问题，韩非还提醒统治者，认为“有道之君”，是“外无怨仇于邻敌，而内有德泽于人民”；而“人君无道”，“则内暴虐其民而外侵其邻国”。对此他警告说：“众人多而圣人寡，寡之不胜众，数也。今举动而与天下为仇，非全身长生之道也。”（《韩非·解老》）最后一句也是对道家作了回应。

墨家和法家亦有非儒的言论，但放在各家矛盾中来看，是出现融合的趋势的，或是连接两家的观点。如荀子对“礼”的解释，说“礼者，法之大分，类之纲纪也”（《荀子·劝学》），礼与法融合成为儒法两家的连接点。又如董仲舒讲德主刑副的两手，形成儒表法里或称阳儒阴法思想，汉宣帝所谓“以霸王道杂之”（《汉书·元帝纪》），并成为指导统治思想的汉朝国策。在其后两千年的封建社会中，儒法互补的统治方术一直流传不绝。

道法思想的结合，在战国时期已经出现，如稷下学者曾提出过“法出乎权，权出乎道”（《管子·心术上》）的观点，韩非也提到“以道为常，以法为本”（《韩非子·饰邪》），并为《老子》书写出《解老》《喻老》篇。但明确讲“道”与“法”关系的，是1973年在长沙马王堆三号汉墓出土的《黄老帛书》。开宗明义就提出“道生法”的命题：“法者，引得失以绳，而明曲直者也。故执道者，生法而弗敢犯也，法立而弗敢废也。夫能自引以绳，然后见知天下而不惑矣。”（《经法·道法》）这里以“道”为体，以“法”为用，法要遵循道的原则，但立法后就不要随便改动废弃。这是先秦道、法两家思想的结合，汉初曹参等人执政时推行清静无为、与民休息的政策，就是道法结合思想的具体运用。为这个问题曹参与汉惠帝有一次对话，惠帝初怀疑曹参当相国“不治事”，他回答说：“高帝与萧何定天下，法令既明，今陛下垂拱，参等守职，遵而勿失，不亦可乎？”（《史记·曹相国世家》）儒家讲尧舜这样理想的君主，才是垂拱而治，亦就是道家的无为，汉初黄老学派的曹参就是推行这一套治术，并深受百姓欢迎，为之歌曰：“萧何为法，颟若画一；曹参代之，守而勿失。载其清净，民以

宁一。”（《史记·曹相国世家》）

从汉初黄老之治的道法结合，到董仲舒儒表法里的儒法互补，中国学术思想，正是沿着矛盾融合之路向前发展。佛教是外来宗教，汉代传入中国，东汉末年开始出现道教，奉道家老子为教主。佛、道加上儒家，世俗上称为“三教”，从各家教义来看，当然是有矛盾的，但发展的趋向仍然是趋于融合。

《牟子理惑论》相传成书于东汉末年，是中国古代早期一部宣讲佛学的著作，书中采取问答形式，设问者为儒家，牟子用佛理来回答，但书中不单是以道家思想去理解佛教，同时对“沙门弃妻子”“不合孝子之道”的问难作了辩解，认为“尧舜周孔，修世事也；佛与老子，无为志也。仲尼栖栖，七十余国；许由闻禅，洗耳于渊。君子之道，或出或处，或默或语，不溢其情，不淫其性。故其道为贵，在乎所用，何弃之有乎”。这是说，古代的圣贤君子，也有不同的志向与追求，只要是“不溢其情，不淫其性”，就可以说“其道为贵”。据此，“修世事”的尧舜周孔与“无为志”的佛老就能够融合而不应该互相排斥。

汉末到三国的康僧会，编译有《六度集经》，宣扬“度世”思想。但众生如何才能得救？康僧会寄希望于王者能行“仁道”，他反复强调“王治以仁，化民以恕”（《六度集经·戒道无极章》）；“为天牧民，当以仁道”（《六度集经·明度无极章》）。儒家的“仁道”成为用以救世的良药，而救世又是实现自我解脱、修成正果的前提，因此他将仁道引入佛教教义中，说“诸佛以仁为三界上宝，吾宁殒躯命，不去仁道也”（《六度集经·戒道无极章》），这样通过“行仁道”将儒佛教义融为一体。

魏晋时期出现代替两汉经学的玄学思潮，玄学家们“祖述老庄立论”，用来注释《论语》《周易》等儒家经典。他们把《老子》《庄子》《周易》并称“三玄”，综合儒、道两家的思想资料，用以构成自己的理论体系。作为玄学主流派，由王弼“贵无论”的“名教本于自然”，到裴頠《崇有论》的“自然不离名教”，再到郭象的“独化论”，终于论证了“名教即是自然”。其中心议题是通过“有无”“本末”“体用”“动静”“一多”等关系的思辨推理，来论证自然和名教的统一，即道家和儒家思想的融合，“儒道兼综”成为玄学的基本特征。

东晋时期葛洪作为神仙道教理论的奠基人，他所著《抱朴子》，其中内篇言神仙方药、鬼怪变化、养生延年及禳邪却祸之事，属道家。外篇言人家得失、世事臧否，属儒家。对两者关系，他说：“道者，儒之本也；儒者，道之末也。”

（《抱朴子·内篇·明本》）这里所讲本末，大概也是体用关系。葛洪认为要治理当今纷乱不已的社会，“必当竞尚儒术”（《抱朴子·外篇·崇教》）。他说：“乾坤定位，上下以形。远取诸物，则天尊地卑，以著人伦之体；近取诸身，则元首股肱，以表君臣之序。”（《抱朴子·外篇·诘鲍》）由于有受命自天的圣人出现，“备物致用，去害兴利，百姓欣戴，奉而尊之，君臣之道于是乎生”（《抱朴子·外篇·诘鲍》）。这里把等级秩序和君臣之道看成是宇宙和社会进化的必然产物，统治者是受命于天的圣人，这是用儒家观点讲治世之道。但葛洪虽自称是“尚儒术”，却认为单靠“仁之为仁”是不够的，还要“齐之以威，纠之以刑”，说“明主不能舍刑德以致治”（《抱朴子·外篇·广譬》），同时表现出儒法兼综思想。

儒、佛、道思想的矛盾融合亦非没有波折，特别是佛教是外来宗教，出家弃俗就没有君臣父子的关系，从东晋到唐初，发生过“沙门不敬王者”“沙门不应拜俗”的争辩。佛教徒不拜君亲，违反儒家忠君孝亲之道，是封建统治者所不能容忍的。如唐高祖李渊曾向僧徒提出：“弃父母之须发，去君臣之章服，利在何门之中，益在何情之外。”（《大正藏》卷五二，第三八页）反佛的傅奕也认为，“礼本于事亲，终于奉上，此则忠孝之理著，臣子之行成。而佛逾城出家，逃背其父，以匹夫而抗天子，以继体而悖所亲”，所以斥之为“无父之教”（《旧唐书·傅奕传》）。

为了缓和与封建统治者的矛盾，同时为了适应世俗的需要，佛教明显向儒家所谓周孔之教靠拢。如华严宗的宗密，宣称“佛且类世五常之教、令持五戒”（宗密：《原人论》），将佛教的“五戒”与“五常”相比附，表示佛教徒是拥护儒家“五常”等道德观念的。当时佛教徒为表示忠于封建国家，有的把皇帝看成活佛、活菩萨，还有的为封建皇朝的国运祈祷，他们又宣扬《孝子报圣恩》《父母恩重经》，鼓吹“孝道”是“儒释皆宗之”（宗密：《盂兰盆经疏序》），自是佛教的世俗化也就趋向儒学化。

三

从先秦诸子的百家争鸣，到汉晋隋唐逐渐形成的三教并立，各家各派思想的矛盾互补，构成中国哲学、中国传统文化的主流。一方面既有它的时代性，即随着历史的发展各个时期形成中国哲学和思想文化的时代特点；另一方面也有它的民族性，即逐步形成具有中华民族特色的传统思想文化，这是不同于西方，亦不同于印度的中国特有文明。

在各家各派思想的相互融合中，亦有个由浅入深的问题。从礼到法、道生法、儒表法里、道本儒末，所讲的多是派生或互补的关系，且多就政治层面立论，未到哲学思想的深处。至于佛教儒学化，将“五戒”与“五常”的简单比附，亦未能进入中国传统文化的深层。到宋明时期理学的兴起，对佛、道吸收其哲学思辨性的一面，使儒学走上哲理化的途径，这样才是真正将三教思想加以融合，在承传传统思想文化的基础上，作出某种程度的创新。

从儒佛关系看，慧能创立的南派禅宗，可以算得上是佛教的中国化。因为它不是对儒家伦理的简单比附，而是对佛教教义自身作了新的解释。如原来佛教将佛、法、僧称为“三宝”，认为是外在于众生并从外部启迪众生使之得以觉悟，而慧能却称“佛者，觉也；法者，正也；僧者，净也”（《坛经·二三》），即解释为内在于众生的觉、正、净的本性。所谓求佛，只应向心中求；归依佛，就只归依自性。慧能常说“一念吾若平，即众生自佛。我心自有佛，自佛是真佛。自若无佛心，向何处求佛”（《坛经·五二》），否认了心性之外佛、佛法、佛性的客观存在与本体意义，而直认个人心性为本性，并把体认本体的过程归结为心性的修养与觉悟，这正是孔孟儒学及宋明心学所认同的观念，自是慧能改造过的佛教才真正成为中国传统哲学文化的组成部分。

融合佛、老思想使儒学走向哲理化的是宋明理学，唐代李翱已开其端。他写了《复性书》，自称是为了“开诚明之源”，提倡《中庸》的思想。其实他这种灭情而复性的观点，是受了禅宗“无念为宗”说的极大影响，他用佛学来解释《中庸》，将儒佛思想结合起来，实开宋明理学将儒学哲理化的先导。当时儒佛合流的情况，白居易曾称：“儒门、释教，虽名数则有异同，约义立宗，彼此亦无差别，所谓同出而异名，殊途而同归者也。”（《白氏长庆集》卷六七）

宋明理学与道、佛思想的关系。作为宋代理学开山的周敦颐，他写的《太极图说》虽然标榜是对《周易》的阐发，但朱彝尊却在《太极图授受考》中说“自汉以来，诸儒言《易》，莫有及太极图者。惟道家者流，有《上方大洞真元妙经》，著太极三五之说”，后“衍有无极，太极诸图”；黄宗炎在《太极图说辩》中，也认为太极图是来自陈抟的《无极图》，这些说法是有一定根据的。陆九渊也是较早怀疑周说以无极加于太极之上，认为不合儒家宗旨。但朱熹却为之辩解，说“周子所谓无极而太极，非谓太极之上别有无极也，但言太极非有物耳”，“无极而太极，正所谓无此形状，而有此道理耳”（《周子全书·太极图说·集说》）。其实朱熹这样解释，并不能完全否认周敦颐思想有来自道教的一方，只能说把儒道思想的融合打扮得巧妙一些而已。

作为宋明理学理论基础的“理一分殊”学说，这与佛教华严宗“一多相摄”的观点近似，这一点朱熹亦不否应。他说：“释氏云：‘一月普现一切水，一切水月一月摄’，这是那释氏也窥见得这些道理。”（《朱子语类》卷一八）其实朱熹关于“理”的理论，也是沿袭华严宗的“理事”说，采取佛学的思辨形式，为儒家的伦理哲学作论证，这是儒佛思想深层次的融合。从儒学思想哲理化的过程来说，宋明理学对先秦儒学是在承传的基础上有所创新，即是为中国传统哲学提高到一个新的水平上。

关于中国哲学的承传创新问题，近年来学术界不断进行争论。比如中国历史上有没有，或何时出现有启蒙思想。最早的上推到十六七世纪，有的放在鸦片战争前后，也有放在康、梁的戊戌变法，还有下移到五四运动，这是关系到中国哲学和传统思想文化如何向近代转型与实现现代化的关系问题。

梁启超所著《清代学术概论》，原是为蒋方震写的《欧洲文艺复兴史》作序，后因篇幅过长而独立成书，书中提出“清代思潮”是“以复古为解放”，并与欧洲文艺复兴相比。他将清代思想分为四期，启蒙期代表人物就有顾炎武、黄宗羲、王夫之、颜元等人。与侯外庐《中国早期启蒙思想史》收入人物相类似。梁氏特别称赞戴震的《孟子字义疏证》，谓“与欧洲文艺复兴时代之思潮之本质绝相类”。

当前，我们正在为建设中国特色的社会主义新文化而努力，那么如何对待传统文化，这是不能回避的问题。关于如何对待传统思想文化，我们本来已提出了批判继承的方针，即剔除其封建性糟粕，吸取其民主性精华，这就是古为今用。

对传统文化如何区分其精华与糟粕的问题，我认为关键是要正确分析从思想矛盾的两重性中所带来的社会效应。比如说，儒家是讲究亲亲和尊尊，在社会上就有不同效应。当处理人际关系时，如能做到尊老爱幼、和睦亲朋邻里、守望相助、疾病相扶，这类传统美德，就应加以继承，对领导被领导、上级与下级的关系，则要在民主集中制的基础上，这就有助于稳定社会秩序，维持安定团结的局面。但是儒家那种为亲者讳、为尊者讳的思想作风，却也可能有助于滋长官僚主义和亲情关系网，以及特权思想、家长作风等带有封建性纲常名教思想的残余，这种现象最为群众所非议，就应该进行批判。儒家对道德人格高标准的要求，如讲究正己正人、以身作则、见利思义、先忧后乐等思想行为和立身处世之道，以至不欺暗室的慎独功夫，这是儒学中的民主性精华和优良传统，就应该加以发扬；但对过去称之为伪君子、假道学，今天也有这些言行不一的两面派，就要加以揭露和批判。

据此我认为，传统文化中的某些思想观点，其所包含的两重性对当前社会是可以产生不同影响的，关键是“古为今用”时这个“用”字。如上面所说的尊老爱幼，如何应用这个“爱”字就大有文章，有的人严格教育子女，培养下一代成为“四有”新人；而有些则偏于溺爱，甚至以权谋私，利用自己的权势为子女营造安乐窝，这种现象在当前社会上是不少见的。又如“和为贵”，可以在工作中搞好人际关系，维护安定团结的局面；也可以在工作中不讲原则，随风倒，和稀泥，这种“乡愿”式人物连孔、孟也是不赞成的。可见，由于取向不同，“用”的效果就不一样。

总之，中国传统思想文化自身包含着矛盾的两重性，对当前社会可以产生正面或负面的效应。如何认识和运用，似乎可以由人各取所需。我认为凡是能适应社会主义精神文明建设需要的，都是符合批判继承原则，也可以说是在承传的基础上有所创新，时代性与民族性从矛盾中得到统一，这就是历史的辩证法。

（作者系中山大学哲学系教授）

儒学形态与功能的历史演变及现代转化

——李锦全先生儒学史观片论

◎李维武

李锦全先生在长期的中国哲学史和中国思想史研究中，撰写了一批有关儒学史研究的论文，涉及从先秦儒学到现代新儒学的多方面、多层次、多视角研究，尤其对儒学形态与功能的历史演变及现代转化予以了着重关注和深入探讨。细读这些论文即可发现，尽管其中的一些文字发表于20世纪80—90年代，距离今天已有着较长的时间，在这期间中国学术界儒学研究的思想倾向性已经发生了显著变化，但李锦全先生的儒学史研究却始终保持了前后一贯性，并没有随着这种思想倾向性的变化而有大的改变。正是在这种研究的一贯性中，昭显了他对儒学历史走向及其思想与实践的深入思考、独到理解与准确把握，展示了他的儒学史观。在李锦全先生的儒学史研究中，这一儒学史观是其内核与精髓，不仅在20世纪中国儒学史研究中卓然成一家之言，而且对21世纪中国儒学史研究有着重要的启发性。这一儒学史观及其由此而开展的儒学史研究，在他近二十年来的多部文集中相当集中地体现出来。从1995年问世的《人文精神的承传与重建》，中经2000—2001年出版的《李锦全自选集》一至四集，再到2013年刊行的《李锦全集》和2015年新版的《李锦全自选集》①，这一儒学史观就像一根主轴线贯穿其间的儒学史论文。如要全面而深入地了解李锦全先生的儒学史研究，这一儒学史观可以说是提供了门径与线索。本文即以这些文集中的相关论文为主要文本，

① 李锦全先生这些文集的出版情况是：《人文精神的承传与重建》由广东人民出版社1995年出版；《李锦全自选集》和《李锦全自选二集》由中国文联出版社2000年出版；《李锦全自选三集》由中国文联出版社2001年出版；《李锦全自选四集》由延边大学出版社2001年出版；《李锦全集》由花城出版社2013年出版；新版《李锦全自选集》由中山大学出版社2015年出版。

对李锦全先生的儒学史观作一探讨；由于这一探讨工作仅为初步开展，属于抛砖引玉之举，尚有待通过进一步研究走向深化和全面，故曰“片论”。

一、以历史主义看待儒学的形态与功能

强调以历史主义的态度和方法看待儒学、研究儒学、评价儒学，是李锦全先生的儒学史观的出发点和立足点，贯穿于他的全部儒学史研究中。在《儒家思想的演变及其历史评价》一文中，他明确地表达了自己所持的这一态度和方法，指出：“通过研究儒家思想的演变过程，了解其在各个时期表现出的理论价值和社会效果，从而作出历史主义的评价，这样将有助于我们认识研究儒家哲学的现实意义。”① 这篇文章先后收入他的文集《人文精神的承传与重建》和《李锦全集》，两部文集的出版时间相距近二十年，可见历史主义的态度和方法是他一直所重视和运用的。除了这篇论文外，他还在多篇儒学史论文中，针对不同时段、不同人物、不同特点的儒学思想研究，强调历史主义的态度和方法。正是基于这一态度和方法，他建构了自己思考、理解与评价儒学历史的基本框架。

李锦全先生以历史主义的态度和方法看待儒学、研究儒学、评价儒学的基本点，在于把儒学的存在看作一个变化的过程，把儒学的变化看作是与中国社会历史的变迁相适应的，而不是把儒学的存在视为一种超历史的凝固形态，仅以先秦时代的原始儒学作为全部儒学的标本。也就是说，他既重视儒学之源，又重视儒学之流，力求在具体的时代中、在历史的进程中把握儒学的源与流，通过考镜源流来理解、阐释和衡论儒学。在这里，他把儒学的民族性与时代性在历史中统一起来，而不是离开时代性来抽象地讲儒学的特点与优点。这就提出了儒学形态与功能的历史演变问题。

李锦全先生认为，儒学在形成后的两千多年间经历了相当复杂的历史演变，主要经历了先秦以孔孟为代表的人学、汉代以董仲舒为代表的神学、宋明儒学的哲理化等不同形态，这些形态使儒学适应中国社会历史的变迁而具有了不同的功能。通过这些形态开展以及由此所发生的功能变化，儒学在理论上得到了逐渐丰

---

① 李锦全：《儒家思想的演变及其历史评价》，《李锦全集》，广州：花城出版社，2013 年版，第 45 页。

富，在实践上得到了不断调整，一直保持着生命力与影响力。正是通过这一源远流长的变化过程，儒学在中国历史上产生了持续的影响，成为中国传统文化的主流意识形态。因此，他很注意结合中国社会历史的变迁，对这些不同的儒学形态与功能进行具体的考察，阐明它们在漫长岁月中的历史演变与内在关联。

李锦全先生指出，先秦儒学的一个显著特点，在于着意研究和解决人际关系问题，以伦理—政治为轴心，处理和调整人与人之间的关系，包括统治者内部的关系和统治者与被统治者的关系，从而形成了儒家的人文精神。儒学的这一形态与功能，在孔子开创儒学时即已鲜明地体现出来。孔子对人与人之间的关系的处理和调整是全面的：在统治阶级内部，特别是在君臣关系上，孔子主张君臣之间应当真诚相待；在统治者与被统治者的关系上，特别是在君民关系上，孔子主张统治者应当“为政以德”，对于民众的态度是先富而后教。因此，“从这个角度来看，作为孔子思想核心的‘仁’学也可以说是一种人际关系学”[①]。孔子的这些思想，为孟子所继承和发展。在君民关系上，如果说孔子是较多地从博施济众的角度考虑问题，那么孟子则着眼于更深的层次来进行分析，通过总结历史的经验教训，认识到民心向背关系到统治者的存亡继绝问题，据此提出了“民贵君轻”的民本思想。在君臣关系上，孟子发挥了君臣地位对等的思想，不仅否认历史上的暴君商纣王统治的合法性，而且主张现实中朝臣对国君取“有过则谏，反复之而不听，则去”的态度。孔、孟的这些主张，在处理人际关系方面有着明显的优点，对后世儒学的开展产生了深远的影响。但同时，孔、孟面对当时社会生活的急剧变革，又明显地表现出保守的一面，如他们对已经过时的世卿世禄制度的赞同与留恋，就与当时的时代潮流不相适应。对先秦儒学的这些局限性加以改进，是荀子的思想贡献。荀子虽然力图综合诸子百家之长，但其基本立场仍然属于儒家，主张用礼义教化来处理好人际关系。他与孔、孟的不同之处，在于主张用新的阶级关系来补充原有礼义的内容，认为人们之间的等级关系不应当是世袭的：“虽王公士大夫之子孙也，不能属于礼义，则归之庶人；虽庶人之子孙也，积文学，正身行，能属于礼义，则归之卿相士大夫。”这就完全否定了世卿世禄制度的合法性，表现出儒家思想对于时代潮流的适应性，以及由此而进行的自我调整。

---

① 李锦全：《儒家思想的演变及其历史评价》，《李锦全集》，广州：花城出版社，2013 年版，第 47 – 48 页。

李锦全先生又指出，儒学发展至西汉时期，为了适应新的中央集权国家的政治大一统需要，在形态与功能上出现了不同于先秦儒学的新变化。董仲舒作为汉代儒学的最重要代表人物，不仅提出了“罢黜百家，独尊儒术”的主张，强调大一统封建国家实行思想统一的重要性，而且主张“天人感应”的理论，为最高统治者的“王权神授”说提供一套哲学—神学的理论根据。对于董仲舒的神学化儒学，李锦全先生将其置于具体的历史场景中进行了实事求是的分析，认为其间尽管带有神秘主义的色彩，但却有着十分清楚的现实政治目的，最终是要维护统治阶级的整体利益和长远利益。他说：“董仲舒是要维护绝对王权的，但鉴于亡秦的教训，故力主实行儒家的仁政德治……当时已是封建大一统的国家，为要劝谏君主，董仲舒只好从‘天人感应’上做文章，认为‘国家将有失道之败，而天乃先出灾害以谴告之；不知自省，又出怪异以警惧之；尚不知变，而伤败乃至’（《举贤良对策》）。这种‘谴告’论企图用神权来限制君权，其用心可谓良苦。”① 因此，汉代的神学化儒学虽然不同于先秦的人学化儒学，在形态与功能上都出现了新变化，但其归结点仍然在于处理好统治者与被统治者的关系和统治阶级内部的关系。李锦全先生还指出，董仲舒的“天人感应”论的影响，不仅存在于汉代，而且延续至唐代。他在《岭海千年第一相——张九龄》一书中指出，来自岭南的唐代名相张九龄就是一位“董学传人”②。他说：“张九龄同样相信和应用董仲舒的一套天人感应思想，作为规谏皇帝唐玄宗李隆基的思想武器，虽然效果不是很大，但可以见到他忠于皇室的良苦用心。”③ 李锦全、吴熙钊、冯达文三先生合著的《岭南思想史》一书又指出：“张九龄用‘天人感应’论为封建皇权立论，这说明他没有超越汉代儒学。但另一方面，张九龄又以‘天人感应’论为自己的许多积极的政治主张张目。正是在这一方面，显示了张九龄作为一代名相在政治上的独特建树。”④ 以往人们讲中国哲学史和中国思想史，往往把“天人感应”论仅看作是汉代儒学的特点；而揭示“天人感应”论在汉唐时代从董仲舒到张九龄的开展，则是李锦全先生对中国哲学史和中国思想史研究的一个贡献。

---

① 李锦全：《儒家思想的演变及其历史评价》，《李锦全集》，广州：花城出版社，2013 年版，第 51－52 页。

② 李锦全：《岭海千年第一相——张九龄》，广州：广东人民出版社，2005 年版，第 112 页。

③ 同上，第 116 页。

④ 李锦全，吴熙钊，冯达文：《岭南思想史》，广州：广东人民出版社，1993 年版，第 135－136 页。

在李锦全先生看来，宋明时期儒学的哲理化对于儒学形态与功能变化具有十分重要的意义。他撰写了《儒家思想哲理化的历史进程》一文，着重对这一问题进行了探讨。他指出，儒学在宋明时期的哲理化，不论是对孔、孟所开启的先秦儒学来说，还是对董仲舒所代表的汉代儒学来说，在思想上和理论上都是一次大的提升。孔、孟所开启的先秦儒学，在解决人生问题时，对世界本原、发展观、认识论等方面缺乏系统论述。董仲舒所代表的汉代儒学，以“天人感应”论来说明天人关系，使其理论带有神秘主义的色彩。经过从魏晋至隋唐时期玄学与佛教的冲击，一些正统派儒家学者开始意识到儒学原有理论的相对贫乏，认为要在理论上压倒玄学和佛教，就需要吸取它们的思想资源来提升儒学的思辨性，从而开辟了儒学的哲理化道路。在这方面，“宋明理学在儒学发展史上是进入了一个新阶段，特别在儒学哲理化方面作出了贡献”①。这就导致了儒学形态与功能的又一新变化。李锦全先生认为，宋明时期儒学的哲理化也是一个历史的过程。他对这一过程的开启、展开与集大成等环节，进行了具体的论析：唐代的韩愈、李翱通过对《大学》《中庸》思想的发挥，初步摆脱了天命神权观念，建立起以道德性命为核心的心性之学，从而成为儒学的哲理化的先导。北宋时期的周敦颐、张载及程颢、程颐兄弟，先后建立了不同形态的儒学本体论，把传统儒学探讨的人性问题和伦理问题上升为本体论问题，从本体论出发来讲儒家的道德伦理，对儒学的哲理化开展作出了突出贡献。其中，周敦颐通过对《老子》和道家的“无极”、《易传》的“太极”、《中庸》的“诚”，以及五行阴阳等思想资料进行熔铸改造，提出“无极而太极”的本体论、“物则不通，神妙万物”的动静观和“主静立人极”的伦理观，把宇宙生成、万物变化乃至伦理道德标准都上升到哲学的高度，作出了词约义丰的概括；张载在本体论上坚持气本论，进而提出了“天地之性”与“气质之性”的两重人性起源论，把仁义礼智说成是天赋的善性来源，把人有善有恶说成是后天的产物，从而改变了以往儒家讲人性善恶只从道德上立论，而是将儒家的道德伦理上升到本体论的高度；二程兄弟则在本体论上提出理本论，以“理”或“天理”作为世界的本体，这种“理”或“天理”既不同于聚散生灭的气化物，又可以避免佛老的虚无本体把万物归于空

① 李锦全：《儒家思想哲理化的历史进程》，《人文精神的承传与重建》，广州：广东人民出版社，1995 年版，第 91 页。

寂，而是体有而非无、形化而不空的绝对体，显示出比佛老更高的思维水平，因而在儒学的哲理化过程中起了划时代的作用。南宋时期的朱熹，作为宋代理学的集大成者，总结并发挥了儒学的哲理化成果，在本体论、人性论、认识论上都有独特的贡献。对于朱熹的理本论的意义，李锦全先生从儒学的哲理化的视域出发甚为肯定，作了一段颇为深入的论析："朱熹不像二程那样对'太极'加以回避，他把'太极'解释为总天地万物之理，又只是一个'实理'，这就将周、程的思想联系起来，并加以概括提高。对'无极'与'太极'的关系，他是巧妙地排除'无极'在'太极'之先或是产生'太极'的印象，使《太极图说》中的道教思想，得以消弭于无形；而儒学传统中的封建纲常伦理，却以'理'这一最高范畴的普遍形式上升为宇宙本体，从而取代董仲舒儒学中'天'的地位。自是儒家的天命论演化为天理观，天人感应的神学发展为天人一本的理学。儒家思想缺乏思辨性的弱点，随着朱熹等人的努力而得到改善和加强，特别在哲学世界观方面，朱熹对儒学哲理化的提高是作出了重要贡献。"① 为此，他特别指出，朱熹在儒家思想哲理化的进程中付出了不懈的努力，使儒学的理论思维水平得到很大提高，对此要予以应有的历史评价。

通过对儒学形态与功能从先秦至宋明历史演变的考察，李锦全先生得出了自己的结论："总的来说，以政治道德伦理为核心的儒家思想，从先秦孔、孟的人学，汉代董仲舒的神学，到宋明时期占据统治地位的程朱理学，在思辨性和哲理化的提高方面，确是经历过一个相当长期的历史进程。"② 通过对这一历史进程的考察，他揭示了儒学形态与功能历史演变的基本走向，在于儒学的哲理化而不在于儒学的宗教化。他说："由董仲舒神学发展到朱熹理学，儒家思想的理论思维水平确是经历了一次飞跃。有人认为理学是儒、释、道三教合流的产物，这话有道理，但儒家与佛、道合流并不是趋于宗教化，而是相反，它是吸引其哲学思辨性的一面，而排斥其宗教神秘性的一面，从而提到哲理化的高度。"③ 这一点，实是他通过考察儒学形态与功能的历史演变，对儒学历史走向所作的基本理解与评价，成为他的儒学史观的重要思想。他在思考和探讨儒学形态与功能的现代转

---

① 李锦全：《儒家思想哲理化的历史进程》，《人文精神的承传与重建》，广州：广东人民出版社，1995 年版，第 96 页。

② 同上，第 99 页。

③ 李锦全：《儒家思想的演变及其历史评价》，《李锦全集》，广州：花城出版社，2013 年版，第 56 页。

化时，认为儒学的前途不在于建立儒教，也是与这一理解与评价相联系的。在本文第四节中，将对李锦全先生这方面的思考和探讨作进一步的说明。

二、儒学历史发展中的包容性问题

儒学的存在既然是一个变化的过程，而这一变化过程是与中国社会历史变迁相适应的，那么儒学为什么能够与时俱进进行自我调整？为什么在历史上会出现形态与功能的变化？这种调整与变化的思想资源又从何而来？这是李锦全先生的儒学史观所要进一步思考和探讨的问题。他认为，这里的一个重要的原因，就在于儒学具有很强的包容性，能够吸取其他学派乃至外来宗教的思想资源，用以改造自己的原有理论，实现自身的趋时更新、调整变化。儒学的这种包容性，用他的话来表达，就是“矛盾融合，承传创新”。

“矛盾融合，承传创新”，是李锦全先生根据自己的长期研究所得，对儒家思想乃至中国古代哲学的特性作出的提炼和概括。他认为，这不只是儒家思想发展的重要原因，而且是中国古代哲学的一大特点。他说：“关于中国传统哲学发展的特点，我用‘矛盾融合’与‘承传创新’八个字来加以概括，这可能是我研究中国哲学的理解和体会。”① 他强调，以这一特点来看待和理解中国古代哲学，就形成了自己的哲学史观。他对此作出解释说：“这是从矛盾两重性、矛盾融合论、承传创新观三个层次予以阐释的哲学史观，是带有方法论的意义。”② 当然，在他看来，儒学作为中国古代哲学的主体，在“矛盾融合，承传创新”上表现得尤其鲜明，具有典型性。他对儒学历史的思考、理解和评价，总是力求以这一方法论为入手门径和研究框架。因此，强调儒学历史发展中的包容性，重视这种包容性在儒学形态与功能历史演变中的促进作用，构成了他的儒学史观的重要内容。

对于先秦思想的开展，李锦全先生指出，这一时期的儒、道、墨、法四大流派无疑存在着矛盾斗争的一面，但同时也表现出互相渗透和逐渐合流的趋势。因此，他很重视司马谈引用《易传》中“天下一致而百虑，同归而殊途”之语对先秦学术思想发展的总趋势所作的概括，认为这一总趋势在先秦儒学的开展中很

① 李锦全：《矛盾融合　承传创新——论中国哲学、传统思想文化发展的特点》，《李锦全集》，广州：花城出版社，2013 年版，第 23 页。

② 李锦全：《序》，《李锦全集》，广州：花城出版社，2013 年版，序第 1 页。

明显地呈现出来：在孔子开创儒学时，其思想即蕴含较大的包容性；而荀子的思想创造，则更集中体现了兼综诸子百家的精神。他说："荀子虽属儒家，他对诸子也包括儒家一些派别有所批评，但也有所吸收。他不像孔、孟那样强调仁义，而在讲礼治的内容中却带有'法'的意味。他提出'礼者，法之大分，类之纲纪也'（《荀子·劝学》）的界说，但又说'法者，治之端也；君子者，法之原也'（《荀子·君道》），仍然将法治与人治加以调和。荀子还提出'虚壹而静'（《荀子·解蔽》）的认识方法，有受《老子》的'静观''玄览'和《管子》中《心术》等篇'静因之道'的思想影响。对理想的统治者，荀子主张做到'天子不视而见，不听而聪，不虑而知，不动而功，块然独坐而天下从之如一体'（《荀子·君道》），这就有点近似道家倡导的君人南面之术了。"[①] 通过这些论析，可以看出荀子思想典型地体现了儒学的包容性。荀子之所以能够在孔、孟之后对儒学的开展作出特殊的贡献，这种包容性无疑是一个重要的因素。

对于汉代的董仲舒，李锦全先生也作了如是的衡论。他指出，董仲舒当然是汉代儒学中最具有代表性的人物，对汉代儒学的开展起了十分重要的作用。但董仲舒的思想并非纯粹的儒学，而是"儒表法里的儒法互补"[②]。他对此作了深入的论析："董仲舒在汉代被称作群儒首，又说他'治公羊春秋，始推阴阳，为儒者宗'（《汉书·五行志》）。他在汉武帝时举贤良对策，'推明孔氏，抑黜百家'（《汉书·董仲舒传》），因此一般认为是开创了儒学的独尊地位。但其实他既继承孔子的'君君，臣臣，父父，子子'（《论语·颜渊》）的正名学说，又吸收韩非'臣事君，子事父，妻事夫，三者顺则天下治，三者逆则天下乱'（《韩非子·忠孝》）的三纲思想，他虽然强调'德治'，却并不废除'法度'。所以在政治思想上有称之为'儒表法里'，看来也不无根据。他既讲君权神授，宣扬儒家的'天命'，又讲天能赏罚，就类似墨家的'天志'；对道家和《易传》的阴阳观念，也有所吸收。总观董氏思想，可以说是儒家为主体，而与法、墨、道、阴阳、名等各家有所互补，这是中国传统思想文化的第二次融合。与战国末年不同之处，是儒家的人文思想突出了纲常名教，从而奠定了两千年来封建统治的思想

---

① 李锦全：《中国传统思想文化的回顾与前瞻》，《李锦全集》，广州：花城出版社，2013 年版，第 5 页。

② 李锦全：《矛盾融合　承传创新——论中国哲学、传统思想文化发展的特点》，《李锦全集》，广州：花城出版社，2013 年版，第 30 页。

基础。”[①] 这样看来，董仲舒在汉代儒学史上的重要位置，对后世儒学发展所产生的深刻影响，实与他在思想上的“矛盾融合，承传创新”相联系。

李锦全先生还考察了儒学与佛教的“矛盾融合，承传创新”。他指出，佛教作为外来宗教，在人生价值取向上与中国本土的儒学有着明显的不同。佛教主张出世，儒学主张入世，可以说存在着根本性的分歧和矛盾。但两者之间，并没有绝对不可逾越的鸿沟，在彼此分歧、相互矛盾中仍存在着可以沟通与融合的一面。这不仅表现为佛教为了自身的生存和发展，出现了世俗化和儒学化的趋向，而且还表现为儒学以其包容性，对佛教思想作了积极的吸取和改造。在这一方面，李锦全先生以唐代柳宗元作为代表，将其称之为“亦儒亦佛即所谓儒释兼综的人物”[②]，撰写了《论儒佛人生观的矛盾与交融——兼评柳宗元“统合儒释”论》一文，对这一儒学史现象加以探讨。他指出，从人生价值取向来说，而不是从哲学世界观来说，柳宗元认为儒、释之间是可以互通相融的，因而明确提出了“统合儒释”的主张。柳宗元的这一主张，并非赞成佛教违背儒家伦理和不事生产的出家生活，而实际上是批评佛教颠倒真实存在的虚幻人生。在柳宗元看来，佛教中那些可取的地方，也就是佛教中与儒学相契合的部分。因此，“柳宗元提出‘统合儒释’，基本上还是站在儒家立场，但对佛教思想，也有选择吸收和利用。特别在人生的价值取向上，力图调和入世与出世的矛盾，将佛教原来消极地鼓吹的虚无寂灭人生，积极引导去‘佐教化’的‘佐世’工作上去……柳宗元提出‘统合儒释’和他的‘好佛’，就是企图在儒家文化圈中，为外来宗教的生存和发展，找出一条双方都能接受的路子”[③]。

对于儒学内部的不同派别与思想，如宋代儒学开展中出现的朱熹理学和陆九渊心学两派，李锦全先生也从“矛盾融合，承传创新”的包容性出发进行了考察与评价。他认为，尽管朱、陆两派存在着明显的思想分歧，但一些高明的后世儒者在看待这两派分歧时，并不是持非此即彼的简单态度，而是力求在两者中选取精华、作出融合。他撰写了《矛盾调合　扬弃承传——朱、陆思想对海瑞影响的个案研究》一文，以海瑞思想为例对此作出了阐明。他指出，海瑞深受陆王心

---

① 李锦全：《中国传统思想文化的回顾与前瞻》，《李锦全集》，广州：花城出版社，2013 年版，第 7 页。

② 李锦全：《论儒佛人生观的矛盾与交融——兼评柳宗元“统合儒释”论》，《李锦全集》，广州：花城出版社，2013 年版，第 108 页。

③ 同上，第 110－111 页。

学的影响，对于朱、陆两家思想，在总体评价上是贬朱申陆。在认识事物的方法上，海瑞主要承继孟子、陆九渊、王阳明的心学主张，强调致知不用外求，学问之功为求放心而设。与之相联系，在看待《大学》的问题上，海瑞认为《大学》的实质是讲“正心”“诚意”，而朱熹却把“格物”“致知”作为《大学》的入门，是搞错了门径，不知《大学》之道。但海瑞在训诫弟子、教诲生徒以至在早年作词自誓时，讲的却又是另一种说法。在《训诸子说》中，海瑞就认为：“《大学》之八条目，知所先后其事也。”在《教约》中，海瑞对朱熹的教育思想和方法也作了肯定：“学问之道，朱子所揭于白鹿洞学者，五教之目：父子有亲，君臣有义，夫妇有别，长幼有序，朋友有信。为学之序：博学之，审问之，慎思之，明辨之，笃行之……诸生率此而行，夫何学之不进?”如何来看待海瑞思想上的这种矛盾呢？李锦全先生对此进行了探讨，指出：“海瑞不是哲学思想家，而是个政治实干的清官。他对认识方法上应该从外到内还是从内到外的问题，看来还是从政治实践中来加以解决。”① 正是这样，海瑞又在认识方法上力图吸取朱、陆两家之长，通过求真求实，将两家思想加以调和，再形成自己的思想特点。李锦全先生进而得出结论说：“海瑞虽有过扬陆抑朱的议论，但他这种内外兼资求真求实的思想，实际已经突破心学的藩篱，从而向经世致用思想转化。”②对于海瑞其人其学其事功，李锦全先生曾从思想史视域下功夫进行研究，撰写了专著《海瑞评传》。而他对海瑞思想的这些论析，更从一个方面反映了儒学历史发展中的包容性，以及这种包容性对儒学发展的作用。

总之，李锦全先生对儒学的包容性予以了积极评价，认为：“我们对孔子以来儒学思想的包容性是应该给以肯定。中国传统文化所以长期不断丰富和发展，儒学的包容性是功不可没的。”③ 但同时，李锦全先生也指出了儒学的包容性的局限性。在他看来，儒学的包容性作为历史的产物，也在历史开展中有其限度。儒学作为近代的文化和思想形态，对于西方近代文化与思想就难以包容。他对于晚清时期出现的“中体西用”论，提出了尖锐的批评：“这些人的设想，主观上

---

① 李锦全：《矛盾调合　扬弃承传——朱、陆思想对海瑞影响的个案研究》，《李锦全集》，广州：花城出版社，2013 年版，第 148 页。

② 同上，第 149 页。

③ 李锦全：《论儒学思想的包容性及其发展路向》，《李锦全自选三集》，北京：中国文联出版社，2001 年版，第 271 页。

当然想一举两得，既达到西方那样富强，又保住中国的名教，甚至‘用夏变夷’，用中国的文化来同化世界。但是传统儒学的包容性能否实现这个目标呢？看来只能是一厢情愿。因为时代不同了，要想用封建儒学的纲常伦理去包容资产阶级文化的民主与科学，这根本是不可能的，而且相互之间都很难接受。”① 他认为，面对这种困境，儒学要想在现代中国继续存在和发展，就必须不再拘泥于原有的包容性，而应使自己仍然富有生命力和影响力的内容融入中国现代文化的创造之中，即参与到中国文化的综合创新中。在这里，李锦全先生强调以历史主义看待儒学的包容性，不赞成把儒学的包容性看作是超历史的东西。

三、儒学历史发展中的二重性问题

李锦全先生认为，儒学在中国漫长古代社会中长期占据统治地位，成为中国传统文化的主流意识形态，并不意味着儒学都是积极的合理的内容，必须看到其中也有着不足的负面的东西。这就构成了儒学历史发展中的矛盾的二重性。这种矛盾的二重性，成为儒学历史发展中的内在张力，导致了儒学的思想困境和自我调整。儒学形态与功能的历史演变，正是与这种二重性以及由此而来的思想困境和自我调整相联系的。尽管儒学能够面对思想困境进行自我调整，其形态与功能能够适应中国社会历史的变迁而出现变化，但这种二重性却一直以不同的方式存在着。研究儒学史，只有既看到儒学中积极的合理的内容，又看到儒学中不足的负面的东西，才能对儒学历史作出实事求是的思考、理解和评价。这是以历史主义的态度和方法看待儒学、研究儒学、评价儒学的题中应有之义。他说：“儒家思想既有保持传统的顽强生命力，又有能适应时势作出自我调节的机能。人们正是可以从矛盾二重性的特点中，对它的理论价值和社会效果，作出符合实际的历史主义评价。”② 正是这样，考察、揭示和阐明儒学的二重性，成为李锦全先生在衡论和评价儒学的历史价值时十分注重的方法论，构成了他的儒学史观的重要内容。

李锦全先生认为，儒学所具有的二重性，并非孔、孟之后的儒者才造成的，而是在孔子开创儒学时就已经具有了。他说：“孔子对人格的完善、道德的修养，

---

① 李锦全：《论儒学思想的包容性及其发展路向》，《李锦全自选三集》，北京：中国文联出版社，2001 年版，第 267 页。

② 李锦全：《儒家思想的演变及其历史评价》，《李锦全集》，广州：花城出版社，2013 年版，第 59 页。

在要求上是人人平等的，如正己正人、立己立人、达己达人，他要求所有的人都去做，并无等级之分。但由于在现实政治生活中，人们的地位却是不平等的，如以正己正人而论，即使国君或居上位的能‘正其身’，下面的臣民‘孰敢不正’。就要做到各安其位，各守其分，更不能犯上作乱，在实践效果上仍有利于维护社会等级秩序。孔子对人们在人格道德上的平等要求，和在社会政治上对等级的维护，形成儒家在人际关系上两重性思想矛盾。”① 在这里，他主张把孔子的思想放到当时的时代环境中，既肯定孔子思想中的合理性，又看到孔子思想中的局限性，而不主张对孔子作一边倒的非历史主义评价。那种迷信孔子、奉为神圣的做法，他是不赞成的。

李锦全先生指出，随着儒学在后世的进一步发展，这种二重性不但没有消失，反而进一步被放大，这一点在宋明时期尤其突出。宋明时期儒学的哲理化，一方面使儒学适应了当时社会生活的需要，另一方面又放大了儒学的二重性。他认为：“儒家从孔、孟开始，就有着重研究和解决人际关系问题的思想特点。宋明道学将封建纲常哲理化，借以稳定社会秩序和人伦关系，这是适应当时加强专制主义中央集权封建统治的需要。但由此一方面带来侈谈心性义理而忽视国计民生的空疏学风，另一方面则造成社会上人际关系的紧张，出现‘以理杀人’的历史悲剧。因此，随着封建社会危机的加重，儒家中的有识之士不得不对其僵化的正统思想再次进行自我调整，从而继续保持其适应性。”② 正是这样，在《从孔、孟到程、朱——兼论儒学发展历程中的双重价值效应》一文中，他对宋明时期儒学的哲理化所造成的儒学的二重性放大进行了探讨，强调：“对程朱理学定位应该给以历史主义的评价，即对其正面和负面作用应给以具体分析。”③ 也正是这样，他对明清之际早期启蒙思想对宋明时期儒学的批判予以了积极评价，认为李贽、黄宗羲、顾炎武、王夫之、颜元、戴震这些早期启蒙思想家在儒学史上有着特殊的意义。他们对程朱理学、陆王心学以至对全部宋明道学的批判，其合理性都可从宋明时期儒学的二重性中得到解释。

---

① 李锦全：《矛盾融合　承传创新——论中国哲学、传统思想文化发展的特点》，《李锦全集》，广州：花城出版社，2013 年版，第 24 页。

② 李锦全：《儒家思想的演变及其历史评价》，《李锦全集》，广州：花城出版社，2013 年版，第 59 页。

③ 李锦全：《从孔、孟到程、朱——兼论儒学发展历程中的双重价值效应》，《李锦全自选集》，广州：中山大学出版社，2015 年版，第 21 页。

在李锦全先生看来，宋明时期儒学的二重性的放大，是通过十分复杂的思想传播途径而实现的，并不是在宋明儒者的著述讲论中就可以直接找到答案。他撰写了《“命”与“分”——从清代小说的几个事例看宋明理学对后期封建社会的思想影响》一文，独辟蹊径地探讨了这一问题，指出：“宋明理学是中国哲学史上的一个重要发展阶段，是封建社会后期的统治思想。它在社会上所以能够产生深远影响，其中一个重要原因是宋元以后戏曲和小说在社会中广泛流传，一些封建文人往往通过这些文艺形式来宣扬理学。由于戏曲和小说多是以形象化的形式表现故事内容，故在社会上一经传播，就易家喻户晓，深入人心。在旧社会里我国劳动人民所以容易接受封建理学的影响，看戏和听讲故事，就是一条重要途径。本文试图从清代前期的《野叟曝言》《聊斋志异》和《阅微草堂笔记》等几部小说中，找出一些带有典型性的材料，供讨论宋明理学对后期封建社会的影响问题时作参考。”① 这些小说中的材料所反映的核心思想，就在于理学家把封建的纲常伦理、尊卑等级，说成是人们不能违逆的天理、必须遵守的本分，使之成为束缚劳动人民的沉重的精神枷锁。如《聊斋志异》，李锦全先生指出，尽管一般文学史和小说史都对这部书予以了较高的评价，“但不等于说《聊斋》中就没有宣扬纲常名教的篇章。其中的封建糟粕，主要就是宣扬安命和守分，这是宋明理学的思想核心。书中则是通过忠臣、孝子、孝妇、顺妾等形象化的描述来进行说教，如《珊瑚》《邵女》《妾击贼》，就是这类说教的典型故事”②。又如《阅微草堂笔记》，李锦全先生指出：“宋明理学除提倡尊卑的不平外，还有意于男女的不平，突出表现要妇女单方面遵守所谓贞节。自程颐首倡寡妇‘饿死事极小，失节事极大’的议论，经过朱熹等人的推波助澜，在社会上渐成风气。如清人方苞经过考察后说：‘尝考正史及郡县志，妇人守节死义者，周秦以前可指计，自汉及唐亦寥寥，北宋以后，则悉数之不可更仆矣。’（《望溪集·曹氏女妇贞烈传序》）这里就有不少冤魂饿鬼，成为理学的牺牲品。而不少戏曲小说，则成为散播理学毒素的园地。在《阅微草堂笔记》中曾记有这类正反的事例，其中对所谓‘奇节异烈，湮没无传者’给以表彰，失节以至背夫不贞的则受到严惩。”③

---

① 李锦全：《“命”与“分”——从清代小说的几个事例看宋明理学对后期封建社会的思想影响》，《李锦全集》，广州：花城出版社，2013 年版，第 177 页。

② 同上，第 179 页。

③ 同上，第 182 页。

这种统治阶级的意识形态通过各种特殊的传播途径向社会生活中的渗透和对一般民众的影响，今天有思想史研究者形象地称之为“权力的毛细管作用”。对于这种现象，李锦全先生可以说早在20世纪80年代初就已经觉察和探讨，作了专门的考察和细致的阐释，成为他的儒学史观的一个显著特点。

对于明清之际早期启蒙思想的出现以及对宋明道学的批判，李锦全先生持积极肯定态度，但他又指出这种新思想仍然属于儒学思想的自我调整，呈现出儒学异端的味道，对于儒学思想传统是“有所摆脱而又没有完全摆脱”[①]，因而同样体现了儒学的二重性。对于早期启蒙思想，可以由此出发对其理论价值和社会效果，作出符合实际的历史主义评价。对于早期启蒙思想家的这一思想特点，李锦全先生作了个案性的分析，通过具体人物的思想剖析加以阐明。他撰写了《李贽思想非“离经叛道”说》等文，认为李贽虽被称为“异端之尤”，但就其主要思想倾向看，是脱胎于王学而反对“宋儒道学之说”，是由于不满文化专制主义所带来思想界的蒙昧僵化状况才发出“惊世骇俗之论”，并非真要反孔，更非离经叛道，“对孔孟之道的真正精神，他并没有背离”[②]。他撰写了《论黄宗羲民主启蒙思想的历史地位》等文，认为黄宗羲的民主思想渊源于孟子，所主张的恢复相权以抑制君权，出仕大臣要居于“君之师友”的地位，也都是先秦儒家的传统看法。因此，把黄宗羲的《明夷待访录》说成类似《人权宣言》，以为由此可以导致彻底反封建的民主革命，这种估计未免有所夸大。其实，《明夷待访录》“既非民主斗士的革命宣言，也非封建遗老的复古挽歌，它是一个抱有救世安民之志的知识分子，经过对历史回流的反思，能反映出时代变革精神的思想结晶”[③]。他撰写了《略论王船山学术思想的历史地位》等文，认为：“船山思想主要是继承儒家主张变革的一面，即所谓更新而趋时；当然他思想中也有保守的一面，即仍然遵守着封建礼教。”[④] 他撰写了《从理欲论看戴震思想在儒家中的历史地位》等文，认为：“戴氏虽然批判程朱，但他却是宗师孔孟，即用疏证孟子思想作为武器来抨击理学……戴氏思想并未完全摆脱儒家，他宗师孔孟是貌似复

① 李锦全：《儒家思想的演变及其历史评价》，《李锦全集》，广州：花城出版社，2013年版，第58页。

② 李锦全：《李贽思想非“离经叛道”说》，《李锦全集》，广州：花城出版社，2013年版，第153页。

③ 李锦全：《论黄宗羲民主启蒙思想的历史地位》，《李锦全集》，广州：花城出版社，2013年版，第164页。

④ 李锦全：《略论王船山学术思想的历史地位》，《李锦全集》，广州：花城出版社，2013年版，第155页。

古，实质对早期儒学作了扬弃和革新。”① 从这些个案性的分析中可以清楚看出，明清之际早期启蒙思想作为儒学思想的自我调整，同样具有儒学的二重性。李锦全先生的结论是：“我国的早期启蒙思想家不可避免地具有矛盾的二重性品格，既涵蕴着‘新的突破旧的’时代锋芒，却仍束缚于‘死的拖住活的’的传统桎梏。这就是我国的社会启蒙思潮，从古代向近代的更替时，所以会出现既早熟又难产的一个重要原因。”② 可以说，从儒学历史开展中的二重性来看待和评价明清之际早期启蒙思想，是李锦全先生承继和主张早期启蒙说的鲜明特点，也构成了他的儒学史观的有机内容。

如何看待新文化运动对儒学的批判，近三十年来成为不同思潮论争的焦点。李锦全先生从新文化运动的时代背景和儒学的二重性出发，提出了自己的看法。他首先把新文化运动对儒学的批判置于当时具体的历史场景中加以考察，认为这种批判的发生实是历史的必然之势，从总体上肯定了这种批判的历史合理性。他说：“五四新文化运动的启蒙理论，如进化论、天赋人权论和民主共和思想，都是从西方传入的，批判的对象是封建政治和文化，而首当其冲的则是封建儒学，打倒孔家店和鞭斥吃人的礼教，就成为运动的锋芒所向。五四前夕，中国面临内忧外患，外有列强环伺，时患瓜分；内则战乱频仍，常忧复辟。为要救亡图存，在政治体制和思想文化方面，反对封建专制和要求改变愚昧落后的农业社会意识，就成为当时的迫切需要。”③ 他进而又从儒学的二重性来评价新文化运动对儒学的批判，认为在肯定这种批判的历史合理性的同时，不能对儒学采取全盘否定的虚无主义态度。他说：“我认为批判传统就是批判旧思想旧文化，从总体方向来说是对的，但不能一棍子打死，因为传统中既有封建性的糟粕，也有民主性精华，如果所有传统都要抛弃，最终就会导致民族虚无主义。”④ 又说：“五四运动时提出‘打倒孔家店’，这指的是封建时代的圣人孔子，即是后来封建统治者利用的儒学，和孔子思想的原型也是有区别的。”⑤ 在这里，李锦全先生以深刻

---

① 李锦全：《从理欲论看戴震思想在儒家中的历史地位》，《李锦全集》，广州：花城出版社，2013年版，第166页。

② 李锦全：《儒家思想的演变及其历史评价》，《李锦全集》，广州：花城出版社，2013年版，第59页。

③ 李锦全：《中国传统思想文化的回顾与前瞻》，《李锦全集》，广州：花城出版社，2013年版，第15－16页。

④ 同上，第16页。

⑤ 李锦全：《中国民族文化向何处去——兼论多元民族文化与世界文化的关系》，《李锦全集》，广州：花城出版社，2013年版，第425页。

的历史辩证法，对新文化运动对儒学的批判作出了合理的衡论。

四、儒学形态与功能的现代转化问题

李锦全先生认为，以上所说的儒学形态与功能在历史上的变化，并不就是儒学形态的更新。在鸦片战争前，由于中国长期处于古代社会中，儒学形态的更新是不可能出现的。只有在鸦片战争后，中国进入了近代社会，西方近代文化与思想大规模传入中国，儒学面临新的社会生活和新的思想挑战，其形态的更新才成为可能，也才开始实现。这就有了儒学形态与功能的现代转化问题。对于这一问题，李锦全先生立足于鸦片战争以来的儒学历史，作了全方位的思考与探讨，构成了他的儒学史观的一个重要内容。

李锦全先生认为，儒学形态的更新可以从 19、20 世纪之交的康有为、梁启超算起。康、梁虽然也以儒学来为他们力倡的维新变法作论证，但已同当时盛行的“中体西用”论有了本质的不同。这就在于康、梁在其儒学中纳入了新的时代内容，使儒学开始适应近代社会的需要，具有了封建社会所没有的东西。如果说“中体西用”论所维系的还是儒学的原有形态和功能，那么康、梁则开始为儒学赋予了新的形态与功能。他说：“戊戌变法虽是打着复古、托古招牌，其实是一场君主立宪活动，应该属于近代资产阶级革命范畴。康、梁当时之所以要打出托古改制的招牌，可能是由于斗争策略的需要，即为了塞顽固派之口实。同时也说明一点，即以儒家为主体的传统文化，当社会出现转型需要时，是可以经过自我调节、自我批判进行形态上某种程度的更新的。”① 李锦全先生作为康、梁故乡人，可以说对于康、梁在儒学史上的划时代地位是有独到的体认的。

进入 20 世纪后，中国社会历史出现了翻天覆地的巨大变化。如何在现代中国重估儒学的价值？如何在现代中国更新儒学的形态？如何在现代中国发挥儒学的功能？近百年来环绕这些问题引发了许多的探讨和论争，出现了对儒学形态与功能予以现代转化的多种尝试和不同走向。对这些探讨和论争、尝试和走向作出回应，表明自己的态度，作出自己的选择，成为李锦全先生儒学史研究的一个重

---

① 李锦全：《儒家文化与现代化关系问题的探索与思考》，《人文精神的承传与重建》，广州：广东人民出版社，1995 年版，第 102 页。

点。在他看来，在这些探讨和论争、尝试和走向中，积累了许多值得重视的经验和教训，是解决儒学形态与功能的现代转化问题所必须加以重视、予以吸取的。他正是从总结20世纪中国儒学史出发，通过对这些经验和教训的重视和吸取，来说明儒学形态与功能的现代转化问题。

民国初年，出现了以康有为、陈焕章为代表并得到袁世凯、张勋支持的立孔教为国教运动，试图通过儒学宗教化的路向在辛亥革命后的现代中国恢复儒学的统治地位。这种建立儒教的努力，虽然受到新文化运动的猛烈批判，并伴随袁世凯称帝和张勋复辟的失败很快破产，但在进入21世纪后又受到一些文化保守主义者的重新肯定和提倡，追求儒学宗教化已成为大陆新儒学的一大特点。李锦全先生则认为，这种儒学形态与功能的建构，背离了时代潮流，是根本行不通的，因而予以了坚决的批判和断然的否定。他尖锐指出："虽然当时还打着民国的招牌，其实已成为封建割据势力，在思想领域内占统治地位的也还是封建思想。如袁世凯在称帝前已经提倡祭天祭孔，并且通令全国恢复'尊孔读经'。一些前清遗老也纷起组织'尊孔会''孔教会'，提倡以'孔教'为'国教'，鼓吹封建主义的纲常名教，诋毁民主共和以至平等自由的观念，这种逆时代的思潮是和袁世凯称帝、张勋复辟相呼应的，同时也利于封建军阀的统治。"① 在论述陈垣人生价值观的心路历程时，他对时任众议员的陈垣所持坚决反对立孔教为国教的态度予以了很高评价。他说："当时主政的袁世凯，由于'逼宫'清帝退位有功，孙中山为形势所迫让位给他当总统，但他一心想复辟帝制。1913年4月，中华民国第一届国会召开。6月，袁世凯却发布《尊孔祀孔令》。8月，孔教会代表陈焕章等人上书参、众议院请于宪法中定孔教为国教，陈垣表示强烈反对。其实他并非反对孔子的学术思想，但是将孔教作为宗教，那么各宗教也应该地位平等，信教自由，不能强定一教为国教。其实这次争论并非单纯争宗教地位问题，因为儒家孔教曾为历代封建帝王护法，如写入宪，对袁世凯复辟专制更加有利，这才是孔教徒提出这项议案的本意。"② 正是这样，他对于随后兴起的新文化运动对孔教的尖锐批判予以了积极肯定，认为："五四时期批判旧传统的知名人物，如陈独秀、李大钊、

---

① 李锦全：《中国民族文化向何处去——兼论多元民族文化与世界文化的关系》，《李锦全集》，广州：花城出版社，2013年版，第425页。

② 李锦全：《民族气节　家国情怀——略论陈垣人生价值观的心路历程》，《李锦全集》，广州：花城出版社，2013年版，第343页。

鲁迅、吴虞等人，他们都驳斥了要把孔教定为国教的论调，指出孔教和帝制的关系，所以反孔教实质上是反对帝制的复活。"① 除了当实的政治因素外，李锦全先生还从考察儒学形态与功能的历史演变出发，指出儒学虽然在汉唐时代出现过以"天人感应"论为内核的神学形态，并相继与佛、道合流，但其总的发展走向并不是宗教化而是哲理化，这使得"孔子终于没有成为教主或素王，而被定位为万世师表、大成至圣先师"②。他说："宋代所谓三教合流，儒家并没有成为宗教，它只是吸收佛、道两家的思辨哲理，将孔、孟儒学的政治伦理思想提到世界观的高度，用哲学思辨的形式来教化人民，为中国传统文化提高理论思维水平作出了贡献……追根溯源，研究宋代哲学，对中国如何走向现代化问题，它在中国传统文化中的地位和作用，仍有待于我们作出正确的历史评价。"③ 在他看来，儒学形态与功能的历史演变已充分表明，在中国建立儒教是行不通的。

现代新儒学提出"返本开新"说，认为现代中国的民主政治制度的确立要以儒学为其根本，从"内圣"开出"新外王"。李锦全先生在多篇文章中对此提出了质疑和批评，认为这一思路在现代中国也是不现实的。其所以如此，就在于儒学中缺乏发展出现代民主政治制度的资源，不论是儒学所主张的"以民为本"，还是儒学所追求的"王道政治"，都不可能发展出现代意义的民主政治制度。对于"民本"与"民主"的区别，他作了细致的考察和辨析，指出两者之间实有着本质的不同，不是主张"民本"就意味着开启了"民主"。他说："对当代的儒学走向不能只凭单线思维的'返本开新'，即不能寄希望于复兴儒学和推行所谓'王道政治'。因为儒家的'本'也有精华与糟粕，重民、民本思想可以算带有民主性精华，但'民为邦本，本固邦宁'的涵义，并不能开发出民主制度。只是说人民是国家的根本，根本牢固了国家才安宁，这个'邦'就是统治者的政权，如果人民动乱，邦基不稳，统治者的政权就难以维持了。这和荀子说的水能载舟也能覆舟的道理一样，水舟之喻就是人民与统治者的关系。水流稳定，舟行就安全，如遇狂风急浪，就会有覆舟之险了。因而传统儒学的重民、民

① 李锦全：《中国传统思想文化的回顾与前瞻》，《李锦全集》，广州：花城出版社，2013 年版，第 16 页。

② 李锦全：《从孔、孟到程、朱——兼论儒学发展历程中的双重价值效应》，《李锦全自选集》，广州：中山大学出版社，2015 年版，第 27 页。

③ 李锦全：《试论宋代哲学在中国传统文化中的地位和作用》，《李锦全自选二集》，北京：中国文联出版社，2000 年版，第 145 页。

本思想，其中是含有害怕人民的因素，怕失去民心而引起社会动乱，所以总是要照顾人民一些利益，但这只是为稳定统治的前提和手段，目的不是为人民，也不会有民主政治。封建政体只有为民做主，不会有人民当家做主。当时县令被称为父母官，知府有称之为公祖，这些乃祖乃父，当然可以为子民做主了。而‘民本’始终改变不了人民被统治的地位。所以儒学现代化使之能适应时代的要求，不能简单认为只要返回先秦儒家之‘本’就可以开‘新’。”① 他还尖锐地指出：“传统儒家为民做主的思想至今还有影响，这与人民已经当家做主的社会主义是不相适应的，是过时的应属于推‘陈’的对象。”②

在李锦全先生看来，儒学中虽然缺乏发展出现代民主政治制度的资源，但却有着通过自我修养、提升道德来调整人际关系的丰富内容，这些内容在现代社会生活中仍然有其启发性和生命力，可以加以现代转化，成为中国现代文化的有机内容。因此，儒学在今天的长处与价值不是在“外王”而是在“内圣”，“展望将来，只有提高人们的道德内涵和思想素质，才能适应和平和发展的新世纪的需要，也是会给儒学发展带来希望”③。在这方面，李锦全先生作了许多论说，凸显了“内圣”资源在儒学形态与功能的现代转化中的意义与价值。例如，他肯定了儒学重视道德修养的现代意义，认为：“儒家的道德规范及其思想影响是潜移默化的，并且可以跨越时空的限制，我认为如正己正人、慎独等做人的思想品质，传播到21世纪也是适用的，关键要有教师、家长共同引导、教育下一代，使能薪火相传，同时要国人营造一个良好的社会风气，从而能够接受儒学的正面影响。”④ 又如，他强调了儒学贵和思想对今天构建和谐社会的积极作用，认为：“在传统儒学中，凡是有利于稳定家庭和社会秩序，有利于创造和谐的生活环境，所有这些思想因素，在剔除其中的封建糟粕后，应该可以发扬。我们建设社会主义精神文明，也需要有更多的和睦家庭，如尊敬父母、教育子女、和睦邻里、守望相助、疾病相扶之类的传统美德，还是应该提倡，这会有利于形成安定团结的

---

① 李锦全：《儒学在当代的推陈出新》，《李锦全集》，广州：花城出版社，2013年版，第420页。

② 同上，第421页。

③ 李锦全：《历史的轨迹　时代的展望——从儒学发展进程看儒学的前景》，《李锦全自选三集》，北京：中国文联出版社，2001年版，第284页。

④ 同上，第286－287页。

社会局面。”[①] 再如，他指出了社会主义市场经济体制的完善需要从儒学价值观中吸取资源，认为：“要健全我国社会主义市场经济体制，道德与法制缺一不可。而法制只能治标，威慑一时，更根本的是要提高所谓经济人的思想文化素质，树立正确的人生观和价值观，从事经济活动要做到见利思义，不能见利忘义。这虽是二千多年前儒家孔子所提倡的价值观，到今天对从事经济活动的人来说，应该还没有过时，这也说明古老的儒家思想，有些能适应时代变化的内容，对现代都市的商业文明，仍然可以起到一定的导向作用。”[②] 总之，李锦全先生认为，社会主义道德作为人类文明中道德发展的新境界，需要批判地继承人类历史上一切优良道德传统，而儒学所倡导的传统美德应当是不可忽视、值得弘扬的内容。

同时，李锦全先生又指出，儒学所倡导的美德传统固然不可忽视、值得弘扬，但其中也包含了必须进行批判、加以扬弃的内容。也就是说，儒学历史发展中的二重性在这里仍然存在、不可忽视。儒家所提倡“孝”以及由此发展起来的孝文化就是如此。近些年来，“孝”及孝文化又受到大力提倡，被一些人视为一切德行修养的首要前提，但李锦全先生则主张取历史主义的分析态度加以对待，不赞成抽象地鼓吹“孝”及孝文化。他撰写了《中国古代“孝”文化的两重性》一文，对“孝”及孝文化所具有的二重性加以衡论，指出：“‘孝’作为华夏民族固有的道德观念和传统美德，是几千年来伦理道德的精华，但由于传统孝道有其时代性的陈旧观念，夹杂封建性糟粕，因而就有个批判继承的问题。”[③] 他对“孝”的本义的历史蕴含进行了分析，认为：“先秦儒家对父子关系还有对等的思想，如说‘为人子，止于孝；为人父，止于慈’（《礼记·大学》）。这是从亲情伦理的角度提出要求，父慈子孝，应该说还能体现出儒家道德人格平等的思想。到汉代将‘君为臣纲，父为子纲’联系起来，将原属血缘亲情的父子与政治遇合的君臣关系等同，使君父与臣子处于明显不平等的地位。”[④] 不仅如此，他还指出所谓“二十四孝”中就包含了不少不合理的内容。他说：“如冬天吃鲜

---

① 李锦全：《从儒家思想的发展看儒学在现代化进程中的历史作用》，《李锦全自选三集》，北京：中国文联出版社，2001年版，第292页。

② 李锦全：《儒家思想与商业文明》，《李锦全自选三集》，北京：中国文联出版社，2001年版，第344页。

③ 李锦全：《中国古代“孝”文化的两重性》，《李锦全自选集》，广州：中山大学出版社，2015年版，第161页。

④ 同上，第164－165页。

笋和冰河捕鱼，那是办不到的，而二十四孝中却有‘孟宗哭笋’‘王祥卧冰’的故事，以孝感动天来满足其孝心。这种天人感应式的误导，长期在民间流存。其实解衣卧在冰上，哪会冰破得鱼，恐怕时间长了还会有性命之忧。至于更不合情理的孝道，还有‘郭巨埋儿’，为要留点粮食赡养母亲却想把小儿子埋了。这不但违反人性，简直是犯罪了。”[①] 在他看来，对于这些古代提倡的孝道与孝行，今天如果不加以批判就予以宣扬和继承，势必会对社会生活带来消极影响。

李锦全先生认为，对儒学形态与功能所作的这些现代转化，并不就是要追求“儒学复兴”。他明确表示不赞成“儒学复兴”的提法。尽管在近三十年间，文化保守主义的再度兴起使“儒学复兴”成为一种有力的思想主张和实践活动，李锦全先生仍然不为所动，没有改变自己的这种看法。这一点从《李锦全集》中即可清楚看出，其中，《儒家思想的演变及其历史评价》一文就明确指出：“中国走向现代化不能采取民族文化复兴，或儒学复兴的形式。正确的做法是，在对传统的儒家思想文化的历史作用作出符合实际的评价，对它的现状影响又有比较深切了解的基础上，对它进行批判的总结，既要发扬民族传统文化的优势，又要改造其不适应现代生活的部分，并博取外来文化之精华，使我们的社会主义文化成为各项有价值的文化成果的新的综合。这样我们就能处理好思想文化的继承、吸收与创新的关系，为建设社会主义精神文明贡献力量。这也是我们今天所以要花大气力来研究儒家思想的现实意义。”[②] 也就是说，在中国现代化进程中对于传统儒学需要的是作出批判的继承，也就是今天人们常说的进行创造性的转化和创新性的发展，而不是单纯的向传统儒学的认同和回归。

李锦全先生的这一看法，实与他以历史主义看待儒学形态与功能、强调儒学历史发展中的二重性相联系。儒学既然在两千多年中经历了先秦的人学、汉代的神学、宋明的道学等不同的形态与功能，那么“儒学复兴”到底是要“复兴”哪一种形态与功能呢，抑或是这些形态与功能都要一一地予以“复兴”呢？既然儒学在历史发展中具有二重性，儒学的存在离不开这种二重性，那么“儒学复兴”是不是也要复兴这种二重性呢？因此，李锦全先生不赞成“儒学复兴”的提法，有着自己的理论的逻辑，而这一理论的逻辑是基于历史的逻辑的。在这

① 李锦全：《中国古代“孝”文化的两重性》，《李锦全自选集》，广州：中山大学出版社，2015 年版，第 166 页。

② 李锦全：《儒家思想的演变及其历史评价》，《李锦全集》，广州：花城出版社，2013 年版，第 60 页。

里，他的历史主义态度与方法是一以贯之的。

五、李锦全先生儒学史观的启示

李锦全先生的儒学史观，在文化保守主义再度兴起的今天，在“孔圣堂”“孔圣会”纷纷登场的时候，在一些自称为儒生的人看来可能已经不合时宜。但这些被认为不合时宜的内容，实则鲜明地表现出李锦全先生的儒学史观的特点与优点，为今天的儒学史研究，也为今天的儒学现代转化提供了有益的启示。其中，如下三点尤其值得我们注意：

首先，李锦全先生的儒学史观，提示我们以历史主义的态度和方法看待儒学、研究儒学、评价儒学，把儒学的存在看作一个变化的过程，把儒学的变化看作是与中国社会历史的变迁相适应的，而不是把儒学的存在视为一种超历史的凝固形态，否认儒学的时代性。

其次，李锦全先生的儒学史观，提示我们必须看到儒学历史发展中存在着二重性，儒学中既有着积极的合理性的内容，又有着不足的负面的东西。即使是儒学历史发展中的包容性，也在历史中有其限制性，不能有效解决鸦片战争后的中西古今文化和思想的碰撞、交流和融会。因此，不能把儒学对中国现代化的意义和作用夸大，以儒学作为解决中国现代化中诸多问题的灵丹妙药。

再次，李锦全先生的儒学史观，提示我们如要使儒学在现代中国得到生存和发展，就需要在儒学形态与功能上作出更新，而不是取“儒学复兴”的形式，更不是走儒学宗教化的路向。正如李锦全先生所说：“矛盾融合、承传创新，也就是在马克思主义的理论指导下进行的综合创新、推陈出新，这才是儒学在当代发展的理论前瞻和正确方向。”①

（作者系武汉大学哲学学院教授）

---

① 李锦全：《对儒学当代发展问题的思考》，《李锦全集》，广州：花城出版社，2013 年版，第413 页。

李锦全教授中国文化研究的学术贡献

◎徐仪明

李锦全教授是当代中国著名的哲学家和哲学史家，特别是在中国传统文化研究领域中具有许多开创性的学术贡献，为学术界所公认。为了进一步弘扬中华优秀传统文化，创造性发展当代中华文化，传承李锦全教授的治学精神，表达对李锦全教授的学术贡献的敬意，笔者特撰写这篇文章，以祝贺先生的 90 华诞。由于笔者才疏学浅，对李锦全教授的学术思想所知甚少，因此文章难免挂一漏万，敬请方家批评指正。

一、李锦全教授中国文化研究的时代性特征

李锦全教授的中国文化研究充满了强烈的时代气息，营造了一种与时俱进的学术氛围，使我们感受到时代的脉搏就在这些具有鲜活生命的文字之中跳动，闪耀着中华文化灿烂夺目的光辉，给我们以强烈的感受。作者那种博大的胸怀、开阔的视野、海纳百川的气概、渊深广博的学识，给我们以深刻的印象。当刚刚进入新千年之际，李锦全教授就提出中国文化要与全世界优秀文化接轨的问题，也就是说，全球化的出现就要重新审视中国传统文化的世界走向，李锦全教授敏锐地指出：“21 世纪进入新千年，由于经济全球化的扩大发展，全球信息革命成为不可阻挡的趋势。如中国申请加入世贸组织，经济活动按‘国际惯例’办事，都已为人所理解。但在政治思想文化领域，是否存在决定意识，随着世界市场的形成和发展，可以形成共同的时代精神？看来这不能用简单的逻辑推理。由于世界上各民族都要走向现代化，这是精神文化的时代性；但是人们深层的思想意识，如人生观、价值观以至伦理道德习俗、思维方式等，是受到各自传统文化的

影响而各有特点，这是精神文化的民族性。这即是说，进入21世纪，即使随着经济全球化的发展，会出现共同的时代精神，但思想文化方面，仍然会表现出不同民族的特点。因此世纪之交中国哲学如何走向世界，既能体现文明走向的时代精神，又能保留自身传统文化的持续发展，仍然是一个有待于探索的问题。”① 在经济全球化的新千年，要继续保持我们中华文化的可持续性发展，提升中华文化在全球文化中的地位，不断扩大中华文化的影响力，那么就要寻找到中华文化中最重要的、最有价值、最具有生命活力的观念。李锦全教授同意用“和”字作为中华文化这一具有代表性的思想观念。因为在中国儒家所提倡的“致中和”精神，体现出一种强大的民族凝聚力，几千年来我们中国人恪守“和为贵”的祖训，与人为善、存异求同、和谐共存、和而不同，我们民族也伴随着“和”文化不断走向壮大和发展。因此，在进入新千年之后，李锦全教授认为，中国哲学、中国传统文化必将以和谐、和合的精神走向世界。

当然，由于“和”文化虽然具有永不衰竭的生命力，但其毕竟是一种具有几千年历史的传统思想观念，怎样才能加进时代性的元素，怎样才能更好地改铸成为当代中国人乃至全世界绝大多数人所认同的新的文化范式，使之更好地融入我们的政治生活、文化生活等方面，让这种时代性能够不断地落到实处，这才是我们今天应该考虑的核心问题。中国哲学与中国文化已经走向全球，进入整个世界范围，是可以通过融突来实现和合，在融突之中根据“和”的基本原则，来处理各个方面的、各种类型的冲突，以便由融突而形成新的和合体；整个人类文化在多元民族文化之中达到和合。当然，这只是指理想的和合状态，然而，在当今复杂多变的世界格局中，一厢情愿的和合，或者说是无条件的和合也是不存在的。单极和多极的霸权主义，宗教极端势力，形形色色的政治、经济、文化领域中的激烈冲突，似乎都在向中国固有的“和”挑战。所以，中国文化所讲的“和”的背景在现代则需要我们国家具有强大的综合国力，正如李锦全教授指出的：“因此我认为中国哲学走向世界，要求达到和合的效果，这个文明方向是对的，但如果我们是弱势文化而与西方的强势文化有较大的差距，要求平等对话是困难的，这就要有综合国力作后盾。”② 综合国力逐步强大，也是以“和”为特

---

① 李锦全：《李锦全自选四集》，延吉：延边大学出版社，2001年版，第66页。

② 同上，第76页。

色的中国文化走向世界的过程，二者是同步的，并行不悖的，也就是说只有我们中国强大了，世界和平才能得到有力的保证，各种各样的霸权主义才会有所收敛，富有中国特色的“和”文化才能更好地传播到世界各地，为一切爱好和平的人们带来真正的学术滋养。

李锦全教授指出，中国哲学走向世界，开放与包容是必要的，但应该以我为主，使冲突与包容互动，矛盾与互补并存。发达国家不能以强势文化推行文化霸权主义、文化殖民主义，要双方平等对话、取长补短，经过相互吸收、扬弃、输进外来血液，使自身文化发展进入良性循环。中国哲学走向世界，既要保持自身的民族性，同时又要吸收人类的共同智慧，从传承中创新，从而体现新的时代精神，是民族性与时代性的矛盾统一最终使得中外文化进入和谐、和合的精神境界。[①] 也就是说，中国儒家古老的“和”文化只有经过时代性的转换和改铸，才能重新焕发出强大的生命力。

中国文化的时代性，就是要与世界现代化、全球化的发展潮流相适应，因为在当今时代任何一个民族或国家的文化都不能孤立地发展，都难以立足于世界民族之林。应该说，与时俱进、自强不息、兼容并蓄、厚德载物等中国文化中的重要因素，都必须充分加以发挥，使之与和谐、和合思想一样，经过转换与改铸发挥出新的时代性的光辉。

二、李锦全教授中国文化研究的创新性特点

李锦全教授的学术研究的重要特色就是创新性，这在他的中国文化研究中也是十分显著的，他的独特敏锐的视角往往能够发现前人所没有发现的问题，提出前人所没有提出的观点，能够填补不少学术领域中的空白，从而也就开辟了不少崭新的研究领域，这也是为学术界所广泛称道的一个重要方面。

在中国文化的研究中，李锦全教授十分关注的一个问题就是如何增强中华民族凝聚力，认为这是一个很有现实意义的重大课题。他多次发文来阐发中华民族凝聚力的特质和效应；“一国两制”构想与中华民族凝聚力之间的关系；增强中华民族凝聚力是增强综合国力的一项基本保证；等等。可以说，关于中华民族凝

---

① 李锦全：《李锦全自选四集》，延吉：延边大学出版社，2001 年版，第 77 页。

聚力的探讨，耗费了李锦全教授的大量心血，是先生的精心架构，其中充满了闪光的思想亮点，如晶莹璀璨的颗颗宝石或明珠，创意迭出，时时让我们有耳目一新的感受，从中领悟到许多真理性的认识。关于大一统的思想，不少学者都予以很高的评价，认为大一统的实质就是文化的统一与融合，是中华民族的向心力和凝聚力；大一统以华夏文明为准则，是中华民族团结发展的精神力量。李锦全教授则认为，对于这一说法应该仔细加以分析，否则就不能把握住其中的实质性问题。他指出，在完成大一统后的国家中，并不是都能维持其凝聚力的。如秦的统一改变了战国时期兵戈不休、士民疲敝的困境，所以受到群众的拥戴。但秦始皇一统天下后即实行暴政，到秦二世则变本加厉，很快引起了人民的反抗，统一的秦帝国接着就土崩瓦解。后来汉唐的统一之所以能维持得比较长久，就是吸取了秦二世而亡的教训，开国后较能注意与民休息，从而发展了生产力，恢复了人民对统一国家的向心力和凝聚力。李锦全教授说："我这里想说明，不是所有提倡统一的思想都能产生凝聚力，还要看实践中由谁统一？是什么样的统一？如民国初年形成的军阀割据局面，当国民革命军北伐要实现统一时，人民是拥护的，但蒋介石篡夺领导权后，要建立反共反人民的蒋家统一王朝，那就再也不会有什么凝聚力了。"① 不能笼统地说只要是大一统就是好的就是对的，就是中华文化的统一与融合，还要看领导权到底掌握在谁的手中，只有掌握在真正代表了全民族利益的政党手中，才能不断增强中华民族的向心力和凝聚力，才能实现文化的统一与融合，才能实现中华民族伟大复兴的中国梦。

比如说到爱国主义精神，不少学者认为这是深深扎根于中国悠久的历史和文化传统之中，是民族精神的集中体现，是我们民族凝聚力的核心，同时举出屈原、林则徐、孙中山等人做例子，认为其都具备爱国主义精神。但李锦全教授认为这种认识也需要做具体的分析，否则也不能把握问题的实质。比如被称作爱国诗人的屈原，他热恋楚国乡土的感情激发着后人的无限追思，但他的"爱国"在历史上就有人表示异议。像贾谊被谪长沙后曾为赋以吊屈原，其中有这样的句子："般纷纷其离此邮兮，亦夫子之故也。历九州而相其君兮，何必怀此都也？"贾谊对于屈原被谗言所袭而受到放逐深表同情，但又认为他的自沉甚为不值。当时列国纷争，可以到别处寻找明君，何必留恋着楚都不放呢？由于古代爱国往往

---

① 李锦全：《李锦全自选四集》，延吉：延边大学出版社，2001 年版，第 93 页。

与忠君联系在一起，像楚怀王那样的昏庸，在贾谊看来屈原爱恋楚国以至于牺牲自己的生命是不值得的。所以屈原式的爱国对于当时的中华民族，从总体上来说也不会增加多少凝聚力。正由于传统上爱国往往是与忠君联系在一起的，所以同是一个人，在不同的场合，即使在动机上都认为自己是爱国的，而社会效应却不一样。如林则徐禁烟抗英，这种爱国主义精神会增加民族凝聚力的，但是他后来奉命镇压太平天国起义，如果不是中途去世，这样干下去是不会得人心的。同样岳飞的精忠报国，在抗金斗争中凝聚着中原豪杰，但他镇压洞庭湖区的农民起义就丢失了爱国的光彩。即使到了现代，蒋介石统治时也要人尽忠党国，要求他的将领在反共战争中不成功便成仁。如果有人真的具有这样的“爱国”精神，不但凝聚不了人民，而且只能作为人民的对立面被消灭。所以，不能笼统地讲所谓的爱国主义传统，这是因为历史上的所有精神遗存都只能提供借鉴；传统思想的影响也可能只是对不同的人来说是各取所需。古代的忠君爱国与重民、民本等思想，与今天讲热爱党和社会主义、奉献国家、全心全意为人民服务相比，在性质上就有大的差异。由于时代不同了，在增强民族凝聚力的途径和方法上也应有所发展。

李锦全教授非常善于从不疑之处找出问题，从而提出自己富有启发性和建设性的新观点，这在探讨民族凝聚力方面就显示出了非同寻常的功力和水平。在他看来：“增强民族凝聚力是关系到千家万户的大事，必须最大限度地充分调动人民群众的积极性，才能取得较好的社会效应。弘扬民族优秀文化以振奋民族精神，固然是增强民族凝聚力的一条重要途径……这不是发思古之幽情，而是要同时克服和扬弃传统文化中的封建性糟粕。即是说要经过批判继承，才能收到古为今用的效果。”① 对民族凝聚力的深刻阐发，是李锦全教授对于中国文化研究所作出的一项重要的学术贡献。

三、李锦全教授中国文化研究的地方性特色

李锦全教授长期生活在岭南地区，对岭南文化具有深刻的理解，特别是对于陈白沙、湛甘泉理学思想兴盛时期的岭南文化，鸦片战争时期的岭南文化，改革

① 李锦全：《李锦全自选四集》，延吉：延边大学出版社，2001 年版，第 102 页。

开放新时代的岭南文化等方面尤为关注，写下了不少具有浓郁地方特色的论著，显示了先生对于岭南这块热土的挚爱深情。他深刻剖析了陈、湛理学如何在岭南的历史、地理条件和文化熏陶中产生的；他热情讴歌了鸦片战争时期岭南人士的爱国情怀、民族气节；对于1978年以来岭南地区在改革开放的大潮中所发生的巨大变化，他更是予以高度的评价，提出了对广东文化繁荣发展的种种建议和措施，从开放性和兼容性两个方面阐发了岭南文化在新时期的发展途径和历史走向。充分体现了李锦全教授对家乡、对故土、对广东、对岭南地区的深情厚爱，充分说明了李锦全教授不是一位不闻世事、枯坐书斋的旧式学者，而是立足于现实、立足于当下、立足于地方，具有家国情怀、人间大爱的大思想家。李锦全教授对岭南文化的研究，也体现出这样一个特点——那就是人们常说的越是地方的，就越是中国的，甚至越是世界的；越是具体性的，就越具有普遍性的意义和价值。

李锦全教授中国文化研究的地方性特色，实际上也就是岭南文化特色，因此他首先对岭南文化的生成和发展诸问题具有深刻和独到的认识与理解。关于什么是岭南文化就存在着不同的理解，有人甚至提出"真有一个岭南文化吗"的怀疑性观点。李锦全教授指出，岭南地处中国南疆，背山面海，古代交通不便，文化相对落后。岭南原是少数民族聚居地方，以苗、瑶、黎等族为真正土著，而汉人则是在秦汉以后从中原地区陆续南迁而来的。由于中原大量移民不少是"衣冠望族"的知识阶层，与当地土著之间联姻，从而促进了民族融合；随之而来的学校教育带给当地人儒家的道德观念，这样经过了一代又一代的努力，使得整个岭南地区的文化素养不断提高。移风易俗之后，这一地区的文化与中原地区的文化差距渐渐缩小了。岭南精神文化的对外开放，首先面对的是中原儒家文化。有人说远儒性是岭南文化的特点，但得看是从哪方面来说，如果与齐鲁地区和中原地区相比较，岭南有远儒的一面；但从岭南社会的发展历程来看，却是儒家的封建文化将南越人引向了文明。秦汉以后汉越文化的交融，正显示出岭南文化的兼容性。宋明时期中原人士继续南迁，到明清时儒学已经成为岭南的主导思想，与中原更加接近了。开放性与兼容性是岭南文化的传统优点，它使原来落后的边陲地区逐步融汇于中原文化。同时岭南有沿海地区的优势，在外海上交通和商贸活动方面具备有利条件，如海上丝绸之路就直达岭南。思想文化随着经济的交往入传，佛教和伊斯兰教也有了海上往来的通道。到近代西学东传，岭南地区也首当其冲。党的十一届三中全会以后，中国先在岭南建立改革开放试验区。这固然有地理上的原因，但也因为长期开放文化的积淀，使岭南人心理上具有兼容的传统，如接受“一国两制”，容纳姓“社”姓“资”，适应各种新鲜事物，敢于体制改革，创造多元价值观等。也就是说，岭南的固有文化在中原文化的冲击与融合之下，形成了独具特色的岭南文化，而岭南文化的最大特点就是融合性与兼容性，这就是李锦全教授对岭南文化的基本认识。

在《陈（白沙）、湛（甘泉）理学看岭南文化在传统文化中的地位》一文中，李锦全教授指出：“陈、湛理学，在维护封建纲常和道德伦理方面，并未离经叛道；但他们强调为学贵疑和主张人人可以寻求自得，这种不盲从不依傍而强调独立思考的开放学风，对封建专制统治却带来潜在的危险。张伯行所以将白沙斥为‘异说’，而视之为乱‘道’之人，大概亦看到开放学风所带来的社会效应。但对岭南文化的影响来说，提倡开放学风是好事而非坏事。岭南地区在古代思想文化是落后的，故在较长时期是接受中原文化的熏陶。但到了近代，却成了接受西方文化的前沿阵地，虽然这里是有地理方面的原因，而陈、湛等人倡导的开放学风，对岭南近代文化的形成，是有它的先导作用。”① 因为陈、湛理学是在岭南的历史、地理条件和文化熏陶中产生，而他们的思想又反作用于促进具有岭南特色的文化的发展，成为程朱和陆王之间的一大流派。岭南文化在中原地区相对落后的情况下，到近代转而走入开放的先河。这里虽然会有各种原因，但陈、湛主张从贵疑到寻求自得，即提倡学术自由探讨的学风，对打破传统文化中儒家经书的僵化教条，使之向近代方面的转型，确实起到了一定的启迪作用。

李锦全教授认为，岭南文化的现代精神，就是：开拓、求实；兼容、创新。岭南文化发展到现代，开放性与兼容性的优良传统应该继续发扬。开放就是要有开拓精神，但是不能随心所欲，就是说解放思想也要实事求是，不能搞虚伪浮夸，要把开拓与求实精神相结合。兼容就是兼收并蓄、大度能容之意。在中国近代史上，岭南是中西文化交往的窗口，特别是香港华洋杂处，如能粤港通同一气当然是相互兼容。但是从岭南方面来说则要在兼容的基础上，一方面逐步向世界先进文化接轨，另一方面也要保持自身的文化特点，在博采众长的前提下有所创新。李锦全教授对岭南文化的研究充分显示他的中国文化研究的地方性特色，值

---

① 李锦全：《李锦全自选四集》，延吉：延边大学出版社，2001 年版，第 194 页。

得我们予以高度重视。

四、结语

以上我们从三个方面概括地论述了李锦全教授中国文化研究的一些学术贡献，可以看到先生是一位与时俱进、不断创新、立足岭南、面向世界的学术大家。从中可以看出，如何解决传统文化与现代化的关系问题，则是李锦全教授所努力解决的核心问题。因此研究中国传统文化的长期任务，就是如何使之能够适应社会主义现代化建设的需要，这也是我们在李锦全教授的中国文化研究中所得到的重要启示。

（作者系湖南师范大学哲学系教授）

儒学之“道”的哲学品格

◎陈卫平

一、引言

儒学具有哲学的品格吗？如果答案是否定，那么儒学的价值在世界哲学的智慧长河中将付诸阙如。从西方和中国的哲学史背景来看，提出这样的问题并非无的放矢。

就西方哲学史而言，从黑格尔开始，西方主流哲学基本上都否定中国思想具有哲学的价值。黑格尔认为包括中国在内的“东方的思想必须排除在哲学史之外”，对于儒学的哲学评价极为低微：尽管孔子的“教训是最受中国人尊重的权威”，“孔子的教训在莱布尼茨的时代曾轰动一时”，但他的思想只是一些在哪个民族都能找到的“常识道德”，“在他那里思辨的哲学是一点也没有的”；甚至语意尖刻地嘲讽道“我们根据他的原著可以断言，为了保持孔子的名声，假设他的书从来不曾有过翻译，那倒是更好的事”；《易经》虽然涉及“纯粹思想的意识，但并不深入，只停留在最浅薄的思想里面”。① 直至21世纪初法国著名哲学家德里达在中国的演讲中，一再表达出“中国没有哲学，只有思想”的观点②。

从中国哲学史来看，中国哲学史作为现代学科诞生于“五四”时期，此后

① ［德］黑格尔：《哲学史讲演录》第1卷，北京：人民出版社，1997年版，第98、119、120页。

② 德里达说：“哲学本质上不是一般的思想，哲学与一种有限的历史相联，与一种语言、一种古希腊的发明相联；它首先是一种古希腊的发明，其次经历了拉丁语与德语‘翻译’的转化等，它是一种欧洲形态的东西，在西欧文化之外存在着同样具有尊严的各种思想与知识，但将它们叫做哲学是不合理的。因此，说中国的思想、中国的历史、中国的科学等没有问题，但显然去谈这些中国思想、中国文化穿越欧洲模式之前的中国‘哲学’，对我来说则是一个问题……我们不能将之称为严格意义上的‘哲学’。”见［法］雅克·德里达：《书写与差异》，北京：三联书店，2001年版，第36页。

关于包括儒学在内的中国传统思想与西方所谓的“哲学”是否具有相通理论内涵的问题，一直存在着不同意见。直至21世纪初，中国学术界发生的长达三四年的中国哲学是否具有“合法性”的大讨论，这依然是聚焦的问题之一。这场大讨论之后，似乎形成了强烈的反对“以西释中”的学术诉求。这一诉求以为，如果用来自西方的“哲学”范畴、观念来阐释、分析包括儒学在内的中国传统思想，就是“以西释中”，即把中国传统思想西方化，使其失去本来的面貌。这其实和上述的从黑格尔到德里达的西方主流哲学否定儒学以至整个中国传统思想具有哲学价值的看法具有同样的内涵：“哲学”是为西方独有而中国缺失的思想品格。

出于以上的考察，本文主要通过对先秦儒学的阐释，论证儒学之“道”的哲学品格。

二、康德的星空、道德律和孔子的性与天道

这里比较康德的星空、道德律和孔子的性与天道具有内在相通性，以此论儒学之“道”的哲学品格，并非是按前者所代表的典型的西方哲学传统作为标准来衡量后者是否具有哲学的品格，而是从哲学本身的内在规定和本质特征出发，论证两者同样具有哲学的品格。对于什么是哲学，尽管有很多不同的定义。但是，这些定义大多认为哲学之所以为哲学的内在规定和本质特征的重要方面，是对宇宙人生最根本的普遍性原理的探讨，如宇宙的最终本原是什么、人生的终极意义是什么等等。形成于先秦儒、墨、道、法、名、兵等诸子，都把探讨这样的问题归之于对“道”的追问，由此标志着中国哲学的诞生。

黑格尔虽然以为中国传统思想在总体上不能称之为“哲学”，但他睿智地看到了儒家经典《周易》之“道”蕴含着表达事物的普遍性原理的哲学品格。他指出：“据雷缪萨说，‘道’在中文是‘道路，从一处到另一处的交通媒介’，因此就有‘理性’、本体、原理的意思。综合这点在比喻形而上的意义下，所以道就是指一般的道路。道就是道路、方向、事物的进程，一切事物存在的理性与基础。”从“道”的原初字义，黑格尔洞察到它具有表达一切事物的一般原理的内涵，指向的是与日常千差万别的经验世界相区别的形而上领域。于是他说“道”是“说到了某种普遍的东西，也有点像我们西方哲学开始时那样的情形”，即与

西方哲学源头的核心概念、表示普遍性原则和规律的逻各斯（logos）相类似，“雷缪萨说，道这个字最好用 Lóγos 来表示”。① 在最早提出逻各斯的古希腊哲学家赫拉克利特那里，逻各斯不仅是一切事物存在的本原，也是一切事物发展的法则。当黑格尔认为“道”与逻各斯相类似时，也是如此看待“道”的。他对《周易》的“立天之道曰阴与阳，立地之道曰柔与刚，立人之道曰仁与义”解释为：“‘道’（理性）的成立是由于两个原则的结合，像易经所指出的那样。天之道或天的理性是宇宙的两个创造性原则所构成。地之道或物质的理性也有两个对立的原则‘刚与柔’（了解得很不确定）。‘人之道或人的理性包含有（这一对立）爱邻居和正义’。”② 这里“道”既被理解为涵盖天、地、人即宇宙人生的统一原理，也是宇宙人生的发展原理即阴阳的矛盾运动。因此，黑格尔意识到：“中国哲学似乎和毕达哥拉斯学说一样，从同一个基本概念出发。其原理是理智，称作‘道’。”③ 据说毕达哥拉斯是第一个使用“哲学”这个词的人。④ 可以说，黑格尔在一定程度上看到了《周易》之“道”和西方逻各斯同样具有哲学的品格。《论语》中思考如此之“道”的论述有很多，最为著名的是孔子所言“朝闻道，夕死可矣”（《论语·里仁》），把求索哲学之“道”作为人生的最高理想；荀子称儒学为“儒道”，后世儒学把世代相承的学统叫做“道统”，宋元以后以理学形式出现的儒学被称为“道学”，这些无不表明儒学具有探究宇宙人生普遍之道的哲学自觉。以下通过康德的星空、道德律与孔子的性与天道的比较，对此予以进一步的论证。

康德有一段大家熟知的充满激情的名言：“有两种东西，我们愈时常、愈反复加以思维，它们就给人心灌注了时时在翻新、有加无已的赞叹和敬畏。这就是在头上的星空和内心的道德律。”⑤ 这也是康德的墓志铭。从泰勒士准确预测天象到康德提出星云假说，仰望璀璨浩渺的星空，是西方哲人的传统。这个传统的哲学指向就是探索宇宙万物的最终根源和运行规律，简单地说就是认识世界。赞

---

① ［德］黑格尔：《哲学史讲演录》第 1 卷，北京：人民出版社，1997 年版，第 126、127－128、126 页。

② 同上，第 126 页。

③ ［德］黑格尔：《东方世界》，夏瑞春：《德国思想家论中国》，南京：江苏人民出版社，1997 年版，第 132 页。

④ ［古希腊］第欧根尼·拉尔修：《名哲言行录》（上），长春：吉林人民出版社，2003 年版，第 211 页。

⑤ ［德］康德：《实践理性批判》，北京，人民出版社，2004 年版，第 213 页。

叹和敬畏心中的道德律，同样源自古希腊的哲学传统。在古希腊小镇德尔斐的阿波罗神庙上铭刻着著名的箴言："认识你自己。"泰勒士曾用这句箴言来回答"何事最难为"的问题。康德认为每个人都要服从绝对的道德律令。老虎为了生存会捕猎，麋鹿为了生存会奔跑，但它们不会停下来反思自己的行为。而人类则不同，叩问内心的道德律就是不断反思人是什么、人的行为应当怎样？简单地说就是认识自己。康德是西方典型的哲学家，他在哥尼斯堡小道上对星空和道德律的终身沉思，说明了西方哲学之思是围绕认识世界和认识自己而展开的对宇宙人生普遍原理的求索。

这样的哲学之思，儒学的表达就是孔子和其弟子所讨论的"性与天道"的问题。儒学把对宇宙人生普遍性的根本原理的思考归结为对"道"的追问。具体展开为何谓"天道"和何谓"人道"。与"天道"相提并论的"性"的实质内涵就是"人道"。前面指出被黑格尔关注的《周易》讲到"天之道""地之道""人之道"。汉语中"天地"可以用来指称宇宙万物；而"天"又有着覆盖"地"的意蕴，于是"天"往往泛指整个自然界。因此，认识天道既是狭义上的考察天体运行，又是广义上的思索自然界的本源与根据。战国时期屈原的《天问》就是如此："九天之际，安放安属？隅隈多有，谁知其数？"是狭义上的问天，即九天（天的中央和八方）之间的边界在何处，它们之间是怎样连属的？天的角落弯曲处很多，谁知道它们的数目？"遂古之初，谁传道之？上下未形，何由考之？"是广义上的问天，即远古开头的情况是谁传说下来的？天地还未成形，根据什么来考究？以后的儒学主要是从广义上来讲认识天道，即认识世界万物的普遍性原理。人道相对于天道而言，这早在春秋时期就已流行了，如郑国政治家子产说："天道远，人道迩。"（《左传·昭公十八年》）与天道对应的人道，无疑是指人生社会领域的普遍原理，涉及对人自身的理解以及社会历史活动的把握，前者如围绕人的本性是什么的性善性恶之争、应当成为什么样的人的君子小人之辩等，后者如围绕如何认识历史变迁的古今之争、如何规范引导人们社会生活的礼法之辩等。儒家认为人道最核心的问题是对人自身的理解，因为只有明白了何谓人、何谓理想的人，才能明白什么是人们社会历史实践活动的正道。对人自身的理解在中国哲学里表达为对"性"即人性的理解。这显然就是认识自己。所以，"性与天道"就是人道与天道，这与西方的认识世界和认识自己具有共同的探究宇宙人生普遍原理的哲学品格。

我们说孔子与其弟子讨论“性与天道”的问题，以此作为儒家哲学之思的对象，人们可能会有所疑惑：孔子弟子子贡不是感叹“夫子之言性与天道，不可得而闻也”（《论语·公冶长》）。其实，对此略加分析，就能解疑释惑。这段话的完整记载是：“子贡曰：‘夫子之文章，可得而闻也；夫子之言性与天道，不可得而闻也。’”首先，这里后面一句话不能理解为孔子不讨论“性与天道”，因为在《论语》中孔子对“性与天道”有不少思考：“闻道”“谋道”“忧道”等，无不表现了对“道”（天道和人道是其两重形态）的深挚关切；近百处对于“仁”的论述，是多方面地考察了如何从相近的天性发展出仁义的德性。以后孟子明确把“尽性”“知天”作为儒家的主旨。因此，“夫子之言性与天道，不可得而闻也”应当理解为孔子不是以概念推衍的抽象方式而是在具体现实情境中谈论“性与天道”，即《中庸》所引孔子说的“道不远人，人之为道而远人，不可以为道”。孔子正是如此与子贡谈论“性与天道”的。如孔子将子贡比喻为宗庙祭祀中贵重之“器”瑚琏（《论语·公冶长》），由此启发子贡认识什么是“君子不器”（《论语·为政》）：君子作为理想人格，与“器”哪怕是贵重之“器”也是有本质区别的，即具有不混同于器物的人之为人的尊严以及不局限于某个器物的单一性而以全面发展为理想。这是认识“性”的重要问题，即何谓理想的人。再如，孔子对子贡讲天道，却从自己欲行“无言”之教中引申出“天何言哉？四时行焉，百物生焉，天何言哉”（《论语·阳货》）。这里涉及天道观中的重要问题：天道作用于自然万物是有言令之还是无为而成。① 因此，“夫子之言性与天道，不可得而闻也”，可以说是子贡对老师谈论“性与天道”的“道不远人”品格的真切体会。其次，这段话把“文章”和“性与天道”相区分，意味着孔子有两种学问，一是“文章之学”即关于文献典籍、修辞作文的学问，属于具体经验层面的知识，所以“可得而闻”；另一是“性与天道之学”，是对超越具体经验知识的宇宙人生普遍原理的探讨，所以“不可得而闻”。考究历史器物是“文章之学”的重要内容，由此联系到孔子说的“君子不器”和《周易》的“形而上者谓之道，形而下者谓之器”，可以说，先秦儒家已经自觉意识到了“性与天道之学”，作为寻求宇宙人生普遍原理的哲学之思，不同于把握具体知识的“文章之学”或器物之学。汉代以后，儒家传承发展了“性与天道之学”的哲学

---

① 《礼记·哀公问》记载：“孔子对云：‘无为而物成，是天道也。’”

品格。因此，明清时期儒学就有了“性道之学”的称谓。明代学人把“辞章之习”与“性道之学”相对，以前者为“枝叶”，意谓后者的“穷理尽性”是根本。（朱宠瀼：《迩言·序》）这里“辞章之习”和“性道之学”的对应，与孔子“文章之学”和“性与天道之学”的对应是相一致的。晚清龚自珍在评论乾嘉学派重镇阮元时，将其学术分为九类：“训诂之学”“校勘之学”“目录之学”“典章制度之学”“史学”“金石之学”“九数之学”“文章之学”“性道之学”。[①] 孔子当时的“文章之学”在乾嘉学派那里蔚为大观，上述的前面八类学问，可以说都由孔子的“文章之学”繁衍发展而来。因此，这其实还是“文章之学”和“性与天道之学”的区分。乾嘉学派推崇汉儒训诂、考据等“文章之学”，而龚自珍指出“汉人何尝不谈性道”[②]，认为汉代同样存在“性道之学”。上述简单的梳理告诉我们，贯穿从孔子到龚自珍的“性道之学”，有着与西方哲学相同的品格：在认识世界、认识自己中求索宇宙人生普遍原理。这意味着尽管中国古代没有“哲学”这个概念，但却有着对“哲学”的高度理论自觉。

三、康德的四个问题与孔子的“闻道”“循道”“志于道”“君子之道”

哲学的认识世界、认识自己展开为一些具体的问题。这里还是以康德和孔子为对象，更深入地论证儒家“性道之学”与西方哲学共同考察了这些问题，具有与后者相同的哲学品格。康德对星空和道德律的时常、反复的沉思，聚焦于这样四个具体问题：我能知道什么？我应当做什么？我能期望什么？人是什么？[③] 这些问题同样出现在孔子“性与天道”的追问中。

康德的第一个问题，是对人的认识活动的思索，如康德说的普遍、必然的知识何以可能等等。这在西方哲学史中就是内容不一的认识论或知识论。孔子主张通过学思而“闻道”，作为中国历史上第一个教育家，考察知识是如何形成无疑是其题中之义。这就涉及认识论。对此，《论语》记载了他提出的很多具有深远

---

① ［清］龚自珍：《阮尚书年谱第一序》，《龚自珍全集》，上海古籍出版社，1999 年版，第 225 – 227 页。

② ［清］龚自珍：《与江子屏笺》，《龚自珍全集》，上海古籍出版社，1999 年版，第 347 页。

③ 前三个问题在《纯粹理性批判》中提出，第四个问题在《逻辑学讲义》中提出。

影响的观点。如“知之为知之，不知为不知，是知也”（《论语·为政》），这里揭示了认识过程中“知”与“不知”的矛盾联系，即自知无知正是知（认识）的开端；同时也表现了不自以为无所不知的实事求是的态度。前者属于求“知”的范围，后者则为“仁”德的品性，因此，这段话表明：孔子既从何为认识的出发点来考察认识论问题，又将此与认识主体的德行修养相联系，显示出认识论和伦理学结合的仁智统一。① 这成为以后“性道之学”认识论的独特思路，贯穿其中的知行问题，但常常被人们只是看作认识论，其实这既有认识和实践关系的认识论指向，也有知行一致的伦理学涵义。这与康德把认识论（纯粹理性）和伦理学（实践理性）分别予以考察是有所不同的。

康德的第二个问题，涉及伦理道德领域，即道德律令对人们行为的规范性以及这种规范的根据等，这在西方哲学归属于伦理学或道德哲学。对此孔子提出“遵道而行”（《中庸》），即以道作为行为规范；礼则是体现道的具体的规范系统，因而一旦礼崩乐坏，就会“天下无道”。所以，他强调：“克己复礼为仁。”（《论语·颜渊》）要成为仁德之人，就必须遵照礼，因为礼具体规定了什么可以做，什么不可以做；循礼而行的过程就是“克己”，即个人进行道德修养的过程。礼也是施政行为的规范。孔子说：“为国以礼。”（《论语·先进》）深得孔子学说精髓的有子，发挥老师的思想说：“礼之用，和为贵。先王之道，斯为美，小大由之。”（《论语·学而》）认为先代君王完美的治国之道，就是无论大事小事都依礼办理，体现了以和为贵的精神。孔子用礼来规范个人和国家的行为，奠定了礼仪之邦的基础和把修身、齐家、治国、平天下贯通一气的基础。这使得“性道之学”的伦理学与政治哲学相结合，表现出着眼于具体行为规范的运思路径。这就不同于康德以不依赖于经验的“实践理性”为基础的伦理学。

康德的第三个问题，实际是人生理想问题，“期望”即理想。康德以“至善”的道德作为最高的人生理想。与此相似，孔子说的“志于道”，就是确立人生理想。他同时说“志于仁”，就是把统摄道德的“仁”作为终身追求的人生理想，“君子无终食之间违仁，造次必于是，颠沛必于是”（《论语·里仁》），即无时无刻不执着于仁的追求。人生理想最根本的是直面生命意义的生死问题，“未知生，焉知死”（《论语·先进》）；为了仁的理想可以牺牲生命，“志士仁人，无

① 在《论语》中，孔子多处把“仁”与“知”并举，孟子、荀子都用“仁且智”称道孔子。

求生以害仁，有杀身以成仁”（《论语·卫灵公》）。之所以不惜生命的代价，因为“志于仁”就是人生之乐。孔子对颜回的赞扬便表明了这一点。孔子说颜回能够长久地“不违仁”，其他人很难做到，哪怕“一箪食，一瓢饮，在陋巷，人不堪其忧，回也不改其乐”（《论语·雍也》）。就是说，追求以“仁”为最高道德的人生理想与现实人生的幸福是统一的。所以“性道之学”不是把人生理想的最终实现安置于宗教的彼岸世界。康德则以为道德与幸福在尘世生活中很难一致，有德未必有福，德福统一的至善的人生理想只存在于宗教的天国上帝。

康德的第四个问题，从“人是目的”出发，所注重的是何谓理想的人。他对此的回答是每个人在权利的法律之下达到自由、平等和独立。“人是什么”的问题在孔子那里就是人禽之辨。这不是从生物学意义上对人禽作区分，而是讨论何为“成人”，即人在何种意义上成其为人，与禽兽相区别，其核心就是何谓理想的人。孔子对此提出了“君子之道”。孔子颂扬圣人，但认为现实生活中不存在完美无缺的圣人；设定圣人在君子之上，是为了强调成为理想的人只有进行时，没有完成时，使人们始终具有超越现实之我的动力。君子会有过错，但对此勤于反省和勇于改正。这使其具有平易的现实性，但如果没有对圣人的向往，就会原谅以至姑息自己的过错。可见，“君子之道”是圣人与君子的互补：前者使其具有超越性，由此后者得以不断提升；后者使其具有现实性，由此前者得以根植于现实土壤。这样的“君子之道”就是在日常生活中成长为理想的人，如《中庸》所说：“君子之道，辟如行远必自迩，辟如登高必自卑。”由近及远，由低往高，即从身边小事做起。这与康德的关注个人权利也是有差异的。

由上述康德的四个问题与孔子的“闻道”“循道”“志于道”“君子之道”的比较来看，应当说儒家的“性道之学”与西方哲学具有共同关注和思考的问题，但两者的理论旨趣不尽一致。这意味着两者既同样具有哲学品格，但又有自身的个性。

四、儒学之“道”：真善美统一的中国智慧

哲学不仅是认识世界和认识自己，更重要的是改变世界和造就自己；而真善美的追求则把两者联系在一起。因为无论是认识世界和认识自己，还是改变世界和造就自己，都是引导人们走向真善美的统一。这是哲学品格的又一重要表现。

西方哲学如康德著有“三大批判”:《纯粹理性批判》是基于认识论的求真,《实践理性批判》是基于伦理学的明善,《判断力批判》是基于美学的审美。儒学的“性道之学”同样是对真善美的孜孜以求。然而,与康德把真善美予以分别考察有所不同,“性道之学”始终以为“道”就是真善美的统一之道。这里再次表明了儒家“性道之学”与西方哲学既同样具有哲学品格,但又有自身的个性。孔子要求以“天下有道”扭转“天下无道”(《论语·季氏》),就蕴涵着向往真善美的理想以及实现这样的理想的精神,因为其所谓的“道”是集真善美于一身的。不过,“孔子贵仁”(《吕氏春秋·不二》),以仁德为至善,其“道”是以善贯穿于真和美。这里主要以先秦儒家之道(天道和人道)来对此予以说明。

儒学之“道”有“真”的规定。先秦儒家往往用“诚”来表示“真”的含义,并与“妄”相对立。①《周易》中有表现“诚”的中孚卦和否定“妄”的无妄卦,而道则因诚(孚)得以彰明,“有孚在,道以明”(《随卦·九四》)。这是指出了道具有真(诚)的内涵。它表现在天道上,仰俯天文地理,考察远近事物,是对天地万物真实性状的揭示:“《易》与天地准,故能弥纶天地之道”,“与天地相似,故不违”(《系辞上》)。这与妄之虚幻性相对立,如无妄卦的六二爻辞所指出的“不耕获”即不耕种会有收获。诚之真表现在人道上,“中孚以利贞,乃应乎天”(《中孚卦·彖传》),与天道之诚相呼应,把内心的真诚(中孚)作为有益的人间正道。这与妄之虚伪性相对立,无妄卦的初九爻辞“无妄,往吉”即不虚伪就会吉利,换言之,就是内心真诚就会吉利,“有孚惠心,勿问元吉”(《益卦·九五》)。正因为道之诚以真实、真诚反对妄之虚幻、虚伪,所以《系辞下》说“道不虚行”。孟子明确以诚来表达道之真的上述内涵:“诚者,天之道也;思诚者,人之道也。”(《孟子·离娄上》)《中庸》也有类似的表述:“诚者,天之道也;诚之者,人之道也。”认为天道表现的是万物真实的法则,将此落实贯通于人道,就是在理性思维主导下修身养性以求得真诚的德性。儒家用诚贯通天道和人道之真,表现出以善涵真的意味,因为诚在春秋时期主要是指一种道德品质。

儒学之“道”有“善”的性质。儒家的天道之善,表现为赋予天地如父母般的生育万物的恩德。《周易》说:“乾,天也,故称乎父;坤,地也,故称乎

① 朱熹:“诚者,真实无妄之谓。”(《四书章句集注·中庸章句》)

母”；“天地氤氲，万物化醇；男女构精，万物化生”，因而“天地之大德曰生”（《系辞下》），由此而“显诸仁”（《系辞上》），即显示出仁爱之善德。儒家的人道之善，表现为仁礼相统一，即至善之仁通过制度规范之礼而得以普遍实现。孔子将此表述为“克己复礼为仁。一日克己复礼，天下归仁焉”（《论语·颜渊》）。以后，孟子强调“仁也者，人也。合而言之，道也”（《孟子·尽心下》），认为人道就是以仁为至善，其起点是唤醒内在的恻隐之心，“恻隐之心，仁之端也”（《孟子·公孙丑上》）；荀子强调“礼者，人道之极也”（《荀子·礼论》），认为人道就是以礼为制度规范，人们由此而合乎道德准则，“故学至乎礼而止矣，夫是之谓道德之极”（《荀子·劝学》）。从孔子、孟子到荀子，儒家仁礼统一的人道，就是把仁内化于心而外显于礼。可见，从天道到人道，儒学的道之善主要以仁爱的内化外显为基础。

儒学之“道”有“美”的意蕴。孔子说：“大哉，尧之为君也！巍巍乎，唯天为大，唯尧则之。”（《论语·泰伯》）尧的功德之“大”犹如天道之“大”，具有“巍巍乎”的崇高美。这意味着儒家的天道之美在于天地自然的某些特性与人的道德品质有联系。这是把道德的价值蕴含于自然物的审美之中。荀子认为天道之美可以通过艺术来展现：歌舞音乐“其清明象天，其广大象地，其俯仰周旋有似于四时”，因而“舞意天道兼”，艺术之美和天道之美结合在一起，由此“足以感动人之善心，使夫邪污之气无由得接焉”（《荀子·乐论》），即激励良善，荡涤邪气。儒家的人道之美聚焦于“君子之道”的人格美。“君子之学也，以美其身”（《荀子·劝学》），所谓“美其身”不是指容貌而是指人格。“古者桀纣长巨姣美”（《荀子·非相》），桀纣长相高大漂亮，但后人视他们为首恶。儒家的人格美有两个方面：“大丈夫”的刚毅之美和“成人”的完善之美。孔子说“君子忧道不忧贫”（《论语·卫灵公》），君子在艰难困苦中坚守理想信念，具有松柏傲霜斗雪之美，“岁寒，然后知松柏之后凋也”（《论语·子罕》）。孟子把如此的人格概括为“富贵不能淫，贫贱不能移，威武不能屈，此之谓大丈夫也”（《孟子·滕文公下》），并用“至大至刚”“塞于天地之闲”的“浩然之气”（《孟子·公孙丑上》）予以赞美。儒家的人格美还有全面完善自己的“成人”这一面。孔子以为若有臧武仲的明智、孟公绰的廉洁、卞庄子的勇敢和冉求的才艺，再加上礼乐的修饰，“亦可以为成人矣”（《论语·宪问》）。这里的“成人”具有人格的完善之美。孟子在肯定“善”“信”为人格要素之后说“充实之谓美，充实而有光辉之谓大”（《孟子·尽心下》），认为充实自身以臻于完美，就有了光照四方的人格。荀子在论述“成人”时，以“百发失一，不足谓善射”作比喻，强调“君子知夫不全不粹之不足以为美也”，要把人格的完善提升到全而粹的完美境界，犹如射箭者百发百中一般；完美的人格境界表现在应对生死考验时，保持恒定的“德操”即操守，“能定能应，夫是之谓成人”（《荀子·劝学》），这实际上是把刚毅之美和完善之美统一于“成人”的君子之道。概括来说，儒家之道以善（道德）为美，因而有“美德”之说。

先秦儒家为中国哲学奠定了真善美统一于“道”的重要基础，因而如金岳霖在《论道》中所指出的，“道”不仅是中国哲学的最高概念，而且是思想情感方面最基本的原动力。就是说，随着汉代以后，儒学成为中国哲学的主流，儒学之“道”成为中国人的精神信仰所在，因而将为真善美的理想而献身称之为“殉道”。而在西方文化传统中，只有上帝是真善美一体的化身。所以，在基督教传入中国后，献身于上帝也被称为“殉道”。只是西方上帝的真善美在天堂，而儒学之道的真善美则在人世。

（作者系华东师范大学哲学系教授）

中国儒学三阶段分期的意义

◎杨朝明

从儒学形成直到今天，对于孔子儒学价值认识的分歧从来就没有停止过。为了更好地理解孔子儒学，把握儒学与中国社会的关系，更好地弘扬优秀传统文化，结合中国社会历史文化的实际，对儒学进行适当的阶段性划分很有必要！

我们认为，在两千多年的发展中，中国儒学大致可以分为三个阶段：一是“原始儒学阶段”。先秦时期尤其夏商周王权时代，这是儒学的创立与形成时期，最终在春秋战国时期形成了儒家学派。在这一时期，孔子儒家主张“修己安人”和“仁政”“德治”，强调“正名”，带有明显的“德性色彩”。二是“儒学发展阶段”。秦汉以降以至清朝，这是中国的皇权时代，在两千多年的帝制时代，儒家学者虽然“宗师仲尼”，致力于探索儒学精义，发展了儒学，但儒学与政治结合，并且走向民间，与皇权社会和专制政治发生了密切联系。三是“儒学反省阶段”。到了近代，皇权政治结束，进入民权时代，中国被动地融入世界，人们开始了对儒学与社会关系的反思与反省。放眼儒学的全部历程，可以说，直到今天仍处在这一阶段。

对儒学进行这样的划分，有两个时期就显得十分关键：一是秦汉之际，二是清末民初。秦汉是中国专制政治的建立时期，与先秦时期不同的是，这时期政治上皇权至上，适应专制政治的需要，逐渐强化君权、父权和夫权，儒学慢慢蜕变，染上了显著的“威权色彩”，呈现出为后世所诟病的“缺乏平等意识和自由理念”，也与现代社会格格不入。近代以来，尤其甲午中日战争以来，中国社会特殊的历史变动，促使人们反思自己的民族文化。在帝制时代，孔子被尊崇到极高地位，儒学是统治学说，新文化运动的矛头自然直指孔子，借以打倒儒学和传统文化。这种“全盘性反传统主义”运动，其思维方式上存在偏颇是显而易见的。客观上却主要指向具有“威权色彩”的儒学，把被扭曲了的儒学主张看得更清。

相比之下，认识理解儒学在秦汉之际的境遇及变化最为根本。先秦时期，作为“百家争鸣”的一部分，儒学在与各派的互相排斥、争鸣与融合、吸收中得以发展，他们都强调自觉修身，以人为本，崇礼明德，重视教化。而到汉代，儒学却发生了质的变化，由民间学术上升为官方学术，儒学与政治紧密结合起来，呈现出明显的纲纪观念与浓重的“威权政治”色彩。

一方面，秦始皇“焚书坑儒”政策的实施，使儒家经典受到了重创，儒学自孔子逝世以后的发展进入了低谷期。另一方面，秦朝实行暴政，导致了秦朝统一王朝的覆灭。秦朝二世而亡的深刻教训，也使得继起的汉朝统治者不能不细细反思，他们认识到，“仁义不施”是造成强秦覆灭的根本原因，认识到“纯法”之治“严而少恩”的弊端。以此为鉴，汉初统治者倡导黄老之学，与民休息。但“清净无为”“因循为用”的道家学说并不能有效适应封建社会的大一统政治需要，相反，儒学在“列君臣、父子之礼，序夫妇、长幼之别”方面的优长则有利于封建宗法与专制统治的加强。于是，在经过反复辨析、权衡利益得失后，汉代统治者最终还是选择了儒学。

实际上，西汉统治者选择以儒学治国，却改变了原始儒学德性政治思想的浓郁色彩，这一点，在汉高祖刘邦那里就已经显露出了端倪。而刘邦对于儒生与儒学态度的转变也意味深长、发人深思。开始的时候，刘邦似乎对儒学、儒家没有多少兴趣。刘邦是一位起于小吏的草头天子，对儒学缺乏基本的了解，他即位称帝之初，对儒家的《诗》《书》等典籍没有丝毫兴趣，对儒家典籍的教化作用一无所知。可是，后来的刘邦却与先前判若两人。他在《手敕太子书》中说：“吾遭乱世，当秦禁学，自喜，谓读书无益。洎践祚以来，时方省书，乃使人知作者之意。追思昔所行，多不是。”以后，路过鲁地时，他甚至还“以太牢祠孔子”。他对孔子和儒学的态度发生了根本转变。

刘邦对孔子和儒学由谩骂、蛮横转为敬重、尊崇，主要缘于当时残破现实的逼迫。汉初，经济极度凋敝，政治混乱，民怨沸腾。历史的曲折多难和巨变，给新兴的汉王朝提出了时代的主题，他们不能不思考如何建立自己的统治秩序，改变当时的残破局面，正视这突如其来的国家学说的空缺。当战争的烟尘散尽之后，他们首先思索的是秦朝二世而亡的教训。那时的思想家一针见血地指出，汉代不能再向秦朝那样“用刑太急”“仁义不施”、不知教化，于是，他们试图用儒家的礼仪建立汉朝的统治秩序。然而，直接引导刘邦态度转变的则是叔孙通、陆贾等汉初儒生。他们崇尚现实、顺应时势，注重实际问题的解决，在探索和选择封建统治的指导思想过程中，可能会更加欢迎学说的实证性。因此，被司马迁称为“汉家儒宗”的叔孙通制定汉代朝仪，对刘邦的刺激可能会更大一些。当时，仪法混乱，“群臣饮酒争功，醉或妄呼，拔剑击柱”，刘邦为此大为伤神。而叔孙通提出制定朝仪时，刘邦还不怎么相信，说“可试为之”，并且特意指出不要搞得太复杂，要适合汉初君臣的理解能力。然而，当礼仪施行于朝廷后，刘邦才由衷地感到“为皇帝之贵也”，并拜叔孙通为太常，“赐金五百斤”，连他的弟子也都做了郎官。这件事肯定对刘邦转变对孔子和儒学的态度起了重要作用。

在被司马迁称为“汉家儒宗”的叔孙通身上，就十分鲜明地体现汉代儒学的转变。叔孙通通达时变，“知当世之要务”，这是汉儒与先秦儒家一个重要的不同特点。读《史记》《汉书》中叔孙通的传记，给人留下印象最深的是他精通“时变”，审时度势，能在秦汉之际的动荡岁月中出入自由，游刃有余。在秦末汉初的动荡岁月中，他多次易主，实际上是在选择可事之君。他跟随刘邦后，仍然不忘灵活变通，去就取舍“与时变化”，他把“不知时变”的儒士称为“鄙儒”。

秦汉时期已与春秋战国时期不同，孔子时代，世界多元，孔子可以像“择木之鸟”那样在列国之树中间进行选择。秦汉之时，多元的世界归于一统，此时只有一棵皇权大树，儒者无选择余地，因此，如果再像孔子那样“道不同不相为谋”，便意味着永不用世。更何况，像孔、孟那样的儒学大师，尽管一生凄凄惶惶，到处奔走，可在当时众树林立的情况下，仍然没能找到适合的栖身之所。叔孙通显然也是在寻找可栖之树，他几经选择，终于归从了即将取得天下的刘邦。后来，他就极力寻找儒家与皇权的结合点，以求儒学和儒生受到重视。如果没有叔孙通等人的“变通”或者“圆通”，儒家也许将永远摆脱不了孔子那种“丧家之狗”的命运，儒学成为官学也无从谈起。

儒学的这种转变当然是一个逐渐变化的过程。到汉武帝“罢黜百家、独尊儒术”时，儒学上升为“独尊”的官学，自然也不可避免地演变为政治统治的有利工具。但是，尽管儒术已经“独尊”，儒者中的某一个人如果违背了统治者的一己之欲，仍然会遭到统治者的严惩，甚至危及生命。儒生为了更好地适应社会的发展，也变得唯唯诺诺，唯君主是从。自儒学被定于一尊后，儒学也就成为国家全部思想与政治生活的重要组成部分。

西汉时期，经学兴盛，其原因正在于此，正像班固在《汉书·儒林传》所说的那样："自武帝立五经博士，开弟子员……百有余年，传业者浸盛，支叶蕃滋……盖禄利之路然也。"可见传经的目的已不仅仅在于弘道，而是将着眼点放在了现实政治上，与当时的政治紧密结合起来。于是，经学博士们为了满足统治者的需要，甚至不得不改变经文原意，例如，在强调民本的同时，他们会自觉不自觉地抛弃孟子的"君轻"论，放弃荀子的"从道不从君"论，而代之以突出君权的"尊君卑臣""君为臣纲"等，从而强化君主专制的理论。

成书于西汉时期的《礼记》《大戴礼记》，作为儒家的重要经典，就体现出了显著的威权政治的特色。在这两部书中，有大量的与《孔子家语》相同的材料，只是《礼记》与《大戴礼记》都进行了一定的改动。如果将其详加比较，就可以看出《孔子家语》的用词更为近真。也就是说，仅仅从儒生改造儒家经典所透露的信息，我们就可以明显看到汉代儒生价值观念的转变。与先秦经典相比，汉代儒学典籍色调有了明显改变，读汉儒改造后的儒家论述，处处闪现着帝制时代所特有的纲纪观念，散发出浓重的汉代威权政治的气息。在这些典籍里，先秦儒家提倡的以重修身、重民，以及君臣之间互尽义务、彼此信任为特征的德性政治被遮蔽起来，在君臣、上下之间，要求更多的是臣对君的忠诚，至此，儒学蜕变而成为两千多年帝制时代君主独尊的威权政治学说。

对中国儒学进行这样的划分，有助于对儒学价值的认识。作为思想文化，孔子儒学的影响之大可以说罕有匹敌，而对其价值认识的分歧之大竟然也无可比拟。孔子学说影响之大，是因为它的形成有一个十分广阔的文化背景，因此，才成就了孔子的博大与高深。不难理解，文明的发展是加速度的，无论是文献记载还是出土资料，都证明我们以往对中国古代文明的发展程度的估价严重偏低了，如果我们再不能走出迷茫，就很难对中华文明的发展有正确的理解与评价；如果不能理解孔子等早期儒家的博大，就很难对后儒的"宗师仲尼"有准确的理解。近代的学者们说得好："孔子以前的中国文化差不多都收在孔子手里"，"自孔子以前数千年之文化，赖孔子而传"。没有对孔子思想"集大成"特点的准确认知，或者思维停留在疑古思潮盛行的那个时期，科学认识孔子儒学就无从谈起！

了解这一点十分重要！在中国不断遭受外敌欺凌，在中华民族生死存亡的时期，希望中华民族走出低谷，关注民族命运的人都思考文化问题，强烈"保守"

传统的人多看到了原始儒学的真精神；而对孔子儒学与传统文化持“激进”立场的人，则更多地看到了作为“专制政治灵魂”的那个“偶像的权威”。难怪“新启蒙运动时期”有学者提出要“打倒孔家店，救出孔夫子”，我们确实应该关注原始儒学，分清“真孔子”和“假孔子”，澄清误解，明辨是非，正确对待儒学与中国传统文化。

对儒学分为三个阶段进行认识，绝不是简单地“回到孔子”。如果“正本清源”“返本开新”意味着否定历代学术的发展，那将是极大的误读。我们当然不是也不能抹杀历代学者的贡献，只是为了更好地理解儒学在当代社会的境遇，从而更好地认识儒学。谁也没有并且也不会无视儒学发展过程中呈现出的流变与阶段性特征，不会无视历代儒学大师等众多学者的贡献。元武宗即位时命翰林起草诏书，其中有一句话说得好：“先孔子而圣者，非孔子无以明；后孔子而圣者，非孔子无以法。”如果也这样理解后儒之于孔子的关系，就会减少很多误解。如果我们不尽可能全面、整体地认识孔子和早期儒学，就说不清孔子以后的儒学发展与孔子的关系。事实上，还有不少人似乎无视众多“孔子遗说”的存在，不能理解孔子所处时代中华文明已有的漫长发展，而凭着只言片语的孔子言论，进行“老道的”“经验式”解读，难以了解孔子思想“全体”，不能把握中华文化精髓。

从儒学自身的发展看，“反思”与“反省”仍然在进行。随着学术事业的进步，人们对儒学的变化看得更清楚了。正如有西方人士所看到的，因为有了孔子的学说，“伟大的中华民族比世界上别的民族更和睦和平地共同生活了几千年”，时间过去了二千多年，社会发生了巨大变化，人们却仍然立足于孔子所确立和阐述的那些价值观念。这样的认识为越来越多的学者所认同。不过，总体观察当下人们对孔子儒学的理解，还带有明显的过渡性特征。不言而喻，研究儒学如果不能把握“精髓”，就有可能竞相树旗立帜，标新立异，往往各执己见；推广儒学如果不能抓住“要领”，就有可能舍本逐末，事倍功半，乃至南辕北辙。“说者流于辩，听者乱于辞”，儒学又怎能发挥经世化民的作用呢。只要走进孔子那颗伟大的心灵，认真借鉴先圣先贤的智慧，就能看清通向大同世界的理想之路。只有深入走进儒学的世界，世界儒学的天地才能更加澄净。

（作者系孔子研究院院长、教授）

三元哲学引论

◎叶福翔

曾几何时，哲学失去了开启人类心智和支承人心信仰的力量，失去了指导科技发展和彰显人类智慧的功能，英国学者霍金（S. W. Hawking）在其名著《时间简史》的结论中写道："迄今，大部分科学家太忙于发展描述宇宙为何物的理论，以至于没工夫去过问为什么的问题。另一方面，以寻根究底为己任的哲学家不能跟得上科学理论的进步。在 18 世纪，哲学家将包括科学在内的整个人类知识当作他们的领域，并讨论诸如宇宙有无开初的问题。然而，在 19 和 20 世纪，科学变得对哲学家，或除了少数专家以外的任何人而言，过于技术化和数学化了。哲学家如此地缩小他们的质疑的范围，以至于连维特根斯坦——这位本世纪最著名的哲学家都说道：'哲学仅余下的任务是语言分析'。这是从亚里士多德到康德以来哲学的伟大传统的何等的堕落！"① 而今，世界纷争变幻，科技高速发展，人心失衡，社会迷惘，令人真切感到需要一种新型哲学。这种新型哲学既不能像分析哲学那样沉迷于语言分析、远离价值判断，也不能像后现代主义哲学那样拒斥本体逻辑、解构知识文化、颠覆传统价值，而应能导引人生、阐释知识，整合古今思想、融合东西传统，为当代世界和人心提供支撑精神。

因此，笔者试图综合源于希腊文化、希伯来文化和拉丁文化，以经验哲学、先验哲学和分析哲学为主流的西方哲学，统和以儒、道、佛为核心，化生理、气、心衍成的中国哲学，容纳以印度哲学、阿拉伯哲学和日本哲学为代表的东方哲学，在人类整体文明基础上建构哲学，让哲学在当代世界知识文化大背景中重整，融汇东方与西方、贯通形上与形下、整合哲学与科学，继承中国哲人"为天地立心、为生民立命"的精神，在当代知识基础上创建一种"三元哲学"。

---

① ［英］史蒂芬·霍金：《时间简史》，长沙：湖南科学技术出版社，1997 年版，第 156 页。

在当今高科技飞速改变世界的现实中，哲学不能放逐科学而只顾人文，也不能放弃人文而追逐科学。作为智慧之学的哲学，在开创新思想、新方法的同时，应具有开显智慧、安顿人心、提升境界的功能。开显智慧，就是要能整合时代精神、综合知识文化，对当今思想与学术进行系统阐释；安顿人心，就是要能寄托信念、阐扬信仰，让人类精神具有终极关怀；提升境界，就是要能恰当地鼓励人们如何愉悦地生活和工作，并在物质生活中获得精神解脱。三元哲学吸取系统论、信息论和控制论中结构决定功能的思想，为实现上述功能目标而创造相应结构，其追求的价值理想是身心自由、意志自律、人格平等。

下面从范畴诠释、结构塑造、功能开显三方面，简要概述三元哲学的核心思想及其理论体系。

一、三元本体论

（一）范畴诠释

本体是存有的本质抽象。世界之初，只有自然（天），生物进化而生人类（人），文明演化而成社会（地），故成三元存有：天、地、人。自然之本体是客观物质（气），人类之本体为主观精神（心），社会之本体乃客观知识（理），故天、地、人三元存有之本体抽象分别是气（客观物质）、理（客观知识）和心（主观精神）。① 三元本体一旦形成，都是独立本体，导致三元本体论。

以中西本体互诠，理即客观知识，气即客观物质，心即主观精神。

（二）结构塑造

理、气、心三元本体是三元存有的形上对应，构成三元形上结构，见图1。

理、气、心之间存在类似五行生克的互补关系，见图2。

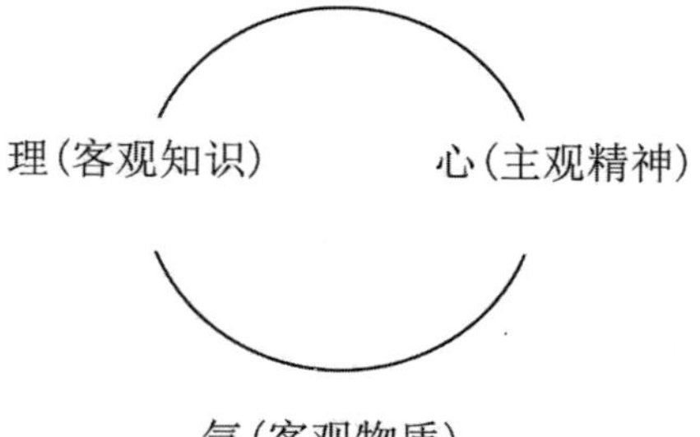

图1　三元本体结构

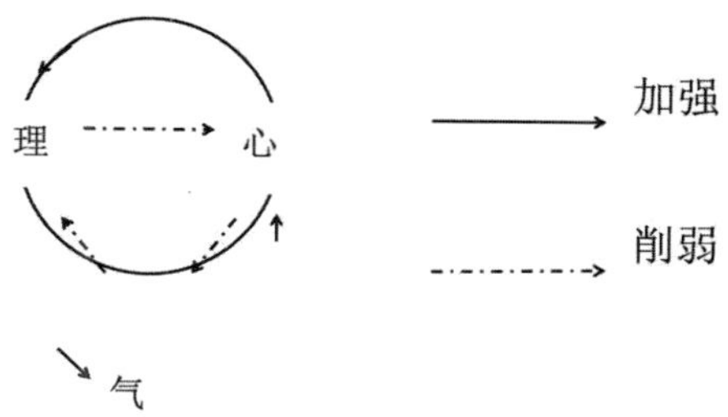

图2　三元生克关系

① 源出 K. R. Popper：Objective Knowledge：an evolutionary approach. Oxford University Press，1972。

亦即三元本体互根互生。

（三）功能开显

三元本体论直接导致一种三元方法论或三元思维方式，即本体即方法。

三元方法是一种系统方法，适用于能析出三个主导要素或要素群的系统。这三大要素或要素群构成三元结构关系，见图3。

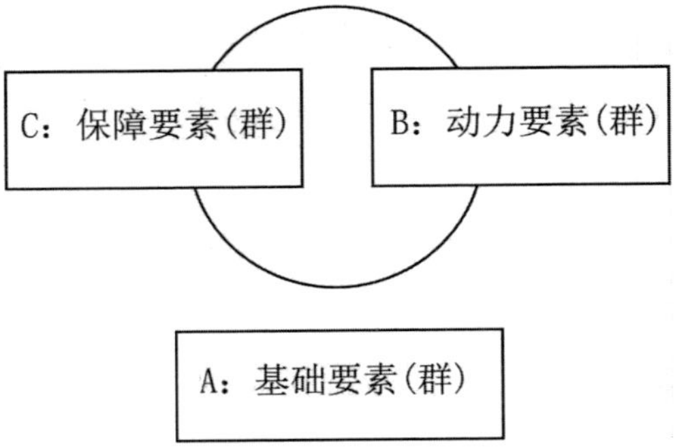

图3　三元要素结构

当A、B、C为单一要素时，可称为一阶三元系统。当A、B、C又可各分为三个要素时，由此九个要素构成的系统可称为二阶三元系统，见图4。

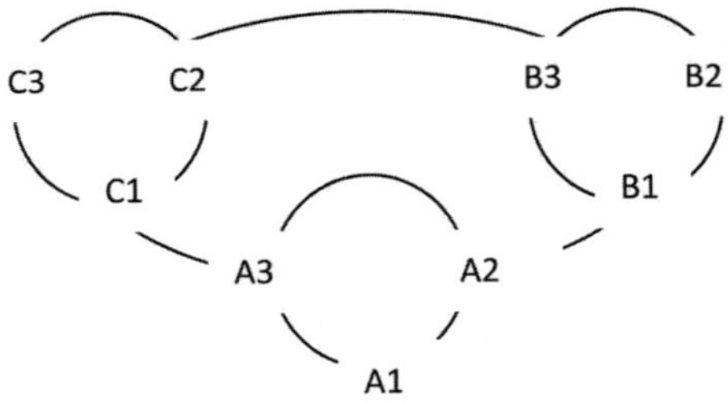

图4　二阶三元结构

一般地，由 m 个要素构成的系统中包含三元关系时，可称为 $(n-1)+\frac{m}{3^n}$（这里 n 为自然数，m 靠高取整为3的倍数）阶三元系统。$m\in[1, 3]$ 时 n 为1；$m\in[4, 9]$ 时 n 为2；$m\in[10, 27]$ 时 n 为3；以此类推。

三元方法作为一种普遍思维方式是在一个系统中析出三个位（position），构成如图5所示的位构图。

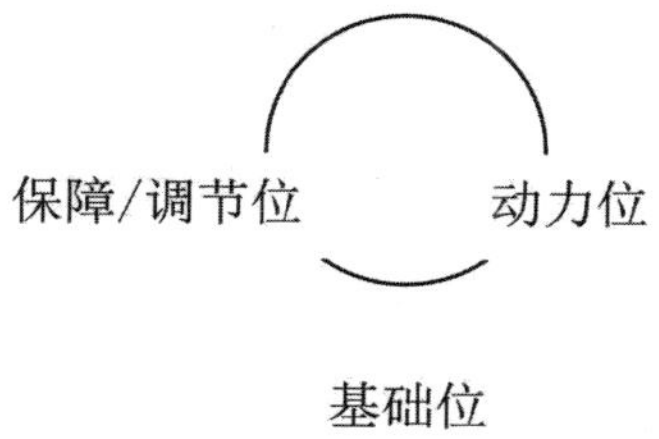

图5　三元位构

每个“位”又可以析为三个“子位”，“子位”可以直观地理解成系统中的阴、阳、和，上、中、下，左、中、右等性质，形成“三元三性”模式。

三元方法论可以成为一种普遍的认识方法。对任何系统，只要能找出三个主导要素，就适用三元方法处理。

应用方法的总原则和方向是：将复杂问题化为简单问题；用线性逼近非线性；用已知约化未知。

二、三元认识论

（一）诠释范畴

三元认识论认为知识的发生、发展是一个过程：最初的知识应是全部来自“经验（行）”，否则无据可依；当经验积累到能归纳出一些原理或规律后，抛开经验根据原理或规律用演绎法获得知识成为可能，故产生“先验（思）”的知识来源方式；当知识积累到相当规模时，无行不思只靠“学习（学）”也能获得知识，故形成“学”这一知识来源方式。因此，现代人类知识共有三个来源：行（经验）、思（先验）和学（学习）。这是知识进化的结果，如图6所示：

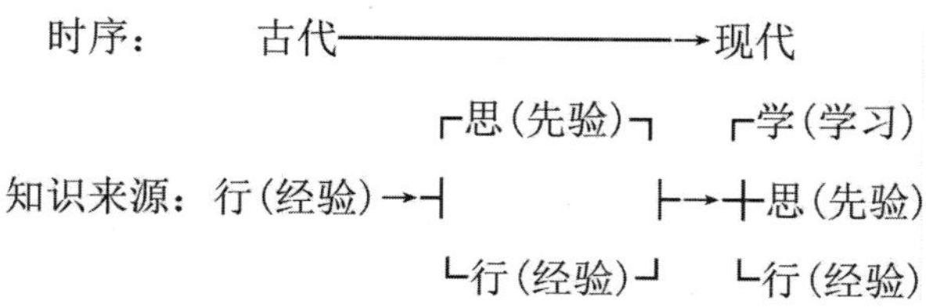

图6　知识进化图

（二）结构塑造

学即学习，行即经验，思即先验，其三元结构如图7。

三元认识论认为行、思和学都能获得知识，而且行对获取自然知识最有效，学对吸收社会知识最有效，思对悟解价值最有效。适取行、学、思之和合即“中庸”。中庸之道既是一种处世哲学，也是一种认识方法。

三种知识的发展将各经历“感性→悟性→理性”三阶段①，知识来源与知识发展结合可构成如下“认识九宫格”，为便于记忆可以用中国古代洛书数匹配成，如图8。

任何认识模式必属“九宫”之一，数字表示重要性（数字越大越重要），其中尤以“理性思”“感性行”和“悟性学”最重要。

图7　三元认识结构

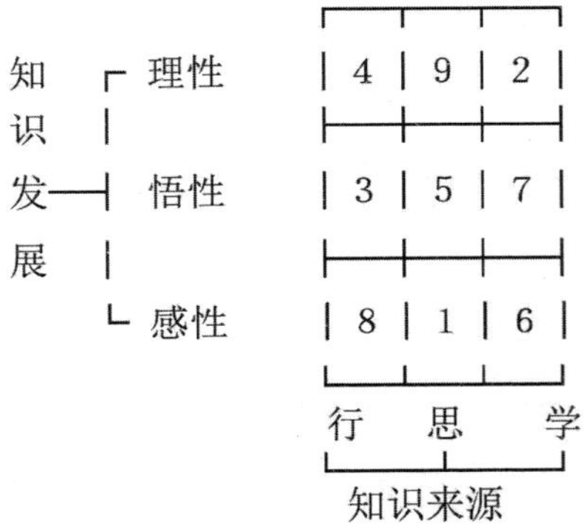

图8　认识九宫格

可以给出一些能显示人类智慧的例子。

（1）“理性思”例：

a. Euler公式：$\exp(iz) = \cos z + i \sin z$.

b. 万有引力定律：$F = G\frac{m_1 m_2}{r^2}$

c. 知识就是力量。

（2）“感性行”例：

---

① “感性→悟性→理性”认识路线出自康德，参见I. Kant：Critique of Pure Reason（translated by N. K. Smith）. London：Macmillan and Co. Ltd.，1929。

a. 闪光的东西未必都是金子。

b. 滚石不生苔。

c. 冰冻三尺，非一日之寒。

（3）“悟性学”例：

a. 0 + 1 = 1，1 + 1 = 2，…9 + 1 = 10，10 + 1 = 11，…99 + 1 = 100…

b. 0 × 1 = 0，1 × 1 = 1，…2 × 2 = 4，2 × 3 = 6，…9 × 9 = 81…

c. 一天分为 24 小时，一小时等于 60 分。

（三）功能开显

整个三元知识体系基于自然、社会和人类依感性、理性、悟性（灵性）演化而成：文学得自感性、科学得自理性、哲学得自悟性。文学是文化基础；科学为知识精华；哲学乃智慧支柱。自然科学的核心是物理学；社会科学的核心是经济学；人文科学的核心是哲学。哲学统其领，数学概其经，技术范其纬，即是“范围天地之化而不过，曲成万物而不遗”（《易传·系辞》）。

可将人类已有的主要知识核心概括为三大原理和三大定律。

（1）三大原理是：

周期原理：一切事物都有周期现象，这是存有的内在基础。天体运行、生命节律、经济周期、物理波动、化学元素周期律、生物化学 TCA 循环等，都是周期原理的具体体现。

和谐原理：一切事物都整体和谐，这是存有的外部表象。生物对称美、诗歌韵律、音乐和声等，都是和谐原理的具体体现。

优化原理：一切事物都向优化方向发展，优化的数学描述是极值，这是存有发展的动力。最小作用量原理、最大利润和最小成本原理等，都是优化原理的具体体现。

（2）三大定律是：

物质不灭定律：客观物质永存不灭，这是客观物质之基。

精神不朽定律：主观精神永垂不朽，此乃主观精神之柱。

逻辑不悖定律：客观知识遵循逻辑，是为客观知识之根。

三大原理和三大定律共同构成物质世界、精神世界和知识世界的普遍规律，它们共同决定了客观物质世界、主观精神世界和客观知识世界的根本属性。

三、三元价值论

（一）范畴诠释

西方哲学倡导真、善、美，中国和东方哲学主张诚、慈、谅。诚则真，慈则善，谅则美。诚者，行、学、思真诚，是为立人之基。慈者，行、学、思善良，是为立身之本。谅者，行、学、思美好，是为处世之道。谅者，恕人；恕人者，推己及人，是为道德根底。

（二）结构塑造

在三元价值系统中，三元关系如图9。

图9 三元价值结构

慈即善，诚即真，谅即美。慈（善）是基础，诚（真）是动力，谅（美）是保障。诚（真）、慈（善）、谅（美）是为三元价值核心。

三元价值准则是为：仁义诚即是道，不损他人即是德。

（三）功能开显

价值论体系包括个体价值论、群体价值论和超越价值论。

个体价值论的主观认识即是人生观。人生境界尽可自择，只要不妨碍社会、不影响他人，或在世平平常常知足常乐、或入世以立德立功立言为己任、或超世以大道大慈为心怀，常人（百姓）、贤人（君子）、圣人（超人）各得其所，形成三元境界：

常人（百姓）境界（常境）：乐天安地，和平共处。安分守法，知足常乐。

贤人（君子）境界（道境）：顺天德地，修身养性。“得志与民由之，不得志独行其道”（《孟子》）。

圣人（超人）境界（圣境）：顶天立地，大度达观。“既以为人己愈有，既以与人己愈多”（《老子》）。身心常超然于世外，又适时怀施普度众生之慈行。

个体价值论的客观认识即是生命价值论。人为万物之中最具灵性之生物，其生命价值理应高于普通生物。

以圣人之心善行天下、普慈万物，则体现超越价值论。

群体价值论即是伦理学。三元伦理主张：在保持生态平衡和人类生存的条件下普慈万物，以诚处世，以谅待人。

治国之策：以仁善正心，以道法治国，以实物安天下。为正人心而兴教育，为治国而立法律，为富足实物而倡经济——以教育善人心，以立法正社会，以经济丰实物；在生态面前物物平等，在法律面前人人平等，在规律面前事事平等。教育、法治和经济三位一体带动社会进步和经济发展。若人心不正，则道法不彰；若道法不彰，则经济不兴；经济不兴，则失去驱动民心之物质动力。

价值之旨：以善为基，统合诚信；民主自由，公平法治。财富定基于才德，价值定位于创新。基本人权和人格人人平等，个人自由以不超越法律和不妨碍他人为度。

选才之法：以仁德为基，以才识为体，以实际能力为用。德才能三者得一可用。人才，兴邦之本。

道德水平将与社会文明程度和经济水平相适应。将来，至少有三种道德标准可供选择：

（1）高标准：普慈万物、普谅众人。乐于助人、以诚处世。

（2）中标准：心善行端、正道直行。平和谦逊、以诚处世。

（3）低标准：不做坏事、不害他人。善待友人、以诚处世。

如果大多数人能达到中等标准，则社会道德将会很好。即使人们都采纳低标准，社会也将会平安。关键是“以诚处世”，是为社会诚信之源。

人生价值观、社会道德观可在三元伦理框架内构建，以期实现理想社会——万物安然平和，人民安居乐业，社会繁荣昌盛。

未来世界上农业文明、工业文明和知识文明（信息文明）将共存，构成三元文明社会。三元价值论或三元伦理学可以适合三元文明社会。

综上所述，整个三元哲学体系的核心是以理（客观知识）、气（客观物质）、心（主观精神）为本体的三元本体论，以学（学习）、行（经验）、思（先验）为途径的三元认识论和以谅（美）、慈（善）、诚（真）为特征的三元价值论。

简言之，即三元本体理、气、心；三元认识学、行、思；三元价值谅、慈、诚。以此为基础可以建构一个哲学系统，这是一种中西共体、西中合用的新哲学，希望能成为一种可以参考的世界观和方法论。

（作者系南京大学信息管理学院教授）

简论中国哲学的特征和意义

◎宁新昌

马克思曾经说过："任何真正的哲学都是自己时代精神的精华。"实际不限于此，任何真正的哲学也都是自己民族的灵魂，也都能为自己的百姓提供安身立命之所。中国哲学历经了两千多年，以其独有的方式开辟了属于中国人自己的心灵世界，构建了中国人自己的精神家园。那么，它到底是一种什么样的哲学？与西方哲学相比，它有哪些特征？又具哪些意义？不妨在此简单说说。

首先，中国哲学是关于生命的学问。与西方哲学相比，中国哲学更关心人的生命存在。反映在认知方式上，它主要是"反求"式的。所谓"反求"，就是"反求诸己""吾日三省吾身""切问近思""切己自反"以及"体贴"等，所有这些都是在反省生命的意义，追问活着的价值。说实在的，这是一个大问题，也是一个形而上的问题，而且这一问题可绝对不是虚无缥缈，也不是不着边际，更不是毫无意义，而恰恰是与我们的存在密切相联的。因为对于它的回答，决定着我们如何去面对这个世界，如何使我们的人生更有质量，如何使我们在遭遇挫折时不乱方寸、不失定力、坚毅刚强，并积极而勇敢地继续前行。

所以，在中国哲学中，人和世界总是内在统一的。人是世界的人，世界是人的世界。现实世界是人之生命的出发点，也是人存在的基本条件，人不可能离开世界，更不可能逃离现实，反过来，现实世界的意义也是由于人的存在而赋予。如果没有人的存在，这个世界就是一个没有意义的死寂的世界，因此，人是现实世界的意义源头。对于一个人来说，他的能力、水平、修养直接决定着他的生活世界，决定着他生活的广度、深度、厚度以及水平，就此而言，可以说"性"之谓"天命"，"性"决定着一个人的命运，不同的人之所以命运不同，就是因为"性"的修养不同。"性"的修养不仅决定了他的命运，也决定了他的生活世界。人和现实世界的关系就是，“宇宙内事，乃己份内事”。此犹如马克思所说对于“事物、现实、感性”，不应从客观方面，而应从主观和实践方面去理解，即通过人的主观努力、实践方式，去认识人们生活的这个宇宙，去理解这个与己息息相关的现实世界。这样一来，对于现实中的一切，即“事物、现实、感性”，包括苦难（如佛家所谓的“苦”）、贫贱、富贵、陋巷、造次、颠沛、忧患、死生，甚至非笑、毁谤、欺慢、荣辱，等等，都可以说，不仅和人们的生存密切相关，而且就是人们的现实生活，是人生命境遇中的必然存在，因为它们都来自于人的生命之根。说实在的，人这一生“不如意事常八九，可与人言无二三”。那么，如何去解决生活当中所遇到的困惑和烦恼？简单地说，就是选择一个“是”字。什么是“是”？在中国哲学文化中，有真是、善是、美是，还有信是，等等，其具体内容大概包括：“为仁由己”，“见利思义”，以礼树人，以信立人，“物来顺应”（“物至而应”，“事起而辨”），“生于忧患”，“处困而不失其宜”，“鞠躬尽瘁”，“存顺殁宁”，以及“舍生取义”“杀身成仁”，等等。

不仅如此，在中国哲学中，天和人也是内在统一的。所谓“天即人，人即天。人之始生，得之于天也；既生此人，则天又在人矣”。在人的生命存在中，不可能没有“天”，否则，人就可能会狂妄自大、胆大妄为、无法无天，人需要敬畏“天命”，需要敬畏“天理”。人和“天”的关系是，“天”因“人”而明白，宇宙有了人，便一时明白起来；“人”因“天”而有了依靠，人缺少了“天”，就失去了最终寄托。说到底，“人”永远是一个有限的存在，从根本上说，人需要依靠，更需要寄托，而“天”之所以能成为人的最后依赖，就在于它的绝对和无限。故在中国哲学中天和人并非外在对立，而是内在统一，人可以通过“尽心”而去“知性”“知天”。在“知天”“事天”“同天”中实现自己的心安理得，实现自己生命中的永恒。这就是人的生命，人的生命就应该这样存在和展开。

其次，中国哲学重在工夫，这工夫就是如何去想、如何去思、如何去做、如何去行。朱熹讲一部《论语》从“学而时习之”到“尧曰”，都是论工夫的。王阳明也讲重工夫而不重效验。据此，对于中国哲学中的一些基本范畴，如“道”“仁”“心”“性”“理”的理解，我们就应该首先从工夫出发，从动词出发，从过程出发。就“道”而言，《说文·辵部》说：“道，所行道也。从辵，从首。”“道”是人走的路。“辵”为动词，有行走义。《庄子》说：“道行之而成。”《中庸》说："诚者，自成也；而道，自道也。""道"是人的存在方式，所以"道不远人"，人这一辈子就应该走在"道"上，活在"道"上，当然，最终也应该"死"在"道"上。一个人如果不"行"在"道"上，不走在"人道"上，那就不是人，而是禽兽。"道"和"仁"有关，"仁也者，人也。合而言之，道也"。什么是"仁"?《说文解字》说："仁，亲也，从人，从二。""仁"讲的是人与人之间的关系，这种关系不是一般的关系，本质上是爱人、尊重人、体贴人、宽谅人。"己欲立而立人，己欲达而达人"；"己所不欲，勿施于人"。仁义礼智信，"仁"居其首，亦为其总，"义礼智信，皆仁也"。但它们都不是对象性的存在，而是人自身的存在，也是人的行为准则。"仁"是"心"的体现，"心"既是名词，也是动词，其基本含义是"思"，"心之官则思"。"思"和"想"不同，人之所想者是"物"，所思者是"道"。"诚者，天之道也；思诚者，人之道也。""思"中有"觉"，"觉"为觉悟，"觉"也是"思"。"性"和"心"有关，"性"字构成，其中有"心"，因此"性"非被动，实乃主动。程颢《定性书》中的"性"是"动亦定，静亦定，无将迎，无内外"，说的是人在生活中无累于物、无役于名、不流于俗，强调的是在任何情况下的自信、镇静和淡定，讲的是人的修养。还有"理"，它是中国哲学的一个重要范畴。"理"是什么？是宇宙中的道理，是生活中的原则，文明社会是讲礼貌、讲道理的，"理"不仅是宇宙的本体，更是做人的工夫。工夫可不是一时半会的事情，它是一辈子的事，所谓"百年之计，莫如树人"。借用一句流行语就是，"作风建设永远在路上"。故中国哲学可以说是工夫形而上学。

再次，中国哲学属于境界形而上学，这是它和西方形而上学的不同之处。西方哲学是一种对象性的思维，故它是一种纯粹的实体形而上学。中国哲学则不然，它的基本命题，如"性即理也""心即理也""道可道，非常道""即心是佛"等，说的都是本体和人的关系。在中国哲学中，本体总是和人的存在密切相联，并通过人的境界呈现出来。所以，本体既是对象性的，又是非对象性的。对象性指的是真善美，犹如"高山仰止，景行行止"。人们总是有所期待、有所追求、有所向往、有所依赖，总是有所思的。非对象性指的是它的超越，即"宇宙便是吾心，吾心即是宇宙""万物皆备于我""天地之塞，吾其体；天地之帅，吾其性""天地与我并生，而万物与我为一""独与天地精神相往来"，以及真如本体的"非有相，非无相，非非有相，非非无相"，它无规定、不可思议，但能觉悟。境界形而上学就是对形上存在的觉悟，“学者，觉也”。这形上（超越）的存在是不能规定、无可思议的“大全”，它包含了人的生命，融摄了人的存在。人若能走入“同天境界”，就可以感受到无限的自由，也能呈现“真我”的存在。

中国哲学的意义就在于通过理解、体贴、涵养，以及“觉解”去确立人的信仰（信念）。它不是先信仰了再去理解，而是相反。由理性认知、道德修养、思想觉悟为人们建立起精神上的家园。这样的传统需要我们认真地继承。

在学习和研究中国哲学的时候，可一定要记住：中国哲学是“为己之学”，它要求每个人都能成就一个真正的自己，亦即“真己”，具有“真己”人格的人活得踏实，过得实在，堂堂正正、仁而不忧、智而不惑、勇而不惧。中国哲学也是“心性之学”，它要求人们立足于自己的“心性”去思考生命的意义，思考自己应该怎样去坦诚地面对生活，“诚者，天之道也；思诚者，人之道也”。中国哲学也是“义理之学”，它要求人们明白大义，懂得世理。在大义面前，正气凛然；在日常生活中，以诚待人、与人为善，以理服人、讲究情义，不说假话、不做妄事。

当然，也必须知道：中国哲学不是“为人之学”，即学习哲学不是为了取悦于他人、迎合于流俗，不是把人培养成不讲原则、没有气节的“乡愿”。中国哲学也不是“词章之学”，即研习哲学不要去玩概念游戏、故弄玄虚，用王阳明的话来讲，就是不要去“玩弄光景”。中国哲学也不是工具之学，不是要把人培养成驯服化了的工具，即只会操作，不懂做人，无情无义、麻木不仁，无同情怜悯之心、缺怵惕恻隐之情，整个就是一个冷血动物。有人说，现在“我们培养了很多精致的利己主义者，很多高学历的野蛮人，他们是冷冰冰的”，说的就是在哲学人文教育方面的失误。

总之，中国哲学的意义在于塑造人的自由品格，提升人的精神境界，给人的生命存在找到精神上的家园，使人在日常生活中有一种“家”的感觉。

（作者系佛山科学技术学院教授）

中的观念与中的文化（论纲）①

◎王兴国

我们的哲学与文化向来就具有崇中、尚中的精神，至今不变。如果说中国哲学是中的哲学，中国文化是中的文化，那是一点也不过分的。我们经常讲“不走极端”，或“‘防左’‘反右’”，都表示要恪守“中”或“中道”的精神。梁漱溟先生早在其《东西文化及其哲学》中便很有见地地指出，相比于印度文化与西方文化而言，中国文化是一调和持中的文化，不能不说是一个深刻的洞见。梁漱溟先生还指出，中国哲学（形而上学）的中心意思为“调和”，“以为宇宙间没有那绝对的、单的、极端的、一偏的、不调和的事物；如果有这些东西，也一定是隐而不现的。凡是现出来的东西都是相对、双、中庸、平衡、调和”②。今天，在河南日常方言中，“中”是一个出现频率非常高的单音节词，虽然发音上有所变化，一般不念“zhōng”而念“zhóng”，但二者之间仍有联系：凡是在应答中肯定、称赞、许诺的事情，皆答曰“中”。由此可见，崇中所留下的印迹与影响之深，更可见“中”乃一活的精神。唐君毅先生论“‘中’国哲学与中和之道”，则指出：

> 上文吾人只说道之一名，自孔子以后即为中国学术思想所环绕之一核心，然不如宋儒之说自尧舜禹起即有一贯之道统相传。宋儒之本《古文尚书》，而谓尧舜禹即以“道心唯微，人心惟危，惟精惟一，允厥执中”之心法相传，吾人只能视之为后来之说。然除去《伪古文尚书》，《盘庚篇》亦已见有“各设中于乃心”之句。《召诰》《洛诰》有“时

---

① 本文根据作者在“中国文化的历史反思和当代构建”学术研讨会（广东省社会科学界联合会主办，中山大学文化研究所、学术研究杂志社承办，2016 年 5 月 20—22 日）上的大会发言稿修订。

② 梁漱溟：《东西文化及其哲学》，《梁漱溟全集》第 1 卷，济南：山东人民出版社，1989 年版，第 444 页。

中”之名，《酒诰》有“中德”之名等，《论语》之纪尧“咨！尔舜……允执其中”[①]。《中庸》之引孔子语舜“执其两端，用其中于民”，亦可其原甚远。吾人可由一树之果之何若，以推其本之何若，则吾人自亦可由中国后来学术思想之重此心之合乎中道，以推中国之文化学术之本原，即自始向在此“中道”。此“中”之义为无偏，则恒与大之义及和之义相连。和之一字初原于音乐，其原盖尤远。在《虞夏书》中已有“协恭和衷”，而具道德意义之语。中国之政治文化之自觉的求大而能容，以成大中或大和，则至少在周代人之思想中，已逐渐形成。如上述《周书》（引者按：《洛诰》）之言“大和恒四方民”，以立无偏无党，而为大中之“皇极”。在《左传》与《国语》中，言及中与和之语已甚多。如《左传·成公十三年》，刘康公之言“民受天地之中以生，所谓命也”。襄七年晋韩献子言“参和为仁，正直为正，正曲为直”，正直即中也。余不尽举。《周语》所记单穆公言“耳之察和”以成乐，至“政象乐，从从和，和从平”“有和平之声”，而“道之以中德”之一大段文，及《国语·郑语》之言“和实生物，同则不继，以他平他谓之和”之一大段文，皆中国学术思想之一原始所在。《郑语》辨和与同之不同，轻同而重和。故谓“唯和能丰长而物归之，若以同裨同，尽乃弃矣。故先王以土与金、木、水、火杂，以成百物，和五味以调口，刚四支以卫体，和六律以聪耳，正七体以役心，平八索以成人，建九纪以立纯德，合十数以训百体，出千品，具万方，什亿事，材兆物，收经入，行姟极。先王聘后于异姓，求财于多方，择臣取谏工；而讲以多物，务和同声。声一无听，物一无文，味一无果，物一不讲”。此与《左传·昭二十年》晏子对齐侯所论之“和”与“同”之不同之一大段文，大旨相合。唯晏子更据以言君臣之或可或否之相反相成，以致其政之平，德之和。故谓“君所谓可，而有否焉，臣献其否，以成其可。君所谓否，而有可焉，臣献其可，以去其否……以平其心，成其政也……

---

① 注意：唐君毅先生这里所引《论语·尧曰》的话不全，全句为：“尧曰：‘咨！尔舜！天之历数在尔躬，允执其中。四海困穷，天禄永终。’舜亦以命禹。”

心平德和"[①]。孔子继之以言礼之用，和为贵，更言中庸为至德。孟子继之言君子中道而立，恶乎执一而废百者。荀子亦言"凡人之患，偏伤之也"。以道为"体常尽变，举一隅不足以当之"者。荀子贵隆正，言中与和之语亦多。老子言"守中"，言"知和"，庄子言"养中"，言"和之以是非"，"寓诸庸"。至《中庸》而言"致中和，天地位焉，万物育焉"，以中庸为至德。此虽立说不同，然于贵中和之义，则一脉相承。汉人贵中和之语，不必一一举，此可观惠栋《易微言》，陈徨之《汉儒通义》所辑。佛学入中国，印度之般若三论宗与法相唯识宗，皆自谓为大乘佛学之中道。中国之成实论师及吉藏、智颉，皆特标出种种之中道义，华严宗则尤重在言相异者之相入相即，以成和。唐人有王通自号文中子，作中说，柳子厚亦随处言大中。宋代理学则周濂溪《太极图说》，以中正仁义之道立人极。张横渠首太和之论。程子以中为未发之大本，和为已发之达道，则纯自心上言中和。朱子之辨中和，亦即辩心之已发未发。阳明之学，亦初由此心之中和之问题入，其时之湛甘泉，以中正言天理。至刘蕺山而明谓宋明之儒学之工夫，不出致中与致和之外。清人言汉学，则惠栋、至陈澧，皆谓汉儒最重此中和之义。爰及民国肇造，而立国名为中，定国制为共和，今正当历甲子一周之年。而中华之华，则固由中国中原民族之自称华夏。而称华者则自其文化之花朵光华而说。此中国今日之立国定名，皆非事出偶然，而由数千年之思想，原重此中与和及文华之旨，冥权密运于其中之故。则为《伪古文尚书》者，与宋儒之由树之果以推其本，谓尧舜禹之相传，即有一允厥执中之道，为其统，亦非不可说。中以不偏为义，然又即在内之心之称。此二义初不同。然心之所以为心之性，亦原是不偏。则此二义，未

---

① 原文为：齐侯至自田，晏子侍于遄台，子犹驰而造焉。公曰："唯据与我和夫！"晏子对曰："据亦同也，焉得为和？"公曰："和与同异乎？"对曰："异。和如羹焉，水火醯醢盐梅以烹鱼肉，燀之以薪。宰夫和之，齐之以味，济其不及，以泄其过。君子食之，以平其心。君臣亦然。君所谓可而有否焉，臣献其否以成其可。君所谓否而有可焉，臣献其可以去其否。是以政平而不干，民无争心。故《诗》曰：'亦有和羹，既戒既平。鬷嘏无言，时靡有争。'先王之济五味，和五声也，以平其心，成其政也。声亦如味，一气，二体，三类，四物，五声，六律，七音，八风，九歌，以相成也。清浊，小大，短长，疾徐，哀乐，刚柔，迟速，高下，出入，周疏，以相济也。君子听之，以平其心。心平，德和。故《诗》曰：'德音不瑕。'今据不然。君所谓可，据亦曰可；君所谓否，据亦曰否。若以水济水，谁能食之？若琴瑟之专一，谁能听之？同之不可也如是。"

尝不相通。以不偏之中心为体，其表现之用，则为合异以成和，则中和二而不二矣。然吾书之不直以此中和为中国之道统所系者，则由吾特重周语晏子所说“以他平他谓之和”，君臣互献其可否之义。故吾亦当由中国学术思想中，诸先哲所言之种种道之互相可否，而相反相成处，以见此中国学术思想中之太和之道；更由此太和之道，以见此大中之道。故吾不说此中和为中国之道统，亦正所显此中和为中国之道统。盖若只处处扣紧中和之一名而说，则我与读者，皆将以此二名之义，先自束缚，而于诸前哲之互相可否，而大开大合所成之种种思想之光华，反将蔽而不见，亦不能实知此中华之学术思想中，由太和以成之大中之道之何所似矣。此吾之不说此中和，以成吾说之中和，原亦为吾书之密意之一，本亦不宜更自加点破。但点破后，读者可更忘之，则亦无害耳。①

唐君毅先生的这段文字，基本上概述了中国历史文化的“大中之道”或“中和之道”的思想源流，尤为可贵的是，唐君毅先生把中国文化所崇尚的“中道”精神视为中国学术文化的本原，并由中国学术思想中的“太和之道”发现与揭櫫中国的道统，即是说，这一“中和之道”就是中国的道统；唐君毅先生还指出这一“大中之道”乃是与华夏悠久之民族、历史文化、学术思想，以及中国现代的国家观念密切相连、气息相通的。

此外，唐先生认为，“中”与“大”“和”的组合分别形成了“大中”与“大和”的观念，而“和”最初源于音乐（即宫、商、角、徵、羽五音之协和），后来演变出具有道德意义的用语，这在《虞夏书》中的“协恭和衷”一语中已经出现。而“大中”与“大和”的观念，最晚在周代人的思想中就已逐渐形成。我以为这一论断是可以成立的。

这方面的文献依据，不仅见之于唐先生所指出的《尚书》中《盘庚》篇的“各设中于乃心”之句，《召诰》《洛诰》的“时中”之名，《酒诰》的“中德”之名，以及由《洛诰》之言“大和恒四方民”而显见的大中“皇极”观念，而且更见之于《周易》之中。

诚然，《周易》经文的形成与流行，当不会晚于西周。换言之，如果就《周

---

① 唐君毅：《中国哲学原论·原道篇卷一》，（台北）学生书局，1978 年第 3 版，第 64 – 70 页。引文的标点符号有改动。

易》的"本经"（不包括《易传》）而言，在起源和形成的时间上，必当早于《尚书》。[1] 因此，追溯崇中的思想渊源，就不能不以《周易》为先。这一点很是关键，为唐先生所遗漏，所以在此必须补出，并予以重视。

事实上，崇中的思想观念由来已久，源远流长，一般地说，中国哲学与文化的三大主干——儒、道、释以及中医都尊崇"中""中和"或"中道"，但究其根源，则不能不说，"中"或"中道"的观念源于《周易》（五二之中、刚中、柔中、文中、中正、中吉：由位中、时中、性中［性质、属性之中］、应中［关系之中］等引申出德中、中吉、行中［中行］的价值观念，统括于"中正"这一概念）、《尚书》（允执其中，《论语·尧曰》亦引此语，皇极大中，以及唐君毅先生所指出的"设中于乃心""时中""德中"，此与《周易》书中的"时中""德中"观念正可以互相印证），经过以孔子为代表的儒家对"中"或"中道"观念的发挥与提升，这表现为孔子坚持"仁智"双彰、"礼乐"并用、"富"而有"教"，强调"仁义礼智信"统一、"温良恭俭让"协一、"学而时习之"（即"好学"与"力行"的统一），以"和"为贵，视"中庸"为至德的价值原则和方向，使"中"或"中道"的思想实现了一次质的飞跃，"中"的思想观念得到了哲学化与系统化，形成了以《中庸》为代表的"中"的哲学或"中庸之道"的哲学。其核心与主旨即在"致中和，天地位焉，万物育焉"与"故君子尊德性而道问学，致广大而尽精微，极高明而道中庸"，故"择乎中庸""君子时中""和而不流""依乎中庸"，不仅以中庸为宇宙之生的本元与动力，而且视之为修为的至高之境，讲求与强调人天的合一，并要"择善而固执"，身体力行，守三达德（仁、智、勇），奉五达道（君臣、父子、夫妇、昆弟、朋友），落实在社会的生活之中，修（修身）、事（事亲）、知（知天），齐（齐家）、治（治国）、平（平天下），一皆以中庸为最高的准则。所以，《中庸》不啻言"中"，而且必言"诚"，"诚"与"中"，无论天上、地下与人间，一而已。所谓"诚者，天之道也；诚之者，人之道也。诚者，不勉而中，不思而得，从容中道，圣人也"。无疑，"圣神功化之极""存养省察之要"尽在此"从容中道"。那么，则"唯天下至诚，为能经纶天下之大经，立天下之大本，知天地之化育"。可以说，中庸乃古今万世宇宙人世（包括个体生命）的生态祥和之至道，至诚如神，可以前

① 这一问题笔者在有关《周易》的讲稿中已有论述，此不赘言。

知，得之则生，失之则亡。

道家亦有崇尚“中”的观念，与儒家同出自于《周易》，以“阴阳”之道为基础而追求冲和或中和（老子）与“两行”之理（庄子）的境界。上引唐君毅先生所点出的老子言“守中”并强调“知和”，庄子言“养中”而主张“和之以是非”，“寓诸庸”，亦自当为明证。我们常常讲在中国哲学与文化中，儒道互补。实际上，儒道互补不仅是对于“中”的崇尚与追求，而且儒道互补是以“中”或“中道”原则为基础的。

中医具有典型的崇尚“中”的思想，中医的基本思想与理论根源于《周易》的“阴阳”观念，并结合“五行”范畴，以“阴阳平衡”的“中和”思想为指导，以“不治已病治未病，不治已乱治未乱”（《内经·素问·四气调神大论》）为核心理念，形成一套以保健养身、防病延年为优先，而探病研几，辨证施治以殿后的医学理论，在“阴平阳秘”中强调与讲求人的生命自身、人与环境（包括与家庭、社会、自然）、人与时辰之间的平衡和统一（此可以以“子午流注”论为代表。子午流注，本来是指中医按时取穴或配穴的一种针灸疗法。所谓“子午”，是指时间，即十二经地支阴支与阳支互相配合的代表。《灵枢·卫气行篇》有云：“岁有十二月，日有十二辰，子午为经，卯酉为纬。”这是以子午线分夜半与日中之阴阳，以卯酉线分昼夜之阴阳；以每日太阳中午的时刻为午正，大约每一时辰合今日之二小时；一日划分为十二时辰，每二个时辰为一气，合成六位，故一日有六气［六气划分法］。所谓“流注”，则是从《灵枢·九针十二原篇》的“所溜为荥，所注为俞”一语而来，以水流来比喻人体气血的运行。它指出人体十二经脉从四肢末端至肘、膝方向各有“井”“荥”“俞”“经”“合”五个特定的类穴，总称“五腧”。这是根据水流的大小来形容各经脉之气由小到大、由浅入深的特点。经气初出，犹如水的源头，故谓之“井”；井穴多位于肢端爪甲之旁。经气稍盛，如水成微流，涓涓而行，故谓之“荥”；荥穴多位于指［趾］掌［跖］部。经气渐盛，如较大水流灌注，水流成渠，故谓之“俞”；俞穴多位于腕［踝］关节附近。经气大盛，像水流之长行，故谓之“经”；经穴多位于腕［踝］或臂［胫］部。经气充盈，盛深入处，宛如百川汇归于大海，故谓之“合”。“流注”说揭示了人体气血运行的一种规律。子午流注法以《黄帝内经》中“天人相应”的哲学观为立说的基础和范导原则，以十二经中的六十六个“五腧［穴］”为基础，结合天干地支五行生克的演化，按照日时的运行变易，类推十二经气血运行之开阖盛衰的情况，以此作为取穴的依据。在明代医家杨继洲所著的《针灸大成》中收录徐氏《论子午流注》一文，其曰："子午流注者，谓刚柔相配，阴阳相合，气血循环，时穴开阖也。何以子午言之？曰：子时一刻，乃一阳之生；至午时一刻，乃一阴之生，故以子午分之而得乎中也。流者，往也。注者，住也。天干有十，经有十二……经中有返本还元者，乃十二经出入之门也。阳经有原，遇俞穴并过之，阴经无原，以俞穴即代之。是以甲出丘墟，乙太冲之例……故阳日气先行，而血后随也。阴日血先行，而气后随也。得时为之开，失时为之阖……子午相生，阴阳相济也。阳日无阴时，阴日无阳时……阴阳和合，而不相伤。"① 简而言之，人体血气应时而至为盛，血气过时而去为衰，逢时而开，过时为阖；泄则乘其盛［即经所谓"刺实者"］，刺其来；补则随其去［即经所谓"刺虚者"］，刺其去；刺其来迎而夺之，刺其去随而济之。以此原则取穴，就可以收到良好的疗效。这一针灸疗法就是"子午流注"法。其思想渊源可以追溯到《黄帝内经》和《八十一难经》，始于先秦，在宋、金、元时期得到了巨大发展，到明代形成了子午流注法。从中分化出子午按摩法或子午点穴法。子午流注法把人体脏腑在一天十二个时辰中的开阖盛衰情形旁通统贯，视为一个动态有序的整体来对待，强调人体之气血周流出入，皆有定时，故人体气血周流的情况必须与大自然运行的时间节律相配合，才可保持长生久视而不衰的健康效果，对中国人的生活与文化乃至世界，尤其是东亚文化产生了持久而深远的影响。

在儒道之外，佛教虽自印度而来，但融入中土，成为中国哲学与文化不可或缺的一个部分，与儒、道"三分天下"有其一，形成三足鼎立之势，对中国人的心灵与生活产生了深远的影响，我们常常称之为中国文化的三大主干之一。佛家也有崇尚"中"的思想观念，但别开一路，不同于儒、道、医的"中"，此犹如唐君毅先生所说，佛学进入中国后，印度的般若、三论宗与法相唯识宗，都自视为大乘佛学之中道。在佛教在地化而中国化的过程中，成实师，以及三论宗的创始人吉藏和天台智者大师智顗，也都特别标出种种"中道"之义，华严宗则尤为注重在"言相异者之相入相即"，以成"和"之义。这是毋庸置疑的。

缘于中观宗的中道思想的广泛影响，佛教的中道观可以中观派为代表。中观

---

① ［明］杨继洲：《针灸大成》，北京：人民卫生出版社，1995 年版，第 212－213 页。

派以“缘起性空”为理论基础，追求对于“空”与“有”的统一和超越，而中国化的不同于印度禅的“中华禅”（印顺语）不仅继承了佛教固有的“中道”精神，而且也融摄了儒家的“中道”智慧，立足“本心”，主张即世间而出世间，即出世间而世间，打破了“出世间法”与“世间法”的隔离，力图实现“出世间法”与“世间法”的统一，把“中道”智慧落实在禅家的生活实践之中。

在儒、道、医、释之外，其他诸子百家的思想中亦不乏崇尚“中”的思想，尽管对中国文化也有一定的影响，但是在中国哲学思想与文化上没有系统的理论建树，没有形成主流，不能居于代表性的地位。

“中”的观念自古及今，始终贯彻于中国哲学与中国文化的始终，成为中国哲学与文化的核心观念，不仅影响着中国哲学与文化的发展，而且影响着中国人的生活（如饮食、养生、审美都讲求中和之境）。

在文化类型学以及文化形态的表象上，有“中”文化与“反中”文化即君子文化与小人文化[①]，前者为中正、正大、光明的文化，是人类文化的康庄大道，后者是极端、邪曲、阴险的文化，是人类文化的歪门邪道。

迄今来看，在哲学上真正完成把儒、道、释三教的“中”的思想观念统一起来的是现代的儒家哲学。（一般认为，宋明儒家已经实现了儒、道、释的统一，使三教归一，故有宋明理学的出现与繁荣。其实，这是一极欠分析的笼统的说法。事实上，由于宋明儒学家皆辟佛，甚至辟老庄之道，与申韩之毒并列，致使他们对于佛教的了解与吸收受到莫大的限制，不可能真正地实现儒、道、释的融合统一，即使就对佛理摄取较多的朱子和阳明子这样的大家而论，也至多是在比较有限的程度上完成了三教的统一。明末大儒刘宗周在《致君主于尧舜疏》中说：“夫诸贤之于佛老，果何如者而云三教之一理乎，臣于是仰窥陛下之心矣，忽焉而宗儒，忽焉而奉佛，或合之，或离之，方摇摇而无定也。岂……求之吾儒而不得其说，不免依傍于二氏，至求二氏，而终不得其说，乃归还之吾儒乎?”这虽然讲的是皇上对于儒释道三教的心态，但足以说明三教并没有真正地实现归一。老实说，融合和统一儒、道、释三教并超越释道的工作，是宋明儒家未能完成也不可能真正完成的课题与未竟之业。这一课题的完成，必须有开放的心态，

① 仲尼曰：“君子中庸，小人反中庸，君子之中庸也，君子而时中；小人之中庸也，小人而无忌惮也。”（《中庸》）

必须解除批佛辟道的禁锢，真正深入佛道义理的核心，入乎其内而出乎其外，才有可能。再就是，实现儒、道、释的统一，必须要有一套系统的理论间架，这非有西方哲学的底子不成。所以，真正地实现儒、道、释三教统一的哲学理论建构，就要到20世纪了。在这个世纪，当代新儒家不仅彻底破除儒家批佛辟道的业障，精于佛道研究，而且充分地汲取与融摄西学，并积极地回应西学。在这一过程中，当代新儒家筚路蓝缕，披荆斩棘，历尽艰险，开创新典范，才做到了把儒、道、释三教融合和统一起来，故有原创性的现代中国哲学的建立。这当以梁漱溟、熊十力、张君劢、马一浮、方东美、唐君毅、牟宗三为代表，其中最为重要的当为熊、牟、唐、方四人。此诚不可不论。）

然而，当代新儒家虽然建立了具有中道精神的哲学体系，却未能在哲学方法与文化心态上克服和超越宗教以及宋明儒的判教陋习，虽然提出了“大中之道即中国道统”的闪光思想，却未能围绕着这一中心命题，谱写出新的“中庸”篇章。

当我们站在时代精神的高度上，回顾历史，放眼未来，就不能不说：大中至和之道不仅是中国的道统，而且是世界的道统；不仅是中国人的道统，而且是全人类的道统。无论何时何地，人类都需要这一道统，由它来范导人类的精神文化生活，构建把世界引向生态和谐健旺的文明之法则。

今天中国或世界在许多方面失“中”，呼唤中哲学与中文化仍然是时代的需要。世界需要“大中之道”。我们要做的工作是：

返本开新，重塑中道。返回源本的“正中”，结合时代精神的发展，重新发掘中道思想，建立中道哲学，谱写新的“中庸”华章。

（作者系深圳大学国学研究所教授）

论刚健自强精神的历史内涵

◎于　霞

刚健自强精神是“中华民族精神的核心内容”①，是中国文化的主流精神。这一精神是中华民族赖以形成、发展、强盛的强大动力，也是中华民族屹立于世界民族之林的牢固基石。

在传统文化当中，更多的是从“德性”的视角来看待自天至人的“刚健自强”。② 天道刚健，化生万物，人道法天，自强不息。面对人生道路上的各种艰难困苦，勇于担当，积极进取。通过个体主观努力形成一种至大至刚、勇往直前的意志力量和精神气质，达到一种恢宏的人格境界。

一、道德自信

道德自信源自于对道德价值的充分肯定，对道德生命力的坚定信念，对道德追求有坚定的信心，才能获得坚持坚守的从容，鼓起奋发进取的勇气，焕发创新创造的活力。③ 道德自信是刚健自强精神的逻辑起点。

（一）效法天道刚健

《易传》对刚健有为、自强不息的思想作了经典的表述。

天道刚健，化生万物。《象传》说：“天行健。”《文言》说：“大哉乾乎！刚

---

① 张岱年：《传统文化之我见》，《人民论坛》，1998 年第 6 期。

② 李翔海：《中华民族精神的形上内核新论》，《学术月刊》，2008 年第 5 期。

③ 云杉：《文化自觉　文化自信　文化自强——对繁荣发展中国特色社会主义文化的思考》，《红旗文稿》，2010 年第 15、16、17 期。戴茂堂：《道德自觉 · 道德自信 · 道德自强》，《道德与文明》，2011 年第 4 期。

健中正，纯粹精也。”“乾，天也。”孔颖达疏曰：“谓纯阳刚健，其性刚强，其行劲健。”“健”者，乃“阳气的本性，含有主动性、能动性，以及刚强不屈之义”①。天的性质特点是“健”，所以刚强不屈，不可阻挡。《系辞下》说：“天地之大德曰生。”《象传》说：“大哉乾元，万物资始，乃统天。云行雨施，品物流形。大明始终，六位时成，时乘六龙以御天。乾道变化，各正性命，保合大和，乃利贞。首出庶物，万国咸宁。”天体之行，昼夜不息，周而复始，运行不止，化生万物，各得亨通，无所壅蔽，从而生成了一个万物生长、万象更新的世界。

人道法天，自强不息。《象传》说：“天行健，君子以自强不息。”人的活动乃是效法天，天道刚健，君子应当以天道为法，刚毅顽强，锐意进取，自强不息。“刚健而文明，应乎天而顺乎人。”自强不息强调的是主动积极向上，决不懈怠，要求“君子”刚健有为、坚持不懈地锐意进取，唯有如此，才能参赞天地，化育万物，生生不息。

人道源于天道，人与天地万物同出一源，是一个有机联系的整体，“天地絪缊，万物化醇”（《周易·系辞下》），万物均是天地和合的产物，“有天地然后有万物，有万物然后有男女”（《周易·序卦》），“人但物中之一物耳”（《张载集·语录》上），人是万物中的一员，是天地万物中的一部分。君子追求天人合一，与天地合德，张载说：“圣人神其德，不私其身，故乾乾自强，所以成之于天耳。”（《横渠易说·上经·乾》）天运行不息，地包容万物，人与天地合德，应乾乾自强，进德修业，刚健应天，与时偕行，昼夜不舍，如此方可成为圣人君子。“人的生命是可贵的，但人之所以可贵，就在于实现‘天德’，‘与天地合德’。”② 天道刚健，生生不息，化生万物，人应当依天道而行，如天地生养万物般，自强不息、运动不止地去求知修德，以“圣人之动”，求得“至德之功”。

（二）高扬主体意识

君子法天而行、刚健有为的起点是主体意识的确立。需充分意识到自己的价值，执着对道的追求，勇于承担弘道的责任。

---

① 张岱年：《论中国文化的基本精神》，《中国文化研究集刊》第一辑，上海：复旦大学出版社，1984 年版。

② 蒙培元：《为什么说中国哲学是深层生态学》，《新视野》，2002 年第 6 期。

从西周开始，人的主体意识逐步彰显。西周时期的敬德保民观念，冲击了夏商以来的天命神权观念，把人从鬼神的控制下解脱出来。春秋时期，人的主体意识开始觉醒，随国大夫季梁说：“夫民，神之主也。是以圣王先成民而后致力于神。”（《左传·桓公六年》）凸显了民的价值和作用。虢国大夫史嚚提出：“国将兴，听于民；将亡，听于神。神聪明正直而一者也，依人而行。”（《左传·庄公三十二年》）突出了民在国家兴亡中的主体地位和作用，而把神降到了人的意志的执行者的位置，从而否定了传统天命神权观念中神的主宰地位。子产说：“天道远，人道迩，非所及也，何以知之?”（《左传·昭公十八年》）子产第一次把天道和人道区分开来，这不仅是对传统天命神权观念的致命一击，也是中国认识史上一次重大的质的飞跃。

此后，儒家高扬道德主体意识，他们认为人最为天下贵，作为万物之灵、宇宙之精华的人，具有自由意志、理性思维与是非判断能力，能够主宰自己的命运。

孔子的“仁”在内在的方面突出了个体人格的主动性和独立性，孔子说“为仁由己”（《论语·颜渊》），“我欲仁，斯仁至矣”（《论语·述而》），“为仁”是自我的道德选择，主体在这一点上完全可以自做主宰，无人能够剥夺，“三军可夺帅也，匹夫不可夺志也”（《论语·子罕》），人作为道德主体，其“为仁”的意愿及行为就是主体自身力量的体现。在此基础上，孔子表现出强烈的使命感，“文王既没，文不在兹乎？天之将丧斯文也，后死者不得与于斯文也；天之未丧斯文也，匡人其如予何”（《论语·子罕》），孔子坚持“天不欲丧斯文”的强烈信念，体现了他对历史文化的使命感、责任感。

孟子则表现为一种宏大的人生抱负，自觉承担天命的意识，体现着个人对儒家道德理想的强烈追求与献身精神。孟子说“仁、义、礼、智，非由外铄我也，我固有之也”（《孟子·告子上》），“万物皆备于我矣”（《孟子·尽心上》），因此他高扬道德主体意识，“居天下之广居，立天下之正位，行天下之大道”。同时，孟子表达了强烈的自觉担当精神，“夫天未欲平治天下也，如欲平治天下，当今之世，舍我其谁也”（《孟子·公孙丑下》）。孟子认为士君子应该具有一种浩然之气，“其为气也，至大至刚，以直养而无害，则塞于天地之间”（《孟子·公孙丑上》）。有了这股浩然之气，个人就拥有了一种强大的内在精神力量，这种精神力量并非来自外在的命令，而是发自内心的责任感，从而自觉地将天降大任作为无条件的使命而担负起来，承担起弘道行义的历史使命。

曾子曰："士不可以不弘毅，任重而道远。仁以为己任，不亦重乎？死而后已，不亦远乎？"士把实行和弘扬仁道作为自己人生的使命，奋斗终生，死而后已，这就要求士具有坚毅宏大的品格，不信赖命运、不假借鬼神、不依赖他人，依靠自己的力量完成自己德性的提升和价值的展现，从而从根本上树立至大至刚的进取精神，成为自强不息的动力之源。

（三）弘扬进取精神

天道运行不息是其本性，而君子自强不息，则需要奋起进取精神。《周易》说："君子终日乾乾，夕惕若厉，无咎。"君子要取法天道，就要每天勤勉不倦，不断自我警醒，及时改过，永不懈怠。只有这样，才不会发生过错，招致祸患。

孔子一贯主张积极进取的人生态度，反对饱食终日、无所事事，他批评这样的人说："饱食终日，无所用心，难矣哉！"（《论语·阳货》）这种浪费光阴的人，最终必将一事无成。人生短暂，如流水般一去不回，因此必须珍惜时光，奋力进取，甚至"知其不可而为之"。胡适认为："'知其不可而为之'七个字写出一个孳孳恳恳终身不倦的志士。"[①] 明知乱世道不行，也不放弃，依然执着，勉力为之，刚健前行。董仲舒则主张"强勉"，即充分发挥人的主观能动性，来增进学问，提升道德，"事在强勉而已矣。强勉学问，则闻见博而知益明；强勉行道，则德日进而大有功"（《汉书·董仲舒传》）。董仲舒的"强勉"与孔子的"知其不可而为之"的精神是一脉相承的。"强勉即是努力有为"[②]，人性莫不好逸恶劳，若要有所作为，不甘于平庸，只有从"强勉"二字上下工夫。知易行难，只有不畏艰难，强勉前行，才能真正成就一番事业。

文天祥对"君子终日乾乾"作了进一步的解释。他说："《乾》称进德者三，而《象》曰：'天行健，君子以自强不息。'圣人复申之曰：终日乾乾，行事也。君子之所以进者，无他，法天行而已矣。进者，行之验；行者，进之事。进百里者，吉行三日；进千里者，吉行一月。地有远，行无有不至，不至焉者，不行也，非远罪也。"（《文天祥全集》卷十《题戴行可进学斋》）君子只需效法天道，进取不息，则不管是道德境界还是人生抱负皆可实现，如果没有实现，绝不是因

① 欧阳哲生主编：《胡适文集》（第6卷），北京：北京大学出版社，1998年版，第209页。
② 同上，第586页。

为目标高远，而是因为丧失了进取精神。若要达到自己的人生目标，必须积极前行，如此才能成就宏图大业。

薛瑄则指出了君子需自强不息的原因：“天德流行不息者，刚健而已，人虽有是德而不能无间断者，由有私柔杂之也，故贵乎自强不息。”（《薛瑄全集·读书录》卷一）又说：“天之不息以刚，君子法天之不息亦以刚。”（《薛瑄全集·读书录》卷五）天道流行不息，运行不止，刚健有为，所以才能生养、发育万物，这是天固有的自然本性。人虽有刚健之德，但同时也有柔顺夹杂其中，所以法天自强并非人的本性，而是人从天道运行中所得到的启示，要真正践行自强不息，需要长期的坚苦修养。

颜元对“动”和“进”的强调，表达的也是同样的道理。“吾尝言一身动则一身强，一家动则一家强，一国动则一国强，天下动则天下强，益自信其考前圣而不谬矣，后圣而不惑矣。”（《颜习斋先生言行录》卷下《学须第十三》）“动”则强，不“动”则弱，所以遇事“都向前铺张去做，常常挞起精神”（《颜习斋先生言行录》卷下《鼓琴第十一》）。学者必须要振作精神，克服萎靡懒惰，才能在不断进取中成就道德和学业。

梁启超在《君子》一文说：“乾象言，君子自励犹天之运行不息，不得有一暴十寒之弊。才智如董子，犹云勉强学问。《中庸》亦曰，或勉强而行之。人非上圣，其求学之道，非勉强不得入于自然。且学者立志，尤须坚忍强毅，虽遇颠沛流离，不屈不挠，若或见利而进，知难而退，非大有为者之事，何足取焉？人之生世，犹舟之航于海。顺风逆风，因时而异，如必风顺而后扬帆，登岸无日矣。”① 君子自我激励，心意坚定，无论顺逆，勇往直前。

（四）坚守道义价值

天道刚毅健劲，无坚不摧，君子法天，为了自己的信念，勇往直前，不可阻挡，即使在面临生死抉择的时候，也依然无所畏惧，他们塑造了中国历史上的一股凛然正气。钱穆先生说过：“一部四千年中国史，正是一部浩气长存，正气磅礴的中国史，不断有正气人物、正气故事。故使中国屡仆屡起，屹然常在。”②

孔子说：“志士仁人，无求生以害仁，有杀身以成仁。”（《论语·卫灵公》）

---

① 梁启超：《君子》，1914 年在清华大学的演讲。

② 钱穆：《钱宾四先生全集·双溪独语篇五》，台北：台湾联经出版社，1998 年版。

孟子说："生亦我所欲也，义亦我所欲也，二者不可得兼，舍生而取义者也。生亦我所欲，所欲有甚于生者，故不为苟得也；死亦我所恶，所恶有甚于死者，故患有所不辟也。"（《孟子·告子上》）明确指出道义的价值高于生命，在生命与道义二者不可得兼的情况下，生死抉择，唯义所在。"杰然自立，志气充塞乎天地……身虽死矣，而凛凛然长有生气如在人间者。""成仁""取义"，也就成为志士仁人最高的人生追求。

苏武牧羊，大义凛然，不屈节辱命。文天祥慷慨就义，留下传颂后世的《衣带赞》："孔曰成仁，孟曰取义，惟其义尽，所以仁至。读圣贤书，所学何事？而今而后，庶几无愧。"（《宋史·文天祥传》）谭嗣同留下"我自横刀向天笑，去留肝胆两昆仑"的名句，坦然赴死，用他的鲜血来唤醒沉睡的国人。在道义和生命不能两全的时候，舍生取义，作为一种值得提倡的价值观与可贵的精神品质有着深远的意义。正是无数人体现出来的这种浩然正气，铸就了我们民族精神刚健自强的内核。

二、艰难困苦玉汝于成

在修身治学、追求道义的过程中，一定会遇到艰难困苦、挫折磨难，如何看待这些困难？北宋张载在《西铭》中说："富贵福泽，将厚吾之生也；贫贱忧戚，庸玉汝于成也。"处在富贵、安乐、享福的环境中，那是天地对我生活的厚待；处在贫贱、困苦、发愁的环境中，那是天地对我的考验，使我得到更高的成就，即"艰难困苦，玉汝于成"。这是一种积极乐观的态度，是刚健自为精神的重要表现。

（一）生于忧患，死于安乐

人生必然有顺境有逆境，孔子要求人们顺境时不要沉溺于安逸，即"人无远虑，必有近忧"；逆境时则要有百折不挠的精神，认为人应该像松柏那样禁得起严寒的考验，"岁寒，然后知松柏之后凋也"（《论语·子罕》）。孔子一生积极入世，亲力亲为，践行着面对困难勇往直前的理念。他一方面以"学如不及，犹恐失之"（《论语·泰伯》）的紧迫感孜孜以求，不断学习，一方面又以"有教无类""诲人不倦"的精神培养能够为实现"天下归仁"而奋斗的志士君子。他一生周游列国，谋求用世，尽管他自信，“苟有用我者，期月而已可也，三年有成”（《论语·子路》），但在春秋时期那种世卿世禄、尊尊亲亲的社会状态下，他无法施展才华，在齐国受到排挤，被宋人、卫人所驱逐，在陈国、蔡国之间受困，“惶惶然如丧家之犬”。尽管如此，孔子仍然没有放弃济世救民的理想，他以“知其不可为而为之”的殉道精神，以“无终食之间违仁，造次必于是，颠沛必于是”（《论语·里仁》）的执着精神，以“发愤忘食，乐以忘忧，不知老之将至”（《论语·述而》）的乐观进取精神奋斗终生，被后世尊为“万世师表”“至圣先师”。

孟子认为艰苦的环境能磨练人的意志，促使人们奋发图强，有助于推动人的发展。他举例说：“舜发于畎亩之中，傅说举于版筑之间，胶鬲举于鱼盐之中，管夷吾举于士，孙叔敖举于海，百里奚举于市。”（《孟子·告子下》）这些人正是因为能够身处困境而自强不息，所以最终成就了一番功业。由此孟子得出一个结论：“天将降大任于斯人也，必先苦其心志，劳其筋骨，饿其体肤，空乏其身，行拂乱其所为，所以动心忍性，曾益其所不能。”（《孟子·告子下》）克服困难的过程也是磨练自己的过程，艰难困苦的环境是一种有益的锻炼，是担当大任之人必须的历练。

《汉书·司马迁传》中记载道：“西伯拘而演《周易》；仲尼厄而作《春秋》；屈原放逐，乃赋《离骚》；左丘失明，厥有《国语》；孙子膑脚，《兵法》修列；不韦迁蜀，世传《吕览》；韩非囚秦，《说难》《孤愤》；《诗》三百篇，大抵贤圣发愤之所为作也。”这段有名的记载，反映了中国古代知识分子愈是遭受挫折，愈是奋发抗争、不断进取的精神状态和坚忍不拔的意志，也体现了中国古代知识分子的优良品格。不怕挫折打击，不怨天尤人，在身处人生逆境时，更要激发向上的斗志，磨练刚毅的品格。只有经过艰难困苦的历练，人生才能从容淡定、坚毅顽强，更加充实精彩。

古人云：“自古雄才多磨难，从来纨绔少伟男。”恶劣的环境可以激起人的忧患意识，使之为改变现状、生存发展而积极奋发，最终得以发展、强大起来；而安逸的环境则容易消磨人的意志，易使人堕落，最终在安乐的环境中一事无成。艰难困苦，是对人的考验，经过了磨砺，才能铸就刚毅的品格。

（二）锲而不舍，金石可镂

要实现“艰难困苦玉汝于成”，把困境从拦路虎变成推动成功的动力，需要刚健自强的精神。梁启超在《论毅力》中说："人生历程，大抵逆境居十六七，顺境亦居十三四，而逆境又常相间以迭乘。无论事之大小，必有数次乃至十数次之阻力，其阻力虽或大或小，而要之必无可逃避者也。"而且事情越大，挫折越多，若不能锲而不舍、奋发图强，必会倒在阻力之下，功亏一篑。反之，成功都是矢志不渝，经历了无数艰难阻力之后才获得的。所以，不管是在道德修养还是在治学之道上，面对艰难困苦，都要始终刚健有为，坚持锲而不舍，反对浅尝辄止，遇到困难就半途而废。

孔子说："譬如为山，未成一篑，止，吾止也；譬如平地，虽覆一篑，进，吾往也。"（《论语·子罕》）做任何事，都要有始有终，踏踏实实，坚持到底；否则，虽然只差一点，也会功亏一篑，前功尽弃。孟子曰："有为者辟若掘井，掘井九轫而不及泉，犹为弃井也。"成功与否，就在于能否以坚苦忍耐之力，克服逆境，坚持到底。

《荀子·劝学》中讲到："不积跬步，无以致千里；不积小流，无以成江海。骥骥一跃，不能十步；驽马十驾，功在不舍。锲而舍之，朽木不折；锲而不舍，金石可镂。""锲而不舍"，就是持之以恒、坚韧不拔的恒心和毅力。只要矢志不渝，勇往直前，面对困难不畏惧、不逃避，必有所获；相反，若胸无大志，好逸恶劳，畏难苟安，必定一事无成。荀子《为学》开篇即言："天下事有难易乎？为之，则难者亦易矣；不为，则易者亦难矣。人之为学有难易乎？学之，则难者亦易矣；不学，则易者亦难矣。"所有这些话强调的都是同一个治学之道，即"锲而不舍"。

苏轼说："古之立大事者，不惟有超世之才，亦必有坚忍不拔之志。"（《晁错论》）从大禹治水到愚公移山，这些传说故事都告诉我们，有坚忍不拔之志，再辅以刚健有为之德，锲而不舍，才能成功。二程认为："懈怠一生，便是自弃自暴。"（《河南程氏遗书》卷六）朱熹讲："学者自强不息，则积少成多；中道而止，则前功尽弃。其止其往，皆在我而不在人也。"（《四书章句集注·论语集注》）人的一生，不论是求知修身，还是迁善改过，都不能懈怠，亦不能自暴自弃。

人的一生犹如逆水行舟，不进则退，因此在面对人生道路上的各种艰难困苦时，要始终保持一种积极向上的乐观心态，正如王勃在《滕王阁序》中所言："老当益壮，宁移白首之心；穷且益坚，不坠青云之志。"以锲而不舍、百折不挠的精神，克服人生道路上的各种艰难险阻。后世的有志之士，致力于事业学问，莫不尽心竭力，昼夜不懈。

三、参赞天地

"自强不息"是"天"的德行，"厚德载物"是"地"的德行，与"天""地"并列为"三才"的"人"，兼具天、地之德。天地化育万物，与天地合德的君子，以参赞天地化育为目标。所以，参赞天地是刚健自强精神的必然结果。

（一）人下长万物，上参天地

天、地、人一体，但人在天地之间又有特殊的价值和地位，居中而立，为天地之中介，把天地两个对立项有机地联系成一个整体，并且参赞、调谐天地万物之化育。《尚书·泰誓上》说："惟天地，万物父母；惟人，万物之灵。"《孝经·圣治》说："天地之性，人为贵。"所以人能主动地"参赞天地之化育"。人在宇宙之中，不仅与自然万物存在着价值关系，同时更存在着道德实践关系。作为天地之精华、万物之灵长，人类有能力也有责任、有必要辅助天地成就万物，只有成己成物、参赞天地化育，人才能实现与自然万物的和谐共存，也才能真正实现自身价值。从性质上讲，儒学的成己成物、参赞天地化育是一种道德实践，而非纯粹功利性地利用自然。

孔子提出"修己以安人"（《论语·宪问》），希望通过自我的道德完善来促进他者的完善。《中庸》将孔子的道德实践思想进一步推衍到人与自然万物的关系上，认为至诚君子能够像天地一样化育万物，"唯天下至诚，为能尽其性；能尽其性，则能尽人之性；能尽人之性，则能尽物之性；能尽物之性，则可以赞天地之化育；可以赞天地之化育，则可以与天地参矣。"朱熹在《中庸章句》中说："赞，犹助也。与天地参，谓与天地并立为三也。""参"者，"叁"也，人与天地的地位和价值是平等的。"赞"者，"助"也，人不是凌驾于天地之上的主宰者，而是能够参赞、调谐天地万物之化育。这是讲至诚的圣人，能够极尽天赋的本性，继而通过他的影响与教化，启发众人也发挥自己的本性，并且进一步让天地万物都能够尽情发挥自己的本性，各安其位，各遂其性，这也就可以"赞""助"天地生成万物了。

荀子进一步认为，人的创造能力不仅能够辅助天地的化育，同时还可以补天地造化之不足，这就是天生人成。荀子从天无为、人有为的不同凸显人参赞天地的能力，他说："不为而成，不求而得，夫是之谓天职。如是者，虽深，其人不加虑焉；虽大，不加能焉；虽精，不加察焉；夫是之谓不与天争职。天有其时，地有其财，人有其治，夫是之谓能参。"（《荀子·天论》）人以其能治天时地财而用之，因而可以与天地并列为三。董仲舒继承荀子的思想，论证了人在天地间的独特地位，"人下长万物，上参天地""唯人独能偶天地""唯人道为可以参天"，正因为人可以连接天地，长养万物，所以才能与天地并列。

北宋大儒周敦颐提出"立人极"，张载提出"为天地立心"，宋人叶采解释说："天地以生生为心，圣人参赞化育，使万物各正其性命，此为天地立心也。"上述观点都清晰地指出了人在天地间的独特地位。庞朴先生说道："天的作用在'化'，地的作用在'育'，人的作用在'赞'（帮助），三者相互为用，是为'参'。""所谓人与天地参，是指人在帮助天地（赞）化育万物，而帮助天地化育万物也就是'参'加了天地的工作，作为第三者加入到天地共长久的圈子里去……"① 人在天地间的独特地位决定了人能够贯通天地，并以参赞天地作为自己的理想追求。

（二）积善为善，终为圣人

理论上，人人皆可参赞天地之化育，但事实上并非如此，要参赞天地并非一朝一夕之功，而是与任何事物的发生、发展、完成一样，有一个长期不断积累的过程，需要有坚定的信念、清晰的主体意识，才能最终实现参赞天地的理想。积善为善，终为圣人；积恶为恶，终为小人，故要实现参赞天地之理想，必须日积月累、坚持不懈。

孟子坚信，只要自强不息地奋斗，人皆可以为尧舜。他说："舜，人也；我，亦人也。舜为法于天下，可传于后世，我由未免为乡人也，是则可忧也。忧之如何？如舜而已矣。"（《孟子·离娄下》）在他心目中，舜是圣人，但只要向舜学习，坚持下去，舜能做到的，自己也一定能做到。道德意识的确是人所具有的特质，从人人都有道德意识出发，认定"圣人与我同类"（《孟子·告子上》），这

① 庞朴：《从一分为三谈中国人的智慧》，2005 年 4 月 22 日应华东师范大学大夏讲坛之邀所作的演讲。

是肯定每个人都有成为圣者的内在因素。荀子也持同样的观点，他说：“涂之人可以为禹。”人人皆可以为尧舜，途之人皆可以为禹，其所以不能为尧舜禹者，就在于其不能专心致志学习仁义礼法，一心一意从事道术事业，只要认真学习，积善不息，日积月累，就人人都可以成为圣人。“积土而为山，积水而为海，旦暮积谓之岁，至高谓之天，至下谓之地，宇中六指谓之极，涂之人百姓，积善而全尽，谓之圣人。彼求之而后得，为之而后成，积之而后高，尽之而后圣。故圣人也者，人之所积也。”（《荀子·儒效》）所以“圣人”是锲而不舍、进德修业，慢慢积累而成的。

因此，后世修德进学者，莫不强调积累的重要性。二程认为，人人可以为圣人，“行之失，莫甚于恶，则亦改之而已矣。事之失，莫甚于乱，则亦治之而已矣。苟非自暴自弃者，孰不可与为君子?”（《河南程氏遗书》卷四）其所以不能至圣人之境，就在于不努力进德修业而自暴自弃。如果能依“乾道”而行，自强不息、进德修业，就可以至圣人之境。张载也强调了道德修养过程中循序渐进、勤勉不息的重要性，积善为善则达善，反之则达不善。他说：“知德以大中为极，可谓知至矣。择中庸而固执之，乃至之之渐也。惟知学然后能勉，能勉然后日进而不息可期矣。”（《正蒙·中正篇》）人求知、修德、积善，旨在达善于天下，救民于水火，这是儒家学者的共同心愿。陆九渊以江河作比喻，说：“涓涓之流，积成江河。泉源方动，虽只有涓涓之微，去江河尚远，却有成江河之理。”（《陆九渊集》卷三十四《语录上》）涓涓细流，汇聚成河；积善不止，必会成功。宇宙万物每天都在发展变化，就在于积而不断，继而不绝，所以人只要日日积善，最终必能成为圣贤君子，化民成俗，成就事业。因此，“勿以善小而不为，勿以恶小而为之”（《三国志·蜀书·先主传》）。积善不可一日懈怠，而去恶则务必去尽。

总之，只要坚持刚健自强的精神，勇敢面对各种艰难困苦，坚持不懈、矢志不移，积善不息，就能达到“参赞天地”的境界。虽然传统文化中的刚健自强精神，主要指向的是道德修养，但却涵养出了刚健有为、自强不息、坚守气节、勇敢奋斗的民族精神，成为推动中华民族发展的不竭动力。

（作者系广东财经大学公共管理学院副教授）

“易”“阴阳”“五行”“干支”释义

◎李海龙

熟悉《周易》的人都知道，八卦的卦象很多，六十四卦的卦象也很多，还有爻象。“象思维”和“意象思维”是“易”思维方法的根本，象思维更重视事物外象的客观“象”。研究“易学”，运用这些丰富的“象”，在穷理、演数、观象、玩占中，就能思路开阔，游刃有余。哲学大师冯友兰先生说：“《周易》是宇宙代数学。”不了解丰富的卦象、爻象，想读懂《周易》犹如登天，想把它作“宇宙代数学”用，更难！若用少量的卦象和爻象解读《周易》也会矛盾重重，困难处处。善“易”者正是灵活运用丰富的“象”，把万事万物与无穷的时间、无限的空间有机地联系到一起、统一到一起，组成信息网络使用。善“易”者就是灵活掌握和运用了“卦”的多重表达意义，抓住事物变化的趋势和本质。“易”“阴阳”“五行”“干支”也是“象”集合，也具有丰富的意义，本文旨在解密它们的最基本的“象”义，以求对穷理、演数、观象、玩占的具体实践有所规范。

一、“易”释义

《易纬·乾凿度》说：“易有三义，简易、变易、不易。”简易，体现了“易”这个认识世界、改造世界的“数、理、象、占模型”简单明了，容易得很。“易则易知，简则易从”，意思是容易掌握，也容易运用。另据纬书《简易道德经·生物篇》所述：“简则简，易则易。简则简之易，易则易之简，万物皆在一简一易中矣。”“易”的突出特点是“简单容易”，搞得复杂化和神秘化就不是“易”了。

变易也是变异、异变、便宜、易变。《周易·系辞》说："《易》之为书也，不可远；为道也，屡迁。变动不居，周流六虚。"意思是《易》作为研读的"书"，不能完全脱开，但作为认识事物的"道"，就是不停变迁和移位，不断变化，没有固定的形态和处所，流遍上下、前后、左右这个六维空间。变化后，不同于原来状况是"变异"；更适应当前情形的行动是"便宜"，所谓"便宜行事"；稳定不住它就是"易变"，生成了新事物就是"异变"。"易"的应用之妙就在一个"变"字上，功夫始终落在"变"上。

不易就是恒常不变，万世不移。"易"中恒常不变最本质、最基本的东西，就是"道"之"理"。万事万物的变化都有一定的"理"可循。《周易·系辞》说："《易》之为书也，广大悉备，有天道焉，有人道焉，有地道焉。""易"对于天、人、地的"理"，一点"不遗"地全部敞开，展示给研习者。这个永恒不变的"理"就是把握住"变"。《周易·系辞》又说："《易》，穷则变，变则通，通则久。"久，就是持久不变，不易。"理"不容许易，没法变易，用现代西方学说解释就是：这个东西是客观的，不以人的主观意志为转移。

除《易纬·乾凿度》解释的"三易"意思之外，"易"为交易、交换、替换，大宗的商品交换叫贸易。《左传·哀公八年》说："楚人围宋，易子而食。"《史记·廉颇蔺相如列传》说："秦王以十五城请易寡人之璧，可予不？"《战国策·魏策》说："寡人欲以五百里之地易安陵。"《周易·系辞》说："上古穴居而野处，后世圣人易之以宫室。"这些"易"都是交易、交换、替代的意思。社会生活和自然生活充满着交换，人活着首先要与外界进行物质和能量交换，人类社会也一样。自然界内部要循环发展就要一刻不停地交换，人类社会内部也在不停地交换，人体内部也是若干个系统在循环中交换。一句话，整个宇宙就是由大大小小互相连接，又相对封闭的系统构成的一个对外开放的平衡交易场所。这里用"开放"一个词表达交换的相对平衡，而不是绝对公正，是在换一个角度或者跳到新的层次就可以看到的不对等的交换。正是如此的"开放"，才有"诗无达诂，易无达占"。于是，把握理、数、象、占，就要熟练"交易""替换"不同的"象"运用。

"易"为平地、坦途，平坦、和悦。《诗·小雅·巧言》说："尔还而入，我心易也。还而不入，否难知也。"《淮南子·兵略训》说："易则用车，险则用骑。"这里的"易"就是"和悦""平"的意思。"易"有这层意思，启发用易者，应以平和的心态，一种人在事内、心在事外的状态，不带功名利欲心，犹如佛心、道心空阔清净。佛学、儒学讲“明心见性”，道家讲“涤除玄览”，都体现在这一“易”义上。

“易”为轻易、轻视。《周易·系辞》说：“危者使平，易者使倾。”《礼记·乐记》说：“外貌斯须不庄不敬，而易慢之心入之矣。”《史记·高祖本纪》说：“高祖为亭长，素易诸吏。”柳宗元在《童区寄传》中说：“寄伪儿啼，恐栗，为儿恒状。贼易之，对饮酒，醉。”研“易”者不能轻慢，但也不能束手束脚。在重视中轻易用易。

“易”为治、整治。《孟子·尽心上》说：“易其田畴，薄其税敛，民可使富也。”《庄子·应帝王》说：“是于圣人也，胥易技系，劳形怵心者也。”《韩非子·五蠹》说：“是以古之易财，非仁也，财多也。”孟子让治理田地；庄子说圣人不治技艺，犹如孔子说“君子不器”；反观现在西方经济学讲的“资源稀缺”导致占有欲增强。“易”为治、整治，就是管理。这是当今《易经》被发展为《易经管理学》的胚芽所在，《易经》的管理思想是“易”本身固有之义。

“易”具有简易、变易、不易、交易、平易、和易、轻易、治理等最基本的“象”义，由此基本“象义”可以展开到无穷“象义”。

二、“阴阳”释义

《奇门大全·序》说：“阴阳者，生死之玄关也。”因此，阴阳之义不可不察。

“阴阳”为日月变化的“象”，“易”字的结构是“上日下月”，是体现着阴阳共存关系的“象”。易又通“埸（yì）”，《易·大壮》说：“六五，丧羊于易，无悔。”《荀子·富国》说：“观国之治乱臧否，至于疆易而端已见矣。”这两个“易”都与《诗·小雅·信南山》中“中田有庐，疆埸有瓜”，《左传·成公十三年》中“郑人怒君之疆埸”的“埸”意思一致。埸不是場（chǎng），埸字中间多一横，标识着地、日、月之间的“力”；場字则没有，仅标识三位一体，涵盖日为火之精、月为水之精、旁有土之精。今天的人们认为阴阳说是古代朴素唯物主义，阴阳是物质的，有阴性物质和阳性物质。这个说法很无知！

阴阳只是“象”，是一种用“象”认识世界和改造世界的方法路径，就像今天说的辩证法。作为方法本身，不分唯物和唯心。在中国古代，阴阳最初指日光的向背，向阳为阳、背阳为阴，《道德经》说："负阴而抱阳。"动的、热的、向上的、外向的、开放的、明亮的、强壮的、进步的、公开的为阳；静的、冷的、向下的、内守的、封闭的、晦暗的、虚弱的、倒退的、秘密的为阴。遮住阳光：阴面、阴沉、阴凉、阴雨、阴影、阴郁、阴霾，就是阴的。把这种"象"加之于一切事物，表征事物，既对立又统一，既有互相消长（阴消阳长，阳消阴长），又有一同消长（滋阴壮阳）。阴阳之间的这两组四种关系是宇宙万物运动变化的根本"示象"。

第一种关系，阴阳对立。阴阳，可以表示相互对立的事物，也可分析一个事物内部所存在着的相互对立的两个方面。《周易·系辞》说："一阴一阳谓之道。"太阴（月亮）和太阳，一昼一夜，一明一暗，一热一寒，一火一冰，一升一降，一进一退，等等，各自相交替，但不能相互取代对方。例如，阴历描述月象，阳历描述日象（中国民历系阴阳和合历，把公历叫阳历，称民历谓阴历是错误的），各自描述的对象不同。从表面看，阴阳各自独立，互不牵涉，阴是阴，阳是阳。不能误解为有阳的事物独立存在，有阴的事物独立存在。区别阴阳，就是在运用这一方法论的时候，首先判断事物的阴阳属性，这个属性是主导因素，是矛盾的主要方面。抓住了矛盾的主要方面，事物的本质自然就清楚了。其实，它们存在的背后还有接下来讨论的四种关系。

第二种关系，阴阳互根。任何事物均可按阴阳的属性来划分，但必须是相互关联的一对事物，或是一个事物的两个方面。如果被分析的两个事物互不关联，或者不是统一体的两个对立方面，就不能用阴阳来区分其相对属性及其相互关系。阴与阳的对立造就了阴与阳的统一，没有对立面的存在就无所谓对立，有了对立面的存在就有了对立的依据，这个依据就是连接对立面的统一性。阴阳可以表述上下、前后、左右、夫妻、父子等关系，一体两用，不能分开，去掉一面，另一面就不能孤立存在，它们有一个共同的根，相互依托（根）对方而存在。《幼学琼林·夫妇》说："孤阴则不生，独阳则不长。故天地配以阴阳。"

第三种关系，阴阳转化。事物的阴阳属性，并不是绝对的，而是相对的。这种相对性，一方面表现为在一定的条件下，阴和阳之间可以发生相互转化，即阴可以转化为阳，阳也可以转化为阴。以水火而言，水性寒而润下属阴，坎卦水为阳性的中男，火性热而炎上属阳，离卦火为中女属阴。再如，雄性的阳物又叫阴茎。另一方面，体现于事物无限的二分性。一天中白天属阳，夜晚属阴。就白天而言，上午属阳，下午属阴。就上午而言，辰午时属阳，卯巳时属阴……

第四种关系，阴阳此消彼长。阴阳在彼此消长中推动事物的变化和前进，常言道：阴盛阳衰，阳盛阴衰。春夏秋冬的季节交替，正是阴阳消长的展示，《易经》中十二辟卦（又叫消息卦，消息就是消长的意思，息是生息的息，不是熄灭的息）的卦象让我们清楚地从阴阳爻的变化看到彼此的消长节律。这种消长只是大趋势，具体的消长类似“忽冷忽热”的天气一样，在争胜中变化。《周易·系辞》说：“阴阳不测谓之神。”区分阴阳没有绝对的定则。

第五种关系，阴阳一同消长。阴阳犹如磁铁的两极，其引力的大小多少，一同消长。这点我发现当前易学界常常忽视，医学界有部分人关注到了。中医的滋阴壮阳就是一同消长的杰出运用。阴依阳存，阳依阴生，阴长则阳壮，阴枯则阳死。阴差阳错表面看是阴阳颠倒了，本质还是一同消长，错了阳就坏了阴，错了阴就坏了阳，一正则另一也正。

三、“五行”释义

西方人为找到万物构成的“始基”，提出原子、元素等学说。自明清西学东渐起，错误认为古人的“五行”也是“始基”，即“concept of the five elements（of metal，wood，water，fire，and earth）”，我们的大学生素质教育教材《中国文化概论》《中国文化史》，甚至《中医学》《中医基础理论》等专业教材，对五行也用五种物质、五种元素来解释，即便它们引用了董仲舒的“五行者，五材也”作为佐证，也不免肤浅，这是极其严重的误导。实际上，木、火、土、金、水都是抽象的概念，并不是指有形的物质。作为五种物质的金、木、水、火、土可以独立存在，但古人的五行观表达的却是木、火、土、金、水顺次相生、隔位相克，相互支持、相互制约、相互依赖，不能独立存在的复杂关系。综观东西方的解释，两者风马牛不相及。当然，造成这种误读的原因，还在于“五行”包含的“五材”这一向度意思。犹如五大行星，既是实体的星球，又表征了这些星球的属性，还有在太阳系的地位。

《尚书·洪范》说：“五行，一曰水，二曰火，三曰木，四曰金，五曰土。”郑玄的《洪范注》中说：“行者，顺天行气也。”刚胜柔，专胜散，实胜虚，众胜寡，精胜坚。五，是数目词，跟“行”结合，表示五种、五类。五通“伍”，表示伙同、聚集。行，更是多音多义字，需要深究。

行 héng，行望，道行，恒、衡之义。表示五种（类）稳定的依存运行关系。稳定就是恒常不变，故而发 héng 音，有平衡、永恒的意思。五行理论把事物描述成活的、不断运动发展，能够维护自身平衡的生命体。五行的结构图是木、火、土、金、水顺次相生、隔位相克的完美结构模型，又像一个叉开两腿、张开双臂站稳的人，具有稳定持久的效用，至今“五星”徽章为许多国家党政军界所用。

行 xíng，作为动词、介词有行走、运行、行事、流行、行施、行为、行动、执行、知行等的意思，“日月之行”“五精并行”。五行，不能离开“运行”的意思，运行是否流畅，是决定事物发展成败的根本大法。《内经》讲五运六气与人体疾病的关系，正是看气的运行是否顺畅，不顺畅人就容易得病。四柱学讲“秀气流行”，也是通达的五行之气。不能机械地看待五行的某种要素的运动，而要从动态流通中看待，从生生不息中看待。作为名词有远行，善行，言行、品行、罪行、行状、行装等的意义。由此看，五行不仅是五种物质的运行方式，更是五种精神、五种品质的存在方式，仁、义、礼、智、信。作为语气词表达肯定态度，行就是可以、同意、赞同、恰当（中、好）。五行就有五种程度不同的接受方式。

行 háng，第一层：行列、行距、排行等义；第二层：行当、行规、同行、各行各业等义；第三层：行家、内行、懂行等义；第四层：银行、商行等义。行，表示了排列的次序，职业类别，经营机构、场所，具有“汇聚”“精华”的含义。这种五行状态，无疑是一种汇聚，是五种运行属性的汇聚，也是五种事物的汇聚。既然是汇聚，独“行”则不可以。行 háng 的另一意思就是行伍、行行、行路，《诗·行路》，凝聚有刚强之义。某行汇聚，必然强且刚劲，它决定了事物发展的趋势，是预测的着眼点。

四、干支释义

《奇门大全·序》说：“支干者，阴阳之变化也。”干支，据隋代萧吉《五行大义》记载，黄帝指使大挠氏，探察天地之气机，始作甲、乙、丙、丁、戊、己、庚、辛、壬、癸十干，子、丑、寅、卯、辰、巳、午、未、申、酉、戌、亥十二支，又相互配合成六十甲子，用作纪历符号。疑古派认为干支的使用晚出，最早不会早于战国。当今考古已经证实，十天干至少在夏代已经完备，商代六十甲子也已经齐备，十二地支应该早于刻有三遍六十甲子的甲骨文。我们用四柱命理学理论甚至可以推测：以正印为母、偏财为父的干支关系早在商代已经确立！帝辛是商纣王，其父帝乙，《易经》的《泰》和《归妹》两卦的六五爻辞，都有“帝乙归妹”卦爻辞。辛克乙为偏财，戊生辛为正印，河南安阳出土的世界最重的青铜器司母戊鼎是纣王祭祀母亲用的。司母的鼎为方鼎（司母辛方鼎作旁征，妇好墓一对方鼎），司父的鼎为圆鼎（毛公鼎），标志天圆地方，乾圆坤方。如果不是独生子女，名字前按照大小顺序叫太（太甲）、二、三……小（少甲）。当然，干支的本义不是为起名字才用的，而是要表达自然界、人类社会、人生中遭遇到的多重关系。干支之义不可不知。

“干”字之义。①主干：树干、躯干、干路、骨干、干道、干渠。②干扰，干犯（干为长杆武器）。③阻挡（干，盾牌也，如干戚、干戈），通假“扞”，护卫、遮挡。④涯岸和水边，《诗·伐檀》中“置之河之干兮”。⑤冲（干霄）。⑥请、求、求取、建立：如干禄、干仕、干功。⑦关涉、牵连、关系（非干他事、干系），效果、用处。⑧干练、干才、干将。另通假“杆”“竿”和“涧”，但不是干湿的“干”，天干的干字没有繁体字。

“支”字之义。①支本枝，又通假“枝”和“肢”，《汉书》说：“支叶茂接。”张载在《东铭》中说：“发于声，见乎四支。”《辞源》中“干支”词条说：取义于树木的“干枝”。支是分支、支流、细枝末节。②支撑：支持、支援、支吾。③支应：守候、应付、供给、供应。④支付：承兑、开支、领取。⑤差遣：支使、支开某人。⑥分散、残缺、凌乱、支离、支解。⑦分布，《素问·气穴论》说：“脉满起，斜出尻脉，络胸胁，支心贯鬲，上肩，加天突。”

古人选取“干”和“支”作为“干支”，一定也明了这两个字的内涵。由此，判断一组干支，必以干为主，从干求取。然后考察地支对天干的分流、支撑、差遣、支解、供应、承兑的六种关系。多组干支（比如：四柱）一起的时候，就要考虑各个“干”之间相互干扰、阻挡、牵涉、冲、求取的关系。然后考察地支与地支之间的关系。地支与地支之间的关系复杂，枝枝叶叶就不像主干那么单一，在涉及相互关系的同时还涉及地支藏干的复杂关系。最后考察各地支及其合力，对各天干的分流、支撑、差遣、支解、供应、承兑的六种关系。

其实，上边有关的把握干支的方法，还是程式。一滴水含三千大千世界，何况作为象类的干支系统？对干支的理解和演绎，不能生硬地去理解，也要通过象数学思维方法来完善。

孔子讲“正名”，他说：“必也正名乎！”（《史记·孔子世家》）“名不正，则言不顺；言不顺，则事不成。”（《论语·子路》）董仲舒的《深察名号》，正名，就是搞清楚每个事物的“名”，从而名副其实，也就是弄明白每个字的真正内涵，才能正确运用字背后的“理”。以上讨论“易”“阴阳”“五行”“干支”的多重含义，以期在我们的具体实践中，选择切中要害的“义”，作为穷理、演数、观象、玩占的立场、观点和方法。

（作者系郑州航院中国文化与市场经济研究所副教授）

以《左传》为中心论战争过程中的文化传播

◎王竹波

《中国军事通史》曾指出夏商周三代时期进行的一系列拓土开疆战争，在维护王权、传播先进生产技术和先进文化方面的作用不容低估，甚至中华大地从初入文明时的万国林立，到后来形成统一的多民族的国家，古代战争也在其间发挥了一定的作用。[①] 说明和平交往固然促进了民族的交流融合，而战争也带来了不同文化的冲撞传播。

《左传》是《春秋》三传之一，是经书、史书，也是一本兵书，“是中国最早的一部战争史”[②]。春秋时期的社会大势，总体是华夷之间的冲突和融合，而当时社会的演进，很大程度上凭借战争这一暴力手段得以完成，因为“军事斗争乃是推进社会演变的有力杠杆”[③]。战争也成了文化传播、民族融合的有力杠杆。因此，以《左传》为中心探讨春秋时期战争过程中的一系列文化传播活动，具有典型性。刘志琴认为：“礼是中国传统文化世代相沿的主要形态。礼有多重含义，礼貌之礼、仪节之礼、伦常制度之礼，从春秋以来就有这样的区分。礼制、礼律、礼教、礼治从不同层次表述礼的内容和功能。一个礼字，内涵和外延之深广，曾被认为是中国文化的同义语。”[④] 春秋时期战争过程中的文化传播，主要围绕等同中国文化同义语的礼文化展开，重点分析战争过程中诸侯国国内自上而下的和一诸侯国对另一诸侯国的文化传播。

---

① 罗琨，张永山：《中国军事通史》（第一卷），北京：军事科学出版社，1998 年版，绪论。

② 龚留柱：《春秋弦歌——〈左传〉与中国文化》，开封：河南大学出版社，2005 年版，第 242 页。

③ 同①，第 45 页。

④ 刘志琴：《礼——中国文化传统模式探析》，《天津社会科学》，1987 年第 6 期。

一、战争过程中诸侯国国内的文化传播

战争过程中的文化传播涉及群体范围比较广，除了诸侯国国内成千上万的士兵，还有普通的民众。在诸侯国国内，有必要针对士兵和民众开展一系列的文化宣传活动，只有全民动员，才能使诸侯国上下统一认识，凝聚力量，收取军赋，最终使得将士在战场上对外杀敌，民众一致配合协作。

《左传·庄公十年》[①]，发生齐国攻伐鲁国的长勺之战，鲁庄公迎战。战前鲁人曹刿问庄公以何战胜齐国。鲁庄公礼下庶人，回答了本是有身份地位的人参与的事情："衣食所安，弗敢专也，必以分人。""牺牲玉帛，弗敢加也，必以信。""小大之狱，虽不能察，必以情。"即庄公所依据的是：暖衣饱食和他人一起分享；鲁国君臣遵守礼乐规定，言行无需隐匿，祭祀的时候如实反映给神灵乞求保佑；大大小小的纠纷、诉讼，不一定能一一洞察，但必然照情理解决。从庄公的回答可知，不论是照顾民众，衣食和人分享，还是君臣恪守礼仪规定，甚至合情合理的处理案情，都不是临阵之前可以做好，以此来获取民心，号召军民同仇敌忾一致抗齐的；相反应该是庄公谋划并实施了很长一段时间的治政理念，通过有意识有目的地在民众中宣传传播的结果。回溯《左传》的记载，可知更早的时候，庄公向国人传播巩固鲁国礼文化的想法就已萌生。《庄公八年》，鲁国和齐国联合出兵围攻郕国，郕国却向齐国投降。鲁国的大臣仲庆父请求讨伐齐军，庄公却把责任揽在自己身上，说："不可。我实不德，齐师何罪？罪我之由。《夏书》曰：'皋陶迈种德，德，乃降。'姑务修德，以待时乎！"庄公认为是自己还没有美好的德行，应该致力于培养德行，德行具备后，别人自然降服。于是还师回国。"君子是以善鲁庄公。"回国之后，庄公应该已经开始将衣、食等和人分享，致力于在鲁国施行德治仁政。

鲁国之所以能战胜强齐，通过上述记载，可知庄公所仗恃的胜利之据，并不是基于战争开打时，鲁国所做的看似直接惠及普通民众而得民心的事，相反是鲁庄公很早以前就有目的、有针对性地在国内文化传播的结果。庄公在位三十二年，在周、齐、宋都发生不同程度的公位甚至王位之争时，庄公之所以能长期执

---

① 杨伯峻编著：《春秋左传注》（修订本），北京：中华书局，2009 年版。

政，一方面是鲁国十二公，只有庄公是嫡夫人生的嫡长子，按照周人嫡长子继位的传统，庄公的君位自他一出生就名正言顺，即使弟弟“庆父材”（《庄公三十二年》）、弟弟季友贤，在庄公在位时都不能危及庄公的统治；另一方面也是庄公自继位以后，大体恪守宗周以来的礼乐文明，在塑造个人良好君主形象的同时，注重传承鲁国的文化传统，并在鲁国上下广泛传播鲁礼、周文化的结果。

如果说鲁庄公修德扬善的文化传播成功地使小鲁战胜了强齐，那么通过战前有意识、有针对性地向民众进行文化传播，使得晋文公绝地重生，城濮之战获胜并成为新一代中原霸主。据《僖公二十七年》记载，晋文公继位后，就开始做民众的宣传动员工作，很快就想上战场。子犯却一而再，再而三地否定：“民未知义，未安其居。”“民未知信，未宣其用。”“民未知礼，未生其共。”晋国在文公继位之前发生了很多事情，文公的父亲献公在位时，已经铸就晋国长达多年动乱的局面。杀太子申生，致使公子重耳、夷吾出逃，宠爱幼子奚齐并欲传位给他。晋大夫作乱，奚齐、卓子被杀后，公子夷吾率先承诺重贿秦国，获得秦国的帮助入主晋国是为晋惠公。惠公继位之后不顾一国之君的体面、威严，撕毁承诺得罪秦国。晋国发生饥荒后，又厚颜向秦国乞求援助。在秦国发生饥荒向晋国求援时，再次背弃秦国之前的仁义之施，悍然拒绝。惠公的举动惹怒了秦国，秦晋在韩原大战，晋国不敌秦国，惠公还被秦军俘虏，后来仰仗晋国出嫁至秦国的穆姬以死相逼秦穆公，惠公得以苟且回国。继惠公之后的怀公也颇不得民心，总之文公之前的两代君主，颇为晋国上下及诸侯国所唾弃。民心涣散、士气低落、君臣昏乱、国家形象负值是文公即位时晋国的现实。义、信、礼是子犯强调的系统的、有针对性地向民众传播教授的内容。义、信、礼，是晋国收拾涣散民心，鼓舞士气，重建献公时晋国的大国地位，是解决文公继位后一系列问题的关键。文公听从了子犯的建议，花了三年左右的时间，传播教授晋人义、信、礼，最后晋国民众上下认识统一，力量凝聚，“出谷戍，释宋围，一战而霸，文之教也”。

从鲁、晋两国的例子说明，春秋时期诸侯国的国君和重臣非常看重统治群体的言行对民众的传播影响，认为向民众宣传什么，培养民众什么样的生活方式、价值观念，引导社会舆论很重要。鲁庄公和晋文公围绕战争活动所做的自觉的、有目的的、有针对性的、有组织的、有系统的、规模巨大的文化传播活动，充分说明文化传播是诸侯国在战争中取胜，甚至创建霸业的重要因素。诸侯国国内的文化传播，能获得民众的支持，有效凝聚力量，在战场上能激发国人为国杀敌的勇气。在诸侯国国内文化传播的基础上，诸侯国之间在战争过程中展开经济、军事之外的文化传播活动，力图在文化上收获人心，打败竞争对手。

二、战争过程中诸侯国之间的文化传播

春秋时期，诸侯国之间战争过程中的文化传播，典型代表的是晋国和楚国争霸之际，武力之外通过文化传播，争夺处于晋楚之间的郑国的附属。郑国北靠黄河，地处中原的中心，是晋楚争霸必须征服的对象；晋国地处黄河中游，是扶助周王室的姬姓大国；楚国地处南方长江流域，是一个当时中原诸侯视为蛮夷之邦的强国。晋楚争霸，郑国夹在其中，时而效忠于晋国，时而归降楚国，郑国的摇摆不定，变换依附对象，除去晋楚之间军事实力的强制征服，和文化上对郑的争取也有着极大的关联。

晋楚之间争霸过程中的文化传播活动，以郑的态度变换划分，大致从僖公二十八年延续到襄公二十六年，可分为三个阶段：

第一阶段，郑在晋、楚之间摇摆，时间从僖公二十八年至文公十七年。虽然晋楚城濮大战，晋胜楚，与诸侯会盟郑也参会，确认了晋的霸主地位，但很快晋就和诸侯谋划伐郑的事情，因为晋文公流亡经过郑国时，没有得到基本的礼遇。其间晋、楚各攻打郑两次，郑亲晋的表现有：郑和晋盟会三次、联合出兵两次并请鲁文公转达服从晋一次。郑亲楚的表现有：郑和楚媾和一次、联合出兵一次。这一阶段，晋攻打郑，郑就投降晋，楚攻打郑，郑就归附楚，不过因为晋怀疑郑和楚勾结，后又因为郑不满晋的一些做法，郑背晋投楚。

总体而言，晋国在武力征服之外，比较注重在国内和诸侯国之间展示一个良好的国家形象，通过传播文化争取国内民众的拥护，和其他诸侯尤其是郑国的认同和支持。晋国在这一阶段的文化传播活动有：其一，尊王攘夷。文公元年，晋侯在温地朝觐周天子，继续打出尊王攘夷的大旗，获得道义人心。其二，整顿政务。文公六年，赵盾勤修内政，制定章程，修订法令，治理刑狱，追捕逃往，使用契券，消除旧污，整肃礼仪，修治废官，提拔贤能，整理国政，并作为长法推行，自此晋的国家政制完备。其三，考虑郑国的难处。文公十七年，晋怀疑郑勾结楚，于是郑国的子家修书晋执政赵宣子，既表明了郑的难处，也请晋不要令郑铤而走险，还听凭晋的裁决。晋接受了郑的说辞。

第二阶段，郑亲楚，从宣公元年到襄公十一年。宣公元年，晋带诸侯之师攻打宋国，又攻打齐国，两次都取得财物回国。郑穆公由此认为晋不值得亲附，于是在楚接受盟誓，从此亲楚。在此期间，晋、楚各多次攻打郑国，又各多次因对方攻打郑而救援郑，郑基本的做法是被晋打败就和晋媾和，被楚打败就附属于楚，不过因为晋的实力衰退邲之战又被楚打败，楚处于咄咄扩张之势甚至问鼎中原，楚又贿赂郑，在宣公十二年，楚围郑彻底打败郑，郑伯去衣露体，牵着羊投降楚，郑因此比较倾向楚。

如果说前一阶段晋国的文化传播，还主要针对中原诸侯国，那么这一阶段随着楚国与中原诸侯国的接触往来频繁，晋国在继续争取中原诸侯认同的基础上，开始注意对楚的文化友好。表现为：其一，恢复宗周礼仪制度。宣公十六年，晋平息了王室的叛乱后，士会在周学了不少礼乐文化的知识，回国后讲求典礼，修订晋国的礼法。其二，知罃在楚展示了良好的晋人形象，征服了楚王。《成公三年》，晋楚交换战俘，针对楚王的问题，知罃有理有据地作了回答，展示了一个忠于国家和宗族，具有良好素养的晋大臣形象。令楚王感叹："晋未可与争。"其三，让钟仪传达晋对楚的友好。《成公九年》，晋侯见到郑国所献的楚囚钟仪，从和钟仪的问答中，范文子认为钟仪是君子，不背弃根本，不忘记故职，没有私心，尊崇君王，有仁、有信、有忠、有敏，建议放他回国，向楚示好。钟仪回国后，果然达成了晋、楚的友好。其四，继续整顿政务。《成公十八年》，晋悼公即位后，任命百官，整肃内政，起用贤良，救济贫困，援助灾难，减免赋税，宽刑节俭，稳定农业生产。教育卿的子弟美德，重申以往的法度，整顿军政。经此改革，晋国的综合实力提升。

第三阶段，郑亲晋，从襄公十一年至襄公二十六年。《襄公十一年》，郑忧虑晋和楚的夹击，大夫们分析当时的局势：楚要比晋弱，应该依附晋，但晋并不急于需要郑。于是郑设计：向宋国挑战，攻打宋，诸侯肯定下死力气攻打郑，郑听从诸侯的命令。同时报告楚，郑军来和楚军结盟，又重重地贿赂晋军，就可以坚决依附晋了。事情的发展如郑所愿。这一时期郑基本听从晋的号令，虽有楚的讨伐，郑都不为所动。直到襄公二十六年，楚伐郑，子产认为晋、楚将媾和，诸侯将要和睦，郑于是没有抵御。

在这一阶段，晋国的文化传播活动有：其一，晋诸多重臣礼让，晋国一派和睦景象。《襄公十三年》，晋侯派遣士匄率领中军，士匄辞谢给荀偃。派韩起率领上军，他辞让给赵武。派栾黡，他也辞让。晋国的百姓因此大大和谐，诸侯也因此亲睦。《左传》借君子之口大加表彰晋国的礼让德行："让，礼之主也。范宣子让，其下皆让。栾黡为汰，弗敢违也。晋国以平，数世赖之。刑善也夫！"晋国因效法于善而团结，子孙后代都受其好处，诸侯也亲附晋。其二，尊重他国，及时调整政策，获得诸侯的亲睐归属。《襄公二十四年》，范宣子执政晋国，诸侯要缴纳很沉重的贡品。郑国的子产给晋国修书，认为晋国作为霸主，应该害怕没有好名声，而不是担心没有财礼。名声和德行非常重要，能令远方的人来，能令近处的人安心。宣子看了之后很高兴，就减轻了贡品。郑国获得晋国礼遇尊重，更加臣服于晋。

楚国方面主要是《宣公十二年》，楚王发表了一个对武功的看法，应该很得诸侯的好感。邲之战楚打败晋后，潘党建议把晋军的尸体收集起来堆在一起，可以向子孙炫耀功劳。楚王却认为："夫武，禁暴、戢兵、保大、定功、安民、和众、丰财者也，故使子孙无忘其章。"即武功，是用来禁止强暴、消弭战争、保持强大、巩固功业、安定百姓、调和大业、丰富财物的，所以要让子孙不要忘记它的大功。楚王甚至反躬自省，说自己让两国士兵暴露尸骨，夸耀武功使诸侯畏惧，违背百姓的愿望，将别人的危难作为自己的利益，还引以为光荣，很不应该。于是在黄河边祭祀河神，修建先君的神庙，报告战争胜利后回国。楚王对武功的看法以及获胜之后的做法应该都很得君子的称赞。

如果不考虑楚国的利诱（《宣公四年》："楚人献黿于郑灵公。"《成公九年》："楚人以重赂求郑。"《成公十六年》："楚子自武城使公子成以汝阴之田求成于郑。"）和个别郑国人（《襄公十八年》："郑子孔欲去诸大夫，将叛晋而起楚师以去之。"）想利用楚国的势力获利，在武力威逼之外郑国应该更愿意归属于晋国。因为其一，晋郑同为宗周重要的诸侯国，晋文化本来就是春秋时期中原文化的典型代表[①]，有文化心理的认同和诸夏夷狄之分的社会舆论大势的约束。其二，晋国一直打出尊王攘夷的大旗，获得了周天子的支持，也获得了主要诸侯国如鲁、卫、宋的附和，站在当时道义人心一方。其三，晋国不断地对其他诸侯国进行文化宣传，所以郑国在徘徊、亲楚之后，改亲晋也是必然趋势。

之后郑国无所谓倒向晋国还是楚国了，一是息兵大会后，中原诸侯维持了相

---

① 李元庆：《先秦三晋文化思想探析》，《晋阳学刊》，1987 年第 6 期。

当长一段时间的安定和平。二是晋楚的争霸随着彼此实力的消耗和内乱的滋生，新的强国像吴、越等兴起，晋楚自身霸主的地位都很难维持。三是如果以往在晋楚之间，作为宗周成员的郑国，对于中原文化之外的楚国还有文化上的排斥，那么楚国通过攻伐征战，频频和中原诸侯国接触，甚至联合出兵，在军事活动中建立合作关系，在盟誓中强化政治秩序、价值观念的一体。可以说通过战争，将中原文化深入而广泛地传播到楚国。楚国越来越受中原文化的影响，以往夷狄国家的楚国在礼乐文明方面和中原诸侯国已没有本质区别。《成公二年》，楚国攻伐鲁国，“孟孙请往赂之以执斫、执鍼、织纴，皆百人，并公子衡为质，以请盟。楚人许平。”鲁向楚求和，送给楚国木工、缝工、织工各 100 人。《昭公二十六年》，周景王死后，王子朝集合一批旧官、百工起兵争夺王位，“召伯盈逐王子朝，王子朝及召氏之族、毛伯得、尹氏固、南宫嚚奉周之典籍以奔楚。”子朝兵败之后，率召氏、毛氏、尹氏、南宫氏等旧族带着王室典籍逃奔楚国。范文澜说这是东周文化最大的一次迁移。周人和典籍大量移入楚国，从此楚国代替东周王国，与宋鲁同为文化中心。① 鲁送百工和王子朝奔楚时带走周王室的典籍，说明楚国的发展深受中原文化的影响，楚国传承和发展了中原文化。

晋楚争霸，除了晋文公时，因为打了大胜仗，可以按晋国的旨意统领诸侯，在和楚国势均力敌或实力稍有不济的时候，大多依靠文化传播获取道义人心，维持中原霸主地位，可见传播文化成为晋国争取国内民众和诸侯国的重要方式、重要手段。郑归属于晋，和最终郑无所谓归属于晋或楚，说明了晋在国内和对郑文化传播的有效，也说明了中原文化对楚传播的有效。

三、战争过程中的文化传播小结

通过对《左传》文献的梳理，将战争过程中的文化传播活动分为诸侯国国内和诸侯国之间两个部分，春秋时期战争过程中的文化传播活动，可以总结如下：

第一，战争过程中文化传播和战争的厮杀劫掠并行。楚庄王已经深刻认识到这一点，他说：“夫文，止戈为武……夫武，禁暴、戢兵、保大、定功、安民、

---

① 范文澜，蔡美彪等：《中国通史》（第 1 册），北京：人民出版社，1994 年版，第 116 页。

和众、丰财者也，故使子孙无忘其章。”（《宣公十二年》）《左传》多次载：“贰而执之，服而舍之。德莫厚焉，刑莫威焉。”（《僖公十五年》）“叛而不讨，何以示威？服而不柔，何以示怀？非威非怀，何以示德？无德，何以主盟？”（《文公七年》）“叛而伐之，服而舍之，德、刑成矣。伐叛，刑也；柔服，德也，二者立矣。”（《宣公十二年》）“服而舍之”，即通过武力威慑或有限征伐的手段，树立自己的威信，迫使其他诸侯臣服于自己这一目标达成之后，大多偃兵息武，停止军事行动，说明当时战争的目的就是社会制度、价值观念、生活方式的传播。尤其春秋早中期的战争多以迫使敌方屈服为基本宗旨，军事威慑多于会战。军事威慑之外的厮杀劫掠，也以暴力、强制的方式将征服方的文化传播。事实就是：“春秋争霸能否成功，除开经济、军事等物质因素外，还有一个重要条件，即霸主是否具有中原的‘礼’文化素养。”①

第二，战争过程中的文化传播波及范围比较广。不管是在诸侯国国内还是诸侯国之间，可以说文化传播和战争涉及的范围成正比，即军事活动涉及的范围越大，文化传播的范围越广。春秋时期大小诸侯国约有一百四五十个，到春秋末期只剩下周、鲁、齐、晋、秦、楚、宋、卫、郑、燕、越等国。据范文澜统计：在长达 242 年的春秋历史上，列国间的军事行动，凡 483 次，其中的大国，如楚国先后吞并了 45 个国家，齐国吞并了 10 个国家，秦国灭 12 个国家，晋国灭 20 余国②等等。春秋时期人们普遍认为：“非我族类，其心必异。”（《成公四年》）“神不歆非类，民不祀非族。”（《僖公十年》）亲华斥夷尤为分明，“戎狄豺狼，不可厌也。诸夏亲暱，不可弃也。”（《闵公元年》）100 多个诸侯国消失了，连带消失的是他们的神灵信仰、家国历史、礼仪制度及土地族群的分界观念，或者全部接受征服者的文化，或者将自己的文化融入征服者的文化中。

第三，战争是文化传播的重要方式或手段，能达成比较好的传播效果。文化传播有多种方式，如人口迁移③、商品交换④等，其中战争也是一种重要的文化传播方式。利用战争这种暴力方式，可以直接、明确、强制、快捷、有效地传播征服者的文化，改变或消灭被征服者原有的文化。《僖公二十六年》：“夔子不祀

① 胡克森：《春秋争霸与中原“礼”文化传播之特征》，《贵州社会科学》，2003 年第 1 期。
② 范文澜，蔡美彪等：《中国通史》（第 1 册），北京：人民出版社，1994 年版，第 117 页。
③ 葛剑雄：《秦汉时期的人口迁移与文化传播》，《历史研究》，1992 年第 4 期。
④ 王征国：《论文化传播的三维方式》，《邵阳学院学报》（社会科学版），2012 年第 5 期。

祝融与鬻熊，楚人让之。对曰：‘我先王熊挚有疾，鬼神弗赦而自窜于夔。吾是以失楚，又何祀焉？’秋，楚成得臣、斗宜申帅师灭夔，以夔子归。”祝融和鬻熊是楚国的祖先，楚国让夔也祭祀祝融和鬻熊，因为夔被楚国打败是楚国的附属国。楚国先是改变被征服者的文化，但夔不听从楚国的命令，楚干脆灭了这个国家，强制传播自己的文化。楚国的做法是对所在国的文化进行摧残，给当地人民带来深重的文化灾难，但从某种程度上说，这种碰撞也打破了两国文化的区域限制，使文化得以进一步交流融合。“促进了人员往来和民族融合，不可抑制地导致交战各方的文化交流和传播。战争还为文化传播注入了新的活力，促使文化的更新和恢弘多元化文化景观的形成。”①

第四，在武力征服的基础上，人们强调文化得人远比武力得人效果好，征服最根本的是文化征服。《僖公四年》，齐桓公合诸侯之师讨伐楚国，齐侯把诸侯的军队排列成站阵，和屈完乘一辆战车观看，企图用武力威吓楚国。齐侯说：“以此众战，谁能御之？以此攻城，何城不克？”屈完对答说：“君若以德绥诸侯，谁敢不服？君若以力，楚国方城以为城，汉水以为池，虽众，无所用之。”浩浩荡荡的诸侯军队，是管仲、齐侯责难、攻伐楚国的实力底气，也是楚国派使者不断调停，屈完看似不惧，最后还是不得不屈服的根本原因。屈完看似不惧是他认为用武力对付楚国没有用处，之所以会屈服那是因为齐侯用德行安抚诸侯，不只楚国其他诸侯国都会服从。像“平国以礼不以乱”（《宣公四年》），“以乱取国，奉礼以守，犹惧不终；多行无礼，弗能在矣”（《文公十五年》）等所说的都是必要的武力征服可以接受，但最根本的还是以德服人，文化服人。

最后，在短时期内，文化传播的主导权或决定权在军事强势的一方或文化强势的一方。军事强势的一方晋国是代表，《定公八年》：“齐国夏、高张伐我西鄙。晋士鞅、赵鞅、荀寅救我。公会晋师于瓦。范献子执羔，赵简子、中行文子皆执雁。鲁于是始尚羔。”胡新生说，“鲁于是始尚羔”所反映的事实是，在这之前鲁国卿大夫还没有“尚羔”的意识和习惯，他们把羊羔看成高于鸿雁的贽物，完全是受了晋国文化礼俗的影响。鲁国是春秋时期保存周礼比较多的国家，卿大夫相见一律用雁应是西周以来的主流礼俗，而“尚羔”原本只是晋国的地方性礼仪，它是凭借晋国在战争中取胜获得霸主地位，才成为一种强势文化并逐

① 陈朝云：《先秦中原文化传播态势及动因探究》，《江海学刊》，2009 年第 3 期。

渐得到某些国家的认同。① 文化强势的一方周王室是典型。《宣公十六年》："为毛、召之难故，王室复乱。王孙苏奔晋，晋人复之。冬，晋侯使士会平王室，定王享之。原襄公相礼。殽烝。武子私问其故。王闻之，召武子曰：'季氏！而弗闻乎？王享有体荐，宴有折俎。公当享，卿当宴，王室之礼也。'武子归而讲求典礼，以修晋国之法。"士会本来平定了王室的动乱，是以有功者的姿态接受周天子的招待。当时的周王室虽实力不济，但还是传承和保留宗周礼乐文明的正统、主流。受周的影响，士会回到晋国，严整礼乐制度，规范管理。这是从比较短的时间范围而言，从长时期看，不管战争胜败如何，最终在漫长的时间里传承、传播的都是优秀文化。优秀文化之所以为优秀文化，就在于：反映文化健康的精神方向；能够鼓舞人们前进；具有跨越时空的激发民族自信心和自豪感的作用；具有民族文化认同功能；具有历史继承性和稳定性；是文化的活精神；有强大的生命力。② 据范文澜统计，从鲁隐公元年到僖公三十三年的86年时间里，戎狄攻华族16次，华族攻戎狄9次。③ 说明戎狄的势力不小，但鲁文公以后，戎狄国开始被消灭。范老解释说，因为华族知道团结，互相援救，不过蛮夷戎狄的文化没有中原文化优秀可能也是重要原因。不管是接连在中原称霸的楚庄王，还是吴王阖闾，还是越王勾践，武力征服与文化反征服的事不断在他们身上重复。中国作为四大文明古国之一，之所以能连绵不绝延续至今，历经劫难而愈显活力，最根本的原因就在于她的文化是优秀文化。

（作者系华南农业大学马克思主义学院讲师）

---

① 胡新生：《〈仪礼·士昏礼〉用雁问题新证》，《文史哲》，2007年第1期。
② 李宗桂：《试论中国优秀传统文化的内涵》，《学术研究》，2013年第11期。
③ 范文澜，蔡美彪等：《中国通史》（第1册），北京：人民出版社，1994年版，第137页。

论孔子对待君主与父兄“过错”的方式

◎葛　天

“出则事公卿，入则事父兄”（《论语·子罕》①），“公卿”以一国的君主为核心，“父兄”则以一个家庭的父亲为核心。孔子心中的理想人格，必然能维护好自身与君主、自身与父亲之间的关系，落实在具体的细节上，就体现为对“君主”和“父兄”在为人处世中所犯下“过错”的正确处理。本文希望梳理相关资料，探讨清楚孔子心中正确处理君主、父兄“过错”的方式。

一、“过错”的内涵

在《论语》文本中，有如下三种词汇是用于描述当时人们的“过错”。

第一，“恶”。《论语》中存在名词形态的“恶”字，可用于描述他人的“过错”，《说文解字》训为“过也”②，例如“君子成人之美，不成人之恶。小人反是”（《颜渊》），对于这个涵义，《论语》有记录孔子向子张所定义的“四恶”内涵：“不教而杀谓之虐；不戒视成谓之暴；慢令致期谓之贼；犹之与人也，出纳之吝，谓之有司。”（《尧曰》）也就是说，孔子心中的“恶”可以理解为，“不予以教化就实行刑罚”“不予以劝勉就要求成就”“突然设定期限”“吝啬”等行为，这四种行为以现代社会的道德标准来理解，确实会偏离儒家的理想人格，但还未能达到触犯现代法律的境界。

第二，“过”。《论语》中存在名词形态的“过”，用于描述人们的“过错”，例如“蘧伯玉……欲寡其过而未能也”（《宪问》），“有颜回者好学，不迁怒，不

① 下文引《论语》只注篇名。

② ［清］段玉裁撰：《说文解字注》，北京：中华书局，2013年版，第516页。

贰过”（《雍也》）等。

第三，其他类型如“不贤”“不善”“非礼”等形容词，其涵义可以指与“过错”相关的行为与状态，例如“见贤思齐焉，见不贤而内自省也”（《里仁》），“三人行，必有我师焉；择其善者而从之，其不善者而改之”（《述而》等。

针对上述《论语》中三类描述“过错”的词汇，前人在解释《论语》时，也会以相互训释的方式来使用，例如对于颜回“不二过”（《雍也》）的行为，何晏以“有不善未尝复行也”[①] 来注解。可见，前贤对《论语》中“恶”“过”“不贤”“不善”的理解，都可以指向现代汉语词汇中的“过错”。

但笔者也发现，对于各类“过错”行为，《论语》文本在描述它们时，并未在词汇的选择上有一个完整体系，并不会因“过错”程度、大小、影响的不同，而选择某个特定的词汇进行描述。究其原因可能在于，每个人的道德底线与价值观不同，所以对于不同的个体来说，他们判断某个“过错”行为是否严重的标准肯定不同，而这最终造成在编写《论语》这部集体著作的过程中，会使用不同词汇来描述同一客观行为。

在诠释《论语》时，有些儒家学者会将“过错”分为“寻常之过”与“大恶”两类，孟子有言：“《凯风》，亲之过小者也。《小弁》，亲之过大者也。”（《孟子・告子下》）孔颖达也同样对“过错”做了类似分类，他说：“据亲有寻常之过，故无犯。若有大恶，亦当犯颜。”[②]

这种分类思路在当代社会一样适用。在现实生活中，确实有不同程度的“过错”：其一，是指“寻常之过”，是人们在日常生活中的不正确认识、行为，也包括非故意而犯下的各类行为，但这些行为却也能够得到个体与整个社会的容忍，例如“吝啬”“行为有违礼仪”等行为；其二，是“大恶”，是人们在日常生活中对他人身心造成严重伤害，严重违背人伦、违背法律的各类行为，例如“抢劫”“杀人”等行为，对于这类行为几乎所有的个体与社会都无法容忍。

---

① 程树德撰，程俊英、蒋见元点校：《论语集释》，北京：中华书局，1990 年版，第 365 页。

② 下文所用“寻常之过”与“大恶”用词出于此处，见［清］阮元校刻：《十三经注疏・礼记正义》，北京：中华书局，1980 年版，第 1274 页。

二、处理“过错”的方式

对于“君主”与“父兄”这两种社会角色来说，他们也是普通人，会在生活中有“过错”，孔子给出了一系列通用的方式，以指导人们去正确对待君主与父兄的“过错”。从《论语》文本出发，结合先秦儒家其他经典，可总结为如下三类：第一，不宣扬“过错”，但必须正视“大恶”；第二，包容与原谅甚至勇于承担“寻常之过”；第三，无论何种“过错”都需要去纠正与改正。

第一，孔子认为，一个符合儒家理想人格言行的臣子或儿子，其绝不会去公开宣扬君主、长辈亲人的任何“过错”，因为孔子认为儒家的君子是“恶称人之恶者”（《阳货》），不会公开宣扬他人的“过错”，不会将道德修养的重点放于审视他人“过错”之上，即使发现了君主与父兄身上的“过错”，也不去宣扬。

在《述而》篇中，有记载陈司败质问孔子应该如何处理鲁昭公娶同姓女子为妻这种“大恶”的行为，孔子做出了不去当面公开宣扬君主“过错”的选择。

但这种不宣扬绝非消极避世，孔子认为，一个人对于君主与亲人的“大恶”必须要予以正视，也就是说，面对一些个人或整个社会无法去“忍”的“大恶”，无论在家庭领域还是政治领域内，首先都要全面考虑这个大“过错”会给父母与君主带来怎样的影响，避免因不解决“大恶”而产生的重大隐患才是首要考虑对象。所以在此时，臣子或子女需要对君主与父兄的“大恶”予以劝谏，《孝经·谏争章》有言：“天子有争臣七人，虽无道，不失天下；诸侯有争臣五人，虽无道，不失其国……父有争子，则身不陷于不义。故当不义，则子不可以不争于父，臣不可以不争于君。”父母与君主会因纠正而“不行无礼”（《荀子·子道》），不会犯下更大的“过错”。

第二，对待“寻常之过”，孔子心中的君子人格，首先是要有一种宽容，能原谅君主与父兄的心态：

> 樊迟从游于舞雩之下，曰：“敢问崇德、修慝、辨惑。”子曰：“善哉问！先事后得，非崇德与？攻其恶，无攻人之恶，非修慝与？一朝之忿，忘其身，以及其亲，非惑与？”（《颜渊》）

上述材料中，孔子用“善哉问”这类语言，来夸奖樊迟的提问，这其中，“攻”是一个关键字，刘宝楠指出“攻犹责也”[①]。一个仁者不会轻易苛责他人的

---

① ［清］刘宝楠撰，高流水点校：《论语正义》，北京：中华书局，1990年版，第510页。

“过错”，孔子心中的宽容，是“躬自厚而薄责于人，则远怨矣”（《卫灵公》）的自我约束。

所以在家庭伦理环境中，面对亲人的“寻常之过”，应该保持宽容的心态，正如《礼记·坊记》也有记载“君子弛其亲之过，而敬其美”[①] 的儒者胸怀。在政治领域内，孔子也倡导面对君主的微小“过错”时，应该采取“臣不可言君亲之恶，为讳者，礼也”（《史记·孔子世家》）这种策略。

同时，在一些很特殊的情况下，如果自己的亲人犯下微小的“过错”，那自己应该勇于承担，这个思路在学术界讨论“直躬证父”事件时，已经有学者总结出“隐而任之”[②] 的方式，即儿子面对父亲不当得利的小“过错”时，最好的解决方案应该是将此事揽责于自己身上，从而维护亲情、维护父亲的声誉，而绝非去公开宣扬父亲错误的冷漠。《礼记·坊记》也有记载“善则称人，过则称己，则民不争。善则称人，过则称己，则怨益亡……善则称人，过则称己，则民让善……善则称君，过则称己，则民作忠……善则称君，过则称己，则民作孝……”[③] 的儒家倡导。

第三，对一切“过错”而言，无论其大小、严重程度如何，其本质都是一种背离儒家理想人格的体现，所以孔子有言：“过而不改，是谓过矣。”（《卫灵公》）儒家的君子必须要努力去劝谏君主与长辈亲人，使他们通过自身的道德修养而改正“过错”：在家庭领域中，子女纠正父母的重大“过错”是儒家孝道的一种体现，“事父母几谏，见志不从，又敬不违，劳而不怨”（《里仁》），对子女来说，即使父母不听从自己的劝谏，也不要有任何怨恨之心，继续抱着保护父母的心态“号泣随之”[④]；在政治领域中，对于君主的“过错”，臣子的态度一定是“事君有犯而无隐”[⑤]，孙希旦解释了其中的原因：“愚谓几谏谓之隐，直谏谓之犯……君臣主义，隐则恐其阿谀而伤于义，故必勿欺而犯之。”[⑥] 总之，儒家的理想人格是以仁爱胸怀、以“劝谏”来对待君主与父兄的“过错”，对此，皇侃

---

① ［清］阮元校刻：《十三经注疏·礼记正义》，北京：中华书局，1980 年版，第 1620 页。
② 梁涛：《“亲亲相隐”与“隐而任之”》，《哲学研究》，2012 年第 10 期。
③ 同①，第 1620 页。
④ 同①，第 1267 页。
⑤ 同①，第 1274 页。
⑥ ［清］孙希旦撰，沈啸寰、王星贤点校：《礼记集解》，北京：中华书局，1989 年版，第 165 页。

评论到："夫谏之为义，义在爱惜。既在三事同，君亲宜一，若有不善，俱宜致谏。"①

三、孔子对待君主与父兄"过错"方式的原因探析

孔子在上述对待君主与父兄"过错"的三种方式中，实际上给出了一个有关道德修养的明确指向。他认为，君子人格应该是以"修己"为核心追求，而不是将所有的注意力都集中在他人身上：

> 子路问君子。子曰："修己以敬。"曰："如斯而已乎？"曰："修己以安人。"曰："如斯而已乎？"曰："修己以安百姓。修己以安百姓，尧舜其犹病诸？"（《宪问》）

当这种"修己"的道德追求实践于对待他人"过错"这一事件时，不去过多关注他人的"过错"，更不抱着高人一等的态度去随意批评他人，这些是儒家理想人格的基本要求，以下文本可以很清晰地反映出孔子的观点：

> 子贡方人。子曰："赐也贤乎哉？夫我则不暇。"（《宪问》）
>
> 子曰："见贤思齐焉，见不贤而内自省也。"（《里仁》）

唐代陆德明在《经典释文》中引郑玄注"方人"的思路："谓言人之过恶。"② 也就是说，子贡平时会通过语言而去犀利地公开，甚至讥讽他人的"过错"，而孔子则明确批评了这一点。孔子认为，面对他人的错误，应该是"自省"，应该是"恐己亦有是恶"③，应该是将视角首先放在"修己"之上，而不是关注他人的"过失"。

面对君主与父兄"过错"，臣子与晚辈更不应该去过度关注，但这实际上并不容易。孔子认为："人之过也，各于其党。观过，斯知仁矣。"（《里仁》）每个人都会有"过错"，孔子认为自己也不例外，他有言："加我数年，五十以学《易》，可以无大过矣。"（《述而》）正确理解并处理自身的"过错"本身是知晓"仁"的一种方式，其也是儒家君子人格的一种体现："君子之过也，如日月之

---

① 程树德撰，程俊英、蒋见元点校：《论语集释》，北京：中华书局，1990 年版，第 270 页。

② 同上，第 1012 页。

③ 此是朱熹注"自省"，见程树德撰，程俊英、蒋见元点校：《论语集释》，北京：中华书局，1990 年版，第 269 页。

食焉：过也，人皆见之；更也，人皆仰之。”（《子张》）然而，在孔子的时代，他就已经感慨“吾未见能见其过而内自讼者也”（《公冶长》）这类不能自我认知“过错”的现象，更有一部分人会惧怕修正“过错”，所以孔子才会有“过则勿惮改”（《子罕》）的劝告。在这样一种情况下，人们更加倾向于将关注点移向自身之外，开始寻找他人身上的“过错”，如此，一方面可以捍卫自身的道德理念，同时又不会太苛责自己。孟子就曾有言：“且古之君子，过则改之；今之君子，过则顺之。”（《孟子·公孙丑》）可见，这种现象在古今社会都存在。

也就是说，当人们将一切道德修养的实践行为都专注于自己身上时，会达到一种符合孔子理想境界的效果。

“修己”会有效缓解因对他人“责善”而带来的各种君臣、亲属关系的冲突。在《论语》中，孔子多次提到人们在生活中会有“怨”这种情绪，例如“匿怨而友其人，左丘明耻之，丘亦耻之”（《公冶长》），“放于利而行，多怨”（《里仁》）等。公开宣扬他人的“过错”，其本身就是一种极容易触发他人“怨”这种情绪的导火索，所以为了避免这种情况发生，孔子倡导：“躬自厚而薄责于人，则远怨矣。”（《卫灵公》）在政治与家庭领域内，如果没有处理好君主与父兄“过错”，就会引发他们心中的怨恨，也会引发自己心中的怨恨，最终造成严重的后果。

从君主与长辈的角度来看，孔子基于不宣扬“过错”的原则，对《子路》篇所记载“直躬证父”事件提出了“隐”的倡导时，对《述而》篇所记载“鲁昭公娶同姓妻”提出了“讳”的倡导时，这种“不宣扬”的行为，其与“宽容”和“承担”一起，会形成维护尊者、维护亲情的效果，也会达到不让君主或长辈怨恨自己的效果；从自己的角度来看，以不宣扬、宽容的心态来面对父母的“过错”，也不会因为彼此意见的不一致而达到心中有所怨恨，所以孔子才会警戒道：“事父母几谏，见志不从，又敬不违，劳而不怨。”（《里仁》）

总而言之，孔子对于君主与父兄“过错”的处理，其是以“克己复礼为仁。一日克己复礼，天下归仁焉”（《颜渊》）为核心思路，这种内在的“修己”路线，最终也在政治、家庭的两种层面中排除“怨”等负面情绪，而最终达到“苟志于仁矣，无恶也”（《里仁》）的境界。

（作者系中山大学哲学系博士生）

墨义发微

◎魏 勇

墨子是与孔子比肩的先秦巨擘。[①] 墨子出于对天下失义的强烈不满，对义的本源进行了重置，对义的内容进行了重建，并以义为中心建立了自己的思想体系。[②] 墨子提出，义出自于天，义的本质内容是天志，义的本质是利天下；为政者应以义为本，兼爱为则，任用贤人来治理国家。

一

墨子处在“圣王既没，天下失义，诸侯力征”（《墨子·节葬下》）的春秋末战国初期之际，此时期百姓更加困苦、社会更为混乱，如顾炎武所称：“春秋时期犹尊礼重信，战国时期则绝不言礼与信矣；春秋时期犹宗周王，战国时期绝不言王矣；春秋时期犹严祭祀、重聘享，战国时期则无其事矣；春秋时期犹论宗姓氏族，战国时期则无一言及之；春秋时期犹宴会赋诗，战国时期则不闻矣；春秋时期犹有赴告策书，战国时期则无有矣。”[③] 天下不仅礼崩乐坏，而且作为维系礼的“义”也已丧失殆尽。《墨子》反映的时势是世邦无定交、士无定主，争地

---

① 韩非称：“世之显学，儒墨也。儒之所至，孔丘也；墨之所至，墨翟也。”（《韩非子·显学》）。

② 墨子的中心思想，历来众说纷纭。俞樾、梁启超认为是兼爱；方授楚认为是平等；张岱年认为是尚贤；胡适认为是天志、尚同与实用主义；杜国庠认为是义；蔡尚思认为是“打破亲、强弱、贵贱、贫富、智愚一切由先天的血统、命运决定的兼爱非命”；等等。（见蔡尚思主编：《十家论墨》，上海人民出版社，2004 年版，第 311 －323 页。）这些说法从不同的角度对墨子的中心思想进行了阐发。笔者认为，确定一个人的中心思想应从该思想是根源的还是派生的、该思想的作用是重要的还是次要的来衡量。如果按照这个标准，墨子认为天为至上，并提出“义自天出”“万事莫贵于义”等论，由此认为“义”是墨子的中心思想是适宜的。

③ ［明］顾炎武：《日知录》卷十三，栾保群、吕宗力校勘：《日知录集释》，上海古籍出版社，2006 年版，第 749 页。

争城杀人无数，民生憔悴："岁凶、民饥、道饿"（《墨子·七患》）；"今岁有疠疫，万民多有勤苦冻馁，转死沟壑中者"（《墨子·兼爱下》）。但是为政者仍横征暴敛，"必厚作敛于百姓，暴夺民衣食之财，以为宫室台榭曲直之望、青黄刻镂之饰。"（《墨子·辞过》）朝政被权贵及亲属把持，"今王公大人，其所富，其所贵，皆王公大人骨肉之亲，无故富贵、面目美好者也。"（《墨子·尚贤下》）

不仅国内治理无道，诸侯之间侵伐求利，更使民生涂炭。"王公大人、天下之诸侯则不然，将必皆差论其爪牙之士，皆列其舟车之卒伍，于此为坚甲利兵，以往攻伐无罪之国。入其国家边境，芟刈其禾稼，斩其树木，堕其城郭，以湮其沟池，攘杀其牲畜，燔溃其祖庙，劲杀其万民，覆其老弱，迁其重器，卒进而柱乎斗。"（《墨子·非攻下》）"今天下为政者，其所以寡人之道多，其使民劳，其籍敛厚，民财不足，冻饿死者不可胜数也。且大人惟毋兴师以攻伐邻国，久者终年，速者数月，男女久不相见，此所以寡人之道也。与居处不安，饮食不时，作疾病死者，有与侵就伏橐，攻城野战死者，不可胜数。"（《墨子·非攻下》）在《墨子·非攻》中数十次提到死亡之民"不可胜数"之惨状，足见诸侯征伐之酷烈，民生百姓之苦极。

在这种社会现实下，孔子后学仍固守繁复之礼[①]，墨子认为"儒之道，足以丧天下者，四政焉。儒以天为不明，以鬼为不神，天鬼不说，此足以丧天下。又厚葬久丧，重为棺椁，多为衣衾，送死若徙，三年哭泣，扶后起，杖后行，耳无闻，目无见，此足以丧天下。又弦歌鼓舞，习为声乐，此足以丧天下。又以命为有，贫富寿夭，治乱安危有极矣，不可损益也，为上者行之，必不听治矣；为下者行之，必不从事矣，此足以丧天下"。（《墨子·公孟》）在《非儒》篇中，墨子有针对性地对儒者所行进行抨击，认为儒者执有命之说，如果"群吏信之，则怠于分职；庶人信之，则怠于从事。吏不治则乱，农事缓则贫，贫且乱政之本，而儒者以为道教，是贼天下之人者也"。对于儒者不顾时宜的繁饰礼乐，墨子认为会使人"久丧伪哀以谩亲，立命缓贫而高浩居，倍本弃事而安怠傲，贪于饮食，惰于作务，陷于饥寒，危于冻馁，无以违之"。对于儒者"君子循而不作"，墨子甚为厌恶，认为其是"为人臣不忠，为子不孝，事兄不悌，交遇人不贞良"

① 墨子原宗儒学，《淮南子·要略》说："墨子学儒者之业，受孔子之术，以为其礼烦扰而不说，厚葬靡财而贫民，久服伤生而害事，故背周道而用夏政。"

的行为。“儒浩居而自顺者也，不可以教下；好乐而淫人，不可使亲治；立命而怠事，不可使守职；宗丧循哀，不可使慈民；机服勉容，不可使导众。孔某盛容修饰以蛊世，弦歌鼓舞以聚徒，繁登降之礼以示仪，务趋翔之节以观众，博学不可使议世，劳思不可以补民，絫寿不能尽其学，当年不能行其礼，积财不能赡其乐，繁饰邪术以营世君，盛为声乐以淫遇民，其道不可以期世，其学不可以导众。”（《墨子·非儒》）

面对天下此时此世之状，墨子认为，亟须重新审视评估义的价值，赋予义新的内涵以整合价值，结束征战，治国安民。

二

墨家本出于“清庙之守”①，“以绳墨自矫，而备世之急”（《庄子·天下》），墨家认为，天下混乱在于义的标准不一，各人各异，“人异义。是以一人则一义，二人则二义，十人则十义，其人兹众，其所谓义者亦兹众。是以人是其义，以非人之义，故文相非也。”（《墨子·尚同上》）。为此，首先应确立义的标准义，唯其如此，才能实现其社会功用。“今天下之君子之欲为仁义者，不可不察义之所从出。”（《墨子·天志中》）墨子认为，只有追溯义本源，才能把握义的内涵，并以此端正仁义，从而实行仁义。墨子认为“义自天出”（《墨子·耕柱》），天是义的本源，义的内容就是天的意志，义的职分是利天下。

（一）天为法仪

墨子苦于天下秩序的混乱，认为混乱的主要原因在于缺乏建立秩序之法仪，“天下从事者不可以无法仪，无法仪而其事能成者无有也。”（《墨子·法仪》）法是行事的最高标准，“意、规、员三也俱，可以为法”（《墨子·经说上》）。法是意、规、员三者结合的产物，“意”要求法表达其规范的内容，即具有明确的指向性；“规”要求法如衡量事物之器具具有规范性；“员”要求法具有圆满的自洽性、内在的合理性，这三者的结合就是法。仪则是行事应效法的模范和标准。

---

① ［汉］班固：《汉书·艺文志》。清庙，即明堂，“周之明堂，即唐虞之五府、夏之世室、殷之重屋。乃祀五帝之所，为神教之所。古代制度简陋，更无宗庙、朝廷、学校、官府之别，一切政令悉出其中。”见吕思勉：《先秦学术概论》，昆明：云南人民出版社，2005年版，第225页。

没有规则和标准，行事就没有依据，肯定难以成事。墨子认为凡为百事应依标准而行，为政治国也不例外。治国的法仪是“仁”，“法不仁，不可以为法”（《墨子·法仪》）。何谓仁？墨子认为仁是“体爱也”（《墨子·经上》），即用自己的本体去爱，去践行。落实到治国之法上，就是要爱天下之人。此爱是兼爱，父母、师长甚至君主之爱均不能与之相比，因为父母爱其子，学者爱其师，即使是君主，也只能爱其国之民，不能使其爱遍及天下之民。可见，父母、学者、君主都不能作为治国的法仪。

法仪的标准如此之高，人间无人可及、无人可法。当在人世寻求法仪不可能时，只能到超越人世的地方去寻找。墨子认为，“只有当天凭借其超越的公正性才能为人制定规范”①，这是因为天具有“广而无私，其施厚而不德，其明久而不衰”（《墨子·法仪》）的品质。天不仅自身具有至善、至高、至美的品质，而且覆盖广泛，公正不偏袒；厚施万物而不自称其德；光明悠久而持久。天的本质决定了天必定是欲使人相爱相利，而不欲使人相恶相贼。这可以从天对天下兼而爱之、兼而利之得到证明。天无所不覆，天下国无大无小，都是天下之邑；天下人无论幼长贵贱，均是天之臣。天下人民之所以可以蓄羊、豢猪，酒醴粢盛，这些均是天利人的结果。墨子认为，从历史实践来看，古代圣王之所以能行天下，是因为能以天为法，动作行为依天度定，天所欲之则为，天所不欲则止。如圣王禹汤文武，兼爱天下百姓，率万民尊天事鬼，其利人多，因此天降之福使其立为天子，受诸侯朝拜。而反观暴王桀纣幽厉，害天下百姓，率民诟天侮鬼，戕害人民，因此天降灾祸，使其身丧名裂而为天下所耻。

（二）天之志者，义之经也

在墨子看来，天之所以成为法仪，是天所具有的至善、至公、至贵之属性所决定的。因此，义出自天，自然具有必然的合理性，“天为贵，天为知而已矣。然则义果自天出矣。”（《墨子·天志中》）

在墨子观念中，天是一个具有至上地位的人格神，具有自己的意志和判断。天的基本性格是“欲义而恶不义”（《墨子·天志上》），对天下“义”进行善赏，对天下不义进行惩罚。天是人间秩序、百姓生活的最高决定者：天下的生、

---

① ［美］本杰明·史华兹：《古代中国的思想世界》，南京：江苏人民出版社，2004年版，第149页。

死、富、贫、治、乱都是天所决定，天欲其生而恶其死，欲其富而恶其贫，欲其治而恶其乱。因此，天意不可不顺，顺天意者，兼相爱，交相利，必定会得到奖赏；反天意者，别相恶，交相贼，必定会得到惩罚。

天具有爱天下百姓，扬善惩恶的秉性。对于杀不辜者、人与人相杀者等天认为是不祥之事进行公正惩罚，“天之意不欲大国之攻小国也，大家之乱小家也，强之暴寡，诈之谋愚，贵之傲贱，此天之所不欲也。不止此而已，欲人之有力相营，有道相教，有财相分也。又欲上之强听治也，下之强从事也。上强听治，则国家治矣，下强从事则财用足矣。”（《墨子·天志中》）即使是对于天子善恶，天同样一视同仁进行赏罚，“天子有善，天能赏之；天子有过，天能罚之。”（《墨子·天志下》）天不仅爱民，而且能树立准则使天下有序运作，“磨为日月星辰，以昭道之；制为四时春秋冬夏，以纪纲之；雷降雪霜雨露，以长遂五谷麻丝，使民得而财利之；列为山川溪谷，播赋百事，以临司民之善否；为王公侯伯，使之赏贤而罚暴；贼金木鸟兽，从事乎五谷麻丝，以为民衣食之财。自古及今，未尝不有此也。”（《墨子·天志中》）

因此墨子认为，如果按照天意作为标准，上可以度量天下之王公大人为刑政是否得当，下可以量天下之万民为文学出言谈是否得体。百姓之行如果顺天意，就是善意行，反天意则是不善意行；百姓言谈如果顺天意就是善言谈，反天之意则为不善言谈；王公大人刑政，如果顺天意就是善刑政，反天之意就是不善刑政。可见，如果以天为法，以天之志为仪，就可量度天下之王公大人卿大夫仁与否，正如墨子言：“今天下之王公大人士君子，中实将欲遵道利民，本察仁义之本，天之意不可不顺也。顺天之意者，义之法也。”（《墨子·天志中》）

（三）义以利天下为用

墨子之本是为矫天下，功利是墨家哲学的根本意思①，出于救世之急，提出三表说，即“本之于古者圣王之事”“百姓耳目之实”“百姓国家之利”（《墨子·非命上》）者即为，否则弃之。墨子之“义”以天为本源，因为只有天的品质可以满足其为天下之利的功利目的。

墨子将义推崇至天，其首要目的是通过天的公正性使天下之乱得以正治。墨

① 冯友兰：《中国哲学史》（上册），上海：华东师范大学出版社，2000年版，第71页。

子认为："天下有义则治，无义则乱。我以此知义之为正也。"（墨子·天志下》）然而墨子所言之"正"，不是自下正上，而是自上正下：天子正三公，三公正诸侯，诸侯正大夫，大夫正士，士正庶人。即使是天子也不得擅自为政，有天正之。这样，普天之下均得以按照天意进行，无所偏颇。墨子引用天进行"正"，其目的不是正天下百姓，而是天对天子的矫正，"今天下之士君子，皆明于天子之正天下也，而不明于天之正天子也。"（《墨子·天志下》）天子对天下之百姓如果赏罚不当、听审断狱不公正，天也会通过降疾病祸害而对其进行惩罚。这样，天下自天子至百姓上行下效，均按照天意而行，实现社会的有序运作。值得注意的是，追求秩序只是墨子主张的手段，义正的目的是在于实现社会公平与正义，以使"大不攻小也，强不侮弱也，众不贼寡也，诈不欺愚也，贵不傲贱也，富不骄贫也，壮不夺老也"（墨子·天志下》）。普天之人无论自然差异，都能得到平等、公正相处。从此角度看，墨子的义具有明显的实现社会正义的目的。

"义"所体现的社会正义，不是为单纯维护当政者的执政利益，而是为维护天下百姓之利。墨子称："仁之事者，必务求兴天下之利，除天下之害，将以为法乎天下。利人乎，即为；不利人乎，即止。"（《墨子·非乐上》）以兴利除害为法，落实在实践上就是利人。墨子还提出言之三表："有本之者，有原之者，有用之者。于何本之？上本之于古者圣王之事。于何原之？下原察百姓耳目之实。于何用之？废以为刑政，观其中国家百姓人民之利。"（《墨子·非命上》）墨子所称的"利"，是天下百姓之利，因此，在墨子看来义具有范围的广泛性、普世性。

墨子不是空口说教者，其所称的义是"志以天下为芬，而能能利之，不必用"（《墨子·经说上》）。芬，为职分。[①] 义是以天下作为自己的职分而主动为之，其目的是利天下，而并非用义作为用天下的手段。"义务感是最善的动机"[②]，只有以利天下为己任，才会身体力行而不懈怠。墨子反对儒家的重要一点就是其述而不作。当公孟子说"君子不作，术而已"时，墨子对此表示反对：

---

① 对此句的解释歧义较多。毕沅将"芬"释为"美"。持此说的还有张惠言、曹耀湘、张之锐等；孙诒让将其释为"爱"；王闿运认为"芬"为分。即职分的分，姚永概、高亨持此说。笔者赞成后说。见杨俊光：《〈墨经〉"义，利也"校诂》，《南京大学学报》（哲学·人文科学·社会科学版），2002年第2期。

② ［英］戴维·罗斯：《正当与善》，上海译文出版社，2008年版，第243页。

“不然，人之其不君子者，古之善者不诛（述），今也善者不作。其次不君子者，古之善者不遂，己有善则作之，欲善之自己出也。今诛（述）而不作，是无所异于不好遂而作者矣。吾以为古之善者则诛（述）之，今之善者则作之，欲善之益多也。”（《墨子·耕柱》）墨子认为，两种人是不能被认为是君子的，一种是虽然认同善，但不继承（述）；另一种是善而不为。如果善且作为，就可以为君子。墨子主张积极有为，对儒家“扣则鸣，不扣则不鸣”（《墨子·公孟》）的做法极为反感，认为其对社会毫无益处。

三

义是“天下之良宝”（《墨子·耕柱》），墨子苦心意旨地构建“义”，非为修身养性，而是寄望“用义为政于国家”（《墨子·耕柱》），通过义对国家进行治理，“今若有能以义名立于天下，以德求诸侯者，天下之服可立而待也。”（《墨子·非攻下》）“义”所具有的至善、至公、利民的特性，以此为政就是义政。“凡入国，必择务而从事焉。国家昏乱，则语之尚贤、尚同；国家贫，则语之节用、节葬；国家说音湛湎，则语之非乐、非命；国家遥僻无礼，则语之尊天、事鬼；国家务夺侵凌，即语之兼爱、非攻，故曰择务而从事焉。”（《墨子·鲁问》）墨子主张根据不同的情形采取不同的措施来治理国家，最终实现“义政”。圣王是义政的代表，实现义政的指导原则是兼爱，义政之本是尚贤。

墨子之义显然不同于孔子。孔子主张“义以为质”（《论语．卫灵公》），从人的本心与本性内寻求义的本源，这种理论使义摆脱了社会关系的束缚成为人为自身确立的准则，使人获得了为自身做主的尊严。与孔子相反，墨翟，出于矫世之急，将义的来源归为外在于人的天，企图借此提升义的崇高性和客观性。这种从人性外寻求义来源的理论，隐含着将义与人性对立、以义戕害人性的危险。李泽厚在评墨子时说：“小生产劳动者总把自己的意愿欲望折射到天上，希望有一个公平正直的主宰来统治世界和制约贵族。”① 墨子出于对人间当世的强烈不满，而从超越人间的天来寻找义的来源，并将义作为“天下之大器”（《墨子·兼爱下》）来贯彻到实践中。墨子所言的天是凌驾于人间，具有神圣性、至上性、公

---

① 李泽厚：《中国古代思想史论》，天津社会科学院出版社，2003 年版，第 56 页。

平性、正义性的人格神，其意志是兴天下之利，除天下之害。天是法仪，法仪体现着天的意志，天的意志就是义。墨子试图用天的神圣性、至上性惩戒乱世为政者，为其提供榜样，从而规劝其在进行社会治理时善待百姓。人如果能依照义进行活动，就是按照人格神确立的秩序进行的活动，其用心可谓良苦。然而，在诸侯侵伐的时代，对当政者而言，当务之急是最大限度维护自身的利益，保全自己避免被侵伐，义这种至高的理虽然神圣高明，但无济于当下国民之迫。

墨子苦心意旨所构建的义，拔高了义却矮化了人。必然造成理想与现实的巨大落差，形成理事相碍的困窘：其一，由于义不是从人心内生发的，而是从天的意志强行植入人性、人心的，这种理论从来源上缺乏对人性本身进行切实关照，“反天下之心，天下不堪”（《庄子·天下》），如此不仅不会启发人性自足自尊，无法对生活在苦难中的天下百姓提供切实明显的改变境遇的希望，反而会使人产生道德压迫感。其二，作为义原则的兼爱，企图克服儒家的等差之爱，实现普天之下的公平正义，但用这种整齐划一的方法对人的分类，将个人完全纳入人群之中，群我不分。一举一动均要毫不利己、专门利人，此做法忽视了社会人伦之丰富性，忽视了人欲私利之正当性，未必符合人的本性。庄子批评其“以此爱人，恐不爱人”（《庄子·天下》）是中肯之论；荀子批判其“蔽于用而不知文”（《荀子·非十二子》）也是对其理论实践力的否定。其三，墨子将义归于作为人格神的天的意志，这种高高在上的人格神的意志具有不确定性，难以对社会提供准确明晰的准则。而在现实世界中人格神意志的实现需要通过政长来统一，这种借由政长实行的统一的、自上而下的义却可能在实践中适得其反，易被为政者当成追求集权、钳制思想、压制百姓的理论工具。

（作者系中山大学文化研究所特约研究员）

《庄子》“异”“同”思想的文化意义

◎刘季冬

当今是一个多元文化并存的世界。如何认识并协调不同文化间的关系，是学术界、思想界的共同话题。《庄子》有关事物“异”“同”思想的论述，能给我们以某些启示。

《庄子》认为，人们认识事物，视角不同，结果就大不一样。对于世界万物，《庄子》认为：“自其异者视之，肝胆楚越也；自其同者视之，万物皆一也。”（《德充符》）这就告诉我们，世界万物既有差异性的一面，也有相同性的一面。

一、自其异者视之

《庄子》认为“万物殊理”。（《则阳》）这表明每一事物都有其独特的价值。《庄子》以人的身体作为譬喻：

> 百骸、九窍、六藏，赅而存焉，吾谁与为亲？汝皆说之乎？其有私焉？如是皆有为臣妾乎？其臣妾不足以相治乎？其递相为君臣乎？其有真君存焉？如求得其情与不得，无益损乎其真。（《齐物论》）

我们身体的各部分与各种器官，发挥着各自的功能，都有它独立存在的价值。正是基于这一认识，《庄子》在评论上古文化典籍时说：“《诗》以道志，《书》以道事，《礼》以道行，《乐》以道和，《易》以道阴阳，《春秋》以道名分。”（《天下》）各种典籍价值各不相同。《庄子》评论诸子百家时都有所肯定：“犹百家众技也，皆有所长，时有所用。”（《天下》）与庄子同一时代的孟子认为：“夫物之不齐，物之情也。”（《滕文公上》）这一认识与《庄子》“万物殊理”有较大的区别。“万物殊理”呈现的是万物都有其存在的价值，无所谓高低贵贱。而“物之不齐，物之情也”表现出事物有高低贵贱之分。正因为有此区别，才会导致孟子在评论杨朱、墨翟两家学说时说：“杨朱、墨翟之言盈天下。天下之言不归杨，则归墨。杨氏为我，是无君也；墨氏兼爱，是无父也。无父无君，是禽兽也。”（《滕文公下》）与《庄子》肯定百家皆有所长相比，孟子表现出狭隘性、偏激性。

不同的事物有不同的存在价值，但不等同于价值平等。《庄子》以药物为例，作一形象的比喻：

药也，其实堇也，桔梗也，鸡壅也，豕零也，是时为帝者也，何可胜言！（《徐无鬼》）

每种药材都有其药用价值，至于哪种药材在治病中起主导作用，要根据具体情况而定。舟与车，对于人类而言，都是有价值的交通工具，舟的价值用于水上，车的价值则用于陆地上。柤、梨、橘、柚等水果皆可于口，但味道各不相同，每个人的喜爱也不一样。《庄子》由此提出礼义法度应时而变的思想：

“夫水行莫如用舟，而陆行莫如用车。以舟之可行于水也，而求推之于陆，则没世不行寻常。古今非水陆与？……故譬三皇五帝之礼义法度，其犹柤梨橘柚邪！其味相反而皆可于口。故礼义法度者，应时而变者也。”（《天运》）

《庄子》礼义法度应时而变的思想是进行社会政治制度改革的重要思想资源。在《庄子》中，与礼义法度应时而变意思相近的是“与时俱化”（《山木》）、“与时消息”（《盗跖》），这与《周易》“与时偕行”（《乾·文言》《损·彖》《益·彖》）的思想相同，表达的是人的行为要与时俱进，与礼义法度应时而变所指不同。

基于不同的事物都有其存在的价值，《庄子》对那些党同伐异的进行了批评：“世俗之人，皆喜人之同乎己而恶人之异于己也。同于己而欲之，异于己而不欲者，以出乎众为心也。夫以出乎众为心者，曷常出乎众哉！因众以宁所闻，不如众技众矣。”（《在宥》）如果一个人喜欢别人和自己相同，而厌恶不同，难以取得进步。个人是这样，一个民族国家也是这样。“人同于己则可，不同于己，虽善不善，谓之矜。”（《渔父》）只认同与自己见识相同的人，排斥有不同见解的人，这种人只不过是自以为贤能罢了。

在思想认知领域，人们常常将思想的差异性等同为对立性。儒、道两家思想，长期被人们认为是两种对立的社会思潮。“世之学老子者则绌儒学，儒学亦绌老子。”① 英国小说家吉卜林说：“东方是东方，西方是西方，他们永远不能会合。”② 美国学者亨廷顿曾预言，21 世纪将是不同文明之间发生冲突的世纪。他断定儒教文明与伊斯兰教文明联手，共同对抗基督教文明。中国学者季羡林则强调：“从人类全部历史上看，东方文化和西方文化的关系是‘三十年河东，三十年河西’……到了 21 世纪，三十年河西的西方文化就将逐步让位于三十年河东的东方文化，人类文化的发展将进入一个新时期。”③ 在学术领域，自从西方哲学解释学传到中国，就有学者多次强调要创建中国的解释学。在文本的解读上是“以西释中”，还是“以中释中”也争论不已。之所以有这些现象出现，其认知前提是将文化的差异性等同于对立性。这不利于文化的发展，不利于世界的和平。

“万物殊理”，是对事物多样性、价值多元的肯定。

二、自其同者视之

与万物相异的观点相比，《庄子》更强调：“自其同者视之，万物皆一也。”（《德充符》）《庄子》所说的“万物皆一”，包含着两个方面的涵义：

其一是指天地万物都有它们的共同性。《庄子》说：物固有所然，物固有所可。无物不然，无物不可。故为是举莛与楹，厉与西施，恢恑憰怪，道通为一。”（《齐物论》）

因为“道通为一”，所以“以道观之，物无贵贱”（《秋水》），“道之可以贵，可以贱，可以约，可以散，此吾所以知道之数也”（《知北游》）。为了说明道无处不在，庄子与东郭子有一段对话：

> 东郭子问于庄子曰：“所谓道，恶乎在？”庄子曰：“无所不在。”东郭子曰：“期而后可？”庄子曰：“在蝼蚁。”曰：“何其下邪？”曰：“在稊稗。”曰：“何其愈下邪？”曰：“在瓦甓。”曰：“何其愈甚邪？”

① ［汉］司马迁：《史记》（七），北京：中华书局，1982 年版，第 2143 页。
② 常大麟、李焱编选：《精神嘶鸣》，桂林：广西师范大学出版社，2003 年版，第 6 页。
③ 季羡林：《三十年河东　三十年河西》，北京：当代中国出版社，2006 年版，第 6 页。

曰："在屎溺。"东郭子不应。(《知北游》)

道存在于万物之中，连屎溺中也有道的存在。人们之所以有贵贱观念存在是因为"以物观之，自贵而相贱；以俗观之，贵贱不在己"(《秋水》)。站在自己的立场来看，就会贵重自己贱视他人；以流俗的观点来看的贵贱是外加的，而不是自己本身固有。《庄子》认为："故万物一也，是其所美者为神奇，其所恶者为臭腐；臭腐复化为神奇，神奇复化为臭腐。"(《知北游》)之所以有神奇与臭腐的区分，是因为人们有所喜爱与厌恶的结果。《庄子》多次强调万物通而为一："天地一指也，万物一马也"(《齐物论》)；"天地与我并生，而万物与我为一"(《齐物论》)；"道通为一"(《齐物论》)；"万物虽多，其治一也"(《天地》)；"通天下一气耳"(《知北游》)。万物存在共同性，是一个客观事实，但并不是所有的人能认识到，《庄子》认为"唯达者知通为一"(《齐物论》)。

其二，不同的事物组成一个共同体。《庄子》提出"合异以为同，散同以为异"(《则阳》)的思想：

今指马之百体而不得马，而马系于前者，立其百体而谓之马也。是故丘山积卑而为高，江河合水而为大，大人合并而为公。(《则阳》)

马是由马之百体组成，山累积不同的事物而成其高，江河汇合了不同的支流而成其大，大人容纳各方才能成其公。"比于太泽，百材皆度；观于大山，木石同坛。"(《则阳》)太泽汇集了不同的材物，大山聚集了不同的木石。从以上的事例中，我们可以看出，《庄子》更强调："合异以为同"，而圣人与一般人的一个重要区别也在于此："众人役役，圣人愚芚，参万岁而一成纯。万物尽然，而以是相蕴。"(《齐物论》)众人各人为自己而忙碌，圣人浑朴，糅合古今无数变异而精纯不杂。万物都是一样的，相互蕴含于精纯浑朴之中。因此我们不难理解《应帝王》篇末，儵忽二帝好心将待之甚善混沌弄死了。学者韩东育说："'混沌'的死，并不是指有限生命的终止，而是无限生命的夭折。因为凿开眼睛的一刻，他便再也看不到'大象'；挖开耳朵的一刻，他便再也听不到'大音'；而凿开嘴巴和心的一刹那，他也就再不可能'味无味''体无极'了。"[①] 在儵忽二帝未凿之前，混沌蕴含着多样的可能性，被凿之后，已失去蕴含的多样性，不再

① 韩东育：《"有"是"有限"，"无"是"无极"——对"有""无"千古成说的质疑》，《史学集刊》，1997年第1期。

是混沌，“七日而浑沌死”（《应帝王》）。《庄子》一体涵容多元的思想，是中华文化的一个重要特征。其具体体现是传统中国人信仰的多元化。历史上很多文化人往往是儒、释、道兼通，普通人的信仰更是不一而足。“常常是刚刚拜完菩萨，马上又拜老君，在回家的路上可能还要去一趟土地庙，回到家以后，先在财神关公像前敬一炷香，然后转身又跪倒在祖宗的灵位前。”① 这段话形象地描述了传统中国人信仰的多元性。费孝通提出中华文化的特征是多元一体，这是对《庄子》“合异以为同”思想的继承与发展。“夫天下也者，万物之所一也。”（《田子方》）天下是万物最大的共同体。2008 年北京奥运会的主题口号“同一个世界，同一个梦想”，正是“夫天下也者，万物之所一也”这一思想的具体体现。

台湾佛教界的净空法师做不同宗教信仰人的思想工作时，抓住不同的宗教有一个共同点，就是都认为宇宙之间只有一个真神，这个真神是宇宙的造物主。“我说：‘我们承认一个真神，你承不承认这个神有最高的智能，有很大的神通，他能够变化？’这个他相信，他说：‘是，我们信。’我说：‘那就行了。’我说：‘这个真神哪，在基督教就变成基督耶稣，在佛教就变成释迦牟尼，在伊斯兰教就变成穆罕默德，都是一个人变的。’这个他们相信，想一想有道理，这就团结起来了。”② 净空法师的思想工作方法是异中求同，这一做法与中国在外交上提出的“求同存异”的思想一样，实际上是将《庄子》“道通为一”的思想在实践中运用。

三、《庄子》“异”“同”思想的文化意义

《庄子》关于事物“异”“同”的思想观点，使我们认识到，如果“自其异者视之”，则不同文化形态各异，主张各不相同；如果“自其同者视之”，则不同文化之间存在着相通相融的一面，同时，世界文化是由不同的文化组成的共同体。我们可以从如下两个层次得到说明：

1. 同一文化传统中不同学派之间主张各异，但有相通的一面，都是本民族文化的组成部分。

---

① 李卫东：《外星人就在月球背面》，重庆：重庆出版集团、重庆出版社，2009 年版，第 23 页。

② 王桂山，桂平主编：《世纪大讲堂》（第 8 辑），沈阳：辽宁人民出版社，2005 年版，第 290 页。

春秋战国时期“百家争鸣”。道家提倡自然无为，儒家提倡仁爱，墨家提倡“兼爱”“非攻”，法家提倡严刑峻法，兵家提倡诡道。各家主张虽异，甚至对立，但不同学派的思想有其相通、相融的一面。司马谈指出：“夫阴阳、儒、墨、名、法、道德，此务为治者也，直所从言之异路，有省不省耳。”① “务为治”为各家的共同点，因为“务为治”，诸子百家都致力于社会的和谐。“儒家讲和谐，着重于纳入‘礼制’的范围；墨家讲和谐，着重在人人发挥‘兼爱’的互助精神；法家讲和谐，着重在法制的实施与履行……道家不只重视‘人和’，还从一个更为宽广的思想视野出发提出‘天和’。”② 此外，在提倡愚民政策上，老子说“古之善为道者，非以明民，将以愚之”（《老子·六十五章》）；孔子说“民可使由之，不可使知之”（《论语·泰伯》）；孙子说“能愚士卒之耳目，使之无知”（《孙子兵法·地篇》）；商鞅说“民不可与虑始而可与乐成。论至德者不和于俗，成大功者不谋于众”（《史记·商君列传》）。以上可以看出，诸子百家思想既有差异的一面，也有相通、相融的一面，它们共同成为中华文化的重要源头。

2. 不同文化传统中的文化虽然形态各异，主张不同，但有其相通、相融之处。世界文化由各地区、各民族文化共同组成。

不同传统文化的表现形态、关注点不一样，但存在共同之处。儒家、佛教、基督教、伊斯兰教，无论是思想表现还是对人行为的影响，都有较大的差异，但在引导人们向善，主张有爱心上是相同的。“儒家讲仁爱，墨家讲兼爱，佛教讲慈爱，基督教讲博爱，伊斯兰教讲拉赫曼和拉希姆（至仁至慈），都主张爱。”③ 正如学者陈鼓应所论：“基督教有基督教的中心价值，伊斯兰教有伊斯兰教的中心价值，佛教有佛教的中心价值，道教有道教的中心价值，即使它们彼此的中心价值是千差万别的（‘恢诡谲怪’），但是它们在宇宙中是可以相互会通的（‘道通为一’）。”④ 中西文化有较大的差异，但在中西方思想文化的早期都曾出现过反智的思想倾向：古希腊神话普罗米修斯盗火被锁高加索山，《圣经》中人类始祖偷食知善恶树之果被逐出伊甸园，《传道书·一章》中“多有智慧，就多有愁烦；加增知识的，就加增忧伤”；而中国则有《老子》中“智慧出，有大伪”

---

① ［汉］司马迁：《史记》（七），北京：中华书局，1982 年，第 3288 – 3289 页。

② 陈鼓应：《道家的人文精神》，北京：中华书局，2012 年版，第 27 页。

③ 易中天：《文明的意志与中华的位置》，杭州：浙江文艺出版社，2013 年版，第 27 页。

④ 同②，第 209 页。

（《十八章》）、“绝圣弃智，民利百倍”（《十九章》），《庄子》中“故天下每每大乱，罪在于好知”（《胠箧》）、“举贤则民相轧，任知则民相盗”（《庚桑楚》）。犹太文化以神为本，中华儒家文化以人为本，其区别是明显的。然而在道德方面两种文化有完全相同的主张。“己所不欲，勿施于人”在《论语》及犹太人的经典《塔木德》中各有两处加以强调。《孔子家语·致思》中“铸剑戟以为农器”与《塔木德·社会生活·政府、法律与正义》中“他们应该铸剑为犁”所表达的思想完全相同。

世界文化既不是西方文化能够代表，也不是东方文化能够代表，而是由世界各地区、各民族文化共同组成。

从不同的方面看，各种文化存在着差异性，其社会价值各不相同，因此各种文化之间存在着互补性。至于坚持以何种文化为主，要根据具体情况而定，要应时而变。从相同的方面看，各种文化存在共性，因此各种文化之间可以相通相融。正是由于不同文化之间存在着互补性与相通相融，才能在相互借鉴、相互吸收中发展。“古代的埃及人和巴比伦人互相受影响，巴比伦人本身便是苏米尔人（Sumerians）和阿卡得人（Akkadians）的混合物。中国人老早和这些高等文明有接触，过后又从马来人、突厥人、蒙古人那里输入不少发明。希腊人的文化建筑在埃及人所立的基础之上，罗马人又尽量从希腊人那儿搬过来。我们的现代文明更是从四面八方东拼西凑起来的百衲衣。”① 古代中国因吸收印度的佛教文化呈现出儒、释、道三种文化并存的局面，使传统中国文化更加多彩，人们的精神生活更加丰富。近代中国因引进马克思主义，中国人的精神面貌发生了巨大的改变，“十月革命一声炮响，给我们送来了马克思列宁主义。十月革命帮助了全世界的也帮助了中国的先进分子，用无产阶级的宇宙观作为观察国家命运的工具，重新考虑自己的问题。”② 从此中国人的精神面貌发生了翻天覆地的变化。

《庄子》中“万物殊理”“道通为一”“合异以为同”的思想与世界文化的发展是相适应的。

习近平主席在纪念孔子诞辰2565周年国际学术研讨会，暨国际儒联第五届会员大会开幕会上的讲话中指出：“丰富多彩的人类文明都有自己存在的价

① ［美］罗伯特·路威，吕叔湘译：《文明与野蛮》，北京：三联书店，2015年版，第15页。

② 毛泽东：《毛泽东选集》（一卷本），北京：人民出版社，1967年版，第1360页。

值。”[①]“不同国家、民族的思想文化各有千秋，只有姹紫嫣红之别，而无高低优劣之分。每个国家、每个民族不分强弱、不分大小，其思想文化都应该得到承认和尊重。”“文明因交流而多彩，文明因互鉴而丰富。”[②]

习近平主席在欧洲访问时，多次谈到文明的多元性、多样性问题，并引用“一花独放不是春，百花齐放春满园”来说明“文明是多彩的，人类文明因多样才有交流互鉴的价值”[③]。

这种对文明多样性的肯定，对文明因交流互鉴而多彩的赞美，可以说是对中国传统文化中“万物殊理”“道通为一”思想的发扬光大。

（作者系广东财经大学马克思主义学院副教授）

① 习近平：《从延续民族文化血脉中开拓前进》，《孔子研究》，2014 年第 5 期。
② 同上。
③ 同上。

《荀子》人性论的实质及逻辑理路

◎孙燕青

之所以以“《荀子》人性论的实质及逻辑理路”而非“荀子人性论的实质及逻辑理路”为题，是因为本文研究的不是荀子这个思想家的人性论，而是流传于今、名为《荀子》这部著作的人性论。《荀子》中的部分篇章尤其是《大略》以下五篇可能出自荀学后人，以《荀子》为题，可能在表述上更加严谨。同时，以《荀子》而不是以荀子为题，也在相当程度上避开了作者考证能力欠缺的局限。从《荀子》而非荀子的视角出发，其人性论的逻辑理路如下：

一、《荀子》的人性论遵循着以生言性的路径展开

是否具有形而上的性质，是人性论问题的重要前提。《荀子》的人性论遵循着以生言性的路径展开，其性不具备形上的含义。关于什么是人性，《荀子》认为：

> 生之所以然者谓之性。性之和所生，精合感应，不事而自然谓之性。(《荀子·正名》)

王先谦认为此句中“‘性之和所生’当作‘生之和所生’。此‘生’字与上‘生之’同，亦谓人生也。两‘谓之性’相俪，生之所以然者谓之性，生之不事而自然者谓之性”①，意为人生下来之所以这样叫做性，不经人为的努力而自然形成的东西才可以叫做性。这种解释符合《荀子》的本意，《荀子》明确指出：“不可学、不可事而在人者谓之性，可学而能、可事而成之在人者谓之伪，是性伪之分也。”(《荀子·性恶》) 这种对性的阐释，立足于人性的自然本能而排除

① ［清］王先谦撰，沈啸寰、王星贤点校：《荀子集解》，北京：中华书局，1988 年版，第 478 页。

了形而上的特色。梁启雄先生认为“生之所以然者谓之性”的“性”，是“指天赋的本质，生理学上的性”；“不事而自然谓之性”的“性”，是“指天赋的本能，心理学上的性”。[①] 不论是本质还是本能，都是指人的生理学与心理学意义上的性，都是天赋自然的不加人为的属性，这种性，当然不具有形而上的意义。

诸多学者皆将《荀子》的人性内涵归结为人的自然属性。但也有不同的观点，如徐复观先生即以为《荀子》人性论包含有形而上的涵义，他认为《荀子》的“性”包括两层含义：第一层含义是“生之所以然者谓之性”所指之性，突出的是“所以然”，这个“所以然”指的“乃是求生的根据，这是从生理现象推进一层的说法。此一说法，与孔子的‘性与天道’及孟子‘尽其心者知其性也’的性，在同一个层次”，因此，这种性不是从人的生理现象而言的，而是一种超越了生理的“所以然”，是一种远比生理层面深刻的“上一层次的、最根本的性”，也可以说是“先天的性”。第二层含义是这种先天的性与生理相和所产生的官能之精灵，与外物相合，外物接触于官能所引起的官能的反应，如饥欲食、及目辨色等，都是不必经过人为的构思而自然如此。这种性相比前者是下一层次的性，在经验中可以直接把握得到，这才是“荀子人性论的主体”。[②] 徐复观先生虽然将非形而上的生理学意义上的“性”定性为《荀子》人性论的主体，但仍然认为其人性论包含着先天性的、超越生理学意义的最根本的性。

应当说，《荀子》的人性论是不包含形而上的涵义的。不以人性具有形而上的意义，是当时论说人性的特点，即所谓“天下之言性也，则故而已矣。故者以利为本”（《孟子·离娄下》）。按照赵岐在其《孟子章句》中的观点，此句说的是“言天下万物之情性，常顺故则利之也，改戾其性则失其利矣”。从赵岐之注来看，《孟子》所说的“故”就是指“人本来的性”[③]，意即当时人们所说的性，都是指人的这个本来的性、生来如此的性而言的，这种对人性的阐述，意即以生言性。故而“天下之言性也”是《孟子》“引述当时人们的观点，同时加以评论”[④]。正是在此基础上，《孟子》对当时流行的几种人性论观点予以批判，这些观点分别是：“性无善无不善”“性可以为善，可以为不善”“有性善，有性不

① 梁启雄：《荀子简释》，北京：中华书局，1983 年版，第 309－310 页。
② 徐复观：《中国人性论史·先秦篇》，北京：九州出版社，2014 年版，第 210－211 页。
③ 梁涛：《竹简〈性自命出〉与〈孟子〉“天下之言性”章》，《中国哲学史》，2004 年第 4 期。
④ 同上。

善”（《孟子·告子上》）。而这几种人性论，根据告子的观点，恰恰皆与《孟子》从人禽之辨的“几希”处言性，强调人性的形上特征不同。因此，《荀子》的人性论，是沿袭着其时“以生言性”的传统来阐发自身的人性论的。

除此之外，《荀子》的人性论不具备形而上的色彩，还有以下缘由：

第一，由于“生之所以然者谓之性。性之和所生，精合感应，不事而自然谓之性”这段话语包含在“散名之在人者”到“是散名之在人者也，是后王之成名也”这一段落之中，此段落系统地解释了什么是性、情、虑、为、伪、知、智、能、命等范畴，如果《荀子》的性果真包含两层含义，则应当会在《正名》有所阐述、解释，而不应对这种差别只字不提。第二，如在一个语句当中，将《荀子》的人性论分为两个层面，而第一层的人性涵义与第二层涵义明显不同，且两层涵义之间缺乏必要的过渡与衔接，这会显得异常突兀与逻辑凌乱，这对于作为中国古代逻辑学中的重要篇章之《正名》篇而言，显然是不大可能发生的。第三，更重要的是，这种形而上、先天的性，在《荀子》中找不到来源。从根本上说，《荀子》的天及宇宙是自然属性的，不存在“万物皆备于我”的情怀、尽心知性的因素，因此，这种超越了生理、先天的性在《荀子》中是不存在的。“生之所以然者谓之性”，是指人生来如此、不事而自然的属性就是性。这个“生来”不是指人一出生下来，而是指人出生之后官能与外界接触，从而产生的人之特质，这个特质以人的生理为基础，渐变而成人的心理，具有社会性。因此，“生之所以然者谓之性”是在强调人性形成的自然过程；“性之和所生，精合感应，不事而自然谓之性”是对人性形成的进一步说明，“性之和所生”当如王先谦所言作“生之和所生”解。它依照以生言性的传统，即依照“一具体之生命在生长变化发展中，而其生长变化发展，必有所向。此所向之所在，即其生命之性之所在”①。这个非形而上路径进行，强调的是“（一生命物）之所以生长为这样的原因就是性”，“不经过人为努力或后天教化，自然产生出来的就是性”②。《荀子》的性是一种不具备形上意义的自然而质朴之性。尽管《荀子》中也有“性者，天之就也”这样的话，但确如杨倞所言，这只是说明“性者成于天之自然”之意，阐述性的自然形成而已。（《荀子集解·正名篇第二十二》）因

① 唐君毅：《中国哲学原论·原性篇》，香港新亚研究所，1974 年版，第 27 – 28 页。

② 梁涛：《“以生言性”的传统与孟子性善论》，《哲学研究》，2007 年第 7 期。

此，《荀子》的人性论不具备形而上的色彩，其对人性论的展开，按照着以生言性这种非形而上的路径进行。

二、《荀子》以情欲为人性之本，认为人性含有“恶端”

在否定人性的形上意义后，《荀子》以情欲为人性之本质，进而揭示人性包含有恶端。“性者，天之就也；情者，性之质也；欲者，情之应也。”（《荀子·正名》）“情”是“性之好、恶、喜、怒、哀、乐”（《荀子·正名》），是人性感于物之后所生，这是性的质体，欲望则是这六种情之于外物的反应，性、情、欲三位一体。“荀子虽然在概念上把性、情、欲三者加以界定，但在事实上，性、情、欲，是一个东西的三个名称。”① 人生而有欲有情：“今人之性，生而有好利焉”“生而有恶疾焉”“生而有耳目之欲，有好声色焉”（《荀子·性恶》）。虽然“官能欲望的本身不可谓之恶”，但从人的本性来说，很难控制住欲望的泛滥，欲望的泛滥必定导致恶的产生，因为“以所欲为可得而求之，情之所必不免也”（《荀子·正名》）。在这种情形下，确实如徐复观先生所言：“不过恶是从欲望这里引发出来的，所以荀子说：‘生而有好利焉，顺是，故争夺生而辞让亡焉。’问题全出在‘顺是’两个字上。”②《荀子》不认为人先天具有道德属性，相反，由于人的欲望具有共同性，在欲多而物寡的情况下，如不对人性的欲望加以遏制，“顺是”一定会发生，恶的产生具有必然性。“荀子为论证性恶准备了五个理论预设，即情性、同欲、欲多、物寡、群居。五者的必然结合是人的本性。五者本非恶，其结合却必然会产生一种恶果。性恶的根源就在五者的必然关系中。”③ 正是在这个意义上，《荀子》认为：“人之性恶，其善者伪也。”（《荀子·性恶》）这种性恶理论突出的是：人性以情欲为本，情欲本身不是恶，但情欲却有泛滥的自然而必然的本能，情欲的泛滥又必然导致恶的行为的产生，因此在此意义上人性是恶的。只要人以情欲为性之质、情之应，人性就无法依靠自身的力量摆脱这种由滥而乱的惯性，故而人性中包含着恶的诱因，这种诱因不作为人性的一个部分或成分而存在，但却一定会在人与外物发生接触的过程中滋长，导

---

① 徐复观：《中国人性论史·先秦篇》，北京：九州出版社，2014年版，第211页。
② 同上，第215－216页。
③ 杨少涵：《荀子性恶的逻辑难题与理论预设》，《东方论丛》，2010年第2期。

致恶的产生。这种诱因，冯友兰先生称之为“恶端”，即“人不仅生来毫无善端，倒相反，生来就有恶端。在《性恶》篇中，荀子试图证明，人生来就有贪图利益和感官享受的欲望；但是人生来又有智性，使人可以成善”。[①] 这个“恶端”是现实的，只要人处在社会关系当中，它就会萌发。

不同于《孟子》将人性论构建在人禽之辨的基础上，从人之所以为人的道德属性上归纳人性，并将人性的道德性赋予了形而上的色彩，《荀子》的人性则沿着以生言性的传统，把“官能的能力”及“由官能所发生的欲望”当作人性[②]，强调的是人与物的共性，进而阐述人性中包含有“恶端”。正是由于《荀子》的人性论排除了形而上的涵义，“恶端”方能成为现实与必然的趋势：一方面，形上色彩的排除使得恶端的存在具有现实的人性土壤；另一方面，恶端也不是人性中先天存在的“原罪”，而是一种在“顺是”状态下必然会发生的趋势。在此基础上，《荀子》才能说出“人之性恶，其善者伪也”（《荀子·性恶》）。

三、由恶端论引出性伪分与性伪合

在《荀子》中，具有道德意蕴的不是性，而是伪。《荀子》的性与善从未连接在一起。对《荀子》而言，“道德不是自然界所本有的东西，而是社会的产物”[③]。只具有自然属性的人性，不具备善的性质。《荀子》的善，具有特定的内涵：“凡古今天下之所谓善者，正理平治也；所谓恶者，偏险悖乱也。是善恶之分也已。”（《荀子·性恶》）“正理平治”与“偏险悖乱”都是从社会治理的角度出发的，是从社会治理的角度去判断善与恶。因此，荀子的“善恶观念不是从主体的先天道德根据处立言，而是落实在一个外在、客观的标准之上”[④]，由此，《荀子》提出了“伪”的概念，善的形成在于人能否“积思虑，习伪故”（《荀子·性恶》）。《荀子》认为，性不同于伪，“性伪分”是人性的实然状态。同时，正是由于性伪相分，所以人必须加强后天的努力，以求“性伪合”。性伪之分说的是：“不可学、不可事而在人者谓之性，可学而能、可事而成之在人者谓之

---

① 冯友兰：《中国哲学简史》，北京：新世界出版社，2004 年版，第 128 页。
② 徐复观：《中国人性论史·先秦篇》，北京：九州出版社，2014 年版，第 212 页。
③ 冯友兰：《中国哲学史新编》（上），北京：人民出版社，2004 年版，第 729 页。
④ 路德斌：《荀子“性恶”论原义》，《东岳论丛》，2004 年第 1 期。

伪。”（《荀子·性恶》）人性本是自然，如可以见到的光明离不开眼睛、可以听到的声音离不开耳朵一样，耳聪目明都是无待于后天的努力，因此，只有自然而然的东西才能称为性，伪不是性。同时，伪，不是矫人之本性，而是作为之意，对人性有所作为，即通过学习等后天的努力而使人获得对礼义的认识与践行。性伪虽然相分，但仍然可以相合。性伪合说的是：“性者，本始材朴也；伪者，文理隆盛也。无性则伪之无所加，无伪则性不能自美。”（《荀子·礼论》）由于人“皆有可以知仁义法正之质，皆有可以能仁义法正之具”（《荀子·性恶》），故人性虽有恶端，但依然可以凭借后天的努力达到善的目标。人之所以皆有可以知仁义法正之质与具，在于人性并非从人呱呱落地之际便始终是恶的，而是可以“化”的，通过“化性起伪”（《荀子·性恶》），就可以实现性与伪的结合。这个“化”，不是改变、改化的意思，而是教育、教化的意思。通过对人的教化，使其明晓性恶的事实，懂得“顺是”纵欲的危害，从而适当地节制自身欲望进而达到止于礼义，“今人之性，固无礼义，故强学而求有之也；性不知礼义，故思虑而求知之也。”（《荀子·性恶》）这是《荀子》的性伪合。性伪合不是指通过后天的努力而改化人性使之具有善的内涵，而是指通过后天的努力使人通晓礼义的必要，从而自觉遏制人性中由“顺是”而导致的“恶端”的无限滋长。在《荀子》中，性伪合是一种对立统一，“无性则伪之无所加，无伪则性不能自美。”（《荀子·礼论》）“化性起伪”依旧建立在性伪分的基础上，而不是将人性变为良善。

四、由性伪分与性伪合而申礼治

性伪合的契合点是礼义，《荀子》强调性恶、性伪分及性伪合的目的“也即落实在那个能够使人类社会趋于‘正理平治’的‘群居和一’之道——礼义法度上”①，对人性的阐述并非《荀子》政治理论的目的，其目的在于由人性的阐述而导入圣王之治、师法之化、礼义之道，“今人之性恶，必将待圣王之治，礼义之化，然后始出于治，合于善也。”“故必将有师法之化，礼义之道，然后出于辞让，合于文理，而归于治。”（《荀子·性恶》）正是在此意义上，“故性善则

① 路德斌：《荀子“性恶”论原义》，《东岳论丛》，2004 年第 1 期。

去圣王，息礼义矣；性恶则与圣王，贵礼义矣。”（《荀子·性恶》）由此，《荀子》从人性论这个出发点迈入了圣王之治、师法之化和礼义之道这个落脚点。

在《荀子》中，人性恶的观点集中于《性恶》篇。《性恶》篇与《荀子》其他篇章在人性论的论述上确实存在一定的差异，《性恶》篇不仅以人性为恶，而且系统论证了人性何以为恶，整个《性恶》篇弥漫着极其鲜明的人性恶论调。因此，一些学者怀疑《性恶》篇非荀子本人所著，如周炽成教授认为“《性恶》与《荀子》其他篇如《正名》《天论》《荣辱》《劝学》等对人性的看法也不同：《性恶》以人性为恶，其他篇却不以人性为恶”①。必须承认《性恶》篇与《荀子》其他篇章的差别，但也应注意到的是，《荀子》全篇对人性的基调是不以人性为善，《性恶》篇只是将这种基调发挥到了最高处。事实上，《荀子》的其他篇章也不乏以人性为恶之言语，如《荣辱》篇言：“材性知能，君子小人一也。好荣恶辱，好利恶害，是君子小人之所同也，若其所以求之之道则异矣。”“人之生固小人，无师无法则唯利之见耳。人之生固小人，又以遇乱世，得乱俗，是以小重小也，以乱得乱也。”《王制》篇言：“彼人之情性也虽桀、跖，岂有肯为其所恶贼其所好哉！”《儒效》篇言：“人论：志不免于曲私而冀人之以己为公也，行不免于污漫而冀人之以己为修也，其愚陋沟瞀而冀人之以己为知也，是众人也。”等等。因此，《性恶》篇虽因其尖锐的人性恶观点而与其他篇章存在一定的风格差异，但在总体论调上，它们是一致的。甚至可以认为，正是由于《性恶》篇的鲜明性恶主张，统摄着《荀子》全书对人性的观点，从而使得《荀子》的人性论有了一根奠定基调的龙骨，其性恶的主张更能够增强《荀子》化性起伪、引入师法之化的合理性与必要性：

> 人无师法则隆性矣，有师法则隆积矣，而师法者，所得乎情，非所受乎性，不足以独立而治。性也者，吾所不能为也，然而可化也；情也者，非吾所有也，然而可为也。注错习俗，所以化性也；并一而不二，所以成积也。（《荀子·儒效》）

根据王念孙的观点，认为“所得乎情”当为“所得乎积”，“不足以独立而治”上，当更有一“性”字，“情也者”当为“积也者”②。性不能为，然而可

① 周炽成：《荀子：性朴论者，非性恶论者》，《光明日报》，2007年3月20日。

② ［清］王先谦撰，沈啸寰、王星贤点校：《荀子集解》，北京：中华书局，1988年版，第170页。

化，如前所述，这个“化”字，在《荀子》的原意，不是变化、改化，而是“教化”的意思。人性固有恶，然而可以通过教化而抑制恶端的发展，防止“顺是”的泛滥。教化人性的同时也就是起伪的开端，在注错习俗的积累中、在师法之教的践行中，导致良性行为的产生，从而使人的行为与礼义法度保持和谐的关系，这才是所谓“化性起伪”的含义。这样，《荀子》就由其人性论的剖析中引入了礼义的必须、礼治的必要，“盖主性善者必主率性，故孟子重仁。主性恶者必主制性，故荀子重礼。”[①] 更重要的是，由于“人之性恶”，《荀子》意识到由于性伪之分及“恶端”滋长的必然性，化性起伪而知礼义必定是一个艰难的过程，在此过程中，仅仅依靠道德的教化是不够的，与孔孟不同的是，《荀子》的礼包含有更多法的含义、规范与强制的色彩。

> 故古者圣人以人之性恶，以为偏险而不正，悖乱而不治，故为之立君上之埶以临之，明礼义以化之，起法正以治之，重刑罚以禁之，使天下皆出于治，合于善也。（《荀子·性恶》）

重君势、明礼义、起法正、重刑罚，惟四者并重，方能实现“贵贱有等，长幼有差，贫富轻重皆有称者也”（《荀子·礼论》）。从而在此“别”的基础上，明分使群、制欲导欲、养民治民，以实现正理平治之“群居和一”社会，实现礼治的目的。孔子尊君，《孟子》以道抗势，《荀子》则重君之势；传统儒家重教化，以法、刑为德的补充和辅助，《荀子》则将法正刑罚上升到与德教同等的地位，以礼与刑为“治之经”（《荀子·成相》）。这种由“人之性恶，其善者伪也”导出的礼治观，虽“以正名与性恶、礼治之说相连，已略失孔学温厚之旨”[②]，却是儒家思想在战国后期君主专制不断加强、“新型国家”[③] 不断出现、一个大一统的王朝即将诞生之际，传统儒学因“迂远而阔于事情”（《史记·孟子荀卿列传》）而式微，法家思想却在政治上不断取得成功的历史时期，面对“儒者无益于人之国”（《荀子·儒效》）的疑问，所做出的面对现实政治的变革与转向，体现出《荀子》政治理论与孔孟之间的分野。

总之，《荀子》沿着以生言性的传统，从人与禽兽的共通之处定位人性，认

---

① 萧公权：《中国政治思想史》，北京：新星出版社，2005 年版，第 71 页。

② 同上，第 76 页。

③ 许倬云：《中国古代社会史论——春秋战国时期的社会流动》，桂林：广西师范大学出版社，2006 年版，第 127 页。

为人性含有恶端，进而从社会治理的角度去评判人性的善恶，以性伪分为人性的实然，以性伪合为目的，提出化性起伪的主张，进而导入师法之化、礼义之道，其人性论实质上是性有恶端可化论。性有恶端且可化，通过对人性的层层梳理，《荀子》进而将笔墨的重点引向政治领域。在这逻辑理路中，有三个环环相扣的步骤：第一，由否定人性的形上属性，确立了“恶端”作为一种非“原罪”性质的必然趋势而客观存在；第二，由“恶端”而将人性论引入社会领域，由“性伪分”倡“性伪合”；第三，由“性伪合”的必要性与“人之性恶”的客观性之结合，确立了圣王与礼治的不可或缺。

（作者系中共广东省委党校教授）

礼义与一统：荀子“法先王”“法后王”的互通

◎王 毓

荀子在继承早期儒家“法先王”传统的基础下，创造性地提出了“法后王”思想，对后世政治、历史、学术等领域产生了深远的影响。立足于《荀子》文本会发现，荀子“法先王”“法后王”思想的共性大于分歧，互通多于不同。例如他在《儒效》中既说“法先王，统礼义，一制度”①，又说“法后王，一制度，隆礼义”②。

一、法先王：隆礼义，一制度

儒家有道上古、法先王的传统，荀子在主观上也有意承继这个传统，他曾说过：“儒者法先王，隆礼义，谨乎臣子而致贵其上者也。”③ 在《荀子》中，跟先王有关的概念多次出现，亦常见这样的说法：“凡言不合先王，不顺礼义，谓之奸言”④，“劳知而不律先王，谓之奸心”⑤，强调在学术、政治等领域都要以先王为纲。可见，荀子极度推崇先王。先儒有大量关于“法先王”的说法，例如孔子就极称“先王之道”，从《论语》里的“行先王之道”“遵先王之法”等说法可见一斑。荀子本人也大赞孔子曰：“上则法舜、禹之际，下则法仲尼、子弓……圣王之迹着矣”⑥，“孔子仁知且不蔽，故学乱（治）术足以为先王者也”⑦，认为孔子

① ［清］王先谦撰，沈啸寰、王星贤点校：《荀子集解》，北京：中华书局，2013 年版，第 166 页。
② 同上，第 165 页。
③ 同上，第 138 页。
④ 同上，第 98 页。
⑤ 同上，第 115 页。
⑥ ［清］王先谦撰，沈啸寰、王星贤点校：《荀子集解》，北京：中华书局，2013 年版，第 114 页。
⑦ 同上，第 465 页。

等道德至善之人也是可以效法的“先王”。可见，荀子“法先王”所要效法的是“先王之道”。荀子曰：“道也者何也？曰：礼义、辞让、忠信也。”[①] “先王之道，礼乐正其盛者也。”[②] 又曰：“先王之道，人之隆也，比中而行之。曷谓中？曰：礼义是也。道者，非天之道，非地之道，人之所以道也，君子之所道也。”[③] 在荀子看来，先王之道是礼义，礼义作为人之道，是人们用来规整和引导国家运行的原则。

荀子对此有过极清晰的说明：“百王之无变，足以为道贯。一废一起，应之以贯。理贯，不乱；不知贯，不知应变，贯之大体未尝亡也。”[④] 王先谦注：“无变，不易也。百王不易者，谓礼也。言礼可以为道之条贯。虽质文废起是有不同，然其要归以礼为条贯。”梁启雄先生注：“凡经历过百王们悠久的考验都无法变革掉的某种道理，那末，积累起那些道理就足可以为优良传统的道贯了。”[⑤] “道贯”是指历代帝王政治措施中优良的基本纲领和传统措施，也是历代人们生活中恒不改变的经验知识；这些日积月累的经验和传统经过先王提炼和总结，就是礼义。

荀子进一步解释说“彼先王之道也，一人之本也，善善恶恶之应也，治必由之，古今一也”[⑥]，故“以人度人，以情度情，以类度类，以说度功，以道观尽，古今一度也……类不悖，虽久同理”[⑦]，因为礼义是通传一贯的，所以“古今一也”。因此人们可以“以近知远，以一知万，以微知明”，故而“百王之道，后王是也”，后出的圣王所效法的礼义也是千百年前圣王所实行的礼义。这个礼义之所以历经百世千世也“无变”“不乱”，是因为它不再是制度化的礼，它从关于祭祀、征伐等的具体礼仪制度和外在表现形式中脱离出来，构成了礼的本质和内蕴。所以，荀子要效法先王之道，是要效法从古至今延绵不绝的礼的内核，亦即礼义。

那么，为什么“古今一也”“虽久同理”的礼义值得效法呢？荀子曰：

> 礼起于何也？曰：人生而有欲，欲而不得，则不能无求。求而无度

---

① ［清］王先谦撰，沈啸寰、王星贤点校：《荀子集解》，北京：中华书局，2013年版，第352页。
② 同上，第449页。
③ 同上，第144页。
④ 同上，第375页。
⑤ 梁启雄：《荀子简释》，北京：中华书局，1983年版，第230页。
⑥ 同①，第348页。
⑦ 同①，第97页。

量分界，则不能不争；争则乱，乱则穷。先王恶其乱也，故制礼义以分之，以养人之欲，给人之求。①

荀子认为，人生来就有欲望，如果欲望得不到满足，就会产生对事物的追求，而一味追求没有标准限度，就会产生争夺祸乱。古代的先王厌恶这种祸乱，便制定礼义来确定名分等级，满足人们的需求和调养人们的欲望。在荀子看来，先王所处的时代，礼义的发生不是哪年哪月的事情，更多地源于人类集体行为的习俗和习惯，而先王“能以公义胜私欲”②，从无意识地被动顺应习俗、习惯的群盲中脱颖而出，自觉地对当时百姓的行为和族群的运转进行有针对性的选择，这些被选择的素材经过先王的提炼和进一步修饰，就成了礼义。而礼义作为自然规律、历史经验和传统习俗的精华，再次融入百姓的生活和族群的运行中，成为制作具体礼仪、礼俗制度的核心和标准。对这个礼义制度化的过程，荀子认为：

故尚贤使能，等贵贱，分亲疏，序长幼，此先王之道也。故尚贤、使能，则主尊下安；贵贱有等，则令行而不流；亲疏有分，则施行而不悖；长幼有序，则事业捷成而有所休。③

先王之道，作为礼义，其关键作用在于能够维护等级秩序，使主尊下安、贵贱有等、亲疏有分、长幼有序。荀子反复强调，在先王所在的时代，礼义生而法度起：“圣人积思虑，习伪故，以生礼义而起法度”④，“圣人化性而起伪，伪起而生礼义，礼义生而制法度”⑤。故而在荀子看来，先王不止于对“礼义”的创制工作，还不遗余力地推行礼义在现实生活中的实践工作，号召具有不同身份和能力的人们在治身、治学、治国等活动中都要实践礼义。综上，先王实则是将天、地、人、时等四者打通，统会出了覆盖万物、涵括万理的礼义，并通过礼义“尚贤使能，等贵贱，分亲疏，序长幼”。正是看到先王“统礼义、一制度”的过程，荀子才反复喟叹：“法先王，统礼义，一制度”⑥，“儒者法先王，隆礼义，谨乎臣子而致贵其上者也”⑦，真正的儒者不仅要效法先王之道——先王统会的

---

① ［清］王先谦撰，沈啸寰、王星贤点校：《荀子集解》，北京：中华书局，2013 年版，第 409 页。
② 同上，第 42 页。
③ 同上，第 535 页。
④ 同上，第 517 页。
⑤ 同上，第 518 页。
⑥ 同上，第 166 页。
⑦ 同上，第 138 页。

礼义，更要效法先王“统礼义，一制度”的努力实践。

荀子“法先王”思想对“统礼义”和“一制度”联系的论述，不是简单的理论或想象构建，而是有着相当的历史感和客观性。荀子多次称引“周公辅成王”的史实，力证效法先王的礼义如何对社稷的稳定、国家的统一带来深远的影响，以《儒效》篇为例：

武王崩，成王幼，周公屏成王而及武王以属天下，恶天下之倍周也。履天子之籍，听天下之断，偃然如固有之，而天下不称贪焉。杀管叔，虚殷国，而天下不称戾焉。兼制天下，立七十一国，姬姓独居五十三人，而天下不称偏焉……成王冠，成人，周公归周，反籍焉，明不灭主之义也。周公无天下矣；乡有天下，今无天下，非擅也；成王乡无天下，今有天下，非夺也；变埶次序节然也……遂文武之业，明主枝之义，抑亦变化矣，天下厌然犹一也。①

周公担忧天下闻武王崩而畔，又因成王年幼无法执政，所以登上天子之位，摄政当国，兼制天下；待成王成人后，周公把周家的天下和王位返还给成王，并拜为臣子。为什么无君权、无君位的周公当了天子，心安理得地行使天子的权力，杀管叔、废殷都，设置姬姓诸侯国逾三分之二，但百姓从不把他看成贪婪、凶暴、偏私的乱臣贼子，而整个天下也井然有序、安稳如一呢？荀子认为，主要是因为周公服膺于先王之道，并效法先王的礼义。其一，周公摄政的同时，仍以先王之道孜孜不倦地教导幼主，用先王所崇尚的礼义感化成王，“使（成王）谕于道，而能揜迹于文武”；其二，在于周公本人心怀正道，践行礼义，“遂文武之业，明主枝之义”，谨记“变埶次序”和“不灭主之义”。所谓“变埶次序节然”是指君权更替的次序受礼义节制，“明不灭主之义”是指只有嫡长子才能担任君主的礼义。这些礼义从文武两帝，乃至更久远的先王手中一代代传承下来，带来了社稷的稳定和国家的统一，正是后出的君主和臣子要努力效法的先王之道。

荀子通过周公“法先王，隆礼义，一制度”而使天下归一的范例，证明了“法先王”在现实中实现的可能性。荀子的“法先王”思想远溯三皇五帝，近追周文王，有着对过去“美俗”“美政”的怀念和追溯，但其真正的意图和价值在于，借先王之美名重树“礼义”之美名，重振“礼义生而其法度，法度起而一天下”

---

① ［清］王先谦撰，沈啸寰、王星贤点校：《荀子集解》，北京：中华书局，2013年版，第135－137页。

的紧密联系。由此不妨说，荀子的“法先王”不是单纯的慎终追远、复古守旧，而是立足于史实和现实的分析下提出的一种政治模式，一种可供学习的“操术”。

二、法后王：一制度，隆礼义

早在春秋时期，封建社会统治者的地位就受到了剧烈的动摇，《史记》载：“春秋之中，弑君三十六，亡国五十二，诸侯奔走不得保其社稷者不可胜数。”（《史记·太史公自序》）荀子生于“诸侯异政，百家异说”的战国末期，权力中心早已不在周天子而分散于诸侯，天下重新一统的趋势明朗，天下一统的要求更为强烈，实行统一是历史发展和社会变革的趋势，也是人们的共同愿望与要求。然而诸侯割据，违礼僭越，未来一统于谁，尚待分晓，即使荀子嗅到了最强大的秦国即将统一天下的气息，却也只慨叹秦国毫无先王之道可言，只是“使民也酷烈，劫之以势，隐之以阸”的“末世之兵”①。这种“上无贤主，下遇暴秦”的境遇让他无比恳切地希望，当世之君主能够成为真正的王者。“法后王”的提出可以说是“应时而使之”“择善而明用之”，是立足于当时的社会需要而进行的创见。

对荀子“法后王”思想的把握，要首先明晰荀子的“后王”概念。在《荀子集解》中载司马迁曰“法后王者，以其近己而俗相累，议卑而易行也”，指后王是“近己”之王。杨倞注“后王”为“当今之王、近时之王”，王先谦也持同样看法。从荀子的写作意图来看，荀书里谈及“后王”的地方更多是在号召“后王”要主动去把握“先王”之道和效法礼义。因此，将“后王”理解为“后出的圣王”的思路应是合理的。值得注意的是，虽然“后王”指当世之主，但荀子所在的时代并不存在他所说能够秉持先王之道的君主，故此不可将“后王”理解为当时的秦国或别的诸侯国。对荀子的“先王”“后王”的定义应采取灵活的理解方式，不应拘泥于某一个人或某几个人。在荀子眼里，“先王”“后王”作为完美的圣王，是经过“千世而一出”；而“政令行，风俗美”的理想世界，是经过“千世乱而一治”。荀子的“后王”是一种对理想君主模式的努力构建，是对儒家王道政治伦理的人格化；基于对过去圣王高贵人格和经世治国的考察而抽象出一种典范模式，以期让当时的君王按照这个模板积极追求先王之道，从而

① ［清］王先谦撰，沈啸寰、王星贤点校：《荀子集解》，北京：中华书局，2013 年版，第 322 页。

成为真正的王者。因此，荀子所说的“后王”非实指，而是泛指。

荀子“法后王”所说的“法”，与作为外在行为规范的“礼”大致相当，有学者指出：“《荀子》书中所说的法字意义，和法家所说的法字的意义不同。法家所说的法字的意义范围很小，仅仅指法令一端说，而荀子所说的法字的意义范围很大，凡一切规矩方圆的范畴和过去现在的实例，都可以叫做法。”① 荀子认为，先王所法者，是道、是礼义，是万事万物的根本原则；后王所法者，是礼法，是法术和政教，是包括礼仪、礼乐、礼文等制度法则。作为礼法，相对于先王之道的实质——礼义来说，它们是道的表皮，是礼义的外化。

“法”作为承装礼义核心的外在器具，是会有所损益的。荀子说：

> 文久而息，节族久而绝，守法数之有司极礼而褫。②

贤人、善政因为年代久远而逐渐失传，礼仪、礼乐、礼文皆因年代久远而有所脱节、消亡。面对上述“久而息绝”“久故无传”的处境，荀子接着解释道，“传者久则论略，近则论详”，因此“欲观圣王之迹，则于其粲然者矣，后王是也。彼后王者，天下之君也”③。在荀子看来，“后王”能将“无传”“息绝”的东西发展到“粲然”的“详论”，是经过了删补修订乃至创作的过程，这个过程就是“以义变应”④ 的过程。章学诚曾概括：“后圣法前圣，非法前圣也，法其道之渐行而渐著者也。”⑤ 礼法在后王之变应中逐渐粲然明备的过程就是“渐行渐著者”。

礼法如何“以义变应”？荀子回答说：“百王之无变，足以为道贯。一废一起，应之以贯。理贯，不乱；贯之大体未尝亡也。”后王之“应变”有两个方面的意思，其一，“应变”是以道贯（礼义）为前提，“不知贯，不知应变”，“不知以礼义为条贯，则不能应变。言必差错而乱也”，“应变”之时要以“道贯”

---

① 杨大膺：《荀子学说研究》，上海：中华书局，1936 年版，第 106 页。

② 杨倞注“褫”为：“褫，解也。有司世世相承，守礼之法数，至于极久，亦下脱也。”见［清］王先谦撰，沈啸寰、王星贤点校：《荀子集解》，北京：中华书局，2013 年版，第 93 – 94 页。

③ ［清］王先谦撰，沈啸寰、王星贤点校：《荀子集解》，北京：中华书局，2013 年版，第 94 页。

④ “以义变应”出自于《荀子 · 致士》：“临事接民以义变应宽裕而多容。”《荀子集解》点读为：“临事接民以义，变应宽裕而多容”；梁启雄《荀子简释》点读为：“临事接民——而以义变应，宽裕而多容”，认为“而”前应该还有内容；张觉《荀子译注》点读为：“临事接民，以义变应，宽裕而多容”。后两者句读意思相近，强调以“义”为核心进行变应，与后文“宽裕而多容”“恭敬以先之”并列地表达行为和动作，故为行文方便，在此采用“以义变应”的句读方法。

⑤ ［清］章学诚：《文史通义》内篇二《原道上》，北京：中华书局，1985 年版，第 120 页。

为主体。其二，“应变”的程度，要以“道贯”为度量衡。因天时、地利、人和的因素影响，部分礼文的规定将有不同程度的兴废损益，“后王”固然要“变”之，以灵活精详地“应之”而变。

对于第二点，可从荀子对孟子的批评中得到进一步说明。荀子批评孟子“略法先王而不知其统”①，是针对孟子“遵先王之法而过者，未之有也”（《孟子·离娄上》），“道性善，言必称尧舜”（《孟子·滕文公上》）等主张，认为其死守先王之道而不懂变通。有些学者将“不知其统”的“统”字理解为“道贯”②，笔者则认为“统”应更多地倾向于“理”，是指一种有序总结、高度凝练的知识系统，是根据对外界进行考察而将知识和经验组织起来的“知通统类”，例如荀子所称：“礼义以为文，伦类以为理。”因此，荀子针对孟子的非难，不是指孟子不知道把握“道贯”这个恒常不变的主体，而是指孟子不懂得变更和运用外界知识，更确切来说是，认为孟子用“人之性善”消解了先王和礼义的存在意义。

如前所述，“法后王”要效法的，是后王以礼义为内核、以现实为素材，因时因势而变应出的礼制法度。“法后王”的第一步，在于靠贤明的君主依据先王之道承，变应出合乎礼义、合时合用的礼法；第二步，是用统一的礼法制度进一步巩固礼义，亦即荀子所谓“法后王，一制度，隆礼义”。荀子说：

> 上莫不致爱其下，而制之以礼，上之于下，如保赤子。……君臣上下，贵贱长幼，至于庶人，莫不以是为隆正。然后皆内自省以谨于分，是百王之所以同也，而礼法之枢要也。③

君主出于对臣民的爱护，制定合理的礼制法度来限制他们。从君主、臣子、上级、下级，高贵的、卑贱的、年长的、年幼的，到平民百姓，都以君主所制之礼法为行为准则，然后在遵守和奉行这些礼法的同时在内心反省自己，使自己更加谨守本分，这就是历代圣王所相同的政治举措，也是礼制法度的关键。荀子接着解释这个统一的礼法制度：

> 然后农分田而耕，贾分货而贩，百工分事而劝，士大夫分职而听，建国诸侯之君分土而守……出若入若，天下莫不平均，莫不治辨，是百

---

① ［清］王先谦撰，沈啸寰、王星贤点校：《荀子集解》，北京：中华书局，2013 年版，第 110 页。

② 夏甄陶：《论荀子的哲学思想》，上海：人民出版社，1979 年版，代序第 14 页。

③ 同①，第 261 页。

王之所同而礼法之大分也。[①]

若夫贯日而治平，权物而称用，使衣服有制，宫室有度，人徒有数，丧祭械用皆有等宜，以是用挟于万物，尺寸寻丈莫得不循乎制度数量然后行。[②]

礼法制度是合理调节万物并使它们充分发挥自身能力的规定，这些规定是诸如尺寸寻丈之类的标准，“使衣服有制、宫室有度、人徒有数、丧祭械用皆有等宜”，所谓“礼者，人主所以为群臣寸尺寻丈检式也”[③]。只要朝廷内外遵守和奉行这些后王制定的礼法，农民、商人、工匠、士大夫、诸侯国国君、三公等人就会各得其所、恪尽职守，社稷天下就会协调统一。这是历代圣王共同的政治举措，也是礼制法度的关键所在。由此可见，礼制法度的实质是一个统一的标准，从衣服房室、丧葬祭祀用具到官吏编制、身份等级等都要固定、契合的规定。

三、“法先王”“法后王”的真意：用礼义一统天下

春秋战国时代，诸侯混战，违礼僭越，“世衰道微，邪说暴行有作，臣弑其君者有之，子弑其父者有之”（《孟子·滕文公下》）；在学术界，百家争鸣也是“或是或非，或治或乱”[④]。先秦儒家为恢复礼义之统，维护和平和稳定，做出了不懈的努力。孔子提出“克己复礼”以整顿礼崩乐坏的社会秩序，汲汲于对周礼的怀念和恢复，强调通过道德自律成就君子人格，以德治国。孟子提出的“仁政”在修身和治国上的运用，实则与孔子如出一辙。正如司马迁点评说：“天下方务于合从连衡，以攻伐为贤，而孟轲乃述唐、虞、三代之德，是以所如者不合。”（《史记·孟子荀卿列传》）孔孟所主张的漫长的道德教化并不能被竞争异常激烈的朝代所接纳。

荀子“嫉俗世之政”而著书立说，继承孔子等先儒的传统和理想，也希望能够借此拨乱反正，匡正礼义，实现一统。综观荀书《王制》《富国》《王霸》《强国》《议兵》等篇，可见荀子所关注的问题与春秋战国的政治现实之高度吻合，其

---

① ［清］王先谦撰，沈啸寰、王星贤点校：《荀子集解》，北京：中华书局，2013年版，第261－262页。

② 同上，第262页。

③ 同上，第172页。

④ 同上，第456页。

政治思路和理想也较之孔孟更为高效和直接。这个特点在他的“法先王”和“法后王”思想中可见一斑。荀子说“法先王”，不仅效法“先王”创作的礼义之道，还要效法先王、先圣实践礼义之道的努力，展开从“统礼义”到“一制度”的论证思路；荀子说“法后王”，要求现世的君主不止于继承先王之道，成就自己为圣明的后王，还要勉力于制定合理合法的礼制、法度，使天下真正统一，实现“一制度”到“隆礼义”的回归。先王根据天时、地利、人和等素材对礼义进行归纳和提炼，最终目的是为了用礼义实现国家的统一和社稷的稳定；礼义起而生法度，法度能够维护等级秩序，使主尊下安、贵贱有等、亲疏有分、长幼有序，从而民心归一，实现大统。后王根据久传不衰的礼义，去增补有所损益的礼法，统一各种礼制法度，最终目的也是为了实现国家的再次统一和社会的再次稳定。

“法先王”“法后王”的互通，不仅在于它们都着重礼义和注重统一，更在于结合荀子所在的时间点来看，有着通传一贯、承上启下的联系。上古、周初的先王统会礼义，继而制定法度，实现稳定和统一；到了春秋战国，“天下大乱，圣贤不明，道德不一”，礼制法度等受到了极大破坏，荀子出于强烈的救世意图，先指出“法先王”的实质，再提出“法后王”的可能性和可操作性，希冀在完善的礼制的帮助下匡正天下，实现一统，重兴礼义。先王的“统礼义，一制度”是已经实现的历史，而后王的“一制度，隆礼义”是有待发生的愿景，荀子所不放弃的政治理想，正是破除现实中“天下不一，诸侯俗反”①的局面，重回先王时代“天下为一，诸侯为臣”②的美好情景中。由此或可推知，对于荀子来说，“法先王”和“法后王”同作为一种政治模式，只是时间发生先后的差别，其思想共性大于分歧，互通大于不同，也正如孔子所言“天下同归而殊途，一致而百虑”③。

（作者系中山大学哲学系研究生）

---

① ［清］王先谦撰，沈啸寰、王星贤点校：《荀子集解》，北京：中华书局，2013年版，第202页。

② 同上，第242页。

③ ［清］李道平撰，潘雨廷点校：《周易集解纂疏》卷九《系辞下第九》，北京：中华书局，1994年版，第636页。

《管子》四篇“《老子》注”研究[①]

◎陆建华

《管子》四篇指《白心》《内业》《心术上》《心术下》，是稷下道家的代表作，其对老子思想多有发挥。因此，虽不可说《管子》四篇是对《老子》的注解、阐释之作，《管子》四篇中甚至也没有直接引用《老子》中任何一章的文字，但是毋庸置疑，《管子》四篇中却有注解《老子》的文字。只不过这注解《老子》的文字，本不是为了专门注解《老子》，而是为了表达《管子》四篇作者自己的思想，所以“掩藏”得很深，历来不为《管子》四篇的研究者所发现、所重视。仔细研读《管子》四篇中注解《老子》的文字，可以发现其对《老子》文字的解读、对老子思想的理解，以及其与老子思想之间的血脉联系。

一

《管子》四篇注解《老子》，没有引用《老子》原文，同时，又因为《管子》四篇客观上不是为注解《老子》而作，所以《管子》四篇没有完整地注解《老子》中任何一章的全部内容，《管子》四篇有时将《老子》中几章相近的内容合为一体而注解，有时又在不同的地方注解《老子》的同一内容。查阅《管子》四篇可知，《管子》四篇注解《老子》涉及《老子》一章、二章、四章、五章、六章、九章、十章、十四章、二十六章、三十五章、三十七章、三十九章、四十三章、五十一章、七十七章、七十九章等，共十六章的内容。

现依今本《老子》文本的顺序，将《管子》四篇注解《老子》的具体情形

① 基金项目：本文系2015年安徽省哲学社会科学规划项目“先秦诸子《老子》注研究——兼及先秦老学思想研究”（项目号：AHSKHQ2015D03）的阶段性成果。

分述如下：

《老子·一章》云：“道可道，非常道。”谓道有两种，一种是可以言说的经验世界中的“非常道”，一种是不可以言说的形上世界的“常道”，“常道”与“非常道”的差别在语言的层面上就是是否可以言说，而老子所谓的“道”则是其所创造的“常道”。正因为老子之道不可以言说，《老子·三十五章》才云：“道之出口，淡乎其无味。”谓即使言说道也说不清楚。《管子》四篇解之曰：“道也者，口之所不能言也。”①（《内业》）认为老子之道是不可以言说的，可谓甚合老子之意。

《老子·二章》云：“圣人处无为之事，行不言之教。”谓圣人得道，因道之无为而以“无为”处事、以“不言”教化。《老子·四十三章》因之美化圣人的“不言”与“无为”曰：“不言之教，无为之益，天下希及之。”谓“不言”和“无为”远甚于各种有为，乃最理想的教化和处事方法。《管子》四篇洞悉圣人之“不言”“无为”来自于道之无为，是对道之属性的深刻把握和精准效法，因此，解之曰：“必知不言［之言］、无为之事，然后知道之纪。”（《心术上》）把圣人之“不言”“无为”与“道”联系起来，认为道之无为乃道之纲纪，欲知道之无为，应从认知圣人之“不言”“无为”始。即是说，先认知圣人之“不言”“无为”，才能真正体悟道及道之无为。此处，老子圣人得道而后无为的致思路径，被《管子》四篇解读为无为而后知道的认知路径。

《老子·四章》云：“道冲，而用之或不盈。”《老子·六章》云：“（道）绵绵若存，用之不勤。”谓道因冲虚而似无实存，道因无限而取之不尽、用之不竭，滋养着其所生养的万物。《管子》四篇解之曰：“道者，一人用之，不闻有余；天下行之，不闻不足。此谓道矣。”（《白心》）忽略道之“冲”和“绵绵若存”，着力于解读道之“用之或不盈”“用之不勤”，认为老子之道具有无限性，老子之道具有滋养万物的无限能力，并将其视为道之为道的根本性质。这是合乎老子思想的。

《老子·五章》云：“天地不仁，以万物为刍狗；圣人不仁，以百姓为刍狗。”《老子·七十九章》云：“天道无亲。”谓天地“不仁”“无亲”，对万物无

---

① 本文所引《管子》四篇文字，据陈鼓应先生：《管子四篇诠释——稷下道家代表作解析》，北京：商务印书馆，2006 年版。

所偏爱，没有私心，圣人“不仁”，对待百姓亦无所偏爱，没有私心。《管子》四篇解之曰：“圣人若天然，无私覆也；若地然，无私载也。”（《心术下》）“天不为一物枉其时，圣人亦不为一人枉其法。”（《白心》）认为老子的意思是，天地对于万物没有偏爱和私心，例如，不会为任何一物乱其时令；圣人效法天地的无偏无私，对待百姓也应没有偏爱和私心，例如不会为任何一人乱其法度。值得注意的是，老子的“天地不仁”和“圣人不仁”从文字层面上孤立地看，是并列的，看似没有内在联系，《管子》四篇领悟老子思想中天、地、人三者的关系，因老子所言“人法地，地法天”（《老子·二十五章》），谓人以天地为效法对象，认定老子的天地是圣人的取法对象，老子的“圣人不仁”取法于“天地不仁”，这是十分准确的。

《老子·九章》云：“持而盈之，不如其已……功成身退，天之道。”谓持守盈满，不如适时而止；功成身退，符合天道。《管子》四篇解之曰：“持而满之，乃其殆也……名进而身退，天之道也。”（《白心》）认为老子主张“持而盈之，不如其已”，是因为持守盈满必有危险；老子的“功成身退，天之道”，说的是功业完成、名声达到极致时，及时退隐，这才符合天道。

《老子·十章》云：“载营魄抱一，能无离乎？专气致柔，能婴儿乎？”谓形神应合一而不相互分离，积聚精气应达到婴儿般柔弱状态。这是人生修炼的理想境界。《管子》四篇未作深入解读，而是浓缩、概括上述文字曰：“能专乎？能一乎？”（《心术下》）抓住了老子人生练养的路径“一”和“专”。

《老子·十四章》论道曰：“视之不见”“听之不闻”。《老子·三十五章》论道曰：“视之不足见，听之不足闻。”谓道超越感知，不可以见闻。《管子》四篇解之曰：“不见其形，不闻其声。”“目之所不能视也，耳之所不能听也。”（《内业》）“视则不见，听则不闻。”（《白心》）不仅与老子上述文字的文意相同，而且与老子上述文字的文字表达也很相近。

《老子·二十六章》云：“静为躁君……躁则失君。”[①] 谓静定是躁动的主宰，

---

① 陈鼓应先生认为《管子》四篇中的“静则得之，躁则失之”（《内业》），与《老子·二十六章》所云“静为躁君”“躁则失君”，“在文字上若合符节”（见陈氏著《管子四篇诠释——稷下道家代表作解析》，北京：商务印书馆，2006 年版，第 30 页）。可是，在文意上二者差异很大。《老子·二十六章》的“静为躁君”“躁则失君”，言动静关系；《管子》四篇的“静则得之，躁则失之”，言人之动静与道的关系，意思是静定则得道，躁动则失道。

躁动就会失去静定。《管子》四篇解之曰："静则能制动矣。""动则失位，静乃自得。"（《心术上》）认为老子的动静观所要表达的是，躁动则失去静定，静定则主宰躁动，从而得以自得自如。甚合老子之意。

《老子·三十七章》云："道常无为而无不为。"谓道具有无为的属性，任凭万物自由发展，但是，万物的发展总是合乎道的规定，给人以道"无不为"的感觉。《管子》四篇对道之"无不为"不甚在意，而解"道常无为"曰："无为之谓道。""无为之道，因也。因也者，无益无损也。""因也者，舍己而以物为法者也。""因者，因其能者，言所用也。"[①]（《心术上》）以道之无为属性界定道，又以"因"解读道之无为，然后，解读"因"对万物无所损益、不加干涉，去除私见私心，以万物之自然为法，顺应万物的特性。这里，《管子》四篇将老子道之于万物的无不为，理解为对万物的因顺，是一种明显的创造和发挥。

《老子·三十九章》云："侯王得一以为天下贞。"谓君王得到"一"也即得到道、遵从道，即可成为天下之主。《管子》四篇解之曰："执一不失，能君万物。君子使物，不为物使，得一之理。"（《内业》）"执一之君子，执一而不失，能君万物。[②]……圣人裁物，不为物使。"（《心术下》）认为老子此处所言侯王，不是一般意义上的侯王，乃得道的君王，属道家的理想人格的圣人和君子，因此，老子所谓"侯王得一以为天下贞"，就是说君子、圣人得到"一"、持守道就可以主宰万物，不被任何他物所役使。此处，《管子》四篇将道家的理想君王、理想人格解读为圣人是合理的；解读为君子，则是受儒家影响所致[③]。

《老子·四十四章》云："名与身孰亲？身与货孰多？"通过比较名与身、身与货对于生命的价值，用反问的方式说明身重于名、利，身乃生命的根本，警示人们不要因为名、利而伤身。《管子》四篇解之曰："卧名利者写生危……名满于天下，不若其已也。"（《白心》）认为老子所言是指追逐名利就是置生命于危险的境界，提醒人们不要过于看重名利而忽视生命本身。

---

① 陈鼓应先生认为："此当作'因者，言因其能而用者也'。今本次序有误，'而'讹为'所'。"见氏著《管子四篇诠释——稷下道家代表作解析》，北京：商务印书馆，2006年版，第164－165页。

② 陈鼓应先生认为："执一之君子，执一而不失，能君万物"中的"'执一之'三字疑衍，似本作'君子执一而不失，能君万物'。"见氏著《管子四篇诠释——稷下道家代表作解析》，北京：商务印书馆，2006年版，第174页。

③ 老子的理想人格是圣人和士。对作为理想人格的士，老子有集中而具体的刻画："古之善为士者，微妙玄通，深不可识。夫唯不可识，故强为之容：豫兮若冬涉川，犹兮若畏四邻，俨兮其若客，涣兮若冰之将释，敦兮其若朴，旷兮其若谷，混兮其若浊。"（《老子·十五章》）孔子的理想人格则是圣人和君子。

《老子·五十一章》云：“道生之，德畜之，长之育之，亭之毒之，养之覆之。”谓道是万物本原、万物的保护者，不仅生万物，而且养万物，使万物生长发育、成熟结果。《管子》四篇解之曰：“凡道，无根无茎，无叶无荣，万物以生，万物以成，命之曰道。”（《内业》）“虚无无形谓之道，化育万物谓之德。”（《心术上》）认为老子上述是说，道是万物的根源、万物的成就者，所谓道“畜”“长”“育”“亭”“毒”“养”“覆”万物，简言之，即是道“化育万物”，“成”万物。这种概括简洁、准确。至于《管子》四篇将道描绘为虚而无形的存在，也是合乎老子原意的，《老子》中不乏道虚而无形的表述。例如，《老子·四章》云“道冲”，《老子·六章》云“（道）绵绵若存”，《老子·二十一章》云“（道）惟恍惟惚”，《老子·四十一章》云“道隐”，都是言道的隐幽虚无。

《老子·七十七章》云：“天之道，其犹张弓欤？高者抑之，下者举之；有余者损之，不足者补之。天之道，损有余而补不足。”谓天道犹如拉开的弓一样，高了就压低之，低了就抬高之，过满了就减少之，不够满就补足之。天道本质上就是减损有余以补充不足。《管子》四篇解之曰“日极则仄，月满则亏。极之徒仄，满之徒亏”，乃“天地之纪”（《白心》）。谓老子的天道来源于对天象的观察、对日月星辰运行规律的总结。所谓“天之道，其犹张弓欤”，是以拉开的弓类比人们所仰望的天空。所谓“高者抑之，下者举之；有余者损之，不足者补之”，是在谈“日极则仄，月满则亏”，也即在谈太阳运行是从低处往高处运行，运行至最高处，则会逐渐向下运行，月亮变化表现为月缺时逐渐走向圆，月圆时逐渐走向缺。所谓“天之道，损有余而补不足”的概括，是说天道乃是“极之徒仄，满之徒亏”，即是说，天道本质上就是高至极限则倾斜，满至极限则亏缺，因此，有余必损、不足必补。《管子》四篇的这种解释深得老子真意。

从以上《管子》四篇注解《老子》的文字的内容，可以看出，《管子》四篇主要注解了《老子》中“道经”部分也即前三十七章的内容，而对《老子》中“德经”的部分也即后四十四章的内容不够重视；《管子》四篇注解《老子》共涉及十六章的内容，“道经”部分占十一章，分别是一章、二章、四章、五章、六章、九章、十章、十四章、二十六章、三十五章、三十七章，“德经”部分仅占五章，分别是三十九章、四十三章、五十一章、七十七章、七十九章；《管子》四篇对《老子》中关于道的思想注解最多，而对《老子》中关于圣人、人生修持等思想注解不多，对《老子》的其他思想则未予注解。因此，《管子》四篇对老子思想的继承和发挥也主要是围绕道而进行的。

二

《管子》四篇通过注解《老子》、发挥老子思想，建构其自己的思想体系，其对《老子》文本、老子思想的独特解读，则构成了其独特的老学思想。立足于《管子》四篇注解《老子》的文字，结合其对老子思想的解读，我们发现《管子》四篇的老学思想以道的阐释为核心，以圣人观以及人生修持的阐释为次要内容。相比于《管子》四篇自己的思想体系来说，《管子》四篇的老学思想不够丰富。

我们知道，道是老子思想的核心，老子论述道的文字最多，也最为全面丰富。在老子看来，道是宇宙万物的本原，道生成了天地以及天地间的芸芸众生，所以老子云："道生一，一生二，二生三，三生万物。"（《老子·四十二章》）"道生之，德畜之，长之育之，亭之毒之，养之覆之。"（《老子·五十一章》）基于道的本原性以及道之于万物的至上性，老子刻意勾画道与万物的不可逾越的界限，神化道为超越感知的无形的永恒存在，并且赋予其超越名言的属性，所以老子以"视之不见""听之不闻"（《老子·十四章》），"视之不足见，听之不足闻"（《老子·三十五章》），声明道的超感知性；以"惟恍惟惚"（《老子·二十一章》），"绵绵若存，用之不勤"（《老子·六章》），表达道的虚无隐幽和永恒无限，以及道生养万物的无限能力；以"道可道，非常道"（《老子·一章》），道"无名"（《老子·四十一章》），说明道的不可言说和命名。由于道生成、养育万物，具有主宰万物的意味，给人们的感觉是无所不为，老子特别提醒人们，道在生成、养育万物过程中并不违背万物的自然本性，在此意义上，道对于万物是无为的。所以老子云："道常无为而无不为。"（《老子·三十七章》）予道以"无为"与"无不为"双重属性，侧重于强调道之"无为"属性。

对于老子关于道的上述思想，《管子》四篇有精确的把握。《管子》四篇曰："凡道，无根无茎，无叶无荣，万物以生，万物以成，命之曰道。"（《内业》）"虚无无形谓之道，化育万物谓之德。"（《心术上》）即是解读老子之道的本原性，以及道的虚无无形，并且《管子》四篇还进一步认为老子之道之所以称作道就是因为道具有本原性，能够产生和养育万物。即是说，本原性是道之为道的本质特征。这可谓抓住了老子之道的精髓。还有,《管子》四篇还分析了老子之道虚无无形的原因,那就是道不似万物那样有根有茎、有叶有荣,而是“无根无茎,无叶无荣”。《管子》四篇曰:“不见其形,不闻其声。”“目之所不能视也,耳之所不能听也。”(《内业》)“视则不见,听则不闻。”(《白心》)即是解读老子之道的超感知性,视老子之道为不可视听、见闻的存在,而且其解读性文字与《老子》的文字十分相似。《管子》四篇曰:“道者,一人用之,不闻有余;天下行之,不闻不足。此谓道矣。”(《白心》)即是解读老子之道的永恒性、无限性,谓相对于道之所生的万物来说,道取之不尽、用之不竭,无穷无尽。《管子》四篇曰:“道也者,口之所不能言也。”(《内业》)即是解读老子之道的不可言说的属性,相比于老子的“道可道,非常道”(《老子·一章》),更直接明晰。进而,《管子》四篇还解释了老子之道不可言说的缘由:“道也者,动不见其形,施不见其德,万物皆以得,然莫知其极。故曰‘可安而不可说’也。”(《心术上》)此是说,道之形状即便在运动之时、道之德性即便在发用之时,也不可见,更何况道在安静之时,更不可见,道无始无终、无法知其终极,因此不可言说。《管子》四篇曰:“无为之谓道。”“无为之道,因也。因也者,无益无损也。”“因也者,舍己而以物为法者也。”“道贵因。因者,因其能者,言所用也。”①(《心术上》)即是解读老子之道的无为属性,认定无为系老子之道的属性,道之无为与其说是对万物“不为”,不如说是对万物“因”而不为。所谓“因”,涵括对万物无所损益、改变,不加以干扰、破坏;破除私心陈见,顺应万物之本性;因顺万物的特长、能力,发挥其应有的作用。老子之道的无为,被解读为道之于万物的“因”,可谓既深刻把握了老子之道的无为真谛,又有显著的创新发明。

圣人和士是老子的理想人格,《管子》四篇对老子之士忽略而不论。在老子的心中,圣人是得道者、是道的化身,具有道的某些属性或者说品质,所以老子因道之无为而云圣人无为曰:“圣人处无为之事,行不言之教。”(《老子·二章》)“圣人云:‘我无为而民自化,我好静而民自正,我无事而民自富,我无欲而民自朴’。”(《老子·五十七章》)将道之“无为”属性给予圣人,并认为同道无为而万物自然遵从道一样,圣人无为而民众自然服从圣人,其结果即是民众

---

① 陈鼓应先生认为:“此当作‘因者,言因其能而用者也’。今本次序有误,‘而’讹为‘所’。”见氏著《管子四篇诠释——稷下道家代表作解析》,北京:商务印书馆,2006年版,第164-165页。

富足、朴质，天下大治。由此可以看出，作为理想人格的圣人本质上乃理想的统治者、理想的君王，所以老子又曰："侯王得一以为天下贞。"（《老子·三十九章》）强调"以道莅天下"（《老子·六十章》），认为圣人治理天下应采用道治，即是说，道乃治理天下的理想之道。由于"人法地，地法天"（《老子·二十五章》），人应以天地为效法对象，所以老子还云："天地不仁，以万物为刍狗。圣人不仁，以百姓为刍狗。"（《老子·五章》）"天道无亲。"（《老子·七十九章》）认为圣人"不仁"，对其统治下的百姓无所偏爱。

对老子以上关于圣人的论述，《管子》四篇有确当的理解。《管子》四篇曰："圣人之治也，静身以待之，物至而名自治之……名正法备，则圣人无事。"（《白心》）"君子不怵乎好，不迫乎恶，恬愉无为，去知与故。其应也，非所设也；其动也，非所取也……有道之君子，其处也，若无知；其应物也，若偶之，静因之道也。"（《心术上》）即是解读老子圣人之无为，认为老子的圣人也即君子，圣人无为是指不被外物所左右，不主观妄动，不用智巧，虚静无知，恬淡无为，因顺万物；以刑名法度为准则，管理万物，应对变化。这里可以看出，老子的圣人无为侧重于解读"无为"为好静、无事、无欲，侧重于"无为"的政治效果；《管子》四篇的圣人无为侧重于解读"无为"为虚静、因顺，侧重于无为的政治手段，也即以刑名法度为准则，治理万物。以刑名法度作为无为的工具、手段，无疑是以法家思想解读老子的无为。《管子》四篇曰："执一不失，能君万物。君子使物，不为物使，得一之理。"（《内业》）"执一之君子，执一而不失，能君万物。"①（《心术下》）即是解读老子圣人的以道治天下，认为圣人唯有以道治理天下，才能君临天下、役使万物；如果放弃道治，则会丧失天下，反被他人役使。《管子》四篇曰："圣人若天然，无私覆也；若地然，无私载也。"（《心术下》）"天不为一物枉其时，圣人亦不为一人枉其法。"（《白心》）即是解读老子的圣人"不仁"，认为老子的圣人"不仁"就是无私，老子的圣人效法天地，因天地的无私而具有无私的品质，这种无私集中体现在圣人的不枉法偏私。

老子认为人生修持包括"长生久视"（《老子·五十九章》）和得道，也即包括身体层面的生命长存、远离祸患以及精神层面的与道同体。关于身体层面的生

---

① 陈鼓应先生认为："执一之君子，执一而不失，能君万物"中的"'执一之'三字疑衍，似本作'君子执一而不失，能君万物'。"见氏著《管子四篇诠释——稷下道家代表作解析》，北京：商务印书馆，2006年版，第174页。

命长存、远离祸患，老子认为要认识到生命重于名利，因为名利虽是生命存在、延续之所需，但毕竟是身外之物，不可以因追逐名利而伤及生命自身，所以老子反问道："名与身孰亲？身与货孰多？"（《老子·四十四章》）以警醒人们重视身体、看淡名利，懂得"知足""知止"（《老子·四十四章》），从而"见素抱朴，少私寡欲"（《老子·十九章》），单纯素朴而减低私欲；老子认为还要为他人着想，将自己置之度外，更不与他人争利，如此才能够在生存竞争中保全自己，不被伤害，所以老子云："后其身而身先，外其身而身存。"（《老子·七章》）关于得道、与道同体，老子认为要拥有道、持守道，做到形神合一、精神与道合一，从而犹如婴儿、赤子般天真纯洁、无知无欲，所以老子云："含德之厚，比于赤子。"（《老子·五十五章》）"载营魄抱一，能无离乎？专气致柔，能婴儿乎？"（《老子·十章》）人生修持进入得道状态，即成为圣人。由此可知，老子的人生修持，是与其圣人观相联系的，人生修持的最高目标，就是成就圣人境界。

《管子》四篇对于老子的人生修持理论的理解较为简略。《管子》四篇认为老子的人生修持主要包括"命乃长久"（《白心》）和得道。关于"命乃长久"，《管子》四篇认为老子的意思是，必须"不逢天菑，不遇人害"（《内业》），才可免除外在祸害。不遇人祸，就是要重视身体，看轻名利，不为名利伤害生命，所以《管子》四篇曰："卧名利者写生危……名满于天下，不若其已也。"（《白心》）指出名利之于生命既有正面价值，也有负面效应，人们只注意名利的正面价值而忽视名利的负面效应，此是生命的悲剧，这是警示生命对名利适可而止。不逢天灾，就是要顺应天意，符合天道，所以《管子》四篇曰："持而满之，乃其殆也……名进而身退，天之道也。"（《白心》）指出名利带来的好处越多，其所携带的诸多危险就越大，因此功业圆满、名声极致，看似荣华富贵享用不尽之时，要及时退隐，这才合乎天道。基于"不逢天菑，不遇人害"（《内业》）都是针对名利而阐释的，《管子》四篇进而讨论道："功成者隳，名成者亏。""孰能弃名与功，而还与众人？孰能弃功与名，而还反无成？"（《白心》）提示人们过度追逐功名、名利将招致毁败和伤害，放弃、超越功名、名利才是生命的理想境界。关于得道，《管子》四篇几乎没有给予解读，只是以"能专乎？能一乎"（《心术下》），概括老子的"载营魄抱一，能无离乎？专气致柔，能婴儿乎"（《老子·十章》），强调人生修持必须"专""一"，此是进入得道境界的必由之路。

这样，在《管子》四篇看来，老子之学包括道论、圣人论以及人生修持理论等。在《管子》四篇的视界中，老子之道乃无限的存在，是万物之源，其自身虚而无形、超越感知、不可言说，其对于万物之“无为”，即是“因”顺万物；老子的圣人也是君子，圣人无为指的是虚静无知、顺应万物，圣人“不仁”即是无私；老子的人生修持就是追求生命长存和得道。

由上可知，《管子》四篇没有直接引用《老子》然后予以注解，而是在阐述自己的思想时对《老子》的某些章节加以解释。《管子》四篇的“《老子》注”不是独立的存在，而是分散于《管子》四篇，并且主要是对《老子》“道经”的部分内容的注解。不过，《管子》四篇乃稷下道家的代表作，其思想体系是秉依老子思想而成，其对《老子》当有精确的理解和深刻的把握，因此《管子》四篇不仅注解了《老子》中关于道、无为、圣人、人生修持等重要思想，而且有准确的解读。当然，由于《管子》四篇并非专门的注解《老子》的著作，只是为建构自己的哲学体系而解读和发挥老子思想、注解《老子》文本，其注解《老子》就不可避免地具有主观性，而正是这种主观性构成了其注解《老子》的特色，也是其注解《老子》新意之所在。从《管子》四篇注解《老子》的文字，并结合《管子》四篇对老子思想的阐发来看，《管子》四篇认为老子思想包括道、无为、圣人、人生修持等方面。这些，大体不谬。《管子》四篇把老子道之无为解读为“道贵因”（《心术上》），以“因”释“无为”是最显明的创建。

（作者系安徽大学哲学系教授）

韩非子不反孔考

◎周炽成

在很多人看来，韩非子反孔是很自然的，因为儒法两家势不两立，而他是法家的集大成者，孔子是儒家的最重要代表。本文认为，这种看法不符合历史的实情。有足够的根据表明：从总体上说，韩非子不反孔，而是对孔子充满了尊重和尊敬。通过考察韩非子这种对孔子的态度，我们对韩非子的思想和儒法关系等会有更客观的认识。

一

研究韩非子是否反孔这个问题，最可靠的资料当然是《韩非子》一书。不好说该书全都是他写的，但可以说其中大部分是他写的，这可为多数论者所接受。容肇祖曾经认为，该书多数篇不是韩非子所写，只有《五蠹》《显学》《难势》《问辩》等少数篇可以确认为韩非子所写或从学说上推证为他所写。① 这种极端的看法难以为大家所接受。《韩非子》全书说到孔子（含孔丘、仲尼等）的地方共43处，统计如下：

篇名	提到孔子之处数
《难言》	1
《说林上》	1
《说林下》	1
《安危》	1

① 容肇祖：《韩非的著作考》，罗根泽编著：《古史辨》（四），上海古籍出版社，1982年版，第653－674页。

	《内储说上七术》	5
	《内储说下六微》	2
	《外储说左上》	3
	《外储说左下》	8
	《外储说右上》	3
	《外储说右下》	1
	《难一》	6
	《难二》	2
	《难三》	2
	《八说》	1
	《五蠹》	2
	《显学》	3
	《忠孝》	1
总计	17	43

《韩非子》全书共55篇，其中17篇说到孔子，占了接近三分之一。这里统计的是孔子出现在该书中的“处数”，而不是其“次数”。也就是说，书中说到孔子的“一处”，可以是一句话，也可以是几句话或者一段话；意思完整，就算一处。说到孔子的“一处”，孔子可能只出现“一次”，也可能出现“多次”（在我们的统计中，这种情形占了大多数）。《韩非子》书中的孔子，最常见的是被作为故事的主角，其次是作为被评议的对象，在《外储说左下》中出现8处，在《难一》中出现6处，在《内储说上七术》中出现5处，在《外储说左上》《外储说右上》和《显学》中各出现3处，其他篇出现一两处。有论者做过另一种统计：“《韩非子》中多处引用关于孔子的言行、事迹等，经统计，共有23处。”① 这种统计与我的统计相比，少了20处，肯定有误。

在我的统计中，被韩非子论说的孔子，大部分是正面的，不像《庄子》中的孔子那样经常是反面的、被讥讽的、被挖苦的。《五蠹》承认孔子是“天下圣人”；《显学》承认孔子是“儒之所至”；《外储说右上》承认“孔子之贤”；《说林上》以“蚤虱之细”来衬托孔子之伟大（一个见过孔子的人称另一个见过他

---

① 来森华：《试论〈韩非子〉中所引孔子材料——兼及韩非对孔子思想的取舍》，《甘肃联合大学学报》，2011年第5期。

的人为“蚤虱之细”)；《难言》把孔子与子胥、管仲相提并论，为他们的不幸遭遇而惋惜；《内储说下六微》肯定孔子“为政于鲁，道不拾遗”的功绩……具体来说，《韩非子》一书中的孔子有几个显著的特点：

第一，明赏罚。赏罚分明的孔子，似乎最受韩非子所推崇。这方面的孔子在《内储说上七术》中体现得最多、最集中。在韩非子看来，赏罚二柄对于君王来说都很重要，但他更注重罚柄，认为这一柄更有效。可能是受此倾向影响，该篇显示的孔子更关注罚。该篇记载：“鲁人烧积泽，天北风，火南倚，恐烧国，哀公惧，自将众趣救火。左右无人，尽逐兽而火不救。乃召问仲尼。仲尼曰：‘夫逐兽者乐而无罚，救火者苦而无赏，此火之所以无救也。’哀公曰：‘善。’仲尼曰：‘事急，不及以赏，救火者尽赏之，则国不足以赏于人，请徒行罚。’哀公曰：‘善。’于是仲尼乃下令曰：‘不救火者比降北之罪，逐兽者比入禁之罪。’令下未遍而火已救矣。”在这个故事中，孔子认为救火之事太急，用赏的方法来不及了，而且如果尽赏救火者，没有那么多资源可赏，但用罚的方法则很有效。《内储说上七术》还说：“殷之法刑弃灰于街者。子贡以为重，问之仲尼。仲尼曰：‘知治之道也。夫弃灰于街必掩人，掩人，人必怒，怒则斗，斗必三族相残也。此残三族之道也，虽刑之可也。且夫重罚者，人之所恶也；而无弃灰，人之所易也。使人行之所易而无离所恶，此治之道。’”按这里记载，孔子是主张轻罪重罚的。当然，韩非子笔下的孔子并非只知罚而不知赏。《难一》记载：“襄子围于晋阳中，出围，赏有功者五人，高赫为赏首。张孟谈曰：‘晋阳之事，赫无大功，今为赏首何也？’襄子曰：‘晋阳之事，寡人国家危，社稷殆矣。吾群臣无有不骄侮之意者，惟赫子不失君臣之礼，是以先之。’仲尼闻之曰：‘善赏哉襄子！赏一人而天下为人臣者莫敢失礼矣。’”在这里，孔子显然是知赏的。孔子还以天之罚的威胁力来说君王。《内储说上七术》记载孔子与鲁哀公的对话：“鲁哀公问于仲尼曰：‘《春秋》之记曰：“冬十二月賈霜不杀菽。”何为记此？’仲尼对曰：‘此言可以杀而不杀也。夫宜杀而不杀，桃李冬实。天失道，草木犹犯干之，而况于人君乎？’”这里的孔子与《论语》中的孔子比较一致。《论语·八佾》中有“获罪于天，无所祷也”的名言。

第二，明信。说到做到，就是信。孔子对信的重视，众所周知。《论语·颜渊》言：“自古皆有死，民无信不立。”君王必须对百姓守信，这是孔子与韩非子的共识。赏罚分明自然含信：该赏必赏，该罚必罚。晋文公之所为，很难得：与下属一起去攻原，说好以十天为期，但十天到了，还未攻下，便果断地撤退。有人建议：再坚持一下原就守不住了，现在撤很可惜。晋文公回应说：“吾与士期十日，不去，是亡吾信也。得原失信，吾不为也。”结果，原人被晋文公之信所感动而主动归降。更出人意料的是，卫人也闻讯而主动归降。孔子闻而记之曰：“攻原得卫者，信也。”（《韩非子·外储说左上》）信，是一项重要之德。对于信的重视，是韩非子的一贯思想。以韩非子为非道德主义者，实难成立。熊十力说：“韩非毁德反智而一以尚力为主……其一切知见、一切论证、一切主张、一切作风，皆自毁德反智而一归于暴力之大根荄以出发。”[①] 这些说法肯定太偏颇。

第三，明平。该赏不赏，该罚不罚，这就是不平。对这种不平，孔子与韩非子均不能容忍。坚持公平，这也是两人的共识。《外储说左下》记载孔子之言：“善为吏者树德，不能为吏者树怨。槩者，平量者也；吏者，平法者也。治国者，不可失平也。”韩非子当然认同这些孔子的说法。

第四，明君臣。君臣有上下之别，臣不可僭君，这一点当然也是孔子与韩非子都赞同的。韩非子在《外储说左下》记载：“管仲相齐，曰：‘臣贵矣，然而臣贫。’桓公曰：‘使子有三归之家。’曰：‘臣富矣，然而臣卑。’桓公使立于高、国之上。曰：‘臣尊矣，然而臣疏。’乃立为仲父。孔子闻而非之曰：‘泰侈偪上。’”孔子对管仲的评价非常复杂，既有赞扬他，也有批评他。孔子在此批评其不尊君，这与他在《论语》中批评其不守礼是一致的：“邦君树塞门，管氏亦树塞门。邦君为两君之好，有反坫，管氏亦有反坫。管氏而知礼，孰不知礼?”（《八佾》）“泰侈偪上”当然是不守君臣之礼。对于弟子不守礼，孔子也很反感。据《外储说右上》记载，季孙相鲁时，子路为郈令，以其私秩粟为浆饭，施之于作沟者。孔子知道后派子贡前往覆其饭，毁其器。子路很生气，跑去跟孔子以仁义论理。孔子教训道：“由之野也！吾以女知之，女徒未及也。女故如是之不知礼也？女之飡之，为爱之也。夫礼，天子爱天下，诸侯爱境内，大夫爱官职，士爱其家，过其所爱曰侵。今鲁君有民，而子擅爱之，是子侵也，不亦诬乎！”守君臣之礼，不只是臣尊君，而且还包括臣谏君，如果君不听谏，臣就可去职。《内储说下六微》记载：“仲尼为政于鲁，道不拾遗。齐景公患之。黎且谓景公曰：‘去仲尼犹吹毛耳。君何不迎之以重禄高位，遗哀公女乐以骄荣其意。哀公

---

① 熊十力：《韩非子评论与友人论张江陵》，上海书店出版社，2007年版，第8－21页。

新乐之，必怠于政，仲尼必谏，谏必轻绝于鲁。’景公曰：‘善。’乃令黎且以女乐二八遗哀公，哀公乐之，果怠于政。仲尼谏，不听，去而之楚。”知君之过而不谏，是失臣礼；君不听谏而仍然违心地从君，也是失臣礼。明君应该让臣下直议，让不同的意见发表出来。《内储说上七术》记载孔子之言：“明主在上，群臣直议于下。今群臣无不一辞同轨乎季孙者，举鲁国尽化为一，君虽问境内之人，犹不免于乱也。”重臣季孙搞“一言堂”，群臣对之不能有任何异议，孔子很反感这种情形。更重要的是，君臣之礼不是单方面律臣的，而是也律君的。君王以身作则守礼，是《韩非子》中的孔子的明显主张。《外储说左上》载孔子语：“为人君者犹盂也，民犹水也，盂方水方，盂圆水圆。”既然君对民的影响力那么大，君就要严格要求自己。孔子类似的看法在《论语·颜渊》中也体现之：“君子之德风，小人之德草。草上之风，必偃。”“政者，正也。子帅正，孰敢不正？”对君王严格要求，是孔子和韩非子的共同想法。

《韩非子》中显示的具有以上几种特点的孔子，无疑是正面的孔子。韩非子本人尊重和尊敬这样的孔子，表明他不反孔。该书还有更多正面肯定孔子的论述，难以一一尽引。下引之言肯定是偏颇的：“韩非对孔子言行思想的批评与否定更多一些……韩非对孔子言行思想舍大于取，所以他引用孔子的言行事迹，主要还是作为立论的靶子进行批评与舍弃的。”①

二

可能有论者会问：《韩非子》中不是有明显的对孔子的非议吗？确实是的。现把该书中明确非议孔子的几段列之于后：

1. 今世主察无用之辩，尊远功之行，索国之富强，不可得也。博习辩智如孔、墨，孔、墨不耕耨，则国何得焉？（《八说》）

2. 鲁人从君战，三战三北。仲尼问其故，对曰：“吾有老父，身死，莫之养也。”仲尼以为孝，举而上之。以是观之，夫父之孝子，君之背臣也。故令尹诛而楚奸不上闻，仲尼赏而鲁民易降北。上下之利若是其异也，而人主兼举匹夫之行，而求致社稷之福，必不几矣。（《五蠹》）

---

① 丁菊秀：《韩非子对荀子言说方式的继承与扬弃》，《东岳论丛》，2013 年第 11 期。

3. 尧、舜、汤、武或反君臣之义，乱后世之教者也。尧为人君而君其臣，舜为人臣而臣其君，汤、武为人臣而弑其主、刑其尸，而天下誉之，此天下所以至今不治者也……记曰："舜见瞽瞍，其容造焉。孔子曰：'当是时也，危哉！天下岌岌，有道者，父固不得而子，君固不得而臣也。'"臣曰：孔子本未知孝悌忠顺之道也。(《忠孝》)

第一条所说的"孔"，应该不是指孔子本人，而是战国末年打着孔子招牌论辩的人。开头明确说到"今世主"，即在韩非子生活年代的国君，此年代离孔子去世已有两百多年之久。韩非子的意思是，打着孔子、墨子招牌热衷于空辩的人，不会耕作，如果国君任用他们，实在无益于国家富强。显然，韩非子在此非议的是当时打着孔子招牌热衷于空辩者，而不是孔子本人。在韩非子眼里，孔子本人是做实事的。

第二条表明了忠孝之难容。假如此处显示的孔子是真孔子的话，这里确实显示了韩非子与孔子的分歧。韩非子认为，孔子如此重孝，以致于推举为孝敬父亲而逃离战场的人，其结果必然是对社稷不利。韩非子倾心于脱离血缘亲情的国家构建，面对孝与忠之难以两全，他赞成宁可牺牲孝，而不牺牲忠。当然，我很怀疑孔子真的会如此赞赏因孝而逃离战场者。《论语》中没有类似的记载，在《韩非子》之前的典籍中也没有类似的记载。《论语》多处说到孝，例如，"弟子入则孝，出则弟，谨而信，泛爱众，而亲仁。行有余力，则以学文。"(《学而》)"父在，观其志；父没，观其行，三年无改于父之道，可谓孝矣。"(《学而》)"今之孝者，是谓能养。至于犬马，皆能有养，不敬，何以别乎？"(《为政》)但是查看整部《论语》，都看不到有记载孔子赞誉因孝而逃离战场者。在我看来，孔子推举为孝敬父亲而逃离战场的人，这种说法很可能是孔子后学的发挥，或者是其对手为了攻击他或他的后学而编造出来的。一种可能是：在孔子之后，弟子们及再传或多传弟子们对他的思想作了不同的发挥，其中有人特别突出孝，以至于编出了孔子为孝而牺牲忠的故事。另一种可能是：孔子的对手为了攻击他或他的后学而魔化他，以致于编出这样的故事，从而让君反感他或他们。我觉得后一种可能性更大。孔子为求君用而周游列国，奔忙不已，如果他真的赞赏为孝而逃离战场者，哪个国君会用他？不过，与孔子相差两百多年的韩非子，面对这样的故事，他信以为真也就不奇怪了。

第三条所显示的孔子是不是真孔子，我也很有疑问。孔子在这里似乎赞成在特殊情况下可以对君臣父子关系作一些变通处理。这里还牵涉到著名的禅让问题。根据通行至今的说法，尧不把帝位传子而传贤臣舜。按照第三条的说法，孔子似乎赞成禅让，但韩非子反对之。在韩非子看来，君臣关系无论如何不可以改变，君永远是君，臣永远是臣，而且君位只能嫡传，不能外传。流传至今的尧让位给舜的故事在韩非子这里被说成是“尧为人君而君其臣，舜为人臣而臣其君”，君臣位置的倒转是韩非子所无法接受的。孔子真的赞成禅让，赞成君臣关系可在特殊情况倒转吗？起码在《论语》中，我们找不到确实证据表明孔子是赞成的。《论语·尧曰》记载：“尧曰：‘咨！尔舜！天之历数在尔躬，允执其中。四海困穷，天禄永终。’”很多人认为这是尧在让位给舜时所说的话。不过，历代对此的解释众说纷纭。我比较倾向于苏东坡的说法：“此章杂取《禹谟》《汤诰》《泰誓》《武成》之文，颠倒失次，不可复考。”① 退一步说，就算这真的是尧在让位给舜时所说的话，我们也不知道孔子是否赞成尧让位给舜（必须注意：《论语》中的这一章记载的是“尧曰”，而不是“子曰”）。冯友兰指出：“苏格拉底自己未著书，而后来著书者多假其名（如柏拉图之对话）。孔子亦不著书，而后来各书中‘子曰’极多。”② 后人假孔子之名而说的话多得难计其数。上列《韩非子》中第三条所载孔子的话，极可能就是这些多得难计其数的话之一。我们认为，《论语》中的“子曰”，一般来说是真孔子所说的。对其他书中的“子曰”是否为真孔子所说的则要打问号。在先秦典籍中，如果它们与《论语》中的“子曰”在表达上或思想比较一致或比较接近，我们则可倾向于认为它们是真孔子所说的；如果它们与《论语》中的“子曰”在表达上或思想不一致，我们就倾向于认为它们不是真孔子所说的（如果你想坚持它们是真孔子所说的，你必须引《论语》中的“子曰”以证之）。

综上所述，在以上所说的三条中，第一条不表明韩非子反对孔子本人，而只表明他反对当时打着孔子招牌热衷于空辩者。在我们看来，第二、第三条所含孔子的做法或看法，很可能不是孔子本人的做法或看法，而是后人的伪托。不过，韩非子本人应该没有意识到伪托的问题，估计他相信这两条真的显示了孔子本人的做法或看法。这两条表明：韩非子没有以“凡是派”的态度对待孔子。这就

---

① 程树德：《论语集释》（四），北京：中华书局，1990 年版，第 1345 页。

② 冯友兰：《中国哲学史》（上册），北京：中华书局，1961 年版，第 78 页。

是说，尊重和尊敬孔子的韩非子没有盲从孔子，没有以为他说的一切都是对的。如果以这两条作为韩非子反孔的证据，则言之过重。

在《韩非子》一书中，还有四处以“或曰”的形式、一次以“或问”的形式表现出对孔子的不同看法。在这五个地方，先正面肯定孔子之言，然后出现“或曰”“或问”，又从反面否定之。现列之于后：

1. 晋文公将与楚人战，召舅犯问之，曰：“吾将与楚人战，彼众我寡，为之奈何？”舅犯曰：“臣闻之，繁礼君子不厌忠信，战阵之间不厌诈伪。君其诈之而已矣。”文公辞舅犯，因召雍季而问之，曰：“我将与楚人战，彼众我寡，为之奈何？”雍季对曰：“焚林而田，偷取多兽，后必无兽；以诈遇民，偷取一时，后必无复。”文公曰：“善。”辞雍季，以舅犯之谋与楚人战以败之。归而行爵，先雍季而后舅犯。群臣曰：“城濮之事，舅犯谋也。夫用其言而后其身，可乎？”文公曰：“此非君所知也。夫舅犯言，一时之权也；雍季言，万世之利也。”仲尼闻之，曰：“文公之霸也宜哉！既知一时之权，又知万世之利。”或曰：雍季之对，不当文公之问……文公不知一时之权，又不知万世之利……文公又不知舅犯之言，舅犯所谓不厌诈伪者，不谓诈其民，请诈其敌也……仲尼不知善赏。（《难一》）

2. 历山之农者侵畔，舜往耕焉，期年，甽亩正。河滨之渔者争坻，舜往渔焉，期年而让长。东夷之陶者器苦窳，舜往陶焉，期年而器牢。仲尼叹曰：“耕渔与陶，非舜官也，而舜往为之者，所以救败也。舜其信仁乎！乃躬藉处苦而民从之，故曰：‘圣人之德化乎。’”或问儒者曰：“方此时也，尧安在？”其人曰：“尧为天子。”“然则仲尼之圣尧奈何？圣人明察在上位，将使天下无奸也。今耕渔不争，陶器不窳，舜又何德而化？舜之救败也，则是尧有失也；贤舜则去尧之明察，圣尧则去舜之德化；不可两得也……”（《难一》）

3. 襄子围于晋阳中，出围，赏有功者五人，高赫为赏首。张孟谈曰：“晋阳之事，赫无大功，今为赏首何也？”襄子曰：“晋阳之事，寡人国家危，社稷殆矣。吾群臣无有不骄侮之意者，惟赫子不失君臣之礼，是以先之。”仲尼闻之曰：“善赏哉襄子！赏一人而天下为人臣者莫敢失礼矣。”或曰：仲尼不知善赏矣。夫善赏罚者，百官不敢侵职，群臣不敢失礼……使襄子于晋阳也，令不行，禁不止，是襄子无国，晋阳无君也，尚谁与守哉？今襄子于晋阳也，知氏灌之，臼灶生蛙，而民无反心，是君臣亲也。襄子有君臣亲之泽，操令行禁止之法，而犹有骄侮之臣，是襄子失罚也。为人臣者，乘事而有功则赏。今赫仅不骄侮，而襄子赏之，是失赏也。明主赏不加于无功，罚不加于无罪。今襄子不诛骄侮之臣，而赏无功之赫，安在襄子之善赏也！故曰：“仲尼不知善赏。”（《难一》）

4. 昔者文王侵盂、克莒、举丰，三举事而纣恶之。文王乃惧，请入洛西立地、赤壤之国方千里，以解炮烙之刑。天下皆说。仲尼闻之曰：“仁哉文王！轻千里之国而请解炮烙之刑。智哉文王！出千里之地而得天下之心。”或曰：仲尼以文王为智也，不亦过乎！夫智者，知祸难之地而辟之者也，是以身不及于患也。使文王所以见恶于纣者，以其不得人心耶？则虽索人心以解恶可也。纣以其大得人心而恶之，己又轻地以收人心，是重见疑也，固其所以桎梏囚于羑里也。郑长者有言：“体道，无为，无见也。”此最宜于文王矣，不使人疑之也。仲尼以文王为智，未及此论也。（《难二》）

5. 叶公子高问政于仲尼，仲尼曰：“政在悦近而来远。”哀公问政于仲尼，仲尼曰：“政在选贤。”齐景公问政于仲尼，仲尼曰：“政在节财。”三公出，子贡问曰：“三公问夫子政一也，夫子对之不同，何也？”仲尼曰：“叶都大而国小，民有背心，故曰：‘政在悦近而来远。’鲁哀公有大臣三人，外障距诸侯四邻之士，内比周而以愚其君，使宗庙不扫除，社稷不血食者，必是三臣也。故曰：‘政在选贤。’齐景公筑雍门，为路寝，一朝而以三百乘之家赐者三，故曰：‘政在节财。’”或曰：仲尼之对，亡国之言也。叶民有倍心，而说之“悦近而来远”，则是教民怀惠。惠之为政，无功者受赏，则有罪者免，此法之所以败也……哀公有臣外障距内比周以愚其君，而说之以“选贤”，此非功伐之论也，选其心之所谓贤者也……景公以百乘之家赐，而说以“节财”，是使景公无术以享厚乐，而独俭于上，未免于贫也……说之以“节财”，非其急者也。（《难三》）

很多论者认为，在以上五段中，韩非子都倾向于“或曰”（“或问”）。这就意味着，他都是不同意孔子的。这些论者忽略了韩非子对两难的敏锐感受，对复杂的内容作了简单的处理。事实上，以上五段都展示了两难。在现实生活中，我们经常碰到两难：甲看起来是对的，乙看起来也是对的，但甲和乙是矛盾的、冲突的。我们选甲有道理，选乙也有道理，但无论我们选甲或选乙都很为难。在 A 段和 C 段中，说孔子知善赏和说他不知善赏，都各有道理；在 E 段中，说孔子之三种应对是正确的有道理，说它们是不正确的也有道理。韩非子把双方的看法都陈述出来，这也显示出当时对孔子的争议。韩非子的客观记载，为我们保留了难得的史料。我认为，不能以上引五段的“或曰”（“或问”）部分作为韩非子反孔的根据。

三

《韩非子》中记载的孔子是多面的、经常有争议的。面对有关孔子的种种争议，韩非子仍然保持了对孔子的尊重和尊敬。但是，这种尊重和尊敬后来被人淡忘、忽视、无视。这是由多种原因导致的，其中韩非子作为法家代表人物的模式化与儒法对立的模式化是最为值得注意的。

把韩非子归为法家，早已是定论。不过，在汉代，这就不是定论。那时对韩非子的学派归属有不同的意见。班固在《汉书·艺文志》中把韩非子归为法家，而司马迁在《史记·老子韩非列传》说：“韩非……喜刑名法术之学，而其归本于黄老。”司马迁把韩非子与老子合起来作传，意图很明显，他当然是把韩非子之学作为老学或黄老之学。韩非子著有《解老》《喻老》，它们是流传至今的最早的解释《老子》的作品。韩非子深受老子无为、虚静等思想的影响。因此，司马迁这样说肯定有根据。当然，不能说班固的说法没有根据。司马迁生年离韩非子生年100多年，而班固生年离韩非子生年超过300年。从这种时间距离来推断，也许司马迁的归类更符合韩非子思想的实情。先秦有“儒”“墨”等说法，但没有“法家”的说法。胡适说：“古代没有什么‘法家’。”[①] 他说的古代就是指先秦时代。韩非子的思想是复杂多样的。他除受老子影响外，肯定还受老师荀子的影响。我认为，他也受孔子的影响。从本文第一部分论述可见：孔子的赏罚分明、重信守诺、君君臣臣等思想显然影响了韩非子。但是，在班固的归类被大家普遍接受，韩非子作为法家代表人物被模式化之后，他的复杂思想被简单化，他受孔子影响的实情被遮蔽。韩非子个别不满孔子的言论被放大，而他大量尊重和尊敬孔子的话被漠视，进而一个反孔的韩非子形象也被逐步塑造出来。

在韩非子作为法家代表人物模式化之后，另一种模式化也在形成，那就是儒法对立的模式化。在这种模式之下，有各种说法出现：儒家仁慈而法家残暴，儒家宽民而法家苛民，儒家民本而法家君本，儒家王道而法家霸道，儒家重德而法家重法，儒家传统而法家革新，儒家理想而法家现实……这些说法当然是有一定

---

① 姜义华主编：《胡适学术文集·中国哲学史》（上），北京：中华书局，1911年版，第243页。

根据的，但也是过分简单化的。在儒法对立模式化之下，韩非子与儒家的关联被切割，韩非子与孔子的关联也被切割。不过，韩非子是荀子的学生，这一史实是无论如何也切割不掉的。此史实与儒法对立的模式肯定是不协调的。为处理这种不协调，在20世纪70年代批林批孔和评法批儒运动中，一种奇特的、反传统的说法产生：荀子不是儒家而是法家！这在当时几乎已成为定论。查其证据，最拿得出手的也许是：既然学生是法家的集大成者，老师就应该是法家（其他所谓的证据，例如，他们都是代表“新兴地主阶级”的，都追求革新等，现在根本不值一提）。传统上有人以学生推论老师，在韩非子是“坏人”的定势下，他们认为荀子也要为学生之坏负有责任，但毕竟还是“大醇小疵”，无论如何都还属于儒家。到了70年代，时代不同了，传统上的“儒好法坏”倒过来而成为“儒坏法好”，此时，老师也因学生而沾光，结果是以学生的学派归属来改判老师的学派归属。不过，特殊的70年代过去之后，人们还是回到传统的看法：荀子是儒家。到了现在，如果有人把荀子看作法家，那几乎会被当作“外星人”。

从传统到现代，对荀韩关系一直都没有令人心服口服的说法。其关键原因也在于前述两个模式化：韩非子作为法家代表人物的模式化与儒法对立的模式化。在这两种模式化之下，如何说明大儒荀子与法家代表韩非子的关系就非常棘手。我认为，只有软化这两个模式，才能合理地说明荀韩关系。

让我从一特别的记录说起：汉代刘向把韩非子作为“名儒”。他在叙述荀子的时候指出：“李斯尝为弟子，已而相秦。及韩非，号韩子，又浮邱伯，皆受业，为名儒。”① 今人看了这记录一定会惊讶不已的，但白纸黑字摆在那里谁也无法否定。刘向从韩非子师从荀子的角度而说他成为名儒，当然有明显的根据。师为儒，生也为儒，这是再自然不过的了。从儒的角度看韩非子，现代人会以为是很新的视野，但事实上是老视野，两千年前的刘向早就如此看了。司马迁的下述记载，也可提示我们以儒看韩：“荀卿、孟子、公孙固、韩非之徒，各往往捃摭《春秋》之文以著书，不可胜纪。”（《史记·十二诸侯年表》）假如我们承认《春秋》是儒家的著作，那么我们就必须看到：韩非子跟孟子一样据儒家之著作著书立说。在司马迁的记载中，韩非子与孟子并列于《春秋》解释史上，这实在太意味深长了。

---

① 王先谦：《荀子集解》（下），北京：中华书局，1988年版，第558页。

韩非子对老师荀子是尊敬的。《难三》记载："燕子哙贤子之而非孙卿，故身死为僇。"子哙非孙卿（荀卿），遭致如此下场，表明荀卿是而子哙非。比较《荀子》与《韩非子》，不难发现学生对老师的传承。有论者指出，韩非子的非俭思想受荀子《富国》影响；韩非子的《说难》本于荀子的《非相》；韩非子的君术原于荀子的《君道》。① 类似这样的清单还可以再列下去。李斯向荀子学的是帝王术，韩非子应该也是如此。从《荀子》一书看，老师的帝王术比较简单，而从《韩非子》一书看，学生的帝王术就丰富得多、复杂得多了。这是青出于蓝而胜于蓝的典型。但是，在"两个模式化"之下，丰富多彩的帝王术就被看作是法家的专利。事实上，孔子为得君用而周游列国，孟子也忙于游说君王，难道他们能没有帝王术吗？把帝王术作为法家的专利进而魔化之，这种后人的视野肯定掩盖了历史的实情。

司马迁以"黄老"说韩非子、刘向以"儒"说他，都早于班固把他归为法家。如果我们接受一种见解：历史上对同一人或同一事的不同说法，可能是越早的越可靠，那么我们就必须说，司马迁、刘向之说比班固的可靠。当然，这种见解的有效性不是绝对的、无条件的。如果后起的说法更吸引人，那前面的说法就可能被人遗忘。把韩非子归为法家已成为一种巨大的、长久的惯性，面对这种惯性，我们也许只能像胡适那样无奈地接受。不过，专家们应该比普通人更不要忽视韩非子思想的复杂性。坚持以"法"说他的人，要知道历史上早有人以"黄老"、以"儒"说他。三种说法都各有道理，各能在《韩非子》中找到证据。在我看来，韩非子自己并未有意识地追求成为一名法家的代表。帝王术是他最为关心的，属于此术的东西，他都有兴趣，不管它们属于哪一家。以一种比较宽阔的视野来看韩非子的思想，应该比单纯地贴一张法家的标签上去更好。

有人可能会问：韩非子在《五蠹》《显学》等文章中不是对儒有明显的批评吗？我们试辨析于后。很多人认为，五蠹（学者、言古者、带剑者、患御者、商工之民）中的第一蠹学者就是儒者。在我看来，此蠹含儒者，但不限于儒者，不专指儒者。《五蠹》言："是故乱国之俗，其学者则称先王之道，以籍仁义，盛容服而饰辩说，以疑当世之法而贰人主之心。"这里批评的是空说先王之道，空说仁义而迷惑当世之法，扰乱君王之心的人，儒者中有这样空说的人，但也有干

① 陈千钧：《韩非之时代背景及其学说渊源》，《学术世界》第1卷，1935年第4期。

实事的人，这部分人就不在韩非子所批评的“学者”之内，而墨者或其他派别中有这样空说的人，则属于此范围之内。显然，韩非子批评部分儒者，而不是全部儒者。他的老师荀子批评俗儒、陋儒、散儒，但不批评一切儒，而是赞美雅儒、大儒。韩非子也不会批评一切儒。在《五蠹》中，韩非子也不否认仁义本身的价值，只是认为它们不具有现实性，不适用于今。《五蠹》仍然表达出对孔子的尊敬之情：“仲尼，天下圣人也，修行明道以游海内，海内说其仁，美其义，而为服役者七十人，盖贵仁者寡，能义者难也。故以天下之大，而为服役者七十人，而仁义者一人。鲁哀公，下主也，南面君国，境内之民莫敢不臣。民者固服于势，诚易以服人，故仲尼反为臣，而哀公顾为君。仲尼非怀其义，服其势也。故以义则仲尼不服于哀公，乘势则哀公臣仲尼。今学者之说人主也，不乘必胜之势，而务行仁义则可以王，是求人主之必及仲尼，而以世之凡民皆如列徒，此必不得之数也。”仁与义本身是好东西，韩非子并未否认道德，他不是非道德主义者。有论者指出：“韩非并没有否定道德的价值和作用，他甚至认为在一个人人都是君子的社会，是用不着什么法治的，人们的道德行为将对调节社会生活起到巨大的作用。”① 但是，由于贵仁者寡，能义者难，要求君臣上下均能高标准地行仁义就不现实了。在韩非子看来，面对现实的政治，只能提现实的方案，过分理想化的方案无法施行。对孔子及其弟子之仁义精神，韩非子是佩服的，但他也看到天下圣人孔子也得服从臣服君王，服从政治现实。孔子及其弟子很了不起，但有如他们那样高的情操的人，在人世间太罕见。要求现实君王像孔子一样，要求芸芸众生像七十二贤人那样，那怎么可能呢？以人人皆君子的假设而定出各种政治方案，肯定过于理想化而无法实施；以人人皆小人或普通人的假设而定出的各种政治方案，则现实得多。韩非子不否定君子的意义，但他很明智地看到小人或普通人远远多于君子。如果有人认为现实主义者韩非子否认理想的价值，那是一种过度解释。

《显学》中批评儒者，也不是批评所有儒者：“今世儒者之说人主，不善今之所以为治，而语已治之功；不审官法之事，不察奸邪之情，而皆道上古之传，誉先王之成功。”这些被批评的儒者只面对过去，而不面对现实。但是，如果是面对现实，做事实的儒者，则不在批评的范围之内。而孔子所肯定的正是这样的

---

① 冯国超：《人性论、君子小人与治国之道——论〈韩非子〉的内在逻辑》，《哲学研究》，2000 年第 5 期。

儒者。《显学》记载："澹台子羽，君子之容也，仲尼几而取之，与处久而行不称其貌。宰予之辞，雅而文也，仲尼几而取之，与处而智不充其辩。故孔子曰：'以容取人乎，失之子羽；以言取人乎，失之宰予。'"孔子差点犯了以貌取人、以言取人的错误，但聪明的孔子毕竟还是能以实取人。这里显示了圣人孔子凡人的一面，仍然表现出对孔子的尊重。不过，《显学》开头似乎对孔子以尧舜说事的取向略有微词："孔子、墨子俱道尧、舜，而取舍不同，皆自谓真尧、舜，尧、舜不复生，将谁使定儒、墨之诚乎？殷、周七百馀岁，虞、夏二千馀岁，而不能定儒、墨之真；今乃欲审尧、舜之道于三千岁之前，意者其不可必乎！"在我看来，这里对孔子的微词比较轻，韩非子强调的是面对孔墨之冲突，难定取舍，更强调的是不能迷恋过去，空说过去，而要立足现在，正视现在。正如前面指出的，尊重、尊敬孔子的韩非子不以"凡是派"的态度对待孔子。

总之，我们要警惕两个模式化（韩非子作为法家代表人物的模式化与儒法对立的模式化）所带来的简单化，多面地看韩非子、看孔子、看儒学。由于韩愈道统突出孟子影响深远，由于自宋朝起《孟子》升格为经，宋元明清千年所理解的孔子和儒学凸显了孟子一脉视野下的儒学，而荀韩一脉或其他脉所理解的孔子和儒学则被忽视甚至敌视。钱穆指出："在韩愈以前，常还是'周孔'并称的，到伊洛以后，确然变成为'孔孟'并称了……在此以后，便更看重了孔子'内圣'之一面，而偏忽了孔子'外王'的一面……直从程伊川、朱晦翁到明末的刘蕺山，他们对当代皇帝进言，都把当朝的一切礼乐制度且搁在一边，而先谈格、治与诚、正。他们且先教皇帝做圣人，暂不想教皇帝当明王……那时的孔子，则仅是'至圣先师'而再不是'新王'与'素王'了……汉唐以来一切礼乐制度则仅成为'霸道'。"① 孟子一脉视野下的孔子与儒学内圣强而外王弱，注重个人内在的心性修炼而忽视外在的制度建设；但荀韩一脉视野下的孔子与儒学则注重外王，注重外在的制度建设。荀韩一脉视野下的儒家就与法家有很多交叉、重叠的地方。宋明道学家刻意与法家划清界限，结果是失去了儒家的多样性与丰富性。弱化刻板的儒法对立，有助于我们接近孔、荀、韩等大家的思想本真。

（作者系华南师范大学政治与行政学院教授）

① 钱穆：《两汉经学今古文平议》，北京：九州出版社，2011 年版，第 257－259 页。

秦昭襄王非秦武王之子乃秦武王之弟

——高诱《吕氏春秋序》订误

◎张文渊

序言是介绍或者评述一部著作或一篇文章的文字，古代多列于书末，称“跋”，有时也叫做“后序”。最早为《吕氏春秋》作注的人是高诱，他在作注的同时，也为《吕氏春秋》写了一篇序言。该序主要介绍了吕不韦编纂这本书的目的，同时也阐述了作者为其作注的背景，但序中最为经典的部分则是对该书主旨的概括：“然此书所尚，以道德为标的，以无为为纲纪，以忠义为品式，以公方为检格。”① 这几句话成为后世学者研究《吕氏春秋》思想的重要参考。可很遗憾的是，高诱的这篇序言出现了一个历史知识方面的错误：他在介绍秦昭襄王的时候，把他当成了秦武王的儿子，然史书记载秦昭襄王与秦武王是同父异母的兄弟。虽然后世有很多学者都对《吕氏春秋》进行过校对、校释，然不知是为尊者讳，还是学者们认为此问题对研究该书的思想影响不大，并没有对这一错误予以纠正。虽说瑕不掩瑜，但没有污点的美玉，岂不更好！

一、父死子继，武王登基

高诱，东汉末经学家。一说河东（今山西省南部）人，一说涿郡（今河北涿州市）人，从小跟治学严谨、学识渊博的经学大师卢植治学，并深受其影响，正如他自己在《吕氏春秋序》中所说：“依先师旧训，辄乃为之解焉。”② 高诱一生共注过五部书，即《吕氏春秋》《淮南子》《孝经》《战国策》以及《孟子章

---

① ［战国］吕不韦著，陈奇猷校注：《吕氏春秋新校释》，上海古籍出版社，2002 年版，第 2 页。

② 同上。

句》，不过很可惜，《孝经注》《孟子章句注》均已失传，现今的《战国策注》经考证是许慎、高诱两人注本的混杂本。在这些著作中，最好的要数《吕氏春秋注》，故后人有“自汉以来，注者惟高诱一家。训诂简质于引证颠钟之处”① 的评价。然就是这样一位治学严谨的大儒，于《吕氏春秋》的序中，在介绍秦昭襄王与秦武王关系的时候，却出了一个历史知识性的错误。秦昭襄王与秦武王本是同父异母的兄弟，高诱却把他们弄错成了父子，即认为秦昭襄王是秦武烈王的儿子，他在序中介绍秦昭襄王时，有这样一段话：

秦昭襄王者，孝公之曾孙，惠文王之孙，武烈王之子也。太子死，以庶子安国君柱为太子。柱有子二十余人，所幸妃号曰华阳夫人，无子。安国君庶子名楚，其母曰夏姬，不甚得幸，令楚质于赵，而不能顾质，数东攻赵，赵不礼楚。②

在中国古代社会，关于父系的血统关系，《尔雅·释亲·宗族》有这样的记载：“子之子为孙，孙之子为曾孙，曾孙之子为玄孙。”③ 子肯定就是指儿子，如果《吕氏春秋》高诱序在传承过程中没有出现抄写错误，那么我们通过材料中“秦昭襄王者，孝公之曾孙，惠文王之孙，武烈王之子也”这句话，可以很肯定地作出判断：秦昭襄王是秦武王的儿子，秦惠文王的孙子，秦孝公的曾孙。那么这符合历史事实吗？我们先来看看《史记》里有关秦孝公到秦武王之间谱系关系的记载：

孝公二十四年，孝公卒，子惠文君立。④ 惠文王二十七年，惠王卒，子武王立。⑤ 秦惠王卒，太子武王立。⑥ 张仪归报，未至咸阳，秦惠王薨，子武王立。⑦

从材料中可以看出，由孝公到武王都是采用父传子的方式把王位传承下去

---

① 纪昀：《四库全书·杂家类·吕氏春秋·提要》（第848册），台北：台湾商务印书馆，1986年版，第272页。

② ［战国］吕不韦著，陈奇猷校注：《吕氏春秋新校释》，上海古籍出版社，2002年版，第1页。

③ 中华书局编辑部：《汉魏十注十三经（附四书章句集注）》，北京：中华书局，1998年版，第39－40页。

④ ［汉］司马迁撰，［宋］裴骃集解，［唐］司马贞索隐，张守节正义：《史记》，北京：中华书局，1959年版，第205页。

⑤ 同上，第209页。

⑥ 同上，第209页。

⑦ ［宋］司马光编纂：《资治通鉴》，长沙：岳麓书社，1990年版，第27页。

的，这就是在殷周时期已经产生的“父死子继”制。据司马贞《史记索隐》：秦孝公名渠梁，二十一岁继位，在位二十四年；秦惠王，又称秦惠文王或秦惠文君，名驷①，在位二十七年；秦武王也称秦武烈王、秦悼武王，名荡②，在位时间很短，不满四年，虽然武王在位时间很短，但是他为秦国的发展作出了很大的贡献。

二、绝膑而薨，武王之死

秦武王出生的时候，他的父亲惠文王正在全力打通中原之路。于是惠文王给他这个儿子取名为“荡”，目的是希望他的儿子称霸中原、荡平天下。武王统治时期，为了加快秦国向东发展战略的步伐，他刚继位不久，就对朝中重要位置作了人事上的调整，“逐张仪、魏章，而以樗里子、甘茂为左右丞相。”③ 以樗里子、甘茂为左右丞相是为了巩固自己的王位，但更重要的是为了打通三川这个通道，有了这个通道之后，就可以“窥周室”，进而可以去攻打山东六国。在秦武王看来，樗里子、甘茂当左右丞相方便实施他荡平天下的雄伟计划。因此，在继位的第二年，秦武王就对甘茂说：

> 寡人欲容车通三川，窥周室，死不恨矣。④ 寡人欲容车通三川，以窥周室，而寡人死不朽矣。⑤ 寡人欲车通三川，以窥周室，而寡人死不朽乎？⑥

秦武王有了这个目标之后，就马上派甘茂等大将率大军攻三川中最重要的城池——宜阳。然秦在攻打宜阳的时候，遇到了很大的阻力，因为“宜阳，大县也，上党、南阳积之久矣，名为县，其实郡也，今王倍数险，行千里攻之，难！”⑦ 经过秦国将士两年多的浴血奋战，宜阳终于被甘茂带领的虎狼之师攻下。宜阳被攻下之后，周的屏障已不在，周王室就暴露在秦军的面前，此时的秦国并

---

① ［汉］司马迁撰，［宋］裴骃集解，［唐］司马贞索隐，张守节正义：《史记》，北京：中华书局，1959 年版，第 205 页。

② 同上，第 209 页。

③ 同上，第 2308 页。

④ 同上，第 209 页。

⑤ 同上，第 2311 页。

⑥ ［西汉］刘向集录：《战国策》，上海古籍出版社，1985 年版，第 148 页。

⑦ 同①，第 2311 页。

没有停止脚步，而是把军队开到了周王室境内，“秦（拔宜阳后）使樗里子以车百乘入周。周以卒迎，意甚敬。”[①] 周天子在秦虎狼之师面前，除了害怕和表达敬意之外，也不敢做别的事。宜阳被攻下之后，秦武王也随后到达周王室，当看到王室里的九鼎之后，便与手下几个大力士比赛举鼎，据史书记载：

武王有力好戏，力士任鄙、乌获、孟说皆至大官。王与孟说举鼎，绝膑。八月，武王死。族孟说。[②]（赵武灵王）十八年，秦武王与孟说举龙文赤鼎，绝膑而死。[③]

所谓的鼎，据说是大禹收取天下九州之后所铸[④]，将全国九州的名山大川、奇异之物镌刻于九鼎之身，每鼎代表一州[⑤]，共有荆、梁、雍、豫、徐、青、扬、兖、冀九州，谁拥有九鼎就代表谁拥有天下。秦武王与本国力士在周王室里进行举鼎比赛，除了显示秦武王本人勇猛有力外，更重要的是向天下显示秦国的国力，以表明秦国有代周而吞并天下的志向与能力。秦武王虽然把鼎举起来了，但他却因此付了生命的代价，秦武王两眼出血、折断胫骨而死，而与秦武王比赛的孟说则被灭族。关于武王举鼎而亡的事情，“鉴于往事，有资于治道”的《资治通鉴》肯定不会放过，书中这样记载：

秦武王好以力戏，力士任鄙、乌获、孟说皆至大官。八月，王与孟说举鼎，绝脉而薨。族孟说。[⑥]

《资治通鉴》与《史记》关于武王之死的记载差别甚微，只是在个别字眼上有点不同，如司马光把“绝膑而死”写成了“绝脉而薨”，但这并不影响武王因举鼎而亡的历史事实。秦武王，这位被秦惠王寄予了厚望且充满雄心壮志的国君，在只完成他人生当中一小部分目标的时候，便带着很多遗憾和不甘退出了大秦帝国的历史舞台。于是，称霸中原、荡平天下的大任就落到了他的继承者——秦昭襄王肩上。

---

① ［汉］司马迁撰，［宋］裴骃集解，［唐］司马贞索隐，张守节正义：《史记》，北京：中华书局，1959 年版，第 2308 页。

② 同上，第 209 页。

③ 同上，第 1805 页。

④ 同上，第 1392 页。

⑤ ［汉］班固撰，［唐］颜师古注：《汉书》，北京：中华书局，1964 年版，第 1225 页。

⑥ ［宋］司马光编纂：《资治通鉴》，长沙：岳麓书社，1990 年版，第 28 页。

三、兄终弟及，昭王继位

秦昭王，也称秦昭襄王，据司马贞《史记索隐》：秦昭王“一名则，一名稷”[①]，是秦国历史上在位时间最长的一位国君，其在位时间超过了他前面的孝公、惠文王、武王的总和，也超过了他的后任孝文王、庄襄王和秦始皇的总和。在他统治期间，秦国的综合国力得到显著提高，军事成就异常辉煌，他重用范雎、白起等人，为秦国的发展和天下的统一作出了极为杰出的历史贡献。难怪近代史学家翦伯赞说：“昭王末年，秦对六国的斗争已取得决定性胜利。”[②]

秦昭襄王，一位在秦国统一天下的历史进程中其历史功绩可与秦始皇相匹比的国君，他与前任武王是父子，还是别的关系呢？我们来看看史书里的相关记载：

> 武王取魏女为后，无子。立异母弟，是为昭襄王。[③] 武王竟至周，而卒于周。其弟立，为昭王。[④] 秦武王卒，无子，立其弟为昭王。[⑤] 武王无子，异母弟稷为质于燕。国人逆而立之，是为昭襄王。[⑥]

秦武王虽然娶了魏国的女子为后，不知基于什么原因，王后一生没有给武王生下儿子。因此“父死子继”的王位继承制在武王去世的时候就没法实行了，于是同样在殷周时期就已经出现的“兄终弟及”——另一种重要的王位继承制，此时又派上用场了。秦武王虽然没有儿子，但是他有很多兄弟。据史书记载，秦惠王除了秦昭襄王这个儿子外，还有高陵君、泾阳君、季君等等。既然秦武王有这么多兄弟，那秦武王为什么要把大位传给公子稷（则）呢？何况武王死的时候，公子稷（则）还在燕国当人质呢！通过对历史文献的考证、分析，最后总结出至少有两个重要原因使得公子稷（则）登上宝座：一是得到一些诸侯国尤其是强国的支持；二是秦国国内权臣的拥护。

---

① ［汉］司马迁撰，［宋］裴骃集解，［唐］司马贞索隐，张守节正义：《史记》，北京：中华书局，1959年版，第210页。

② 翦伯赞主编：《中国史纲要》（上册），北京：人民出版社，1983年版，第90页。

③ 同①，第209页。

④ 同①，第2313页。

⑤ 同①，第2323页。

⑥ ［宋］司马光编纂：《资治通鉴》，长沙：岳麓书社，1990年版，第28页。

关于第一个原因，史书有这样的记载：

武王死时，昭襄王为质于燕，燕人送归，得立。[①]

春秋战国时候，诸侯国之间“相互交质”是一种很常见的外交手段，其目的是为了取信于对方，以便放开手脚实施自己的战略规划。秦惠文王在位的时候，他有几个儿子也作为人质生活在别的国家，公子稷（则）也不例外，他年轻的时候就作为人质在燕国生活。秦武王去世后，诸公子都想当国君，赵国基于自己的利益考虑，想立公子稷（则）为王，这个想法与燕国的想法一致，但由于燕国国小力弱，支持公子稷（则）当国君的事情只能由赵国来做，于是赵武灵王命令赵固入燕迎立公子稷（则），然后送公子稷（则）回秦国继承大统。如史书所载：

（赵武灵王）十八年，赵王使代相赵固迎公子稷于燕，送归，立为秦王，是为昭王。[②]

在立谁为秦国国君的时候，并非只有燕、赵两国有立秦国“质子”的想法，其他诸侯国也想立“交质”于本国的秦国公子为国君，但此时赵国的国力非常强盛，如果反对公子稷（则）为秦国国君，那就意味着与燕国尤其是与赵国为敌，这是其他诸侯国不想做也不愿做的事。

公子稷（则）在继承王位的过程中，因为有赵、燕等国的支持，这样就除去了其他诸侯国的干预，但是在国内还有一些因素制约着公子稷（则）来继承大统，其中最大的阻碍来自于公子稷（则）其他兄弟的破坏。武王死后不久，诸公子都觊觎着最高权力的宝座，据史书记载：

武王卒，诸弟争立。[③] 宣太后，姓芈八氏，惠文王时，号为芈八子，生昭王及高陵君、泾阳君，武王死，无子，诸弟争立。[④]

当王位争夺战处于白热化的时候，公子稷（则）得到了朝中一个关键人物的支持，这个人就是魏穰侯魏冉。那魏冉是何许人，他为什么要拥戴公子稷（则）呢？我们来看看史书的有关记载：

---

① ［汉］司马迁撰，［宋］裴骃集解，［唐］司马贞索隐，张守节正义：《史记》，北京：中华书局，1959 年版，第 209 页。

② 同上，第 1805 页。

③ 同上，第 2323 页。

④ ［清］孙楷著，杨善群校补：《秦会要》，上海古籍出版社，2004 年版，第 21 页。

穰侯魏冉者，秦昭襄王母宣太后弟也……宣太后二弟：其异父长弟曰穰侯，姓魏氏，名冉；同父弟曰芈戎，为华阳君。而昭王同母弟曰高陵君、泾阳君。而魏冉最贤，自惠王、武王时任职用事。武王卒，诸弟争立，唯魏冉力为能立昭王。①

武王薨，诸弟争立，唯魏冉力能立昭王。②

芈八子有异父长弟曰穰侯，姓魏氏，名冉，同父弟曰芈戎，为华阳君，唯魏冉力为能立昭王。③

魏冉是芈八子即宣太后同父异母的弟弟，宣太后则是惠文王后即公子稷（则）的母亲，那么魏冉也就是公子稷（则）的舅舅。从材料中可知，在公子稷（则）的诸多舅舅中，魏冉的势力很大，能力也很强。公子稷（则）在外有赵、燕尤其是赵这样的诸侯强国支持，在内有魏冉这样的权臣能臣拥护，那他在继承秦国王位的这件事情上，相对于其他公子就有了绝对的优势。

公子稷（则）当上国君后，为了感谢帮助过他当国君的恩人，他尽了自己最大的努力。在对外关系上，在昭襄王当国君的前期，秦国没有与燕、赵两国发生正面冲突，甚至还与燕国一起攻打过齐国。对魏冉而言，公子稷（则）当上国君后，就马上受到了秦国的重用。

昭王即位，以冉为将军，卫咸阳。④

当然，魏冉被重用与他拥戴公子稷（则）有直接的关系，也与他是宣太后同父异母弟有关系，“昭王少，宣太后自治，任魏冉为政。”⑤ 还有一个重要的原因是基于当时朝中的政治环境。虽然公子稷（则）继位了，但朝中还是有人不愿意接受这个事实，于是就想发动叛乱，进而取代秦昭襄王的国君位置，为了巩固秦昭襄王的地位，宣太后于是重用魏冉，利用他对叛乱的公子、大臣等大开杀戒，血洗政敌，史书这样记载：

（昭襄王）二年，慧星见。庶长壮与大臣、诸侯、公子为逆，皆

---

① ［汉］司马迁撰，［宋］裴骃集解，［唐］司马贞索隐，张守节正义：《史记》，北京：中华书局，1959 年版，第 2323 页。

② ［宋］司马光编纂：《资治通鉴》，长沙：岳麓书社，1990 年版，第 29 页。

③ ［清］孙楷著，杨善群校补：《秦会要》，上海古籍出版社，2004 年版，第 21 页。

④ 同①，第 2323 页。

⑤ 同①，第 2323 页。

诛，及惠文后皆不得良死。悼武王后出归魏。①

（魏冉）诛季君之乱，而逐武王后出之魏，昭王诸兄弟不善者皆灭之，威振秦国。②

是岁，庶长壮及大臣、诸公子谋作乱，魏冉诛之；及惠文后皆不得良死，悼武王后出归于魏，王兄弟不善者，魏冉皆灭之。③

对于这段历史，后世学者对此有过讨论，如司马贞《史记索隐》引《纪年》云："秦内乱，杀其太后及公子雍、公子壮是也。"④ 裴骃《史记集解》引徐广曰："《年表》曰季君为乱，诛。《本纪》曰庶长壮与大臣公子谋反，伏诛。"⑤ 对于徐广的评论，《史记索隐》作出了这样的解释："季君即公子壮，僭立而号曰季君……故《本纪》言'伏诛'。又云'及惠文后皆不得良死'，盖谓惠文后时党公子壮，欲立之，及壮诛而太后忧死，故云'不得良死'，亦史讳之也。又逐武王后出之魏，亦事势然也。"⑥

在中国古代历史长河中，尤其在春秋战国时期，为了王位，别说兄弟，甚至父子之间相互残杀的情况都很普遍，《史记》一书中就有大量关于兄弟、父子为了王位相互杀戮的记载。不过在这场血腥的王位保卫战中，司马迁关于秦武王亲生母亲惠文后身亡的记载有矛盾，在《史记·秦本纪》里，惠文后是因为昭襄王在清算政敌的时候受牵连而死的，而在《史记·穰侯列传》中，惠文后却是得以善终，书中这样说：

宣太后非武王母，武王母曰惠文后，先武王死。⑦

当然，无论武王的母亲惠文后是因牵连而死，还是得以善终；是死在武王去世之前，还是死在武王去世之后，这对秦昭襄王继承他哥哥秦武王王位的历史事实影响不大。

此外，在司马迁关于秦国国君谱系的记载中，也可以找到证明秦昭襄王不是秦武王的儿子的材料，《史记·秦始皇本纪》中有这样一段话：

---

① ［汉］司马迁撰，［宋］裴骃集解，［唐］司马贞索隐，张守节正义：《史记》，北京：中华书局，1959年版，第210页。

② 同上，第2323页。

③ ［宋］司马光编纂：《资治通鉴》，长沙：《岳麓书社》，1990年版，第29页。

④ 同①，第2324页。

⑤ 同①，第2324页。

⑥ 同①，第2324页。

⑦ 同①，第2323页。

孝公享国二十四年，葬弟圉，生惠文王。惠文王享国二十七年，葬公陵，生悼武王。悼武王享国四年，葬永陵。昭襄王享国五十六年，葬茝阳，生孝文王。孝文王享国一年，葬寿陵，生庄襄王。庄襄王享国三年，葬茝阳，生始皇帝，吕不韦相。①

司马迁关于国君谱系的记载一般采用这样的格式，即："某某公（王）享国多少年，葬某地，生某某。"从这里可以看出国君之间是什么样的血缘关系，然谱系在记载武王与昭襄王的时候，中间少了一句"生某某"的话，可见秦昭襄王不是秦武王的儿子。

故高诱在《吕氏春秋序》中，介绍秦昭襄王的时候，正确的说法应该是：

秦昭襄王者，孝公之孙，惠王之子，武烈王之异母弟也。

（作者系广东省委党校哲学教研部副教授）

---

① ［汉］司马迁撰，［宋］裴骃集解，［唐］司马贞索隐，张守节正义：《史记》，北京：中华书局，1959 年版，第 288－289 页。

三纲五常：试论中华文化的核心价值观与伦理人文精神

◎林存光

三纲五常，可以说是中华文化中对于中国人影响最为持久而深远的核心价值观，它在中国历史上是如何形成、传衍并不断得到强化的，它是在什么样的社会政治—历史文化语境下形成、传衍并不断得到强化的，其具体意涵究竟应如何理解，所有这些问题都直接关系着如何理解和把握中国政治文化传统、伦理文明形态及其人文精神特性的问题。反过来讲也同样是适当的，即如何理解和把握中国政治文化传统、伦理文明形态及其人文精神特性，也直接关系着对三纲五常之核心价值观在中国历史上如何形成、传衍并不断得到强化及其具体意涵的问题。甚至可以毫不夸张地说，我们完全可以套用陈寅恪在为冯友兰两卷本《中国哲学史》所写“审查报告三”中的那句话讲①，中国自秦以后，迄于今日，其政治体制架构和政治文化传统、伦理文明形态和人文思想观念及其精神特性之演变历程，至繁至久，要之，只为一大事因缘，即三纲五常之教的产生及其传衍而已。

一、中华文明演进的普世特性与独特道路

中华文明演生与进化之形态和过程，既有其人类性的普世共性特点，亦有其

① 陈寅恪先生说：“佛教经典言：‘佛为一大事因缘出现于世。’中国自秦以后，迄于今日，其思想之演变历程，至繁至久。要之，只为一大事因缘，即新儒学之产生，及其传衍而已。”（见冯友兰：《中国哲学史》下册，北京：中华书局，1961 年版。）所谓“新儒学”，即指宋明程朱理学。据萧公权先生的说法，宋代理学特点有五，其一便是“重三纲五常之教”，其他四个特点分别为“究天人性命之理”“明天理人欲之别”“严王霸义利之辨”“谨君子小人之防”（见氏著《中国政治思想史》，北京：新星出版社，2005 年版，第 377 页。）

民族性的独特历史路径。人类是一种社会性的群居动物，群体的生活需要维持一定的秩序、具备某种组织的形式，具有其共同的普世的人类性特质，然而，群体与群体之间差别和殊异的发生也是不可避免的，乃至在长期的历史演化发展过程中，不同群体的社会生活方式及其组织形式便逐渐形成了形态上的千姿百态和文化上的千差万别，血缘的亲疏、族群的不同、地域的远近、宗教信仰和道德观念的分化以及地理生存环境的殊异等各种错综复杂的主客观因素和条件的差别，共同塑造了一个国家和民族所特有的文明形态和演进道路。

大体而言，中华文明的衍生亦大体经历了一个从由血缘关系组织起来的社会（氏族—部落社会）向有国家组织形式的社会过渡、发展的历史进化过程，这一过渡和发展意味着社会或集体的同一性的根本性变化，即“要求把部落的同一性相对化和建立一种抽象的同一性，这种抽象的同一性不再把个人的成员资格归结为共同的血缘关系，而是归结为对一个领土上受限制的组织的共同的从属关系”①。不过，也正是在这一过渡、发展和变化的过程中，不同地域、族群和文明开始逐渐走上殊途分异发展的不同道路，当然，到发展形成其各自不同的真正成熟而完备的国家组织和文明形态时，还仍然有漫长的道路要走。

就中华民族而言，究竟是如何由血缘关系组织起来的部落社会向有国家组织形式的社会过渡发展的，有关中国早期国家形成的研究虽然还难以为我们提供最终的结论性的明确答案，但有一点却是相当明确的，那就是早期国家的形成（不管是通过部落联盟的和平合并的方式还是通过部落战争的武力征服的方式）并未造成由血缘关系组织起来的社会生活方式的完全断裂。相反，早期国家或早期的高度文明社会却与此前的古代部落社会之间在由血缘关系组织起来的、以家庭和宗族为纽带和中心的社会生活方式及其组织形态方面“呈现出明显的连续性”②。当然，中国早期国家的统治者为了维持国家或集体的社会同一性，也不得不借助于超越于共同的血缘关系之上的某种神秘力量来维持人们对统治者的统治权威的认同和“对一个领土上受限制的组织的共同的从属关系”，“这种情况的出现最初是由于把一个领土上受限制的组织视为与统治者相同一，而这个统治者能够实

① ［德］尤尔根·哈贝马斯，郭官义译：《重建历史唯物主义》，北京：社会科学文献出版社，2000年版，第23页。

② 杨阳：《文化秩序与政治秩序——儒教中国的政治文化解读》，北京：中国政法大学出版社，2007年版，第67页。

现同神秘的原始权力的紧密联系以及能够用特权去占有神秘的原始权力”①，而在早期中国便是“原始巫术被直接利用、改造为酋邦和早期国家的意识形态，成为逐渐强化的酋长权力及早期王权的主要支撑力量”②，《周书》所谓古帝颛顼之时使重、黎“绝地天通”（《国语·楚语下》）即昭示了这一点。降至夏、商、周三代，这一趋势应该说是逐渐得到了强化的，而且，“在神秘的世界观的范围内，不同部落传统的一体化，是通过神的世界的大规模的融合和扩大来实现的”③，三代对作为至上神的上帝或天的共同信仰便充分体现了这一点。然而，借助于垄断占有巫术权力和对神的信仰的融合与扩大，来维持“不同部落传统的一体化”、强化人们对统治者的统治权威的认同和“对一个领土上受限制的组织的共同的从属关系”，并不意味着就排斥或摈弃血缘关系及宗族组织在社会生活中的支配或主导地位，恰恰相反，后者也同时不断得到了延续和强化。在三代时期，以一个族群统治整个天下的国家形态及其家天下观念之完全不同于古希腊城邦国家形态及其公民观念正是由于此，特别是商周时期，对上帝和天的信仰与对祖先的崇拜亦是并行不悖的，甚至是可以合二为一的，而君位的继承虽然由殷人的尚“亲亲”的兄终弟及的方式而逐渐过渡演化为重“尊尊”的嫡长子继承制，但在“尊尊”之制下的周人的社会形态和生活方式中也始终贯彻着一种“亲亲”的伦理情谊，正所谓“周之有懿德也，犹曰‘莫如兄弟’，故封建之。其怀柔天下也，犹惧有外侮，扞御侮者莫如亲亲，故以亲屏周”（《左传·僖公二十四年》）。正是在维持“尊尊”与“亲亲”之调和互济的平衡作用下，周人逐渐建立和发展完善而形成了一整套高度成熟的文明社会形态的宗法、封建、礼乐制度。

早期中国独特的国家起源与文明生成路径对后世产生了相当深远的历史影响，然而，降至春秋战国之世，中华文明经历了一场涉及社会、政治、道德、文化和精神等各个方面的全方位的激烈而深刻的变革与转化、蜕变与提升，西周典型的宗法封建制及礼乐文明制度遭到破坏而崩坏，作为“天下共主”的中央王权的权威趋于式微而没落，列国纷争的特殊时代境遇造就和激发了士人阶层的崛

---

① ［德］尤尔根·哈贝马斯，郭官义译：《重建历史唯物主义》，北京：社会科学文献出版社，2000年版，第23页。

② 杨阳：《文化秩序与政治秩序——儒教中国的政治文化解读》，北京：中国政法大学出版社，2007年版，第69页。

③ 同①，第23页。

起及其具有“精神觉醒”意义的思想创造和理论建构活动，从而形成了诸子百家异说蜂起的思想争鸣与中华文明的“轴心突破”。列国纷争的严酷现实和追求天下一统的强烈诉求，迫使思想家和政治家“必须采用一种同神秘的思维相决裂的方式”① 来寻找文明的出路、确保国家的治理和社会的同一性。“突破”或“决裂”并不意味着完全彻底的断裂，而是基于“精神觉醒”或自觉的理性思维而“对传统重新予以认知和选择”，毋宁说是在自身与传统之间构造一种“再生的关系”，并“透过心智活动超越传统”②。无论是儒家对周代礼文传统的自觉继承与弘扬，还是墨家对尧、舜、禹、汤、文、武等古圣先王之道所做的与儒家相反不同的取舍；无论是道家对超越世俗生活的自然之道的向往和追求，还是法家顺应时代变革的现实需要而力主彻底摆脱传统的羁绊和束缚，他们的努力有一个共同的目标，就是走出周文疲弊的困境，再造中华文明的新生。这其中，突破中有延续，继承中又有超越。

仅从古代礼乐传统的变迁而论，余英时先生的下述说法无疑是相当深刻而有道理的，即“中国轴心突破的真正对象其实是礼乐背后的巫文化”，这可以从“天”“人”关系方面更好地展示和阐明“巫文化怎样在轴心突破后为诸子的哲学思维所取代”。具体而言，“轴心突破以前的‘天’通指神鬼世界”，“但是轴心突破以后，当时新兴的诸学派建构了（也可以说‘发现了’）一个截然不同的‘天’。这是前所未有的一个超越的精神领域，各派都称之为‘道’”。③ 这一点似乎同样适用于儒、墨、道诸家，然而，从中华文明的演进意义上讲，诸子各家的“精神觉醒”或“轴心突破”的意义也不仅仅局限于此，事实上，我们同样不能轻忽法家及其所发动和领导实施的变法改革运动在结束列国纷争、促成和造就大一统帝国上所发挥的关键作用。大一统帝国和集权官僚制的建立，制度上变封建为郡县的周秦丕变以及统一的非人格化的行政管理方式的全面推行，可以说对中华文明的演进历程产生了深刻而难以估量的影响。按照弗朗西斯·福山的说法，说到底，这意味着“政治上现代国家的早熟出世”，这使“中国政治发展的模式不同于西方”，而“早熟现代国家”的出现，使帝国的统治者可以“全凭政治权力”建

---

① ［德］尤尔根·哈贝马斯，郭官义译：《重建历史唯物主义》，北京：社会科学文献出版社，2000年版，第23页。

② 韦政通：《人文主义的力量》，北京：中华书局，2011年版，第4页。

③ 余英时：《论天人之际：中国古代思想起源试探》，北京：中华书局，第32页。

立起“强大现代制度”，并改变中国社会，乃至“在事实上定义了中国文明”。[①]

然而，中华文明内部的复杂性却也并非单义性的“强大国家”所能完全决定的。因此，福山同时还指出：“中国在秦汉时期所创造的，除了强大国家，还有共同文化。这种文化不能算所谓的现代民族主义的基础，因为它仅存在于中国统治阶级的精英阶层，而不存在于广大老百姓。但产生一种很强烈的感情：中国的定义就是共同的书面语、经典著作、官僚机构的传统、共同的历史、全国范围的教育制度、在政治和社会的层次主宰精英的价值观。即使在国家消失时，这种统一文化的意识仍然炽热。”[②] 在塑造这种统一的共同文化上，儒教传统发挥了至关重要的作用。

在定义中国或中华文明的意义上，还必须强调指出的一大特点就是，在强大国家的支配和共同文化的影响下，中国的传统社会形态更具有其鲜明而独特的长期延续性特点。根据刘泽华先生有关社会形态的分层观或三分法，我们主要可以从三个层次来把握一个社会的结构形态：“其一是基础性的社会关系形态问题；其二是社会控制与运行机制形态问题；其三是社会意识形态与范式问题。这三者既有联系又有区别。”[③] 就秦汉以后帝制中国的情形而言，以强大国家或王权为中心的社会控制与运行机制，以共同文化为根本诉求的社会意识形态与思想范式，再加上基础性的社会关系，三者在事实上共同定义了中国或中华文明。不过，从历时性的发展演变的角度而言，这三者的实际形态及其相互关系无疑经历了或大或小、或显或微的无数变化，特别是在战国秦汉之际，法家推行的反宗法家族的意识形态和社会政策使西周典型的宗法宗族制遭到严重破坏，不仅造就了一个强大的国家，同时也促使中国基础性的社会关系形态发生了时代性的根本改变。但从长期来看，在此后传统中国社会的历时性的动态变化过程中，亦一直试图恢复、强化并延续着某种恒久的基础性的社会形态特点，即“血缘组织之为中国最重要的社会团体形态”[④]。

---

① ［美］弗朗西斯·福山，毛俊杰译：《政治秩序的起源：从前人类时代到法国大革命》，桂林：广西师范大学出版社，2012 年版，第 92、125－126 页。

② 同上，第 144 页。

③ 刘泽华：《分层研究社会形态兼论阶级——共同体综合分析》，《洗耳斋文稿》，北京：中华书局，2003 年版，第 671 页。

④ 许倬云：《传统中国社会经济史的若干特性（代序）》，《求古编》，北京：新星出版社，2006 年版，第 9 页。

二、中华人文精神的历史演化及其根本特征

根据唐君毅先生的说法："所谓人文的思想，即指对于人性、人伦、人道、人格、人的文化及其历史之存在与其价值，愿意全副加以肯定尊重，不有意加以忽略，更决不加以抹杀曲解，以免人同于人以外、人以下之自然物等的思想。"而在"此相续不断的人文思想发展历程中，便显出一种人类之精神的向往"，这种精神，也就是所谓的"人文精神"。[①] 历史地讲，中华人文精神的起源和发端实可上溯至周初，如唐君毅先生所说："中国文化乃是一在本源上即是人文中心的文化。此文化之具体形成，应当在周……夏殷之较重祀鬼神，表示中国人之先求与神灵协调。此时之礼乐，当主要是和神人之礼乐。至周而后礼乐之意义，更重在通伦理，成就人与人间之秩序与和谐。故文之观念之自觉，亦当始于周。文王之谥为文王，与后来公羊家之说'人统之正，托始文王'、《礼记》之说'三年之丧，人道之至文也'、《易传》之说'观乎人文，以化成天下'，都当是指周代礼乐之盛所表现之人文中心的精神。"[②] 徐复观先生亦曾指出，中国的"道德的人文精神"发端于周初，具体而言，在周初对天和天命的宗教信仰中，跃动着一种新的人文精神，因为殷周之际天命（政权）转移的"革命"性事件引发了周人基于"从当事者对吉凶成败的深思熟考而来的远见"之上的深切"忧患意识"，他们对于"吉凶成败与当事者行为的密切关系，及当事者在行为上所应负的责任"遂有了一种自觉的精神[③]，并由此而"建立了一个由'敬'所贯注的'敬德''明德'的观念世界，来照察、指导自己的行为，对自己的行为负责"，徐复观先生认为"这正是中国人文精神最早的出现"，"而此种人文精神，是以'敬'为其动力的，这便使其成为道德的性格"[④]。

如果说周初宗教中的"道德的人文精神之跃动"乃是中国人文精神的"第一波"之觉醒的话，那么春秋时代和战国诸子之道德意识与人文思想的涌现，则可以说是中国人文精神的"第二波"之觉醒与勃兴；如果说"第一波"的中心

---

① 唐君毅：《中国人文精神之发展》，桂林：广西师范大学出版社，2005 年版，第 2、3 页。
② 同上，第 6－7 页。
③ 徐复观：《中国人性论史》（先秦篇），上海三联书店，2001 年版，第 18－19 页。
④ 同上，第 21 页。

人物是周公的话，那么“第二波”的中心人物便是孔子。孔子和儒家虽然生活在一个礼崩乐坏的时代性生存困境之下，但却自觉地选择维护和发扬周代的礼乐文明与斯文传统，致力于以伦理道德为根基和本位来为人类文明生活开辟道路、寻找方向。要而言之，孔子和儒家之人文思想与精神追求主要体现在如下几个方面：第一，强调人为“天地之心”“万物之灵”，充分凸显以人为贵的人文思想，然而这一人文思想并非意在将人与天地万物截然二分对立起来，相反，强调的是人类因其禀赋了卓越灵秀或优异特出的德性与心智而应尽其参赞天地化育之积极责任与道德义务，《中庸》中“与天地参”、孟子的“仁民爱物”、《易传》中天地人“三才”、荀子“明于天人之分”的“天人协调”①的思想观念等，无不说明和体现了这一人文思想的特点。第二，重视人之文化传统及其历史之存在与其价值，尤其推崇周代之礼乐文明和斯文传统，认为它们代表了人类所能创造的美善完备的社会生活与文化行为的形式，体现了人类生活区别于动物的本质特征。第三，关注现世的人生目标，致力于在现世的社群人伦关系中实现人生的价值与意义，重视亲亲之伦理情谊，推崇把人当人看的人道主义的仁爱原则②，视仁义或礼义为人之所以为人的本质特征。第四，主张学以致其道以及以文化人和成人以德，向往“富贵不能淫，贫贱不能移，威武不能屈”的意志独立与人格尊严，追求人生向上、成圣成贤的人格理想与人生目标，关注和反思人性善恶问题，并深切期望通过人自身道德修为的努力来实现和提升人生的价值与意义。第五，具有强烈的积极入世的忧患意识和家国情怀以及进德修业、自强不息的刚健有为精神，以经世济民为职志，以行动弘扬道义，始终坚守和维护人文价值理想和尊贤使能的政治原则，以实现民生安乐、大同小康的社会理想愿景。

当然，在先秦诸子人文思想的世界中，并不只有孔孟儒家一种人文思想，与之同时兴起、相竞争立的还有墨子的次人文思想、庄子的超人文思想和法家的反人文思想。据唐君毅先生所言：

所谓“超人文的思想”，是指对人以上的，一般经验理解所不及的

① 荀子既强调发挥人的能动性而又主张遵循顺应自然规律，其实质是一种“天人协调”的思想，诚如方克立先生所言：“荀子的天人观是一种以‘明于天人之分’为前提的‘天人合一’论。他主张‘明于天人之分’是为了反对认为‘天’有意志、可以决定人事吉凶祸福的宗教天命论，他的‘天人合一’论则表现为肯定人能‘与天地参’而又必须尊重自然规律的‘顺天’思想。”见方克立：《方克立文集》，上海辞书出版社，2005年版，第553页。

② 郭沫若：《十批判书》，北京：科学出版社，1956年版，第88页。

超越存在，如天道、神灵、仙佛、上帝、天使之思想。

所谓“次人文的思想”，是指对于人性、人伦、人道、人格、人的文化与文化的历史之存在与其价值，未能全幅加以肯定尊重，或忽略人性、人伦、人道、人格、人文与其历史之某一方面之存在与价值的思想。

所谓“反人文的思想”，是指对人性、人伦、人道、人格及人的文化历史之存在与价值，不仅加以忽略，而且加以抹杀曲解，使人同化于人以外、人以下之自然生物、矿物，或使人入于如基督教所谓魔鬼之手，使人沦至佛家所谓饿鬼道、地狱道之思想。①

显然，先秦诸子各家之思想内涵并不单一而纯粹，如儒家之人文思想具有鲜明的上达于天道天命的超越性②，墨子“忽略礼乐之重要，儒家所重之孝悌之重要”的次人文的思想则具有强烈的“尊天事鬼”的宗教信仰色彩；而庄子“‘以天为宗’，尚自然而薄人文的超人文思想”不仅具有反世俗人文的特征，亦同时具有关切社会政治的人间性；唯法家之商鞅、韩非的反人文思想相对比较单纯，他们反封建反宗法，蔑弃伦理情谊、人伦德性，是绝对的现实主义者和纯粹的权力主义者，单纯地追求实现君国本位、富国强兵的政治目标。但正是诸子各家思想在相互激荡、彼此冲突的语境中，既相依相涵而又相反相成，共同推动和促进了中国人文思想的发展演化。③

关于秦汉以后之人文精神的发展演化，唐君毅先生还逐次梳理和论述了“汉人之通古今之变之历史精神”“魏晋人之重情感之自然表现”“佛学之超人文思想之兴起”“宋明理学中之立人极之精神”“清代学术之重文物、文字及人文世界与自然世界之交界”等。④ 然而不管如何演化，其中占据主流地位的核心价值

---

① 唐君毅：《中国人文精神之发展》，桂林：广西师范大学出版社，2005 年版，第 1－2 页。

② 据杜维明先生所言：“儒家人文主义的一个明确特征：在我们人类境况的创造性转化中信仰是作为对天道的一种集体式行为和对话性回应。这涉及人性的四个向度，包括自我、社群、自然和天道的有机整合。”（见氏著《东亚价值与多元现代性》，北京：中国社会科学出版社，2001 年版，第 120 页。）或者也可以说，儒家人文主义其实是一种“有涵盖性的人文主义”，“所谓有涵盖性就是与启蒙以来以人类中心为导向的人文主义有很大不同，后者是与精神世界、自然相分裂的。儒家有四个基本向度，个人、社群、自然、天道，个人与社群的健康互动，人类和自然的持久和谐，人心和天道的相辅相成，这是儒家的人文视域。”（《儒家与自由主义——和杜维明教授的对话》，见哈佛燕京学社、三联书店主编：《儒家与自由主义》，北京：三联书店，2001 年版，第 96 页。）

③ 唐君毅：《中国人文精神之发展》，桂林：广西师范大学出版社，2005 年版，第 3 页。

④ 同上，第 11－20 页。

观念和人文精神，其根本特征乃是儒家的那种重人伦义理的道德的、伦理的价值观念和人文精神。如《礼记·礼运》曰：“何谓人义？父慈、子孝、兄良、弟弟、夫义、妇听、长惠、幼顺、君仁、臣忠。十者谓之人义。”明儒薛瑄曰：“人之所以异于禽兽者，伦理而已。何谓伦？父子、君臣、夫妇、长幼、朋友五者之伦序是也。何谓理？即父子有亲、君臣有义、夫妇有别、长幼有序、朋友有信五者之天理也。于伦理明而且尽，始得称为人之名。苟伦理一失，虽具人之形，其实与禽兽何异哉！盖禽兽所知者，不过渴饮饥食、雌雄牝牡之欲而已，其于伦理则蠢然无知也。故其于饮食雌雄牝牡之欲既足，则飞鸣踯躅、群游旅宿，一无所为。若人，但知饮食男女之欲，而不能尽父子、君臣、夫妇、长幼、朋友之伦理，即暖衣饱食，终日嬉戏游荡，与禽兽无别矣。”① 此于中国人的伦理观念和人文精神所作的阐述再清楚明白不过了，唯吾人所当注意者，矗立在这种伦理观念和人文精神之上的，还有一个更为重要、更具支配性和纲领性的核心价值观念，那就是由董仲舒明确提出、在后世不断得到强化的“三纲”观念。

三、作为一种核心价值观的三纲五常

汉儒董仲舒通过将人事人伦与天道阴阳之间的相互比拟而明确提出了一套系统而条贯的伦理纲常的观念。董氏不仅认为“仁义制度之数，尽取之天”“天之亲阳而疏阴，任德而不任刑”（《春秋繁露·基义》），故王者应以德教化民，而“仁谊礼知信五常之道”便是“王者所当修饬”的德教的内容（《汉书·董仲舒传》），而且认为“王道之三纲，可求于天”，或者说“君臣、父子、夫妇之义，皆取诸阴阳之道”（《春秋繁露·基义》）。具体来说，就是：

> 凡物必有合。合，必有上，必有下，必有左，必有右，必有前，必有后，必有表，必有里。有美必有恶，有顺必有逆，有喜必有怒，有寒必有暑，有昼必有夜，此皆其合也。阴者阳之合，妻者夫之合，子者父之合，臣者君之合。物莫无合，而合各有阴阳。阳兼于阴，阴兼于阳，夫兼于妻，妻兼于夫，父兼于子，子兼于父，君兼于臣，臣兼于君。君

---

① 薛瑄：《文清公薛先生文集》卷十二“戒子书”，《薛瑄全集》上册，太原：山西人民出版社，1990年版，第661页。

臣、父子、夫妇之义，皆取诸阴阳之道。君为阳，臣为阴；父为阳，子为阴；夫为阳，妻为阴。（《春秋繁露·基义》）

不管人们如何理解董仲舒所谓“合”和“兼”的含义，问题的关键是，董仲舒所抱持的是一种强烈的阳尊阴卑的观念，有学者以为所谓的“兼”和“合”强调的只是一种分工而合作、覆持而配合的关系，显然并不完全符合董氏阳尊阴卑的观念。《春秋繁露·阳尊阴卑》篇曰：“君不名恶，臣不名善，善皆归于君，恶皆归于臣。臣之义比于地，故为人臣者，视地之事天也。为人子者，视土之事火也……是故孝子之行，忠臣之义，皆法于地也。地事天也，犹下之事上也。地，天之合也，物无合会之义。”显然，相对于“合”而言，董氏在此明确强调，更重要的是臣子应尊事君父一如天尊地卑、地之事天。因此，所谓的“兼”和“合”说到底乃是一种主从而支配的关系，也就是一种命令—服从的关系，故又曰：“天子受命于天，诸侯受命于天子，子受命于父，臣妾受命于君，妻受命于夫。诸所受命者，其尊皆天也，虽谓受命于天亦可……臣不奉君命，虽善，以叛言。”（《春秋繁露·顺命》）正因为如此，董氏事实上是将“先秦儒家相对性的伦理关系”改造转变为了“绝对性的伦理关系”①。

与“绝对性的伦理关系”相应相符的两大最重要的的德行便是忠与孝，故董氏又结合五行的观念，来论证忠孝之德的根本重要性及其正当合理性，“五行者，乃孝子忠臣之行也……事君，若土之敬天也……是故圣人之行，莫贵于忠，土德之谓也。”（《春秋繁露·五行之义》）又说：“下事上，如地事天也，可谓大忠矣……五行莫贵于土……忠臣之义，孝子之行，取之土。土者，五行最贵者也，其义不可以加矣。”（《春秋繁露·五行对》）说到底，所谓的忠孝，与“三纲”一样，维护的是现实生活秩序和人伦关系中的君父的绝对权威。正如有的学者所评价的那样，“这种观念，对传统社会和专制政治，都产生了积极稳定的作用”②，但其在历史上所造成的负面的社会影响和政治弊害亦是“不可胜言”的③。

董氏明确提出并予以形上论证的以三纲、五常和忠孝之德为核心的纲常伦理

---

① 徐复观：《两汉思想史》第二卷，上海：华东师范大学出版社，2001年版，第232页。

② 韦政通：《中国哲学辞典》，台湾：水牛出版社，北京：世界图书出版公司北京公司，1993年版，第78页。

③ 同①，第232页。

观念，其实并非空穴来风，即并非由董氏本人所独创臆造，而是前有所承，亦后有所继的。孔子和古典儒家深感“礼崩乐坏”之世风日下，认为“臣弑其君，子弑其父，非一朝一夕之故，其所由来者渐矣，由辩之不早辩也”（《周易大传·干文言》），故力主正名、复礼以矫治人伦变乱之局。孔子特重君臣、父子二伦，视“君君，臣臣，父父，子子”（《论语·颜渊》）为治国理政之要务，其中，关于君臣关系，则强调“君使臣以礼，臣事君以忠”（《论语·八佾》）。孔子之意当然是要通过正名、复礼的方式来实现拨乱反正的目的，以便重建正常而理想的人伦关系秩序，不过，正名、复礼的方式既可以被用来肯定和维护现世的人伦关系秩序，亦可以被用来批判和反思现实人伦关系秩序的失范及其不合理性。孟子则激烈批评贼仁贼义的独夫民贼，所谓“贼仁者谓之贼，贼义者谓之残，残贼之人谓之一夫。闻诛一夫纣矣，未闻弑君也”（《孟子·梁惠王下》），并强调指出：“君之视臣如手足，则臣视君如腹心；君之视臣如犬马，则臣视君如国人；君之视臣如土芥，则臣视君如寇雠。”（《孟子·离娄下》）显然，对孔孟而言，君臣之交际实则应维持一种以道事君（《论语·先进》）、以义而合（所谓“君臣有义”）、交互对待的相对性的关系，而明确反对一味顺从迎合君主权力意欲的“妾妇之道”（《孟子·滕文公下》）。荀子亦明确倡导“从道不从君，从义不从父，人之大行”（《荀子·子道》）的人伦关系原则，而视一味顺从、“偷合苟容”为“国贼”（《荀子·臣道》）。故“先秦的儒家没有绝对君权的思想”①。当然，先秦儒家从不否定君主体制之存在的绝对正当合理性，倡导民贵君轻的孟子甚至还曾严词批评主张“为我”“兼爱”之杨朱、墨翟为“无君”“无父”之“禽兽”（《孟子·滕文公下》），并以君主为中心来思考治国理政的问题，正所谓“君仁莫不仁，君义莫不义，君正莫不正。一正君而国定矣”（《孟子·离娄上》）。因此，先秦儒家虽没有绝对君权的思想，但君臣一伦在儒家人伦思想中却处于非常重要的核心地位，如孟子认为学校教育的根本目的即在“明人伦”，而人伦之教主要包括五项基本内容，即“父子有亲，君臣有义，夫妇有别，长幼有叙，朋友有信”（《孟子·滕文公上》）。而郭店楚简《成之闻之》篇则更突出强调了“君臣之义”“父子之亲”“夫妇之辨”三者之为天之常道的理念，所谓“天降大常，以理人伦。制为君臣之义，着为父子之新（亲），分为

① 张岱年：《中国伦理思想研究》，南京：江苏教育出版社，2005年版，第106页。

夫妇之辨。是故小人乱天常以逆大道，君子治人伦以顺天德”。刘泽华先生认为这便是后来“三纲”说的雏形[①]，是有一定道理的。

墨子亦认为君臣、父子之交际必须遵循君惠臣忠、父慈子孝的道德规范与行为原则，所谓“君臣相爱则惠忠，父子相爱则慈孝”（《墨子·兼爱中》），他在主张“上之所是必皆是之，所非必皆非之”的同时，也强调“上有过则规谏之，下有善则傍荐之”（《墨子·尚同上》），所以并不“主张绝对服从”[②]。不过，虽然墨子的兼爱主义崇尚无差等的“兼相爱、交相利之法”[③]，其节用尚俭的思想原则亦倾向于上下尊卑无别，但他对人民能否遵奉天志仪法或自觉地修德向善并不抱持一种充分信任的态度，故其尚贤的主张又具有鲜明的精英主义色彩，其尚同主义更偏重于运用自上而下地劝诱利导与强制性惩罚手段来“使民尚同”[④]，这又易于导致“集权压倒理性”的不良后果[⑤]。

相对于墨子对君臣上下关系充满自相矛盾的看法，道家老庄则并不“怎么看重君臣关系”，如张岱年先生所说，“老子主张虚君政治”，其理想中的“太上之君，无为无言，下知有之而已”，而“杨朱鼓吹‘为我’，孟子批评他是‘无君’，为我确有不为君主服务的意义”，庄子则更明确地否认和抨击“世俗的贵贱的区分”[⑥]。在先秦诸子中，唯有法家“宣扬绝对君权”，他们基于“君臣异心”（《韩非子·饰邪》）的心理假设，力主“为君之道就在于凭借权势，运用赏罚，来迫使臣民为自己服务”[⑦]。《韩非子·忠孝》篇有言：“臣之所闻曰：‘臣事君，子事父，妻事夫，三者顺则天下治，三者逆则天下乱。此天下之常道也，明王贤臣而弗易也。’则人主虽不肖，臣不敢侵也。”所谓“顺”，实即“绝对服从。”余英时先生以为，“三纲”的观念直接发端渊源于韩非，而“董仲舒所要建立的尊卑顺逆的绝对秩序”，从根本上讲便是“儒学法家化的结果”[⑧]，亦是根

---

① 刘泽华：《中国政治思想通史》（先秦卷），北京：中国人民大学出版社，2014年版，第168页。

② 张岱年：《中国伦理思想研究》，南京：江苏教育出版社，2005年版，第106页。

③ 如《墨子·兼爱中》曰：“视人之国，若视其国；视人之家，若视其家；视人之身，若视其身。”

④ 如《墨子·尚同下》曰：“凡使民尚同者，爱民不疾，民无可使。曰：必疾爱而使之，致信而持之。富贵以道其前，明罚以率其后。为政若此，唯欲毋与我同，将不可得也。”

⑤ 林存光：《政治的境界——中国古典政治哲学研究》，北京：中国政法大学出版社，2014年版，第173－178页。

⑥ 同②，第107页。

⑦ 同②，第107页。

⑧ 余英时：《中国思想传统的现代诠释》，南京：江苏人民出版社，1995年版，第96页。

据确凿的。

综合而言，在我看来，就观念演化和思想融合的基本脉络而言，由董仲舒明确提出的“三纲”观念主要是儒家人伦观念和法家绝对君权观念综合汇流的必然结果。汉家太史公司马谈在《论六家要旨》中尝言：“儒者博而寡要，劳而少功，是以其事难尽从；然其序君臣父子之礼，列夫妇长幼之别，不可易也……法家严而少恩；然其正君臣上下之分，不可改矣。”并解释说：“夫儒者以六艺为法。六艺经传以千万数，累世不能通其学，当年不能究其礼，故曰‘博而寡要，劳而少功’。若夫列君臣父子之礼，序夫妇长幼之别，虽百家弗能易也……法家不别亲疏，不殊贵贱，一断于法，则亲亲尊尊之恩绝矣。可以行一时之计，而不可长用也，故曰‘严而少恩’。若尊主卑臣，明分职不得相逾越，虽百家弗能改也。”（《史记·太史公自序》）兼取儒、法之不可改易者，正可做观念综合的工作，而董仲舒所做的综合性工作就在于通过推演阴阳五行的思维方式，或从天道阴阳或阳尊阴卑的角度，对君臣、父子、夫妇三种人伦关系的尊卑顺逆秩序加以系统的神圣化的理论论证，赋予其绝对政治正确的神圣性和毋庸置疑的至上合理性，正所谓“王道之三纲，可求于天”或“君臣、父子、夫妇之义，皆取诸阴阳之道”（《春秋繁露·基义》）。

“三纲”的观念及其内涵和意义在《礼纬·含文嘉》与《白虎通》中得到进一步明确的阐述和神圣化论证。《白虎通·三纲六纪》篇曰：

> 三纲者，何谓也？谓君臣、父子、夫妇也。六纪者，谓诸父、兄弟、族人、诸舅、师长、朋友也。故《含文嘉》曰：“君为臣纲，父为子纲，夫为妻纲。”又曰：“敬诸父兄，六纪道行，诸舅有义，族人有序，昆弟有亲，师长有尊，朋友有旧。”何谓纲纪？纲者，张也。纪者，理也。大者为纲，小者为纪。所以张理上下，整齐人道也。人皆怀五常之性，有亲爱之心，是以纲纪为化，若罗网之有纪纲而万目张也。《诗》云：“亹亹文王，纲纪四方。”
>
> 君臣、父子、夫妇，六人也。所以称三纲何？一阴一阳之道，阳得阴而成，阴得阳而序，刚柔相配，故六人为三纲。

《五行》篇曰：

> 地之承天，犹妻之事夫，臣之事君也。其位卑，卑者亲视事，故自同于一行尊于天也。

子顺父，妻顺夫，臣顺君，何法？法地顺天也。

显然，“六纪”主要阐述了儒家的社会人伦和家族伦理观念，然而比“六纪”更重要的是“三纲”，即君臣、父子、夫妇三大人伦关系，它们之间是一阴一阳、刚柔相配的关系，同时亦如同天之与地，是一种尊卑、顺承的关系。

无论是三纲五常，还是三纲六纪，说到底，都是旨在维持一种尊卑上下各安其分、稳定有序的社会关系秩序，正如余英时先生所说：“所谓儒学之效用者，具体言之，即其名教纲常之说可以维持稳定之社会关系，使上下有别，尊幼有序，父子君臣等皆各安其分而已。”① 这当然是就其主流的观念而言，事实上，并非所有的儒家学者都完全认同和接受强调善皆归于君父而恶皆归于臣子或一味顺承性质的“君为臣纲，父为子纲”的片面观念，如汉儒刘向在《说苑·建本》篇中就曾对于君臣、父子关系有过如下一番论述：

天之所生，地之所养，莫贵乎人。人之道莫大于父子之亲、君臣之义。父道圣，子道仁，君道义，臣道忠。贤父之于子也，慈惠以生之，教诲以成之，养其谊，藏其伪，时其节，慎其施。子年七岁以上，父为之择明师，选良友，勿使见恶，少渐之以善，使之早化。故贤子之事亲，发言陈辞，应对不悖乎耳，趣走进退，容貌不悖乎目，卑体贱身，不悖乎心。君子之事亲，以积德。子者，亲之本也，无所推（推，疑当为“往”）而不从命，推而不从命者，惟害亲者也，故亲之所安，子皆供之。贤臣之事君也，受官之日，以主为父，以国为家，以士人为兄弟。故苟有可以安国家，利人民者，不避其难，不惮其劳，以成其义。故其君亦有（有，通“佑”）助之，以遂其德。夫君臣之与百姓，转相为本，如循环无端。夫子亦云：“人之行莫大于孝”。孝行成于内，而嘉号布于外，是建之于本，而荣华自茂矣。君以臣为本，臣以君为本，父以子为本，子以父为本，弃其本者，荣华槁矣。

东汉思想家荀悦亦曾说：

天下国家一体也。君为元首，臣为股肱，民为手足。下有忧民，则上不尽乐。下有饥民，则上不备膳。下有寒民，则上不具服。徒跣而垂旒，非礼也。故足寒伤心，民寒伤国。（《申鉴·政体》）

---

① 余英时：《士与中国文化》，上海人民出版社，2003年版，第322页。

由上述引文可知，姑且不论历史上佛、道二教的某些背人伦、谬纲常的宗教教义、思想信条与价值观念，即使在一些儒家学者的心目中，理想的君臣、父子关系，其实也不一定非要讲善皆归于君父，恶皆归于臣子，也不一定非要讲以某为纲，也是可以讲“君以臣为本，臣以君为本，父以子为本，子以父为本”或者是君、臣、民三位一体的。这种有别于“三纲”的思想观念与先秦儒家相对性的人伦关系观念其实更为一致，具有一脉相承性。然而，“三纲”的观念却逐渐压倒和淹没了先秦儒家相对性的人伦关系观念而成为中华文化的核心价值观，尽管“三纲”的观念是与“五常”或“六纪”的观念相配合而流行的，而后者即使在今天看来也还包含着更多的合理内涵，但“三纲”观念的主导作用和支配性影响无疑在定义帝制中国时代儒家文化或儒教身份的自性特质上扮演了关键性的文化角色。

在此，我们无须将儒家学者论述、表彰三纲五常或三纲六纪之人伦价值观念的言论加以详引胪列①，有一点是不争的事实，即宋明儒者通过将之自然天理化、将之视为国之所以为国、人之所以为人的本质属性所在而大大强化了三纲五常或三纲六纪的观念，正所谓“父子君臣，天下之定理，无所逃于天地之间”②。当然，天理的概念还是要求君臣各尽其道的，而决不希望拥有崇高至尊之权位的君主恣意妄为，故曰：“为君尽君道，为臣尽臣道，过此则无理。”③ 换言之，理学家也并未完全放弃儒家道尊于势的道义原则，他们也深切期望君父能够“以身作则”④，能够“知道畏义”而不是骄肆妄为，也希望君臣父子应以礼相待、相亲相和，并强调臣子应尽其谏诤而“格君心之非”的职责义务，然而他们也从不怀疑和否认在由秦制所奠定和确立并不断得到加强的君主专制政治体制架构下，专制君主拥有至尊无上的权势地位、独占绝对性、支配性的统治权力。尤其是，他们越来越倾向于从观念上强化绝对服从性质的片面性的“三纲”观念，

---

① 方朝晖：《为“三纲”正名》，上海：华东师范大学出版社，2014 年版，第 115 – 124 页。

② ［宋］程颢、程颐，王孝鱼点校：《河南程氏遗书》卷第五，见《二程集》上册，北京：中华书局，2004 年版，第 77 页。

③ 同上，第 77 页。

④ 宋儒真德秀曰：“即三纲而言之，君为臣纲，君正则臣亦正矣；父为子纲，父正则子亦正矣；夫为妻纲，夫正则妻亦正矣。故为人君者，必正身以统其臣；为人父者，必正身以律其子；为人夫者，必正身以率其妻。如此则三纲正矣。”（《大学衍义》卷六“格物致知之要一・天理人伦之正”）方朝晖按语曰：“此段极论‘纲’为‘以身作则’之义。”见氏著《为“三纲”正名》，上海：华东师范大学出版社，2014 年版，第 121 页。

开始明确提出“天下无不是底父母”乃至臣下之于君主“不可见其不是处”或“天下无不是底君”（《孟子集注·离娄上》）的观念。南宋大儒朱熹更反复申论说：“三纲、五常，虽衰乱大无道之世，亦都在。且如继周者秦，是大无道之世。毕竟是始皇为君，李斯等为臣；始皇为父，胡亥为子。三纲、五常地位占得大了，便是损益亦不多。至秦欲尊君，便至不可仰望；抑臣，便至十分卑屈。”“看秦将先王之法一切扫除了，然而所谓三纲、五常，这个不曾泯灭得。如尊君卑臣，损周室君弱臣强之弊，这自是有君臣之礼。如立法说父子兄弟同室内息者皆有禁之类，这自是有父子兄弟夫妇之礼，天地之常经。”（《朱子语类》卷第二十四《论语六·为政篇下》）又说：“如君臣之间，君尊臣卑，其分甚严。若以势观之，自是不和。然其实却是甘心为之，皆合于礼，而理自和矣。”（《朱子语类》卷第二十二《论语四·学而篇下》）从上述朱子关于三纲五常即使在大无道之世终究不曾泯灭或磨灭不得的观念来看，他明确肯定了在纲常的普遍意义或“公共底道理”的意义上讲，暴秦之世的无道君臣仍然是君臣，无道父子依然是父子。反之，认为“‘臣之视君如寇雠’，孟子说得来怪差，却是那时说得”（《朱子语类》卷第十三《学七·力行》），孟子的话被看作是特定时代才可说得的怪话。如此说来，朱子所抱持的君臣纲常观念显然与先秦儒家的人伦君臣观念是大为不同的，因为先秦儒家更加强调君父不道便不配称为君父，君不君臣不臣、父不父子不子便不得以君臣父子论之，而朱子虽然认为秦为大无道之世，但仍然以君臣父子论始皇、李斯和胡亥，正所谓“君臣依旧是君臣，父子依旧是父子”，而且相信“臣子无说君父不是底道理，此便见得是君臣之义处”（《朱子语类》卷第十三《学七·力行》）。可见，朱子所谓“君臣之义处”与孟子所谓“君臣有义”已是迥然有异，不是强调君臣父子之间相对性的人伦观念及其良性的双向互动关系，而是将不管什么样的现实君臣父子关系都绝对化和神圣化了，而且强调的是臣子对于君父的片面的绝对服从。自兹以后，君、父、夫至尊如天的伦理观念逐渐普遍流行起来，甚者公然主张“君虽不仁，臣不可以不忠；父虽不慈，子不可以不孝；夫虽不贤，妻不可以不顺”，而“君要臣死，臣不得不死；父要子亡，子不得不亡”也竟成了最堂而皇之的真理信条。

不管怎样，无论是董仲舒、《白虎通》阴阳五行化的思维方式，还是程朱绝对天理化的理念，他们都试图将上述有关儒教纲常名教、忠孝伦理的观念永恒合理化，视之为亘古至今永恒不变的绝对真理，这些观念对帝制中国时代的中国文化和文明理念产生了难以估量的广泛而深远的历史影响。如果说汉武帝“独尊儒术”之后逐渐“发展出了一整套建立在儒家社会政治学说基础上的文明秩序”[①]的话，那么纲常、名教、忠孝等便构成了这一文明秩序的核心价值理念。

四、诠释与批评：一种整体理解的视角

那么，三纲五常究竟何以会成为中华文化的核心价值观呢？在我们看来，将其抽离于社会历史语境而孤立地来训释和解读“三纲五常”的字面含义，甚至只是以今人的眼光来理解并试图将其含义诠释得合情合理，似乎很难得出一个完全令人满意的答案，反而有可能将人们引入一种以己意任意曲解其含义的认识谬误。[②] 林安梧先生尝言，我们对儒学的理解，“不能外于整个历史社会总体，不能外于政治经济结构”，必须把儒学“放到一个宽广的生活世界里、放到整个历史社会总体里来理解”。[③] 这一点同样适用于我们对“三纲五常”之作为儒家根本教义或中华文化核心价值观之含义的理解。我们必须将其放置于周秦之际整个政治体制架构的变革和中华伦理文明及人文思想演进的整体脉络中来加以理解和诠释，才能更恰当而准确地阐明古人关于纲常伦理之整个论说的根本意旨。

萧公权先生尝言：“吾国政制自商周以来，凡经三变。商周之际，部落社会渐进而成封建天下，此为一变。始皇并吞六国，划天下为郡县，定君主专制之制，此为二变。晚清失政，民国开基，二千年之君制遂告终止，此为三变。”[④]此论断大体是不错的，就商周之际的政制之变，王国维先生在《殷周制度论》中有更为精审的论述，他说：“周人制度之大异于商者，一曰‘立子立嫡’之制，由是而生宗法及丧服之制，并由是而有封建子弟之制，君天子臣诸侯之制；二曰庙数之制；三曰同姓不婚之制。此数者，皆周之所以纲纪天下。其旨则在纳上下于道德，而合天子、诸侯、卿、大夫、士、庶民以成一道德之团体。周公制

---

① 金耀基：《全球化、多元现代性与中国对新文化秩序的追求》，周晓虹主编：《中国社会与中国研究》，北京：社会科学文献出版社，2004 年版，第 43 页。

② 林存光：《儒家思想的多重面相——评方朝晖〈为“三纲”正名〉》，《中国哲学史》，2014 年第 3 期；《破坏“三纲说的死躯壳”仍是当下历史任务》，《中国社会科学报》，2015 年 6 月 29 日评论版；《道义和权威是否完全一致——与方朝晖教授商榷》，《探索与争鸣》，2015 年第 6 期。

③ 林安梧：《我的学思历程：中国哲学研究方法的一些反省与思考》，《学术界》，2014 年第 7 期。

④ 萧公权：《中国政治思想史》，北京：新星出版社，2005 年版，第 7 页。

作之本意，实在于此。”[①] “且古之所谓国家者，非徒政治之枢机，亦道德之枢机也……是故天子、诸侯、卿、大夫、士者，民之表也。制度典礼者，道德之器也。周人为政之精髓实存于此。”[②] 周代宗法封建之制度典礼贯注着一种道德的精神和伦理的情谊，此正是宗法封建制的根本特征所在，这是一套政治体制与宗族伦理一体而不分的制度架构，然而较之之前的君主神权体制，周天子作为“天下共主”的权威在拥有了更为强烈的伦理色彩和天命合法性的同时，事实上在金字塔型的封建政制之尊卑关系和权力结构的秩序架构意义上也获得了更加尊崇的权力和地位，正所谓“溥天之下，莫非王土；率土之滨，莫非王臣”（《诗·小雅·北山》），而“诸侯不命于天子，则不成为君”（《诗·唐风·无衣》之《毛传》）。周天子与封建诸侯确立了一种严格的君臣关系，天下王有的王权观念得到极大强化。

但是，宗法封建体制自身内部又蕴含着严重的中央集权与地方分权、天下王有与贵族分权的矛盾，王权的衰落式微和内部矛盾的发展最终导致了春秋战国之时的列国纷争，宗法封建体制下严格的世袭等级与阶级分化以及贵族阶级的身份特权与政治统治不仅在思想观念上遭到质疑与挑战，而且逐渐被新崛起的士阶层的政治参与和新建立的郡县行政体制下的官僚政治所打破和取代。在这一体制转化与政制变革的历史进程中，日渐疲软的诸侯君权却又奇迹般地得以重生和加强，而随着大一统帝国的建立，趋于衰落的中央王权也最终得到再建和恢复，而变封建为郡县，诸侯君权和贵族特权也最终在秦汉之际走向了历史的终结而成为历史的陈迹。这是人们所熟知的历史事实，而真正耐人寻味的是，处在这一历史变革进程中的思想家们究竟是如何做出其自觉的意识回应的，其意识回应尽管不可能逆转历史发展的进程，但却可以深刻地影响这一历史的进程，或促进、或阻碍，而且更重要的是能够赋予这一历史进程某种自觉的意识特征和意义背景。

关于先秦诸子各家的君臣、父子之人伦关系观念，我们已在上文做过简要分析和论述，其中最值得我们重视的莫过于儒、法两家有关君臣、上下、父子等人伦关系观念的差异及其冲突和对立了。在战国秦汉之际的政治体制变革进程中，法家在加强专制君权、并努力创建一个统一的强大国家方面发挥了关键性的历史

① 王国维：《殷周制度论》，《观堂集林》（卷十），北京：中华书局，1959 年版，第 453 - 454 页。
② 同上，第 475 页。

作用，在这一过程中，旧的宗法世袭贵族的特权及作为宗法社会最重要的社会组织的宗族势力最终走向了衰落，而国家成为了“塑造中国文明的决定性因素”①。然而，儒家却一直致力于延续和维护西周宗法社会的礼乐文明及其建立在亲亲原则基础上的家族伦理，他们只是视君臣为整个人伦关系中的一种，尽管是很重要的一伦，但并不代表全部，这与法家的君臣观念有着重要的区别，而且儒家始终坚持家国一体同构的理念，更倾向于以家庭关系为理想模本，或者以扩大化的拟家庭生活的社群关系伦理和人际交往网络为标准尺度，来构想整个国家的合理生活方式与治理秩序状态。宗族势力与国家政权、家族伦理与国家统治、儒与法二者之间的对立和紧张是毋庸讳言的，由此而造成了观念与现实之间的脱节和背谬，诚如谭嗣同所早已尖锐指出的：

> 封建世，君臣上下，一以宗法统之……宗法行而天下如一家。故必先齐其家，然后能治国平天下。自秦以来，封建久湮，宗法荡尽，国与家渺不相涉。家虽至齐，而国仍不治；家虽不齐，而国未尝不可治；而国之不治，则反能牵制其家，使不得齐。于是言治国者，转欲先平天下；言齐家者，亦必先治国矣。大抵经传所有，皆封建世之治，与今日事势，往往相反，明者决知其必不可行。(《仁学》四十七)

谭嗣同所言深刻揭示了秦汉以后“国与家渺不相涉”的历史事实，然而颇为吊诡的是，占据中国文化主流的儒家重家族、明人伦、尚亲亲的伦理人文思想，在强大国家的统治下却也可以说同样构成了“塑造中国文明的决定性因素”。

历史地讲，中国文明在秦汉以后正是在强大国家和儒家伦理、政与教这两大决定性因素既彼此紧张和对立而又相互合作和维系的辩证互动关系状态下动态地向前演化发展的。在我看来，三纲五常之所以能够成为帝制中国时代中华文化或中国文明最持久一贯的核心价值观，正是国家与儒教或政与教互动整合的必然结果。三纲的观念用来强化和维护君、父、夫的片面性的绝对权威，五伦五常的观念用来维系和构建以德性为根本的双向互动、彼此依存的基础性人伦关系秩序，其中，“君为臣纲”的观念尤其适合于维护君主专制政体的生存、稳定和延续，这是毋庸讳言，也是没必要讳莫如深的，因为历史地讲，毕竟“历史是不可超越

---

① ［美］弗朗西斯·福山，毛俊杰译：《政治秩序的起源：从前人类时代到法国大革命》，桂林：广西师范大学出版社，2012年版，第147－148页。

的。对于一个以自然经济为基础而拥有广土众民的封建大国，君主专制政体是唯一有效的凝聚力量”①，任何一个具备真正历史眼光的现代学者都不会否认这一点，诚如刘泽华先生所说：“君主专制在中国的历史上的某个时期和某些方面有过重要的建树和历史的功绩。”但是，承认这一历史事实，并不等于说我们现代人就不能对历史上的君主专制提出自己的价值评判，因为“当中国步入世界性近代化之路时，君主专制无论如何都过时了”②。

其实，即使在帝制中国的时代，由过度集权和专制暴政所引发和导致的政治弊端与社会祸害也早已为历史上的杰出思想家所清醒地认识到，并提出了他们的合理反思和激烈批判，如东汉末思想家荀悦讲秦行郡县而使专制君主“以一威权，以专天下”，其结果为“人主失道则天下遍被其害，百姓一乱则鱼烂土崩，莫之匡救”（《荀集·列侯论》）③，王符讲“国之所以治者，君明也；其所以乱者，君暗也”（《潜夫论·明暗》），南宋思想家叶适讲宋家“尽收威柄，一总事权”的“纪纲之专”的弊端④，以及明末清初思想家黄宗羲讲“为天下之大害者，君而已矣”（《明夷待访录·原君》），唐甄讲“治天下者惟君，乱天下者惟君。治乱非他人所能为也，君也”（《潜书·鲜君》）等，尽管只是极少数思想家有如此自觉清醒的政治认识，但却足以说明历史上的君主专制政体在一些思想家的心目中并非绝对合理的政治体制架构。正是基于这样的历史反思和政治认识，黄宗羲在其《明夷待访录》一书中把批评的矛头直指狭陋之小儒所抱持的“君为臣纲”的僵化片面观念，其言道：

> 古者天下之人爱戴其君，比之如父，拟之如天，诚不为过也。今也天下之人怨恶其君，视之如寇仇，名之为独夫，固其所也。而小儒规规焉以君臣之义无所逃于天地之间，至桀、纣之暴，犹谓汤、武不当诛之，而妄传伯夷、叔齐无稽之事，使兆人万姓崩溃之血肉，曾不异夫腐鼠。岂天地之大，于兆人万姓之中，独私其一人一姓乎？是故武王圣人也，孟子之言，圣人之言也。后世之君，欲以如父如天之空名禁人之窥伺者，皆不便于其言，至废孟子而不立，非导源于小儒乎！（《原君》篇）

---

① 任继愈主编：《中国哲学发展史》（秦汉卷），北京：人民出版社，1985年版，第732页。
② 刘泽华：《困惑与思索》，萧黎主编：《我的史学观》，广州：广东人民出版社，1997年版，第126页。
③ 转引自萧公权：《中国政治思想史》，北京：新星出版社，2005年版，第217页。
④ 张义德：《叶适评传》，南京：南京大学出版社，2011年版，第231－234页。

盖天下之治乱，不在一姓之兴亡，而在万民之忧乐。是故桀、纣之亡，乃所以为治也；秦政、蒙古之兴，乃所以为乱也；晋、宋、齐、梁之兴亡，无与于治乱者也。为臣者轻视斯民之水火，即能辅君而兴，从君而亡，其于臣道固未尝不背也……君臣之名，从天下而有之者也。吾无天下之责，则吾在君为路人。出而仕于君也，不以天下为事，则君之仆妾也；以天下为事，则君之师友也。（《原臣》篇）

另如王船山说：

《孝经》云："资于事父以事君而敬同，资于事父以事母而爱同。"则君之与父，不得合敬而又同爱矣。"天下无不是底父母"，延平此语全从天性之爱上发出，却与敬处不相干涉。若论敬，则陈善闭邪之谓也。苟不见邪，更何所闭？潜室套着说"天下无不是底君"，则于理一分殊之旨全不分明。其流弊则为庸臣逢君者之嚆矢；其根原差错则与墨氏二本同矣。

君之有不是处，谏之不听，且无言易位，即以去言之，亦自须皂白分明。故汤、武、伊、霍之事，（既）［概］与子之事父天地悬隔，即在道合则从，不合则去，美则将顺，恶则匡救。君之是不是，丝毫也不可带过，如何说道"无不是底"去做得！若人子（见）［说］道"无不是底父母"，则谏而不从，终无去道也。

……假令君使我居俳优之位，执猥贱之役，亦将云"天下无不是底君"，便欣然顺受邪？

韩退之唯不知道，故其《拟文王操》有云"臣罪当诛兮，天王圣明"，显出他没本领、假铺排勾当，又何曾梦见文王心事来！朱子从而称之，亦未免为其佞舌所欺。

……

圣人人伦之至，不是唇舌卖弄底。君之当敬，岂必圣明而后敬哉！故曰"不以舜之所以事尧者事君，不敬其君者也"，而岂得以舜之所以事瞽瞍者事君乎？……

圣人一诚而已矣。为臣而尽敬于君，诚也。君之不善，不敢以为圣明，己之无罪，不敢自以为罪，亦莫非诚也。"臣罪当诛，天王圣明"，则欺天欺人，欺君欺己，以涂饰罔昧冥行于人伦之际，而可以为诚乎？

（《读四书大全说》卷九《孟子·离娄下篇》）

黄氏之论纯粹基于一种真正的、明确的历史眼光，旨在阐明从无君之世到君出为天下兴利除害的历史过程中，首先出现的是一种“天下为主，君为客”的理想君主体制，在这一体制下，“凡君之所举世而经营者，为天下也”，故“古者天下之人爱戴其君，比之如父，拟之如天，诚不为过也”。但是，秦汉之后，君主反客为主，视天下为一己私有之物，并以“天下之利害之权尽出于我”，后世小儒更“规规焉以君臣之义无所逃于天地之间”而将这一体制绝对合理化，乃至于“欲以如父如天之空名禁人之窥伺者”，这一批判可以说针对的正是“君为臣纲”的观念本身。依黄氏之见，“君臣之名”实“从天下而有之者”，无论是君主还是臣下都应据此来承担其共同的治理天下的职分和责任，而不应“规规焉以君臣之义无所逃于天地之间”相辖制，只要求臣下遵循“君臣之义”或“君要臣死，臣不得不死”的信条而绝对服从君主的权力意志，真正的天下之大义，“不在一姓之兴亡，而在万民之忧乐”，不在“君为臣纲”，而在君臣皆应“以天下为事”、相为师友。

船山先生则从理一分殊的角度将父子与君臣的关系明确加以区分，认为父子之间虽不宜较是非，但君臣之际却必须皂白分明地较是非，正所谓“君之是不是，丝毫也不可带过，如何说道‘无不是底’去做得!”当然，为臣当“尽敬于君”，但是这决不意味着“君之不善”竟也“以为圣明”，“己之无罪”竟也“自以为罪”，正所谓“臣罪当诛，天王圣明”。船山先生的批评所直接针对的是“天下无不是底君”的观念，事实上，这也正是“君为臣纲”的另一种表达方式。

五、走向未来：建构一种新的现代中国文明秩序

晚清西学东渐以来，受西方新思潮、新观念的影响，传统的纲常名教、伦理政治观念受到了极大的冲击和挑战，固守传统纲常名教者有之，激烈批评者亦有之。维新派领袖康有为、梁启超、谭嗣同等倡孔子太平大同之教以融会吸纳西人自由平等民权之义，激起了顽固守旧分子的强烈反应，据清人苏舆所编《翼教丛编》，守旧分子仍然顽固坚持纲常名教为中国立国之根本、中外华夷之界防，所谓“我中国以名教立国者也，强弱势也，因国弱而忘君父之伦，践土食毛者万不

容作是想”（卷三《王干臣（仁俊）吏部〈实学平议〉》），“孔子之制在三纲五常，而亦尧舜以来相传之治道也，三代虽有损益，百世不可变更”（卷四叶德辉《〈读西学书法〉书后》），“吾人舍名教纲常，别无立足之地，除忠孝节义，亦岂有教人之方”（卷五《宾凤阳等上王益吾院长书》）；洋务派代表人物张之洞亦在其《劝学篇》一书强调说：“三纲为中国神圣相传之至教，礼政之原本，人禽之大防，以保教也。”（《劝学篇·序》）又说：“圣人所以为圣人，中国所以为中国，实在于此。故知君臣之纲，则民权之说不可行也；知父子之纲，则父子同罪免丧废祀之说不可行也；知夫妇之纲，则男女平权之说不可行也。”（内篇《明纲第三》）可见，他们仍然偏狭地固守着纲常名教的意识形态偏见而不放，甚或沾沾自喜于“中国君权至尊”或“中国以名教立国”等等。

亟欲冲决传统纲常名教之网罗，而对之批判深切著明且攻之最为不遗余力者，当属谭嗣同氏。其言道：

> 俗学陋行，动言名教，敬若天命而不敢渝，畏若国宪而不敢议。嗟乎！以名为教，则其教已为实之宾，而决非实也。又况名者，由人创造，上以制其下，而不能不奉之，则数千年来，三纲五伦之惨祸烈毒，由是酷焉矣。君以名桎臣，官以名轭民，父以名压子，夫以名困妻，兄弟朋友各挟一名以相抗拒，而仁尚有少存焉者得乎？（《仁学》八）
>
> 君臣之祸亟，而父子、夫妇之伦遂各以名势相制为当然矣。此皆三纲之名之为害也。名之所在，不惟关其口，使不敢昌言，乃并锢其心，使不敢涉想……三纲之慑人，足以破其胆，而杀其灵魂，有如此矣……独夫民贼，固甚乐三纲之名，一切刑律制度皆依此为率，取便己故也。（《仁学》三十七）
>
> 五伦中于人生最无弊而有益，无纤毫之苦，有淡水之乐，其惟朋友乎。顾择友何如耳，所以者何？一曰“平等”，二曰“自由”，三曰“节宣惟意”。总括其义，曰不失自主之权而已矣。兄弟于朋友之道差近，可为其次。余皆为三纲所蒙蔀，如地狱矣……夫朋友岂真贵于余四伦而已，将为四伦之圭臬。而四伦咸以朋友之道贯之，是四伦可废也……夫惟朋友之伦独尊，然后彼四伦不废自废。亦惟明四伦之当废，然后朋友之权力始大。今中外皆侈谈变法，而五伦不变，则举凡至理要道，悉无从起点，又况于三纲哉！（《仁学》三十八）

像康有为一样，谭嗣同认为圣人孔子的根本教义在太平大同而非在纲常名教，因此他在为圣人孔子辩诬的同时，激烈批评“三纲”之义最便于君主专制，而专制之君主亦乐于以“三纲”为用，“三纲”之义与“五伦”之名教，交互联贯，而用皆归于压制，并认为五伦之中，惟朋友之义最无弊而有益，若以朋友之道融贯人际关系而为之圭臬，则其余四伦可废。要而言之，谭氏对两千年来君主专制与纲常名教交互为用、联袂而行的整个政教传统，进行了彻底的理论上的批判与解构。同样，梁启超也将孔子之教与所谓三纲剥离区分开来加以评价和看待，他认为，孔子的根本教义乃是“人格的平等主义”，而非“君为臣纲，父为子纲，夫为妻纲”的“片面的伦理学说”，故孔子之教并非一般所讲的是“三纲五伦”，究其实，“五伦说是孔子所有，三纲说是孔子所无”（《孔子》）①。

20 世纪初，排孔批儒的声音日趋强烈而尖锐，而且开始将纲常伦纪或圣人孔子与君主专制联系结合起来一并加以抨击，最能代表这种声音的有所谓“三纲革命”或“孔丘革命”等，后来，陈独秀等新文化运动的领袖在提倡西方科学与民主的同时，亦对孔教和纲常名教展开猛烈攻击和批判。陈氏在其《吾人最后之觉悟》（《青年杂志》第 1 卷第 6 号）一文中，曾发出一种文化上和伦理上“最后觉悟之最后觉悟”的强烈呼声。在陈氏看来，“欧洲输入之文化，与吾华固有之文化，其根本性质极端相反”，“儒者三纲之说，为吾伦理政治之大原，共贯同条，莫可偏废。三纲之根本义，阶级制度是也。所谓名教，所谓礼教，皆以拥护此别尊卑、明贵贱之制度者也。近世西洋之道德政治，乃以自由、平等、独立之说为大原，与阶级制度极端相反。此东西文明之一大分水岭也”。正因为“共和立宪制，以独立、平等、自由为原则，与纲常阶级制为绝对不可相容之物，存其一必废其一”，故“伦理的觉悟，为吾人最后觉悟之最后觉悟”②。而且，陈氏认为，“三纲说不徒非宋儒所伪造，且应为孔教之根本教义。何以言之？儒教之精华曰礼……尊卑贵贱之所由分，即三纲之所由起也”，“儒教经汉、宋两代之进化，明定纲常之条目，始成一有完全统系之伦理学说。斯乃孔教之特色，中国独有之文明也”（《宪法与孔教》）③。显然，陈氏反对孔教、排诋纲常礼教的言论采取的是一种非此即彼的极端论式，不免有矫枉过正、偏颇过激之弊。然而，

---

① 张品兴主编：《梁启超全集》，北京出版社，1999 年版，第 3129 页。

② 吴晓明编选：《德赛二先生与社会主义》，上海远东出版社，1994 年版，第 30、33 - 34 页。

③ 同上，第 54 页。

吾人须将问题放置到中国文明和中华文化演化发展的整个脉络中来加以审视和反省，才能真正认清问题的实质。

纯粹从思想史的角度来讲，简单地将孔子之教和儒家思想仅仅等同片面性的纲常名教或伦理学说，或者简单地认为二者渺不相涉，恐怕都不尽符合事实。不过，问题的实质在于，面对西学、西方文化和西方文明极具颠覆性的冲击和挑战，中国文明和中华文化究竟应何去何从，应作出怎样的选择和回应。我们并不认为只存在唯一正确的答案，或者只有一种单一合理的选择和单义的可能性，然而有一点是肯定无疑的，那就是无论是消极被动还是积极主动，它都必须作出自我的调整和转化以便维持自身的健康生存和良性发展。近百年来，中国传统的社会政治理念与文明秩序在来自西方文化和西方文明极具破坏性的冲击与挑战下日趋于瓦解和衰落，帝制的推翻、科举制的废除、家族主义的破坏乃至对整个传统的蔑弃，使中国人日益“激进化”地走上了一条脱离自身价值观体系和文明路径的连贯的变革和革命的道路。诚如金耀基先生所言，这是一条“现代转向”的“长期革命”的道路，而“放在历史的视角下，中国的‘现代转向’是一个文明的转变，而且中国的现代化目标绝不仅限于建设一个现代化的中国。换句话说，一种新的中国文明秩序”。① 这一“现代转向”的历史过程是异乎寻常的艰难曲折的，其中既有革命成功的宝贵经验，也有文化失调的惨痛教训。然而，我们相信有着博大、精深、悠久之传统的中华文化和拥有可大可久之丰富资源的中国文明必将逐渐走出困境、走向未来，必能通过对自身文化价值观的创造性转化与创新性发展，将自由、民主、平等、法治等现代价值化为己有，从而实现文明蜕变，完成蝶化转生的文化使命和历史任务，从而成功建构一种新的现代中国文明秩序。

（作者系中国政法大学政治与公共管理学院教授）

---

① 金耀基：《全球化、多元现代性与中国对新文化秩序的追求》，周晓虹主编：《中国社会与中国研究》，北京：社会科学文献出版社，2004 年版，第 44 页。

西汉儒生的王道情结及其文化意义

◎申 波

儒家具有天生的理想主义色彩。儒家政治设计的乌托邦情结在孔子那里还不算明显，是孟子赋予了“不忍人之心”以形而上的先验性质，并以此作为政治设计的基础。人性善是乌托邦的逻辑起点和基本特征，孟子把人性善和政治设计有机地结合在一起，无疑是儒家乌托邦思想的滥觞。汉朝建立以后，董仲舒等儒生将法家思想纳入新的儒学体系，实现了政治实践中的儒法互补，开创了中国传统社会的政治文化模式。但西汉后期诸多儒生却又怀恋起儒家的纯粹王道，最后导致王莽的新政并以失败告终。这一次的王道运动对于最终确立“儒法互补”的政治文化模式具有深远的文化意义。

一、西汉儒生对现实社会的批判

儒家的理想是建立一个王道社会，这个王道就是以尧、舜、文、武、周公为代表的先王之道。尽管王道的理想追求只是儒家通过追述先王而憧憬的一种乌托邦的理论建构，但后世儒生要在人间建立王道政治的冲动从来就没熄灭过。早在汉朝立国之初，贾谊就对“汉承秦制”一肚子不满，认为汉朝政权建立以后，社会的风气和秦代并没有什么区别。董仲舒虽然在理论上设计了儒法互补，但在感情上却沿着贾谊的思路，在对秦政批评一番之后也表达了对现实社会的不满，并进而提出具体对策。贾谊、董仲舒大体上是发挥荀子之学，所以尽管有许多不满，但总体上还是建设性的，不至于将眼前的一切全部推倒重来。但在此后召开的盐铁会议上，贤良文学差不多要将当前的社会全盘否定了。

汉昭帝始元六年“二月，诏有司问郡国所举贤良文学民所疾苦。议罢盐铁榷酤”（《汉书·昭帝纪》），这即是著名的就汉武帝以后国家政策和政治指导思想展开辩论的盐铁会议。辩论的双方，一边是从汉武帝时期起长期当政并且具有法家倾向的御史大夫桑弘羊等人①，一边是儒家思想的忠实信徒贤良文学。双方在功利问题上、在对待国家和人民的态度上、在刑罚和德治的问题上都有尖锐的对立。汉武帝虽标榜儒学，但儒学在某种意义上只是粉饰，他并不真正想要以儒学来治国安民。申公曾婉讽其徒事文饰而不能“力行”，汲黯则直说其内外表里不能如一，所以吕思勉先生评价说：“汉崇儒之主，莫过于武帝；其为治，实亦儒法杂。”② 鉴于法家思想是汉武帝时期国家政策的实际指导思想，以及连续 39 年的对外战争造成的社会危机，贤良文学对当前国家政策和社会现状进行了猛烈的批判，在贤良文学眼中，眼下社会简直是一派衰败景象。虽然贤良文学的确在一定程度上反映了民间基层群众的疾苦，但问题在于，这些贤良文学是以儒家经典著作中的王道理想来衡量现实社会，动辄就是古者如何如何，而没有注意到社会现实的复杂性。如果说贾谊、董仲舒等人是延续了荀子之学的话，贤良文学发挥的则是孟子之学。虽然孟、荀都是儒学大师，但孟子强调心性之学，体现了儒家人文主义思想的价值理性原则；而荀子思想则是在战国末年血缘氏族制度早已彻底瓦解、地域性国家制度已经确立的形势下，对孔孟思想传统的变通，体现了融合儒法的形式理性原则。因此，金春峰先生认为，这次盐铁会议是汉代儒家内部思想转向的重要标志，“会议以前，荀子思想的影响在汉代儒家中居于优势，会议以后，则孟子的思想不断扩大影响”③，此后的儒生更是沿着贤良文学的思路不遗余力地对现实社会展开批判，其矛头则直指汉武帝。

汉宣帝即位之初，以为汉武帝“功德茂盛，不能尽宣”，遂提议为汉武帝设庙乐，而夏侯胜却提出了批评。夏侯胜之所以抨击汉武帝，主要在于汉武帝发动的战争劳民伤财引发了社会危机，这和孟子对待战争的态度完全一致。汉元帝时的贡禹对于社会上的奢靡无度也提出批评。显然，贡禹的批评也是拿儒家的王道标准来衡量现实社会，同样延续了孟子的精神。虽然这对于限制统治者的声色犬

---

① 徐复观先生认为桑弘羊“没有代表法家发言的资格”，并说“在思想上，桑弘羊实际反对了法家”。徐先生这里主要是就桑弘羊作为既得利益集团的代言人说的，若从国家政策层面看，桑弘羊确实具有法家倾向。见徐复观：《两汉思想史》第 3 卷，上海：华东师范大学出版社，2001 年版，第 117、87 页。

② 吕思勉：《吕思勉读史札记》上册，上海古籍出版社，1982 年版，第 648 页。

③ 金春峰：《汉代思想史》修订增补版，北京：中国社会科学出版社，1997 年版，第 295 页。

马、缓和社会矛盾也许会有一些作用，但全凭古者如何如何是肯定解决不了问题的。当然，“守经据古”的贡禹也知道“尽如太古难，宜少放古以自节”（《汉书·贡禹传》），所以天子接纳了他的许多意见。

更为重要的是，西汉后期儒生的批判不仅抨击不合理的社会现象，还把锋芒直指皇帝本人，甚至企图冲破绝对服从于皇帝个人意志和欲望的体制，在皇帝之上树立起更高的道义原则，以维护社会各阶层、各集团的利益，如贡禹、谷永、鲍宣等人的批判言论。他们这些批判皇帝的话，都直接继承了孟子“民为贵，社稷次之，君为轻”（《孟子·尽心下》）的民本精神。表面看来，这些儒生是以社会代言人的口气批判现实政治，企图以“天”或“道”来匡正皇帝的偏差，而且如果史书所记是真实的话，他们的确曾“每朝会进见，及与公卿言国家事，未尝不噫呜流涕”（《后汉书·袁安列传》）。但在“道术将为天下裂”的时代里，所谓士或知识分子不过是不同利益集团的意识形态家，他们代表的只能是特定集团的公共性。要说代表整个社会，那无疑是在愚弄天下人的智慧。因此，理解士或知识分子的关键，便是戳穿“思想拜物教”的假象。此外，西汉儒生还从制度层面和思想层面作了更为深入尖锐的批判。他们不满意律令繁多的局面，提出“任教”而不“任法”“任德”而不“任刑”；他们要求君主广开言路，虚心纳谏，以避免类似于秦帝国那样的失误；他们不满意俗吏当政，要求擢用能够同时承担道义、教化和规谏的君子贤人；等等。

二、王道政治理想的破产

现实社会之所以不尽如人意，在西汉儒生看来那是因为它不符合古代的礼制。儒生的政治理想寄托在后人追述的完美无缺的古礼上，但那些所谓古礼其实仅仅是后世儒生的虚构描述而已。一来，三代礼制未必如此，就说《周礼》，现代人已相信它不是西周初年周公制礼作乐的产物；二来，即便古礼果真如此，它的社会基础即远古血缘氏族体制早已荡然无存，留下的只是人们无限的追忆和遐想。所以，当西汉儒生为了那个虚无缥缈的王道理想而一再无视社会现实，力图恢复三代古礼以振奋衰微千年的礼运时，很难说他们的所作所为是理性的。

当初叔孙通为汉高祖制定礼仪，虽然汉高祖称赞说自己找到了当皇帝的高贵感觉，但叔孙通所定的礼仪不仅主要限于朝仪，而且并非尽依儒家所传承的古礼，其实大多沿袭秦制。此后，贾谊规划了一个“悉更秦之法”的恢复古礼蓝图，但此时汉文帝即位不久，权力尚未巩固，所以贾谊的计划注定不能实现。到了汉武帝时期，众多儒生推动了太初改制的制礼作乐，但这次改制没能满足儒生的期望与要求，因为它并没有拘泥于所谓古制。汉武帝之后，儒生复古的冲动更加强烈，继续不遗余力地鼓吹恢复古礼。

直到后来，儒生感觉在现有体制下已经没有实现古制理想的可能，他们便对汉家天下的合法性产生了怀疑，如陈启云先生所说：“汉儒理想主义者发觉，人世还不能进入‘大同’，是因为刘氏帝族还没有被彻底改造或者按照天命而被取代。”① 汉昭帝时，社会上出现诸多怪异现象，眭弘以《春秋》之意推演，以为“此当有从匹夫为天子者”，并进而要求“汉家尧后，有传国之运。汉帝宜谁差天下，求索贤人，禅以帝位，而退自封百里，如殷周二王后，以承顺天命”（《汉书·眭弘传》）。汉宣帝时，盖宽饶上奏说：“五帝官天下，三王家天下，家以传子，官以传贤，若四时之运，功成者去，不得其人则不居其位。”（《汉书·盖宽饶传》）从而比喻汉天子应当让位，公开主张根据天命改朝换代。如果说眭弘的意见还只是某种纯粹学理上的推论，那么盖宽饶所言则是实有所指。元、成以后，这种顺天命换门庭的观念已是社会上的普遍看法，以至汉哀帝下诏要“再获受命之符”，改“号曰陈圣刘太平皇帝”（《汉书·哀帝纪》）。就在一浪高过一浪的追寻一种更为完美、更为纯正的王道新天地时，儒生迎来了一位“新圣”，这就是王莽。真是成也萧何败也萧何，王莽既燃起了儒生改造世界的雄心壮志，同时又使他们奉天法古的念头终于幻灭。

王莽之所以能够赢得儒生的认同，那是因为他具有十分明显的儒家倾向。从他先前的操行来看，王莽确是一位以儒家古义行事的贤人君子。但是，王莽赢得儒生的拥戴还主要不在于他的操行，更重要的是，他代表那个时代儒生的共同理想与追求，如吕思勉先生所说：“先秦之世，仁人志士，以其时之社会组织为不善，而思改正之者甚多……此等见解，旁薄郁积，汇为洪流，至汉而其势犹盛……此等思想，虽因种种阻碍，未之能行，然既旁薄郁积如此，终必有起而行之者，则新莽其人也。新莽之所行，盖先秦以来志士仁人之公意，其成其败，其

---

① 陈启云：《中国古代思想文化的历史论析》，北京大学出版社，2001 年版，第 188 页。

责皆当由抱此等见解者共负之，非莽一人所能尸其功罪也。”①

从史书记载来看，无论是居位辅政还是临朝称制，王莽的政治实践都是以儒家经典中的王道理想为依托，以古制为蓝本。他以安汉公名义辅政时，“奏起明堂、辟雍、灵台，为学者筑舍万区，作市、常满仓，制度甚盛”（《汉书·王莽传》）。王莽的这种做法，就是要恢复西周礼制，特别是明堂、辟雍的建设，更使儒生找到了躬逢盛世的感觉。明堂是上古历史中最具完满象征意义的建筑，是周王朝美政的标志，西汉儒生早就梦想着能在有生之年亲眼一睹，以至群臣倍加称赞，说“明堂、辟雍，堕废千载莫能兴，今安汉公起于第家，辅翼陛下，四年于兹，功德灿然”（《汉书·王莽传》）。称帝后，他搞公田均贫富、改官制、改货币、废奴婢、减刑罚、修庶政、兴教化，甚至要求市无二贾、官无狱讼、邑无盗贼、野无饥民、道不拾遗、男女异路，等等。显然，王莽十分渴望建立一个人们想象传说中的太平盛世，同时相信自己奉天法古的做法会名垂青史。然而，王莽所导演的这场轰轰烈烈的“新政”突然之间土崩瓦解了，新政的失败标志着儒家理想主义的破产。吕思勉先生总结说：“王莽当日，所定的法令，有关实际的，怕没有一件能够真正推行，达到目的，而因此而生的流弊，则无一事不有，且无一事不利害。其余无关实际，徒资纷扰的，更不必说了。王莽是个偏重立法的人，他又‘锐思于制作’，而把眼前的政务搁起……王莽是个拘泥理论、好求形式上的整齐的人。”② 这已把王莽新政失败的原因讲得十分清楚，更为重要的是，儒生自汉初甚至先秦以来的乌托邦冲动，在此终于有了一个彻底宣泄的机会，达到了儒家理想主义的顶峰。

三、东汉儒生对儒法互补的认同

经历了西汉后期的复古狂热和王莽新政的失败以后，东汉儒生显然冷静了许多，表现出更多的务实精神。关于两汉思想的变迁，吕思勉先生的评论是中肯的：“中国之文化，有一大转变，在乎两汉之间。自西汉以前，言治者多对社会政治，竭力攻击。东汉以后，此等议论，渐不复闻。”③ 阎步克先生也说：“时至

① 吕思勉：《秦汉史》，上海古籍出版社，2005年版，第174－175页。
② 吕思勉：《中国通史》，上海古籍出版社，2009年版，第350页。
③ 同①，第174页。

东汉，儒者对社会政治作彻底改造的不切实际的热情、对‘乌托邦’式理想社会的宏远迂阔的追求，确实是日益降温了。”① 因此，与西汉后期儒生相比，东汉儒生的思想有着明显的差异，在一定程度上表现为对“儒法互补”的认同。

首先是他们对现实社会的肯定。同西汉儒生是古非今不同，东汉儒生具有明显的务实倾向。比如历仕西汉、新莽、东汉三个朝代的桓谭，通过对秦政、汉政、新政的比较，从而肯定了汉政。在桓谭看来，这三种政治形态中，秦政固然不可取，但新政之“简薄汉家法令”“欲事事效古”“美先圣制度”同样是致乱之道。他所欲伸张的“大体”，其实就是“以霸王道杂之”的汉政：“王道纯粹，其德如彼；伯道驳杂，其功如此。俱有天下，而君万民，垂统子孙，其实一也。”②

当时持有这种思路的人并不是个别现象，汉光武帝时的一次有关礼制的讨论也说明了这个问题：“大议郊祀制，多以为周郊后稷，汉当祀尧。诏复下公卿议，议者佥同，帝亦然之。林独以为周室之兴，祚由后稷，汉业特起，功不缘尧。祖宗故事，所宜因循。定从林议。”（《后汉书·杜林列传》）“汉为尧后”是王莽变法前比较流行的说法，在恢复了政治理性的东汉初年，人们已不把它当作历史事实，而仅当作信仰了。“祖宗故事，所宜因循”实际上是表明一种务实的理性精神，它不以虚构的理想为价值寄托，而以能解决实际问题为目标。王充对于政治现实的认同感更加强烈，他在《论衡》一书中斥责秦、莽，并且还专门写有《齐世》《宣汉》《恢国》《验符》《须颂》等篇盛赞汉朝的功业，力辨古不如今、周不如汉，批驳了一些狂热的儒生所谓“汉兴已来，未有太平”③ 的说法。此外，王充还提到灾荒之年，朝廷采取救灾措施，把无灾区的余粮运往灾区赈济灾民，认为即使是五帝三王也不一定能够做到。

其次是他们重新肯定礼法互用。汉朝政治本是“以霸王道杂之”（《汉书·元帝纪》），但西汉后期儒生对纯粹王道的追求自然是将霸道贬了下去，而东汉儒生却对之重新加以肯定。东汉初年，桓谭提出王、霸二道“其实一也”，王充认为治国之道应是“德力具足”。这把治国之道的两种手段说得相当清楚，但它同董仲舒的“德主刑辅”又不甚相同，不是谁主谁次的问题，而是王、霸并用。

---

① 阎步克：《士大夫政治演生史稿》，北京大学出版社，1996 年版，第 424 页。

② ［汉］桓谭撰，朱谦之校辑：《新辑本桓谭新论》，北京：中华书局，2009 年版，第 3 - 4 页。

③ 黄晖撰：《论衡校释（附刘盼遂集解）》第 3 册，北京：中华书局，1990 年版，第 815 页。

又如王符“兼秉威德”的说法，也是强调“共行赏罚”。在王符看来，德治教化当然是最理想的治国方略，但仅仅依靠德教还不能使国家由乱而治，因为人的思想行为有些可以用道德礼教引导，有些则不受道德礼教的约束或约束不了，礼教、法禁各有自己的范围和功能，但法令则是君主必不可少的统治手段。而崔寔对治国不可拘守儒家所谓王道，而必用霸术的说法最直截了当。

再次是他们对文吏的认同。西汉儒生相当瞧不起文吏，贬之曰“俗吏”，因此西汉的不少文吏后来都转而学习儒术。但东汉的情形则正好倒了过来，依照王充的描述，当时的世风是文吏地位高于儒生。这一风气，促使往日准备以儒生资格入仕求官的人纷纷转习文吏之事，因而造成了太学的衰败：“及邓后称制，学者颇懈……自安帝览政，薄于艺文，博士倚席不讲，朋徒相视怠散，学舍颓敝，鞠为园蔬，牧儿荛竖，至于薪刈其下。”（《后汉书·儒林列传》）其实这两种局面都是极端的。西汉儒生对文吏的贬低固然是不甚了解官僚行政的理性精神，但东汉世风的“贱下儒生”也是过于急功近利。虽然王充对儒生的境遇很是不满，且站在儒生的立场上立论，肯定儒生高于文吏，但他同时也明确承认“文吏更事，儒生不习”，文吏在“优事理乱”上胜过“轨德立化”的儒生，二者各有长短。

总而言之，由于历史经验的丰富，东汉儒生可以拥有更多的历史资源用以思考政治文化模式的问题。所以从主观上来说，他们显得较为冷静，其结论也具有相当程度的现实性。这表明经过历史过程的反反复复之后，人们的认识逐步趋于理性，不再那么狂热和偏执，因而“儒法互补”逐渐成为整个社会的共识。

（作者系广东外语外贸大学马克思主义学院教授）

贾谊君道思想初探

◎晏星宇

汉初的特殊政治形势，使得寻求一条切实可行的治国之道，成为了汉代统治集团需要解决的首要问题。贾谊“君道”思想的提出，为这一问题的解决提供了切实可行的思路。不同于一般理解，他的君道思想不仅包括君主的统治权术，更突出了君主“崇仁尚礼”的为政理念与“大一统”的政治追求。在其君道思想中，他将君主修身之道蕴含于以仁为核心的民本依归，以及以礼为纽带的遇臣之道中，并以大一统为归宿。以儒为宗、儒法并举的思想倾向，构成了贾谊“君道”思想的独特面貌。

一、以仁为核心的民本依归

“民本思想”是儒家仁政之基础，是中国古代政治哲学的重要内容之一。贾谊从强秦速亡的历史教训中，深刻地认识到人民的威力。他兼综孟荀，提出了较系统的“民无不为本”的政治主张，《新书·大政上》篇开宗明义便是：

> 闻之于政也，民无不为本也。国以为本，君以为本，吏以为本……闻之于政也，民无不为命也。国以为命，君以为命，吏以为命……闻之于政也，民无不为功也。故国以为功，君以为功，吏以为功……闻之于政也，民无不为力也。故国以为力，君以为力，吏以为力。（《新书·大政上》）

贾谊的这段论述高度评价了人民在国家政治、经济生活中的地位与作用。为政须以民为本、以民为命、以民为功、以民为力，可看作是贾谊民本思想的总纲。[①] 他将政治的安危、存亡、成败、胜负与“民本”“民命”“民功”“民力”

① 梁宗华：《论贾谊的儒学观》，《理论学刊》，1997 年第 2 期。

相联系，认为君民和谐是国家兴盛的关键，这与孟子“保民而王”（《孟子·梁惠王上》）的思想类似。值得注意的是，他提出了民为“大族”的表述，认为民弃君的情况现实存在，“故夫民者，大族也，民不可不畏也。故夫民者，多力而不可适也。呜呼，戒之哉，戒之哉！与民为敌者，民必胜之”（《大政上》）。早在先秦时期就有视民为“瞑”“氓”的传统，但将“民”称为“大族”，承认民可以抛弃君主，却首见于贾谊。视民为“大族”是贾谊对荀子“君舟民水”论的继承，也是他对秦亡历史与汉初现实反思的产物，更是他对人民力量的高度概括。

视“民”为大族而不敢欺侮具体表现在：其一，君与国的灾与福直接取决于民心向背，“自古至于今，与民为仇者，有迟有速，而民必胜之”（《新书·大政上》，下只标注篇名），杨海文就认为：“这种浩然、凛然的大无畏气概，则更接近孟子而非荀子！”① 其二，判断君主的“愚”与“智”，标准正取决于君主对待民众的态度，“凡居于上位者，简士苦民者是谓愚，敬士安民者是谓智”（同上）。而君主的尊贵、富庶是由民决定的，“故君子之贵也，士民贵之，故谓之贵也；故君子之富也，士民乐之，故谓之富也”（同上）。其三，大臣的好坏与录用也是由他对民的态度所决定的，“故夫为人臣者，以富乐民为功，以贫苦民为罪”（同上）。圣明的君主在录用官员时，需使民参与，“故夫民者虽愚也，明上选吏焉，必使民与焉”（《大政下》）。官员的选取当以人民的喜好为标准，“故士民誉之，则明上察之，见归而举之；故士民苦之，则明上察之，见非而去之。故王者取吏不妄，必使民唱，然后和之。故夫民者，吏之程也。察吏于民，然后随之”（《大政上》）。他的这一主张发挥了先秦“听群众人议以治国，国危无日矣”（《吕氏春秋·不二》）的思想主张，突出以民的喜好为根本。事实上，以人民的普遍喜好为官员选取的评价标准虽有很强的信服力，但也可能存在一定的局限性。这一评价标准与孔子的“众恶之，必察焉；众好之，必察焉”（《论语·卫灵公》）、“以善为主”的评价标准仍有一定的距离。但无论如何，不可否认贾谊在继秦灭以后将民的地位大大提升了，君臣的安危又再次与民紧紧地系在了一起。与先秦思想家相比，他的民本思想是深刻的，既是对历史教训的系统总结，又为后世的实践所证明。

---

① 杨海文：《贾谊〈新书〉对孟荀的显性—匿名引用》，《中山大学学报》（社会科学版），2012 年第 5 期。

由此贾谊从秦亡的教训出发，认为“故先王者见终始之变，知存亡之由，是以牧之以道，务在安之而已矣”（《过秦下》），安民的关键在于施“仁义”。“仁义”是君主内在修养的主要德性之一，在具体的社会关系中体现为对臣民普遍的爱。正因为民是国、君之根本，对民施以仁义更为重要，“施仁义”最基本的是爱民，爱民便是最好的安民之策。

爱民首先要惠民、富民，给百姓带来实际的利益，使百姓富足。贾谊一方面继承了儒家的重农思想，另一方面顺应了汉初“文帝即位，躬修俭节，以安百姓”（《汉书·食货志》）的发展需求。他在《谕诚》篇中以楚昭王因自己受冻而体恤人民的冷暖，拿出国库中的皮衣、粮食赈济冻饿民众这一故事，劝谏君主要时刻关心百姓的冷暖，为民着想。他在《春秋》篇中进一步引邹穆公用仓库的粮食高价换取百姓的秕糠这一故事，强调君是百姓的父母，爱民如子是由君的社会地位所决定的，“夫君者，民之父母也。取仓之粟，移之与民，此非吾粟乎”（《春秋》）。在具体的富民措施上，他首先强调要“轻赋少事”，不“夺民事”，“草木不零落，斧斤不入山林”（《礼》）；其次是力戒奢侈，用之有节。他在《退让》篇中举北狄国出使楚国的例子，赞美节俭的品德，间接批评当时社会奢侈享乐之风，力劝君主要引以为戒。最后，针对汉初“失时不雨，民且狼顾矣；岁恶不入，请卖爵鬻子”（《无蓄》）的社会状况，他劝诫君主要增加积贮，以为“蓄积者，天下之大命也”（同上）。这些主张体现了君主对人民的普遍关怀，展现了贾谊君道思想经世致用的一面。

爱民还要教民。在“教民”的环节上，贾谊继承了先秦“治教合一”的观点，认为君主应在教化的基础上实行治理，又在治理中实现教化，两者相辅相成，不可或缺。他认为“夫民者，诸侯之本也。教者，政之本也；道者，教之本也。有道，然后教也；有教，然后政治也；政治，然后民劝之；民劝，之然后国丰富也。故国丰且富，然后君乐也”（《大政下》）。民众是诸侯的根本，教化是推行政令的根本，修道是教化的根本。可见，贾谊强调君主“修道”以及“教化”对治理民众的巨大推动作用，这一“治教合一”的政治理想，一直延续成为了中国传统社会士人努力的方向。

爱民还需“慎刑罚”。“刑罚”在国家治理中所扮演的角色是区分暴政与仁政的重要标志，秦朝灭亡正是由于秦君主的暴虐妄为，历史上夏桀、商纣王也正是如此。贾谊认为：“刑罚不可以慈民……故欲以刑罚慈民，辟其犹以鞭狎狗也，虽久弗亲矣。”“故夫民者，弗爱则弗附。”（《大政下》）正是由于刑罚的使用直接关系到国家的兴衰治乱，贾谊才奉劝统治者对之一定要慎之又慎，他甚至主张宁失之有罪，也不可滥杀无罪。具体而言，对于不能确定的罪行一律予以赦免，而对于不能确定的功名一律予以奖赏。事实上，汉初虽已实行无为政治，但政治上仍是政刑为本的一套。“汉兴，高祖初入关，约法三章……其后四夷未附，兵革未息，三章之法不足于御奸。于是相国萧何捃摭秦法，取其宜于时者，作律九章。”“汉兴之初，虽有约法三章，网漏吞舟之鱼。然其大辟，尚有夷三族之令。”（《汉书·刑法志》）贾谊针对尚刑的社会现状提出的爱民主张，显示出了贾谊君道思想的时代价值。

二、以礼为纽带的遇臣之道

汉朝建国之初，经制不定、四维不张，突出表现统治阶级内部不通礼数。君臣相对而言，为君在上，为臣在下。早在孔子那里，就明确提出了“君君、臣臣”（《论语·颜渊》）的主张。荀子以天子为天下至尊，“天子者，執位至尊，无敌于天下”（《荀子·正论》）。贾谊继承了先秦君尊臣卑的等级观念，以“君堂臣陛”的“阶级”观念立论来阐述等级尊卑关系，为董仲舒“三纲五常”思想作了理论铺垫。

在贾谊看来，“君臣相冒，上下无辨，此生于无制度也”（《瑰玮》），“无制度”乃是违礼僭越之根源。他分析到“人之情不异，面目状貌同类，贵贱之别非天根着于形容也。所持以别贵贱明尊卑者，等级、势力、衣服、号令也”（《等齐》），认为人与人的贵贱并非先天自然禀赋呈现出来的，而是要通过等级、势力、衣服、号令来加以区别。可见，礼正是通过对人性的适当引导而发挥作用，从而形成上下有序的良好氛围。“君臣同伦，异等同服，则上恶能不眩其下？”（同上）由此他在《阶级》篇中将君、臣、民的等级关系作了生动的比喻：

> 人主之尊，辟无异堂。阶陛九级者，堂高大几六尺矣。若堂无陛级者，堂高殆不过尺矣。天子如堂，群臣如陛，众庶如地，此其辟也。故陛九级之上，廉远地则堂高；陛亡级，廉近地则堂卑。高者难攀，卑者易陵，理势然也。（《阶级》）

贾谊以堂比喻具有绝对权威的君主、以陛比喻群臣、以地比喻百姓，以此来说明君、臣、民之间高低贵贱的等级差别，这一譬喻在中国历史上是少有的。殿堂高大就难以攀登，相反殿堂矮小的话就容易登临，由此说明以“礼”建立君臣等级尊卑关系，其必然性与重要性也突显出来。可见贾谊始终聚焦于汉初现实，并为构建一个有礼有序的社会作出了积极的努力。而从客观的历史情况出发，贾谊虽主张君臣有别，但他却清醒地意识到，臣在国家治理中所发挥的重要作用，特别是臣在沟通君与民中的重要作用，由此他劝诫君主要“尊礼大臣”，对大臣要施以特别的厚爱，这也是维护君主权威的举动。

历史上各家各派对于君臣关系的看法虽有所差别，但尊重、礼待贤臣则是共识。“君使臣以礼，臣事君以忠”（《论语・八佾》），“君之视臣如手足，则臣视君如腹心；君之视臣如犬马，则臣视君如国人；君之视臣如土芥，则臣视君如寇仇”（《孟子・离娄下》）。正是基于此，贾谊劝说君主要以廉耻激励群臣、礼遇群臣，反之群臣也必将以死报效君主。他多次借用豫让的故事来说明尊礼大臣的重要性。春秋战国时期晋国有个叫豫让的人，先前侍奉中行氏，后来智伯攻打中行氏消灭了晋国转而侍奉智伯。当赵襄子败了智伯之后，豫让便以漆涂身改变了面容，又吞炭火改变了声音，发誓要替智伯报仇。有人问豫让为什么中行氏灭亡不报仇，智伯灭亡却态度迥异呢？豫让回答道：“我事中行之君，与帷而衣之，与关而枕之。夫众人畜我，我故众人事之。及智伯分吾以服衣，馅吾以鼎实，举被而为礼。是以国士遇我，我故固国士为报之。”（《谕诚》）可见，君臣共同治乱的关键在于君主是否礼待臣民。

他还以“投鼠忌器”的故事进一步说明要通过“刑不上大夫”来“励宠臣之节”。老鼠靠近器具尚且担心打坏器具而不敢打，更何况是靠近君主的尊贵大臣呢？贾谊借此建议文帝用廉耻礼节来教化大臣，君主的宠臣即便有罪，也不要施以刑戮。在他看来，一方面，大臣离君主很近，若一系列残酷的刑罚直接施加到大臣的身上，君主的权势也势必会受到相应的损坏。而相反，对大臣以礼相待、施行仁义，才会激励大臣保持节操，他们对君主才会忠诚，这就是所谓的“君仁臣忠”“爱利出中谓之忠”（《道术》）。另一方面，在君臣共同治乱中臣作用巨大，要想使民承认大臣同他们在社会地位上有原则的不同，必须严格区分“卑贱者”和“尊贵者”。若君主不涵养宠臣的节气，而让“卑贱者”懂得“尊贵者”一旦犯了罪，也可以对他们施加刑罚，“卑贱者”自然不会对“尊贵者”以礼相待。事实上，贾谊提出“刑不上大夫”的君道主张正是由于汉初对大臣施以严酷刑罚是客观存在的。据《汉书·刑法志》记载："'当三族者，皆先黥、劓，斩左右止，笞杀之，枭其首，菹其骨肉于市。其诽谤詈诅者，又先断舌。'故谓之具五刑。彭越、韩信之属皆受此诛。"而周勃下狱正是导致贾谊劝诫文帝"刑不上大夫"的直接动因。他的这一观点"在封建社会里有其存在的依据与合理性，对维持封建社会的政治等级结构的稳定性起了重要的作用。贾谊所处的汉初，正是社会秩序恢复与重建时期，'礼不及庶人，刑不至君子'更是具有积极的意义。从长远的历史意义来看，'刑不至君子'是'刑不至庶人'的前奏，因为人道主义的本身就具有普世性。'刑不至君子'中的人道主义的普世精神随时准备突破限制，以实现自身的价值"①。

要而言之，贾谊继承和发展了荀子以礼治国的政治思想，他积极主张以礼建立君臣间的等级关系，并以礼义廉耻来激励大臣的气节。从等级关系立论，贾谊主张君尊臣卑的"阶级"观念；而从养大臣气节的角度立论，他又主张要"尊礼大臣"，二者看上去相互矛盾，其实则不然。建立等级严密的封建政治制度和等级分明的伦理关系是尊礼大臣的前提，尊礼大臣正是为了树立并维护大臣们在庶人心目中的威严，同时也只有尊礼大臣，大臣才会对君主尽忠，实际上这也贯彻了贾谊施礼义、仁义的君道主张。

三、以大一统为归宿的政治追求

伴随着秦汉多民族统一王朝的建立，"大一统"思想成为君主治国安邦之归宿。但当时汉初诸侯王违礼僭越，匈奴势力强大，长年侵边，汉朝长年对匈奴委曲求全。诸侯王与中央政府的矛盾、匈奴与汉王朝之间的矛盾成为汉初社会的两大突出的矛盾②，也成为贾谊君道主张所必须面临的问题。由此贾谊不得不提出更为具体的君道主张，用于巩固现实的政治统治，也为君主指明了一条维护中央集权与大一统的现实道路。

贾谊生活于异姓诸侯王势力减弱，而同姓诸侯王势力渐盛之时。汉建国之初，刘邦迫于现实的压力分封了九位异姓诸侯王，后因异姓王不断反叛，改封同

① 唐雄山：《贾谊礼治思想研究》，广州：中山大学出版社，2005年版，第184页。
② 王兴国：《贾谊评传》，南京大学出版社，1992年版，第76页。

姓王。毫无疑问，他大封同姓诸侯王的初衷，是为了通过同姓诸侯王来巩固中央政权的统治。然事与愿违，同姓诸侯王反而在日后成为汉代统治者最大的挑战。事实上，这一点早被贾谊察觉到了，他曾以脚肿病来比喻诸侯王对汉朝政权所构成的客观威胁，“天下之势方病大尰，一胫之大几如要，一指之大几如股，恶病也，平居不可屈信，一二指搐，身固无聊也”。由此他劝谏君主“恩威并施”：

“屠牛坦一朝解十二牛，而芒刃不顿者，所排击，所剥割，皆象理也。然至髋髀之所，非斤则斧矣。仁义恩厚者，此人主之芒刃也；权势法制，此人主之斤斧也。势已定，权已足矣，乃以仁义恩厚因而泽之，故德布而天下有慕志。今诸侯王皆众髋髀也，释斤斧之制，而欲婴以芒刃，臣以为刃不折则缺耳。胡不用之淮南、济北？势不可也。”（《制不定》）

屠牛坦一天宰杀十二头牛而刀刃照样锋利如初，因其敲击、切割都按骨之缝隙、肉之纹理来进行。一遇到大骨头，不用斤而用斧。贾谊将仁义恩惠比作帝王的刀锋，而将权势法制比作帝王的斧斤。势力已经确定，权力已经够用之后，就要施以仁义恩惠让臣民受益，因此也会使恩德广施于天下，百姓自然就有思慕向往之心。现在的诸侯王都是大骨头，放弃斧斤，而要用刀锋去削割，他认为刀刃如果不断便会出现缺口。贾谊在此是想借用这一例子说明“权势法制”为“人主之斧斤”的道理，劝说文帝当时的形势已到了必须使用“权势法制”的时候了，应尽快使用权势法制来限制诸侯的势力，然后再对他们施以仁义恩泽，以巩固中央集权。具体而言，他提出“众建诸侯而少其力”用于限制诸侯王的权力，“欲天下之治安，天子之无忧，莫如众建诸侯而少其力。力少则易使以义，国小则无邪心”（《藩强》）。这一主张切中时弊，客观上能起到限制诸侯势力的作用，可极大地巩固西汉中央政权的统治。虽在文帝时没有得到实行，但后世晁错的削藩策，以及武帝时期颁布的“推恩令”，实际上都是贾谊这一政治主张的具体实施，而后起的吴楚七国之乱也证明了贾谊敏锐的洞察力。

贾谊生活之时，匈奴的威胁是另一大社会问题。“天子者，天下之首也，何也？上也。蛮夷者，天下之足也，何也？下也。”（《威不信》）贾谊是秦汉以来诸子中为数不多的系统论证过夷狄问题的人，他的话语逻辑是将“天子”与“蛮夷”对应，而不是将朝廷与夷狄对称。① 可见，在贾谊的思想体系中，夷狄

① 雷戈：《秦汉之际的政治思想与皇权主义》，上海古籍出版社，2006年版，第271页。

与朝廷或中国的关系实际上是另一类的君臣关系，类似于周天子与当时各诸侯的关系。基于这样的认识，贾谊认为匈奴对天子俯首称臣是理所当然的。然而汉初匈奴蛮横无礼、侵边扰民，汉朝却一再忍让乃至实行和亲之策，这都让贾谊感到深切的痛惜。“建三表，设五饵，以此与单于争其民”的诱降之策是贾谊为君主设计的解决匈奴问题的主张。

“爱人之状，好人之技，人道，信为大操，帝义也。爱好有实，已诺可期，十死一生，彼必将至，此谓三表。”（《匈奴》）“三表”之特征在于实行仁、爱、信、义，即对匈奴示以仁爱，让匈奴信服、佩服，并显示出自己喜爱匈奴的技艺，诱使匈奴来朝贡。“牵其耳，牵其目，牵其口，牵其腹，四者已牵，又引其心，安得不来下胡抑抎也。此谓五饵。”（同上）“五饵”之特征在于物欲利益的诱导，即要以先进的中原文化诱使匈奴依附顺从。其中对匈奴的诱惑包括汉朝美丽的服饰、美味的食物、音乐舞蹈、财物。如果说“三表”倾向于儒家理想，那么“五饵”则倾向于法家理想。以义导之，以利诱之，儒法结合，义利并举是贾谊在匈奴问题上的基本思路。① 而运用先进的中原文化诱使匈奴依附顺从更值得我们深思，这其中体现了贾谊的大一统观念，突出表现在对本民族文化的高度自信上。这种民族文化的高度自信在中国历史上是古已有之，到了汉代贾谊这里则发展到了一个新的高度。在贾谊这里，他将汉朝文化的感染力与吸引力运用于具体的政治实践中，试图以和平的方式把匈奴演变过来，使之归化于汉朝，这便是儒家所提倡的德胜。这种“德胜”思想是汉代儒家思想发展的一个重要表现，也是汉代大一统主张的内在思想需要，“德被蛮貊四夷”（《汉书·贾谊传》）、“四夷宾服”（《汉书·礼乐志》）、“泽及四夷”（《汉书·袁盎晁错传》）、“宜以厚德怀服四夷，举明义博示远方”（《匈奴》）后成为了标榜君主德政的重要尺度，也彰显了本民族的文化自信。

虽然后世许多人对贾谊“建三表，设五饵”的主张未给予很高的评价，但我们可从中行说之口得知这一主张对匈奴的实际威胁。“初，单于好汉缯絮食物，中行说曰：‘匈奴人众不能当汉之一郡，然所以强之者，以衣食物异，无仰于汉。今单于变俗好汉物，汉物不过什二，则匈奴尽归于汉矣。其得汉缯絮，以驰草棘中，衣裤皆裂弊，以视不如旃裘坚善也；得汉食物皆去之，以视不如重酪之便美

① 雷戈：《秦汉之际的政治思想与皇权主义》，上海古籍出版社，2006年版，第286页。

也。'"（《汉书·匈奴传》）可见当时的匈奴实际上在一定程度上受到了汉朝文化的侵蚀，而贾谊这一诱降之策突显的是汉朝文化的强大的感染力，实对匈奴存在着巨大的威胁。无论贾谊君道主张实践效果如何，不可否认的是，在贾谊生前，汉初社会汉朝与诸侯王及匈奴之间的矛盾尚未破裂，贾谊预见到这一社会危害，并大声疾呼，以求实现大一统的政治理想，这正是贾谊君道思想的可贵之处，同时他的这一系列的措施都对后世的藩属制度产生了巨大的影响。

（作者系惠州市大亚湾经济开发区管委会两委办科员，中山大学文化研究所特约研究员）

政统与道统之间：董仲舒思想探要

◎张 平

董仲舒在中国学术史和思想史上大略算得上屈指可数的最富争议性的古代思想家之一。而争议的焦点之一是，董仲舒思想是否入得儒家道统之谱系。更看重儒家之“真”之“醇”的守成论者，以为董学杂糅诸子，偏离儒家之正道，不承认其接续了儒家真脉，故排斥其进入儒道统谱系；而更主张儒家应时而变的发展论者，则以为董学仁义为本，融会百家，形成新儒学，诚然乃儒家道统之脉绪。笔者同意后者。但进一步认为，此一争议不是理论本身的问题，而是一个历史的实践的问题。董学在继承原儒根本精神的主旨之下，对孔儒确有损益，但这种损益应置于作为大儒的董仲舒所面对的汉初大的文化语境和政治遭际之中，应置于当时社会的知识背景之下，应置于汉初道统与政统相摩相荡的局面之中去考量、去解读，唯如此，方可会解并揭橥董仲舒之改造原儒，成就其新儒学的理论与实践之深致，方可洞悉董学之于儒家传承的意义。

一

王充的《论衡·实知篇》载：“孔子将死，遗谶书曰：‘不知何一男子，自谓秦始皇，上我之堂，踞我之床，颠倒我衣裳，至沙丘而亡。’……又曰：‘董仲舒乱我书。’”（按“乱”训为治或理，整理发挥之意）所谓孔子遗谶，显然为汉儒荒诞之伪造，不足为意；但此所谓遗谶却恰恰道出了秦汉之间儒学命运的两大遭际及两大转折，即一是秦始皇焚书坑儒致儒学罹难而衰，二是董仲舒应时而起，治经书而重振孔儒之绝学。

对于董仲舒之于儒家的历史意义，王充评断：“文王之文在孔子，孔子之文在仲舒。”（《论衡·超奇篇》）文王既没，孔子承其绪光大其文脉于不坠；孔子既死，董仲舒嗣其遗发扬其学统而济时，从文王而孔子而董仲舒，儒学精神一脉相承。刘歆表达得更分明贴切：“仲舒遭秦灭学之后，六经离析，下帷发奋，潜心大业，令后学者，有所统壹，为群儒首。”（《汉书·董仲舒传》）可见儒学至董仲舒实一大转折，进入一新进境。

董仲舒所以赢得这等历史嘉许，主要缘由有二：其一，审时度势，发挥和利用儒家深植于传统社会中的固有的思想文化优势，洞悉和把握汉帝国统治者的政治愿望及文化志趣，进而利用政治威权，实现“罢黜百家，独尊儒术”，将儒家推上了帝国意识形态之至上宝座，成为号令天下的统治思想和学说；其二，与时相偕，发明儒学的时代价值，贯综和整合百家，契合时代的脉动，历史地对儒学进行创造性转换，赋予儒学发展以新的内涵、新的形态，证成一代新儒学。

汉承秦制而又如何才能免蹈秦之覆辙，实现汉王朝天下长治久安，一直是汉初统治者思考的重大问题。汉初之所尚黄老，作为秦王朝独崇吏道、厉行酷法苛政的反动，在政治实践上表现为“与民休息”方针的实施。在一段时间里，社会冲突得以缓解，社会元气也在一定程度上有所恢复。但是，正如阎步克先生所指出的那样，黄老思想“清静无为”的消极倾向，“削弱了它在一个复杂文明社会中的能动性。黄老的‘君人南面之术’其策划、谋略和权术的方面决不是足以向社会民众发动号召、宣传的那种东西。它以‘道’为本，遂使仁、爱、孝、义等社会基本价值丧失了‘本’的至上意义。其反人文或反文明的倾向，又大大降低了它充分利用文化影响和思想之力量的可能性”。[①] 黄老之学的根本旨趣，终使其难以为整个社会所认同，形成社会的精神凝聚力、轨范力和统摄力，为新型的民族国家的长治久安提供文化支撑。因此，在汉初生产发展和财富积累的同时也出现了“网疏而民富，役财骄溢，或至兼并豪党之徒，以武断于乡曲。宗室有士公卿大夫以下，争于奢侈，室庐舆服潜于上，无限度。物盛两衰，固其变也”（《史记·平淮书》）。新的社会矛盾又大量滋生、尖锐起来，刚刚确立起来的中央集权统治和宗法等级秩序又面临新的威胁。形势的发展和变化使黄老思想不能再有效地发挥范导社会的文化力量。时代呼唤新的理论、新的观念。正是在这种情景之下，汉武帝于元光元年策贤良文学之士，“欲闻大道之要，至论之

---

① 阎步克：《士大夫政治演生史稿》，北京大学出版社，1996年版，第319页。

极”，要求对天人关系、政术之要、古今之变等哲学和社会历史的根本问题予以阐述。针对汉武帝的问题，董仲舒立足于当时的政治现实，阐发了“大一统”的思想主张。其含义有两层，其一是政制统一；其二是更深一层的含义，即学术思想的统一。他指出：

《春秋》大一统者，天地之常经，古今之通谊也。今师异道，人异论，百家殊方，指意不同，是以止亡以持一统；法制数变，下不知所守。臣愚以为诸不在六艺之科、孔子之术者，皆绝其道，勿使并进，邪辟之说灭熄，然后统纪可一而法度可明，民知所从类。(《天人策》)

董仲舒把“大一统”看作是天地间的普通原则，无处不在，无时不有。他认为实现和维护政制的统一，就必须形成一统的思想学术，一尊儒学，抑黜百家。

需要指出的是，在这里定一尊于“孔子之术”，绝百家“邪辟之说”之道，主要是董仲舒向汉武帝进荐的一种治术，即政治方策和政治举措，希望通过这一治术的实施，以一统纪、明法度，维护王权的权威和政治秩序的稳定。而要真正确立儒家在汉帝国意识形态的统治地位，以儒学一统学术天下，不仅仅有赖于政治威权的扶持，而更重要的是，儒家学说本身也必须适应一统的中央集权政治制度形成的客观现实，改变其政治守成主义的价值旨趣以及由此而形成的学说面貌，从自身中开发出与帝国王权一统政制的意识形态期待相符节的思想资源，为以草莽出身而登上金銮殿君临天下的汉王朝统治者提供合理性的论证和合法性的支持，从而方能实现其帝国专制政治意识形态化的转换。同时，儒学还须以护持一统的政治秩序和社会秩序为标的，在学术思想上兼收并蓄，涵摄百家之长于一身，如此方能超轶百家，褫夺百家独立一隅的理论合理性和必要性，使它们合流于儒。作为杰出的思想家董仲舒对此当然有深切的察识，而在事实上，他也正是沿着这样的现实诉求和理论逻辑，开展了对儒家思想的创造性的转化。

诸子百家，经过春秋时期的各是其是，非其所非，彼此攻讦、争鸣，至战国末期，随着国家复归统一的情势逐渐明朗，相互整合综贯的要求也日益凸显。尤其是秦汉统一大帝国形成，专制意识形态的确立，进而文化思想的统一更尤其迫切。于是，摆脱家学樊篱，突破学派壁垒，综贯百家之学，便成为众多思想家们普遍的学术自觉。从实际需要出发，以己学为主体吸收、容纳其他各家学说，建构整合的思想体系，蔚然形成一股强劲的思想潮流。这一时期的代表性学术著作和学术思想，诸如《吕氏春秋》《淮南子》《文子》《鹖冠子》以及陆贾、贾谊的理论学说等，无论其基本思想倾向是儒是道，都在不同程度或不同角度上体现了这一思想综贯、整合的企图和尝试。董仲舒承接这一思想学术脉流，潜心“春秋公羊学”，发明夫子作《春秋》之“微言大义”，并将阴阳五行说作为最基本的理论程式去解读、阐发儒家元典，去分析从自然到社会，从伦常到政制、从感官到性情等几乎无所不包的现象。与此同时，坚持儒家的基本理念、基本价值和基本立场，对百家之学贞判理析、博采众长、贯综整合，最终熔铸成一个庞大的以阴阳五行为间架结构、以“大一统”为核心命意、以“天人感应”为根本特征，涵淹人生、社会、自然和宇宙，通贯天道、神道、王道的完整而系统的“天人之学”思想体系。儒家思想由此而深深烙上了董氏学的印记，而正是这一董氏新儒学在汉王朝统治者看来，确证了其坐拥政治江山的终极依据，也满足了其一统思想文化江山的期许，从而被采纳成为汉王朝的统治思想；但从另一方面来说，也因了董氏新儒学的意识形态化，儒家庶几终于圆了其“外王”的夙梦。

对于董仲舒一尊儒学，抑黜百家的策对及其意识形态化的“大一统”的天人之学，近代以来，尤其是中共建制之后，多所指摘。一般人以为，董氏儒学奠定和强固了皇权专制统治的思想文化基础，尤其是将学术定于一尊，导致中国极权专制社会两千多年延续不变，中国思想学术长期不发达，是中国社会特别是近代以来停滞落后的思想文化要因。对这一问题，宜取历史主义的态度和辩证观点。毋庸置疑，确乎由于董仲舒，儒家才在汉初脱颖百家，一跃而独尊，进而经学化、官学化，成为服务于汉王朝专制政治的意识形态；而此一历史变局，也着实深刻影响了之后两千多年皇权专制社会政治、文化格局及其历史嬗变，但若因此而将中国社会及学术文化后来所遭遇的困局归咎于董仲舒之一尊儒家，则未免令董仲舒蒙冤。在董仲舒的时代，刚刚确立的新生的统一的民族国家，依然面临着种种政治分离的危险，而诸子学说的活跃则激励着社会的离心力。李斯在请禁私学的奏议曾称“人闻令下，则各以其学议之，入则心非，出则巷议，夸主以为名，异趣以为高，率群下以造谤”（《史记·李斯列传》）。虽然李斯描述的是秦时私学干政的情景，但因汉去秦未远，谅其也在相当程度上反映了汉武之世的舆论环境。如何才能巩固汉帝国之一统天下？统一后的国家走向何方？王朝如何才能代代不竭？诸如此类的问题的存在，势必要求统治者确立一统的意识形态，不仅为其统治提供合理性、合法性的终极依凭，而且为其规范和清理社会文化的秩序，确定与指引其王朝历史的路向。而一统作为统治思想的意识形态，则必是一元一尊的，而不能是多元并重的。百家中的儒家，因其深植于宗法社会的文化土壤之中，赋有更适应这个社会的文化品格以及更丰厚的文化资源，较之其他子学，更有成为汉王朝政治意识形态的潜质（关于此，下文将有所展开）；而儒家治国平天下的“外王”祈求，则内在地提供了将这一潜质转化为现实的实践冲动。事实上，董仲舒之前汉初儒者，如陆贾、贾谊、贾山、叔孙通、公孙弘等已然在不同的程度上，各以不同的方式论证儒学作为一统帝国政治意识形态的合理性，并尝试推动统治者确立一尊儒家的意识形态①。应该说，儒家最终走上一尊的意识形态地位，是历史的选择、文化的选择，是汉初历史嬗变的逻辑必然。历史的必然却以董仲舒这一偶然表现了出来，董仲舒偶然地被汉初历史现实推到了前台。而就董仲舒那一著名的策对本身而言，其立论主旨，如徐复观所指出的，“并不是要禁止诸子百家在社会上的流通”，其所谓“诸不在六艺之科，孔子之术者，皆绝其道，勿使并进”，指的是不为六艺以外的学说立博士而言。② 当时及后来中国学术思想所呈现的实际，证实徐复观所言不妄。

而更深刻更要紧的恐怕还在于，作为道承孔教心志圣业的大儒，董仲舒整合学术思想、定儒学于一尊，其意旨不仅在于适应一统政治的意识形态需要，为大一统的帝国专制建筑思想文化上的合理性及合法性的支撑；更在于希冀将儒家的价值理念和价值追求贯彻于汉王朝社会的政治运作之中，重新整合政与教、政统与道统，达成一统的文化秩序与一统的政治秩序的统一，以实现其汉王朝长治久安的政治理想。

二

概而言之，所谓政统，是指以政治生活为内容、以权势为特征、以王权为代表的政治系统及其脉绪；而所谓道统，则指以文化生活为内容、以教化为特征、以知识分子（古代曰士）为代表的文化系统及其脉绪。余英时分疏曰：“以政统言，王侯是主体；以道统言，则师儒是主体。”③

---

① 葛兆光：《中国思想史》（第一卷），上海：复旦大学出版社，1998 年版，第 368 - 371 页。

② 徐复观：《两汉思想史》（第一卷），上海：华东师范大学出版社，2001 年版，第 113 页。

③ 余英时：《士与中国文化》，上海人民出版社，1987 年版，第 59、102、107、28、140、145 页。

殷周时代社会高度统合，政教合一，政统与道统更未分成。这体现在形式和内容两个方面，就形式言，学在王官，官师合一。章学诚认为，三代之世，圣人因事主教，寓教于政，有言："虞廷之教，则有专官；司徒之所敬敷，典乐之所咨命；以至学校之设，通于四代；司成师保之职，详于周官。然既列于有司，则肄业存于掌故。其所习者，修齐治平之道，而所师者，守官典法之人。治教无二，官师合一，岂有空言以存其私说哉？"①

就内容言，三代皆以礼治，而周代更把这种礼治精神推向极致。礼治的社会秩序集中地表征了当时社会的这种统合特质。王国维指出，"周之制度典礼，乃道德之器械"，而周礼则为"尊尊、亲亲、贤贤、男女有别四者之结体""然尊尊、亲亲、贤贤此三者，治天下之通义也"。② "礼"不仅通过衣服、舆马、宫室、饭食、器物、仪制、典礼等方面的差序规定，体现政治等级及规范，设立国制政典（尊尊），而且涵摄亲缘宗法的伦理关系（亲亲），以及文化修养、道德教化（贤贤）。因此，"礼"一方面具有社会政治功能的意蕴，《礼记》载：

> 子曰：明乎郊社之义、尝禘之礼，治国其如指诸掌而已乎！是故以之居处有礼，故长幼辨也；以之闺门之内有礼，故三族和也；以之朝廷有礼，故官爵序也；以之田猎有礼，故戎事闲也；以之军礼有礼，故武功成也。是故宫室得其度，量鼎得其象，味得其时，乐得其节，车得其式，鬼神得其飨，丧纪得其哀，辩说得其党，官得其体，政事得其施，加于身而错诸于前，凡众之动得其宜。（《礼记·仲尼燕居》）

由此，明郊社之义、尝禘之礼，便掌握了治国的要领，而将郊社、尝禘的礼义、礼式推行到不同领域，使之相应有其礼，每一领域、每一事物、每一行为各得其宜且各循其规，则达成政治秩序，维护社会的稳定和和谐。这段话虽为"子曰"，但我们有充分的理由相信，它真实地传达了周礼的基本意义和功能。

另一方面，礼又具有道德教化的意蕴和功能。郭沫若认为："德字不仅包括着主观方面的修养，同时也包括着客观方面的规模——后人所谓'礼'……礼是由德的客观方面的节文所蜕化下来的，古代有德者的一切正当行为汇集了下来

---

① 章学诚：《文史通义》，北京：中华书局，1985 年版，第 131 页。

② 王国维：《殷周制度论》，《观堂集林》第二册，北京：中华书局，1984 年版。

便成了后代的礼。"[①] 因此，礼便是德的凝结；通过制礼、施礼可以成就道德的修为。《国语・周语》（上）曰："成礼义，德之则也……且礼所以观忠信仁义也。"《礼记・文王世子》也指出，由燕礼而使孝弟之道达；由守祢之礼可致孝爱之道深而君臣之道著；由守庙之礼可使君臣之道著。其他的礼亦各有促进辞让、合亲、睦友之道等道德教化功能。[②]

因此，在周礼的体系之中，政制典章、行政管理与文化修养、道德教化相互涵化，相互融摄，而没有分化为具有不同性质和规划的不同社会领域和系统；政与教、法与德的社会功能和作用在制礼、行礼中整合统一，并最终体现为"礼治"秩序的生成。

及至春秋，"礼坏乐崩"，王官之学散而私学竞起，百家争鸣，九流并作，各执其方，立言以明道，道术为天下裂；而诸子又皆自以为至极，思以其道易天下。于是，各有师徒，薪火相传，授业传道，形成家学。由此，以诸子百家为标帜的文化系统便与政治系统相分化，形成具有功能自主性以及特有法则、规范的独立的社会领域。同时在这一分化过程中，也造就了以道自任的"士"（知识分子）阶层，他们摆脱了封建身份的樊篱而正式成为文化传统承担者，从事专门性的文化活动。这样，官师政教合一的传统社会格局便被打破，道统与政统也得以分化和贞立。

道统与政统的分立，从政治文化史一维，标示先民的生存方式终于突破所谓"原始的圆满"而走向分化，社会生活日渐复杂化、专门化。这种分立是社会深入发展的表现。而另一方面，道统与政统之分化为两个不同的社会领域又只具有相对的意义，两者分化的实质是人们的社会文化活动和政治活动分别为不同的领域和不同的系统。在此意义上可以说，这种分化是一种社会结构学意义上的社会嬗变。人们的文化活动和政治活动由此开拓出各自独立开展的广阔空间，被赋予各自独立的价值和意义，并形成各自独有的法则和目标指向。然而，由于道统与政统脱胎于周礼体系，故在两者的内在精神和终极旨归上，都具有彼此统摄、整合，实现两者统一的意志和驱力；而它们之间的矛盾和紧张，正是两者彼此整合、统一的特殊表现。

---

① 郭沫若：《先秦天道观之进展》，《郭沫若全集》（历史编）（第一卷），北京：人民出版社，1982年版，第336页。

② 陈来：《古代宗教和伦理》，北京：三联书店，1996年版，第267页。

就道统而言，以诸子百家为存在形态的知识分子（士）以道自任，成为道统之载体，而王官之学散为百家，百家承续王官之学，诸子学说深深印有王官之学的胎记。章学诚指出，百家之中“学者所司，不出官司典守，国家政教”。[①]百家所学虽已与官司分化而独立，但这主要体现在形式上，而在其内容上，百家之学依然独钟于政教典守。同时，由于“士”终究是由周代封建贵族一脉演变而来，因此这个士阶层的意识底层便积淀着一种浓重的政治情结，虽为为学之士，却持有强烈的政治责任感，以及“精神贵族”的气质，亟亟于居位参政。孔子曰“三月无君则皇皇如也”（《孟子・滕文公下》），自以为不能如匏瓜之系而不食（《论语・阳货》）。《孟子・滕文公下》云：“士之失位也，犹诸侯之失国家也。”“士之仕也，犹农夫之耕也。”士入仕参政被目为天经地义。即使如稷下学士，以道自负，不甘自贬身价而入仕，持守“士”的身份和信念，傲然独立于官僚系统之外，“不宦”“不治而议论”，但“他们的议论从来就不是一般性的，而具体地表现为‘言乱治’‘议政事’或‘论国事’”[②]；而更为要紧的是，道统与政统既分，而士阶层仍不能对“国事”“政事”有所忘怀，所以然者，盖在于其理论上形上学之凭藉。他们所信持、所自任之“道”，不是彼岸世界的终极眷注，而毋宁是一种“人道”，是人世间秩序的设计、安排。这与西方文化中政教分立所表现的情景迥异其趣。在西方分立的实质要求及具体表征上就是“上帝的归上帝，凯撒的归凯撒”，政教一般不发生界域之僭越。西方古代知识分子（以教士为代表）所倾心的是超世间的天国，所关注和投身其中的是“天道”的事业，对尘世人间之政治事务则往往冷眼相向，漠然处之。而在中国文化，干预政治、涉足政统，却天然地向来为士之为士的题中之义。司马谈一语道破：“夫阴阳、儒墨名、法、道德，此务为治者也。”（《史记・太史公自序》）余英时指出了中国古代“道”的人间性特征，他写道：“中国的‘道’源于古代的礼乐传统；这基本是一个安排人间秩序的文化传统。其中虽然也含有宗教意义，但它与其他古代民族的宗教性的‘道统’截然不同。因此中国古代知识分子一开始就管的是凯撒的事。”“知识分子不但代表‘道’，而且相信‘道’比‘势’更尊，所以根据‘道’的标准来批评政治、社会从此便成为中国知识分子的分内

① 章学诚：《文史通义》，北京：中华书局，1985 年版，第 132 页。

② 余英时：《士与中国文化》，上海人民出版社，1987 年版，第 59 页。

之事。”①

由此，尽管我们根据现代社会学关于社会分化的理论，指证了春秋时期道术裂变致道统与政统之分化、独立及其意义，但是在当时乃至此后的知识分子的观念中，并不承认政统独立存在的价值和意义，甚至不承认政统自有其独立法则。在他们那里，道统与政统的统一、一致具有本体论的意味；政统的价值合理性和合法性只在于其合“道”性。而知识分子对政事、国事的“议”与“不议”（此处之“议”不应仅仅理解为一般的“议论”“谈论”，而应引申地理解为“干预”）取决于天下是否有“道”②。而当时知识分子所遭遇的正是一“礼坏乐崩”“天下无道”的时代，于是诸子纷纷揭橥“道”的价值，“思以其道易天下”，力图弘“道”为圭臬，规范、导引现实政治运作，以道统统摄、整合政统，使势从道，重建政与教、政统与道统的合一。《老子》五千言幽奥玄妙，深浑高致，但却被目为“人君南面之术”。老子标举“道”为天地万物包括人类社会的本源、本质及运动规律和原则，揭橥道的恍兮惚兮、寂兮廖兮、自在自化的自然独立的本性。他将“道”的原则施之于社会政治生活，希冀以“道”品性与原则规划和改造政治生活，主张“王法地，地发天，天法道，道法自然”，归结言之，即“王法自然”，认为治国的圣人应是道的化身，其根本特质是因自然、因道，表现于政治之施为便是垂拱向世，无为而治。

墨子有著名的三表法一说，从中既可窥得其思想的基本而鲜明的特征，亦可明了其思想的核心价值祈向：

> 何为三表？子墨子言曰：有本之者，有原之者，有用之者。于何本之？上本之于古者圣王之事；于何原之？下原察百姓耳目之实；于何用之？发以为刑政，观其中国百姓人民之利；此所谓言有三表也。（《墨子·非命上》）

此言虽为三种立言的标准、法度，但亦可视作墨子“夫子自道”，是其对自己创学立说的根本要求，从而确立了自己思想的出发点及论证的基础。正是由此为价值标尺和价值评断，墨子申说了一套匡时救世的主张。根据“本之于古者圣王之事”，墨子称颂尧舜和三代圣王时期为理想社会，崇尚先古圣贤的权威，并

---

① 余英时：《士与中国文化》，上海人民出版社，1987年版，第107页。

② 据余英时理解，“天下有道则庶人不议”，反过来说，便是“天下无道则庶人议”；而这里的“庶人”也包括“士”。见氏著《士与中国文化》，上海人民出版社，1987年版，第97－98页。

以之为价值判断的一个判准测度和批判现实政治；根据“原察百姓耳目之实”，在墨子看来，国家政策、法令正确与否，所反映的情况是否真实，要做出正确的判断，就须察知基层百姓的所见所闻，依据百姓的实际经验；根据“发以为刑政，观其中国百姓人民之利”，墨子将能否为国家人民产生利益、效用，作为判断国家政策、法令的价值标杆，凡对国家人民有利有用者，皆正确而有价值的，反之，则是错误从而无价值的。正是基于此，他非命、非礼、非乐、非攻，而宣扬“兼相爱，交相利”、尚同、尚贤。

在力图以道统统摄、整合、指导政统，寻求道统与政统复归合一方面，儒家表现得最为突出、最为充分。孔子承继三代的“礼治”传统，坚持“为政先礼；礼，其政之本与”（《礼记·经解》），但他赋予礼乐以“仁”的内涵，并由此衍化出政治原则。《礼记·哀公问》载孔子曰：“古之为政，爱人为大，所以治爱人；礼为大，所以治礼。”在这里他托古以申明其政见，要求在政治秩序中贯彻、体现仁爱精神。孟子更是言必仁义，以仁义释王政。《孟子·告子下》言：“是君臣父子兄弟去利，怀仁义以接也，然而不王者，未之有。”只要君臣吏民在行政中处之以仁爱孝悌礼让忠心，王政便自在其中。尤其是他对诸侯力征、杀人盈城的残酷现实痛心疾首，提出著名的仁政理论，希冀诸侯以“不忍之心，行不忍之政”。荀子释“礼”，虽对其政制规划意义有所侧重，但是在他那里对于王政而言，“仁义”理念仍然具有相对于礼的价值优位。《荀子·劝学》言：“故王者先仁而后礼，天施然也。”儒家以社会道义的代表自任，标举仁义之道，并将之诉诸社会政治实践，追求“仁政”“德治”，希冀对当时崩乱无道的政治、社会做出“仁义”的安排；同时，在儒家，“仁政”“德治”的价值理想不仅表现为政治运作的结果，毋宁其本身就是政治运作的过程；政治秩序的生成涵淹于其价值理想的建构之中。因此，儒家坚持以其价值原则，去衡度、规范行政系统，坚持道尊于势，坚持仁义之道统对王权政治的主导地位，如王夫之所言“德立而后道随之，道立而后政随之”（《读通鉴论》卷二十二），以此谋求政统与道统的新的统一。从孔子“士志于道”到孟子道尊于势再到荀子“从道不从君”所表现出来的儒家知识分子的抗礼王侯的尊严感，不仅源自以道自任的价值信念，而且是儒家政治理念的逻辑要求——“凯撒”（政统）必得经过“仁义”（道统）精神的洗礼，方可获得行政的资质，否则，王者之治断难达致。

而就政统而言，由于中国“道”的人间性（政治性）的品格注定了知识分子具有干预政治的先天趋势，道统必然要整合政统，因此，政统全然要分化、独立于道统命定是不可能的。问题在于，政统的内在本性却要求它必然以自己为主体去统摄、整合道统。首先，春秋战国时代，各国相互竞力争霸，期望称雄天下，不仅需要知识技术层面的支持，更需要某种来自“道”的价值认证，亦即需要一套渊源于礼乐传统的意识形态的支持，以巩固其政权的合理性基础，同时增强其政治号召力。故而，各国统治者尊师礼贤，树立某家之“道”作为其政治意识形态。在这一过程中，虽然各国君主为壮大自己的政治声势，而暂时不得不承认知识分子代表道统的观念，甚至承认以“道”辅“势”的原则，但必须洞察此不过是现实政治的一种实用主义的策略，是统治者为达成其政治目的而不得不向道统所做的必要妥协和让步，其对道统的借重终会将道统纳入其统治的威权结构之中，成为其统治的意识形态，进而以道从势，达成政统对道统的整合。当年，唐帝李世民捻髯而笑曰“天下英雄尽入我彀中”一幕，便是政统对道统整合的真实写照。其次，作为宗法专制时代政统之主体的帝王天然具有“专适天下以从己”、极欲占享天下的内在驱力，这使得政统在本质上不可能承认道统的分化独立，任由知识分子凭藉其道，去指点、评说自己的政治运作，甚至为自己设定游戏规则，而必然要以帝王一己之私去统制、驱驭道统，使之臣服于王权的宝座之下。及至秦一统天下，政统的这一品格更是发展到了极致。秦为无道，肆虐天下，禁燔诗书，坑杀术士，弃绝仁义，以“法教”为道之所在，以极端的形式达成政统对道统的统一。或谓此为重建治教合一，其实此处全无“合一”，直是以政统代道统，消解道统。

秦二世而亡，可以说是以帝王权益为中心，政统独任“法”“势”“术”，以强权的方式统一、以儒学为主要标帜的道统的必然历史劫数。因为，儒学义理所表达的是一种具有古老传统的文化价值理想，而这种文化价值理想又根植于更为古老却赓绵不断的传统社会；儒家知识分子更以仁义之道自任，成为社会道义的维系力量；同时，“儒者在本朝则美政，在下位则美俗”（《荀子・儒效》），发挥着沟通政权和乡俗社会的作用。秦弃仁遗义而独用苛法酷刑，焚书坑儒而专任狱吏，不仅丧失其文化上的合法性，而且也因与传统社会难以契合而为传统社会所唾弃。扶苏曾谏坑儒曰：“诸生皆诵法孔子，今上皆重法绳之，臣恐天下不安。唯上察之。”（《史记・秦始皇本传》）可谓亦深察儒生与“天下”、道统与社会的相依相维。

三

春秋战国，王权崩溃，“礼崩乐坏”，传统宗法社会面临巨大的历史转折。如何适应社会的转型，重构文化价值系统，为社会寻求精神支撑，为人生提供安身立命的新的所在，亟然而为当时作为知识精英的士人所面临的历史课题。于是，诸子竞起，创教立说，争讼辩难，聚徒授学，“道术为天下裂”。在时代激变的烽火烟尘中，哲人们叩问历史、叩问人生、叩问上苍，涌动起超越追求的思想激情，开辟了各自探询超越性存在的致思理路。他们的思想求索溶铸成古代文化发展史上最灿烂眩目的精神景致，更构筑了中华民族哲学意识和文化理念生成的原点，规定了中国传统文化的基本特质和原型。

这即是西方学人所称的在世界历史发展的“轴心时代”，发生于中国文化史上的所谓“哲学的突破”或“超越的突破”。依余英时的理解，“所谓哲学的突破即对构成人类处境之宇宙的本质发生了一种理性的认识，而这种认识所达到的层次之高，则是从来都未曾有的。与这种认识随而俱来的是对人类处境的本身及其基本意义有了新的解释”。①

西方学者考究了“轴心时代”，发生于世界四大古代文明——希腊、以色列、印度和中国的“哲学突破”的历史嬗变，并进行比较，指出这种“突破”在中国表现得最为温和，而其所言之“温和”，大略意指相较于其他文明的“哲学的突破”所呈现的之于先前文化传统较多地含有否定的成分，中国文明的“突破”则更多地含有着继承的成分。余英时认为，中国“哲学的突破”的这一特点，主要是针对儒家而言的，在中国“哲学的突破”表现为对古代诗、书、礼、乐所谓“王官之学”的突破。而孔子在承继诗、书、礼、乐传统的同时，又赋予其新的精神和意义，从而实现对旧传统的突破。儒家守先以待后、寓开来于继往的致思取向，无论就“突破”的过程或“哲学”的内涵而言皆如此。② 因此，尽管中国“哲学的突破”导于先哲对“礼崩乐坏”的哲学思考，但“轴心时代”中国文化的嬗变，不是绝然断裂的突变，而是具有明显的与前轴心时代的

---

① 余英时：《士与中国文化》，上海人民出版社，2003 年版，第 20 - 21 页。

② 余英时：《古代知识阶层的兴起与发展》，《士与中国文化》，上海人民出版社，2003 年版，第 19 - 24 页。

连续性。正是基于这样的考究，陈来认为，研究中国文化尤其儒家思想的起源或根源，不仅要注重轴心时代，还应关注其所谓“前轴心时代”。[①]

儒家“突破”所以形成这样的基本性格，其缘由是多方面的，但从根本来讲，仍须深入到中国古代社会特殊的演变过程中去寻求正解。

不少学人已然注意到“族”或血缘关系的因素在中国早期国家形成过程中所具有的特殊意义。侯外庐等认为，古典的古代是从家族到私产再到国家，国家代替了家族，亚细亚的古代是由家族到国家，国家混合在家族里面。中国早期文明走的是后一条道路，这是一条“维新”的路线。[②] 张光直指出，世界其他国家，“在古代王国文明形成的过程中，血缘关系渐被地缘关系所取代，政治的、地缘的团体占的成分比亲属占的成分越来越厉害和强烈，而亲属关系则日趋衰微”；而“在中国古代，文明和国家起源转变的阶段，血缘关系不但未被地缘关系所取代，反而是加强了，即亲缘与政治的关系更加紧密地结合起来”。[③] 这样的一条独特的维新路线使得氏族组织成为国家的基础，宗法血缘关系衍化为社会政治关系，国和家高度混融、重合。国家的结构是比照自然之家的结构建立起来的：卿大夫以采邑为家，诸侯以国为家，天子以天下为家，周天子就是“天下”这一大家族系统的总族长，每个在血缘关系中处于不同等差的家族，同时也就是国家政治结构的不同环节。在这样的社会政治结构中，家与国、父权与君权，有着同构与互通的关系，把政权、族权融为一体。西周就是这样一个具有典型意义的宗法制国家。

如果说氏族血缘关系与政治关系的结合使氏族血缘关系发展成为宗法制的政治结构，那么，这种结合相应地生发于氏族共同体中的传统习俗也发展成“礼”的规范体系，以维持这种宗法制的组织结构秩序。

关于礼源于氏族共同体生活的风俗习惯这一点，不仅为古人所察，战国慎子有云：“礼从俗，政从上。”（《慎子·遗文》）而且也成为今之学者的共识。刘师培即认为上古时代，礼源于俗，故而研究典礼变迁，可以从考察民风之异同入手。杨宽更有具体的阐释：“……后来就把所有各种尊敬神和人的仪式一概称之为‘礼’了。后来更推而广之，把生产和生活中所有的传统习惯和需要遵守的

---

① 陈来：《古代宗教和伦理》，北京：三联书店，1996 年版，第 5 页。

② 侯外庐等：《中国思想通史》（第一卷），北京：人民出版社，1992 年版，第 12 页。

③ 张光直：《中国青铜时代》（二集），北京：三联书店，1990 年版，第 118 页。

规范，一概称为‘礼’。等到贵族利用其中某些仪式和习惯加以改变和发展，作为维护贵族统治用的制度和手段，仍然叫做‘礼’。”并且，他认为“周礼”便属于这样的性质。① 由此，“郁郁乎文哉，我从周”便不仅表达了孔子对以周公为象征的西周“礼治”社会的心仪和维护，表达了孔子以西周礼乐文化的传人自任；而且更重要的是，我们据此可以揭示出孔儒之社会的和思想的根系所在。“贤智学于圣人，圣人学于百姓……孔子之大，学周礼一言，可以蔽其全体。”②圣人之“道”即根植于氏族社会共同体；儒学中心概念的理论原型即存在于氏族社会共同体的习惯礼俗、人伦日用之中。李泽厚推测“德原指氏族习惯法规”，而陈明的论说则证明这一推断是成立的③。这即是说，“德”可以理解为是对氏族社会成员在共同生活中所形成的风习规范的遵循，而这些风习规范是裨益及维系氏族共同体及其成员的生活的，也唯有如此，它们才成为共同体成员的自觉或不自觉的选择。是故，德或不德，归根结底，是要看王者对氏族成员的行为，看他是否善待氏族成员。《孟子·离娄上》中以“仁之实”为“事亲”，“义之实”为“从兄”；《尽心上》曰：“亲亲，仁也。”可证强调血缘亲属的骨肉感情是“仁”的一个基础意蕴。应该说，儒学与这个社会相济相维，一方面，这个社会是儒学的根基所在，是儒学精神资源的活头源水；因而另一方面，儒学则表达、彰显着这个社会的价值祈愿和文化关怀，并成为这个社会的精神守护者。

春秋战国时期，作为国家形态的宗法制度土崩瓦解，家、国渐趋于两分，至秦汉郡县帝国终取封建城邦而代之。然而，这一社会结构的大变革，究竟未能从根本上触动社会基层，血缘纽带依然是基层生活的基本维系，正如杜正胜所指出的“在中国不论地方行政组织如何细密，统治机能如何有效，基层社会的秩序仍多仰赖血缘族群来维系”④。因此，传统礼俗、仁爱孝悌忠信以及“父老”的道德修为和教化责权等就依然是这个社会的整合和调节的主要因素，亦即是说，儒家文化的理念及价值依然是这个社会文化和精神层面的主流。即使在“焚书坑儒”、唯法是用的暴秦，左右人们道德价值判断的也主要是儒家伦理观念，甚至统治阶层亦如此。在实际的政治运作中，秦朝统治者并非一味任刑纵罚，而是也

---

① 杨宽：《古礼新探》，北京：中华书局，1965 年版，第 308 页。

② 章学诚：《文史通义》，北京：中华书局，1985 年版，第 141 页。

③ 陈明：《儒学的历史文化功能》，南京：学林出版社，1997 年版，第 27 – 31 页。

④ 杜正胜：《编户齐民》，台北：联经出版事业公司，1987 年版，第 196 页。

肯认“忠”“孝”等观念之于政治秩序的根本意义。云梦秦简《为吏之道》云：“……以此为人君则鬼（按：读为“怀”，和柔之意），为人臣则忠，为人父则兹（慈），为人子则孝……君鬼（怀）臣忠，父兹（慈）子孝，政之本也。”① 这分明是儒家所倡导的“为吏之道”。儒家的价值理念还深深影响着秦帝国的社教政策。秦始皇一统天下后，巡游四方，刻石称功，同时特别注意民间社会的教化。《琅琊刻石》写道：“以明人事，合同父子，圣智仁义，显白道理。”“端直敦忠”“六亲相保”（《史记·秦始皇本纪》）。在《峄山刻石》中，公然提倡孝道，又因巴蜀寡妇清的贞洁，“为筑女怀清台”。在《会稽山刻石》中触及夫妇伦理的规范：“有子而嫁，倍死不贞。防隔内外，禁止淫泆，男女絜诚。夫为寄豭，杀之无罪，男秉义程。妻为逃嫁，子不得母，咸化廉清。”（《史记·秦始皇本纪》）顾亭林于《日知录》卷十三“秦纪会稽山刻石”就此称：“然则秦之任刑虽过，而其坊民正俗之意固未始异于三王也。”余英时也进而指出：“可见在文化、社会政策方面，秦始皇仍不能不舍法家而取儒家。”② 而儒家价值理念对汉庭的影响则可从陆贾与汉高祖刘邦的对话中窥其一斑。《史记·陆贾列传》载：

> 陆生时时前说称《诗》《书》。高祖骂之曰：“廼公居马上而得知，安事《诗》《书》?”陆生曰：“居马上得之，宁可一马上治之乎？且汤武逆取而顺守之，文武并用，长久之术也……向使秦已并天下，行仁义，法先圣，陛下安得而有之？高帝不怿，而有惭色。”

这段对话显示，儒家价值理念在当时具有深厚的社会基础和普遍的影响力，倘秦皇善用之而“行仁义，法先王”，则江山社稷庶几可巩固，汉即无机可乘。对此曾解儒冠，“溲溺其中”的汉高祖也不得不承认。

从血缘宗法纽带自中国踏入文明社会的门槛，便成为决定着中国社会发展的基本面貌的基础性因素而绵延不断的历史景象中，我们不难察识，儒家“哲学的突破”所以呈示出连续性的基本性格，主要在于其植根其中的那个社会在嬗变中的连续性，是那个社会嬗变连续性的观念反映。而也正因为儒家“哲学的突破”的这种突破中有连续、连续中有突破的特性，不仅更深刻地反映了以血缘宗法纽带为基础的中国社会存在和发展的历史现实，而且也使其自身成为中国古典文化

---

① 睡虎地秦墓竹简整理小组编著：《睡虎地秦墓竹简》，北京：文物出版社，1978年版，第285页。
② 余英时：《士与中国文化》，上海人民出版社，1987年版，第140页。

最主要的代表和传承者，才进而使得它能够超秩诸子百家而被确认为“道统”之正宗，并能够在历经暴秦坑焚的历史劫难之后，依然生生不息，甚而跃升为传统社会的位居统治地位的主流意识形态。

儒家的社会品格使它更集中地体现和更有力地担当了社会的主流道义，从而有效地发挥了维系社会基本秩序的功用；而儒家的文化品格则使它成为社会高级文化的象征，在文化领域独领风骚。因此，相对于汉初的其他学说，儒家学说就更具有意识形态的潜质。正如阎步克所阐述的那样：

> 对于那个社会的政权来说，它需要充分利用结晶于“诗书”“礼乐”之中的高级文化来强化其合法性和整合社会，把它们转化为其政治象征；对于社会来说，也需要这种能够体现其基本道义的高级文化来自我维护，通过它们来形成政治期待，促使国家来保障那些价值，并仅仅赋予这样的政权以合法性。于是我们就看到，儒家“礼治”相对能够更全面地满足那个社会对意识形态的需求。同时那个社会也有其意识形态赖以生发的丰沃土壤。①

四

汉初，面对如何维护刚实现实质性统一的民族国家的长治久安这一历史课题，作为政统代表的汉武帝和作为道统代表的董仲舒，正是因为均明了儒家的上述品质，尽管各从自身的立场出发，本着各自的期望、企图、设计和目的，却最终在罢黜百家、独尊儒术的政治主张上达成了一致，儒学由此被确立为官方意识形态，儒学由民间一跃而为官学，于是政和教、政统和道统在新的历史条件下，以新的形式重新整合、统一。

然而，这种整合统一主要的更多的表现在形式上，而在实质上，两者可谓同床异梦，各有所图。汉武帝与董仲舒对于儒学之成为意识形态的理解和寄托，是迥然相异的。前者秉执工具理性，立足政统，借儒学为其统治的合法性构筑文化支撑；同时为维护行政秩序，提高社会控制的有效性，而将儒学理解为规范百姓的手段，着眼的是将儒学改造为统治的工具，儒学在他那里仅仅作为治术才有价

---

① 阎步克：《士大夫政治演生史稿》，北京大学出版社，1996年版，第321、346页。

值和意义。而董仲舒则基于价值理性将儒学理解为道——一种社会理想以及达成这一理想的路径和方法，关注的是价值属性。儒学在他那里有时不免“术”义，但终究是一种价值信持，而且他坚持儒学对政统的轨导意义。

正如前面所述，儒学在董仲舒那里已经发生了适应时代变迁，适应汉代政治要求的“创造性转化”。董仲舒的天人之学，以阴阳五行为基本构架，通过天人相副、天人相感说明人与天、人道与天道之间的对应和感应关系，描绘了一幅系统而完整的宇宙图式。他把人间的政治秩序、伦理秩序等归结于天，以天道天理阐释人间社会的运动、变化，一方面使儒学具有了本体论的意蕴，丰富了儒学义理的超越的宇宙本体论支持；另一方面却赋予儒学以神文色彩，而削弱了其人文主义的精神特质，其中不少的意识和观念，从认识史的维度贞判，相对于原始儒家经典之论，可以说是倒退的，甚至有些是荒诞不经的。应该说，董仲舒的儒学“创造性转换”，对原始儒学有所损益，但这或损或益的根本旨意在于，通过儒学自身的转换，使其更契合新时代精神的需要，实现儒家之道向行政的落实，实现理想企划与实际运作的融通，进而将儒家终极价值关怀贯彻到具体的政治设计、规划和安排之中，切实达致道统对政统的统摄、整合。因此，在董仲舒那里，理论的谬误常常蕴含着儒学价值的贞立；形式的荒诞不经往往寄寓着其价值理性的阐扬。由之，对董仲舒乃至以其为代表的整个汉儒的评价，从认识论之维揆度其思维水平和思想创获固然必需，但着眼于由其所开掘并体现出来的儒学的历史文化功能，或能够更为准确地贞判和把握董仲舒及汉儒之于儒学乃至中国传统文化的意义所在。

余英时指出：“从孔孟荀到汉代，儒教的中心任务是建立一个新的文化秩序。”“这是最高限度的秩序，超越但同时也包括了最低限度的政治法律。”① 儒家的这种新的文化秩序是以治教合一的“三代之治”为参照的。在“三代”，社会是通过“礼乐”的制定和实施来整合、维系的，而“礼乐”首先的和主要的是一种文化规范。春秋以降，礼崩乐坏，治教二分，道统与政统异立，而原儒们依然执着三代政治理想，希图以儒家的价值理念去规制、调控现实的政治和行政运作，以道统去统摄、整合政统，重建治教合一。孔孟之道视“礼乐之治”为其理想之政治目标，对春秋之“礼崩乐坏”痛心疾首，吁求“克己复礼”，重建

① 余英时：《士与中国文化》，上海人民出版社，1987 年版，第 145 页。

西周礼制社会。而孔子以仁释礼，孟子究礼为辞让之心，在他们那里，礼乐皆本于心性。由此，礼乐之见于政治运作便归结为人之善性的发掘过程；政治理想的达成被落实于人的伦理自觉。而对于战国时期逐步形成以中央集权为标志的新型的国家政治形态及其构成原则、组织方式和运作机制等，他们很少有切实的体会和关注，而毋宁经常扮演一种道义的批判角色。是故《韩非子·显学》尖锐地批评说：

> 今世儒者之说人主，不善今之所以为治，而语已治之功；不审官法之事，不察奸邪之情，而皆道上古之传誉，先王之成功。儒者饰辞曰"听吾言则可以霸王"，此说者之巫祝，有度之王不受也。

近人章太炎亦有孟子疏于"王政"之议："孟子通古今，长于诗书，而于礼甚疏。他讲王政，讲来讲去，只有'五亩之宅，树之以桑；鸡豚狗彘之畜，无失其时；百亩之田，勿夺其时'等话，简陋不堪。"① 此处章氏所谓孟子"于礼甚疏"，主要是就其疏于"王政"而言的；而孟子所疏之"王政"则当是指战国中央集权政治之运作。②

及至荀子，儒学与政治实际的疏离的状态开始改观。荀子顺乎时代变迁，援法入礼，强调礼作为外在的社会纲纪规范的功能和作用，鼓吹"知隆礼义之为尊君也""法后王，一制度"，并对封建王权及官僚政治体制的具体运作进行了精微的论述。但由于其"天人相分"的理念对"天道"的自然主义理解以及由此而来的轻蔑，使其理论的合理性不能得到超越的宇宙本体论的支持，更不能对王权统治提供天然合理性和合法性的论证，因而难以获得现实政治的哪怕是表面上的认同和接受，遑论发挥对政统的统摄及指导作用。

因此，在各国争霸、天下大乱的情势下，原儒的思想终不曾也不能阐发为具体的行政操作，见诸于实际政治过程，而只能高悬理想，止乎"议论"。真正将儒家的价值祈愿付诸实施，实现儒家理想与现实政治的融通，力图在现实的政治理念、政治行为、政治过程以及政治目标中贯彻落实儒家的价值关怀，希冀在现实性上切实整合道统与政统，从而建立新的文化秩序的，是董仲舒，或者确切地说是董仲舒肇其端的。

---

① 章太炎：《国学概论》，上海古籍出版社，1997 年版，第 33 页。

② 阎步克：《士大夫政治演生史稿》，北京大学出版社，1996 年版，第 165 – 223 页。

首先，树立儒家仁义之道为最高的政治指导原则，坚持把仁政、德治作为现实政治运作的根本价值所在。

道者，所由适于治之路也，仁义礼乐皆其具也。(《汉书·董仲舒传》)

尧舜之王为也，皆由仁义为本。仁者所以理人仁也，故圣人以为治首。发号出令利天下之民者，谓之仁政。(《诣丞相公孙弘记室书》)

国之所为国者德也。(《春秋繁露·保位权》)

董仲舒把“仁义”作为“为国”“为政”的根本原则和路径，置道义价值于君权之上，国之所以为国，王之所以为王，在于其必须对社会各阶层、各级的权利、义务、责、任和利益做出合乎“仁义”的分配。为论证“仁义”作为政治指导原则的至上性和普遍性，董仲舒将之诉诸于“天道”的超越性、神圣性。在当时的历史条件下，自然之天以其超人间性、神秘性、主宰性而受到世人包括统治者的普遍信仰，将人事诉诸于天道也是普遍的思维方式。正是由于这样的知识背景，董仲舒力图借重于天来提升、凸显“仁义”的对于政治的至上价值，以使统治者接受并奉行便是自然而然之事，之于当时的知识状态，与所谓迷信云云并无干涉。西汉君臣好言天命、灾异、鬼神之事，即使智如汉武帝，也十分关切所谓“天命”。他第一次对董仲舒策问，便提出“三代受命，其符安在？灾异之变，何缘而起”的问题。因此董仲舒以“仁”释“天”，强调“仁”是由天而来，是天的本性。

天，仁也。天覆育万物，既化而生之，有养而成之。事功无已，终而复始，凡举归之以奉人。察于天之意，无穷极之仁也。人之受命于天也，取仁于天而仁也。是故人之受命天之尊，父兄子弟之亲，有忠信慈惠之心，有礼义廉让之行，有是非逆顺之治，文理灿然而厚，知广大有而博，惟人道可以参天。(《春秋繁露·王道通三》)

仁义制度之数，尽取之于天。(《春秋繁露·基义》)

生育养长，成而更生，终而复始，其事所以利活民者无已。天虽不言，其欲赡足之意可见也。古之圣人，见天意之厚于人也，故南面而君天下，必以兼利之。(《春秋繁露·诸侯》)

故而，明德治仁政，施利养于天下便是君王之本分。

其次，在此理论基础上，董仲舒阐发其正君论，以制约专制君王“专适天下以从己”“独擅天下之利”之心。董仲舒适应时代要求，同时考量现实政治“大一统”的需要，表彰“天子受命于天”，以证王权的合法性，维护王权一统的政治威权。但有鉴于暴秦专制的惨痛教训，为避免重蹈历史覆辙，董仲舒又提出正君论，希冀以儒家仁义道德去规制君王的行为。它包含两方面的内容，其一，借道义之天的神圣权威，以“正”君王的威权。在论说天含仁心，代表人间道义，从而使天道义化之后，他强调王者副天，须则天而行。

王者承天意以从事；王者欲有所为，宜求其端于天。(《汉书·董仲舒传》)

圣人副天之所行以为政。(《春秋繁露·基义》)

故圣人法天而立道，亦博爱而亡私，布德施仁以厚之，设谊立礼以导之。春者天之所以生也，仁者君之所爱也；夏者天之所以长也，德者君之所以养也；霜者天之所以杀也，刑者君之所以罚也。(《天人策》)

王者受命于天，无疑强化了君权的合法性，但天的道义性又决定了君王只是一个“替天行道”者，而不是可以恣行无道，贱贼天下的独夫。他称“屈民而伸君，屈君而伸天”(《春秋繁露·玉杯》)，虽然使民臣服于君王统治，而君王的统治却必须屈从于“天道”之“仁心”。“天之生民，非为王也；而天立王，以为民也。故其德足以安乐民者，天予之；其恶足以贼害民者，天夺之。”(《春秋繁露·尧舜不擅移，汤武不专杀》)由之，君权之合法性认证，便不仅仅源自天的神性，更径直源自借天之神性所表达的社会道义。君主对“天”负责，也就是要对社会太平和黎民百姓的富足安康负责，即实行德政仁治；否则即悖逆天意，而天则会以灾异遣告，直至褫夺其位，而另择有德，所谓“天子命无常，唯命是德庆”(《春秋繁露·三代改制质文》)。其二，强调君王必须修身正心，方能达成王道之治。董仲舒有谓：

为人君者，正心以正朝廷，正朝廷以正百官，正百官以正万民，正万民以正四方。四方正，远近莫敢不壹于正，而无有邪气奸其间者。是以阴阳调而风雨时，群生和而万民殖，五谷熟而草木茂，天地之间被润泽而大丰美，四海之内闻盛德而皆来臣，诸福之物，可致之祥，莫不皆至，而王道终矣。(《汉书·董仲舒传》)

这就是要求君王厉行儒家伦理道德规范，控制一己之私，以维护社会稳定，实现长治久安。与孔子“政者，正也”，荀子“闻修身，未尝闻为国”相比，虽然此处具有更浓厚的政治一统的意味，但其基本精神显然涵淹着儒家“修齐治平”的政治理念。

受制于当时社会的和政治的历史条件，董仲舒不可能在政治体制内部建立对专制王权的制衡机制，而只能寄托于神圣的“天道”和君王的回心向道。其天人感应说[①]虽然依今人所见具有神学目的论的倾向，但却以一种特殊的方式表达了儒家的政治理念和价值祈愿，并使它们作用于现实政治。在当时的历史条件下，与寄望于君王的道德自觉相比，此一方式能够相对有力地在一定程度上实现儒家所自任之道义对王权的规约。先前一些学者对董仲舒的理论意向已有明晰而中肯的分析。南宋赵彦卫在《云麓漫抄》中说：“董仲舒、刘向于五行灾异，凡一虫一木之异，皆推其事以著验。二子汉之大儒，惓惓爱君之心，以为人主无所畏，惟畏天畏祖宗，故委曲推类而言之，庶有警悟。学者未可遽少之也。”（《云麓漫抄》卷十四）清代学者皮锡瑞在《经学通论·易经》中说：“古之王者恐己不能不失德，又恐子孙不能无过举也，常假天变以示警惕……后世君尊臣卑，儒臣不敢正言匡君，于是亦假天道进谏，以为仁义之说，人君之所厌闻，而祥异之占，人君之所敬畏。陈言既效，遂成一代风气。故汉世有一种天人之学，而齐学尤盛。”[②] 他在《经学历史·经学极盛时代》更进一步指出：“当时儒者以为人主至尊，无所畏惮，借天象以示儆，庶使其君有失德者犹知恐惧修省。此《春秋》以元统天、以天统君之义，亦《易》神道设教之旨。汉儒借此以匡正其主。其时人主方崇经术，重儒臣，故遇日食地震，必下诏罪己，或责免三公……后世不明此义，谓汉儒不应言灾异，引谶纬，于是‘天变不足畏’之说出矣。近西法入中国，日食、星变皆可预测，信之者以为不应附会灾祥。然则，孔子《春秋》所书日食、星变，岂无意乎？言非一端，义各有当，不得以今人之所见轻议古人也。”[③] 而近代思想家梁启超更径视“天人感应”“灾异”说为“民权未”之前“监督”“匡纤”君王的一种手段，称：“民权既未能兴，则政府之举动措置，既莫或监督之而匡纤之，非于无形中有所以相慑，则民贼更何忌惮也。孔子盖深察

---

① 其实，天人感应在儒家可谓其来有自，《尚书·洪范》曰：“曰肃、时雨若；曰乂，时旸若；曰晰，时燠若；曰谋，时寒若；曰圣，时风若。曰咎徵：曰狂，恒雨若；曰僭，恒旸若；曰豫，恒燠若；曰急，恒寒若；曰蒙，恒风若。”意谓君主施政态度能影响天气的变化。孔子作《春秋》，亦以为灾异是国君失德而引发的。孔子曾说：“邦大旱，毋乃失诸刑与德乎？”又劝国君：“正刑与德，以事上天。”（见战国楚竹简《鲁邦大旱》。）

② ［清］皮锡瑞：《经学通论》，北京：中华书局，1981 年版，第 18 页。

③ 同上，第 160 页。

夫据乱时代之人类，其宗教迷信之念甚强也。故利用之而申警之……但使稍自爱者，能恐一二，修省一二，则生民之祸，其亦可以消弭。此孔子言灾异之微意也……用心良苦矣。江都（亦即董仲舒——引者注）最知此义，故其对天人策，三致意焉。"[①]《汉书》《廿二史札记》等载有西汉诸帝遇灾异之变，下诏自责的事例表明了君王对寓"天意"之中的由儒家弘扬的道义价值的敬畏。由此可证，董仲舒"天人感应"说在一定程度上已为包括君王在内的汉代社会所认同、接受，并对汉家王朝行政过程产生了某种积极影响。

再次，推重"导之以德，齐之以礼"的文化秩序，阐发儒家的"教化"说，以之作为行政之根本，治天下之"大务"，纠校汉袭秦制，"吏道以法令为师"的行政取向，以儒家义理统摄吏道，化成天下。在儒家的社会治序设计和施设之中，文化秩序当然具有较之于政治秩序的价值优位：政治秩序必须建立在文化秩序之上，并获得文化秩序之贞认，方能成立。因此，他们特别强调"教化"在社会治理的重要意义，视之较"法令"更具有根本性；在具体的行政运作中十分注重发挥儒生在政治系统中的功能和作用，培育能够担当道义、教化和规谏之责的儒生群体。董仲舒在《公羊学》中设君王为替天行道者，但君王居其位并不自然而然循天道而行。天道的解释权掌握在作为社会道义之承担者的儒生手中，儒生是天在人世间的代言人。而且天不变道亦不变，庶乎可常以有道伐无道，易姓革命，循环更替，儒家义理却是"同诸天地"，普遍而永恒的。同时，孔子为"素王"，为汉立轨定道，而孔子经典之"微言大义"须由儒生诠释、传达方能彰显，君王则只有通过儒生才能明圣人为汉所定之"大法"。由之，在董仲舒那里，儒生不仅掌握了王权合法性贞认的价值标尺，而且取得了君师的地位，他们可以通过规谏的方式，将儒家价值理想灌输到君王的决策行为之中，进而推向社会得以实现。董仲舒的这一理论设定，对汉代儒生的政治实践有着很大的影响。徐复观写道：

> 贾山《至言》董仲舒《天人三策》以后，宣、元、成、哀各代的经学意义，是通过他们（士大夫——引者注）的奏议而表现出来的。没有经学，便不可能出现这些掷地有声的奏议。虽然其中多缘灾异以立言，但若稍稍落实地去了解，则灾异只是外衣，外衣里的现实政治社会

---

① 转引自赵吉惠：《论董仲舒思想的历史地位与现代价值》，《唐都学刊》，1995 年第 6 期。

的利弊是非，才是他们奏议中的实质。他们对现实政治社会的利弊是非，能观察得这样真切，能陈述得这样著明，是出于他们平日与人民为一体之仁，及判断明决，行为果断之义。这正是由经学塑造出来。所以两汉经学，除死守章句的小儒外，乃是由竹帛进入到他们的生命，再由生命展现为奏议，展现为名节的经学……①

为使自己的政治主张得以组织上的落实和保证，董仲舒提出了两项具体举措，以在制度上确立儒生群体对政治系统的影响力。这两项举措为武帝所采纳，对汉廷政治发生了一定程度的作用。

其一，置五经博士，兴太学，以养天下之士。汉武之前，虽设博士，然招为博士者却是很庞杂的。建元五年，武帝采董仲舒建议，置五经博士，独尊儒术；与之相应，董仲舒提出"兴太学"的主张。他抨击秦政"师申、商之法，行韩非之说"及由此所致的"好用憯酷之吏"，建言武帝设立太学以培养"教化之吏"。董仲舒说：

臣愿陛下兴太学，置明师，以养天下之士，数考问以尽其材，则英俊宜可得矣。今之郡守、县令、民之师帅所使承流而宣化也。故师帅不贤，则主德不宣，恩泽不流。今吏既亡教训于下，或不用主上之法，暴虐百姓，与奸为市，贫穷孤弱，冤苦失职，甚不称陛下之意。是以阴阳错谬，氛气充塞，群生寡过，黎民未济，皆长吏不明，使至于此也。（《汉书·董仲舒传》）

董仲舒的主张得到武帝的允准。据此，公孙弘在建元五年主定太学制度，儒学由此被树立为正统官学；置五经博士的建议，也发展成为明经取士的制度性的为官之道。于是先秦儒者孜孜以求的学术目标终于达成；而他们所设计的由士而仕的人生路径也终于在以董仲舒为代表的汉儒那里得以落实。"自此以来，公卿大夫士吏彬彬多文学之士矣"（《汉书·儒林传》）；而更为要紧的是，通过太学取士，儒家"教化"之治依靠循吏的推展便堂而皇之而又自然而然地浸入汉廷的行政运作系统及运作过程。太学制度本身也成为实行近两千年、对中国传统社会产生深远影响的科举制之滥觞。

其二，郡国举孝廉，以使天下贤士"可得而官使"。汉武帝元光元年建立

① 徐复观：《中国经学史的基础》，台北：学生书局，1982 年版，第 224 页。

“孝廉”举察，从而将董仲舒“郡国举孝廉”的提议落实为具体制度。据《汉书·武帝祀》载，当时有司在讨论武帝有关“兴廉举孝”之诏后回奏云：“今诏书昭先帝圣绪，令二千石举孝廉所以化元元，移风易俗也。不举孝，不奉诏，当以不敬论。不察廉，不胜任也，当免。”武帝正式批阅“奏可”。东汉张衡云：“自初举孝廉，迄今二百岁矣，皆先孝行。”（《资治通鉴》卷第五十一）无论事实上孝廉察举制在具体实施过程中，呈现出什么样的状况，但是以儒家所竭力标榜的“孝行”为标尺，举士科目冠之以“孝廉”，无疑具有重大的象征意义，至少在形式上和宣传、号召的层面上确立了儒家义理对吏制的指导地位。余英时还看到了“举孝廉”的另一层深蕴，他以为，在文化上，“孝廉”制的运作将以儒家为主要内容的大传统中的基本价值传播到各地，特别是文化、经济较落后的边远地区，使大传统与各地小传统互相交流，以取得全国性的文化统合的效用。这正是汉代经师所共同向往的境界——“春秋所以大一统者，六合同风，九州共贯也”。而这种文化“大一统”与汉代政治“大一统”是互为表里的。①

《汉书·董仲舒传》云：

> 及仲舒对策，推明孔氏，抑黜百家，立学校之官，州郡举茂才孝廉，皆自仲舒发之。

尽管董仲舒以道统统摄、整合政统的企图以及为达成这种整合的诸多政治设计和规划，由于专制王权威势的钳制而不可能在现实的政治运作中完全贯彻、实施，实现儒家理想的治与教、政统与道统的合一，但经过董仲舒及汉儒们的努力，道统毕竟深入地渗透于政统之中，儒家义理通过意识形态独尊地位的确立和儒生的参政议政，终归对帝国政治产生了深刻的影响，使其在政治取向、运作目标、专制程度、治理手段、整合能力等方面，都发生了程度不同的变化。葛兆光在总结汉初思想—政治格局时，指出自汉武帝实行“独尊儒术”政策之后，“儒学渐渐进入思想世界的中心，也逐步渗透了普通人的意识和生活。阴阳配性情，五行配无常，以天人相应理论，凸显君主权威，并建立相应制度与法律的儒家也从此改变了先秦儒学象征主义与人本主义的性质与路向”；同时他也看到“儒家思想学说显示了它对君主专制进行制约的意味，道德与伦理作为制度、法律与策略不言自明的前提，儒家成功地把它的价值观念与意义准则提升到了绝对的高

---

① 余英时：《试说科举在中国史上的功能与意义》，《二十一世纪》，2005 年第 10 期。

度，而这种以伦常为核心的思想，则使得制度、法律与策略具有了极富弹性的调节与整合能力，从而矫正了秦汉时代吏治与法制过分严酷造成的社会紧张局面”。①

正是在儒家的这种变——必须的意识形态化，纳入政统，与不变——坚持自身价值观念与意义准则（道统）之于制度、法律与策略（道统）的价值优位之间周旋，进一步催化了由独尚霸道的“秦政”而“霸王道杂之”的汉政的深刻变迁，并由此而型塑了汉之后中国大一统专制社会政治文化模式的基本框架。正如阎步克所言：

> 所谓“百代多行秦政法”之语，如果改言“百代多行汉政法”或许更为贴切。因为大一统官僚体制至汉代方才确定了其基本原则、规范和特征……那些原则、规范和特征，在中华帝国的二千年历史中相沿不替。②

（作者系河北省社科院研究员）

① 葛兆光：《中国思想史》（第一卷），上海：复旦大学出版社，1998年版，第386页。
② 阎步克：《士大夫政治演生史稿》，北京大学出版社，1996年版，第346页。

董仲舒对阴阳五行思想的系统化

◎吴祖春

董仲舒是阴阳思想和五行思想的集大成者，又是汉代阴阳五行思想的巨擘。他对阴阳五行思想的系统化，是其发展阴阳五行思想的一个重要方面。由于他的这一努力，不仅使此前一直独立存在的阴阳思想和五行思想，最终融合成为一种更系统和更有解释力的阴阳五行思想，而且也由此为阴阳五行思想在汉代的盛行开辟了道路。

一、系统论证阴阳思想

董仲舒对阴阳思想的系统论证，是在继承《吕氏春秋》十二纪纪首所整合的十二月政令的基础上①，详细揭示了阴阳的消长过程，且引入价值判断将二者相对共生、同等重要的关系，转变为尊卑有别、主辅分明的关系，从而为其德主刑辅的政治主张提供了理论依据。

对阴阳消息的观察和认知，至少在战国晚期已经颇为精到。一方面，我们可以从《管子·乘马》篇的“春秋冬夏，阴阳之推移也。时之短长，阴阳之利用也。日夜之易，阴阳之化也”②，以及《吕氏春秋·察今》篇的“故审堂下之阴，而知日月之行、阴阳之变”③，推知当时人们在阴阳消长和时间变化的关系上，已经有了较为精细的认知；另一方面，也可以从《史记》言邹衍“乃深观阴阳

---

① 徐复观在谈及《吕氏春秋》对汉代学术思想的影响时指出：“就个人而论，受《十二纪》影响最大者当为董仲舒。他继承了《十二纪·纪首》阴阳五行的观念，并做了极烦琐的发展。”见氏著《两汉思想史》（第二卷），上海：华东师范大学出版社，2001 年版，第 36 页。

② 黎翔凤撰：《管子校注》（上），北京：中华书局，2004 年版，第 85 页。

③ 徐维遹撰：《吕氏春秋集释》（下），北京：中华书局，2009 年版，第 391 页。

消息”[①]，以及《管子·形势解》篇中“春者阳气始上，故万物生。夏者阳气毕上，故万物长。秋者阴气始下，故万物收。冬者阴气毕下，故万物藏。故春夏生长，秋冬收藏，四时之节也”[②] 的描述可知，至迟是在战国晚期，人们已经对阴阳之气的运行状况进行过较为细致的观察，并获得了比较深刻的认知。只是，对于阴阳之气到底是怎样的一个动态消长过程，似乎还缺乏更为深入的认知。

与董仲舒同时或者稍早的《淮南子》，对阴阳之气及其运行又有了进一步的认识。对于阴阳之气，《天文训》中明确指出：“天地之袭精为阴阳，阴阳之专精为四时，四时之散精为万物。积阳之热气生火，火气之精者为日；积阴之寒气为水，水气之精者为月。日月之淫为精者为星辰。”[③] 这里不仅提及了阴阳与天地、四时、万物的关系，而且一改荀子提出的“天地合而万物生，阴阳接而变化起”[④]，即将天地和合看作是万物化生的根源、将阴阳消长看作是事物变化的原因，而进一步将阴阳和合看作是万物化生的直接源头，即所谓“阴阳合和而万物生”[⑤]。至于阴阳之气的运行路线，《天文训》中认为是：“日冬至则斗北中绳，阴气极，阳气萌。故曰冬至为德。日夏至则斗南中绳，阳气极，阴气萌。故曰夏至为刑……夏日至则阴乘阳，是以万物就而死；冬日至则阳乘阴，是以万物仰而生。昼者阳之分，夜者阴之分，是以阳气胜则日修而夜短，阴气胜则日短而夜修。”[⑥] 这里还只是指出了阳气起于冬至而盛于夏至，阴气起于夏至而盛于冬至，尚未对其运行路线和具体地点进行说明。而在《诠言训》中，则进一步明确了阴阳之气的起讫地点和运行情况：“阳气起于东北，尽于西南；阴气起于西南，尽于东北。阴阳之始，皆调适相似，日长其类，以侵相远，或热焦沙，或寒凝水，故圣人谨慎其所积。”[⑦] 但是对于阴阳之气到底是如何从时间上的冬至、夏至和地点上的东北、西南运行的，则未予说明。

董仲舒对于阴阳的发展，首先就是明确而详细地说明了阴阳之气的运行路线。董仲舒在《春秋繁露·阴阳出入上下》篇指出：“天之道，初薄大冬，阴阳

---

① ［汉］司马迁撰，［宋］裴骃集解，［唐］司马贞索隐，［唐］张守节正义：《史记》，北京：中华书局，1982 年第 2 版，第 2344 页。

② 黎翔凤撰：《管子校注》（下），北京：中华书局，2004 年版，第 1168 页。

③ 何宁撰：《淮南子集释》（上），北京：中华书局，1998 年版，第 166 - 167 页。

④ ［清］王先谦撰：《荀子集解》（下），北京：中华书局，1988 年版，第 366 页。

⑤ 同③，第 244 页。

⑥ 同③，第 208、238 页。

⑦ 何宁撰：《淮南子集释》（中），北京：中华书局，1998 年版，第 1037 页。

各从一方来，而移于后。阴由东方来西，阳由西方来东，至于中冬之月，相遇北方，合而为一，谓之曰至。别而相去，阴适右，阳适左。适左者其道顺，适右者其道逆。逆气左上，顺气右下，故下暖而上寒。以此见天之冬右阴而左阳也，上所右而下所左也。冬月尽，而阴阳俱南还，阳南还出于寅，阴南还入于戌，此阴阳所始出地入地之见处也。至于仲春之月，阳在正东，阴在正西，谓之春分。春分者，阴阳相半也，故昼夜均而寒暑平。阴日损而随阳，阳日益而鸿，故为暖热。初得大夏之月，相遇南方，合而为一，谓之日至。别而相去，阳适右，阴适左。适左由下，适右由上，上暑而下寒，以此见天之夏右阳而左阴也。上其所右，下其所左。夏月尽，而阴阳俱北还。阳北还而入于申，阴北还而出于辰，此阴阳所始出地入地之见处也。至于中秋之月，阳在正西，阴在正东，谓之秋分。秋分者，阴阳相半也，故昼夜均而寒暑平。阳日损而随阴，阴日益而鸿，故至于季秋而始霜，至于孟冬而始寒，小雪而物咸成，大寒而物毕藏，天地之功终矣。"① 这就不仅指明了阴阳之气的起讫时间和地点、相遇的时间和地点，而且还对阴阳之气的具体运行路线、方向、方式给予了说明。与此同时，董仲舒还指出二者运行的线路有别，其实是有深意的，即表明二者的地位有高下贵贱之分。

所以董仲舒对阴阳的第二个方面的发展，就是明确引进了价值判断，揭示了二者阳尊阴卑的关系。在董仲舒之前，阴阳虽然已经和刑德建立了联系，但二者的地位还是同等重要的，如《管子》中即指出："阳为德，阴为刑，和为事。""无德无怨，无好无恶，万物崇一，阴阳同度，曰道。"② 董仲舒虽然也承认阴阳之间存着相反相成的关系，如指出"天道大数，相反之物也，不得俱出，阴阳是也"③，但是在梳理阴阳消长过程和状况的时候，由于发现阴阳之气虽都同样参与了整个过程，但在其中的位置和作用却不同，即"天之志，常置阴空处，稍取之以为助。故刑者德之辅，阴者阳之助也，阳者岁之主也。天下之昆虫随阳而出入，天下之草木随阳而生落，天下之三王随阳而改正，天下之尊卑随阳而序位"④。于是在价值判断的参与下，董仲舒判定阴阳之间的关系不但有对等的相反相成关系，更存在阳尊阴卑、阳主阴辅的关系。进而董仲舒又将这种关系及其

---

① 苏舆撰：《春秋繁露义证》，北京：中华书局，1992 年版，第 343 页。

② 黎翔凤撰：《管子校注》（中），北京：中华书局，2004 年版，第 855、893 页。

③ 同①，第 342 页。

④ 同①，第 336 页。

带来的后果，推论到夫妇、父子、君臣、刑德等关系中，于是他的尊卑分明、德主刑辅的政治学说便据此得以论述。

二、梳理和改造五行思想

董仲舒对五行思想的梳理和改造，包括了五行的次序、关系、属性以及五行作为时令等，他还将五事、五常纳入五行的范围，以此为其以礼治国的政治主张提供理论依据。

如果抛开五材、五数、五方、五星等观念，而将五行的文化源头和知识原型框定为原始天文学和历法制度①，那么要梳理董仲舒对于五行思想的发展就不那么困难了。而若承认董仲舒的五行思想在内容上属于时令说，那就可以发现，他的贡献主要是将此前的相关说法②进行了集中而系统的梳理。其中，对于五行次序的梳理，董仲舒是将之确定为木火土金水的相生次序，并将之神圣化为“天次之序”：“天有五行：一曰木，二曰火，三曰土，四曰金，五曰水。木，五行之始也；水，五行之终也；土，五行之中也。此其天次之序也。”③

对于五行间的关系，董仲舒将之细分为相生、相胜和父子关系。在董仲舒之前，五行间的相生关系和相胜关系均已存在。其中在《管子·五行》篇等强调时令说的这一系统里，五行间的关系主要是以遵循自然运行规律的相生说为主；相胜或相克说，主要存在于邹衍五德终始说的历史观中。董仲舒将这两种原本用于不同领域的关系，在政治领域中做了融汇：“五行者，五官也，比相生而间相胜也。故为治，逆之则乱，顺之则治。”④ 董仲舒对五行为五官的特别解释，按照上下文意应是指司农（东）、司马（南）、司营（中央）、司徒（西）和司寇

---

① 刘宗迪：《五行说考源》，《哲学研究》，2004 年第 4 期。

② 比如关于五行的排序，已经有了《洪范》的“水火木金土”，《左传》昭公二十九年的“木火金水土”，《吕氏春秋·应同》的“土木金火水”，《管子·五行》《吕氏春秋》十二纪纪首以及《淮南子·天文训》和《时则训》等的“木火土金水”、《淮南子·泰族训》的“金木水火土”；关于五行间的关系，也已经存在《洪范》的并列说、《国语·郑语》的尚土说、《管子》和《吕氏春秋》的相生说、邹衍的相胜与相克说，《淮南子·地形训》的“木壮水老火生金囚土死”说；至于五行在时令中的位置，也存在着五行为主导说，如《管子·五行篇》的“睹甲子木行御”，以及五行为其中一环说，如《吕氏春秋》十二纪纪首的“先立春三日，太史谒之天子曰：‘某日立春，盛德在木。’”等。

③ 苏舆撰：《春秋繁露义证》，北京：中华书局，1992 年版，第 321 页。

④ 同上，第 362 页。

（北）。所谓“比相生”，从《五行相生》篇可知，就是“木生火，火生土，土生金，金生水，水生木”，表现在官职上就是司农→司马→司营→司徒→司寇，简单地说即是木→火→土→金→水。所谓“间相胜”，从《五行相胜》篇中可知，指的是“金胜木”“水胜火”“木胜土”“火胜金”和“土胜水”，表述为官职则为司徒诛司农、司寇诛司马、司农诛司营、司马诛司徒、司营诛司寇。若以“金胜木”为起点，则五行间的关系可简化为“木←金←火←水←土”。但在文字表述上，董仲舒仍坚持使用了“天次之序”的相生次序，即木、火、土、金、水。

对于这两种关系，董仲舒还明显赋予了它们新的内涵，这就是五官之间的分权与制衡。篇幅所限，此处暂不做展开。需要顺带提及一下的是，正是在论证五行相生和五行相胜的过程中，董仲舒将他所提出的五常之道，以仁、智、信、义、礼的顺序，植入到了五行思想当中。

董仲舒借助五行间关系表达的理想，除了官制外还有伦理关系。这就是他对五行关系所做的另一发展——将五行间的相生关系转换为父子关系。对于五行相生，《淮南子》中已将之解读为母子关系[①]，但由于母子关系本身就清楚地传递出相生的意味，因此这一解读的意义是有限的。但将相生关系转变为父子关系则不然。在男尊女卑的社会秩序中，父子关系的政治意义是不言而喻的。董仲舒对于五行相生关系属父子关系的论述，主要体现在《五行对》篇：“木生火，火生土，土生金，金生水，水生木，此其父子也。木居左，金居右，火居前，水居后，土居中央，此其父子之序，相受而布。”[②] 从董仲舒的表述中可知，与其说他是将相生关系转换为父子关系，倒不如说他是在借五行相生论证父子间关系的必然性与合理性。

关于五行的属性，大约可以有两种不同的解释进路，一种是《洪范》篇的“水曰润下，火曰炎上，木曰曲直，金曰从革，土爰稼穑”，即强调五行的物质属性；另一种是《管子·四时》篇的“东方曰星，其时曰春，其气曰风。风生

---

① 《天文训》篇：“水生木，木生火，火生土，土生金，金生水。子生母曰义，母生子曰保，子母相得曰专，母胜子曰制，子胜母曰困。”见何宁撰：《淮南子集释》（上），北京：中华书局，1998年版，第277页。

② 苏舆撰：《春秋繁露义证》，北京：中华书局，1992年版，第321页。

木与骨，其德喜嬴而发出节时”等①，即强调五行所在的季节的德性或生产性特征。战国以后随着农业生产的进步，对于四时的特征也有深入的探讨，比如《管子·形势解》中“春者阳气始上，故万物生。夏者阳气毕上，故万物长。秋者阴气始下，故万物收。冬者阴气毕下，故万物藏。故春夏生长，秋冬收藏，四时之节也”②，《淮南子·时则训》中“孟春始嬴，孟秋始缩；仲春始出，仲秋始内；季春大出，季秋大内；孟夏始缓，孟冬始急；仲夏至修，仲冬至短；季夏德毕，季冬刑毕”③ 等，但也往往是直接讨论四时或十二月的德性，而少有直接将四时特征与五行属性直接建立联系的。董仲舒则不然。他应该是看到了五行无法与四时准确对接的困难，于是就将人们已经熟知的春生夏长秋收冬藏，进一步发展为“春主生，夏主长，季夏主养，秋主收，冬主藏”④，也就是“把‘长’和‘养’分开，实即把火与土的功用也分开，这已是仲舒建立的新说法”⑤。经过董仲舒对季节特征所作的调整，五行与季节的属性功能得以实现比较好的契合，从而使五行作为时令的展开，更具有区分度和可操作性。

至此可见，董仲舒对五行的发展都是在时令说的范围内⑥，那么我们就有必要对董仲舒在时令说上的贡献做一番考察。时令说的根本特征就是因时出令，即根据春生、夏长、秋收、冬藏的季节性转变颁布相应的政令。在这一问题上，《春秋繁露》与《管子》《吕氏春秋》《淮南子》等并没有显见的不同。所不同者在于，董仲舒之前讲的时政颁布都还只是笼统言之，对其中所涉及的政令内容并未作细致的区分。董仲舒则把其中涉及的内容进行了分类梳理，于是就有了《五行相生》《五行相胜》《五行顺逆》《治顺五行》《治乱五行》和《五行变救》等篇。表面上看，董仲舒的这种分类梳理并没有太大的意义。但考虑到董仲舒政治设计的最后一环，是实现对皇帝及其政治举措的监管，那么就不难发现，经过

---

① 即“东方曰星，其时曰春，其气曰风。风生木与骨，其德喜嬴而发出节时”“南方曰日，其时曰夏，其气曰阳。阳生火与气，其德施舍修乐”“西方曰辰，其时曰秋，其气曰阴。阴生金与甲，其德忧哀，静正严顺，居不敢淫佚”“北方曰月，其时曰冬，其气曰寒。寒生水与血，其德淳越，温怒周密”。见黎翔凤撰：《管子校注》（中），北京：中华书局，2004 年版，第 842、846、851、854 页。

② 黎翔凤撰，梁运华整理：《管子校注》（下），北京：中华书局，2004 年版，第 1168 页。

③ 何宁撰：《淮南子集释》（上），北京：中华书局，1998 年版，第 437 页。

④ 苏舆撰：《春秋繁露义证》，北京：中华书局，1992 年版，第 351 页。

⑤ 徐复观：《两汉思想史》（第二卷），上海：华东师范大学出版社，2001 年版，第 236 页。

⑥ 杨超认为：“自邹衍以后，阴阳五行说的主流是四时教令说。”见氏著《先秦阴阳五行说》，《文史哲》，1956 年第 3 期。

董仲舒的这一梳理，由五行表达出来的时令说，已经成为评判皇帝（包括大臣）及其所发政令是否合适的基本标准。基于此，灾异说会在西汉中期以后大行其道，也就不难理解了。

将五常和五事纳入五行系统，是董仲舒对五行思想的最显著发展。五常之道，是董仲舒在对汉武帝的第一次策问时提出来的王道原则："夫仁谊礼知信五常之道，王者所当修饬也；五者修饬，故受天之祐，而享鬼神之灵，德施于方外，延及群生也。"① 因此它确实"是董仲舒的创造"②，但却不是为解决人际关系而提出的道德规范。在《五行相生》篇中，它们是作为五行之政的重要标志提出来的："司农尚仁""司马尚智""司营尚信""司徒尚义""司寇尚礼"，其所对应的代表人物分别是召公、周公、太公、伍子胥和孔子，所揭橥的也是他们在执政中所体现的仁、智、信、义、礼。因此如果将五常视为道德规范，那也是董仲舒在国家治理的层面上，试图突出他的以德治国的政治主张，即属于政治道德的范畴。

五事本是《尚书·洪范》篇紧随五行之后的第二畴，因此董仲舒顺理成章地将之视为王道要遵从的原则："夫五事者，人之所受命于天也，而王者所修而治民也。"③ 不过董仲舒在将五事带入五行系统时，是连同第八畴庶征一起加以整合的，其目的是要为他实施礼治的政治理想张目。如果说，将五事连同庶征整合进五行系统有何重大意义的话，那就是它继承了春秋以来强调君主的言行举止对国家治理存在重大影响的观点，进而将君主的言行举止纳入政令之中，使之作为不得不为的行政规范——若不遵行会导致相应的灾异出现而固定下来，以便对君主身体力行地以礼治国起到必要的促进和约束作用。

三、沟通阴阳思想和五行思想

最能体现董仲舒对阴阳思想和五行思想系统化的，就是他最终沟通了阴阳思想和五行思想，使之成为严格意义上的阴阳五行思想。董仲舒沟通阴阳与五行的努力是借助四时完成的。因此它的实现，不仅使阴阳与四时、五行建立起了相对

---

① ［汉］班固撰，［唐］颜师古注：《汉书》，北京：中华书局，1962 年版，第 2505 页。

② 李宗桂：《董仲舒道德论的文化剖》，《孔子研究》，1991 年第 3 期。

③ 苏舆撰：《春秋繁露义证》，北京：中华书局，1992 年版，第 389 页。

合理的联系，而且也为五行在政治上最终取代阴阳开辟了通途。

董仲舒沟通阴阳与五行的努力，是在两个进路上展开的。一个是在天地之气或天人之道的统贯下，实现二者的相与为一。这就是《五行相生》篇“天地之气，合而为一，分为阴阳，判为四时，列为五行。行者行也，其行不同，故谓之五行。五行者，五官也，比相生而间相胜也”① 给出的路径。事实上，这段话存在着两种不同的解读进路，一种是大多数人的做法，即将里面出现的主要动词——合、分、判、列理解为并列关系。这段话就可以简单地理解为：天地之气将体现为阴阳之气、四时变迁和五行政令。这就意味着阴阳、四时和五行，在天地之气这个层面上没有本质的区别——它们都是天地之气的具体表现形态。即便将天地之气理解为天道的物质载体，阴阳、四时、五行在气化流行的层面上，仍然只是实质相同而形态有异而已。并且由于阴阳、四时和五行实质上都是气，这也为论证相关的人道法则提供了方便之门。要知道，阴阳、四时和五行论证不同的问题，有着不同的方便之处，比如阴阳论德刑、四时论父子、五行论官职。

另一个解释进路就是将分、合、判、列视为递进关系。这段话要传达的意思就可以理解为：天道首先体现为天地之间充盈激荡的气；如果对这种气进行具体分析的话，可以发现它们是两种性质完全不同的气，即处于主导地位的阳气和处于辅助地位的阴气；正是由于阴阳二气的彼此消长与配合，最终形成了人们用于辨别时间并进而安排耕作休息的季节变迁；四时的轮换又意味着施政重点的转移，而其转移的次序与依据又是基于四时教令而设的五官所司之职的不同。简单地讲，这就是董仲舒设计的天道落实为人道的过程或次序。在天人之道合而为一的理念下，阴阳和五行作为天道下落为人道的两个前后相随的环节，自然也是融通的。当然，无论是上述的哪一种理解，都不能否认其中存在着内在的困难，那就是它并没有正面回答阴阳和五行到底是如何融通或者相与为一的。

董仲舒似乎也意识到了这一困难的存在，因为他给出的另一条进路就是在四时之中融合阴阳与五行。董仲舒指出：“如金木水火各奉其主以从阴阳，相与一力而并功。其实非独阴阳也，然而阴阳因之以起，助其所主。故少阳因木而起，助春之生也；太阳因火而起，助夏之养也；少阴因金而起，助秋之成也；太阴因

---

① 苏舆撰：《春秋繁露义证》，北京：中华书局，1992 年版，第 362 页。

水而起，助冬之藏也。”[①] 只要明了这里的五行是时令意义上的五行，就不难理解董仲舒的思路了。他认为春生、夏长、秋收、冬藏的四时运转，并不单纯表现为阴阳的消长，而是在借颁布的时令予以维持的同时，还需要少阳、太阳、少阴、太阴分别从中进行协助。这就意味着，阴阳和五行虽独立存在，但统一于四时之中。这虽然在事实上仍回避了阴阳和五行是如何融合的问题，但由于董仲舒在这里毕竟是要回答“阴阳之会，一岁再遇，遇于南方者，以中夏；遇于北方者，以中冬。冬伤物之气也，则其会于是何”的问难，因此没有正面回答也在情理之中。考虑到董仲舒在《官制象天》和《阴阳终始》篇中，明确将木与春与少阳、火与夏与太阳、金与秋与少阴、水与冬与太阴联系在一起进行讨论，就不难理解董仲舒已经实现了阴阳和五行实质上的贯通，而不必等到《白虎通·五行篇》[②]。至于土与阴阳的关系，董仲舒在《五行之义》篇已经指出：“土居中央，为之天润。土者，天之股肱也。其德茂美，不可名以一时之事，故五行而四时者，土兼之也。”[③] 也就是说，土兼具阴阳。由于董仲舒所言的五行已经内在地包括了阴阳，并较阴阳有着更丰富的信息，这就为五行最终取代阴阳以讨论政治问题打开了方便之门。

董仲舒之所以能够在西汉中期，将阴阳思想和五行思想进行系统化的整理和发展，从四项条件上来讲，一方面固然是和此前阴阳思想和五行思想的发展有关，另一方面还和秦汉间天道观的一个重要转向有关，这就是由强调人道要顺应天道转向构建更加符合天道的人间秩序。由于系统化阴阳五行思想的现实目的，是指向构建一个更合理的政治秩序，这就使董仲舒在发展阴阳思想、梳理五行思想，以及沟通阴阳思想和五行思想的过程中，不可避免地同时令说保持了千丝万缕又若隐若现的联系。而这，又反过来影响了他系统化阴阳五行思想时的价值取向和路径选择，同时也预示着他有将阴阳五行思想付诸实践的内在冲动。

（作者系仲恺农业工程学院马克思主义学院讲师）

---

① 苏舆撰：《春秋繁露义证》，北京：中华书局，1992 年版，第 334－335 页。

② 徐复观认为至《白虎通·五行篇》“才把五行纳入于阴阳统贯之内，以五行为阴阳分化的五种形态”。见氏著《两汉思想史》（第二卷），上海：华东师范大学出版社，2001 年版，第 237 页。

③ 同①，第 322 页。

论郑玄注礼的价值原则①

——兼驳《周礼》价值核心说

◎林晓希

郑玄注礼有着一以贯之的方法和原则，其在论及其治经方法时道："举一纲而万目张，解一卷而众篇明，于力则鲜，于思则寡，其诸君子亦有乐于是与?"②《郑志》载郑玄答张逸道："文意自解，故不言之，凡说不解者耳，众篇皆然。"③贾公彦在《序周礼废兴》中引郑玄《序》述注《周礼》的方法道："然犹有参错，同事相违，则就其原文字之声类，考训诂，捃祕逸。"④ 学界对郑玄注礼方法较为关注，如张舜徽将郑玄注经方法概括为六个方面，分别为："备致多本，择善而从；注明错简，指出误字；考辨遗编，审证真伪；叙次篇目，重新写定；条理礼书，普加注说；辨章六艺，阐明体用"⑤；李云光将郑玄注礼的方法概括为五个方面，分别为"校勘、驳正、训诂、考释名物、解说礼制五者是也"⑥；杨天宇则从今、古文，故、今书和异文三个层面，阐述了郑玄三礼注的注经方法⑦；等等。上述可见，学界对郑玄注礼方法的研究是较为成熟的，但对郑玄注礼的原则却关注较少，现从价值原则出发，对郑玄注礼的原则进行分析。

---

① 基金项目：本文系2016年广东省哲学社会科学规划项目"东汉礼经学研究：以郑玄'三礼注'为主"（项目号：GD16YZX01）的阶段性成果。

② ［汉］郑玄：《诗谱》，董志安主编：《两汉全书》（第二十七册）《诗谱》卷一，济南：山东大学出版社，2009年版，第15680页。

③ ［汉］郑玄：《诗谱》，董志安主编：《两汉全书》（第二十七册）《郑志》卷三《毛诗志》，济南：山东大学出版社，2009年版，第15946页。

④ ［汉］郑玄注，［唐］贾公彦疏，彭林整理：《周礼注疏》（上册）《序周礼废兴》，上海古籍出版社，2010年版，第6页。

⑤ 张舜徽：《中国文献学》，郑州：中州书画社，1982年版，第245－247页。

⑥ 李云光：《三礼郑氏学发凡》，上海：华东师范大学出版社，2012年版，第18页。

⑦ 杨天宇：《郑玄三礼注研究》，北京：中国社会科学出版社，2008年版，第158页。

一、三礼互证引《周礼》数据分析

郑玄于三礼注中所表现出的价值原则是以周制为核心。郑玄所奉为核心的周制并非泛指周代制度，而是特指周代礼制，即周公制礼之时，也就是所谓的盛周之制。孔颖达曾疏周之盛衰道："盛谓周公制礼太平之时也……衰谓周末幽、厉之时。"（《礼记·王制》）郑玄于三礼注中多次言及对盛周时期礼制的推崇及对后世礼制被僭越的惋叹。如郑玄道："昔周之兴也，周公制礼作乐，采时世之诗，以为乐歌，所以通情相风切也，其有此篇明矣。后世衰微，幽、厉尤甚，礼乐之书，稍稍废弃。"（《仪礼·乡饮酒礼》）周公制礼太平之时的礼制是郑玄注三礼的价值原则。

学界以往曾有郑玄以《周礼》为核心的说法，认为《周礼》在郑玄三礼注中具有价值核心意义。持此说法的依据主要在于：郑玄以《周礼》注《仪礼》和《礼记》，尤其表现在注《王制》和《月令》的三代之制[①]辨析上。以下从《周礼》核心说谈起，阐述郑玄注礼的价值原则并非以《周礼》为核心而是周制，《周礼》并不具备价值原则的意义，《周礼》同其他文献一样属于郑玄的史实原则范畴。

《周礼》核心说的主要观点之一，即为郑玄在三礼注中，用《周礼》注《仪礼》和《礼记》。上述观点的表述是正确的，郑玄在注《仪礼》和《礼记》时，的确引用了《周礼》为证，但此观点不能作为《周礼》核心说的重要证据。主要原因在于：郑玄在三礼注中采用了三礼互证的方式，用一礼来注其余二礼的现象，并非仅存在于用《周礼》注《仪礼》和《礼记》，郑玄亦使用《仪礼》注《周礼》和《礼记》，用《礼记》来注《周礼》和《仪礼》。本文于第二章第三节，整理出三礼注中的《三礼互证统计表》。据统计可知：《周礼注》中的三礼互证共269处，其中引《周礼》异篇59处、引《仪礼》81处、引《礼记》129处；《仪礼注》中的三礼互证共269处，其中引《仪礼》异篇90处、引《礼记》125处、引《周礼》54处；《礼记注》中的三礼互证共265处，其中引《礼记》

---

① 郑玄于三礼注中所讨论不仅限于夏、殷、周三代，孔颖达于《礼记正义》中有"虞夏殷周四代并陈"的四代之制的说法，现以三代之制概而论之。

异篇81处、引《仪礼》56处、引《周礼》130处。综合而论，郑玄用《周礼》注《仪礼》和《礼记》之处共184处。用《仪礼》注《周礼》和《礼记》共137处，用《礼记》注《周礼》和《仪礼》共254处。从上述数据来看，郑玄使用一礼来注其余二礼，为其注三礼的常用手法，并非仅存于用《周礼》来注其余二礼，且从具体数据来看，郑玄三礼互证对《礼记》的征引次数有254处，远多于征引《周礼》的184处。故从引用数量来看，使用《周礼》来注《仪礼》和《礼记》不能成为《周礼》核心说的证据。

二、对三代之制的论说：重周制

《王制》和《月令》是郑玄论三代之制较为集中的两个篇章，尤其是《王制》篇。郑玄认为《王制》中所论及的礼制多为虞夏之制和殷制，有学者曾统计郑玄注《王制》中，论及虞夏之制7处、殷制5处、周制2处、春秋之制1处[①]。但郑玄对三代之制的论说并非仅限于《王制》和《月令》，还散见于三礼注的其他篇章，现整理郑玄三礼注中关于三代之制的论说，按照条目多少排序，分别为：《礼记注》《仪礼注》和《周礼注》。对以上条目进行分析后发现，郑玄对三代之制的论说一般有以下两种方式：分别言及和几者并言。分别言及三代之制之处，举例如下道：

微子适子死，立其弟衍，殷礼也。（《礼记·檀弓上》）

虞夏之制，天子服有日月星辰。（《礼记·王制》）

周礼祭尚肺，事尸尚心、舌，心、舌知滋味。（《仪礼·少牢馈食礼》）

周礼，虽合葬及同时在殡，皆异己，体实不同。（《周礼·春官宗伯·司几筵》）

上述四条引文中，郑玄分别提及了殷礼、虞夏之制和周制，属于分别言及三代之制。同对三代之制的分别言及相比，郑玄更多的采用了几者并言的方式，将两个或三个不同的代制一起言说。举例如下，其道：

此盖殷时制也。周则大宰为天官，大宗曰宗伯，宗伯为春官，大史以下属焉。（《礼记·曲礼下》）

---

① 王启发：《礼学思想体系探源》，郑州：中州古籍出版社，2005年版，第315－317页。

然此大聘与朝，晋文霸时所制也。虞夏之制，诸侯岁朝。周之制，侯、甸、男、采、卫、要服六者，各以其服数来朝。（《礼记·王制》）

此谓殷礼也。殷质，不重名，复则臣得名君。周之礼，天子崩，复曰："皋，天子复！"（《礼记·丧服小记》）

春禘者，夏、殷礼也。周以禘为殷祭，更名春祭曰祠。（《礼记·祭义》）

今谓周衰，记之时也。古谓殷，殷士生不为爵，死不为谥。周制以士为爵，死犹不为谥耳，下大夫也。今记之时，士死则谥之，非也。谥之由鲁庄公始也。（《仪礼·士冠礼》）

上述共五条引文，第一、三、五条论及殷、周二制，第二条论及虞夏和周制，第四条论夏、殷、周三制。分析以上注文可以得出以下两个结论：第一，郑玄于三代之制中最重周制。上述五条引文中均提及周制，郑玄以周制为准绳，对比夏、殷二制的意图是相当明显的。第二，郑玄对三代之制的判断均有文献依据。现以第一条和第二条注文为例进行分析。

第一条引文为郑玄《曲礼下》之注文，其经文为"天子建天官，先六大，曰大宰、大宗、大史、大祝、大士、大卜，典司六典"（《礼记·曲礼下》），郑玄认为《曲礼》文中的天子所建天官为殷制，所谓"此盖殷时制也"，而后用周制与殷制作对比。郑玄认为周制中的官制与《曲礼》文中不同，周制中"大宰为天官，大宗曰宗伯，宗伯为春官"，大宰属天官，周制不称大宗，称为宗伯，宗伯属于春官。郑玄上述关于天官、春官等周制职官的判断来自《周礼》。《周礼》中有天、地、春、夏、秋、冬六个职官系统，郑玄以此作为周制职官的依据。第二条注文为郑玄注《王制》中"诸侯之于天子也，比年一小聘，三年一大聘，五年一朝"（《礼记·王制》）的注文，郑玄于注文中提到了"晋文霸之制""虞夏之制"和"周之制"三种不同的礼制。郑玄认为《王制》经文中所载为"晋文霸时所制"，依据为《左传》，《左传》道"昔文、襄之霸也，其务不烦诸侯，令诸侯三岁而聘，五岁而朝"[①]，故郑玄判断《王制》文所提及制度为"晋文霸时所制"；"虞夏之制，诸侯岁朝"的说法源自《尚书·尧典》，"五载一巡守，群后四朝"（《尚书·尧典下》），故"诸侯岁朝"为虞夏之制；"周之制，

① 杨伯峻：《春秋左传注》（第四册）《昭公》，北京：中华书局，1981 年版，第 1232 页。

侯、甸、男、采、卫、要服六者，各以其服数来朝”的判断则出自《周礼·秋官司寇·大行人》，“邦畿方千里，其外方五百里谓之侯服，岁壹见，其贡祀物。又其外方五百里谓之甸服，二岁壹见，其贡嫔物。又其外方五百里谓之男服，三岁壹见，其贡器物。又其外方五百里谓之采服，四岁壹见，其贡服物。又其外方五百里谓之卫服，五岁壹见，其贡材务。又其外方五百里谓之要服，六岁壹见，其贡货物”（《周礼·秋官司寇·大行人》），故“各以其服数来朝”为周制。

分析以上两条注文可知，郑玄对三代之制的判断是有严格的文献依据的。其以《左传》断“晋文霸之制”，以《尧典》断“虞夏之制”，以《周礼》断周制，若无依据绝不会贸然下结论。在为证三代之制所引用的文献中，对《周礼》的引用相对其他文献来说是较为普遍的，这也是为何学界会提出《周礼》核心说的主要原因所在。《周礼》核心说认为，郑玄用《周礼》中的内容去裁剪《王制》《月令》等篇，认为郑玄将凡是不符合《周礼》所载的周制，均归于虞夏之制或殷制，故认定郑玄注礼是以《周礼》为核心。《周礼》成为郑玄证周制的主要文献依据的原因是：郑玄认定《周礼》乃周公所作。这样一来，《周礼》就成为了一部记载周公所制的周代礼制的典籍，郑玄对此毫不怀疑，故其证周制主要以《周礼》为依据。

三、《周礼》作为证周制文献的可替代性

《周礼》虽为郑玄断周制的重要文献依据，但却并非唯一文献依据，郑玄为证周制，亦会引用除《周礼》以外的文献，以下举三条注文为证。

第一条，郑玄注“天子祭天地，祭四方，祭山川，祭五祀，岁遍。诸侯方祀，祭山川，祭五祀，岁遍。大夫祭五祀，岁遍。士祭其先”道：

> 五祀，户、灶、中霤、门、行也。此盖殷时制也。《祭法》曰：“天子立七祀，诸侯立五祀，大夫立三祀，士立二祀。”谓周制也。（《礼记·曲礼下》）

郑玄于注文中所谓的“此盖殷时制也”，指的是天子、诸侯、大夫同祭“五祀”之举。孔颖达道：“以天子、诸侯、大夫同云‘祭五祀’，既无等差，故疑

殷时制也。”[①] 郑玄认为周制的“五祀”之祭是等级森严、尊卑分明的，天子、诸侯与大夫的祭祀不可能同为“五祀”，没有尊卑之别。郑玄引《祭法》文，《祭法》载天子七祀、诸侯五祀、大夫三祀、士二祀，体现出鲜明的尊卑之分，郑玄认为《祭法》中所载之制为周制，所谓的“谓周制也”。《曲礼下》中所载内容与《祭法》不合，故判断《曲礼下》所载之制为殷制。由于没有记载相应殷制的正面文献依据，仅凭与《祭法》中所载周制不合而判断其为殷制，故郑玄谨慎地称“此盖殷时制也”，未十分肯定。郑玄此处证周制，所引文献并非《周礼》，而是《礼记》的《祭法》篇。引《礼记》来证周制的情况不只这一处，如郑玄注《月令》中“天子居青阳左个，乘鸾路，驾仓龙，载青旂，衣青衣，服仓玉，食麦与羊。其器疏以达”时，为证《月令》所云并非周制，引用《玉藻》中“天子龙衮以祭，玄端而朝日，皮弁以日视朝”[②] 之文为证，是为引《礼记》证周制的另一证据。

第二条，郑玄注“凡九州，千七百七十三国，天子之元士、诸侯之附庸不与”道：

> 夏末既衰，夷狄内侵，诸侯相并，土地减，国数少。殷汤承之，更制中国方三千里之界，亦分为九州，而建此千七百七十三国焉。周公复唐虞之旧域，分其五服为九，其要服之内亦方七千里，而因殷诸侯之数，广其土，增其爵耳。《孝经说》曰：“周千八百诸侯，布列五千里内。”此文改周之法，关盛衰之中，三、七之间以为说也。（《礼记·王制》）

郑玄认为，上文探讨了殷代畿内畿外的国数之制。在阐述殷制的同时，郑玄引周制作为对比，提出周公“复唐虞之旧域，分其五服为九服”。“九服”之说，源自《周礼·夏官司马·职方》，“乃辨九服之邦国，方千里曰王畿，其外方千里曰侯服，又其外方五百里曰甸服，又其外方五百里曰男服，又其外方五百里曰采服，又其外方五百里曰卫服，又其外方五百里曰蛮服，又其外方五百里曰夷服，又其外方五百里曰镇服，又其外方五百里曰藩服”（《周礼·夏官司马·职

① ［汉］郑玄注，［唐］孔颖达疏，吕友仁整理：《礼记正义》（上册）卷第七《曲礼下》，上海古籍出版社，2008 年版，第 206 页。

② ［汉］郑玄注，［唐］孔颖达疏，吕友仁整理：《礼记正义》（中册）卷第三十九《玉藻》，上海古籍出版社，2008 年版，第 1175－1180 页。原文为：“天子玉藻，十有二旒，前后邃延，龙卷以祭。玄端而朝日于东门之外，听朔于南门之外，闰月则阖门左扉，立于其中。皮弁以日视朝，遂以食。”

方》)。“九服”之说虽出自《周礼》，但郑玄于此处并未引《职方》文，未在《周礼》之下探讨周制，而是引用了《孝经说》中关于周制的记载进行论述。《孝经说》即《孝经纬》，因纬侯之禁，故以“说”之称代“纬”。“周千八百诸侯”中的“千八百”为代指，实指“千七百七十三诸侯”。“千七百七十三诸侯”的说法见于《尚书大传·洛诰传》，《洛诰传》道“天下诸侯之来，进受命于周，退见文、武尸者，千七百七十三诸侯”①。郑玄对“布列五千里内”的说法进行了探讨，郑玄认为《孝经纬》中的记载与周公盛时记载不同，孔颖达道：“盛谓地方七千里，衰谓地方三千里。”(《礼记·王制》)《孝经纬》中记为“布列五千里内”，故郑玄道其“三、七之间以为说也”。此处可见，郑玄探讨周制并未引《周礼》，而是引用了《孝经纬》中关于周制的记载。

第三条，郑玄注“天子诸侯宗庙之祭，春曰礿，夏曰禘，秋曰尝，冬曰烝”道：

> 此盖夏殷之祭名。周则改之，春曰祠，夏曰礿，以禘为殷祭。《诗·小雅》曰：“礿祠烝尝，于公先王。”此周四时祭宗庙之名。(《礼记·王制》)

出自《王制》的引文主要论述了夏殷天子、诸侯、大夫于四时祭祀宗庙和天地山川之事。郑玄认为“春曰礿，夏曰祠，秋曰尝，冬曰烝”的说法是夏殷之制。周制已经不同于夏殷之制的称呼，于周制则“春曰祠，夏曰礿”。《周礼》中有关于祠、礿的记载见于《春官宗伯·大宗伯》和《春官宗伯·司尊彝》中，“以祠春享先王，以禴夏享先王”(《周礼·春官宗伯·大宗伯》)，“春祠夏禴，祼用鸡彝、鸟彝……秋尝冬烝，祼用斝彝、黄彝，皆有舟”(《周礼·春官宗伯·司尊彝》)。《周礼》中的二职官均提到了周之四时祭名，但郑玄于此处证周制并未采《周礼》之说，而是引用了《诗经》之说。“礿祠烝尝，于公先王”出自《小雅·天保》。孔颖达道：“文王之时，《天保》之篇，谓文王受命，已改殷之祭名。”(《礼记·王制》)礿、祠、烝、尝分别为四时之祭名，《天保》中为便于韵句，未按照春夏秋冬之名进行排序。《大宗伯》《司尊彝》与《天保》均对周制的四时之祭有所提及，《大宗伯》只提及了“祠春”和“禴夏”，对四时之

---

① [清]皮锡瑞撰，吴仰湘校点：《皮锡瑞集》(第二册)《尚书大传疏证》卷五《洛诰》，长沙：岳麓书社，2012年版，第988页。

祭而言，表述不完整；《司尊彝》虽完整地提及周之春夏秋冬四时之祭名，但其论述重点是按照春夏和秋冬两个部分介绍“朝践”及“再献”之时六尊和六彝的使用，若引其来证四时之祭名，易模糊主题。而《天保》中“礿祠烝尝”四时之祭的表达，清晰明了，直切主题。相较而言，《天保》中的表述比《大宗伯》之说更完整，比《司尊彝》之说更贴切，故郑玄采《天保》之说用以证周制。上述分析可知，当《周礼》和《诗经》同时出现提及周制之文时，郑玄选择了《诗经》而未选择《周礼》，只因《诗经》的表述更完整、贴切，全载四时之制。若郑玄的价值原则以《周礼》为核心的话，此处应引《周礼》之文以证周制而非《诗经》。

此例进一步说明，在郑玄看来，盛周礼制于文献中，不仅见于《周礼》，还见于其他文献，只不过《周礼》相较于其他文献，更为集中地记载了周之礼制，周公所作、载周制才是郑玄重视《周礼》的原因。在此意义之上，《周礼》只不过是郑玄参照周制、判断三代之制的文献来源之一，或者说是主要文献来源。《周礼》并非其价值原则，而是同其他经典文献一样，属于郑玄的史实原则。

（作者系华南农业大学马克思主义学院讲师）

郭象“性分”思想的矛盾两重性及其评价

◎罗　彩

郭象作为与西晋王朝（265—316 年）几乎共存亡的名士，经历了从始建到八王之乱，再到永嘉南渡、偏安江左，其所处的整个时局始终都是混乱、不稳定的状态。加上司马氏集团通过不正义的手段篡夺了曹氏政权，一开始就缺乏存在的合法性依据，导致其在君臣纲纪问题上陷入两难境地①。在这样的社会环境下，西晋士人将注意力转向了家族的兴衰和自身利益的得失上，“身名俱泰”成了当时士人们人生追求的目标。一方面，他们提倡名教，避免放诞之风摧毁其家族统治的经济基础；另一方面，他们追求精神自由，主张以无为之治放任家族的扩张，避免统治阶层损害士族阶层的利益。因此，代表士族阶层利益的郭象自是以“性分”为主要思想武器，一方面强调标识社会名教身份之“性分”的等级性、不变性、先天性、必然性，另一方面又指出实现自足逍遥之“性分”的平等性、可变性、后天性、偶然性。郭象“性分”思想具备不变与变、先天与后天、必然与偶然的矛盾双重性特征还与他个人的人生经历相关。

《晋书·郭象传》载郭象“少有才理，好《老》《庄》，能清言。太尉王衍每云：‘听象语，如悬河泻水，注而不竭。’州郡辟召，不就。常闲居，以文论自娱。后辟司徒掾，稍至黄门侍郎。东海王越引为太傅主簿，甚见亲委，遂任职当权，薰灼内外，由是素论去之。永嘉末病卒，著碑论十二篇”（《晋书·郭象传》）。由此可知，郭象早期是以名士自居，以清谈著称。若按照他“性分”思想的等级性、不变性、先天性、必然性特点，他应该安守住清谈名士之“性分”

---

① 正如罗宗强所说：“在许多问题上，这个政权的占有者处于一种道义上的尴尬境地，失去了凝聚力。他只能依违两可，准的无依。这就是西晋政风的基本特点。这样的政风，很自然地导致政局混乱，也影响着士人的价值取向，导致士无特操。”见氏著《玄学与魏晋士人心态》，天津教育出版社，2005 年版，第 137 页。

而终其一生，但出生于寒族家庭的郭象，在当时“身名俱泰”思想的熏染下，不可能真正安于自己寒族的“性分”，更不可能整天安于“以文论自娱”，于是他决定待价而沽，最终一跃变成了司马氏幕府“任职当权，薰灼内外”的太傅主薄。这显示出其“性分”思想的平等性、可变性、后天性、偶然性特征。郭象这种既要做清高绝俗的名士，又要做操弄权势的达官的行为为当时人所不齿，由是“素论去之”。另外，郭象反复告诉人们“性分”是先天不可变的必然，认为一切处境都是命定的，因此人要安性守分才能达足性逍遥；但他自己却将其视作偶然可变，并通过改变所“遇”而施心于其间。他前段所“遇”是名士，后段所“遇”是达官，不正是由他主动改变所“遇”而安于不同的命运吗？因此，他要求别人承认“性分”的必然性、先天性、不可变性，而自己却将其视为偶然、后天和可变的。所以，他“性分”思想中所谓“遇”就是“命”实质上是持双重标准。

一、“性分”思想的困境：先天与后天、不变与变、必然与偶然

“性分”思想作为郭象哲学的基础与内核，在其整个思想体系中占据着重要的地位。在郭象这里，“性分”主要指每个个体生命所特有的属性和品质。针对郭象的“性分”思想，很多学者都指出了其存在先天与后天、不变与变、必然与偶然等困境（比如王中江①、暴庆刚②、黄圣平③等人）。因此，对这一问题探究清楚显得十分必要，这有利于我们更好地理解与把握郭象的整个思想体系。

首先，郭象的“性分”具备先天与后天之间的困境。一方面，郭象认为，人之“性分”是指先天的自然才质，是先天一次性获得，不可抗拒亦不可改变的本性。他说：“天性所受，各有本分，不可逃，亦不可加。”（《养生主》注）这些都说明了人的本性是先天决定的，乃天命所予，不能更改只能接受，是现实既定而不可学的。另一方面，他又认为“性分”必须通过后天的“习”将其发掘、显现出来。故郭象说：“物虽有性，亦须数习而后能耳。习以成性，遂若自

① 王中江：《郭象哲学的一些困难及其解体——从“性分论”和“惑者说”来看》，刘笑敢主编：《中国文化与哲学》第二辑，桂林：广西师范大学出版社，2007 年版，第 152 - 182 页。

② 暴庆刚：《反省与重构：郭象〈庄子注〉研究》，南京大学出版社，2013 年版，第 321 - 336 页。

③ 黄圣平：《郭象玄学研究：沿着本性论的理路》，北京：华龄出版社，2007 年版，第 196 - 206 页。

然。”（《达生》注）

其次，郭象的“性分”具备不变与变之间的困境。一方面，郭象指出“性分”是先天决定、不可改变的。他说：“言性各有分，故知者守知以待终，而愚者抱愚以至死，岂能中易其性者也。”（《齐物论》注）在郭象看来，人的大小、贫富、寿夭、智愚、贵贱、尊卑等都由先天“性分”所决定，是一生下来就固定好的，任何人都不要妄图去改变；改变它就好比要改变四时自然的次序一样，那是不可能的。若强行去改变天理自然的“性分”，只会使物变得不物，最终走向毁灭。另一方面，郭象又强调“性分”要与时变化，可以更改。他说：“夫仁义者，人之性也。人性有变，古今不同也。”（《天运》注）

最后，郭象的“性分”具备必然与偶然之间的困境。从人之本性发生的角度来说，郭象强调万物的产生纯粹都是偶然的，没有任何理由，万物都是“自尔”“不知其所以然而然”“块然”而生，这就否定了一切外在有目的、有意志的造物主和主宰者的存在，所谓“夫物事之近，或知其故，然寻其原以至乎极，则无故而自尔也。自尔则无所稍问其故也，但当顺之”（《天运》注）。可从人之本性存在与实现的角度来说，郭象认为，人一旦偶然自生后，就完全要接受和安于必然之“性分”，才能真正与自身“性分”冥合，实现足性的逍遥。所谓“物任其性，事称其能，各当其分，逍遥一也，岂容胜负于其间哉”（《逍遥游》注）。正如汤用彤所说：“万物各有性分，性不可逃。一物无性分前，完全不受决定，一有性分，即绝对受决定。”①

至此，我们似乎觉得郭象的“性分”思想破绽百出，存在着不变与变、先天与后天、必然与偶然等诸多困境。但实际上，郭象“性分”思想并不存在困境，恰恰相反，他以“性分”统合了不变、必然、先天的“命”与可变、偶然、后天的“遇”，使“性分”思想具备了矛盾两重性，顺利破除了外界对其“性分”思想存在困境的误解，并使得他的整个思想体系保持了内在的张力和发展的动力。

---

① 汤用彤：《魏晋玄学论稿》（增订版），北京：三联书店，2009年版，第260页。

二、“性分”思想困境的破除：以“性分”统合“命”与“遇”的矛盾两重性

郭象以“性分”为基础来否认存在任何宇宙意志，认为人所特有的属性和品质都是先天自然形成，终生无法改变的必然之理。此种先天、必然、不可改变的“性分”就是“命”。故郭象说：

牛马不辞穿落者，天命之固当也。苟当乎天命，则虽寄之人事，而本在乎天也。（《秋水》注）

知不可奈何者命也，而安之，则无哀无乐，何易施之有哉！（《人间世》注）

在郭象看来，“命”是先天所定，非人力所能左右、抗拒和改变，所谓“天命之固当”。这就好比牛马的“性分”就决定了其被奴役的“命”那样，人的贤愚、寿夭、贵贱、高低也是由先天“不知其所以然而然”的“命”所致。正因“命”是先天、必然、不可改变的，所以人只能安命、顺命，这样才能完全实现自身的“性分”而最终与之冥合，即“知其不可奈何者命也而安之”（《人间世》注）。

至此，有人或许提出质疑：若按照郭象“性分”思想具备先天、必然、不变性的这一特点往下推论，怎么解释历史上“君臣易位”的现象呢①？这就涉及到郭象“遇”的概念。

我们知道，任何个体生命必然而不可变的活动轨迹（“命”）实际上是由一系列偶然性、可变性的因素构成，这就是我们通常所说的“遇”或“时”。在郭象这里，“遇”就是指“性分”的后天性、偶然性、可变性。郭象说：

夫时之所贤者为君，才不应世者为臣。（《齐物论》注）

凡此诸士，用各有时，时用则不能自己也。苟不遭时，则虽欲自用，其可得乎！故贵贱无常也。（《徐无鬼》注）

虽虞氏无易之情，而天下之性固易矣……故虽圣人有不得已，或以槃夷之事易垂拱之性，而况悠悠者哉！（《骈拇》注）

---

① 王中江：《郭象哲学的一些困难及其解体——从“性分论”和“惑者说”来看》，刘笑敢主编：《中国文化与哲学》第二辑，桂林：广西师范大学出版社，2007 年版，第 160－161 页。

正因时势有变，所以“性分”也会跟随时势的变化而变化，所谓“贵贱无常”“天下之性固易”，现实社会中之所以有人成为君，有人成为臣，这些都是“时”“遇”选择的结果。郭象认为，“时”“遇”的本质是众人的共同意志和社会的需求[①]，所谓“俗之所贵，有时而贱；物之所大，世或小之。故顺物之迹，不得不殊，斯五帝三王之所以不同也”（《秋水》注）。而众人的共同意志和社会的需求总是跟随时代在变化，因此谁是君、谁是臣都是偶然无常的，纵使出现“君臣易位”的现象也是时遇使然、顺应历史发展趋势的必然结果。比如司马炎本是臣，他后来变为君是偶然的机遇，但魏帝为什么不传位给别人而禅让给他，这里就有必然性，是命定的。故郭象说：“人皆自然，则治乱成败，遇与不遇，非人为也，皆自然耳。”（《大宗师》注）

同时，郭象还将人类社会比作神箭手羿的大靶场，认为羿击中与不击中大靶场里的任何一物都是时遇偶然。故他说：“而区区者各有所遇……则一生之内，百年之中，其坐起行止，动静取舍，情性知能，凡所有者，凡所无者，凡所为者，凡所遇者，皆非我也，理自尔耳。而横生休戚乎其中，斯又逆自然而失者也。”（同上）

但不管是不变的“命”，还是可变的“遇”，都是自然而然的“性分”使然。每个人在“命”的左右下，必须完全按照自身“性分”的范围来活动，这似乎是先天、必然而不可改变的定律；但在由无数人活动轨迹交织构成的社会历史网络中，又存在偶然的、可变的、后天的“时”或“遇”，这似乎又是无规律可循的。至此，郭象的“性分”思想就具备不变与变、必然与偶然、先天与后天的矛盾两重性特征。在郭象看来，一切都是没有原因，没有主宰，自然而然发生、存在的，先天与后天、必然与偶然、不变与变都是“性”该如此，“理”该如此，“分”该如此。在此基础上，郭象又进一步主张“以所遇为命”，认为必然性的“命”是由无数偶然性的“遇”所构成，并通过偶然性的“遇”表现出来。同时，他告诫人们不要妄动主观心知，不要有心有为于其间，因为“遇”与“不遇”都是“命”当如此。故他说：“然冥然以所遇为命而不施心于其间，泯然与至当为一而无休戚于其中，虽事凡人，犹无往而不适，而况于君亲哉！”（《人间世》注）这实际上在宣扬“遇”就是“命”，即人生因后天所“遇”而

① 王晓毅：《郭象评传》，南京大学出版社，2011年版，第320页。

具备偶然性和变化性，“性分”是随着所“遇”而定的，无论是君主还是臣子，或是从臣子变成君主，都要适应所“遇”的“性分”。而一旦所“遇”定下来了，就是先天、不可变、必然的“命”了，此时我们就要各安其命、自足逍遥。

由此可知，一物为什么会有“性分”，为什么留一方或滞于一方，都是偶然的。这就好比春风吹起花瓣，有的落在屋顶，有的落于茅厕，有的落于厅堂，有的落于水沟，落于何处全为偶然、全是自由。但花瓣一落地便受决定。人各有其“性分”必然，此“性分”不可逃避、不可更改，这是先天决定的一面。但若能返于天然而与时俱变，做到顺性任物，安于此现实已然，亦均能达足性逍遥。从玄冥之境一方面说，“无莫为天”“无适”即“自由”“未限定”“无分”“平等”，即偶然①。因此，先天与后天、不变与可变、必然与偶然皆为“性分”自然如是，自然而然的“性分”可包含此两种意义。

根据郭象的“性分”理论，我们亦可解决和打破其事物的存在与变化取决于“独化”还是“相因”的悖论与困境。万物的“性分”是各自独立且不相关的，只是在“遇”时才产生关系，这就好比老虎吃小动物，只是在后天偶然“遇”到时才发生，此时，吃与被吃双方都是命中注定，只有安命和安分了②。若小动物“不遇”或者“遇”到老虎后挣扎而侥幸逃脱了，没有被老虎吃掉，那也是“命”。或许有人会说，郭象是想当然地认为小动物被老虎吃掉是在尽性，但这一点很难有人能驳倒郭象，因为你无法找到反证说明小动物被老虎吃掉就不能尽性。这也正是郭象以“性分”统合“命”与“遇”，并以“遇”为“命”的高明之处。

三、“性分”思想矛盾两重性的评价

郭象以“性分”统合“命”与“遇”，并进一步以“遇”为“命”，实质上是将三纲五常等名教内容内化为人的自然本性，并将其说成是人人都不能违反的至高无上的天理与人人都无可奈何的命运，目的是为了维护封建社会的尊卑等级秩序。宋明理学家大力宣扬的“天理”也不过是其“性分”思想的继续。如邵

---

① 汤用彤：《魏晋玄学论稿》（增订版），北京：三联书店，2009 年版，第 260－261 页。

② 李锦全：《对郭象哲学评价的一点杂感》，刘笑敢主编：《中国文化与哲学》第三辑，桂林：广西师范大学出版社，2007 年版，第 379 页。

雍说："事无巨细，皆有天人之理。"[①]（《皇极经世书·观物外篇下》）"事无大小，皆有道在其间，能安分则谓之道，不能安分谓之非道……是故大行穷居，所性分定，君子贵之。"[②]（同上）。程颢说："圣人致公，心尽天地万物之理，各当其分。"[③]（《河南程氏遗书》卷第十四）程颐说："父子君臣，天下之定理，无所逃于天地间。"[④]（《河南程氏遗书》卷第五）朱熹说："夫天下之事莫不有理，为君臣者有君臣之理，为父子者有父子之理……亘古亘今，不可移易。"[⑤]（《晦庵先生朱文公文集·甲寅行宫便殿奏札二》）作为心学代表的陆王亦提出了"心即理"的命题。

可见，宋明理学家们将"心"与"理""分""命""性"等同起来，这就把人的尊卑贵贱等级说成是"命"该如此、"理"该如此、"性"该如此、"分"该如此，并认为人们对这套等级秩序的遵循是出自天理良心的驱使。这样，封建纲常名教就是人们必须服从的天理和遵守的本分了。这种思想在中国古代后期封建社会产生了广泛的影响：一方面，它确实起到了维护和稳定社会等级秩序的作用；另一方面，它又成为了统治者毒害人民的思想武器以及制约人民的精神枷锁。

更为主要的是，郭象"性分"思想的矛盾两重性最终是为了在现实社会中名利双收，他之所以提出名教与自然合一，就是为了达到这个目的，进而粉饰门阀士族的统治。正如陈寅恪所说："若由此说，其人可兼尊显之达官与清谈之名士于一身，而无所惭忌，既显朝端之富贵，仍存林下之风流，自古名利并收之实例，此其最著者也。故自然与名教相同之说所以成为清谈之核心者，原在其政治上实际上适用之功用，而清谈之误国正在庙堂执政负有最大责任之达官崇尚玄无，口谈玄虚，不屑综理世务之故，否则林泉隐逸清谈玄理，乃其分内应有之

---

① ［宋］邵雍：《皇极经世书》卷十四《观物外篇下》，见《四库全书》子部术数类05，第803册，台北：台湾商务印书馆，1983年版，第1088页上栏。或见［宋］邵雍著，郭彧整理：《邵雍集》，北京：中华书局，2010年版，第174页。

② ［宋］邵雍：《皇极经世书》卷十四《观物外篇下》，见《四库全书》子部术数类05，第803册，第1086页上栏。或见［宋］邵雍著，郭彧整理：《邵雍集》，第160页。

③ ［宋］程颢、程颐著，王孝鱼点校：《二程集》，北京：中华书局，1981年版，第142页。

④ 同上，第77页。

⑤ ［宋］朱熹著，刘永翔、朱幼文校点，朱杰人、严佐之、刘永翔主编：《朱子全书》第20册，《晦庵先生朱文公文集》（一），卷十四《甲寅行宫便殿奏札二》，上海古籍出版社、安徽教育出版社，2002年版，第668－669页。

事，纵无益于国计民生，亦不致使‘神州陆沉，百年丘墟’也。”① 可见，在陈寅恪看来，正是这种主张名教与自然统一，既要做名士又要做达官，却又不负实际政治责任的人最终导致了清谈误国的结果。在石勒的围歼战争中，王衍临死前曾十分后悔地感慨道：“呜呼！吾曹虽不如古人，向若不祖尚浮虚，戮力以匡天下，犹可不至今日。”②

郭象“性分”思想所具备的不变与变、先天与后天、必然与偶然的矛盾两重性，恰恰使其整个理论体系保持了内在的张力与发展的动力。对郭象“性分”思想具备的先天与后天、必然与偶然、不变与变的矛盾两重性特征，我们应作一分为二的评价。

从抽象的理论方面看，标识社会名教身份之“性分”的等级性、不变性、先天性、必然性，强调人人都应各安其命、各守其职、各尽其分、各得其性，个人在自己的岗位上干好自己的事情，安守本分，恪尽职守，这能为我们今天和谐社会秩序的建构提供有利的思想资源；实现自足逍遥之“性分”的平等性、可变性、后天性、偶然性强调在“性分”范围内，个体可通过自身“觉悟”使行为与“性分”相契合，将“性分”发挥到极致，实现足性、均等的逍遥境界，这能为我们今天个人的安身立命提供一种可能的途径。

从具体的现实方面看，“性分”的等级性、不变性、先天性、必然性要求人人知足守分，可现实生活中一味地知足守分又行不通，这不利于社会阶层的流动及个人主观能动性的发挥；“性分”的平等性、可变性、后天性、偶然性虽使得我们有可能改变自身的“性分”而获得个体自由，但“性分”内容的不确定性、边界的模糊性以及把握的“度”等问题又使其不具现实操作性。

（作者系广东工业大学政法学院讲师）

---

① 陈寅恪：《金明馆丛稿初编》，上海古籍出版社，1980 年版，第 188 页。

② ［唐］房玄龄等撰：《晋书·王戎传》（卷四十三，列传第十三），北京：中华书局，1974 年版，第 1238 页。

李翱与儒家心学

◎吴杰锋

儒家心学的思想渊源及发展脉络是当前学术界关注和讨论的热点。周炽成先生认为，“心学”概念最早见于南北朝时期佛教经典的翻译，儒家心学通常被认为是源于《尚书·大禹谟》“十六字心传”。① 冯国栋先生认为，作为学术名词的儒家“心学”，最早见于南宋湖湘派胡宏所撰《知言》中。② 本文认为，儒家心学思想源于孔子、子思和孟子，历经千年的发展低潮，到中唐由李翱开始进入儒释道融合发展时期，经吸收佛教心学精髓，发展到宋明陆王心学达到理论高峰。李翱提出从儒家心性之学角度梳理和阐发经典，强调越过汉儒回到孔子、子思和孟子承接儒家心性之源。李翱创造性提出“以心通”承道统的方法，明确把《中庸》定义为儒家心性之书，阐发“复圣人之性”的心性修养工夫，对儒家心学理论的创建和发展有发端之功。

一、“以心通”承道统

唐代是佛学发展的全盛期，道教亦被奉为国教。面对佛、道二教的空前发展，儒学在中唐以后发生了一系列的变革，在思想学术界兴起一股对当时和后世具有重大影响的“明道”思潮③。韩愈对“周道衰，孔子没，火于秦，黄老于汉，佛于晋、魏、梁、隋之间。其言道德仁义者，不入于杨，则归于墨；不入于老，则归于佛”④ 深感不安，特阐明正统提振儒学，弘扬儒家之道，提出著名的道统说：

---

① 周炽成：《“心学”渊源考》，《哲学研究》，2012 年第 8 期。

② 冯国栋：《道统、功夫与学派之间——“心学”义再研》，《哲学研究》，2013 年 7 期。

③ 吴相洲：《文以明道和中唐文的新变》，《文学评论》，1996 年第 1 期。

④ ［唐］韩愈撰，钱仲联等校：《韩愈全集·原道》，上海古籍出版社，1997 年版，第 120 页。

斯吾所谓道也，非向所谓老与佛之道也。尧以是传之舜，舜以是传之禹，禹以是传之汤，汤以是传之文、武、周公，文、武、周公传之孔子，孔子传之孟轲，轲之死，不得其传焉……夫所谓先王之教者，何也？博爱之谓仁，行而宜之之谓义。由是而之焉之谓道。足乎己无待于外之谓德。①

韩愈坚持儒家自有传统，并将自尧、舜、禹、汤、文、武、周公至孔、孟以来的道统谱系清晰地描绘出来，对后来的儒学尤其是宋明新儒学影响深远。李翱亦深受韩愈道统思想的影响，他说：

吾之道非一家之道，是古圣人所由之道也。吾之道塞，则君子之道消矣；吾之道明，则尧舜文武孔子之道未绝于地矣。……吾之道，学孔子者也。②

李翱推崇孔子之道，以儒家仁义思想释道。在《复性书》中，李翱不仅以传道为己任，还认为自己是孔子、孟子之道的传人：

仆之道穷，则乐仁义而安之者也；如用焉，则推行之于天下也，何独天下哉？将后世之人，有得于吾之功者尔，天之生我也，亦必有意矣。③

李翱认为重提圣人之道并不止于简单复述古圣贤的话，而应该结合时势赋予新意："道之极于剥也必复。吾岂复之时邪。"④ 韩愈建立形式上的儒家道统，李翱则在内容上为道统引入心性思想内涵。他在《寄从弟正辞书》中说：

仲尼、孟轲殁千余年矣，吾不及见其人，吾能知其圣且贤者，以吾读其辞而得之者也。后来者不可期，安知其读吾辞也，而不知吾心之所存乎？⑤

李翱并不满足于按韩愈的说法"照着讲"，而是以旧瓶装新酒"接着讲"。在道统思想的框架下，李翱用"吾心"体贴圣贤之心，以儒家道统承接和重新

---

① ［唐］韩愈撰，钱仲联等校：《韩愈全集·原道》，上海古籍出版社，1997年版，第120页。

② ［唐］李翱撰，郝润华校点，胡大浚审定：《李翱集·答侯高第二书》，兰州：甘肃人民出版社，1992年版，第53－54页。

③ 同上，第55页。

④ ［唐］李翱撰，郝润华校点，胡大浚审定：《李翱集·复性书》，兰州：甘肃人民出版社，1992年版，第8页。

⑤ ［唐］李翱撰，郝润华校点，胡大浚审定：《李翱集·寄从弟正辞书》，兰州：甘肃人民出版社，1992年版，第65页。

开启失传已久的儒家性命之源：

> 子思，仲尼之孙，得其祖之道，述《中庸》四十七篇，以传于孟轲……遭秦灭书，《中庸》之不焚者，一篇存焉。于是此道废缺，其教授者，惟节行、文章、章句、威仪、击剑之术相师焉，性命之源，则吾弗能知其所传矣。道之极于剥也必复，吾岂复之时邪？①

在对道统问题的阐释上，李翱和韩愈既有认识上的一致性，亦有思想上的互补。如果说韩愈建立道统是为证明传授之渊源以自重②，李翱则可看作是为儒家道统注入心性思想内涵以自强。李翱认为，秦朝焚书坑儒之后古圣先贤之道之所以得不到弘扬，原因在于儒家传承只有“节行、文章、章句、威仪、击剑之术”，却遗漏了最重要的“性命之源”。阐道统以开性命之源，可谓是李翱作《复性书》三篇的初衷。李翱在《复性书》中指出：“有问于我，我以吾之所知而传焉，遂书于书。以开诚明之源，而缺绝废弃不扬之道几可以传于时，命曰《复性书》，以理其心，以传乎其人，乌戏！夫子复生，不废吾言矣。”③ 李翱强调儒家道统实乃性命之道，将韩愈点了题却又未深化的道统问题引向了深入。值得注意的是，韩愈论道统并未提及子思，而李翱在《复性书》中却特别提到子思得其祖之道，并述《中庸》以传于孟轲，子思经李翱之手跻身道统之列，与《中庸》具有丰富的心性思想内涵有密切关系，这是李翱发前儒所未发。

对韩愈和李翱共同阐扬道统的学术意义，冯友兰先生认为“宋明新儒家之学之基础与轮廓，韩愈、李翱已为之确定。二人在中国哲学史中之地位，不可谓不重要也”。④ 在冯先生看来：“韩愈和李翱为道学奠定了基础。他们制造了一个‘道统’，为道学作历史依据。他们提出了《大学》《中庸》，作为道学的基本经典，加上《论语》（韩愈和李翱曾合注《论语》）、《孟子》，成为后来的道学的《四书》。”⑤

---

① ［唐］李翱撰，郝润华校点，胡大浚审定：《李翱集·复性书》，兰州：甘肃人民出版社，1992年版，第7页。

② 陈寅恪在《论韩愈》一文中把韩愈的贡献归纳为“建立道统，证明传授之渊源”“直指人伦看，扫除章句之繁琐”“排斥佛老，匡救政俗之弊害”“呵诋释迦，申明夷夏之大防”等四个方面。见氏著《论韩愈》，《金明馆丛稿初编》，上海古籍出版社，1980年版。

③ ［唐］李翱撰，郝润华校点，胡大浚审定：《李翱集·复性书》，兰州：甘肃人民出版社，1992年版，第8页。

④ 冯友兰：《韩愈李翱在中国哲学史中之地位》，《三松堂全集》第11卷，郑州：河南人民出版社，2000年版，第254页。

⑤ 冯友兰：《中国哲学史新编》，《三松堂全集》第9卷，郑州：河南人民出版社，2001年版，第589－590页。

儒家提出道统说的目的是要与佛学抗衡，但李翱与韩愈在对待异质文化的态度上存在明显的差异。韩愈所强调的道统，主要是相对于佛、老之道而言。其道统说外衣下，依旧是“博爱之谓仁，行而宜之之谓义，由是而之焉之谓道”① 为内容的先秦旧说，对佛道缺乏思想理论上的包容。故冯友兰认为韩愈“企图从理论上‘排佛’，可是并没有接触到哲学的根本问题，并没有从哲学根本问题上与佛教作斗争，并不能把佛教驳倒”②。而李翱则借鉴佛学的思路，并把《中庸》《孟子》定义为心性之书来进行提炼阐发。冯友兰由此对李翱给予很高评价：

> 李翱的《复性书》也引《易传》。《易传》后来也成为道学的基本典籍。但是也还不够。道学家必需把这些典籍中的思想加以提炼，把其中有一大部分原来只是伦理的思想，提高到哲学的高度……李翱开了这样一个途径，后来的道学家都是照着这个途径进行的……到了南宋时期，道学的体系完全建立起来，韩愈在封建统治阶级中的地位，就降低了。这是因为韩愈只是为道学的建立创造了条件，而在哲学上，还不能列入道学的创始者的行列。③

李翱被视作儒家心性之学的重要思想家，与其解释儒家心性经典的思想方法有重要关系。有人问李翱与前人注解《中庸》有何不同，李翱的回答别具心学方法论的意味：“彼以事解者也，我以心通者也。”④ 受佛教心传思想方法的启发，李翱提出“以心通”的方法来体悟道统之内涵，明显有别于汉代经学“以事解”的解经方法。汉代经学，无论是古文经学还是今文经学，均围绕《春秋》纪事做文章，李翱将其方法归纳为“以事解”，而标榜自己是“以心通”。心性论是隋唐学术讨论的主要问题之一，李翱提出以心性为线索贯通道统，从而给儒家道统赋予心性思想属性，走出一条以心性传承道统的经典解释新路。

二、以心性开经典

传统经学大致可以划分为汉学和宋学，其中汉学重视五经，宋学则强调四

---

① ［唐］韩愈撰，钱仲联等校：《韩愈全集·原道》，上海古籍出版社，1997 年版，第 120 页。

② 同①，第 587 页。

③ 同①，第 590 页。

④ ［唐］李翱撰，郝润华校点，胡大浚审定：《李翱集·复性书》，兰州：甘肃人民出版社，1992 年版，第 11 页。

书。唐代初期儒家奉九经为经典①，《中庸》《大学》仍只是《小戴礼记》中的单篇文章，尚不具有经典的地位。中唐以后，《中庸》《大学》地位提升很快，发展到宋明已跃升四书之列。《中庸》被儒家重新认识和推崇，缘于被儒家定义为性命之书，必须从李翱注解《中庸》谈起。

儒家经学历来以解经的方式来表达新的学术主张。朱彝尊在《经义考》中提到，李翱著有《中庸说》但未流传。② 考察李翱对《中庸》的看法，一般把《复性书》作为李翱阐释《中庸》思想的主要文本。在《复性书》中，直接或间接引用《中庸》的内容就有七处。其中，有四段话被《复性书》整段进行引用：

> 子思曰："惟天下至诚为能尽其性。能尽其性，则能尽人之性。能尽人之性，则能尽物之性。能尽物之性，则可以赞天地之化育。可以赞天地之化育，则可以与天地参矣。其次致曲，曲能有诚，诚则形，形则著，著则明，明则动，动则变，变则化，唯天下至诚为能化。"……
>
> 诚则明矣……
>
> 至诚无息，不息则久，久则徵，徵则悠远，悠远则博厚，博厚则高明。博厚所以载物也，高明所以覆物也，悠久所以成物也。博厚配地，高明配天，悠久无疆。如此者，不见而章，不动而变，无为而成，大地之道，可一言而尽也……
>
> 喜怒哀乐之未发谓之中，发而皆中节谓之和。中也者，天下之大本也。和也者，天下之达道也。致中和，天地位焉，万物育焉。

以上四处引用主要是以《中庸》中"至诚"和"中和"的思想来说明"天道性命"问题。另有三处，是李翱对《中庸》的引用和发挥，其中"性者，天之命也"源自《中庸》的"天命之谓性"；"颜子得之，拳拳不失"源自《中庸》的子曰："回之为人也择乎中庸，得一善，则拳拳服膺而弗失之矣"；"以开诚明之源，而缺绝废弃不扬之道，几可以传于时"则源自《中庸》的"诚则明矣，明则诚矣"。最终得出"诚者圣人之性"的结论：

> 诚者，圣人性之也，寂然不动，广大清明，照乎天地，感而遂通天下之故，行止语默，无不处于极也。复其性者，贤人循之而不已者也，

① 唐朝太和年间已有"十二经"刻石。

② ［清］朱彝尊撰，林庆彰、蒋秋华、杨晋龙、冯晓庭主编：《经义考新校》第6册，上海古籍出版社，2010年版，第2783页。

不已则能归其源矣!

《复性书》并非严格意义上的《中庸》注疏，但《复性书》讨论心性问题的思想资源主要是来自《中庸》。《复性书》以《中庸》里的“诚”“明”概念来讨论和阐述圣人之性，其思想立场很明确，就是坚持用儒家自有的表达方式来解释心性问题，并建立区别于佛教心学的儒家心性之学。李翱通过以心性阐释道统，将儒家心性论讨论引向深入，引发儒家对《中庸》等先秦儒学心性论资源的重新认识和关注。李翱并不像韩愈那样局限于道德伦理、社会经济等领域反佛，他要直入佛家胜场的心性之域，与僧侣辩论性与道的问题。傅斯年对李翱推崇《中庸》给予高度的评价，他在《李习之在儒家性论发展中之地位》一文中指出：“儒家书中，谈此虚高者，仅有《孟子》《易·系》及戴记之《乐记》《中庸》《大学》三篇，于是将此数书提出，合同其说，以与二氏相角，此《复性书》之所由作也。戴记此三篇，在李氏之前皆不为人注意，自李氏提出，宋儒遂奉之为宝书。”①

李翱在《小戴礼记》中发现《中庸》具有丰富的心性思想资源，证明儒家心性之学本有渊源，《中庸》被学界重新认识。清儒全祖望在《李习之论》一文中提出：“自秦、汉以来，《大学》《中庸》杂入《礼记》之中，千有余年，无人得其藩篱，而首见及之者，韩、李也。”② 六朝时，戴颙、梁武帝等人皆曾注解《中庸》，可惜这些注释现已散佚。由于唐朝之前的儒家鲜见注解《中庸》的作品，有学者认为唐代以前的佛子反而比儒者更容易走进《中庸》的世界，《中庸》与佛教思想相对比，亦更容易显现它的精神。③

韩愈推崇《大学》，李翱推崇《中庸》。他们所推崇和阐发的内容并非新说，但他们看待和解释《中庸》《大学》的立意和方法，却是有别于汉儒。简要言之，这两本典籍在唐宋期间最重要的转折是变成了“性命之书”。杨儒宾先生认为：“儒者性命之学的需求与这两本典籍隐藏的心性论资源会合之后，两本典籍的性格脱胎换骨。”④ 李翱的《复性书》被称为“《中庸》之义疏”。通过“以心

---

① 傅斯年：《李习之在儒家性论发展中之地位》，《性命古训辨证》，桂林：广西师范大学出版社，2006 年版，第 180 – 181 页。

② ［清］全祖望撰，朱铸禹汇校集注：《全祖望集汇校集注》中册，上海古籍出版社，2000 年版，第 1511 页。

③ 杨儒宾：《〈中庸〉〈大学〉变成经典的历程》，《台大历史学报》，1999 年第 24 期。

④ 同上。

通”的方法，李翱将《中庸》纳入儒家道统的重要环节，《中庸》被明确以儒家心性之书的面目被解释和宣传。他还曾与韩愈合著《论语笔解》，都带有典型的经学思维色彩。《复性书》后来被认为是理学（尤其是心学）先声，《中庸》以心性之书的面目走上儒家经典的中心舞台，与李翱将《中庸》定位为心性之书进行解释和阐发有着重要的关系。以心性思想资源为标准梳理和引用文献这种手段性（而非目的性）的行为却产生了一个影响深远的效果——为儒学经典从五经系统向四书系统转移准备了条件。

在宋儒眼里，传道的过程就是传心的过程。[①] 为继承儒学传统，李翱曾与韩愈合著《论语笔解》。为了论证儒家自有性命之学，李翱大力挖掘经典，重新梳理儒家传统中具有心性思想的资源。他对经典文本选取的标准是，必须具备可挖掘利用的心性思想资源。从《复性书》引用儒家经典的情况来看，《周易》《论语》《中庸》《孟子》《大学》均被李翱多次引用。暂且不论引用目的是认同抑或是批评，除了《周易》这本备受儒、道两家推崇的经典以外，另外四本书都恰好是唐代以后受宋明新儒家极力彰显、为官方首肯的经书。以时间计算，从李翱29岁作《复性书》，到南宋朱熹《四书集注》在漳州刊出，时间跨度近四百年。

儒家心性论的理论建构是一项具有开创意义的工作。儒家首先面临的是寻找可资利用的学术资源问题，需要用心性之学的视野和眼光来梳理、圈定可资倚重的经典文本。李翱并没有局限在传统儒家视野范围的《诗》《书》《春秋》三传等儒家典籍中解经传道，而是把关注的焦点集中在《中庸》《大学》《孟子》等具有丰富心性思想内涵的文本上来进行梳理和研究。《复性书》除了推崇《中庸》之外，还广泛吸收、引用和发挥了《周易》《论语》《中庸》《孟子》《大学》《史记》《诗经》《尚书》《左传》等儒家著作中的心性思想，为梳理和总结先秦以来的儒家心性理论，开启以心性讨论为主题的宋明新儒学发挥着承上启下的作用。与《论语》《孟子》相比，《大学》和《中庸》在唐代尚不具有与前者并列之地位。《复性书》不仅引《中庸》，还引用大量其他文献。李翱作《复性书》主要是在引用《中庸》以论证儒家心性之传统，而不只是理解子思著《中庸》所希望表达的原意——注释不是目的而只是手段，《中庸》被李翱塑造成为儒家心学的重要经典。李翱开了一个头，他提出以心性立论来框选儒家经典，这

---

① 周炽成：《“心学”渊源考》，《哲学研究》，2012年第8期。

是汉学五经经典系统转向宋学四书经典系统的关键。

三、以“复性”为工夫

围绕心性问题著说立说在唐代蔚然成风，韩愈、柳宗元、皇甫湜、杜牧等儒家学者纷纷参与其中，但多未跳出先秦儒家人性论的框架：韩愈的“性三品说”实际上是董仲舒人性论的改良翻版，皇甫湜的《孟荀言性论》、杜牧的《三子言性辩》则是在对孟子性善论、荀子性恶论以及扬雄人性善恶混说基础上对人性观点的对比罗列。而李翱则以孟子的性善论作为心性修养的前提，提出自成一家的“复性说”：

> 人之所以为圣人者，性也。人之所以惑其性者，情也。圣人知人之性皆善，可以循之不息而至于圣也，故制礼以节之，作乐以和之。①
>
> 循礼而动，所以教人忘嗜欲而归性命之道也。②
>
> 情者，妄也，邪也。邪与妄则无所因矣。妄情灭息，本性清明，周流六虚，所以谓之能复其性也。③

通过性情关系的角度来解释人性善与不善，李翱从哲学的高度将人性从善与不善的争论中独立出来，主张圣人之性与百姓之性无差，并给出了复性以成圣的方法，不可不谓唐宋儒家心性论中带头推陈出新之举。李翱进一步将儒家圣人之道与心、性关系的处理相结合，把性善论置身现实考量，提出以“复性”为修养工夫。

李翱认为：“性命之书虽存，学者莫能明，是故皆入于庄、列、老、释，不知者谓夫子之徒不足以穷性命之道。”④“莫能明”的原因，主要不在性命之书本身，而在于如何体会和把握其中的工夫。工夫是“为道”或“见性”的实践、过程和方法，是心对身、心对物的专注和控制。冯友兰认为：“可总代表宋明新儒家讲学之动机。宋明新儒家皆认为当时所认为有兴趣之问题，在儒家典籍中，

---

① ［唐］李翱撰，郝润华校点，胡大浚审定：《李翱集·复性书》，兰州：甘肃人民出版社，1992年版，第6页。

② 同上，第7页。

③ 同上，第13页。

④ 同上，第8页。

亦可得相当之解答。宋明新儒家皆在中国典籍中寻求当时所认为有兴趣之问题之解答也。”① 李翱阐扬四书，探讨心性问题的解决之道，推崇的更是一种“修己治人”的工夫论。四书学后来被发展成为儒者立志于成就为内圣外王的一整套工夫论是具有充分理由的。②

李翱认为圣人制礼作乐以“教人忘嗜欲而归性命之道”，将心性思考与道德实践结合起来，提出“复圣人之性”：第一步为“正思”。他在《复性书》中指出：“正思者，无虑、无思也。”为了排除情对性的干扰（“溺于情”），必须做到“斋戒其心”，以达到“弗虑、弗思，情则不生”，“情既不生，乃为正思”。第二步为“至诚”。李翱认为：“弗虑弗思，知心无思，情乃不生，虽为正思，离动不离于静，犹未足以复其性。”斋戒其心，心只是静。此静乃与动相对之静，不静时即又动矣。“方静之时，知心无思者，是斋戒也。知本无有思，动静皆离，寂然不动者，是至诚也。”③ 此处所指的寂然不动，并非与动相对之静，乃“动静皆离”，即超乎动静之绝对的静。故圣人虽“感而遂通天下之故”，而其心之本体，仍是“寂然不动”也。此即所谓“视听昭昭，而不起于见闻”，“物至之时，其心昭昭然明辨焉，而不应于物”。第三步为“循礼”。李翱重视在社会秩序的角度将“复性”实践与遵循礼乐之道相结合：“圣人知人之性皆善，可以循之不息而至于圣也，故制礼以节之，作乐以和之。安于和乐，乐之本也；动而中礼，礼之本也……视听言行，循礼而动，所以教人忘嗜欲而归性命之道也。”④ 通过“循礼”，“复性”乃从个人的道德实践上升为现实社会的群体性意识和行为。

李翱讲究修心养性，其修养方法主要是受子思的影响。同为儒家，孟子和子思的心性修养方法并不相同。孟子主张“尽其心者，知其性也，知其性则知天矣”（《孟子·尽心》），重正面直截的易简工夫，其治心只一个“尽”字，尽心即是诚；子思主张去自欺以存诚，对“不诚”而“诚之”，一言致曲有诚，着力点是落实在了反省其心之向于邪妄而去之而成诚。同样是儒学根柢，同样是治

---

① 冯友兰：《韩愈、李翱在中国哲学史中之地位》，《三松堂全集》第 11 卷，郑州：河南人民出版社，2000 年版，253 页。

② 朱汉民：《朱熹〈四书〉学与儒家工夫论》，《北京大学学报》（哲学和社会科学版），2005 年第 1 期。

③ ［唐］李翱撰，郝润华校点，胡大浚审定：《李翱集·复性书》，兰州：甘肃人民出版社，1992 年版，第 10 页。

④ 同上，第 7 页。

心，虽然推崇孟子，但李翱强调“复圣人之性”，走的是《中庸》的修养路径。有学者认为，李翱不满意于刘禹锡和柳宗元直接借用佛教的心性论，也不满足于韩愈的心性理论，他要吸收佛教的心性论改造儒学。虽然显得生硬，但却是以儒为主、融合三教的一次探索实践，也是儒家在心性论方面的较大推进。在这个意义上，李翱的复性说为后来宋儒的心性论作了铺垫。① 其实，李翱对复性之方的阐释并不严密，以致成为后儒争议之端，如冯友兰评价李翱之修养方法时所言：“大学格物致知之说，宋明新儒学对之各有解释。且因其对之解释之不同，宋明新儒家之派别亦因之而分。李翱亦可谓系此后此中争辩之发端者。”② 李翱的复性论准确地抓住由外在权威向内在权威转化的关键——“人性”问题进行探究。魏晋玄学中也经常讨论性与情的问题，但往往重于“情”，强调个体的感受；李翱则强调“性”，强调除去妄情而使人皆有之的圣人之“性”显现出来，由此建立起内在的权威。

唐代以后，李翱的学术地位日趋提高。北宋欧阳修推崇李翱，认为：“恨翱不生于今，不得与之交；又恨予不得生翱时，与翱上下具论也。”③ 清朝全祖望认为，唐人中“解《论语》解《孟子》，则习之一人而已”④。傅斯年认为：“北宋新儒学发轫之前，儒家惟李氏有巍然独立之性论，上承《乐记》《中庸》，下开北宋诸儒。”⑤ 心性论成为儒学讨论和关注的重心，是儒学发展史上的一次由伦理论向工夫论，由世俗世界向精神世界的重要变化，儒家关注探讨的问题开始逐步从外在的行为规范（礼）转向内在的道德修养（理）上来。李翱《复性书》思想虽然在理论上还不够精致，但其探讨儒家心性论的方向、方式和在框架基础上形成的心学理论开创了唐宋时期儒家心学理论建构之先河。

（作者系中山大学文化研究所特约研究员）

---

① 任继愈主编：《中国哲学发展史（隋唐卷）》，北京：人民出版社，1994 年版。

② 冯友兰：《韩愈、李翱在中国哲学史中之地位》，《三松堂全集》第 11 卷，郑州：河南人民出版社，2000 年版，第 254 页。

③ ［宋］欧阳修撰，李逸安点校：《欧阳修全集》第 3 册，上海：中华书局，2001 年版，第 1049 页。

④ ［清］全祖望撰，朱铸禹汇校集注：《全祖望集汇校集注》中册，上海古籍出版社，2000 年版，第 1511 页。

⑤ 傅斯年：《李习之在儒家性论发展中之地位》，《性命古训辨证》，南宁：广西师范大学出版社，2006 年版，第 180 – 181 页。

朱子文化的当代传承

◎朱人求

中国哲学发展到宋明理学，开创了一个别开生面、意义非凡的精神世界，以朱子为代表的理学和以阳明为代表的心学汇集成蔚为大观的两大思潮。朱子又以其真知睿见和“致广大，尽精微”“综罗百代”的恢宏格局而成为“蓄水池”式的集大成者，他的思想不仅统治了南宋以后元明清近700年的中国，而且影响到整个东亚世界，并演化为东亚世界的统治意识形态。换句话说，早在700年前，朱子思想便积极参与了东亚思想一体化进程，此时的朱子已经是世界化的朱子。而今，全球化已成为我们的生存方式，全球化视域中的朱子学又是怎样的一幅文化图景呢？在当代社会我们应如何承传和发展朱子学？

研究中国哲学需要一种什么样的眼光？中国朱子学会名誉会长、中华朱子学会会长、清华大学国学院院长陈来先生给予我们一个经典的回答：“中国本位，世界眼光。”立足中国，放眼世界，积极参与全球学术界的对话与交锋，这是每一位中国学者都应深刻铭记和积极践行的学术准则，早已世界化的朱子学研究尤应如此。放眼全球，我们欣喜地看到，在每一次朱子学国际会议上，自美国、日本、港台和中国大陆的朱子学研究专家济济一堂，共同探讨朱子学的哲学与方法，心性与工夫，伦理、知识与死生，道学的演变，东亚朱子学，政治、实践与史学，经典与文献批评等论题，话题的丰富、方法的多元、对话的层次与学科的碰撞，达到了前所未有的高度。

目前，全球化已经成为当代人的生存方式，朱子学研究的全球化也早已成为一个既成事实。今天，朱子学的研究已是一种超越国界、超越历史的学术活动。我们认为，只有把朱子学真正落实为一种全球化的生活方式，这才是真正意义上的朱子学的全球化。立足于当代与未来，全球化需要什么样的朱子学？朱子学的精神怎样参与人类精神的建构？我们应如何继承和发展朱子文化中的积极的因素？这是全球化时代每一位朱子学研究者必须直面的问题。首先，我们必须厘清朱子学中的开放性元素与封闭性元素、厘清朱子学的精神实质，朱子学中哪些思想真正关切我们生命的痛痒，至今仍然与我们的生命息息相关。也许，我们可以进一步思考和发掘朱子“全体大用”“理一分殊”、书院教育、身心修炼、家礼、关爱弱势群体社会关怀、文化谱系的承传等的现代意义。

什么是精神？精神一般与物质或肉体相对应，意味着“心”或“魂”，高度的心态能力，表示存在于个别事物根底的普遍性，也用来表示对基本事物的思考模式。朱子学的精神，指朱子的学问、思想的本质、终极的意义。日本楠本正继博士认为，朱子“在动态事象的内部深处思考其静态要素，此乃宋代文化之精神，进一步而言，此点亦触及到汉民族的根本性格”。“全体大用”之思想是朱子思想的中心，在思想史上具有极其重要的意义。所谓“全体”就是心中包涵所有的道理，所谓“大用”就是人心自然能应接万事万物。楠本正继指出：“全体大用思想乃源于所谓：虽然存在于相对的时空中，同时却也要求绝对，并不断试图在人世中，实践此种绝对的人类精神之必然要求，此思想的意义全然在此。”台湾中研院刘述先先生强调，当代精神儒学的复兴必须注重对朱子“理一分殊”的阐发，以面对“全球地域化”的挑战。刘述先新儒学思想贯穿着“理一分殊”的方法论原则。“理一分殊”是宋明理学家使用的一个基本范畴，朱子把它发展到了一个新的高度。刘先生指出，朱子哲学的核心话语和方法论就是四个字——“理一分殊”，形象化地说，就是“月印万川”。在全球化背景下，“理一分殊”仍有着无可比拟的当代伦理价值。我们今天提倡理一分殊，在内涵上不同于朱子，但在精神上却是自觉地继承朱子，并作出进一步的发挥。由西方的科技、工业化革命所造成的翻天覆地的剧变所触及的危机，传统的道德伦理到了今天已无法推持下去，重建道德伦理成为当务之急。朱子为回应佛学的挑战，重点强调的是分殊，而我们今天恰恰要倒过来，强调的是“理一”，在各自保持各民族各种文化的自身特点的基础上“求同”。所以他提出要在“理一分殊”理念的指导下，重建全球伦理，这个方向，就是“存异求同”。

“全体大用”和“理一分殊”的精神还必须在实践上予以落实，这也是“致知”与“力行”的关系。“致知”兼指格物致知，朱子尤指通过格物穷理，达到对“天理”的认识；“力行”则指知识的实行和道德的践履。有了“全体大用”

和“理一分殊”的精神指引，朱子学在应接万事万物之中游刃有余。这一切充分体现在朱子书院教化、身心修炼、家礼实践、社仓制度的社会关怀等理论与实践之中，它们不仅在历史上闪耀着璀璨的光芒，而且照亮了全球化时代的人文、社会与生活世界。

1. 书院教育的推广。书院是古代中国一种独特的教育机构，也是儒家文化传播的一种重要载体。书院最早起源于唐代，至两宋达到鼎盛，清代书院遍布全国，清末改制后多改为新式学堂，延绵一千余年，对中国古代文化教育、学术思想的发展影响至深。书院教育与当代学校教育不同，它“以诗书为堂奥，以性命为丕基，以礼义为门路，以道德为藩篱”（王会厘等：《问津院志·艺文·问津书院赋》），在传授知识的同时，书院尤其重视道德教化，重视以德性为主的教化是书院教育的独特性。根据《文献通考·学校考·书院》的记载，南宋初年共建书院 167 家，其中与朱子相关的书院共计 67 所，占南宋书院总数的 40%，朱子对南宋书院运动的贡献，由此可见一斑。朱子的《白鹿洞书院学规》（或称《白鹿洞书院揭示》《朱子教条》）集中体现了朱子书院教化的理念。淳熙七年（1180 年），白鹿洞书院重建落成，作为南康军最高行政长官，朱子高兴地率领同僚和书院师生举行开学典礼，讲说《中庸》首章，并选取古圣先贤为人为学的经典格言，作为白鹿洞书院师生共同遵守的学规，这就是历史上赫赫有名的《白鹿洞书院学规》。朱子十分强调“父子、君臣、夫妇、长幼、朋友”五教，认为五伦之教是学者学习的根本目的。《朱子教条》集儒家经典格言而成，集中体现了儒家文化的根本精神，确立了为学的目标、为学的次序——学、问、思、辨，强调“笃行”的重要性，指明了修身、处事、接物之要。可见朱子书院教人为学的目的，不是沽名钓誉、谋取利禄，而是要求士子读书穷理、修己治人，以求道救世为终极关怀。《白鹿洞书院学规》指出，外在的认知只是第二位的，为学的关键在于虚心涵泳、切己体察，把对客观世界的认知转化为内在的生命的体悟并努力践行，不断完善自我人格，提升人生境界。此后，朱子的学规成为书院精神的旗帜和象征，成为天下书院共同遵守的准则，并远播朝鲜、日本，至今仍影响深远。其中，朝鲜奉祀朱子的书院有 25 所，占整个奉祀中国先贤的书院的 43.8%，比奉祀孔子的书院（8 所）还多几倍。作为朝鲜书院“嚆失”的白云洞书院，完全仿照庐山白鹿洞书院的规制而建。朱子的《白鹿洞书院学规》也是朝鲜、日本书院普遍采用的书院院规，许多书院至今仍坚守朱子的《白鹿洞书院学规》。通过书院教育的推广，朱子的思想也迅速传遍中国甚至整个东亚，成为东亚共同遵守的意识形态，朱子所倡导的生活理想也渐渐演化为东亚共同的生活方式。

2. 身心的修炼。注重德性的养成、重视生命的教育、重视心灵的塑造，是朱子书院教化的首要理念，也是朱子理学的一贯主张。注重身心的修炼是朱子书院教化的精髓，它对当代大学教育启迪良多。朱子的书院有意与官学科举拉开距离，其目的不在于追求功名利禄，而在于求道新民。在《白鹿洞书院揭示》中，朱子反复重申为人与为学的统一、学习与践行的统一，其目的在于提撕心灵境界，完成圣贤人格的塑造。朱子作《衡州石鼓书院记》时，对张栻《潭州重修岳麓书院记》中的书院教育理想——“造就人才，传道济民”的道学理想给予了充分肯定，并作了一些补充，他说，书院教育的目标和方法，我的好友张栻已经讲得非常清楚明白，我要补充的是修养工夫的进路，朱子把“治心修身”的工夫扩充为“养其全于未发之前，察其几于将发之际，善则扩而充之，恶则克而去之”（《朱文公文集》卷七九）。就这样，朱子将科举功名置换成了天理与人欲的对峙、治心与修身的弘扬、未发与将发的修持等道学话语，希望将危害士人的功名利禄之心，融化消解于道学书院教化之中。朱子甚至主张“人且逐日把身心来体察一遍”（《朱子语类》卷九八），以发现和回归自己纯然至善的人性。乾隆五年（1740 年），郑之侨作《鹅湖学规说》，再次重申了朱子“治心修身”的书院教化理念。鹅湖书院以“志于道，据于德；依于仁，游于艺”为学规，郑之侨引用朱子的注解来进一步阐释：“朱子云：此章言人之为学当如此也……之侨谨按：古人读书必以立品为要，而立品之道莫大于修身。欲修身，又必涵养德性，栽培人心。”在这里，朱子期望通过书院教化来修身养性，从而提升心灵的品质。这种“身心的修炼”本质上是一种“哲学的修炼”，即把道学转化为一种普遍的生活方式。这种“哲学的修炼”本质上属于“欲望的治疗”和人格的塑造。反思当代大学教育，仅仅注重知识和技能的训练，结果往往造成人格的分裂和心灵的失衡；忽视对整体生命和人格的关怀，尤其缺乏对心灵的呵护和德性的养成，其结果必然导致了当代大学生心理问题多发。因而，当代大学教育应积极从传统书院教育中吸取有益的养分，把自己从纯粹知识的训练转化到对整体生命的关怀上来，相比较而言，成就人格、涵养德性、栽培心灵、实现自我才是最最重要的东西。

3. 朱子家礼的实践。朱子不仅是思辨的哲学家，也是一个社会实践家，他十分关心儒家思想在实践层面的具体表达以及其社会教化功能。朱子认为，传统的礼仪非常陈旧过时，而且复杂繁琐，需要与时俱进、革故鼎新，以适应当时的社会生活。一方面，他通过补充及更新材料，编辑了一本百科全书式的论著——《仪礼经传通解》；另一方面，他将原属上层社会的儒家礼仪世俗化和平民化，推广至民间，编成《朱子家礼》，成为后世最简明的通礼、冠礼、婚礼、丧礼、祭礼实用手册。朱子通过编修这本《朱子家礼》，希望能培养人对祖先“爱敬”“崇爱敬”，培养对先祖的“慎终追远之心”“报本反始之心”，而这些都可说是一种诗性的、准宗教的情怀。通过《朱子家礼》，朱子理学思想第一次真正应用于庶民，落实到民间，并且深入到社会的最基本细胞——家庭。《朱子家礼》一书，分通礼、冠礼、婚礼、丧礼、祭礼五卷，成为对宋元以降的中国及其东亚社会的基本礼仪规范，对东亚世界产生了深远的影响。根据朱子编修《朱子家礼》的成功经验，华东师范大学朱杰人先生尝试对《朱子家礼》中的“婚礼”作现代化的改造。其目的是为了求证：第一，时至今日《朱子家礼》是否仍有生命力；第二，面对西风席卷，西俗泛滥，中华传统社会礼俗被全盘西化的社会现实，代表本土文化和传统的儒家婚俗，是否可以对全盘西化发起一次挑战，以寻得中华文化自我救赎的一席之地。2009 年 12 月 5 日，朱杰人教授为他的儿子朱祁举办了一场现代版的朱子婚礼，婚礼庄重典雅，亲切感人，每一个细节都精心打造，可谓美轮美奂，许多未婚青年看过之后都愿意举行一场朱子婚礼。朱子婚礼的成功实践有力地证明了《朱子家礼》的强大生命力和穿透力。它表明，在现代化的进程中，中华传统的礼俗文化仍然具有现代性，在西风东渐的时尚大潮中仍然能找到自己的合理定位和发展空间。田浩（Hoyt Cleveland Tillman）先生指出，朱杰人还原了朱子婚礼仪式并使之现代化，这些努力只是复兴和普及儒家家礼的第一步，他更希望看到的是，在当代中国文化复兴的某一天，这些礼仪会作为传统的精华而重获施行。值得一提的是，台湾和福建的民间婚礼基本遵从《朱子家礼》，郑志明先生还在台湾推广朱子丧礼，韩国和中国大陆对朱子祭礼都十分重视，每年九月十五日（朱子诞辰纪念日），韩国和中国大陆都会举行隆重的朱子祭礼仪式。与此关联的是以家族为核心的民间文化的勃兴壮大，家谱文化、祠堂文化、宗亲论坛等日益兴盛，方式也多种多样，这些文化实践活动起到了捍卫传统价值、复兴传统文化的作用，它也有力地证明了《朱子家礼》的现代性价值及其茂盛而顽强的生命力。

4. 对弱势群体的社会关怀。社仓制度，系南宋朱子首创的一种民间储粮和社会救济制度。公元1150年，朱子好友魏元履在建阳县创立社仓，魏元履的初衷主要在于安定灾年地方秩序，防止灾民暴乱。1168年，福建发生严重的饥荒。朱子仿效“成周之制”建立中国历史上第一个由民间管理的社仓——五夫社仓。很显然，朱子设立社仓制度的根本目的仍然是要实现儒家政治思想中的仁政，与魏掞之所建的社仓有根本的区别。魏掞之的社仓建立在县城，而朱子的社仓建立在乡村。与魏掞之建立社仓为了救荒、防暴不同，朱子的社仓除了救荒之外，也有保护贫民尤其是“深山长谷，力穑远输之民”的意义。在管理上，魏掞之的社仓还是官办官管性质，而朱子的社仓制度则是一个民间自我管理的社会救济制度。朱子在五夫社仓的建设、上奏皇上请求建立社仓制度、呼吁乡绅劝立社仓等方面都是积极的实践者。淳熙八年（1181年），朱子创建的五夫社仓由原来的600石社仓米已扩充到3100石，极大地提升了社仓的救济能力与范围。1181年，朱子还积极向孝宗皇帝上奏《社仓事目》，请求把社仓颁行四方，在全国范围内推广。孝宗皇帝于是颁布了具有划时代意义的《社仓法》，这是中国封建社会后期一个以实际形式存在的社会救济制度，是当时的一项政治进步制度。淳熙九年（1182年）六月八日，朱子又发布了《劝立社仓榜》，勉励乡绅和官员广泛建立社仓，积极推广朝廷施行仁政的主张，养成乡里和睦、邻里互恤的良好的社会风尚。朱子的社仓除了救荒之外，也有保护贫民尤其是“深山长谷，力穑远输之民”的意义。在官府的推动下，朱子的社仓制度成为一个民间自我管理的社会救济制度。社仓制度既是朱子仁爱思想的具体体现，也是朱子“全体大用”思想在实践中的具体运用，它也充分体现了朱子全体大用、视民如子、天下一家的淑世情怀。正是通过身心—家—国—天下的一体建构，朱子理学的精神关切也从自我扩充到家族、国家和整个世界。

“问渠那得清如许，为有源头活水来。”在全球化背景下，中国思想文化积极参与全球文明对话、积极参与人类精神的重构，朱子学是其中不可或缺的活水源头。全球化时代是一个文化多元的时代，也是一个文化自觉的时代。每一个民族文化只有积极参与全球对话、自觉地融入全球化的浪潮中才能自立于世界民族之林，才能获得全球文化的主导权。文化自觉源于我们对自己民族文化的过去、现在和未来的关切，尤其是对时代问题、对当下现实的深切思考。展望未来的朱子学研究，畅想未来的朱子学研究，我们满怀信心、同心协力、奋发图强。“旧学商量加邃密，新知培养转深沉。”未来的路很长很长，我们坚信，通过全球朱子学者不断地“商量”和“培养”，未来朱子学研究必将大放光彩。

（作者系厦门大学哲学系教授）

“君子不器”的心学诠释

◎王　腾

传统诠释认为，“君子不器”强调君子不是局限于单一用途的器具，而是全面发展的博通之人，“非特为一材一艺而已”①。值得注意的是，“不器”背后有着深刻的道德内蕴，君子“志于道”的追求，构成才业周普的内在支撑力量。以万物一体论为视角，王阳明的心学诠释将“器”归结为自私自利的意必之心，而主张以一体之仁来实现人己相融的境界。这从重视知识才能回归至德性修养上，更能挖掘出“君子不器”的道德意涵。

一、“君子不器”的诠释角度：由才能转向德性

“君子不器”出自《论语·为政》。“器”原义指有特定用途的器皿，“不器”即强调君子应突破特定才能的局限，培养广博而全面的素养。正如《子张》篇所言“致远恐泥，是以君子不为也”，专业型人才的弊端是偏于一用而不知会通。惟有君子才能超越特定技术领域，担当起治国弘道的重任，上升至“不器”境界。在中国传统社会里，士阶层作为“社会脊梁”，不可能也不应该是某种专业人员，他们的目标是“治国平天下”，其职责是维系和指引整个社会的生存。②

历代解释者多从专才与全才的角度切入，认为“不器”指的是博学多能、才业周普。何晏在《论语集解》中引包咸注曰“器者各周其用，至于君子，无所不施”③；皇侃在《论语义疏》中认为“器者给用之物也，犹如舟可泛于海，

---

① ［宋］朱熹：《四书章句集注》，北京：中华书局，1983 年版，第 96 页。
② 李泽厚：《论语今读》，上海：三联书店，2004 年版，第 61 页。
③ 程树德撰，程俊英、蒋见元点校：《论语集释》，北京：中华书局，1990 年版，第 96 页。

不可登山。君子当才业周普，不得如器之守一也”[①]；张居正评价道“大之可以任经纶匡济之业，小之可以理钱穀甲兵之事，守常达变，无往不宜，岂若器之各适于用，而不能相通者哉！所以说君子不器”，并概括为“夫此不器之君子，是乃天下之全才”[②]。然而这实质上是就器言器，虽以“才业周普”突破了专才“守一”的局限，强调君子不受限制的周遍性，但仍未能脱离器用层面。那么，如何从形下之器超越至形上君子呢？

《周易·系辞》云：“形而上者谓之道，形而下者谓之器。”这指出“器”的具象性和“道”的超越性。究其根本，君子能突破偏于一用的局限，成为“天下全才”，其内在基础是道德修养。高尚的德性成为“无所不施”的支撑力量，承托起由“器”向“不器”的转变。《子张》篇载：“百工居肆以成其事，君子学以致其道。”孔子认为君子首先应“志于道”，树立高远的价值理想。对比具体技能的器用层面，君子侧重于追求超越性的道德价值，因而说“大道不器”（《礼记·学记》）。余英时曾用“哲学的突破”来评价：“士固定在封建关系中各有职事……但‘突破’以后，士已发展了这种精神凭籍，即所谓‘道’。”[③] 君子作为“弘道”的承担者，充沛的道德力量使他从器具般单一用途的局限中解脱出来，实现对具体技术领域的超越，真正成为“不器”的人。这背后的支撑力量就是对道的追求。

诠释视角由才能向德性的转变，反映出由器及道的超越。君子能突破偏于一用的局限，成为全面发展的人，关键在于德性修养。王阳明的心学诠释认为，这种超越的支撑力量就是万物一体之仁。因此，实现“君子不器”的核心在于修养德性，从器者偏着一边的个体分离中超脱出来，以仁爱之心实现人己相融的“不器”境界。

二、“君子不器”的前提：毋有意必

在阳明的诠释视角下，“器”不是特为一才一艺的才识局限性，而是偏着一边的分离感，这是受“意必之心”所限。《传习录》载：

---

① 黄怀信：《论语汇校集释》，上海古籍出版社，2008 年版，第 147 页。

② ［明］张居正：《张居正讲评〈论语〉》，上海辞书出版社，2007 年版，第 19 页。

③ 余英时：《士与中国文化》，上海人民出版社，2003 年版，第 89 页。

问，“孔门言志，由求任政事。公西赤任礼乐。多少实用？及曾皙说来，却似耍的事。圣人却许他，是意何如？”曰，“三子是有意必，有意必，便偏着一边，能此未必能彼。曾点这意思却无意必。便是‘素其位而行，不愿乎其外。素夷狄行乎夷狄，素患难行乎患难。无入而不自得矣’。三子所谓‘汝器也’。曾点便有不器意。”①

“意必”出自《论语·子罕》篇：“子绝四：毋意，毋必，毋固，毋我。”《四书章句集注》解释道：“意，私意也。必，期必也。固，执滞也。我，私己也。”②“意必”即是由感性欲望引发，誓必要达成目的的执着心。王阳明在此以私欲、私意解释，意是有善有恶的私欲，而人却未体悟良知来识别是非，由此产生了期必之心，执着于特定一端。他论述道：“凡应物起念处，皆谓之意。意则有是有非，能知得意之是非者，则谓之良知。”③ 王阳明在《答陆原静书》中将“意必”进一步论述为“自私自利之心”：“今欲善恶不思，而心之良知清净自在，此便有自私自利，将迎意必之心。”④ 由此可见，器者有“意必”便陷入能此非彼的特定一端，终因自私自利的私欲未除。

王阳明评价曾点断绝意必之心，能做到“素其位而行，不愿乎其外”，因而不偏于任意一端。《四书章句集注》解释道：“言君子但因见在所居之位而为其所当为，无慕乎其外之心也。”⑤ 子思引孔子之言曰：“射有似乎君子，失诸正鹄，反求诸其身。”⑥ 所谓“思不出其位”，君子应心无旁骛地专注于本职本务，并时刻自省来避免希高慕外。王阳明批判世人受“意必”荼毒，偏执于谋权夺利而陷入器者一端。《答顾东桥书》载：

盖至于今，功利之毒，沦浃于人之心髓，而习以成性也，几千年矣。相矜以知，相轧以势，相争以利，相高以技能，相取以声誉。其出而仕也，理钱穀者则欲兼夫兵刑。典礼乐者又欲与于铨轴。处郡县则思藩臬之高。居台谏则望宰执之要……而其诚心实意之所在，以为不如

① ［明］王守仁撰，吴光等编校：《王阳明全集》，上海古籍出版社，1992年版，第14页。
② ［宋］朱熹：《四书章句集注》，北京：中华书局，1983年版，第109、110页。
③ 同①，第217页。
④ 同①，第67页。
⑤ 同②，第24页。
⑥ 同②，第24页。

是，则无以济其私而满其欲也。[1]

此乃功利之毒，私欲之蔽。王阳明认为自私自利之心便是“心之贼”[2]，打着安济万民的名号，实际上只是为了满足一己私欲。面对蔽于私欲而导致的社会堕落现状，圣人推万物一体之仁以教天下，来拯救人心之危。他论道：

人各有心，至有视其父子兄弟如仇雠者。圣人有忧之，是以推其天下万物一体之仁以教天下，使之皆有以克其私，去其蔽，以复其心体之同然。其教之大端，则尧舜禹之相授受，所谓“道心惟微，惟精惟一，允执厥中”。[3]

王阳明认为今人因“意必”陷入偏着一边的病端，导致社会上“特其间于有我之私……通者以塞”[4]。圣人对此心怀忧患，推万物一体之仁来教养天下。王阳明在二程的思想基础上，进一步提出“仁者以万物为体”[5] 的观念。所谓万物一体，是指从仁爱这种道德情感出发，将内在的仁德向外扩充为爱人及物，从而与万物融为一个息息相关的有机整体。这充分发挥了人的道德主体性，体现出“仁者爱人”的道德品质，又表现出“泛爱众”的博爱旨趣。他强调万物一体之仁是未杂于人欲的道心，受私心的混杂便堕落为自私自利的意必之心，论道：“心一也，未杂于人谓之道心，杂以人伪谓之人心。”[6] 所以圣人之学其主旨在于克除私欲，修养对天地万物的仁爱之心。

三、“君子不器”的路径：养其心体

王阳明提出，圣人之学应发扬仁爱来克除“意必”，突破器者偏着一边的局限。因此心学采取内修的路径，根据“随才成就”的方式，来实现“君子不器”。《传习录》载：

又曰，“人要随才成就，才是其所能为，如夔之乐，稷之种，是他资性合下便如此。成就之者，亦只要他心体纯乎天理。其运用处，皆从

---

① ［明］王守仁撰，吴光等编校：《王阳明全集》，上海古籍出版社，1992 年版，第 56 页。
② 同上，第 168 页。
③ 同上，第 54 页。
④ 同上，第 54 页。
⑤ 同上，第 110 页。
⑥ 同上，第 7 页。

天理上发来，然后谓之才。到得纯乎天理处，亦能不器。使夔稷易艺而为，当亦能之。”又曰，“如‘素富贵，行乎富贵。素患难，行乎患难’，皆是不器。此惟养得心体正者能之。”①

王阳明论“才”是人的资质天性与后天修养的混合产物。首先，才是其所能为，人根据先天资质各有专长。“羲和历数之学，皋契未必能之也，禹稷未必能之也。”② 各人循着自身资质发挥潜能，具备一定的特长，而“君子不器”则提出了更高的要求。君子要从各有专长的器者，升华至贯通彼此的不器者，关键在于后天心性修养。“随才成就”就是要循着先天资性使心体纯乎天理，进一步实现“易艺而为”的不器境界。在此基础上，王阳明指出圣人之学的真精神，是从心性修养上恢复内心的仁德，却无需向外求索，为所有愚人打开了成圣的大门。“下至闾井、田野，农、工、商、贾之贱，莫不皆有是学，而惟以成其德行为务。”③ 这为器者突破局限，达成不器境界提供了可行性。即便专业型人才也能在特定领域内，通过道德修养实现成圣的目标，以万物一体之仁支撑起“君子不器”的超越性转变。他论道：

夫圣人之心，以天地万物为一体，其视天下之人，无外内远近。凡有血气，皆其昆弟赤子之亲，莫不欲安全而教养之，以遂其万物一体之念。天下之人心，其始亦非有异于圣人也，特间于有我之私，隔于物欲之蔽，大者以小，通者以塞。④

其一，圣愚皆有万物一体之仁。王阳明称：“大人之能以天地万物为一体，非意之也，其心之仁本若是，其与天地万物而为一也。”⑤ 从“心之仁本若是”的角度出发，王阳明将“一体之仁”建立于所有人的本心上，对此有诸多论述，如“良知之在人心，无间于圣愚，天下古今之所同也”⑥，又如“不但圣贤，虽常人亦无不如此”⑦。这体现出圣愚之间的一致性，只要复归本心，便能修养万物一体之仁，并生动地体现在王阳明的诗作中：“个个心中有仲尼，自将闻见苦

① ［明］王守仁撰，吴光等编校：《王阳明全集》，上海古籍出版社，1992年版，第21页。
② 同上，第53页。
③ 同上，第54页。
④ 同上，第56页。
⑤ 同上，第968页。
⑥ 同上，第79页。
⑦ 同上，第69页。

遮迷，而今指与真头面，只是良知更莫疑。”① 因此圣人之学教化人向内体悟心体，却无须向外寻求。

其二，圣人之心纯乎天理而无人欲之杂。王阳明主要从私欲的角度作分析：“是故苟无私欲之蔽，则虽小人之心，而其一体之仁犹大人也；一有私欲之蔽，则虽大人之心，而其分隔隘陋犹小人也。”② 圣愚的仁心本是相同的，其差异在于愚人受私欲遮蔽。他称：“心之本体，无所不备。原是一个天。只为私欲障碍，则天之本体失了。”③ 愚人因自身感性欲望，由“一体之仁”堕入“一己之私”，并将人我对立起来，“及其动于欲、蔽于私，而利害相攻，忿怒相激，则将戕物圮类，无所不为，其甚至有骨肉相残者”④。阳明对此深感痛惜：“万物一体之仁亡矣。”

其三，作圣之本是去除私欲，纯乎天理。正如王阳明所言：“故夫为大人学者，亦惟去其私欲之蔽，以自明其明德，复其天地万物一体之本然而已耳。”⑤ 圣人之学就是使心体由被私欲遮蔽，重新恢复至万物一体的本然状态。王阳明以“精金之喻”⑥ 比拟成圣：“圣人之所以为圣，只是其心纯乎天理，而无人欲之杂。犹精金之所以为精，但以其成色足而无铜铅之杂也。”⑦ 他说：“各人尽着自己力量精神，只在此心纯天理上用功，即人人自有，个个圆成，便能大以成大，小以成小。不假外慕，无不具足。”⑧ 器者受“意必之心”的遮蔽，局限于能此非彼的特定层面，而实现“不器”要靠弘扬“一体之仁”的道德力量，实现由形下之器向形上之道的超越。

四、“君子不器”的境界：人己相融

器者因“一己之私”堕入“人己之分”的局限，而不器者以“一体之仁”与天地相通。所谓“君子不器”，实现于万物一体的道德境界中。“大人出于本

---

① ［明］王守仁撰，吴光等编校：《王阳明全集》，上海古籍出版社，1992 年版，第 790 页。
② 同上，第 968 页。
③ 同上，第 95 页。
④ 同上，第 968 页。
⑤ 同上，第 968 页。
⑥ 同上，第 110 页。
⑦ 同上，第 968 页。
⑧ 同上，第 95 页。

原的仁心，可以将天下之人、天下之物同自己的道德心勾连起来，在本体层面上消除自己和他人、外物的差别，从而去除本心上的‘私欲之蔽’，在心体上达到‘万物一体’之境。”①

王阳明在《答顾东桥书》中具体描绘出，基于“一体之仁”上的社会理想，“君子不器”的思想也显现其中：

若一家之务，或营其衣食，或通其有无，或备其器用，集谋并力……故稷勤其稼，而不耻其不知教，视契之善教，即己之善教也；夔司其乐，而不耻于不明礼，视夷之通礼，即己之通礼也。盖其心学纯明，而有以全其万物一体之仁，故其精神流贯，志气通达，而无有乎人己之分，物我之间。②

从“万物一体”的角度来看，王阳明认为器者存在能此非彼的局限性，万物一体之仁却从根本上取消了彼此之分，用本心相通消融了彼此对立的差异心。以天下一家为喻，《西铭》论道：“乾称父，坤称母……民吾同胞，物吾与也。”王阳明继承发展了“民胞物与”的思想，从“万物一体”的角度将君子的仁人之心进一步表现为普遍关爱的道德品格。他说：“明千万人本于一人，则千万人之心当以一人之心为心。”③ 天下人以仁心破除一己私欲，表现出休戚与共的紧密联系，真正化为一体。

稷擅长种植却不以不能教书、作乐、明礼为耻，契擅长教书之才、夔掌管礼乐之才、夷通晓礼仪之才，都可视作自己的才能。因为天下人以服务集体为共同目标，各自勤勉于本务，其才技自然不分彼此。虽然在具体技能上，稷、契、夔、夷四人各司其职，但通过一体仁心从道德层面将自身与他者融为一体，兼具契善教、夔作乐、夷明礼之才。由此稷突破偏于一用的局限，境界上达到“视契之善教即己之善教”的才艺相通，实现“君子不器”的理想。

君子以一体仁心共成天下之务，这种各尽其能的理想分工模式，是以身体器官间的分工为原型。王阳明继而以身作喻阐明万物一体的紧密联系：

譬之一人之身，目视、耳听、手持、足行，以济一身之用。目不耻其无聪，而耳之所涉，目必营焉；足不耻其无执，而手之所探，足必前

① 朱承：《治世与治心——王阳明哲学的政治向度》，上海人民出版社，2008 年版，第 70 页。
② ［明］王守仁撰，吴光等编校：《王阳明全集》，上海古籍出版社，1992 年版，第 968 页。
③ 同上，第 968 页。

焉；盖其元气充周，血脉条畅，是以痒疴吸呼，感触神应，有不言而喻之妙。①

各人才艺正如耳、目、手、足，虽各不相同，却共济“一身之用”，密切的联系体现出相互贯通的“不器”境界。所谓“天地为一身”，即是将天地看作是血脉相连、一气流通的大生命体。② 天下万民正如身体各个器官，具有不可分割的联系。杨氏曰：“百家众技，犹耳目鼻口，皆有所明而不能相通。”③ 百家众技好比耳目鼻口等器官，各有偏重却不可贯通，正如器者各周其用却偏着一边。王阳明在此却不以为然，认为耳目手足作为身体器官，其作用虽各不相同，却协同互助、共同参与。双耳倾听声音时，眼睛一定会辅助耳朵；双手探伸物品时，双足也必定会前行。正如耳目手足一体相通，天下万民虽各司其职，但都以仁爱之心对待一切社会成员。譬如身体的元气血脉，这种一体仁心也在天地万物间充周通畅、生生不息，没有无法贯通的隔阂。所以王阳明说道：“仁人之心，与天地万物为一体，欣合和畅，原无间隔。”④

总体来说，“君子不器”的心学诠释淡化了君子通过博学多能来突破偏于一用的知性意义，从知性倾向带回内心的德性修养上，突显出“万物一体”论的道德涵义。在此意义上，“君子不器”不仅是修养论更是境界论，通过“一体之仁”超越小我意识的束缚，体现出人己相融、万物相通的弘阔气象。

（作者系广州市人民政府机关事务管理局干部，中山大学文化研究所特约研究员）

---

① ［明］王守仁撰，吴光等编校：《王阳明全集》，上海古籍出版社，1992 年版，第 27 页。

② 陈立胜：《王阳明万物一体论：从身—体的立场看》，台北：台大出版中心，2005 年版，第 56 页。

③ ［宋］朱熹：《四书章句集注》，北京：中华书局，1983 年版，第 190 页。

④ 同①，第 28 页。

白沙心学与阳明心学

◎刘兴邦

黄宗羲在《明儒学案》论述白沙心学与阳明心学的关系时说："有明之学，至白沙始入精微。其吃紧工夫，全在涵养。喜怒未发而非空，万感交集而不动。至阳明而后大。两先生之学，最为相近，不知阳明后来从不说起，其故何也。"（《明儒学案》上，第78页）黄宗羲在这里直接指明了白沙心学与阳明心学的学术传承关系，陈白沙是明代心学的开启者，王阳明是明代心学的集大成者。但他又对白沙心学与阳明心学的关系提出了疑问：作为明代心学的集大成者王阳明，为什么从来不提及明代心学的开启者陈白沙？黄宗羲的这一疑问引起了学术界对白沙心学与阳明心学关系的争议，乃至成了几百年来白沙心学与阳明心学关系的公案。本文在综合白沙心学与阳明心学的关系的基础上谈谈自己的看法，以就教于学术界。

一

陈白沙是明代心学的开启者，是明代理学向明代心学文化转向的实现者。明末思想家刘宗周指出："先生（陈白沙）学宗自然，而要归于自得。自得故资深逢源，与鸢鱼同一活泼，而还以握造化之枢机，可谓独开门户，超然不凡。"（《明儒学案》上，第4页）刘宗周不仅明确指出了白沙心学的核心思想是自然与自得，而且指出了陈白沙是明代心学的开启者——"独开门户"，实现了明代理学向心学的文化转向。黄宗羲继承和发展乃师刘宗周的思想，不仅认为陈白沙是明代心学的开启者，而且提出了王阳明是明代心学集大成者的思想。"有明之学，至白沙始入精微。其吃紧功夫，全在涵养，喜怒未发而非空，万感交集而不动。至阳明而后大。两先生之学，最为相近，不知阳明后来从不说起，其故何也。”（《明儒学案》上，第78页）黄宗羲提出疑问，白沙心学与阳明心学虽然相近，但作为明代心学思想的集大成者王阳明，为什么对于明代心学开启者陈白沙及其学术思想从未提及，其中的原因是什么？是王阳明不承认自己与陈白沙的师承关系，还是白沙心学与阳明心学根本不同呢？王阳明虽然不提及自己与陈白沙学术思想的关系，但王阳明之后人们对于白沙心学与阳明心学的关系进行了长期的讨论。

对于王阳明不提及陈白沙的原因，首先给予回答的是明代末年东林党人顾宪成。他说：“阳明目空千古，直是不数白沙，故生平并无一语及之。”（《小心斋札记》卷十八，引自侯外庐《宋明理学史》下，第245页）顾宪成从王阳明的性格特征来说明王阳明不提及陈白沙，他认为王阳明目空千古，看不起陈白沙的学问，因而不提及陈白沙。对于陈白沙思想的特征，白沙心学与阳明心学的关系，顾宪成没有论及。顾宪成的看法有些片面性，但它却成为后来学者论及白沙心学与阳明心学关系的证据之一。论及白沙心学与阳明心学关系，较早的有王阳明的学生王畿。“我朝理学开端，还是白沙，至先师（阳明先生）而大明。”（《王畿集》卷十，第260页）王畿直接指出了明代心学的发展脉络，陈白沙开其端，王阳明集大成。至于王阳明对陈白沙的看法，王畿没有提及。同样是阳明心学重要成员的耿定向则认为王阳明与陈白沙在学术上有着“私淑”的师承关系。“耿定向《先进遗风》卷上记王守仁‘养病阳明洞时，与一布衣许璋者朝夕，取其资益时则说：‘往谓先生（阳明先生）学无师承，据璋曾经事白沙，而先生与之深交，谅亦有私淑之者。’”（《湖北先正遗书》，引自侯外庐《宋明理学史》下，第245页）此后，白沙心学与阳明心学关系的论争也就沉寂下来。当今，随着岭南心学研究的兴起，学术界对白沙心学与阳明心学关系的讨论活跃起来，形成了白沙心学与阳明心学关系的截然不同的看法。有人认为白沙心学与阳明心学本质上不同，有人认为王阳明是陈白沙的衣钵传人。其中最有代表性的是台湾学者姜允明和大陆学者张学智。姜允明认为王阳明是陈白沙的衣钵传人。“我近期的一部分工作放在解答五百年遗留下来的大悬案，就是王阳明与陈白沙的关系。从整个时代背景，与阳明一生学思历程加以一一举证，断定陈白沙有两个衣钵传人，一是湛甘泉，如众周知，但较为有名无实，二是王阳明，有实无名，有点像禅宗八祖，九祖根本无可考。”（《王阳明与陈白沙》，第6页）姜允明认为王阳明是陈白沙“有实无名”的衣钵传人，认为白沙心学与阳明心学在本质上是相同的，只是王阳明没有陈白沙衣钵传人的名分。相反，他认为湛甘泉只有陈白沙衣钵传人的名分，其思想本质是不同的，即“有名无实”。张学智认为白沙心学与阳明心学在思想本质上不同的。“论者多以陈献章为心学起始，为王阳明心学之前驱，黄宗羲且以王阳明从不提起陈献章为怪。综观王阳明一生的学术发展，此实不为怪。陈献章是一诗人的体悟，王阳明是一理学家的实修。陈献章多内省中之神秘玄想，王阳明则多‘一棒一条痕，一掴一掌血’的实地践履。陈献章静而王阳明动静合一，陈献章虚玄而王阳明笃实……所以王阳明并不以陈献章为自己的理论先驱。且王阳明是从朱子学入手，发现隔碍不通，然后通过多方孤苦探索和实践中的体悟确立其学说体系的，并非从陈献章导出，其不提起陈献章是自然的。”（《中国儒学史》（明代卷），第189—190页）张学智从分析白沙心学与阳明心学本质的不同回答了王阳明从不提及陈白沙的原因。我们认为，探讨白沙心学与阳明心学的关系及王阳明从不提及陈白沙的原因，离不开甘泉心学与阳明心学的关系。只有弄清了甘泉心学与阳明心学的关系，白沙心学与阳明心学的关系就一目了然了。对于甘泉心学与阳明心学的关系，王阳明在论及自己与甘泉学说的关系时说：“某幼不问学，陷溺于邪僻者二十年，而始究心于老、释。赖天之灵，因有所觉，始乃沿周、程之说求之，而若有得焉。顾一二同志之外，莫予翼也，岌岌乎仆而后兴。晚得友于甘泉湛子，而后吾之志益坚，毅然若不可遏，则予之资于甘泉多矣。甘泉之学，务求自得者也。”（《王阳明全集》，第231页）王阳明十分肯定地说自己的学说有得于甘泉心学，并直接得自于甘泉心学的“自得”之学。甘泉心学的“自得”之学得自于白沙心学的“自得”之学。这样，阳明心学与白沙心学的关系就十分明朗了。湛甘泉在论及阳明心学与自己学说的关系时说：“（王阳明）正德丙寅，始归于圣贤之学。会甘泉子于京师，语人曰：‘守仁从宦三十年，未见此人。’甘泉子语人曰：‘若水泛观于四方，未见此人。’遂相与定交讲学，一宗程氏‘仁者浑然与天地万物同体’之指。故阳明公初主‘格物’之说，后主‘良知’之说；甘泉子一主‘随处体认天理’之说，然皆圣贤宗旨也。而人或舍其精义，各滞执于彼此言语，益失之矣！故甘泉子尝为之语曰：‘良知必用天理，天理莫非良知，以言其交用则同也。”（《王阳明全集》，第1401—1402页）湛甘泉认为自己的“随处体认天理”与王阳明的“致良知”在学术宗旨上是一致的，而湛甘泉的“随处体认天理”

思想体现了岭南心学的本质特征，这也说明了白沙心学与阳明心学的思想传承关系。

二

甘泉心学与白沙心学是一脉相承的，从阳明心学与甘泉心学的关系，说明了阳明心学吸取了明代心学开启者陈白沙的心学思想而成为明代心学的集大成者。陈白沙是明代心学的开启者，他建构了“为学当求诸心”的明代第一个心学思想体系，创立了岭南心学思想派别。陈白沙说：“为学当求诸心必得。所谓虚明静一者为之主，徐取古人紧要文字读之，庶能有所契合，不为影响依附，以陷于徇外自欺之弊，此心学法门也。”（《陈献章集》，第68页）在这里，陈白沙提出了“心学法门”的概念，“心学法门”包括了体系和方法两个方面。它首先表明陈白沙创立的是心学思想体系，同时也说明陈白沙的为学方法是心学方法。“虚明静一者为之主”表明其思想体系是以“心”为主体的心学思想体系，白沙心学不是以理为主体，也不是以气为主体。白沙心学的方法是“求诸心”与“徐取古人紧要文字读之”的内外合一的方法。它不只是程朱理学的“徇外”的“格物穷理”的方法，也不只是陆九渊的“自欺”的“发明本心”的方法。这样，陈白沙在“心学法门”中首先明确其思想体系和为学方法的独特性，以表明其思想体系和为学方法与程朱理学和陆九渊心学是不同的。

白沙心学是以“心”为主体的心学思想体系。心在白沙心学中首先是主体的心，它具有主宰的意义。心的主宰意义表现在心与身、心与事、心与理等关系中。在心与身的关系中，“心寓于形而为主”（《陈献章集》，第237页）。心存在于身中而主宰人的身体，人的精神存在于人的形体之中而主宰人的形体。在心与事的关系中，心主导万事万物。“事物虽多，莫非在我。”（《陈献章集》，第55页）天下事物种类繁多，都不离我（心）而存在，都因心而具有意义和价值。在心与理的关系中，心具万理，万理具于心中。“君子一心，万理完具。”（《陈献章集》，第55页）心具万理而主导万理成为理的主宰。白沙心学思想体系中的“心”不仅是主体之心，也是道德之心，是人们具有道德本心。“仁，人心也。充是心也，足以保四海；不能充之，不足以保妻子。”（《陈献章集》，第28页）心是仁德之心，扩充人的仁德之心能保护天下百姓，不扩充人的仁德之心，连自己家中的妻子儿女都不能保护。白沙心学认为道德之心是人所特有的道德本性，是人和动物相区别的根本标志。“人具七尺之躯，除了此心此理，便无可贵，浑是一包脓血裹一大块骨头。饥能食，渴能饮，能著衣服，能行淫欲。贫贱而思富贵，富贵而贪权势，忿而争，忧而悲，穷则滥，乐则淫。凡百所为，一信气血，老死而后已，则命之曰‘禽兽’可也。”（《陈献章集》，第61页）白沙心学思想体系中的“心”还具有本体的含义，它是本体之心。在心与身、心与事的关系中，既存在于身与事之中，心也超越于身与事之上。“身居万物中，心在万物上。”（《陈献章集》，第517页）心超越人的形体、超越天地万物而成为天地万物的本体。“古人今人无不同也。同其心不同其迹可也，同其归不同其入可也。入者，门也；归者，其本也。”（《陈献章集》，第65页）心超越于古今之人而成为古今之人之上的本体。在白沙心学心与身、心与事、心与理的关系中，白沙心学最关注的是心与理关系。白沙心学的切入点是“吾心与此理未有凑泊吻合”，即心与理未能合一。它的核心价值是实现心与理的合一。白沙心学在建构“自得”之学的过程中实现了心与理的合一。“（心）终日乾乾，只是收拾此（理）而已。此理干涉至大，无内外，无终始，无一处不到，无一息不运……此理包罗上下，贯彻终始，滚作一片，都无分别，无尽藏故也。”（《陈献章集》，第217页）心收拾理，心自得于理，实现了心无内外、理无内外的心与理合一。心无内外、理无内外的内外合一思想是白沙心学的本质特征，体现了白沙心学的理论特色。白沙心学不仅在本体论上实现了心无内外、理无内外的心与理合一，而且在工夫论上也实现了内与外的合一。陈白沙在论述“心学法门”时就提出了“为学当求诸心”与“徐取古人紧要文字读之”的内外合一的修养方法，把内心的反省与外在的读书穷理结合起来。一方面，白沙心学强调内在的体认，主张静坐。“为学须从静中坐养出个端倪来，方有商量处。”（《陈献章集》，第133页）另一方面，陈白沙强调外在的读书穷理。“体认物理，稽诸圣训。”（《陈献章集》，第145页）体认外在事物之理，学习圣贤经典是白沙心学修养的重要途径和方法。“夫人所以学者，欲闻道也。苟欲闻道也，求之书籍而道存焉，则求之书籍可也；求之书籍而弗得，反而求之吾心而道存焉，则求之吾心可也。”（《陈献章集》，第974页）内与外合一，求之书籍与求之吾心合一的修养方法体现了白沙心学工夫论的特色。

湛甘泉是陈白沙的衣钵传人，甘泉心学继承和发展了白沙心学。“圣人之学，心学也。如何谓心学？万事万物，莫非心也。”（《儒藏》“精华编”253册，第539页）湛甘泉从心与万事万物的关系上来定义心学，认为天下万事万物因心而存在，因心而有价值和意义。甘泉心学“万事万物，莫非心也”的思想与白沙心学的“事物虽多，莫非在我”的思想是一脉相承的。同时，湛甘泉认为心学的本质是“随处体认天理”。“吾所谓天理者，体认于心，即心学也。”（《明儒学案》，第901页）“随处体认天理”是甘泉心学的核心命题，它与白沙心学的“为学当求诸心必得”的心学法门也是一脉相承的。陈白沙充分肯定和认同了湛甘泉提出的“随处体认天理”的心学思想。“日用间随处体认天理，着此一鞭，何患不到古人佳处也。”（《陈献章集》，第193页）“随处体认天理”的思想直接继承了白沙心学的“为学当求诸心”与“徐取古人紧要文字读之”的思想，它既包含了内在的主静、主敬的涵养，也包含了外在的读书穷理。“吾之所谓随处云者，随心、随意、随身、随家、随国、随天下，盖随其所寂、所感时耳。”（《儒藏》“精华编”253册，第843页）“随心”“随意”体现为内在的涵养，随家、随国、随天下体现了外在的格物穷理，“随处体认”是内外合一的。它与程朱理学的“偏外”、即物穷理和陆王心学的“偏内”的“发明本心”相区别，它体现了从白沙心学到甘泉心学的岭南心学的“内外合一”思想的特色和特征。

甘泉心学是以心为主体的心学思想体系。心在甘泉心学思想体系中包含了主体认知心、伦理道德心和超越本体心的意义。心首先是主体认知心。“何谓心？人的神明是也。”（《湛甘泉先生文集》（35卷本），卷14）心是主体的精神，对人的形体具有主宰作用。“今夫人之一身，主之惟心思。”（《儒藏》“精华编”253册，第467页）在心与身、心与形的关系中，心统帅形，形被心统帅。“天地之生人，与是心，所以御是形也，非以御于形也。”（《湛甘泉先生文集》（35卷本），卷26）心与身是主宰与被主宰的关系。在心与事的关系中，心主宰、主导事。“甘泉子曰：‘何事而非心也？故有是实心，则有是实事。有其心而无其事者，吾未之闻也；无其心而有其事者，亦未之闻也。’”（《儒藏》“精华编”253册，第681页）有心则有事，事因心而有意义、有价值，离开了心，事则没有任何意义和价值。在心与理的关系中，理在心中而与心为一。“盖物我一体，理无内外，万物皆备于我之说尽之矣。然谓之在物为理则不可，此理毕竟在心，通贯乎万事万物。”（《湛甘泉先生文集》（35卷本），卷8》）理内在于心，而不是外在于理。心不仅是认知性的主宰心，心也是道德性的本心。“仁，人心也，天理也。”（《儒藏》“精华编”253 册，第 770 页）人心就是人的道德本心，是仁德之心，是天理，它包含了仁义礼智。“夫心也者，天德也，生意根本之类也……夫仁义礼智，天德也，扩之至于足以保四海，王道备也。”（《儒藏》“精华编”253 册，第 485 页）甘泉心学中的心还是超越于天地万物而存在的本体心。“故上下四方之宇，古今往来之宙，同一天地，同一气也，同一心也。是故尧、舜之心，即禹、汤、文、武之心；禹、汤、文、武之心，即孔孟之心；孔孟之心，即周、程之心；周、程之心，即白沙先生之心；白沙先生之心，即侍御吴君之心。初无二心，初无二道，在觉而存之者耳矣。”（《儒藏》“精华编”253 册，第 781 页）同时，甘泉心学中的本体心是无内无外的内外合一的心。“故心也者，包乎天地万物之外，而贯夫天地万物之中者也。中外非二也。天地无内外，心亦无内外，极言之耳矣。”（《儒藏》“精华编”253 册，第 538 页）甘泉心学的心无内外的内外合一思想是白沙心学的心无内外的内外合一思想的继承和发展，它与程朱理学“偏于外”和陆王心学“偏于内”的“支离之学”相区别。“夫所谓支离者，二之之谓也。非徒逐外而忘内，谓之支离也；是内而非外者，亦谓之支离也，过犹不及耳，必体用一原，显微无间，一以贯之，斯可以免也夫！”（《湛甘泉先生文集》（32 卷本），第 549 页》）它标明了甘泉心学的特点和特色。如上所述，甘泉心学的“随处体认天理”的工夫论也是主静与主动的涵养与格物穷理合一，它也体现了甘泉心学工夫论的内外合一的特色。

三

甘泉心学继承和发展了白沙心学而直接影响了阳明心学。王阳明说：“某幼不问学，陷溺于邪僻者二十年……晚得友于甘泉湛子，而后吾之志益坚，毅然若不可遏，则予之资于甘泉多矣。甘泉之学，务求自得者也。”（《王阳明全集》，第 231 页）阳明心学吸取了甘泉心学“自得”之学的思想，创建了阳明心学思想体系。“圣人之学，心学也。”（《王阳明全集》，第 245 页）阳明心学与甘泉心学同属于心学派别。阳明心学与甘泉心学虽然同属于心学派别，但其学术宗旨不同。黄宗羲说：“王、湛两家，各立宗旨。”（《明儒学案》，第 876 页）王阳明以“致良知”为学术宗旨，湛甘泉以“随处体认天理”为学术宗旨。“先生（湛甘泉）与阳明分主教事，阳明宗旨致良知，先生宗旨随处体认天理。学者遂以良知之学，各立门户。”（《明儒学案》，第876页）王阳明的“致良知”与湛甘泉的“随处体认天理”各立门户，它们代表了明代心学内部的不同思想路线。

王阳明与湛甘泉围绕“致良知”与“随处体认天理”的不同思想路线进行了反复的辩论。他们首先对“格物”说进行了辩论。阳明心学的“格物”是内在的反思，他认为“格”是端正、纠正的意思，即端正、纠正人心中不正确的念头。“格者，正也，正其不正以归于正之谓也。”（《王阳明全集》第25页）同时，阳明心学认为“物”是“意之所在”。“身之主宰便是心，心之所发便是意，意之本体便是知，意之所在便是物。”（《王阳明全集》，第6页）所谓“意之所在便是物”是指人的意念所指便是“物”。阳明心学所说的“物”实质上是指“事”，即人们所从事的各种活动。“如意在于事亲，即事亲便是一物，意在于事君，即事君便是一物，意在于仁民爱物，即仁民爱物便是一物，意在于视听言动，即视听言动便是一物。”（《王阳明全集》，第6页）这样，阳明心学的“物”不是指在人的意思之外的客观存在的事物，而是指人的意识参与其中的各种活动。“格物”不是即物穷理，而是端正人的思想念头。“格物，如《孟子》‘大人格君心’之格，只去其心之正，以全其本体之正。”（《王阳明全集》，第6页）阳明心学的“格物”实质上是内心的反思活动。甘泉心学对阳明心学的“格物”说进行了批驳。湛甘泉说：“格物之义，以物为心意之所著。兄意只恐人舍心求之于外，故有是说。不肖则以为，人心与天地万物为体，心体物而不遗，认得心体广大，则物不能外矣，故格物非在外也，格之致之，心又非在外也。于物若以为心意之著见，恐不免有外物之疾。”（《明儒学案》，第879页）甘泉心学认为，阳明心学以物为心所接触到的对象，是担心人们在心外求物，这有以物为外的弊端。实际上阳明心学以物为心意所接触到的对象，是把物理解为“事”。对于心意所没有接触到的客观事物，阳明心学是存而不论的。甘泉心学从心物一体的层面解释物，认为物是与心对立的客观存在的事物。同时，甘泉心学又以大心说为前提，认为物就包含在心中，格物就是格心中所包含的物。这样，甘泉心学从心物一体的层面承认了物的外在性，而对阳明心学“以物为心意所着”表示异义，同时也对王阳明的“正念头”说表示反驳。在此基础上，甘泉心学对“格物”进行了新的解释。“格者，至也，即格于文祖，有苗之格；物者，天理也，即言有物，舜明于庶物之物，即道也。格物者即造道也。”（《明儒学案》，第882页）甘泉心学把“格”解释为“至”，把“物”解释为天理、道，“格物”就是“造道”。在甘泉心学看来，“造道”不是“正念头”的内心反省，而是内心反思与外在穷理相统一的活动。“知行并进，学问思辨行，所以造道也。故读书，亲师友、酬应，随时随处，皆求体认天理而涵养之，无非造道之功。”（《明儒学案》，第882页）阳明心学的“格物”说与甘泉心学的“格物”说表现了不同的思想倾向，它体现了明代心学内部在“格物”问题上的不同路线。阳明心学与甘泉心学所代表的明代心学不同的路线，在阳明心学的“致良知”与甘泉心学的“随处体认天理”的思想中更明显地表现出来。甘泉心学的“随处体认天理”是内外合一的。“吾之所谓随处云者，随心、随意、随身、随家、随国、随天下，盖随其所寂、所感时耳。”（《明儒学案》，第887页）“随处体认天理”既包括体认心中的理，也包括体认外在事物的理；既包括思，也包括行。“知行并进，学问思辨行，所以造道也。故读书，亲师友、酬应，随时随处，皆求体认天理而涵养之。”（《明儒学案》，第882页）阳明心学的“致良知”仅仅是把心中的天理向外扩充、推广。“所谓致知格物者，致吾心之良知于事事物物也。吾心之良知，即所谓天理也。致吾心之良知之天理于事事物物，则事事物物皆得其理也。”（《王阳明全集》第45页）甘泉心学把阳明心学向外扩充良知的“致良知”称之为“偏于内”的“支离”之学。“夫所谓支离者，二之之谓也。非徒逐外而忘内，谓之支离也；是内而非外者，亦谓之支离也，过犹不及耳。”（《明儒学案》，第882页）甘泉心学认为“随处体认天理”是内外合一之学。“所谓随处体认天理者，随未发已发，随动随静，盖动静皆吾心之本体，体用一源故也。”（《明儒学案》，第884页）通过阳明心学与甘泉心学的比较研究，我们认为阳明心学吸取了甘泉心学又表现为与甘泉心学不同的路线。甘泉心学与白沙心学是一脉相承的，因而我们也认为阳明心学间接地吸取了白沙心学又表现出与白沙心学不同的思想倾向。至于王阳明为什么从不提及陈白沙，我们认为，既然王阳明已提及自己学问得自于陈白沙的学生湛甘泉，而且反复与陈白沙的学生进行了辩论，那么王阳明不提及陈白沙就在情理之中了。

（作者系五邑大学教授）

朱陆之辩与王湛之辩之比较

◎潘志锋

朱陆之辩与王湛之辩是分别发生在南宋和明代的两次学术争论，是宋明理学发展史上影响深远的两个学术事件。表面上看，朱陆之辩发生在心学与理学两大不同派别之间，王湛之争发生在心学派别内部，二者似乎无相似之处。实际上，王湛之辩在回归陆学的王阳明与糅合白沙心学与朱子理学的湛若水之间展开，其争论的焦点依然是本体论上“心”与“理”的关系问题及修养方法问题——这恰恰与南宋朱陆之辩核心议题相似。

一、朱陆之辩的主要议题

总括学界关于“朱陆之辩”的研究成果，笔者认为“朱陆之辩”一词有狭义、中义、广义之分。狭义的“朱陆之辩”仅指围绕鹅湖之会和朱陆书信而展开的争论；学界大多采用狭义说。中义的“朱陆之辩”指发生在南宋朱熹理学派与陆九渊心学派两大学派之间的所有的争论，这种争论渗透在朱熹、陆氏兄弟所有的文字中。持中义说的学者如陈来，他在《朱子哲学研究》中认为“朱陆争论经历了一个复杂的过程”①。广义的“朱陆之辩”实际上是“程朱与陆王之辩”的缩略语，指南宋至清末程朱学派与陆王学派之间展开的近千年的学术争论。在本文中笔者采用狭义说。

朱熹（1130—1200 年），字元晦，号晦庵，江西婺源人。陆九渊（1139—1193 年），字子静，江西金豁人。陆九龄、陆九渊、陆九韶等兄弟三人创立的心学在江西、浙江一带广泛传播时，朱熹、张栻等学界大儒都视之为禅学异端：

① 陈来：《朱熹哲学研究》，上海：华东师范大学出版社，2000 年版，第 397 页。

“近闻陆子静言论风旨之一二，全是禅学，但变其名号耳。竞相祖习，恐误后生，恨不识之，不得深扣其说。”[①] 因此，两派之间对立情绪浓重。两派的学术争论大致通过鹅湖之会、书信往来而进行。

（一）鹅湖之会：关于修养工夫的争论

南宋淳熙二年（1175 年）五月，应吕祖谦的邀请，46 岁名满天下的理学大儒朱熹怀着卫道使命与 37 岁蒸蒸日上的心学新秀陆九渊相会于江西信州铅山鹅湖寺。关于鹅湖之会的记载很少，只留下陆氏兄弟的两首诗和三年后朱熹的和诗，及朱亨道在《陆子年谱》中的简略记载。

陆九龄的诗：

孩提知爱长知钦，古圣相传只此心。
大抵有基方筑室，未闻无址忽成岑。
留情传注翻榛塞，着意精微转陆沉。
珍重朋友相切琢，须知至乐在于今。

陆九渊的《鹅湖和教授兄韵》：

墟墓兴哀宗庙钦，斯人千古不磨心。
涓流积至沧溟水，拳石崇成泰华岑。
易简工夫终久大，支离事业竟浮沉。
欲知自下升高处，真伪先须辨只今。[②]

朱熹的和诗：

德义风流夙所钦，别离三载更关心。
偶扶藜杖出寒谷，又枉蓝舆度远岑。
旧学商量加邃密，新知培养转深沉。
只愁说到无言处，不信人间有古今。

从诗中我们可以看出，陆氏兄弟持明确的心学观点，并认为这是一切道德修养的基础。在修养功夫上，陆九渊称自己直至本心的修养方法是“易简工夫”，这是不断提升道德修养的长久有效的方法；而称朱熹格物致知的外求修养是“支

---

① ［宋］朱熹：《晦庵先生朱文公文集》卷四十七《答吕子约・十六》，载《朱子全书》（修订本）第 22 册，上海古籍出版社、安徽教育出版社，2010 年版，第 2191 页。

② ［宋］陆九渊著，钟哲点校：《陆九渊集》，北京：中华书局，1980 年版，第 301 页。

离事业”，那不能够达到圣人境界，是一种“伪工夫”。鹅湖之会三年后，淳熙五年（1178 年），陆九龄赴铅山观音寺拜访朱熹，表达了自己思想上的某些修正，所以朱熹所作的和诗中表现出了友善。

陆九渊门人朱亨道说：

“鹅湖之会，论及教人，元晦之意欲令人泛观博览而后归之约，二陆之意欲先发明人之本心，而后使之博览。朱以陆之教人为太简，陆以朱之教人为支离，此颇不合。先生更欲与元晦辩，以为尧舜之前何书可读？复斋止之。”①

鹅湖之会上的激烈争论由此可见一斑。

（二）围绕“无极而太极”展开本体论的争辩

淳熙十三年至十五年间（1186—1188 年），均已步入晚年的朱熹与陆九渊、陆九韶兄弟通过书信围绕周敦颐《太极图说》的诠释问题展开了言辞激烈的争论。

周敦颐在《太极图说》中说：

“无极而太极。太极动而生阳，动极而静，静而生阴，静极复动。一动一静，互为其根。分阴分阳，两仪立焉。阳变阴合而生水、火、木、金、土。五气顺布，四时行焉。五行，一阴阳也；阴阳，一太极也；太极，本无极也。”

周敦颐在这里描述了陈抟《太极图》中所展现的万物产生、演化的过程。关于“太极”与“无极”的关系，朱熹与陆九渊的争执点在于：两者是“二”还是“一”？“极”可否训为“中”？

朱熹认为两者是一：“熹详老氏之言有无，以有无为二；周子之言有无，以有无为一。”② 那么为什么要用两个名词呢？朱熹认为周敦颐想表达的意思是：“不言无极，则太极同于一物而不足为万化根本；不言太极，则无极沦于空寂而不能为万化根本。”③ “无极”和“太极”分别表述了本体的两方面属性：“无

---

① ［宋］朱亨道撰：《陆子年谱》，《象山先生全集》卷三十六，载《四库提要著录丛书》集部第 21 册，第 466 页。

② 郭齐，尹波点校：《朱熹集》第三册《与陆子静》，成都：四川教育出版社，1996 年版，第 1579 页。

③ 同上，第 1576 页。

极”强调了本体的原初、至上性；“太极”则强调了本体的“非无”、实有性。

对于朱熹的这种解释，陆九渊极力反对，他说：“某窃谓尊兄未曾实见太极，若实见太极，上面必不更加‘无极’字，下面必不更着‘真体’字。上面加‘无极’字，正是叠床上之床，下面着‘真体’字，正是架屋下之屋。”① 陆九渊认为用两个词来表述同一个本体，那就是多余。

关于陆九渊把“极”训为“中”，朱熹反驳道：“‘极’是名此理之至极，‘中’是状此理之不偏。虽然同是此理，然其名义各有攸当……‘极’字亦非指所受之中。‘中者天下之大本’，乃以喜怒哀乐之未发，此理浑然，无所偏倚而言。太极固无偏倚而为万化之本，然其得名自为‘至极’之极，而兼有‘标准’之义，初不以‘中’而得名也。”②

朱陆“无极而太极”的争论实质上是关于“理本体”与“心本体”的争论。朱熹认为“理生万物”，“理”在万物之先、之外、之上，类似“无极而太极”；陆九渊主张“心生万物”，“心”与万物合一，所以只主张“太极生万物”，反对“太极”之上再加“无极”。

由此总结朱陆之争来看，关于“无极而太极”的争论才是理学与心学的根本分歧，而关于“格物明理”与“直至本心”的修养工夫的争论只不过是两派思想的小小分歧而已。作为朱陆之争的后果，朱熹和陆九渊都修正了自己的工夫论——朱熹在强调“读书明理”的同时力图兼顾“道德体悟”，陆九渊也在“顿悟本心”之余强调了读书的重要性。在本体论的根本差异上，辩论的结果并没有导致双方明显的妥协。

二、王湛之辩的主要议题

王守仁（1472—1529 年），字伯安，人称阳明先生，浙江余姚人。湛若水（1466—1560 年），初名露，后改名雨，40 岁定名若水，字元明，号甘泉，谥号文简，广东增城沙贝村（今新塘镇）人。

---

① ［宋］陆九渊著，钟哲点校：《陆九渊集》卷二《与朱元晦》，北京：中华书局，1980 年版，第 27 页。

② 郭齐，尹波点校：《朱熹集》第三册《与陆子静》，成都：四川教育出版社，1996 年版，第 1579 – 1580 页。

明弘治十八年（1505 年），40 岁的湛若水中进士而入选翰林院庶吉士，与时任兵部主事的 34 岁的王阳明一见如故，成为莫逆之交。在此后 20 余年的交往过程中，二人书信不断，切磋学问，即使在王阳明被贬贵州龙场的仕途低谷时，他们的友谊也从未中断。

在卫道的儒学学术责任上，二人都抱有强烈的文化使命感。湛若水说："四十始遇阳明公，相与共起而担当之，天下豪杰诸贤相与羽翼焉，虽天下非之而不顾也。"① 王阳明说："吾与甘泉友，意之所在，不言而会；论之所及，不约而同；期于斯道，毙而后已者。"②

王阳明与湛若水之间的学术辩论主要围绕两个问题而展开：一是关于"格物"的解释；二是对待佛道的态度。

（一）关于"格物"的解释

王阳明对"格物致知"的解释是："格"为"正"，"物"即"意"，"格物"即"正念头"，"致知"即"致良知"。湛若水训"格物"为"造道""至天理"，"格"是"至"，"物"即"天理""道"："鄙见以为格者至也……物者，天理也……即道也。格即造诣之义，格物者即造道也。"③

湛若水从四方面对王阳明的"格物"说进行了批驳："盖兄之格物之说，有不敢信者四。自古圣贤之学，皆以天理为头脑，以知行为工夫，兄之训格为正，训物为念头之发，则下文诚意之意，即念头之发也，正心之正即格也，于文义不亦重复矣乎？其不可一也。又于上文知止能得为无承，于古本下节以修身说格致为无取，其不可二也。兄之格物训云：'正念头也。'则念头之正否，亦未可据。如释、老之虚无，则曰：'应无所住而生其心。'无诸相无根尘，亦自以为正矣。杨墨之时皆以为圣矣，岂自以为不正而安之，以其无学问之功，而不知其所谓正者乃邪，而不自知也。其所自谓圣，乃流于禽兽也。夷、惠、伊尹，孟子亦以为圣矣，而流于隘与不恭而异于孔子者，以其无讲学之功，无始终条理之实，无智巧之妙也。则吾兄之训徒正念头，其不可三也。论学之最始者，则说命曰：'学于古训，乃有获。'周书则曰：'学古入官。'舜命禹则曰：'惟精惟一。'颜子述

① 《泉翁大全集》卷十《书·答戚黄门秀夫贤》，嘉靖十九年刊刻。

② 《王阳明全集》卷七《文録四·别湛甘泉序》，上海古籍出版社，2011 年版，第 258 页。

③ 《泉翁大全集》卷八《书·答阳明》，载《广州大典》第 56 辑集部别集类第 5 册，广州出版社，2015 年版，第 66 页。

孔子之教则曰：'博文约礼。'孔子告哀公则曰：'学、问、思、辨、笃行。'其归于知行并进，同条共贯者也。若如兄之说，徒正念头，则孔子止曰'德之不修'可矣，而又曰'学之不讲'，何耶？止曰'默而识之'可矣，而又曰'学而不厌'何耶？又曰'信而好古敏求者'何耶？子思止曰'尊德性'可矣，而又曰'道问学'者何耶？所讲、所学、所好、所求者何耶？其不可四也。"①

总括来看，湛若水责问王阳明三个问题：（1）训"格物"为"正念头"，与"正心"条目重复了，《大学》中的八条目岂不乱了吗？（2）如何判断"念头"的正与邪？客观标准何在？（3）"正念头"的功夫只强调了"知"的方面，忽略了"行"的方面，道德规范怎能只"默而识之"而不"笃而行之"？

湛若水进而申述自己"格物"说的正确性："若仆之鄙说似有可采者五。训格物为'至其理'，始虽自得，然稽之程子之书，为先得同然，一也。考之章首'止至善'，即此也，上文'知止、能得'为知行并进，至理工夫，二也。考之古本下文，以修身申格致，为于学者极有力，三也。大学曰：'致知在格物。'程子则曰：'致知在所养，养知在寡欲。'以涵养寡欲训格物，正合古本以修身申格物之旨为无疑，四也。以格物兼知行，其于自古圣训学、问、思、辨、笃行也，精一也，博约也，学古、好古、信古也，修德、讲学也，默识、学不厌也，尊德性、道问学也，始终条理也，知言养气也，千圣千贤之教为不谬，五也。"②

这里湛若水认为训"格物"为造道、至理，与二程的解释一致；"至理"就是"止于至善"，达到对至上天理的最高把握；古本《大学》中以涵养寡欲的修身功夫作为格物之主旨；格物功夫知行兼修、尊德性与道问学并包。

湛若水自己的"造道"功夫是知行合一："知行并造，博学、审问、慎思、明辨、笃行皆所以造道也。读书亲师友酬应，随时随处皆求体认天理而涵养之，无非造道之功。意、身、心一齐俱造，皆一段工夫，更无二事。"③

王阳明则批评湛若水"随处体认天理"功夫没有抓住本心，是着力外在的修养功夫，是细枝末节功夫。"凡鄙人所谓致良知之说，与今之所谓体认天理之

---

① 《泉翁大全集》卷九《书·答阳明王都宪论格物》，载《广州大典》第56辑集部别集类第5册，广州出版社，2015年版，第71－72页。

② 同上，第72页。

③ 《泉翁大全集》卷八《书·答阳明》，载《广州大典》第56辑集部别集类第5册，广州出版社，2015年版，第66页。

说，本亦无大相远，但微有直截迂曲之差耳。譬之种植，致良知者，是培其根本之生意而达之枝叶者也；体认天理者，是茂其枝叶之生意而求以复之根本者也。然培其根本之生意，固自有达之枝叶矣，欲茂其枝叶之生意，亦安能舍根本而别有生意可以茂之枝叶之间者乎？”①

对此湛若水回应说：“吾兄疑仆随处体认天理之说，为求于外，若然，不几于义外之说乎？求即无内外也。吾之所谓随处云者，随心、随意、随身、随家、随国、随天下，盖随其所寂所感时耳，一耳。寂则廓然太公，感则物来顺应，所寂所感不同，而皆不离于吾心中正之本体。本体即实体也、天理也、至善也、物也，而谓求之外，可乎？致知云者，盖知此实体也、天理也、至善也、物也，乃吾之良知良能也，不假外求也。”② 通过体认外在的天理和道，最终体认的是本心。“仆之所以训格者，至其理也。至其理云者，体认天理也。体认天理云者，兼知行合内外言之也，天理无内外也。”③

王阳明与湛若水在辩论过程中对“格物”的理解也有达成一致意见的方面，譬如对《大学》八条目的重要性上。王阳明说：“向在龙江舟次，亦尝进其《大学》旧本及格物诸说，兄时未以为然，而仆亦遂置不复强聒者，知兄之不久自当释然于此也。乃今果获所愿，喜跃何可言！”④ 湛若水所著《圣学格物通》中以“诚意”为首要条目，正心、修身、齐家、治国、平天下依次排列，而省略“格物致知”。这一作法与王阳明的思想高度一致：“《大学》之要，诚意而已矣。”⑤

从王阳明与湛若水之间的争论可以看出：虽然王阳明与湛若水同是心学派学者，王阳明也多次强调二人思想“大同小异”，但实质上，二人在对“格物”的解释上、对“随处体认天理”与“致良知”功夫差异上的争论背后潜藏着二人对“心”的不同理解——也就是说，在本体论上，在“心”与“天理”“道”的关系上有较大分歧。这一点湛若水看得比较明白：“盖阳明与吾看心不同，吾之所谓心者，体万物而不遗者也，故无内外。阳明之所谓心者，指腔子里而为言

① 《王阳明全集》卷六《文録三·与毛古庵宪副》，上海古籍出版社，2011年版，第243-244页。

② 《泉翁大全集》卷九《书·答阳明王都宪论格物》，载《广州大典》第56辑集部别集类第5册，广州出版社，2015年版，第72页。

③ 同上，第72页。

④ 《王阳明全集》卷四《文録一·答甘泉》，上海古籍出版社，2011年版，第195页。

⑤ 《王阳明全集》卷七《文録四·大学古本序》，上海古籍出版社，2011年版，第270页。

者也，故以吾之说为外。”① 湛若水的“心”涵盖内外，是客观世界与主观世界的统一体，把“心”外化了；王阳明的“心”是纳“外在世界”入“内在”的主观唯心主义。从这一点说来，王湛之争表面上是关于“格物”的修养功夫的争论，实质上其内容却挟裹着本体论的争论。

（二）对待佛道的态度

王阳明对于各派学说的取舍并不单纯恪守“正统”“异端”之区分标准，而是以思想贡献来判断取舍，他说：“吾何以杨、墨、老、释之思哉？彼与圣人之道异，然犹有自得也。”② 王阳明的思想成长过程中曾出入佛老各派，“某幼不问学，陷溺于邪僻者二十年，而始究心于老、释。”③ 最后才学习周程之学，进而独创心学。所以他对佛老持较为宽容的态度，“盖此生素有老佛之溺，为朋辈所攻激。”④ 久被诟病而态度不改。

湛若水对待佛老持明确排斥态度，他著有《非老子》，对佛教也抨击不已。“仆之不取佛者，非如世之群儒，区区以辟异端为事，而懵不知者也……所以恶之者，非恶佛也，恶其害道也。往往见阳明门弟尊佛而卑圣，至谓孔子为缠头佛，佛乃是上圣人，亦尝痛之，愧不尽心于知己者。”⑤ 湛若水之所以对佛教持排斥的态度，是因为阳明弟子糅合儒释，儒学思想被诠释得偏离了孔孟之道。

朱陆之争发展到明代，当程朱理学被尊为官方意识形态时，心学派普遍呈现出调和朱陆的趋势。王阳明《朱子晚年定论》的写作也是在做调和朱陆的努力，只不过他力图“以心学为主体，把朱子心学化”。同样，身居官场33年的湛若水也力图调和白沙心学与程朱理学，他吸收了程朱的“天理”“敬”等核心概念，创造性地提出了“随处体认天理”的功夫论，只不过他把朱子外在的“天理”内化于“本心”了；或者说是把陈白沙的“端倪”与“天理”糅合在了一起，把“端倪”外化了。比较此二人的调和工夫，王阳明的心学思想更为醇正，湛若水的心学思想中则杂糅了较多的理学成分。也就是说，在程朱正统理学派的批

---

① 《《泉翁大全集》卷九《书·答杨少默》，载《广州大典》第56辑集部别集类第5册，广州出版社，2015年版，第71页。

② 《王阳明全集》卷七《文録四·别湛甘泉序》，上海古籍出版社，2011年版，第257页。

③ 同上，第257页。

④ 《王阳明全集》卷六《文録三·答甘泉》，上海古籍出版社，2011年版，第241页。

⑤ 《泉翁大全集》卷九《书·答欧阳崇一》，载《广州大典》第56辑集部别集类第5册，广州出版社，2015年版，第74页。

评声中，王阳明依然固守心学立场，湛若水却向程朱理学作了较大妥协。

三、朱陆之辩与王湛之辩之异同

（一）两次辩论之同

黄宗羲在《宋元学案》中曾评价朱陆之争："象山先生之学以尊德性为宗，同时紫阳之学则以道问学为主。宗朱者诋陆为狂禅，宗陆者诋朱为俗学，两家之学，各成门户，几如冰炭……二先生同植纲常，同扶名教，同宗孔孟，即使意见终于不合，亦不过仁者见仁，智者见智，所谓学焉而得其性之所近，原无有背圣人。"① 黄宗羲看到了朱子学派与陆子学派所秉持的思想渊源与政治目的是相同的：同宗孔孟——思想渊源相同；同植纲常、同扶名教——社会功用相同，都是为了维护封建社会的统治秩序。

与朱陆相似，王阳明和湛若水二人所承担的文化使命感和社会责任感也是相同的。王阳明说："吾与甘泉友，意之所在，不言而会；论之所及，不约而同；期于斯道，毙而后已者。"②

由此看来，无论朱陆之争还是王湛之辩，都是中国古代不同历史时期知识分子关于社会秩序维护与百姓教化的探讨。从理学派与心学派两派间的争论，到心学派内部不同分支间的争论；从"理外心内"到"心与理糅合为一"，王湛之争可以看作是朱陆之争的延续和深化。

（二）两次辩论之异

朱陆之辩发生在心学与理学两个不同的学派之间，王湛之辩发生在心学学派内部——这是这两次辩论的最大不同。朱陆之辩是心学和理学关于本体论和工夫论的争论；王湛之辩是把本体论和工夫论糅合在"格物"的诠释中纠结在一起了。王湛之争关于"格物"的辩论有两层涵义："良知即本心"与"道＝天理＝本心"的分歧；"致良知"的顿悟方法与"随处体认天理"的兼容"尊德性与道问学"的修养方法之差异。

---

① 黄宗羲：《宋元学案》卷五十八《象山学案》，北京：中华书局，1986 年版，第 1887 页。

② 《王阳明全集》卷七《别湛甘泉序》，上海古籍出版社，2011 年版，第 258 页。

朱陆之辩与王湛之辩的另一个显著的不同就是：朱陆之间的争论没有涉及对待佛道的态度，而王湛之辩中针对佛道展开了激烈的争论。宋明学界流传着“朱子道、陆子禅”的说法，是说“朱熹理学是儒道融合的产物，而陆子心学是吸收了佛教中禅宗的心性之学而产生的儒学新的分支”。虽然朱熹对佛教持批判态度，陆九渊也抨击佛道为“异端”，但二人的争论中没有涉及这一议题。到了明代中晚期，学界辟邪卫道的学术氛围浓厚，几乎每位学者都要对佛道表态。在这种学术背景下，王阳明与湛若水之间的争论就难免会涉及这一议题，并且二人对佛道的态度大相径庭：王阳明持儒佛道融合的态度，湛若水明确抨击佛道为“异端”。

由南宋开启的心学派与理学派的思想争论经过元、明的传播发展而演化为多种形态：以张烈、王建为代表的醇正理学派对陆王心学进行“秋风扫落叶”式的全面抨击；以孙奇逢、黄宗羲为代表的心学派则以兼容心学、理学的宽容学术态度反对醇正理学派的狭隘；以湛若水、刘宗周为代表的心学派展开了心学自身的反思和修正；以王船山、颜元为代表的学者抛弃了心本体论和理本体论而另辟新说，提出了“气本体论”和“三事三物”说；更有方以智为代表的学者不但摆脱了儒学内部心学理学之争，更进一步超越了儒释道三教，提出“道统三教”的本体论思想。总之，南宋由朱熹和陆九渊播下的两种完全不同的思想种子，在此后500年间发芽并茁壮成长，在相互嫁接过程中结出了形形色色的思想硕果。由此可见，在宽松的学术环境下各种流派之间展开争鸣是文化生命力的体现，是中国文化走向繁荣的必备条件。

（作者系广东警官学院思政部副教授）

论清代今文经学的缘起

◎黄开国

依照冯友兰关于区分子学与经学的观念①，经学的确立时间在汉代，正式开始于西汉武帝时②。汉王朝出于摒绝不利于中央集权的诸子百家之学，维护君主专制的政治需要，采取"罢黜百家，独尊儒术"的文化政策，在先秦的诸子百家中，将儒学最重视的六经，尊奉为全社会法定的经典，而开始了中国文化史上的经学时代。经学的形成，可以说是儒学的发展与中国历史发展中君主专制的中央集权政治需要的交互作用，而在汉代出现的文化现象。自此以后，到近代中国的两千余年，经学一直是中国社会居于统治地位的意识形态，在中国人的社会生活中产生极其深远的影响。

西汉最早设立的经学，皆为今文经学。但自汉以后，今文经学基本上默默无闻，而在两千年后君主专制制度即将崩溃的晚清却重新兴起，成为晚清经学的主流与主要的社会思潮。然而，晚清今文经学学的兴起，并没有拯救君主专制制度的灭亡，也没有挽救经学的终结的历史命运，不仅君主专制制度无可奈何地退出了历史舞台，而且经学也无情地走向了终结。如果说西汉的今文经学学是中国君主专制制度中央集权制的理论产物，那么，清代的今文经学学则是中国君主专制制度没落的挽歌。因此，清代的今文经学学与西汉的今文经学学是在不同的历史背景下，具有不同的历史命运，因而有着不同的历史内容。

① 冯友兰先生20世纪30年代著作出版的两卷本《中国哲学史》，分别以子学时代、经学时代为中国哲学史的两大阶段，经学时代以汉武帝的董仲舒开始，晚清的廖平为结束。

② 黄开国：《独尊儒术与西汉学术大势》，《哲学研究》，1990年第4期。

一、从经学发展看清代今文经学的出现

影响经学的变化因素是多方面的。一个时代的社会政治经济状况，统治者的文化政策，文化的发展水准，经学自身发展的程度，经学与其他学术的冲突与融合等，经学家个人的文化、经学素养、人格、品性等都对经学的发展有着或多或少、或直接或间接的影响。但最主要的因素有两个：一是社会政治的因素。政治的因素常常从统治者眼前的现实利益出发，以政治需要来诠释经典，并通过诱以利禄等手段，来加强政治对经学的影响，在这里现实的政治需要是第一位的，经学只是政治的奴婢，经学只能在合符现实政治需要的条件下才可以得到发展。政治与经学之间，不是政治要符合经学的原则精神，而是将经典、经学变为政治服务的工具，人们是从经典中寻求现实政治需要的理论，而不是从经典中寻求价值信仰。所以，受此影响的经学常常会因君主专制的现实政治需要，而疏离甚至背离经学经典中的精神原则，导致经学的某种异化，出现实用主义以经学附会现实种种现象。

另一个对经学有重要影响的因素是经学所依托的经典。尽管政治需要常常影响着经学家对经学的解读，但经典所具有的权威性、法典性，使忠实于原著成为解读的第一法则，所以历代经学家包括那些“六经注我”的经学家都无不以“本义”“正义”等自我标榜。因此决定了经学家在为现实服务政治的同时，在解读经典时也一定受到经典文本的制约，而不可能作无边际的发挥。相对而言，现实政治对经学发展有直接的影响，但最终不能决定经学的发展之路，对经学产生深远、决定性影响的是经典所蕴含的价值信仰。经学所赖以成立的经典才是经学发展的最终决定性因素，一个民族通过文化典籍而表现的价值信仰，犹如一个人的基因，它可能在一段时间因某些现实政治的需要而发生异化，但只要这个民族还存在，这种异化就会得到修复，而不断地使经典中的价值信仰像人的基因一样，与时俱进地发扬光大。

所以，任何文化现象的出现，都是在一定社会政治背景下形成的，也一定与该文化的发展有着内在的联系。清代今文经学是在清代具体历史背景下出现的，但也是整个经学发展史的逻辑一环。必须既从清代社会的具体历史背景，又考虑到经学两千年的发展历史逻辑，综合这两个方面来讨论，才可以对清代今文经学

的兴起作出全面的说明。而从学术自身的发展讨论学术问题，是研究学术所必须遵循的第一法则。清代今文经学的缘起，应当先从经学发展来探讨。从经学的发展来看，清代今文经学是在清代经学发展的一段时间基础上才出现的。清代经学的一定发展，是清代今文经学出现的直接土壤。要准确认识清代今文经学的缘起，必须首先要有对清代经学的认识。

一代有一代之学，清代经学与以往经学的最大不同，是从宋明经学重视的四书之学变为以《尔雅》《说文》为经典，出现以文字训诂为中心的朴学。这是自汉武帝立五经博士以来，经学内在理路发展的必然结果。对清代经学的准确认识，必须从整个经学发展史来把握，而不能仅仅局限于清代经学本身来讨论。所谓“不识庐山真面目，只缘身在此山中”。

依经学发展史上典籍训释变化的不同阶段，我将经学分为三个时期或三派。这三期或三派是：从汉到唐为第一期，是以训释五经为主的学派；宋元明为第二期，是以训释四书为主的学派；清代为第三期，是以《尔雅》《说文》为据的学派。而这三期或三派的变化，也就是经学发展过程的演变。这三个时期随着训解典籍的变化，经学的内容也有所变化。经学的第一期也是经学发展的早期，这个时期的经学主要是从政治方面，在五经中寻找封建专制政治制度的理论依据。论证君主专制的合理性、合法性，是这个时期经学的主要任务。第二期，是经学发展的中期。这个时期经学训解的典籍发生了变化，《礼记》的《大学》《中庸》两篇文章与《论语》《孟子》，这四部书被尊之为四书，受到经学的重视，人们对四书的重视远远超过五经，经学训释的重点从五经转到了四书。经学的内容也转到了以伦理为主的方向，天理、心、性等成为最重要的术语，道德伦理及其修养成为讨论的重点。第三期，是经学发展的晚期。这个时期经学最重要的典籍变成了《尔雅》《说文》。这个时期经学的内容也变了味，以考证经典文字的形、声为重点，重在文字训诂的成就。

借用人们多年习惯的语言，这三个时期的三个基本派别，也可以称之为汉学、宋学、清学。汉学重五经，宋学宗四书，清学崇《尔雅》。经典的不同，导致了内容的不同，汉学阐发五经是以王道为核心的外王理论，宋学诠释四书是以心性为中心的内圣理论，清学是以文字训诂为中心的学问。经学是由儒学发展而来，就儒学而论，不过内圣外王两大方面，可以说，经过汉学、宋学的发展，内圣外王的理论已经通过经学发掘殆尽，作为君主专制制度时代的意识形态，经过宋学的发展，经学实际上已经走到尽头。清学以文字训诂为中心乃是经学逻辑发展的必然产物，已经是经学的终结。清学在内圣外王的阐发上，已经不可能讲出什么新东西，而只能在以前只是经学附属的小学去拓展新天地。从总体上说，清学与汉学、宋学的不同，在于汉学、宋学重在思想义理的阐发，而清学则以文字训诂为中心。

二、从社会原因看清学的兴起

经学作为君主专制制度的意识形态，是借助发明所谓圣人之道，来寻求君主专制制度的理论根据，而这些都是通过发明经学义理来说明的，文字训诂只是发明经学义理的工具。文字训诂的清学能够作为经学发展一个独立阶段的出现，除了与经学发展内在逻辑有密切关系外，还有深刻的社会原因。

明代末年以来，被苏轼在《李氏山房藏书记》中指斥的“束书不观，游谈无根”，成为文化界的时尚，束书不观，空谈心性，满街皆圣人，成为当时思想界的写照。但也出现了杨慎等人所倡导的“经道合一”论，经过对明末亡国的反思，清初的著名思想家将宋学空谈心性视为国破家亡的思想原因，而斥理学为禅学，主张回到经学中，以探求圣人之道，进一步发展了经道合一论。明代中期以来经学所倡导的“经道合一”论，也得到清代统治者的提倡。[①] 顺治十二年（1655 年）春，谕礼部说：“朕惟帝王敷治，文教是先，臣子致君，经术为本。”“今天下渐定，朕将兴文教、崇经术以开太平，尔部即传谕直省学臣训督士子，凡六经诸史有关于道德经济者，必务研求通贯，明体达用。”诏令全国读经。《圣祖实录》卷 258 载，康熙五十三年（1714 年）的诏书也说：“治天下以人心风俗为本，欲正人心、厚风俗，必崇尚经学。”但康熙后期，“经道合一”有以经代道的趋势，研究出现向考据、训诂方向转变。这一转变直接促成了以文字训诂的清学形成，而转变的发生与清王朝是由少数民族入主中原有直接关系。

由少数民族的满人所建立的清王朝政权，面对着以汉族为绝大多数人口的被统治者，从一开始就十分重视从思想上来防止人民，自康熙初年就不断上演出一个个文字狱的冤案，而以乾隆年间的文字狱最为盛行。许多知识分子在不知不觉

① 汪学群：《清初儒学的“经道合一”论》，《光明日报》，2001 年 10 月 9 日。

中，成了文字狱的冤死鬼。《清代全史》一书指出乾隆朝的文字狱种种名目："有妄议朝政，谤讪君上，妄为著述，不辟圣讳，篡拟禁史，怀恋胜国，收藏禁书，隐匿不首，隐寓讥讽，私怀怨望，多有悖送之词，隐藏抑郁之气，等等。用最荒唐的逻辑推理，胡乱引申作者原意，只凭想断定作者动机，使一大批无辜的人受到迫害。"[①] 其受害人既有中下层知识分子，也有宗室贵族及政府官吏，此外还有商人、僧侣、江胡术士等各色人等。文字狱的株连极广，一个案子就株连数百人、上千人，除罪及作者的直系亲属外，凡与作者有某种联系的人，都会捕风捉影地受到株连。且判决极其严厉，不是凌迟处死，就是流放远方、贬入奴籍。在文字狱的高压文化政策下，知识分子纷纷埋头故纸堆，走上了远离社会政治与现实，而专注于古籍的考据与整理工作的道路，龚自珍曾著诗形容道："避席畏谈文字狱，著书都为稻粱谋。"[②]

同时，清王朝也是中国历史上最重视儒学与经学的一个王朝。清王朝一开始就实行"崇儒尊道"，康熙十七年（1752 年）就诏下开设博学鸿儒科。自乾隆时，帝王更是亲自极力标榜所谓"稽古右文"[③]。皮锡瑞曾从经学史的角度将清王朝称为历史上的"经学复盛时代"。他说：

> 经学自两汉后，越千年，至国朝而复盛。两汉经学所以盛者，由其上能尊崇经学，稽古右文故也。国朝稽古右文，超轶前代。康熙五十四年（公元 1715），御纂《周易折中》二十二卷；乾隆二十年（公元 1755），御纂《周易述义》十卷；康熙六十年（公元 1721），钦定《书经传说汇纂》二十四卷，钦定《诗经传说汇纂》二十卷，《序》两卷；乾隆二十年，御纂《诗义折中》二十卷；乾隆十三年（1748 年），钦定《周官义疏》四十八卷，钦定《礼记义疏》八十二卷；康熙三十八年（1696），钦定《春秋传说汇纂》三十八卷；乾隆二十三年（1758），御纂《春秋直解》十六卷[④]；乾隆四十七年（1782），钦定《四库全书总

① 王戎笙主编：《第二章封建专制主义中央集权制的进一步加强》，《清代全史》第四卷，北京：方志出版社，2007 年版，第 116 页。

② ［清］龚自珍：《乙酉诗·咏史》，《龚自珍全集》第 9 辑，上海古籍出版社，1975 年版，第 471 页。

③ 纪昀：《四库全书总目·乾隆上谕》上册，北京：中华书局，1983 年版，第 1 页。

④ 当做十五卷，见［清］永瑢等撰：《四库全书总目》，北京：中华书局，1965 年版；《四库全书总目提要·经部·春秋类四》上册，北京：中华书局，1983 年版，第 235 页。

目》，以经部列首，分为十类。夫汉帝称制临决，未及著为成书；唐宗御注《孝经》，不闻遍通六艺。今鸿篇巨制，照耀寰宇，颁行学官，开示蒙昧，发周孔之蕴，持汉宋之平。① 皮锡瑞之言虽有称颂清王朝之嫌，但是，所言事实基本上还是属实的。清王朝的“崇儒尊道”，尤其是对经学的推崇，又刺激着知识分子对经学学习的热情。

在这样的软硬两手的文化政策下，清王朝的早中期虽然不是思想家辈出的时代，却也是文献整理成就最为辉煌的时代。而清代以文字训诂、整理典籍为内容的所谓汉学，除了与清王朝的文化专制有直接关系外②，在暗中也与中国文化的历史发展的趋势相一致。在朱熹集理学之大成以后，经学的发展实际上只有在典籍的整理上才能有所成就。所以，清学的出现及其巨大成就的取得，不能仅仅用也不可能只用清王朝的文化专制等所能解释。余英时先生在《从宋明儒学的发展论清代思想史》与《清代思想史的一个新解释》中批评梁启超等人用外在的因素解释清学的出现，没有注意到汉学发生的“内在理路”。③ 在他看来，自宋儒复兴儒学以来，虽然“尊德性”成为儒学的主流，但是思想界仍存在“道问学”的重“文”的“智识主义”，只不过在清学兴起之前，它只是作为一股“伏流”或仅仅是理论层面的存在，当“尊德性”在明代发展到颠峰，“道问学”的“智识主义”也有进一步的发展，“道问学”的清学就是其“必然归趋”了。

余英时先生注重从经学内部的“尊德性”与“道问学”的争执，来说明清学的兴起，为从经学史、思想史本身来说明清学兴起作出了有益的探索，看到中国文化发展的历史逻辑在其中的作用，可补充梁启超等人对此问题的说明。但是，思想史的发展不是孤立的。思想文化的发展固然有其内在的发展逻辑，而思想文化之所以如此发展，又不是囿于思想文化史就可以说明的。清学的出现，固然有其经学发展的“内在理路”，但是这一“内在理路”却是社会历史发展的逻辑所规定的。只有到了具备经学文献整理的成熟社会条件，及其经学的发展在文献整理的领域能够作出巨大成就的时候，才会出现清学的历史辉煌。如果没有这

---

① ［清］皮锡瑞：《经学历史·经学复盛时代》，北京：中华书局，1959年版，第295页。

② 关于此点，钱穆曾在《中国近三百年学术史》中指出：“清儒自有明遗老外，即鲜谈政治，何者？朝廷以雷霆万钧之力，严压横摧于上，出口差分寸，即得奇祸，习于积威，遂莫敢谈，不徒莫之谈，盖亦莫之思。精神意气，一注于古籍，本非得已，而习焉忘之，即亦不悟其所以然，此乾嘉经学自所以一趋于训诂考索也。”见氏著《中国近三百年学术史》，北京：中华书局，1986年版，第533页。

③ 这两篇论文皆载余英时所著《论戴震与章学诚》，北京：三联书店，2000年版。

种历史的发展趋势，即使清王朝再厉害的文字狱也都不可能创造出有巨大成就的清学来，也不可能有清学出现的“必然归趋”了。

同时，清王朝的文字狱等也促进了清学的出现。所谓恶是社会发展的力量，坏事可以变成好事，清王朝的文字狱虽然有严厉镇压一切反满情绪的文化因子，但是还不同于完全否定一切文化的文化专制主义，而且清王朝从康熙以来的确十分重视文化，标榜稽古右文，文字狱的迫使与稽古右文的诱使从两个不同方向，把人们引到文字训诂、古籍整理的道路，而这恰好与中国历史文化的发展相吻合，于是才有众多大师辈出的兴旺清学出现。社会历史的发展逻辑是“天”，一定的时代社会状况是“人”，只有“天人合一”，二者之间有一致性时，社会历史才能向前发展。清学的出现，直接的、表层的原因是清王朝的文化政策，但是深层的、背后的原因则是经学自身发展的内在逻辑，这种“天人合一”的历史际会，造就了清学的如日中天。如果没有经学自身发展内在逻辑的“天”，而仅仅是清王朝的文化政策的“人”，无论这是一个怎样大写的“人”，也不可能有“道问学”取代“尊德性”，出现兴盛之极的清学。所以，清学的出现乃是经学发展史上的必然结果。

而以文字训诂为基干的清学出现，在经学发展史上具有重要的历史意义。这就是以前只是用来为经典的义理作文字说明的小学，摆脱了对经学义理的依附地位，而得以独立开来。人们实际上已经将小学视为与经学义理相对独立的学科，特别强调其对经学义理的必不可少的意义。我们仅从戴震等人对段玉裁《说文解字注》所作的序中，就可睹其一斑，戴震说：“夫六经字多假借，音声失而假借之意何以得。训诂声音相为表里，训诂明，六经乃可以明。后儒语言文字未知，而轻凭臆解以诬圣乱经，吾惧焉。”① 此外，清学诸位大师也有类似论说。如钱大昕说：“古人以音载义，后人区音与义而二之，音声不通而空言义理，吾未见其精于义也……而因文字音声以求训诂，古义之兴有日矣。”② 王念孙说：“训诂音声明而小学明，小学明而经学明。”③ 这三位清学大家都强调必须先明小学的音声训诂，然后才可能明经学的义理。否则，就是空言义理，甚至是以臆说诬乱圣经。因此，在清学家的眼中，音声训诂的小学较之义理而言实际上更为根本。

---

① ［清］段玉裁：《说文解字注》，上海古籍出版社，1981 年版，第 801 页。
② 同上，第 804 页。
③ 同上，第 1 页。

音声训诂不再仅仅是明义理的一个工具，而是先决条件，是必不可少的。这样，反倒是经学的义理必须依赖于声音训诂的小学才能存在。在经学的义理与小学的关系上，以前总是讲小学只是为明义理的工具，现在则来了一个颠倒。段玉裁有一段很能反映这一历史变化的言论：

玉裁闻先生之绪论矣，其言曰："有义理之学，有文章之学，有考覈之学。义理，文章、考覈之源也，孰乎义理而后能考覈、能文章。"玉裁窃谓义理、文章未有不由考覈而得者。自古圣人制作之大，皆审乎天地民物之理，得其情实，综其始终，举其纲以俟其目，兴其利以防其弊，故能奠安万世，虽有奸暴，不敢自外。《中庸》曰：'君子之道，本诸身，征庶民，考诸三王而不谬，建诸天地而不悖，质诸鬼神而无疑，百世以俟圣人而不惑。'此非考覈之极止乎？圣人心通而必劳劳如是者，不如是，不足以尽天地民物之理也。"①

在清学之前，经学只重义理，考覈的小学只是附属于义理，至于文章更无地位可言，戴震虽然以义理为其源，但是，却以义理、文章、考覈为并列的三种学问，已经突破了汉唐以来相沿的观念。而且在当时人看来，戴震是以文字训诂较义理更为重要，江藩在《汉学师承记》中说，戴震"尝论学云：经之至者，道也；所以明道者，辞也；所以成辞者，字也。必由字以通其辞，由辞以通其道，乃可得之"②。至于段玉裁则以义理、文章一并出于考覈，明确地以为这三种学问中考覈最为根本，发展了他的老师之说，更是对传统重视经学义理，轻视文章、考覈的否定，表现出了前所未有的以考据囊括一切的新观念。而这一观念为当时的清学家所公认。如王鸣盛在其著名的《十七史商榷序》中也说："经以明道，而求道不必空执义理以求之。但当正文字，辨音读，释训诂，通传注，则义理自现，道在其中矣。"

从后来刘师培的论说中，我们也可以看到清学实是以考据包括一切学问。他在《南北考证学不同论》的题目注中说：

近代之儒所长者，固不仅考证之学。然戴东原有云："有义理之学，有词章之学，有考证之学。"则训诂、典章之学，皆可以"考证"一字

① ［清］段玉裁：《戴东原集序》，《戴东原集》，北京：商务印书馆，1934 年版，第 1 页。

② ［清］江藩：《汉学师承记》第 5 卷，北京：三联书店，1998 年版，第 104 页。

> 该之。袁子才分著作与考据为二，孙渊如作书辨之，谓著作必源于考据，则亦以为考据该近代之学也。若目为经学，则近代儒学兼治子史者多矣，故不若“考据”二字之该括也。①

这种以考据囊括一切学问，正是清学的特点。这同宋明理学以天理无所不包，正好形成鲜明的反对。

正是在这种观念的支配之下，《说文》《尔雅》由以前只是用来“载道”的“文”，变成了当时文化界的神圣经典，成为人们治学的根据。此观念在清学家中十分普遍，如宋鉴（号半塘）就说：“经义不明，小学不讲也。小学不讲，则形声莫辨，而训诂无据矣。《说文解字》乃小学之祖也。”② 甚至出现了有些学者尊信《说文》，竟不作楷书，而以所谓古篆为文的情况，江藩称其师江声说：“先生精于小学，以许叔重《说文解字》为宗，《说文》所无之字，必求假借之字以代之。生平不作楷书，即于人往来笔札，皆作古篆，见者讶以为天书符箓。俗儒往往非笑之，而先生不顾也。”③ 尽管江藩在这里是表彰其师的精于小学，将讥笑江声用古篆作文的人称为俗儒，但是在楷书流行千余年之后，江声此举确是不合潮流的迂腐之举。像天书符箓一样的作品，有几人看得懂？而由江声的迂腐中，可见乾嘉时期的清学家是如何的迷信尊崇《说文》。

三、所谓“复西汉之古”

清代的清学以《说文》为其经典，较之汉学以六经为其经典，宋经学以四书为其经典，不仅仅是经学发展史上典籍主次的历史变化，而且是经学史上不同历史阶段的重大转变。于此，我们可以从典籍变化的角度，将至清代乾嘉时期已有经学的发展史分为汉代至唐代以六经为主的阶段、宋元明以四书为主的阶段与清代以来《说文》为主的阶段。这三个不同阶段所表现出来的经典变化，对经学的内容、特点都有着直接的影响。

而《说文》的性质完全是文字训诂的小学著作，与包含着圣人之道的六经、四书是不同的。所以，以《说文》取代六经、四书的经典地位的清学所发生的

---

① 刘师培：《刘师培辛亥前文选》，北京：三联书店，1998 年版，第 386 页。

② 转引自刘师培：《汉学师承记》卷一，北京：三联书店，1998 年版，第 17 页，。

③ 刘师培：《汉学师承记》卷二，北京：三联书店，1998 年版，第 45 页。

这一变化，透露出来的正是这样一种信息：经学义理的阐发已经走到尽头，经学的发展只有在典籍的文献整理上才会有所作为。而以文字训诂为中心的典籍文献整理，即使没有西学传入中国的影响，也必然从传统的经学中分化出语言、文字、音韵、训诂、校雠学、史学、地理学、金石学等，西学的传入则加速了经学的这一分离。

清代最早出现的今文经学，是作为清学的一个部分而存在的。清代最早出现的今文经学，与当时的清学在治学方法上等都存在相同之处，都是从整理已有文献、学术的角度，对历史文化的发掘整理，而不是依据时代的需要，来做具有时代创新的发展。清代最早讲今文经学的与当时讲文字训诂的学者，都属于清学的经学家之列，所不同的是今文经学重在以往经学义理的说明，而不是以文字训诂为主。梁启超说，重文字训诂的清学是向东汉的回复，今文经学则是向西汉的回复，没有区分开今文经学的接着说与照着说的区别。在讨论清代今文经学时，我们必须注意到照着说与接着说的不同。否则，就不可能对清代今文经学有一个准确的认识。从这样一个崭新的角度，来审视清代今文经学的发展，才可能从经学传承上找到正确的起点。由于梁启超的以清代今文经学是复西汉之古说在学术界影响极大，故有辨析的必要。

梁启超此说，是与他关于清代经学的三个阶段的分期说联系在一起的。在梁启超之前，皮锡瑞对清代经学的分期，就已经提出初期、中期、晚期三个阶段说：

> 国朝经学凡三变，国初，汉学方萌芽，皆以宋学为根柢，不分门户，各取所长，是谓汉宋兼采之学。乾隆以后，许郑之学大明，治宋学者已尟，说经皆主实证，不空谈义理，是为专门汉学。嘉、道以后，又由许郑之学导源而上……是为西汉今文经学。①

皮氏此说，将清代经学分为清初的汉宋兼采、乾隆以后的专门汉学，嘉庆、道光以后的今文经学三个阶段。梁启超依佛教的一切流转相分生、住、异、灭四期之说，分清代经学为三阶段：清初为启蒙期（生），以顾炎武、胡渭、阎若璩为代表；乾嘉为全盛期（住），以惠栋、戴震、段玉裁、王念孙为代表；道咸以后为蜕分期（异），又是衰落期（灭），以康有为、梁启超为代表。启蒙期经学

① ［清］皮锡瑞：《经学历史·经学复盛时代》，北京：中华书局，1959 年版，第 341 页。

的特点，是朝廷提倡的宋学与江浙为中心的民间所谓汉学相对抗，即皮锡瑞所说的汉宋兼采；全盛期经学的特点，是尊崇贾、马、许、郑的所谓汉学“全占胜利”；蜕分期则是以《公羊》学为中心的今文经学。[①] 梁氏之说除了用了几个新名词外，在清代经学阶段的划分上与皮锡瑞之说实无多大区别。

但是，皮氏之说极为粗略，而梁氏之说较为周详。因此，后人言清代经学多取梁氏之说，如周予同先生在《中国经学史讲义》第七章中论清代经学，就分为清学的启蒙期、清学的全盛期、清学后期三个阶段。台湾研究经学的著名学者林庆彰先生在为1992年12月在台湾举行的清代经学学术研讨会的论文集所作的《导言》中，亦持此说，但论说更为详细：“清代268年间的经学，如果仔细加以分析，约可分为三个阶段：一是顺治、康熙、雍正三朝，合计92年，是理学逐渐衰落，清学渐次兴起的时期，也可以说是清学的建立期。二是乾隆、嘉庆二朝，合计85年，是清学大为发皇的时期。三是道光、咸丰、同治、光绪、宣统五朝，合计91年，是清学转变、衰微和西学入侵的时期。”[②] 这是学术界较为公认的看法，可称之为关于清代经学的三分法。

与皮氏等人的三分法不同，钱穆先生则是两分法。他将清代经学分为两个时期，一是清初到乾嘉，一是道光、咸丰到清朝的灭亡。[③] 钱穆先生的两分法，是将三分法的清学的启蒙期与全盛期合而为一。这两种分法虽然不同，但都是把道咸以前的清代经学视为从汉学萌芽（或启蒙）到汉学大明（或全盛）的发展阶段，而将道咸以来的《公羊》学为中心的今文经学视为清代经学的一个相对独立的阶段。因此，这两种分法又是与三分法相通的。

在梁启超看来，清代经学虽然有不同的发展阶段，但又是一个不断以“复古”得“解放”的完整过程。他说：

> “清代思潮”果何物耶？简单言之，则对于宋明理学之一大反动，而以“复古”为职志者也……纵观二百余年之学史，其影响及于全思想界者，一言以蔽之，曰“以复古为解放”。第一步，复宋之古，对于王学而得解放。第二步，复汉唐之古，对于程、朱而得解放。第三步，

---

① 详见梁启超著《清代学术概论》与《中国近三百年学术史》。

② 《清代经学国际研讨会论文集》，台湾“中央研究院文哲所”，1994年，导言。

③ 详细的分析见郭齐勇教授与汪学群教授的《钱穆评传》第七章，南昌：百花洲文艺出版社，1995年版，第132页。

复西汉之古，对于许、郑而得解放。第四步，复先秦之古，对于一切传注而得解放。[①]

从清代经学的发展的情况来说，的确带有梁启超所说的这一特点。在清初，思想家们都重在批判明末王学的空虚流弊，讲求经世致用；而到清学时皆以东汉的古文经学家贾、马、许、郑为宗，重训诂考证、典章文物的研究，与讲求性理、心性的程朱理学绝异；道咸以后，则是以西汉占统治地位的今文经学占据学界的主流，这就是所谓“复西汉之古”。

梁启超所说的复古带有一种不断地向后面的历史回复的特点。因此，每一次的复古都可以从肯定与否定两个方面来说。从否定方面来说，所谓清代经学“复古”的第一步是对王学的否定，第二步是对程朱理学的否定，第三步是对东汉许、郑为代表的汉唐古文经学的否定，第四步是对包括西汉今文经学在内的一切传注的否定。从肯定方面说，清代经学复古的第一步是对程朱理学的肯定，第二步是对汉唐经学的肯定，第三步是对西汉今文经学的肯定，第四步是对先秦经学的肯定。梁启超的这一说法是为了与他套用的佛教一切流转相分四期说相合，而与他实际上分清代经学为三期之说不合。这一说法主要是着眼于清代经学与历史上的经学立论，将清代经学仅仅视为不断由否定历史的后一段，而肯定前一段的过程。

梁启超的“复古”之说只是大致地说明了清代经学发展的一个方面的特点，并不能解释清代经学的全部内容，正如钱穆先生、冯友兰先生与余英时先生所指出的，清代的经学同时也有对宋明理学的继承，而不仅仅是只有否定的过程。[②]以至钱穆先生说：“治近代学术者……必始于宋。何以当始于宋，曰：近世揭橥汉学之名，以与宋学敌，不知宋学，则无以平汉宋之是非，且言汉学渊源者必溯诸晚明诸遗老。然其时如夏峰、梨洲、二曲、船山、桴亭、亭林、蒿庵、习斋，一时魁硕，靡不寝馈于宋学。继此而降，如恕谷、望溪、穆堂、谢山乃至慎修诸人，皆于宋学有甚深契诣，而于时已及乾隆，汉学之名始稍起，而汉学诸家之高下浅深，亦往往视其宋学高下浅深以为判。”[③]

---

① 梁启超原著，朱维铮校注：《清代学术概论》，北京：中华书局，2010 年版，第 5 –9 页。

② 余英时：《从宋明儒学的发展论清代思想史》，《论戴震与章学诚》，北京：三联书店，2000 年版，第 290 页。

③ 钱穆：《中国近三百年学术史》，北京：中华书局，1986 年版，第 1 页。

这两种说法都有其合理性。而梁启超的“复古”之说影响较大，至今仍被一些论著引以为说。然而，清代经学不仅仅是一个“复古”的过程，而是有着自身发展的轨迹的。这个轨迹就是通过人们所说的清代经学发展的三个阶段，而进一步展示出经学终结的历史命运。从经学的发展看，到了明末的王学以后，经学的发展就义理而言，经过汉学与宋学的阐发，已经没有发展出新理论的余地，走到了尽头，剩下的工作只能是对典籍本身及其典籍中文物典章制度的考证了。所以，以考证为中心的清学的出现虽然与清初的文字狱有直接关系，清王朝的文化专制高压促进了知识分子走进故纸堆，但是这也与经学自身的发展进程有内在的逻辑联系。而当清学在训诂考证上取得了巨大成就后，整个经学的发展无论从义理上，还是从文物典章制度的考证上都走到了尽头。

但是，经学之毛所附之皮还存在，因此经学仍然能够存在下去。然而，经学所附之皮已是走到了命运的终点，经学作为其成立的理论根据，在这样的时代只能为其所附之皮在理论上做某种补救，也就是在天崩地裂之时做一种“补天”的工作，这只能是一种挽歌式的努力。此外，它还可以成为新兴的社会阶层用来作为装“新酒”的“旧瓶”，成为批判旧社会、旧制度，宣传新理念、新理论的表现形式。经学的考证在这方面是无能为力的，这只有经学的义理才可以在这方面发挥作用。讲义理的经学主要有西汉的今文经学与宋明理学，而宋明理学的王学与程朱之学都在清代受到人们的批判与否定，而且程朱理学与陆王心学主要是一种以伦理为主导的心性之学，不适合“补天”的政治理论需要，只有以孔子改制为哲学基础的春秋公羊学，才适合这一“补天”的政治理论需要。所以，在清学之后兴起的只能是《公羊》学为中心的今文经学。梁启超所说的“复西汉今文经学之古”，只能是晚清的今文经学，而不是清代早先出现照着说的今文经学。只有在接着说的今文经学意义上，梁启超的复西汉之古，才是准确的。晚清接着说的今文经学，是晚清的思想家借助于今文经学的理论形式，或试图“补天”，或借以宣传变法维新。而无论是希图用今文经学救世，还是希图用今文经学来实现变法维新，都无可避免地遭到了无情的惨败；晚清中国处于古今中西的历史交汇处的具体历史特点，又使这些依托今文经学的经学家的经学，带有古今中西融合的特色，这是历史上的经学家所根本没有的。所以，晚清经学无论是从经学的时代命运说，还是从经学的形式说，都表现出终结的历史命运。而从经学的发展史来说，“复西汉今文经学之古”，也似乎回到了经学建立的起点，形成了一个周而复始的过程，整个经学也就终结了。“复西汉之古”标志着经学的周而复始的全过程的完结，这就是晚清接着说的今文经学的历史意义。

四、照着说向接着说的转变

按照经学发展的内在理路说，清学中的以《公羊》学为主的今文经学，经过刘逢禄等人的发明，已经不大可能有继续发展的根据。为什么在道光、咸丰以来的晚清，本为清学部分照着讲的今文经学，会变为接着讲的以《公羊》学为中心的今文经学①，并在晚清出现一度辉煌？人们对这个问题已经有不少说明。梁启超在《清代学术概论》的论说，是迄今为止最为全面的论述，他从清代学术与清代社会两个够方面作出了说明，至今相关论著论述这一问题都基本上沿以为说。

从学术方面，梁启超提出三点：第一，考证学在研究方法上有精善的一面，但是研究的范围却十分狭窄。在乾嘉诸大师对其“发明略尽”之后，已无多少发展余地。而所考名物、典章制度因原物不存或历代变迁等故，不仅聚讼不决，而且往往堕入空谈，使清学由所提倡的“实”转而走向了相反的“虚”。第二，乾嘉以来，学术界形成“汉学专制”的局面，“学派自身，既有缺点，而复以专制，此破灭之兆矣”。第三，清学教人尊古，又教人善疑，必然导致对自身与尊奉的贾、马、许、郑的怀疑，而进一步的尊东汉以前之古，回复到西汉今文经学。

从社会方面，梁启超亦提出三点：第一，“道咸以还，积威日驰，人心渐获解放”，有识之士皆知大乱将至，“追寻根源，归咎于学非所用，则最尊严之学阀，自不得不首当其冲”。第二，清学的根据地在江浙一带，而咸同之乱，江浙受到战乱的严重祸害，文化学术也惨遭摧残，使清学的继续发展受到严重阻碍。第三，鸦片战争所带来的奇耻大辱，使清初的经世致用的观念复活，并与输入的西学相结合，而使清代学术出现“向于正统派公然举叛旗”的新变化。②

体味梁启超先生所言，其实主要是对清学何以衰落的说明，如从学术上所言

① 关于清代今文经学的照着讲与接着讲的问题，见黄开国：《清代今文经学发展阶段略论》，《哲学研究》，2013 年第 11 期。

② 以上所引皆见《清代学术概论》二十。

三点，全是就清学自身而发论，其言社会方面的三点中的第二点是说清学的根据地的丧失，而另外两点则是说清王朝权威的衰落与西方的入侵、西学的输入所引起的对清学的否定，及其经世致用思想的兴起。因此，梁启超先生所言的确较为全面而深刻地说明了清学在道咸以后衰落的原由，虽然也有涉及晚清今文经学、经世致用兴起的说明，但是还不充分。清学的衰落与以《公羊》学为中心的今文经学的兴起，是两个有所关联但又不同的问题，而不是合二为一的问题。清学的衰落只是晚清今文经学接着说兴起的必有条件，它不可能全面地说明晚清所以兴起今文经学接着说的原由。余英时先生在《论戴震与章学诚》一书中，批评了梁启超的说法是关于汉学兴起的论说只是从外因方面的说明，而忽略了其“内在的理路”，这同样也适合对梁启超关于清代今文经学的论说。因为梁启超关于清代今文经学接着说兴起原因的论说，同样仅仅是从外部原因来解说的。

晚清今文经学接着说的出现不仅仅是对清学的反动，而且是整个君主专制制度行将灭亡，新的社会阶层要求改变旧的社会制度，并朦胧地呼唤新的社会制度的双重体现，它是社会的历史发展趋势在文化上的反映。中国君主专制制度经过一千多年的发展，社会生产力的发展尽管十分缓慢，但是又有所前进，在宋代时已经出现了许多商业较为发达的城市，马学强在《从传统到近代》的第一章中指出：“宋代城市布局已能反映商业发展的特点，按经济活动来布置城市建筑，商业贸易街市愈来愈密集，城市容量也有所扩大。”① 而商业活动的发展必然会冲击封闭的自给自足的封建经济。从明代中末期以来，宋代时中国商业活动最发达的东南一带，就出现了新兴的资本主义经济因素的萌芽，而与这一萌芽相应的是在思想文化领域出现了新的变化，不仅在文学上出现了以《三言》《两拍》②为代表的市民文学，而且出现了明末清初的黄宗羲（（1610—1695 年）、顾炎武（1613—1682 年）、王夫之（1619—1692 年）、唐甄（1630—1704 年）等一批著名思想家，他们在政治思想上都激烈地批评君主专制，抨击家天下，王夫之甚至明确地提出了否定“溥天之下，莫非王土”的君主土地所有制的思想，主张“若夫土地则天地之固有矣……地之不可擅为一人有，犹天也”（《论谢安除度田收租之制》，《读通鉴论》第 14 卷）。尽管当时还没有人能够对未来的社会蓝图

① 马学强：《从传统到近代》，上海社会科学院出版社，2002 年版，第 7 页。

② 《三言》系明人冯梦龙（1574—1646 年）编纂的《喻世明言》《警世通言》《醒世恒言》的合称；《两拍》即明人凌蒙初（1580—1644 年）辑编的《初刻拍案惊奇》《二刻拍案惊奇》的并称。

作出明晰的说明，但是这些变化都是具有崭新历史意义的。冯天瑜教授指出：在《三言》《两拍》的四分之一的作品中，“已在试图越过中世纪思维范畴的固有轨道，描绘资本主义萌芽给社会的经济生活、政治生活以至习俗礼仪带来的种种微妙变化。”① 而黄宗羲等人对君主专制的政治批评则具有对以君主专制为代表的封建制度的批判的意义，具有“从民本走向民主的开端”的时代价值。②

尽管中国向资本主义发展的进程，被清王朝入主中原所打破，在清初的一段时间，中国社会的经济倒退了许多，思想文化也由于清王朝文化专制政策的高压态势，而出现了远离现实政治的所谓清学，黄宗羲等人批评君主专制的政治思想被一时淹没在考据训诂之中。然而，历史的向前发展是不可阻挡的。在经过一段曲折的发展，社会经济的进一步增长之后，历史又会重新提出被清初以来所淹没的问题。但是，正如一个难产的婴儿，不同于顺产的婴儿一样。中国向资本主义发展的历史进程就是一个难产的过程，它不仅被清初的外族入侵所中断，在晚清又受到清王朝与外国资本主义的双重阻扰压制，使中国的民族资本主义一开始就是在夹缝中艰难地成长。正是这种难产，使中国在晚清与资本主义经济的发展要求相应而出现的新思想文化，不能以正常的形态出现，而只能以曲折的形式表现出来。晚清今文经学的出现，就可以从这一大的历史背景来认识。当然，晚清今文经学接着说本身决不是历史所需要的新思想文化本身，但是却是历史发展需要新思想文化的一种表现。

由于中国晚清向资本主义历史发展，走的是一条难产的艰难路程。最初代表中国资本主义发展要求的民族资本主义经济，本身就与君主专制制度有较为紧密的关系，这些人在社会中没有独立的社会地位，更不可能形成一个独立的社会阶层，因此作为这些人的思想代表在文化上，就不能像西方的资本主义思想家那样，提出一套与君主专制制度根本不同的思想体系来，而只能倚赖中国旧有的思想文化，从中去寻找其安身立命的依据。而由于中国思想文化自身的发展，以及今文经学本身的独特价值，使接着说的今文经学成为晚清思想界的主要社会思潮，曲折地表达了历史转型社会应该变化的变革思想。而今文经学本身就是君主

---

① 冯天瑜：《“三言”“两拍”所表现的明代历史变迁》，《明清文化史散论》（第二版），武汉：华中理工大学出版社，1998 年版，第 111 页。

② 李存山：《宋学与宋学论》，《中国思想史研究通讯》（中国社会科学院历史所思想史研究室主办），2005 年第 6 期，第 9 页。

专制制度建立时的主要理论依靠，同样可以成为挽救君主专制制度没落的理论工具，同时，今文经学理论的灵活性又可以使之成为否定君主专制的理论形式。所以，晚清今文经学的兴起，具有这样双重的历史意义：一方面体现了维护旧制度的人希图从今文经学中找到救命良方的努力；另一方面，表现了主张社会变革的人，不得不借着今文经学的旧瓶来装新酒的窘境。这是晚清今文经学接着说兴起的根本原因。

（作者系四川师范大学特聘教授）

析“例”求“义”：刘逢禄的公羊解经之法[①]

◎魏　航

刘逢禄（1776—1829年）是清代有名的《公羊》学大师，也是常州学派的重要代表人物。他一生专注于《公羊》学的研究，写了如《春秋论》《公羊何氏解诂笺》《发墨守评》《穀梁废疾申何》《箴膏肓评》《左氏春秋考证》《春秋公羊经何氏释例》等一系列《公羊》学著作，对清代《公羊》学的兴起和发展贡献甚大。这些著作既体现了刘逢禄的公羊大义思想，也反映了他的研究方式和解经特点，其中又尤以《春秋公羊经何氏释例》一书为典型。《释例》中通过对公羊条例的分析，从而得出隐藏在文句事件中的“微言大义”的研究方法便是析“例”求“义”的方法，也是刘逢禄《公羊》学研究常使用的重要方法。

一、析“例”求“义”的历史究源

析“例”求“义”的方法虽为刘逢禄所开创，但是从义例的角度进行经典的解释在历史上却早已有之。《春秋》中义与例的密切关系，是刘逢禄析“例”求“义”方法赖以存在的前提。

作为《公羊》学家，刘逢禄认为《春秋》是经，是有“义”有“例”的。孔子因鲁史旧文作《春秋》是有一个编纂的体例和取舍的标准的，并且他因思想的表达需要还使用了一些特殊的写法，从而形成一定的书法条例，而每一“例”的背后都有相应“义”相附着。“《春秋》文成数万，其旨数千，”（《史记·太史公自序》），与之相应的那也就有许多之“例”。正如涪陵崔氏所说：

---

① 基金项目：本文系2013年广东交通职业技术学院课题“清代中期的今文经学研究”（项目号：GG81080138）的阶段性成果。

“《春秋》之为书，辞约而例繁。欲其严也，故其辞约；欲其明也，故其例繁。例者，辞之情也。”①《春秋》之例繁多，而《春秋》之义却是隐藏在语言文字之后的，所以要求得《春秋》中的大义须要通过对《春秋》中的各种条例梳理分析而获得。刘逢禄在批评《左传》详于事时，就指出了《春秋》中的“义”与“例”的关系，他说：

> 《左氏》详于事，而《春秋》重义不重事；《左氏》不言例，而《春秋》有例无达例。惟其不重事，故存什一于千百，所不书多于所书；惟其无达例，故有贵贱不嫌同号，美恶不嫌同词，以为待贬绝之分，以寓一见不累见之义。②

刘逢禄看到了《春秋》书法中“义”和“例”的密切关系，主张要将二者结合起来，析“例”求“义”。其实通过分析“条例”的方法来解经并不是刘逢禄的孤章发明。在《春秋》学的解释史上，三传皆有以“例”解经之作，比较著名的便有何休的《春秋公羊谥例》、范宁的《春秋榖梁传例》、杜预的《春秋释例》十五卷，其中又以杜预所著，发明《左传》之义例，最具代表性。

杜预在《春秋释例·序》中就说：“经之条贯，必出于传；传之义例，总归诸凡。”③ 也即是说，因为《春秋》简略，所以《春秋》所载之事和义得通过三传才能得以清楚明白，而传之解经的义例，则应该通过传的条贯和凡例彰显出来。只有这样通过了解“例”才能理解传，只有读懂了传的义才能真正把握经。自汉晋以来，从例的角度解释《春秋》者不乏其人。除了上面的何、范、杜外，唐代《春秋》学大师陆淳撰有《春秋集传纂例》十卷，共分为二十八例。宋代崔子方也以治《春秋》而名，他著有《春秋本例》二十卷和《春秋例要》一卷，而元代学者赵汸撰《春秋属辞》，也是“异同详略，触事贯通，自成义例”。④ 赵汸还在《春秋集传·自序》中特别强调“例”之作用，他认为：“学者必知策书

---

① 崔子方：《春秋经解附录·春秋例要》，《景印文渊阁四库全书》（第148册），台北：台湾商务印书馆，第335页。

② ［清］刘逢禄：本文系2013年《刘礼部集》卷三《春秋论上》，《续修四库全书》（第1501册），上海古籍出版社，1996年，第57页。

③ ［西晋］杜预：《春秋释例十五卷》，《景印文渊阁四库全书》（第1册），台北：台湾商务印书馆，第530页。

④ ［元］赵汸：《春秋属辞·提要》，《景印文渊阁四库全书》（第164册），台北：台湾商务印书馆，第442页。

之例，然後笔削之义可求。笔削之义既明，则凡以虚辞说经者皆不攻而自破。”①

以“例”说《春秋》，当自西汉始。何休在《解诂·自序》里说“往者略依胡毋生条例”，这说明以“例”解释《春秋》在汉初时就已经出现了。当时著名的《公羊》学家胡毋生、董仲舒等开始确定条例，已经开创了以“例”解说《春秋》的先河。董仲舒特别重视释经中的条例，他说：“圣人所欲说，在于说仁义而理之，分科条别贯所附，明其义审，勿使嫌疑，是乃圣人之所贵而已矣。”（《春秋繁露·重政》）并且据此还提出了一些重要的科条，如“六科”“十指”“三正”“三统”“三世”“四法”“王鲁、新周、故宋”等。董、胡以“例”解说《春秋》的这种做法，在两汉时期产生过深远的影响。章权才先生指出：“汉初经学先师以‘例’说《春秋》，意义十分重大，它不仅通过‘例’向《春秋》之学注入了新的内容，使之成为政治性很强的经学；而且借助‘例’，使经学内部逐步统一起来。”② 确实如此，何休在著《春秋公羊传解诂》一书时是“略依胡毋生条例，多得其正，故遂隐括，使就绳墨”，正是通过对“例”的归纳分析才使“三科九旨”的公羊精义得以充分体现。而何氏在此书中提出的“五始”“七等”“六辅”等义例，也使他的《公羊》学变得更加完备和圆融，更为明晰，更成系统，也正是通过这种“条例”的方式，何休将自己的《公羊》学理论系统化和条理化了。所以，后世进行《公羊》学研究的大都推崇何休之《解诂》。

历史上那些对《春秋》“例”的研究和董仲舒、何休等以“例”解经的方法，为刘逢禄析“例”求“义”的思想方法提供了历史资源，他自觉地回归到汉代《公羊》学大师以“例”说经的道路上来，而清代盛行的以例解经的潮流，则为刘逢禄析“例”求“义”的运用开启了方便法门。

二、析“例”求“义”的意图自觉

刘逢禄选择《公羊》学并且是以“例”解的方式来阐发他的思想，是有他的意图自觉的。正是他小时候的家庭熏陶使其走上了《公羊》学的道路，产生了要将公羊大义在清代重新大张起来的做法；而他对圣人之道的认识，特别是对

---

① ［元］赵汸：《春秋集传·原序》，《景印文渊阁四库全书》（第164册），台北：台湾商务印书馆，第6页。

② 章权才：《何休〈公羊解诂〉研究》，《广东社会科学》，1984年第1期。

何休《公羊》学的尊奉，确立了“义”从“例”中求的解经路向。

刘逢禄出生在一个书宦之家，祖父刘纶为乾隆朝的大学士，其外王父庄存与不仅官居内阁大学士，而且还是清朝公羊学的造端者。刘逢禄幼年除上私塾外，还由其母庄氏授楚词、古诗，西汉贾谊、董仲舒文章。进而稍长从庄存与问学，特别是受外舅父庄述祖的影响为大，庄氏为学主今文经学，故而刘逢禄自小便对《公羊》学有相当的了解。他在十二岁时“读《左氏春秋》，疑其书法是非多失大义”[①]。十三岁时读《汉书·董江都传》而慕之，不数月，尽通其条例。其后读《春秋繁露》《春秋公羊解诂》大受启迪，遂发愤研治《公羊》学。十五岁时开始治《公羊春秋》条例之学。十九岁时逢禄跟从舅庄述祖学《公羊传》，尽得其传。从其简要的治学经历可以看出，刘逢禄特别重视《春秋》，而于《公羊》之学尤其好之。

刘逢禄治《公羊》学是为了“观圣人之志”。西汉时，《公羊传》因有董仲舒等人为之发扬而立于学官，其学也得以大光，为一时显学。惜今文大盛之后治经走入烦琐一途，且经义乖舛，特别是自刘歆上书《移让太常博士书》后，经今古文之争起，“绵延迄于东汉之季，郑众、贾逵之徒，曲学阿世，扇中垒之毒焰，鼓图谶之妖氛，几使羲辔重昏，昆仑绝纽。”[②] 西汉后期的今古文之争，使古文经学的影响不断扩大，今文经学的地位和影响受到冲击开始下滑。尽管后汉有李育为之努力、何休为之光大，今文经学终究是过午之日，颓势难挽。特别是东汉以后，《春秋》研习人员的兴趣、重点和方法都发生了转移，以致《春秋》大义变得隐晦，而最能体现和阐发《春秋》之义的《公羊》学也几成绝缕。

因为汉代的今古文之争，今文经学大受影响，古文经学变得勃兴，进而也影响到对《春秋》经义的理解。诚如清人皮锡瑞在《经学历史》说的：“春秋《公羊》《穀梁》，汉后已成绝学。《左氏》传事不传义，后人专习《左氏》，于《春秋》一经，多不得其解。”[③] 由此，要得知圣人之意，正确地理解《春秋》的思想主旨，还是得回到对《春秋》经义的把握和挖掘上来。《春秋》在“义”不在“事”，而《春秋》之义不可以事而解，故还须循《公》《谷》二传由义例而解。

---

① ［清］刘逢禄：《左氏春秋考证》卷一，《清经解》（第七册），上海书店，1988 年版，第 435 页。

② ［清］刘逢禄：《刘礼部集》卷 3《春秋公羊释例·序》，《续修四库全书》（第 1501 册），上海古籍出版社，1996 年版，第 59 页。

③ ［清］皮锡瑞：《经学历史》，北京：中华书局，1959 年版，第 250 页。

虽然《春秋》有义，并且蕴藏在《春秋》之中的义对把握孔子思想和理解其他经典有重要意义，但是《春秋》经义却不是轻易能知晓的。汉代公羊大师董仲舒下帷讲诵三年，而何休更是闭户十有七年，由此也可以看出，《公羊》的奥义精深、义理难晓，不是泛泛而观，浅尝可得的。那么奥义精深的《公羊》学该如何研治？刘逢禄认为治《公羊》学就得依《公羊》学的传统，而“汉人治经首辨家法”，在先汉治公羊的公羊先师中，重要的便是依“例”而治，所以刘逢禄认为用条例的方式解读《公羊》才能真正地把握《春秋》之要旨。

正是基于这样的认识，所以他自觉地选择了以条例的方式来解读《春秋》。《春秋》之义可通过条例的分析来获得，这在公羊先师那已有所体现。刘逢禄看到了这点，他也认为条例是得“义”的极好门径，他在《公羊春秋何氏解诂笺·自序》中说：“余尝以为经之可以条例求者，惟《礼·丧服》及《春秋》而已，经之有师传者，惟《礼·丧服》有子夏氏，《春秋》有公羊氏而已。”① 刘逢禄认为《礼》与《春秋》二经既有“条例”，又有“师传”，换言之，它们既理有可据，又言有所由，故要得圣人大道与微言大义就应在此确实可信的经典之中探求。而历史上以“例”解经，并且完整流传下来便是何休的《春秋公羊解诂》，所以他认为何休的《春秋公羊传解诂》是《公羊》学义理的最好总结者，要领会《公羊》学的思想，发扬《公羊》学匡世救时的精神，就离不开何休的总结，必须依据何休的《春秋公羊传解诂》。所以他就何氏之《解诂》“寻其条贯，正其统纪，为《释例》三十篇。又析其凝滞，强其守卫，为《笺》一卷，《答难》二卷”②。也即撰著了《春秋公羊经何氏释例》《公羊春秋何氏解诂笺》《穀梁废疾申何》等著作。刘逢禄为之创通条例，贯串群经，凡何休所谓非常异义可怪之论，如“张三世”“通三统”“黜周王鲁”“受命改制”诸义，次第发明，多有阐发。

三、析“例”求“义”的解经范式

《春秋公羊经何氏释例》是刘逢禄析“例”求“义”方法运用的经典范式。

① ［清］刘逢禄：《刘礼部集》卷三《春秋公羊解诂笺·序》，《续修四库全书》（第1501册），上海古籍出版社，1996年版，第62页。

② 同上，第59页。

此书是刘逢禄于他而立之际，在山东讲学时撰成的，是他诸多《公羊》学著作中极为重要、极具代表性的一部。现在此书在阮元主编的《皇清经解》和《续修四库全书》中的《刘礼部集》里都可以看到，但是在这两个集子收录的《释例》一书并非完全一致，而有些细微差别。①

《春秋公羊经何氏释例》的体例简洁清秀，条理分明，很容易辨读和理解。它主要由两部分组成，即“例”和“义”。“例”是刘逢禄选取《春秋》经传及何休《解诂》的简要内容按相关主题（也即是他归纳的某一个“例”）以条目的样式列在一起的经传文字，放在前面；“义”则是刘逢禄对这些条例的见解与分析，用“释曰”二字标出，以大段文字的样式置于条例的后部。刘逢禄将《公羊传》中的诸多事例列分为三十例（实际上是二十六例，另外四个为表），刘逢禄这样做的目的就是通过对这些“例”的分类归纳和梳理分析，从而将隐藏在其中的《春秋》之“义”集中地彰显出来，使孔子修书时所加注的“王心”深意展现于天下。这个大义和“王心”的核心就是东汉何休总结的，为刘逢禄重新发掘并极力提倡的“三科九旨”。

析“例”求“义”方法在《释例》中的运用主要通过这样两个方面体现出来。刘逢禄首先对所有的内容进行条列、归纳、类别使之成“例”。条列是《释例》的基本单元，是基础，刘逢禄要做的第一步便是将《春秋》和《公羊传》中的内容，包括何休的《解诂》，摘其简要进行“瘦身”，使其条列化，也即是说在一段中，或者一个事件中，只是择其核心和关键内容列出，把前后文句去掉，形成简要的条列。然后将这些简要化的条例按其中所蕴含的大义进行条贯归纳。就“张三世例”来看，“张三世”的主要表现便是三世异辞，即“所见异辞、所闻异辞、所传闻异辞”，于是刘逢禄便贯通十二公，把《经》《传》《诂》中的凡有“所见、所闻、所传闻”字样的条例全部归纳出来放在一起。“通三统例”中则是将涉有三代在“日历、服色、徽号、爵称、祭祀、礼制”等有变化或相异者的内容进行条例化后，归纳到“通三统例”之下。再然后，刘逢禄将

---

① 《清经解》本分十卷共三十目。刻入《刘礼部集》中的是《公羊何氏释例》中的“释曰”部分，也即是“义”的部分，条例部分被省掉了，且“释曰”的文辞也稍异于《释例》。《礼部集》较《清经解》还有一大特点，就是在目录的编排上，《礼部集》是分十大例三十小例，通过类目的改订，更为明显地突出了他所信奉何休的“三科九旨”。据《刘礼部集》里他的儿子承宽作的“附记”说，刘逢禄于“晚年改订体例，故于《释例》不甚相应”。

这些归纳到一块的条列，进行分门别类，据其主旨而类列为各种不同的“例”。很显然，这样一种考订、挑检、归纳、分类的做法是一种典型的考据学的治学方法，但它于刘逢禄《公羊》学的大张却有重要意义。

其次，刘逢禄对这些条例进行分析、彰较、断制。刘逢禄将这些不同的“例”分析其大义主旨列为三十例，然后分别冠以反应主旨之名的“例”，从“张三世例第一”开始，从第一到第三十依次为张三世例、通三统例、异内外例、时月日例、名例、褒例、讥例、贬例、诛绝例、律意轻重例、王鲁例、建始例、不书例、讳例、朝聘会盟例、崩薨卒葬例、大国卒葬表、小国进黜表、秦楚吴进黜表、公终始例、娶归终始例、致公例、公大夫世系表、大夫卒例、侵伐战围入灭取邑例、地例、郊祀例、阙疑例、主书例和灾异例。通过分析冠名以后，各类条目和义例就变得一目了然了。并且将张三世例、通三统例和异内外例这三例排在前列，其重视“三科九旨”之目的昭然若揭。

在这三十例的每一例下面都是有许多条列作证据支撑的，“义”的得出就通过对“例”下的这些条例进行分析得出的。就拿列第一的“张三世例”来说，刘逢禄从十二公中归纳了十四事来体现“张三世”的大义。十四事中涉及到隐公、桓公、僖公、宣公、成公、襄公、昭公、定公和哀公九公，也包括《春秋》的“始隐”“终麟”二事。对十四事分析后得出：“故分十二世以为三等。有见三世，有闻四世，有传闻五世。于所见微其词，于所闻痛其祸，于所传闻杀其恩，由是辨内外之治，明王化之渐，施详略之文。鲁愈微而《春秋》之化益广，内诸夏不言鄙疆是也；世愈乱而《春秋》之文益治，讥二名，西狩获麟是也……《春秋》起衰乱以近升平，由升平以极太平……无平不陂，无往不复，圣人以此见天地之心也。”① 其他的“通三统”“异内外”和“时月日、爵氏名、褒讥贬绝”等义例亦都是通过对具体事例的分析归纳来彰显的。

由以上可知，刘逢禄将考据学的求实精神和析“例”求“义”的解经方法相结合，运用在《春秋公羊经何氏释例》中，从而使得此作归纳既合理，分析亦深入，并且论断亦精到中肯，因而得到了今文学家和古文学家的一致认可和赞赏。清末的今文经学家皮锡瑞在《经学通论·春秋》中就充满赞誉地说：“《春

① ［清］刘逢禄：《公羊何氏释例·张三世例第一》，《清经解》（第七册），上海书店，1988 年版，第 371 页。

秋》必有例，刘逢禄许桂林《释例》，大有功于《公羊》《穀梁》。”① 近代的古文大家章太炎先生对刘逢禄的《公羊》学思想和观点颇有异议，特别是对刘逢禄的《左氏春秋考证》一书，还专门作了《春秋左传读叙录》针对《考证》中的上部分逐条反驳。尽管这样，但他对《释例》一书却较为赞赏，他在《訄书·清儒》中说此书“属辞比事，类列彰较，亦不欲苟为恢诡。然其辞义温厚，能使览者说绎”②。对于此书，曾是清末《公羊》学健将的梁启超对其评价甚高，认为它是“用科学的归纳研究法，有条贯，有断制，在清人著述中，实最有价值之创作”③。虽然“实最有价值之创作”之语有赞誉过度之嫌，但也由此可见此书在清人著述中地位之非同一般，并可由此想见析“例”求“义”方法之于刘逢禄《公羊》学的重要意义。

四、余论

析“例”求“义”的解经方法于刘逢禄的《公羊》学意义重大。如果说，“何休的《公羊》学体系主要是借助于整顿和确立《春秋公羊》义例，以此规范条理，概括文义，属辞比事来达到的”④，那么刘逢禄的《公羊》学体系的建立也是如此。可以说，正是通过对春秋公羊经传的各个事件的条分缕析，进行重新分类并按一定义理归纳在一起，才使原本零散杂乱、隐讳怪异的春秋事件变得清楚明了，使被湮没了一千多年的“三科九旨”等微言大义重新大张，散发出熠熠光辉。而在析“例”过程中，朴学精神的贯穿和考证方法的采用使刘逢禄的著作和观点变得扎实可信，从而有利于刘逢禄《公羊》学体系的建立和清代《公羊》学的大张。

（作者系广东交通职业技术学院人文社科部讲师）

---

① ［清］皮锡瑞：《经学通论·春秋·论春秋必有例》，北京：中华书局，1954 年版，第 52 页。

② 章太炎：《訄书·清儒》，沈阳：辽宁人民出版社，1994 年版，第 47 页。

③ 梁启超，朱维铮校注：《梁启超论清学史二种》，上海：复旦大学出版社，1985 年版，第 61 页。

④ 黄朴民：《何休评传》，南京大学出版社，1998 年版，第 86 页。

"庄生传颜氏之儒"：章太炎与"庄子即儒家"议题

◎杨海文

庄子与儒家有着密切关系：从庄子是道家看，这种关系隶属于儒道互补之思；从庄子是儒家看，这种关系转换为"庄子即儒家"议题。前者是传统做法，众所周知；后者始于韩愈（768—824 年），津津乐道者不少，知其详情者不多。"庄子即儒家"在儒道互补之外，创新并丰富了庄子与儒家的思想史关联，开显并证成了奇正相生的辩证之境。庄学大师章太炎（1869[①]—1936 年）至少有五种文献（早年两种、晚年三种）涉及这一议题，并以"庄生传颜氏之儒"为画龙点睛之笔，可让我们管窥"庄子即儒家"议题的历史衍化及其独特内涵。

一、"率尔之辞"

1906 年 9 月，旅居日本的章太炎接任《民报》主编，并成立国学讲习会。《章太炎年谱长编（增订本）》记述："国学讲习会出有《国学讲习会略说》，铅字排印本，日本秀光社印行，1906 年 9 月出版，署黄帝纪元六百四年[②]，收《论语言文字之学》《论文学》《论诸子学》三篇。《论诸子学》，即同年七月二十、八月二十日出版之《国粹学报》丙午第八、第九号所载章氏所著《诸子学略说》……[③]"

---

① 章太炎生于农历 1868 年 11 月 30 日，系公历 1869 年 1 月 12 日。年谱常用农历，其他著述通行公历。

② 1906 年是黄帝纪元 4603 年，而非 604 年。这一笔误，汤志钧一直未予更正。见汤志钧编：《章太炎年谱长编》上册，北京：中华书局，1979 年版，第 216 页；汤志钧编：《章太炎年谱长编（增订本）》上册，北京：中华书局，2013 年版，第 125 页。笔误是否源自秀光社排印本，待考。

③ 汤志钧编：《章太炎年谱长编（增订本）》上册，北京：中华书局，2013 年版，第 125 页。

《论诸子学》指出：

> 或谓子夏传田子方，田子方传庄子，是故庄子之学，本出儒家。其说非是。《庄子》所述如庚桑楚、徐无鬼、则阳之徒多矣，岂独一田子方耶？以其推重子方，遂谓其学所出必在于是，则徐无鬼亦庄子之师耶？南郭子綦之说为庄子所亟称，彼亦庄子师耶？①

韩愈是“庄子即儒家”议题的第一推手，其《送王秀才序》有言：“盖子夏之学，其后有田子方；子方之后，流而为庄周。故周之书，喜称子方之为人。”②寻思这段话，最成问题的是第二句，第三句因佐证第二句变得也有问题。蔡元培（1868—1940年）留德期间写的《中国伦理学史》评价道：“其说不知所本。”③章太炎拿第三句开刀，藉此证伪第二句，得出“其说非是”的结论，明显不赞成韩愈的说法。究其实，这类评论尚在“庄子即儒家”议题之外，并未入乎其内。

《章太炎年谱长编（增订本）》记述：光绪三十三年（1907年），“十二月二十日（1908年1月23日），《国粹学报》丁未年第十二号出版，‘社说’栏有《某君与人论国粹学书》二封，即《别录》卷二《与人论国学书》和《再与人论国学书》”④。

《与人论国学书》指出：

> 至以庄子为子夏门人（《经解上》），盖袭唐人率尔之辞，未尝订实。以庄生称田子方，遂谓子方是庄子师，斯则《让王》亦举曾、原，而则阳、无鬼、庚桑诸子，名在篇目，将一一皆是庄师矣。⑤

这里对庄子为子夏门人之说的否定及其证词，与《论诸子学》如出一辙。所不同者，它把矛头指向章学诚（1738—1801年）。《文史通义·经解上》云：“荀、庄皆出子夏门人，而所言如是，六经之名，起于孔门弟子亦明矣。”⑥《校

---

① 朱维铮，姜义华编注：《章太炎选集（注释本）》，上海人民出版社，1981年版，第371页。

② 《韩愈全集》文集卷4，［唐］韩愈著，钱仲联、马茂元校点：《韩愈全集》，上海古籍出版社，1997年版，第212页。

③ 高平叔编：《蔡元培全集》第2卷，北京：中华书局，1984年版，第29页。

④ 汤志钧编：《章太炎年谱长编（增订本）》上册，北京：中华书局，2013年版，第146页。

⑤ 上海人民出版社编：《章太炎全集》第4册，上海人民出版社，1985年版，第354页。按，个别标点符号略有校改。

⑥ ［清］章学诚著，叶瑛校注：《文史通义校注》上册，北京：中华书局，1994年版，第93－94页。按，个别标点符号略有校改。

雠通义·汉志六艺》云："荀、庄皆孔氏再传门人，（二子皆子夏氏门人，去圣未远。）其书明著六经之目，则《经解》之出于《礼记》，不得遂谓剿说于荀卿也。"① 章学诚像韩愈一样认为庄子是子夏门人，章太炎讥评它是"未尝订实"的"率尔之辞"。

章太炎手定的《国故论衡》《太炎文录》未收《论诸子学》②，《与人论国学书》则被收入《太炎文录初编》别录卷2。章太炎早年虽然注意到"庄子即儒家"这一议题，但并不觉得它具有足够的学术含量。《论诸子学》以"或谓"、《与人论国学书》以"唐人"指称韩愈，又先后断以"其说非是""率尔之辞"，轻蔑之意跃然纸上。大体而言，清末的章太炎只是"庄子即儒家"议题的消极评论者，还不是积极的参与者。

二、接着韩愈讲

1922年4—6月，章太炎应江苏省教育会之约，在沪讲授国学，共十讲。《章太炎年谱长编（增订本）》记述："《国学讲演记录》（《申报》，1922年4月2日、8日、9日、16日、23日，5月1日、7日、14日、15日、28日，6月4日、11日、18日）。《国学概论》（曹聚仁编，1922年11月1日上海泰东图书局铅字排印本，一册）。"③ 又云："章氏讲演，曹聚仁曾将记录整理，于本年11月1日由上海泰东图书局铅字排印，以《国学概论》为题出版，记录较《申报》为详，间有《申报》所录而为《国学概论》刊落者。此外，另有张冥飞笔述的《章太炎先生国学讲演集》，1924年平民印书局再版本。"④

由曹聚仁（1900—1972年）整理的《国学概论》，流布极广，影响极大。曹聚仁晚年的《从一件小事谈起》曾把它与钱穆（1895—1990年）的同名著作进行比较："钱先生的《国学概论》并不坏，坊间还有许多同一课题的书；不过，全国大中学采用最多的，还是章太炎师讲演，我所笔录的那部《国学概论》，上海泰东版，重庆文化服务版，香港创垦版，先后发行了三十二版，日本也有过两

① ［清］章学诚著，叶瑛校注：《文史通义校注》下册，北京：中华书局，1994年版，第1021页。
② 汤志钧编：《章太炎年谱长编（增订本）》上册，北京：中华书局，2013年版，第138页。
③ 同上，第399页。按，个别标点符号略有校改。
④ 同上，第397页。

种译本。”①

《国学概论》第3章《国学之派别（二）——哲学之派别》指出：

> 儒家之学，在《韩非子·显学篇》说是“儒分为八”，有所谓颜氏之儒。颜回是孔子极得意门生，曾承孔子许多赞美，当然有特别造就。但孟子和荀子是儒家，记载颜子的话很少，并且很浅薄；《庄子》载孔子和颜回的谈论却很多。可见颜氏的学问，儒家没曾传，反传于道家了。《庄子》有极赞孔子处，也有极诽谤孔子处；对于颜回，只有赞无议，可见庄子对于颜回是极佩服的。庄子所以连孔子也要加抨击，也因战国时学者托于孔子的很多，不如把孔子也驳斥，免得他们借孔子作护符。照这样看来，道家传于孔子为儒家；孔子传颜回，再传至庄子，又入道家了。至韩退之以庄子为子夏门人，因此说庄子也是儒家；这是“率尔之论，未尝订入实录”。他因为庄子曾称田子方，遂谓子方是庄子的先生；那么，《让王篇》也曾举曾、原，则阳、无鬼、庚桑诸子，也都列名在篇目，都可算做庄子的先生吗？②

与《论诸子学》《与人论国学书》相比，《国学概论》戏论谁都可为庄子之师，这是大同；点名道姓批评韩愈，这是小异；让颜子出场，这是大异。

在章太炎看来，《孟子》《荀子》论颜子，不仅少，而且浅薄；《庄子》不然，它对孔子既有赞亦有弹，对颜子却有赞而无弹，可见庄子极其敬佩颜子，“老子→（孔子→颜子）→庄子”的传承实际上是“道家→儒家→道家”的复归。另外，孔门有德行、言语、政事、文学四科，颜子属德行科，子夏属文学科（《论语·先进》11·3③）；《庄子》从未提过子夏，却有15个与颜子相关的场景（依次为：《人间世》1个、《大宗师》2个、《天运》1个、《至乐》1个、《达生》1个、《山木》1个、《田子方》3个、《知北游》1个、《让王》2个、《盗跖》1个、《渔父》1个）④。章太炎把庄子的师承由子夏变成颜子，就韩愈无视《庄子》从未提过子夏而言，这是正本清源；就章学诚拿子夏传经做文章而言，

---

① 曹聚仁：《中国学术思想史随笔》，北京：三联书店，1986年版，第3页。

② 章太炎讲演，曹聚仁整理：《国学概论》，北京：中华书局，2009年版，第35页。按，个别标点符号略有校改。

③ 此种序号注释，以杨伯峻译注的《论语译注》（北京：中华书局，1980年第2版）为据，下同。

④ 崔大华：《庄学研究》，北京：人民出版社，1992年版，第347－349页。按，该书以“次”表述欠妥，我们改用“场景/个”表述。

这里蕴含从文献传授（文学科）转向德性成长（德行科）的深意。

1922年的《国学概论》让颜子出场，可以视为章太炎对其早年思想的否定与超越。章太炎于1899年12月25日发表的《今古文辨义》有言："孔子贤于尧、舜，自在性分，非专在制作也。昔人言禹入圣域而未优，斯禹不如尧、舜也；颜渊言欲从末由，斯颜不如孔也。此其比较，皆在性分之内，岂在制作哉！"[①] 颜子不是这段话的主角，但"颜不如孔"四字分外醒目。而立之际，章太炎是尊荀健将。1900年出版的《訄书初刻本》即以《尊荀》开篇。[②] 几年后的《訄书重订本》虽然删去《尊荀》，但其中的《订孔》仍说："夫孟、荀道术皆踊绝孔氏，惟才美弗能与等比，故终身无鲁相之政，三千之化。""荀卿学过孔子，尚称颂以为本师。此则如释迦初教本近灰灭，及马鸣、龙树特弘大乘之风，而犹以释迦为本师也。"[③] 与此相比，《国学概论》认为庄子的"无我"这一主张很高深，"孟、荀见不到此；原来孔子也只推许颜回是悟此道的。所以庄子面目上是道家，也可说是儒家"[④]。章太炎由早年尊荀到晚年尊颜，这一变化耐人寻味。

《国学概论》讨论颜、庄关系，因其说过"孔子传颜回，再传至庄子"，已可提炼为"庄生传颜氏之儒"，并与韩愈讲的"庄子本子夏之徒"大异其趣；因其说过"庄子面目上是道家，也可说是儒家"，又与韩愈开出的"庄子即儒家"议题同气相投。从论证方式、思想定位看，章太炎显然沿袭了韩愈的路数——不是原封不动地照着讲，而是推陈出新地接着讲。

首先，从论证方式看。不管是韩愈把庄子与子夏相比，还是章太炎把庄子与颜子相比，两者都是拿庄子与儒家相比，这是论证方式之同。一则以子夏，一则以颜子，仅是具体结论之异，无法遮蔽论证方式之同。

其次，从思想定位看。韩愈的《送王秀才序》有言："故学者必慎其所道，道于杨、墨、老、庄、佛之学，而欲之圣人之道，犹航断港绝潢以望至于海也。故求观圣人之道，必自孟子始。"[⑤] 意思是说：庄子虽是子夏后学，最终却归本

---

① 汤志钧编：《章太炎政论选集》上册，北京：中华书局，1977年版，第109－110页。

② 朱维铮校点：《訄书初刻本》，上海人民出版社编：《章太炎全集》第3册，上海人民出版社，1984年版，第7－8页。

③ 同上，第135页。

④ 章太炎讲演，曹聚仁整理：《国学概论》，北京：中华书局，2009年版，第39页。

⑤ 《韩愈全集》文集卷4，［唐］韩愈著，钱仲联、马茂元校点：《韩愈全集》，上海古籍出版社，1997年版，第212页。

道家，因此不能与孟子相提并论，反而是儒家眼里的异端。《国学概论》论“老子→（孔子→颜子）→庄子”与“道家→儒家→道家”的关联，也是认为庄子先求学于儒家、后归依于道家。这是思想定位之同。为何如此?《国学概论·哲学之派别》讲道：“周秦诸子，道、儒两家所见独到；这两家本是同源，后来才分离的。”[①] 同源未必同归，庄子是“半途而废”的儒家，这是韩愈、章太炎之同。

《国学概论·哲学之派别》还指出：

> 道家的庄子以时代论，比荀子早些，和孟子同时，终没曾见过一面。庄子是宋人，宋和梁接近；庄子和惠子往来，惠子又为梁相，孟子在梁颇久，本有会面的机会；但孟子本性不欢喜和人家往来，彼此学问又不同，就不会见了。[②]

两宋学者讨论过孟子、庄子为何同时却互不相及，这也是与“庄子即儒家”议题相关的内容。1922 年的沪上讲座不仅提出“庄生传颜氏之儒”，而且关注“庄孟互不相及”，足见章太炎已从消极的批评者转变为积极的参与者，“庄子即儒家”议题的分量变得越来越重。

三、颜氏之儒的传人

章太炎别号菿汉阁主[③]，世称菿汉大师，著有《菿汉微言》《菿汉昌言》《菿汉雅言劄记》三种[④]。《章太炎年谱长编（增订本）》记述《章氏丛书续编》（1933 年北平刊本）有《菿汉昌言》6 卷，并注“章氏国学讲习会另有单行本”[⑤]。今人虞云国据高景成（1916—2009 年）的《章太炎年谱》所引《民国名

---

① 章太炎讲演，曹聚仁整理：《国学概论》，北京：中华书局，2009 年版，第 35 页。

② 同上，第 37 页。

③ 菿，有大、明二义，音 dào；章太炎读倬，音 zhuō。1915 年 10 月 21 日，章太炎致函夫人汤国梨：“吾寓称菿汉章寓，菿字音倬。”（见汤国梨编次：《章太炎先生家书》，上海古籍出版社，1985 年版，第 81 页之二。按，引文为引者释读并加标点符号。）菿，如何读音？虞云国转述朱维铮之说：“蒙复旦大学朱维铮教授转告：太炎门人与家人皆读为 zhuō，始使未能亲炙太炎的后代学人确知其读音。”（《本书说明》，章太炎著，虞云国标点整理：《菿汉三言》，沈阳：辽宁教育出版社，2000 年版，第 3 页。）

④ 章太炎另有《菿汉闲话》一篇，见《太炎文录续编》卷 1，上海人民出版社编：《章太炎全集》第 5 册，上海人民出版社，1985 年版，第 106 – 114 页。

⑤ 汤志钧编：《章太炎年谱长编（增订本）》上册，北京：中华书局，2013 年版，第 544 页。

人图鉴》的一段话，认为《菿汉昌言》成书于1925年以后[①]。《菿汉昌言》1933年刊行，但成书时间较为模糊。有鉴于此，章门大弟子黄侃（1886—1935年）的《寄勤闲室日记（辛未四月）》值得重视。

1931年5月31日，黄侃日记："奉先生卅日书，又补《春秋疑义答问》五条，又说《文王受命辨》（师新作，附入《菿汉昌言》者）大意。与鹰若书，问所称《菿汉昌言》在予处之说。"[②]《文王受命辨》当指《菿汉昌言·区言一》中"西伯受命称王……何其自为矛盾欤"一段[③]，加上"师新作"云云，表明《菿汉昌言》仍在创作之中。"问所称《菿汉昌言》在予处之说"[④]，则显示手稿早就存于黄侃那里。6月1日日记："遍搜箧中，果得师《菿汉昌言》手稿，亟书告鹰若。"6月14日日记："得鹰若快书，内有补《昌言》稿廿九纸。"[⑤]黄侃果然存有手稿，鹰若（孙世扬，1892—1947年）又寄来补稿，可见《菿汉昌言》早已成其大端，但时有增补，只是影响甚微，否则黄侃不会束之高阁乃至久则遗忘。

由黄侃日记与高景成写的年谱可知，《菿汉昌言》的成书不是一蹴而就而是断断续续的。大致来说，它成书于20世纪20年代后期至30年代初期，始于1925年之后，终于1931—1933年之间。这一判定不影响我们描述并评析章太炎论"庄子即儒家"的心路历程。

《菿汉昌言·经言一》指出：

> 庄生传颜氏之儒，（颜氏之儒，见《韩非·显学篇》。）述其进学次第。《田子方篇》：颜渊曰："夫子步亦步，夫子趋亦趋，夫子驰亦驰，夫子奔逸绝尘，而回瞠若乎后矣！"此盖仰高钻坚瞻前忽后之时也。《人间世篇》：仲尼告以心斋，颜回曰："回之未始得使，实自回也；得使之也，未始有回也。"此与克己相应者也。《大宗师篇》：颜回曰："回忘仁义矣。"仲尼曰："可矣，犹未也。"他日复见，曰："回忘礼乐

① 《本书说明》，章太炎著，虞云国标点整理：《菿汉三言》，沈阳：辽宁教育出版社，2000年版，第1－2页；《前言》，章太炎著，虞云国校点：《菿汉三言》，上海书店出版社，2011年版，第2页。

② 黄侃著，黄延祖重辑：《黄侃日记》下册，北京：中华书局，2007年版，第711页。按，书名号为引者所加，下同。

③ 章太炎著，虞云国标点整理：《菿汉三言》，沈阳：辽宁教育出版社，2000年版，第108－109页。

④ 马勇编《章太炎书信集》（河北人民出版社2003年版）收《与黄侃（25通）》（第194－216页），惜无章太炎询问《菿汉昌言》在黄侃之处一通。

⑤ 同②，第711、713页。

矣！”仲尼曰：“可矣，犹未也。”他日复见，曰：“回坐忘矣。”仲尼蹴然曰：“何谓坐忘？”颜回曰：“堕枝体，黜聪明，离形去知，同于大通，此谓坐忘。”仲尼曰：“同则无好也，化则无常也。而果其贤乎丘也，请从而后也。”夫告以为仁之道而能忘仁，告以复礼而能忘礼，离形去知，人我与法我同尽，斯谓“克己”。同于大通，斯谓“天下归仁”。此其造诣之极也。世儒徒见其云瞠乎后者，以为贤圣相去，才隔一臂，望其卓尔力不能从，于是颜苦孔之卓之论起，遂成大谬，不悟仲尼方请从颜渊后也。盖非与仁冥，不能忘仁；非与礼冥，不能忘礼。所见一豪不尽，不能坐忘。忘有次第，故曰屡空。非谓一有一无，如顾欢之说也。由是言之，云其心三月不违仁者，尔时犹有仁之见也，逾三月则冥焉忘之矣。由仁义行，非行仁义，斯时违与不违皆不可说。（“得一善则卷卷服膺而弗失”，此子思述先君子语。盖难尽信。）①

区别于《国学概论》讲“庄生传颜氏之儒”，《菿汉昌言》不只是一语破的，更是条分缕析。“述其进学次第”既钩沉了《庄子》中的颜子形象嬗变史，又把颜子的德性成长纳入儒学解读之中。

谈《庄子》中的颜子形象嬗变，离不开与孔子作比较。《田子方》以“瞠若乎后”写照颜子对于孔子的敬仰：“夫子步，亦步也；夫子言，亦言也；夫子趋，亦趋也；夫子辩，亦辩也；夫子驰，亦驰也；夫子言道，回亦言道也；及奔逸绝尘而回瞠若乎后者，夫子不言而信，不比而周，无器而民滔乎前，而不知所以然而已矣。”②《人间世》中的颜子，仍是虚心向孔子求教的学生。可到《大宗师》，面对颜子讲的“堕肢体，黜聪明，离形去知，同于大通，此谓坐忘”，孔子喟叹“请从而后”③，孔颜关系出现根本变化。

凡是道德实践主体，无不心存德性成长的焦虑。颜子“瞠若乎后”于孔子，向善的企盼油然而生。孔子曾说：“回之为人也，择乎中庸，得一善，则拳拳服

---

① 章太炎著，虞云国标点整理：《菿汉三言》，沈阳：辽宁教育出版社，2000年版，第69－70页。

② ［清］郭庆藩辑，王孝鱼整理：《庄子集释》第3册，北京：中华书局，1961年版，第706－707页。

③ ［清］郭庆藩辑，王孝鱼整理：《庄子集释》第1册，北京：中华书局，1961年版，第284－285页。

膺而弗失之矣。”（《礼记·中庸》）[①] 尽管章太炎不认可这种说法，但是经由孔子告以心斋，直至颜子悟出坐忘，它确是颜子不断成长自身德性的必由之路。道德实践主体的德性一旦获得真切、圆融的成长，就能成为他人的榜样。青出于蓝胜于蓝，所以孔子“请从而后”于颜子。两个“后”字刻画了《庄子》版的孔颜乐处：颜子因“后”而天天向上，孔子因“后”而虚怀若谷，德性成长是相互的，向善永无止境；在终极意义上，成德达材实无孰先孰后之分，更不存在谁高谁低。

章太炎从《田子方》讲到《大宗师》，不是为了彰显“瞠若乎后”于孔子的颜子——这样做有可能沦于《法言·学行》所说“颜苦孔之卓之至也”[②] 的地步，而是旨在表彰孔子“请从而后”的颜子。对于颜子，庄子尽是赞誉，章太炎则用《论语》《孟子》予以诠释：

> 颜渊问仁。子曰：“克己复礼为仁。一日克己复礼，天下归仁焉。为仁由己，而由人乎哉?”（《论语·颜渊》12·1）
>
> 子曰：“回也其庶乎，屡空。赐不受命，而货殖焉，亿则屡中。”（《论语·先进》11·19）
>
> 子曰：“回也，其心三月不违仁，其余则日月至焉而已矣。”（《论语·雍也》6·7）
>
> 孟子曰：“人之所以异于禽兽者几希，庶民去之，君子存之。舜明于庶物，察于人伦，由仁义行，非行仁义也。”（《孟子·离娄下》8·19[③]）

为何心斋只是与克己相应？这是因为它是孔子的教法，而非颜子的自证。从心斋到坐忘，克己又是必须的。坐忘分成两段：前一段，离形去知对应于克己[④]；后一段，同于大通对应于天下归仁。为何同于大通是颜子造诣之极的体现？这是因为它是颜子的自证，而非孔子的教法。世儒仅仅看到“瞠若乎后”

---

① ［清］阮元校刻：《十三经注疏（附校勘记）》下册，北京：中华书局，1980年版，第1626页中栏。

② ［西汉］扬雄撰，韩敬注：《法言注》，北京：中华书局，1992年版，第22页。

③ 此种序号注释，以杨伯峻译注的《孟子译注》（中华书局2010年第3版）为据。

④ 《菿汉昌言·经言一》云：“克己有二：断人我见，则烦恼障尽，故人不堪其忧而颜子自不改其乐；断法我见，则所知障尽，于是离于见相。”见章太炎著，虞云国标点整理：《菿汉三言》，沈阳：辽宁教育出版社，2000年版，第69页。

于孔子的那个颜子，但孔子“请从而后”的这个颜子才是至关重要的。以往的颜子，“得一善，则拳拳服膺而弗失之矣”，“其心三月不违仁”；此时的颜子，“忘有次第，故曰屡空”，已臻“由仁义行，非行仁义”之境。先心斋再坐忘，且由心斋而入坐忘，方能从念念不忘地“行仁义”（事理无碍）升华至无适无莫地“由仁义行”（事事无碍）。坐忘高于心斋，坐忘是最高的道德实践境界。

把坐忘视作颜子的最高成就，如果从儒道互补之思看，它是庄子对颜子所做的道家化解读，属于儒家人物被予以道家化叙事，且在庄子哲学建构中举足轻重①。换句话说，坐忘是道家而不是儒家的工夫—境界，颜子是以儒家身份登峰造极地领悟了道家的精髓。我们为何认为章太炎是从“庄子即儒家”议题看问题呢？这里把它与1915—1916年成书②的《菿汉微言》作个比较。

《菿汉微言》第75、90则，亦论坐忘。第75则指出：“依何修习而能无意无我？颜回自说坐忘之境……自胜之谓‘克己’，慢与慢消，故云‘复礼’。我与我尽平等，性智见前，此所以‘为仁’也。颜回庶几之才，闻一知十，乍聆胜义，便收坐忘之效。”③ 它既用“克己复礼为仁”阐释坐忘，又用“平等”“性智”把颜子往佛学那边靠，但没有用孔子说的“请从而后”来高度评价颜子的坐忘境界。第90则先是认为“颜渊坐忘，所至卓绝”，拿《成唯识论》验证一番以后，结论却是“颜渊始证初地，后证三地”，末尾还对“世人以佛法说孔、颜事，往往奢言无限，不相剀切”批评了一通，因为坐忘并未达致四地——“微细我见烦恼永灭者，四地位也”④。仅就这两则材料看，《菿汉微言》一则以佛解儒，坐忘自然算不上最大成就；二则庄子缺席，庄子与颜子没有对接起来，与“庄子即儒家”议题尚有极大的距离。

实际上，《菿汉微言》是章太炎论“庄子即儒家”由消极评论者到积极参与者的过渡环节，作用不可低估。相比之下，《菿汉昌言》论坐忘，虽然留下佛学的痕迹，但气象焕然一新、今非昔比。除前文所述之外，《经言一》有云：“老

① 杨海文：《“互文”与“互动”：儒道关系新论》，《福建论坛》，人文社会科学版，2005年第6期，第48－49页；杨海文：《化蛹成蝶——中国哲学史方法论断想》，济南：齐鲁书社，2014年版，第157－158页。

② 汤志钧编：《章太炎年谱长编（增订本）》上册，北京：中华书局，2013年版，第296页。

③ 章太炎著，虞云国标点整理：《菿汉三言》，沈阳：辽宁教育出版社，2000年版，第28－29页。

④ 同上，第33页。

以诏孔，其所就为无我；孔以诏颜，其所就为克己。”[①] 仿此，我们认为章太炎接着会说：“颜以诏庄，其所就为坐忘。”《经言一》又把坐忘与静坐勾连在一块，并云：“《曲礼》曰：‘坐如尸。’常人不习止观，坐至一两刻许，不昏沉即妄念，昏沉者四体弛，妄念者容止变，安能如尸也！故知静坐乃礼家恒教，何容咤为异术?”[②] 藉此静坐、坐忘的礼家（儒家）本领，章太炎切断了儒家人物被予以道家化叙事（从属于儒道互补）的思路，成就了其论“庄子即儒家”的画龙点睛之笔——“庄生传颜氏之儒”。

“庄生传颜氏之儒”意味着：颜子一系儒学由庄子传承，庄子是颜氏之儒的传人。传颜氏之儒的庄子当然是儒家，而不是道家；坐忘不是道家的本事，而是儒家的至境。或者说，传颜氏之儒那个时期的庄子必然是儒家，即使他后来成了道家；但这同样得承认庄子当时是以儒家身份，把颜子坐忘的工夫与境界记载并传承下来。“庄子即儒家”议题不同于、并独立于人们习以为常的儒道互补之思，不是儒道互补之思所能范围[③]，而是具有独特的思想史内涵，同时理应获得自身的思想史地位。

四、不骂本师

《章太炎年谱长编（增订本）》记述：1935 年 9 月 16 日，章氏国学讲习会正式开讲，会址设在苏州锦帆路 50 号，“以研究固有文化、造就国学人才为宗旨”；其中有《诸子学略说》上、下篇，王乘六（1894—1980 年）等人记录，刊于《章氏国学讲习会讲演记录》第 7、8 期[④]。据《太炎文录续编》卷首插页[⑤]、《章太炎学术年谱》[⑥] 以及本文征引的《章太炎：在苏州国学讲习会的讲稿》，

---

① 章太炎著，虞云国标点整理：《菿汉三言》，沈阳：辽宁教育出版社，2000 年版，第 68 页。

② 同上，第 70 页。按，《礼记·曲礼上》：“若夫坐如尸，立如齐……”（见［清］阮元校刻：《十三经注疏（附校勘记）》上册，第 1230 页下栏）如尸意即直而不曲，如齐意即不左右长短，坐端立正，不歪不斜。

③ 打个能近取譬的比方：儒道互补之思是统战部思维，“庄子即儒家”议题是组织部思维，当然它们均是宣传部思维。

④ 汤志钧编：《章太炎年谱长编（增订本）》上册，北京：中华书局，2013 年版，第 554、559 页。

⑤ 《章太炎全集》第 5 册卷首有一插页影印《太炎先生讲演记录五种》的广告，第四种是《诸子略说》。

⑥ 姚奠中，董国炎：《章太炎学术年谱》，太原：山西古籍出版社，1996 年版，第 475 页。

《诸子学略说》当作《诸子略说》。

《国学讲习会讲演记录》第4章《诸子略说》指出：

> 绝四之说，人我、法我俱尽。“如有所立卓尔，虽欲从之，末由也已”者，亦除法我执矣。此等自得之语，孔、颜之后，无第三人能道（佛、庄不论）。①
>
> 子思作《中庸》，孟子作七篇，皆论学而及政治者也。子思、孟子既入天趣，若不转身，必不能到孔、颜之地，惟庄子为得颜子之意耳。②
>
> 然则论自得之处，孟子最优，子思次之，而皆在天趣。荀子专主人事，不务超出人格，则但有人趣……至于孔、颜一路，非惟汉儒不能及，即子思、孟子亦未能步趋，盖逖乎远尔。③
>
> 《庄子》书中，自老子而外，最推重颜子，于孔子尚有微辞，于颜子则从无贬语。④

前面三段话包含先秦儒学传承的两条路线：一条是作为主流看法的“孔子（→曾子）→子思→孟子”，另一条是作为章太炎观点的“孔子→颜子→庄子”。第四段话是对1922年《国学概论》的温故知新。传承之旅上“惟庄子为得颜子之意耳”，《庄子》书中“最推重颜子”，加上“超出人格而不能断灭，此之谓天趣”⑤ 的说明，它们相得益彰、相互支援，均是为了否弃主流看法，让“既竭吾才，如有所立卓尔。虽欲从之，末由也已”（《论语·子罕》9·11）的颜子成为居于子思、孟子之上的先秦儒学传承者乃至集大成者，进而坐实庄子传颜氏之儒，传的是孔门最优异的德行一科。

就“庄子即儒家”议题而言，韩愈之后，苏轼（1037—1101年）成为第二推手。其《庄子祠堂记》说道：“余以为庄子盖助孔子者……故庄子之言，皆实予，而文不予，阳挤而阴助之，其正言盖无几。”⑥ 苏轼把庄子看作“阴奉阳违”

---

① 章太炎著，杨佩昌整理：《章太炎：在苏州国学讲习会的讲稿》，北京：中国画报出版社，2010年版，第187页。按，个别标点符号略有校改。

② 同上，第187－188页。

③ 同上，第190页。

④ 同上，第209页。

⑤ 同上，第187页。

⑥ 《苏轼文集》卷11，［北宋］苏轼著，孔凡礼点校：《苏轼文集》第2册，北京：中华书局，1986年版，第347页。

的儒家，但《庄子祠堂记》又云："然余尝疑《盗跖》《渔父》，则若真诋孔子者。"①

《国学讲习会讲演记录·诸子略说》指出：

> 杂篇有孔子见盗跖及渔父事，东坡以为此二篇当删。其实《渔父篇》未为揶揄之言，《盗跖篇》亦有微意在也。七国儒者，皆托孔子之说以糊口，庄子欲骂倒此辈，不得不毁及孔子，此与禅宗呵佛骂祖相似。禅宗虽呵佛骂祖，于本师则无不敬之言。庄子虽揶揄孔子，然不及颜子，其事正同。禅宗所以呵佛骂祖者，各派持论，均有根据，非根据佛即根据祖，如用寻常驳辨，未必有取胜之道，不得已而呵佛骂祖耳。孔子之徒，颜子最高，一生从未服官，无七国游说之风。自子贡开游说之端，子路、冉有皆以从政终其身。于是七国时仕宦游说之士，多以孔子为依归，却不能依傍颜子，故庄子独称之也。东坡生于宋代，已见佛家呵佛骂祖之风，不知何以不明此理，而谓此二篇当删去也。②

章太炎不赞成苏轼删去《渔父》《盗跖》，而是认为它们与禅宗呵佛骂祖相似。由苏轼出发，并把庄子骂孔子视作呵佛骂祖，这一比拟可以焦竑（1540—1620年）的《读庄子七则》为代表：

> 史迁言庄子诋訾孔子，世儒率随声和之，独苏子瞻谓其实予而文不予，尊孔子者无如庄子。噫！子瞻之论，盖得其髓矣。然世儒往往牵于文而莫造其实，亦恶知子瞻之所谓乎！何者？世儒之所执者，孔子之迹也，其糟魄也；而庄子之所论者，其精也……释氏之论詶恩者，必诃佛詈祖之人。夫以诃佛詈祖为詶恩，则皈依赞叹者为倍德矣。又孰知夫诃与詈者，为皈依赞叹之至也！不然，秦佚之吊，尝非老聃矣；栗林之游，又尝自非矣，而亦谓诋訾聃、周也，可乎？③

你要对佛教感恩，就得诃佛詈祖。骂得越厉害，感恩越彻底。诃、詈之至，是皈依、赞叹之至。焦竑贯彻苏轼"实予文不予，阳挤阴助之"的思路，认为

---

① 《苏轼文集》卷11，［北宋］苏轼著，孔凡礼点校：《苏轼文集》第2册，北京：中华书局，1986年版，第348页。按，个别标点符号略有校改。

② 章太炎著，杨佩昌整理：《章太炎：在苏州国学讲习会的讲稿》，北京：中国画报出版社，2010年版，第212页。按，个别标点符号略有校改。

③ 《澹园集》卷22，［明］焦竑撰、李剑雄点校：《澹园集》上册，北京：中华书局，1999年版，第293页。按，个别标点符号略有校改。

《渔父》《盗跖》两篇不是真要诋毁孔子，而是诃佛詈祖以酬恩，“尊孔子者无如庄子”。

庄子骂孔子，有似禅宗呵佛骂祖，这是章太炎与焦竑之同。《诸子略说》又云：“惟所谓儒者乃当时之儒，非周公、孔子也。其讥弹孔子者，凡以便取持论，非出本意，犹禅宗之呵佛骂祖耳。”① 言外之意，庄子骂的不是孔子，而是骂假托孔子之说以糊口的七国儒者。“于本师则无不敬之言”，这是章太炎与焦竑之异。祖师可骂，所以《庄子》对孔子尚有微辞；本师不可骂，所以《庄子》对颜子从无贬语。章太炎突出本师一义，旨在夯实他晚年一直坚持的“庄生传颜氏之儒”，亦即庄子是传承颜氏一系儒学的传人；又由战国游士“多以孔子为依归，却不能依傍颜子，故庄子独称之也”，重在凸显庄子以颜子为师的根据不是世俗政治，而是内在超越的德性。

庄子尽管以颜子为本师，但并未沿着儒家的精神方向一路走下来。从庄子的思想追求看，《国学概论》认为：自由、平等是庄子的根本主张②。《诸子略说》指出：“……逍遥者，自由之义；齐物者，平等之旨。”“必也一切都空，才得真自由，故后文有外天下，外物之论，此乃自由之极至也。”“庄子以为至乎其极，必也泯绝是非，方可谓之平等耳。”③ 从庄子与老子的关系看，《国学概论》尝言：“庄子自以为和老子不同，《天下篇》是偏于孔子的。但庄子的根本学说，和老子相去不远。”④《诸子略说》亦云，《庄子》是“自老子而外”，方“最推重颜子”⑤。在章太炎看来，庄子有其根本主张，且与老子相去不远，因而仍是“半途而废”的儒家。

五、“章太炎曾有此说”

以上逐一分疏了章太炎论“庄子即儒家”的五种文献：第一种是 1906 年发表的《论诸子学》，第二种是 1908 年发表的《与人论国学书》，第三种是 1922

① 章太炎著，杨佩昌整理：《章太炎：在苏州国学讲习会的讲稿》，北京：中国画报出版社，2010 年版，第 213 页。

② 章太炎讲演，曹聚仁整理：《国学概论》，北京：中华书局，2009 年版，第 37－38 页。

③ 同①，第 210 页。

④ 同②，第 37 页。

⑤ 同①，第 209 页。

年讲演并出版的《国学概论·哲学之派别》，第四种是成书于20世纪20年代后期至30年代初期的《菿汉昌言·经言一》，第五种是1935年讲演并发表的《国学讲习会讲演记录·诸子略说》。

就“庄子即儒家”议题而言，早年章太炎尚属消极评论者，晚年章太炎已成积极参与者。他晚年始终把庄子当作“半途而废”的儒家——这是与韩愈之同，甚至把庄子当作“阴奉阳违”的儒家——这是与苏轼之同，却从未把庄子当作“彻头彻尾”的儒家——这是与第三推手觉浪道盛（1592—1659年）及其《正庄为尧孔真孤》之异[①]。从现代庄学史看，“庄生传颜氏之儒”这一画龙点睛之笔的影响最大。

郭沫若（1892—1978年）于1944年9月写成的《庄子的批判》（收入《十批判书》）指出：

> 韩愈疑庄子本是儒家。出于田子方之门，则仅据《外篇》有《田子方篇》以为说，这是武断。我怀疑他本是“颜氏之儒”，书中征引颜回与孔子的对话很多，而且差不多都是很关紧要的话，以前的人大抵把它们当成“寓言”便忽略过去了。那是根据后来所完成了的正统派的儒家观念所下的判断，事实上在孔门初一二代，儒家并不是那么纯正的，而儒家八派之中，过半数以上是已经完全消灭了。[②]

《庄子》书中虽然很多地方在非薄儒家，如像《杂篇》中的《盗跖》《渔父》两篇更是在痛骂孔子，但那些都是后学者的呵佛骂祖的游戏文字，而认真称赞儒或孔子的地方，则非常严肃。[③]

庄子是从颜氏之儒出来的，但他就和墨子“学儒者之业，受孔子之术”而卒于“背周道而用夏政”一样（《淮南·要略》），自己也成立了一个宗派。[④]

读完上面三段话，不熟悉郭沫若的人可能会说：这不是章太炎讲的吗？在“我怀疑他本是‘颜氏之儒’”之下，郭沫若自注：“章太炎曾有此说，曾于坊间

① ［明］觉浪道盛：《天界觉浪盛禅师全录》卷30，蓝吉富主编：《禅宗全书》第59册，北京图书馆出版社，2004年版，第729－730页。按，笔者拟对韩愈、苏轼、觉浪道盛与“庄子即儒家”议题进行深入探讨，这里只是粗略言之。

② 郭沫若：《十批判书》，北京：东方出版社，1996年版，第194页。

③ 同上，第194－195页。

④ 同上，第201页。

所传《章太炎先生白话文》一书中见之。"[①] 这个自注有点简单（从现代学术规范看），甚至疑点重重（当另文详论）[②]，但足以说明：郭沫若从颜氏之儒切入并展开"庄子即儒家"议题，章太炎是其功不可没的第一引路人。

1958年，李泰棻（1896—1972年）出版《老庄研究》。该书下卷《庄子研究》引过郭沫若"我怀疑他本是'颜氏之儒'"那段话[③]，又写道："……韩愈据《田子方篇》为说，疑周系儒家，出于子夏之门；姚鼐附和其说（见《庄子章义·序》）。章实斋亦同（《文史通义·经解》）。章太炎疑系颜氏之儒，郭沫若附和其说（见《十批判书》一八七页）。""章氏辩其非出于子夏之门之说固是，但认为庄周系颜氏之儒者更非。我认为他并不是颜氏之儒。"[④] 李泰棻依据《章氏丛书·别录》[⑤]，认可章太炎对于庄子出子夏之门的批判。这里说的《章氏丛书·别录》，亦即《太炎文录初编》别录卷2《与人论国学书》。李泰棻批评章太炎提出的庄周系颜氏之儒，并未出具第一手文献，而是转引自《十批判书》。这是"章太炎曾有此说"由郭沫若传承下来的显著例证。

1960年，钟泰（1888—1979年）写的《庄子发微·序》有云：

> 予向亦尝以为庄子殆兼孔、老两家之传，及今思之，是犹不免影响之见。庄子之学，盖实渊源自孔子，而尤于孔子之门颜子之学为独契，故其书中颜子之言既屡见不一，而若"心斋"，若"坐忘"，若"亦步亦趋"，"奔轶绝尘，瞠若乎后"云云，皆深微精粹不见于他书。非庄子尝有所闻，即何从而识之？更何得言之亲切如此？故窃谓庄子为孔门颜子一派之传，与孟子之传自曾子一派者，虽同时不相闻，而学则足以并峙。[⑥]

20世纪60年代初期，钟泰、李泰棻同在东北文史研究所讲国学。[⑦] 从"庄子即儒家"议题看，李泰棻属于消极评论者，反复提到"章太炎曾有此说"；钟

---

① 郭沫若：《十批判书》，北京：东方出版社，1996年版，第194页。

② 详细讨论见杨海文：《庄子本颜氏之儒：郭沫若"自注"的思想史真相》，《江苏行政学院学报》，2016年第3期，第24－29页。

③ 李泰棻：《老庄研究》，北京：人民出版社，1958年版，第149页。

④ 同上，第181－182、182页。

⑤ 同上，第182页。

⑥ 钟泰：《庄子发微》，上海古籍出版社，1988年版，第2－3页。

⑦ 黄中业，孙玉良：《共和国教育史上的国学书院式学府——东北文史研究所述要》，《社会科学战线》，2015年第1期，第78－80页。

泰属于积极参与者，而且是“庄子本颜氏之儒”的集大成者，却闭口不谈章太炎、郭沫若。钟泰写《庄子发微》不引近人之说，私下里却时有点评。“文革”前夕，《庄子发微》由东北文史研究所出资影印 200 册。据李吉奎回忆：“书中序言是钟老亲笔写的，在定稿本上，他指给我看，某句是有所指的。说这句话，大概是让后人知其本心。”① 其时，《十批判书》一版再版，郭沫若如日中天。钟泰长期研究《庄子》，岂能按捺得住读《庄子的批判》的冲动？即便读后不以为然，却附带知道或者更加知道了章太炎。所以，“章太炎曾有此说”由郭沫若传承下来的隐微例证，有可能正在“某句是有所指的”之中。

回到章太炎与“庄子即儒家”议题。成书于 1910 年代中期的《葑汉微言》第 74 则有段话，可以窥测章太炎由消极评论者转变为积极参与者的某种心迹：

> 喻以此土成事，如孔子所言著在《论语》，而深美之说翻在庄周书中。庄周述孔，容有寓言，然而频烦数见，必非无因，则知孔氏绪言遗教，辞旨闳简，庄生乃为敷畅其文。总纰于彼，而成文于此，事所宜有。子曰“六十而耳顺”，明为自说阶位之言，而耳顺云何，莫知其审。庄周述之则曰：“听止于耳，心止于符。”“孔子行年六十而六十化……鸣而当律，言而当法，利义陈乎前，而好恶是非直服人之口而已矣。使人乃以心服而不敢蘁，立定天下之定。”耳顺之旨居然可明。②

《论语·为政》的“六十而耳顺”（2·4），《庄子·人间世》的“若一志，无听之以耳而听之以心，无听之以心而听之以气！听止于耳，心止于符。气也者，虚而待物者也。唯道集虚。虚者，心斋也”③，都是孔子说的话。把它们勾连起来，心斋即是耳顺之旨。再由“孔子所言著在《论语》，而深美之说翻在庄

---

① 李吉奎：《我师钟泰》，《羊城晚报》，2015 年 8 月 27 日 B3 版。

② 章太炎著，虞云国标点整理：《葑汉三言》，沈阳：辽宁教育出版社，2000 年版，第 28 页。按，个别标点符号略有校改。《庄子·寓言》：“庄子谓惠子曰：‘孔子行年六十而六十化，始时所是，卒而非之，未知今之所谓是之非五十九非也。’”（见［清］郭庆藩辑，王孝鱼整理：《庄子集释》第 4 册，北京：中华书局，1961 年版，第 952 页）《庄子·则阳》：“蘧伯玉行年六十而六十化，未尝不始于是之而卒诎之以非也，未知今之所谓是之非五十九非也。”（同上书，第 905 页）

③ ［清］郭庆藩辑，王孝鱼整理：《庄子集释》第 1 册，北京：中华书局，1961 年版，第 147 页。

周书中”，可知“庄周述孔”成为章太炎新的问题意识，与过去“以佛解庄”① 有所不同。加上前面讨论过的第75、90则，《菿汉微言》论孔子、颜子，论心斋、坐忘，论“庄周述孔”，仿佛已为后来的“庄生传颜氏之儒”埋下伏笔。一旦章太炎成为“庄子即儒家”议题的积极参与者，这一切就会由量变到质变，脱胎换骨地孕育“庄生传颜氏之儒”的画龙点睛之笔。

崔大华（1938—2013年）认为：康有为（1858—1927年）的《万木草堂口说》、谭嗣同（1865—1898年）的《北游访学记》、梁启超（1873—1929年）的《论支那宗教改革》均支持韩愈首倡的庄子出子夏之门的说法，而章太炎讲“庄生传颜氏之儒”，目的在于显示他与改良派的全面对立。② 顺此思路，章太炎与康有为的对立还体现为：“百日维新”失败之后的几年，康有为把《论语》《礼运》《中庸》《孟子》当作“新四书”③，殚精竭虑地作注；1930年代，章太炎把《孝经》《大学》《儒行》《丧服》当作“新四经”④，不遗余力地宣扬。

“五四”新文化运动以降，打倒孔家店、激烈反传统成为时代潮流。当年叱咤风云的改良派、革命派风光不再，不少人从政治型思想家变身为思想型学者，其文化社会工作的政治含量剧减，文化学术工作的社会含量日增。梁启超于1920年

---

① 章太炎早年以《齐物论释》名家。梁启超尝言：“炳麟用佛学解老庄，极有理致，所著《齐物论释》，虽间有牵合处，然确能为研究庄子哲学者开一新国土。”（见氏著《清代学术概论》，北京：东方出版社，1996年版，第86－87页）又云：“章太炎的《齐物论释》，是他生平极用心的著作，专引佛家法相宗学说比附庄旨，可谓石破天惊。至于是否即《庄子》原意，只好凭各人领会罢。”（见氏著《中国近三百年学术史》，北京：东方出版社，1996年版，第287页）《齐物论释》言庄子：“又其所志本在内圣外王，哀生民之无拯，念刑政之苛残，必令世无工宰，见无文野，人各自主之谓王，智无留碍然后圣，自非顺时利见，示见白衣，何能果此愿哉。”（见王仲荦校点：《齐物论释》，上海人民出版社编：《章太炎全集》第6册，上海人民出版社，1986年版，第57页）这段文字，《齐物论释定本》也大致相同（见王仲荦校点：《齐物论释定本》，上海人民出版社编：《章太炎全集》第6册，第119－120页）。这里所谓内圣，意即自度；所谓外王，意即度他；质言之，章太炎是以佛解庄。

② 崔大华：《庄学研究》，北京：人民出版社，1992年版，第346页。

③ 康有为曾注解《大学》，但正文已佚，仅存序言，可见历史影响不大。《康有为全集》据现藏台湾中央研究院近代史所的手稿，发布康有为1902年8月（光绪二十八年七月）写于印度大吉岭的短文《〈大学注〉序》。序言说道：“戊戌之难，旧注尽失，逋亡多暇，补写旧义。”编者写的题注指出：“此文又载《不忍》杂志第六册（1913年7月出版），内容较手稿有增益。今据手稿点校，与《不忍》本互校。”（见康有为撰，姜义华、张荣华编校：《康有为全集》第6集，北京：中国人民大学出版社，2007年版，第355页）以上材料承蒙康有为研究专家、中山大学哲学系马永康先生告知，特此致谢。另，有关康有为对于《大学》的基本看法，见马永康：《康有为论〈大学〉》，《现代哲学》，2016年第2期，第118－123页。

④ 章太炎写于1933年1月的《国学会会刊宣言》有云：“于是范以四经而表以二贤，四经者谓《孝经》《大学》《儒行》《丧服》，二贤者则范、顾二公。”（《太炎文录续编》卷3上，上海人民出版社编：《章太炎全集》第5册，上海人民出版社，1985年版，第158页）

以《清代学术概论》完成自我转型①，章太炎大讲国学以维系神州慧命②。1922 年的《国学概论》第 5 章为《结论——国学之进步》，章太炎提出经学“以比类知原求进步”、哲学“以直观自得求进步”、文学“以发情止义求进步”③。1934 年 2 月 9 日，章太炎手书《论以后国学进步》的题词：“一，经学以明条例求进步；二，史学以知比类求进步；三，哲学以直观自得求进步；四，文学以发情止义求进步。”④ 章太炎晚年借助听者云集的国学讲座，积极参与“庄子即儒家”议题，反复讲“庄生传颜氏之儒”，饱含反弹时尚、情深古典的苦心孤诣，同时是其精神文化生命的自画像——心斋是六十耳顺之工夫、坐忘是七十不逾矩之境界。

时至今日，“庄子即儒家”议题一则大多数人闻所未闻，二则消极评论者占绝对优势。它看起来是可爱而不可信的思想史八卦，其实是自身具有独特内涵的思想史议题，颇为值得现代庄学、儒学（尤其是孟学）研究联合作战，辑录其文献资料，理清其发展线索，敞开其思想含义，唤醒其时代诉求。我们把章太炎的相关论述摘录出来并略作探讨⑤，就是为了不再犯“以前的人大抵把它们当成‘寓言’便忽略过去了”（前引郭沫若语）的过错，进而使得“庄子即儒家”议题逐渐能被人们熟悉、理解乃至认可。

（作者系中山大学学报编辑部编审、孟子研究院尼山学者特聘专家）

---

① 杨海文，毛克明：《从“政治型思想家”到“思想型学者”：梁启超 1920 年的身份嬗变》，《现代哲学》，2002 年第 4 期，第 57 – 65 页。

② 章太炎逝世后，鲁迅写的《关于太炎先生二三事》有言：“……太炎先生虽先前也以革命家现身，后来却退居于宁静的学者，用自己所手造的和别人所帮造的墙，和时代隔绝了。”“一九三三年刻《章氏丛书续编》于北平，所收不多，而更纯谨，且不取旧作，当然也无斗争之作，先生遂身衣学术的华衮，粹然成为儒宗，执贽愿为弟子者綦众，至于仓皇制‘同门录’成册。”（见氏著《且介亭杂文末编》，北京：人民文学出版社，1973 年版，第 67、69 页）“五四”健将鲁迅其实并不理解他过去的老师章太炎。

③ 章太炎讲演，曹聚仁整理：《国学概论》，北京：中华书局，2009 年版，第 76 页。

④ 汤志钧编：《章太炎年谱长编（增订本）》上册，北京：中华书局，2013 年版，第 545 页。该书原阙“二,”，引者据文意补充。按，《章太炎全集》第 5 册卷首有该题词的手迹影印件，编者把“后”误释为“张”。有论者把“条例”误释为“修伪”。见蒋国保：《章太炎国学观述评》，《孔子研究》，2012 年第 4 期，第 87 页。

⑤ 细读章太炎晚年论“庄子即儒家”的三种文献，我们发现：涉案内容着墨不多，只是《国学概论·哲学之派别》《菿汉昌言·经言一》《国学讲习会讲演记录·诸子略说》的一小块，但都置于讲儒家而不是讲道家的部分。章太炎讲儒家，时刻想到庄子，这是因为他认定庄子是传承颜子一系儒学的传人。章太炎娓娓道来，但未环环相扣；我们断章取义，却得瞻前顾后。“庄子即儒家”议题的研究难度，由此可见一斑。另外，从章太炎整个的庄学看，以佛解庄是显著特色，但“庄子即儒家”议题究竟与它是什么关系，这一根本问题只能留待日后再思。

中国优秀传统文化的现代价值

国学与文化软实力

◎郭齐勇

党的十七大、十八大政治报告都强调了“国家文化软实力”的建设问题，肯定“弘扬中华文化，建设中华民族共有精神家园”的重大意义，认定“中华文化是中华民族生生不息、团结奋进的不竭动力”。2013 年 8 月 19 日，习近平总书记在全国宣传思想工作会议上强调“四个讲清楚”，其中之一即是：“讲清楚中华优秀传统文化是中华民族的突出优势，是我们最深厚的文化软实力”。

“软实力”的概念由哈佛大学教授小约瑟夫·奈于 1990 年提出，软实力概念有两层主要含义：第一是文化吸引力，与之相关联的一个概念是价值观的吸引力；第二是游戏规则和标准的制定能力。能够参与规则的制定，就可认定为有这方面的软实力。具体来说，软实力主要包括文化、意识形态、制度安排和外交事务的影响力等。我们重视的主要是文化价值观念与信仰系统对国民的凝聚与提升的功能问题。

什么是国学？国学与文化软实力有什么关系？国学与当代中国社会及人心的安立有什么关系？本文拟略加阐述，就教于方家。

一、国学中包含着文化价值和民族精神

简单地说，国学是中国传统文化的通称。中华各民族从古代到今天的，不同民族、不同地域与时代的蒙学读物、习俗、礼仪、语言、文字、天学、地学、农学、医学、工艺、建筑、数学与数术方伎、音乐、舞蹈、戏剧、诗词歌赋、琴棋书画、思想、心理、信念、宗教、政治、伦理等，都在国学的范围之内。

这么说来，国学是无所不包的了。的确，国学的内容包罗至广，但我们还是

可以作一点分梳。大体上说，国学有四个层面。第一是常识层面，即国学的ABC。例如称谓、谦词等。第二是学术与技艺的层面，即传统文化各门类各方面，包括地方文化、民间技艺、学术传统之传承，比较专门。第三是道德价值与人生意义的层面，国学根本上是教人如何做人，懂得人生价值，培养人格操守，如何安身立命。第四是民族精神，或国魂与族魂的层面。

国学按传统图书与学术之分类有经、史、子、集四部，或义理、考据、辞章、经世之学的诸路向。国学的核心价值在第三、第四层面。从清末留亡日本的仁人志士使用“国学”这一名称开始，国学的内核主要是指国家民族历史文化的根本精神价值。

在国势日颓、民族危亡之时，章太炎说：“夫国学者，国家所以成立之源泉也。吾闻处竞争之世，徒恃国学固不足以立国矣；而吾未闻国学不兴而国能自立者也。吾闻有国亡而国学不亡者矣；而吾未闻国学先亡而国仍立者也。故今日国学之无人兴起，即将影响于国家之存灭，是不亦视前世为尤岌岌乎？”①

邓实说：“国学者何？一国所有之学也……有其国者有其学。学也者，学其一国之学以为国用，而自治其一国者也。国学者，与有国而俱来，因乎地理，根之民性，而不可须臾离也。君子生是国，则通是学，知爱其国，无不知爱其学也。”②

也就是说，国学不仅仅是学问或学术的概念，而且还是民族性与民族魂的概念。从近代仁人志士借助日本的“国学”概念，来应对西学开始，在他们心目中，“学亡则亡国，国亡则亡族”，面对东西方列强的野蛮侵略，他们试图以保文化学术来救国家民族。

梁启超积极引进西学，然而对于国人鄙薄自己的民族文化传统却心怀忧虑。他说：“吾不患外国学术思想之不输入，吾惟患本国学术思想之不发明……凡一国之立于天地，必有其所以立之特质。欲自善其国者，不可不于此特质焉，淬厉之而增长之……不然，脱崇拜古人之奴隶性，而复生出一种崇拜外人、蔑视本族

---

① 章太炎：《国学讲习会·序》，原载《民报》第七号。转引自汤志钧：《导读》，《国学概论》（章太炎讲演、曹聚仁整理、汤志钧导读），上海古籍出版社，1997年版，第6页。

② 邓实：《国学讲习记》，原载《国粹学报》第19期。转引自汤志钧：《导读》，《国学概论》（章太炎讲演、曹聚仁整理、汤志钧导读），上海古籍出版社，1997年版，第7页。

之奴隶性，吾惧其得不偿失也。”① 也就是说，我们不能从盲目崇拜古人转向盲目崇拜洋人，以为自己的文化传统都是糟粕，中国百事不如人。

其实，国学是开放的，包含了历朝历代消化吸收了的外来各种文化。我们不能把国学狭隘化。第一，国学不只是汉民族的学术文化，它包含了历史上少数民族的语言、文字、学术文化及其与汉民族的交流史。汉字记载的文献中也包含了不少少数民族的文化资料。第二，国学不只是上层精英传统，还包括小传统，如民间民俗文化，各时段各地域各民族的传说、音乐、歌舞、技艺、建筑、服饰、礼仪、风俗、宗族、契约、行会、民间组织等，有如今天的某些物质与非物质文化遗产。第三，国学还包括历史上中外地域文明的交融，如外域文明的传入，西域学，佛学及其中国化，西学东渐与中学西传的内容与历史过程等，都属于国学的范围。第四，国学虽不等于儒学，但儒学是中国文化的主流，儒学在价值系统、国族精神方面为国学提供了丰富的内容。

必须明了，国学、经史子集等，并不是汉民族的专利，其中包含、汇聚了历史上多民族的智慧与文化，是中华各民族共同创造的、共同拥有的文化精神资源，正所谓“一体多元”，“和而不同”。我国不同时空、不同民族和地域的丰富多彩的文化不断交流融合，其中还伴随着中外文化的碰撞、交流与融合。我们肯定中国文化、国学是多元一体的中华各民族的优秀传统文化，其中有信仰体系、价值体系与知识体系等层次。最高层次是中华民族的文化精神，即国魂与民族精神的内涵，包含中国人的信仰方式、终极关怀与安身立命之道，以及中国人的核心价值系统。

西汉朝廷选择儒学作为指导思想有一个过程，大约经历了六七十年。选定儒学，是因为儒学平易合理，为朝野所能接受，足以内裕民生，外服四夷，适应了承平时期凝聚社会人心，积极有为地推展事功的需要。儒家讲礼乐伦理教化，礼教使社会秩序化，乐教使社会和谐化，与民众的稳定和平、淳化风俗的要求相适合。社会要繁荣发展，秩序化、和谐化是基本的要求。实际上，汉武帝时代并没有“罢黜百家，独尊儒术”。在中华文明史上，源远流长、大中至正、功在长治久安，能够维系人心又最无排他性的是儒家文化。儒学是学习的文明，包括最有

---

① 梁启超：《论中国学术思想变迁之大势》，原载1902年3月10日《新民丛报》第三号，又载胡道静主编：《国学大师论国学》（上），上海：东方出版中心，1998年版，第23页。

人性的治政方略、最为稳定的社会秩序与最能安立人心的信念系统。儒家重视社会自治与社会公平，致力于“修己以安人”“修己以安百姓”，肯定私人利益与私人空间，营造人人感到安宁的生存环境，并以教化为先，维护公序良俗。儒家满足人民的一个基本公正合理的要求，强调民生，制民恒产，主张惠民、富民、教民，缩小贫富差距，对社会弱者、老弱病残、鳏寡孤独予以保护。其推行的文官制度、教育制度，为平民，为农家子弟提供了受教育与参与政治的机会。这个文官制度，就成了我们的一个国本。这样，它就使得历代各级政治有了新鲜血液，有民间基层的人士参与。

其实，提倡国学与吸纳西学并不矛盾。陈寅恪说：“一方面吸收输入外来之学说，一方面不忘本来民族之地位。”① 任何民族的现代化都不可能是无本无根的现代化。对于祖国传统文化的价值理念、生存智慧、治国方略，我们体认得越深，发掘得越深，我们拥有的价值资源越丰厚，就越能吸纳外来文化的精华，越能学得西方等外来文化之真，这才能真正使中西或中外文化的精华在现时代的要求下相融合，构建新的中华文明。

学习国学更重要的是把握中华人文精神与价值理念，了解中华民族与中华文化融会的过程，及其可大可久的所以然，堂堂正正地做一个中国人。

二、国学养育人的心灵，在当代仍起着作用

就人生意义与价值的层面来说，梁启超说过，儒家《论语》《孟子》等经典，“是两千年国人思想的总源泉，支配着中国人的内外生活，其中有益身心的圣哲格言，一部分久已在我们全社会形成共同意识，我们既做这社会的一分子，总要彻底了解它，才不致和共同意识生隔阂”②。这就是说，《四书》等表达的是以“仁爱”为中心的“仁义礼智信”等中华民族的核心价值观念，这是中国历代老百姓的日用常行之道，人们就是按此信念而生活的。

中国文化的大传统与小传统是打通了的。国学具有平民化与草根性的特点。

---

① 陈寅恪：《冯友兰〈中国哲学史〉审查报告》，冯友兰：《中国哲学史》，上海：商务印书馆，1934 年版，第 4 页。

② 梁启超：《国学入门书要目及其读法》《治国学杂话》，《胡适文存二集》（第一册），上海：亚东图书馆，1924 年版，第 192 页。

中国的草根，中国的民间流传着的谚语是：“勿以善小而不为，勿以恶小而为之”；“老吾老以及人之老，幼吾幼以及人之幼”；“积善之家必有余庆，积不善之家必有余殃”。这些来自中国经典的精神，透过《三字经》《百家姓》《千字文》《千家诗》《弟子规》等蒙学读物及家训、族规、乡约、谱牒、善书，通过大众口耳相传的韵语故事、俚曲戏文、常言俗话，成为“百姓日用而不知”的言行轨范。

宋代王应麟的《三字经》开宗明义：“人之初，性本善。性相近，习相远。苟不教，性乃迁。教之道，贵以专。”这就把孔子、孟子、荀子关于人性的看法以简化的方式表达了出来。孔子总说性近习远，孟子强调天赋的良知良能的发挥，荀子强调的则是后天的教育与训练。

清代李毓秀的《弟子规》的总序说：“弟子规，圣人训。首孝弟，次谨信。泛爱众，而亲仁。有余力，则学文。”以下分成“入则孝”“出则悌”“谨而信”“泛爱众而亲仁”等几部分。这些纲目都来自《论语》。《弟子规》中对孩童举止方面的一些要求，如要求孩童站立时昂首挺胸，双腿站直，见到长辈主动行礼问好，开门关门轻手轻脚，不用力甩门等。这些规范都是文明人起码应有的，是尊重他人而又自尊的体现。

朱伯庐的《朱子治家格言》起首的一段说：“黎明即起，洒扫庭除，要内外整洁；既昏便息，关锁门户，必亲自检点。一粥一饭，当思来处不易；半丝半缕，恒念物力维艰。”这都是些平实不过的道理，体现到一个人身上就是他的家教。旧时骂人，说某某没有家教，那是很重的话，让其全家蒙羞。我们不是要让青少年一定要做多少家务，而是要他们从小学就动手打理好自己与家庭的事情，不要过分依赖父母、依赖他人，能够自己独立起来，培养责任意识。同时，知道一粥一饭、半丝半缕都是辛劳所得，我们能够懂得去尊重家长与别人的劳动。如果我们真的有敬畏之心，就会知道珍惜，不应该浪费。

天津南开中学的前身天津私立中学堂成立于1904年10月，老校长严范孙亲笔写下“容止格言”：“面必净，发必理，衣必整，纽必结。头容正，肩容平，胸容宽，背容直。气象：勿傲，勿暴，勿怠。颜色：宜和，宜静，宜庄。”这四十字箴言借鉴了《弟子规》，它成为该校对中学生的容貌、行止的基本要求。该校设整容镜，师生进校时都要照镜正容色。后来张伯苓先生治校，坚持了这些做法。

现今南京夫子庙小学的校训是："亲仁、尚礼、志学、善艺"。我认为这是非常好的。对孩童、少年的教育，首先是培养健康的心性情才，从日常生活习惯，从待人接物开始，学会自重与尊重别人。

蔡元培先生在留德期间撰写的《中学修身教科书》，商务印书馆于1912年至1921年间共印行了16版，他还为赴法华工写了《华工学校讲义》，两书在民国间影响甚大，今人合为《国民修养二种》一书。蔡先生重视社会基层的公民教育，他的用心颇值得我们重视。他创造性地转化本土的文化资源，特别是儒家道德资源来为近代转型的中国社会的公德建设与公民教育服务。

其实，南宋以后在中国与东亚的民间社会流传甚广、深入人心的朱熹的《家训》中说："事师长贵乎礼也，交朋友贵乎信也。见老者，敬之；见幼者，爱之。有德者，年虽下于我，我必尊之；不肖者，年虽高于我，我必远之。""人有小过，含容而忍之；人有大过，以理而谕之。勿以善小而不为，勿以恶小而为之。"又说："勿损人而利己，勿妒贤而嫉能。勿称忿而报横逆，勿非礼而害物命。见不义之财勿取，遇合理之事则从……子孙不可不教，童仆不可不恤。斯文不可不敬，患难不可不扶。"朱子说此乃日用常行之道，人不可一日无也。应当说，这些内容来源于诗书礼乐之教、孔孟之道，又十分贴近民间大众。它内蕴有个人与社会的道德，长期以来成为老百姓的生活哲学。这里所说，多由私德推致公德领域了。

国学当中有很多修身成德，培养君子人格的内容。中国古典的教育，其实就是博雅教育。六艺的内容是礼、乐、射、御、书、数，就是礼仪、音乐、射箭、驾车、识字（书法）、算术；辅以诗词歌赋，琴棋书画。这些东西是和技能相关的。传统的、儒家式的教育其实也不排斥技能，但不仅是技能，同时也是拓展人生活维度的方法手段，是高雅的兴趣爱好，是人与人之间交流沟通的媒介。传统的教育很讲究涵泳，就是身临其境，深入其中的真切体会。在兴趣的培养中，让人受到熏陶和感悟，使人养成乐善好群、敦厚优雅的品行。

中国传统的教育是一种广义的教育，既包含今天的技术教育、知识教育，又包含艺术教育、生死教育与身体教育等德智体美诸方面。它体现的是一种大的教育观。这种教育观是以成就人格为核心的，而它最为关心的主要是人的道德与性情。孔门四科，德行、言语、政事、文学，就是以德为主。传统的教育并不是道德说教，不是填鸭式、满堂灌的教育，而是春风化雨似的，让学生在点滴中有所收获，如诗教、礼教、乐教等。

“仁、义、礼、智、信”“五常”具有草根性，是历朝历代仁人志士与普通老百姓内在的生活信念与百姓日用而不知的道德律令。“五常”的内涵，通过蒙学读物、民间谚语与故事、戏文、连环画、家训、家礼等，通过家教与民间社会生活和信仰，渗透到世世代代中国人的生活世界中。老百姓评价周围的人，常说这个人“仁义”，那个人“不仁义”等。

现代普通中国人的内心世界中仍然有“仁义”，有“五常”。天津白芳礼老人，靠自己蹬三轮车的收入帮助贫困的孩子实现上学的梦想。从 74 岁蹬到将近 90 岁，他省吃俭用，挣下 35 万元人民币，资助了 300 多名贫困学生。黑龙江省佳木斯市第十九中学教师张丽莉，一天在该校一群学生准备过马路时，一辆客车突然失控撞上停在路边的另一辆客车，被撞客车猛力冲向路边的学生，本可以躲开逃生的她，奋不顾身去救学生，自己却被卷入车轮下，双腿粉碎性骨折，造成高位截肢。武汉大学医学部传染病学教授桂希恩，1999 年曾冒着风险到河南省上蔡县文楼村调查不明原因的传染病疫情，发现该传染病是艾滋病，随即向中央反映艾滋病疫情，后又把病人请到他家里吃饭，他们同桌吃饭，在他家里留宿，他们夫妻两个人睡在地上，而把床让艾滋病病人睡。湖北黄陂孙水林、孙东林兄弟被人称为“信义兄弟”。2010 春节前夕，孙水林提取 26 万元现金，带着妻子和三个儿女从天津赶回武汉，要在春节前把工钱发给农民工。他驾车驶至南兰高速开封县陇海铁路桥段时，由于路面结冰，发生重大车祸，20 多辆车连环追尾。孙水林一家五口不幸全部遇难。弟弟孙东林为了完成哥哥的遗愿，在大年三十前一天，将工钱送到了农民工的手中。

以上这些人与事就在我们身边。它告诉我们，“五常”等基本价值，今天仍在我们的社会中存在着。我们的广大民众，仍然信奉着这样一些最基本的核心价值。它也说明，“五常”之德仍可以存于现代社会，化为孝敬父母，“老吾老以及人之老，幼吾幼以及人之幼”的行为，化为对人类、民族、国家、社会、团体的奉献精神。持守道义、主持公道、诚实守信、礼貌待人、言行一致，仍是我们做人的准则。当下与未来社会的发展，仍需要价值引导。面对人与人之间，人与社会、群体之间等诸多问题，我们的传统核心价值有着重大意义。在做人做事的各方面，在人性修养、整饬官德吏治、加强廉政建设等方面，传统核心价值观仍有效用。仁、义、礼、智、信等价值仍在老百姓的生活与生命之中，只要我们有文化自觉，善于启导，协调整合，仍然会成为中国发展的软实力。“五常”正是社会主义核心价值体系的道德文化土壤！

三、国学中有社会与国家治理的经验与智慧

国学中的治世经验与智慧，首先是富民教民，制民恒产。

孔子以“庶、富、教”为治国方略。他强调养民、富民，富而后教。孟子仁政学说的目的是为民，其最基本的要求则是要解决百姓的温饱问题，安顿他们的生命与生活。孟子的民本思想以解决民生为急务，即所谓“民事不可缓也”。仁政的基础首先是解决百姓的生活，在孟子当时所处的社会环境下，百姓能保命并维持基本的生活已是非常难得了。为此，孟子明确提出“恒产恒心”“制民之产”说，主张政府一定要为民制产。

制民之产是为了解决黎民百姓基本生产与生活资料的保障问题，此为养民安民的基础。仁政首先要解决民生问题，在先儒养民、富民，安顿百姓的生命与生活的基础上，孟子首次明确提出为民制产，认为人民只有在丰衣足食的情况下才不会胡作非为，并接受教化。仁政以土地制度为基本保障，这还是生存权问题、民生问题。小民的土地宅园、核心家庭的基本温饱、老人的赡养均是仁政的主要内容。这里多次提到要保证黎民不饥不寒，粮食如水火那么多，五十岁以上的人有丝棉袄穿，七十岁以上的人有肉吃等。凡此种种，皆可看出孟子的民本思想以民生为起点，切实而具体，皆是为民之生存与发展而设也。

百姓的生计解决了还不够，还须施以教化，如此方能调治民心，和谐人伦关系，安定社会秩序。所以孟子主张“谨庠序之教，申之以孝悌之义，颁白者不负戴于道路矣”，“壮者以暇日修其孝弟忠信，入以事其父兄，出以事其长上”（《孟子·梁惠王上》）。百姓皆能亲其亲、长其长，则国益安矣。

孟子曰：“善政不如善教之得民也。善政，民畏之；善教，民爱之。善政得民财，善教得民心。”（《孟子·尽心上》）良好的教育，方能使百姓心悦诚服，有如七十子之服孔子。而再好的政治手段也不过与民争利、得民财而已，达不到得民心，使百姓衷心拥戴的效果。可见，不管是执政者自身还是百姓，皆应注重德性培养、礼义教化，否则“上无礼，下无学，贼民兴，丧无日矣”（《孟子·离娄上》）。上无道揆，下无法守，上下交征利，国之亡可立而待也。关于人伦

教化的问题，下面我们还要强调。

国学中的治世经验与智慧，第二是礼乐刑政的相互配置。

孔子说："道（导）之以政，齐之以刑，民免而无耻；道（导）之以德，齐之以礼，有耻且格。"（《论语·为政》）《礼记·乐记》言："是故先王之制礼乐，人为之节。衰麻哭泣，所以节丧纪也。钟鼓干戚，所以和安乐也。昏姻冠笄，所以别男女也。射乡食飨，所以正交接也。礼节民心，乐和民声，政以行之，刑以防之，礼乐刑政四达而不悖，则王道备矣！"古代礼乐刑政的配置，礼乐是文化，有价值。"礼"是带有宗教性、道德性的生活秩序、规范。在"礼"这种伦理秩序中，包含了人道精神、道德价值。荀子推崇"礼"为"道德之极""治辨之极""人道之极"，因为"礼"的目的是使贵者受敬，老者受孝，长者受悌，幼者得到慈爱，贱者得到恩惠。在贵贱有等的礼制秩序中，含有敬、让、孝、悌、慈、惠诸德，以及弱者、弱小势力的保护问题。"太上贵德，其次务施报。礼尚往来：往而不来，非礼也；来而不往，亦非礼也。人有礼则安，无礼则危，故曰：'礼者，不可不学也。'夫礼者，自卑而尊人，虽负贩者，必有尊也，而况富贵乎？富贵而知好礼，则不骄不淫；贫贱而知好礼，则志不慑。"（《礼记·曲礼上》）这一交往原理包含如下内容：以德为贵，自谦并尊重别人，讲究施惠与报答，礼尚往来。无论富贵或贫贱，都互相尊重，互利互惠。

"有子（孔子的弟子）曰：'礼之用，和为贵。先王之道，斯为美。小大由之，有所不行。知和而和，不以礼节之，亦不可行也。'"（《论语·学而》）据杨树达先生的《论语疏证》，这里"和为贵"的"和"就是"事之中节者"，即恰当、恰到好处。就治理家国天下的事务而言，礼的作用，以遇事符合一定的节度，无过无不及，做得恰当为可贵。当然，不是为恰当而恰当，这里有文化价值的内涵。但以一定的规矩制度来节制人们的欲望与言行，则是礼的主要功用。这其中蕴含的"节度"的观念亦是值得发掘的。

尽管"礼"与"乐"有不同的侧重，"礼"主别异、"乐"主合同、"礼"主治身、"乐"主治心，礼自外作，乐由中出，但诚如荀子所说，"礼""乐"是相互配合发生作用的，特别是来"管乎人心"的。"乐也者，和之不可变者也；礼也者，理之不可易者也。乐合同，礼别异，礼乐之统，管乎人心矣。"（《荀子·乐论》）"乐者为同，礼者为异。同则相亲，异则相敬。乐胜则流，礼胜则离。合情饰貌者，礼乐之事也。礼义立，则贵贱等矣。乐文同，则上下和矣。好恶着，则贤不肖别矣。刑禁暴，爵举贤，则政均矣。仁以爱之，义以正之。如此，则民治行矣。”（《礼记·乐记》）“乐所以修内也，礼所以修外也。礼乐交错于中，发形于外，是故其成也怿，恭敬而温文。”（《礼记·文王世子》）礼乐教化，主要是和谐并提升百姓的。“以礼乐合天地之化、百物之产，以事鬼神，以谐万民，以致百物。”（《周礼·春官·大宗伯》）

礼乐文化不仅促进社会秩序化而且有“谐万民”的目的，即促进社会的和谐化并提升百姓的文明水准。一个稳定和谐的人间秩序总是要一定的礼仪规范为调节的，包括一定的等级秩序、礼文仪节。

“礼”的目的是使“四海之内合敬同爱矣”（《礼记·乐记》）。礼乐教化的人文精神是人与人、族与族、文与文相接相处的精神，是协和万邦、民族共存、文化交流融合并形成统一的中华民族、中华文化的动力。孔子对礼乐的继承、传授，大有益于他身后两千五百年世道人心的维系和民族的大融合、文化的大融合。

就现代生活而言，在外在强制的法律与内在自觉的道德之间，有很大的空间，即包含社会礼俗在内的成文与不成文的规范。这就是“礼”。古今社会规范的差异不可以道里计，但提高国民的文明程度，协调群体、社区的关系，促成社会健康、和谐、有序地发展，不能没有新时代的礼仪文化制度、规矩及与之相关的价值指导。中国历来是礼仪之邦，今天我们仍然面临提高国民的文明程度的任务。在这一方面，礼学有深厚的资源。

礼包含着法，礼既是道德规范，又是法律制度。儒家主张“明德慎罚”“德主刑辅”“一断于法”“赏当其功，刑当其罪”“执法必信，司法必平”等公平原则。荀子说：“故刑当罪则威，不当罪则侮；爵当贤则贵，不当贤则贱。古者刑不过罪，爵不逾德。”（《荀子·君子》）同时，荀子又主张不以私情害法，指出：“怒不过夺，喜不过予，是法胜私也。”（《荀子·修身》）他强调“严令繁刑不足以为威”（《荀子·议兵》），“刑弥繁而邪不胜”（《荀子·宥坐》）。他主张“明刑弼教”，不滥用刑，“杀一人刑二人而天下治”（《荀子·议兵》），重视德教。儒家总体上肯定德本刑用，省刑慎罚，反对不教而诛。政令也是社会治理的重要组成部分，儒家主张礼乐刑政四者配合起来。

国学中的治世经验与智慧，第三是扩大社会空间，提倡社会自治。

古代村社组织有十、百家，或称邑、里，或称“社”与“村社”。管理公务的领袖，是由选举产生的三老、啬夫等。公共生活在庠、序、校中进行。庠、序、校是议政、集会与活动的场所，以后变成古代的学校。祭社和祭腊是最热闹的群众性活动。

吕大钧、大临兄弟建立的“乡约”、范仲淹首创的“义庄”。同是地方性的制度，也同具有以“礼”化“俗”的功能。“儒者在本朝则美政，在下位则美俗。”（《荀子·儒效》）

传统中国是儒家式的社会，是小政府大社会的典型。传统中国的社会管道、中间组织很多，例如以宗族、家族、乡约、义庄、帮会、行会（到近代转化为商、农、工会）等为载体，以民间礼仪、节日与婚丧祭祀活动，村社活动，学校、书院讲学活动，士、农、工、商的交往等为契机，在一定意义上就是社会自治、地方自治。传统中国绝非由政府包打天下，而是主要靠血缘性的自然团体及其扩大化的社会各团体来治理社会，这些团体自身就是民间力量，它们也保护了民间社会与民间力量，包含家庭等私人空间。它们往往与政权力量相抗衡又相协调，在平衡政权力量的同时，又起到政权力量所起不到的多重作用，如抑制豪强、协调贫富、保障小民生存权、教化民众、化民成俗、安顿社会人心等，又起到慈善机构的作用，扶助、救济贫弱，支持农家、平民子弟接受教育、走上仕途等，乃至对抗专制政府的恶法与法家以国家权力破坏亲情及私人领域的若干做法。儒家强调知识分子在社会政治中的指导作用，甚至提出士大夫与皇帝共治天下的主张。儒家有其言责、批判与主动建言，为广开言路而抗争。

国学中的治世经验与智慧，第四是重视道德教化与民间信仰的培植。

董仲舒说：“教化不立则万民不正也。夫万民之从利也，如水之走下，不以教化提防之，不能止也。是故教化立而奸邪皆止者，其堤防完也。教化废而奸邪并出，刑罚不能胜者，其堤防坏也。古之王者明于此，是故南面而治天下，莫不以教化为大务。立太学以教于国，设庠序以化于邑，渐民以仁，摩民以谊，节民以礼，故其刑罚甚轻而禁不犯者，教化行而习俗美也。”（《春秋繁露·策问》）

教化并非奴化，并非说教，儒家在人文教化过程中重启发与实践。传统社会里士绅阶层、宗族祠堂在民间教化中起着重大作用，其中包含着儒、释、道三教与其他民间文化与宗教，乃至民间信仰的作用。传统社会中的民间信仰非常丰富，大多是良性的、正面的。

民间组织与民间自治，士人积极参与及儒学传统所倡导的公共性与公共品德，是公民社会的人的成长与全面发展的基础，也是现代性政治的基本内容。公民道德的重建离不开儒家文化的土壤，儒家的人禽之辨、公私义利之辨、君子小人之辨、天理与人欲之辨，对今天重建官德、整饬吏治腐败有极积意义。

四、国学在民间的复兴及其意义

近些年，中国城市社区国学、民间儒学、企业儒学和乡村儒学得到可喜的发展。

四川省成都融信恒业投资有限公司是房地产公司，在四川大学国际儒学院舒大刚教授等的支持下，积极开展以儒学为主题的企业文化活动，并在西贵堂小区重建中国传统小区文明，使之成为儒家生活试验基地。西贵堂儒家生活试验基地以“君子之居”的核心理念“孝、恕、礼、信”为主题，编制西贵堂《小区行为公约》，形成小区行为准则，建立小区道德行为规范，奠定小区文化可持续发展的基础。他们还建立西贵堂《小区礼仪标准》，当业主有婚、丧、嫁、娶及传统节日等，结合传统礼仪设计标准仪式进行恭贺、慰问及组织小区活动。并且通过小区选举，推举小区文化骨干，成立小区文化指导委员会“知行学社”，通过“知行学社”的感染和影响，使业主逐渐认同“君子文化”价值体系和道德规范。

河南省建业集团办的本源书院，在郑州市天明路楼盘内成功地办了一家，并在各地推广。该书院的理念是“感恩、尊重、给予”。他们聘有专职人员并招募、培养义工（主要是在读的大学生），在社区内办人文学堂、少年国学院、图书馆与义工中心，活动有声有色，且讲实效。他们针对老中青少的实际，寓教于乐，强调亲子教育，提升老百姓的文化品质与品位。该书院让国学走进社区已有丰富的经验，居民很是欢迎，主动参与。

江苏省南通市有一个民间公益性的知止堂，开展诵读蒙学与四书等经典是义学重要的活动。义学里的义工老师做到身体力行。义学的民俗体验课程主要聚焦于一些重要节日上。除传统节日春节、元宵节、清明节、端午节、中秋节等，还有孟母节（中华母亲节）、七夕节（中华情人节）、重阳节（中华敬老节）、教师节、晒书节等，都被纳入课程。民俗体验课程中有很多地方因素，清明节祭文天祥，重阳节游览张謇墓园等，已将南通的历史与文化从不同方面展现出来了。知止堂义学的成功，还有一个非常重要的因素，就是与社区结合。社区积极支持，为义学提供了场地、设施等。

乡村儒学的复兴值得提倡。尼山圣源书院的一些学者们，牟钟鉴、颜炳罡、赵法生等教授决心从儒家文化的发源地——山东省泗水县夫子洞村开始探索。重建乡村儒学从哪里开始呢？他们决定从孝道开始，因为村里老人们的处境普遍不佳。学习《弟子规》一年后，已有显著成效。乡村儒学建设在开展《弟子规》教育的同时引入礼仪教育，请礼仪专家来给老百姓讲授和演示一些儒家礼仪，比如成童礼、开笔礼、冠礼、婚礼、射礼、释奠礼等，并在课堂上教导乡亲们行礼如仪，给孔子和讲课的老师行拜师礼，青少年还要给在座的长辈们行敬长礼。孔子故里的礼让之风就在这些生活化的礼仪熏陶之中逐渐归来。学者们依托书院探索建立专业性的乡村儒学推广组织，每月中与月末定期给开设两次乡村儒学课堂。

浙江省各地的儒学社团积极推动儒学复兴事业。2009 年 12 站台州市路桥区峒屿村“路桥黄绾纪念馆”举行了开馆仪式。该村林筠珍女士作为一位普通农民，自筹资金，建成国内首家王阳明门人的纪念馆。浙江省儒学学会执行会长吴光教授、副会长钱明教授到会祝贺并作了学术报告。该馆将祭学合一：“祭”就是要充分尊重当地村民的信仰习俗，根据民间信仰中儒、佛、道不分家的文化生态，把纪念馆中所供奉的儒家圣贤、佛教菩萨等作合理布局；“学”就是要突出文化、教育的内涵。立足于纪念馆的民间性、乡村性、通俗性和普及性的宗旨，适当引导，以祭带学，把纪念馆真正建成一个对乡村和谐社会建设有益的文化教育场所。路桥区政府也支持纪念馆的各项文化活动，并对其进行适当引导和规范，使之纳入并符合路桥区文化建设的总体规划。

广州中山大学黎红雷教授的家乡——海南省琼海市大园古村设立青少年教育基地推广蒙学，海南各地民间坚持祭祀之礼。国学、儒学通过民间组织的各种各样的途径，如重建书院与文庙，恢复祠堂与民间慈善会，组织儿童读经与唱持活动，复兴并改革冠婚丧祭家礼，恢复以孔子诞辰为教师节并举行相应礼仪，儒家社团参与社会活动，以各种形式让儒学更加深入地走进中国广大城乡的家庭、小区、乡村、学校、企业、机关，走进老百姓的日常生活，通过耳濡目染，使儒家精神价值慢慢地内在化，重新成为中国人的内在的心灵。这当然是自觉的而不是强制的，当然需要正确引导。

特别应当指出的是，中国老百姓由于自身的精神需要，在民间自发兴起的传统文化热、国学热、儒学热与书院热已有二十余年，而且热度至今不减，尽管其中不免沙泥俱下、鱼龙混杂，但总的倾向是向上与向善的。我们应努力使自发的带有非理性的国学热，逐步自觉与理性化，使中国文化的认同成为朝野的一种共识。这个意义不容小觑！

习近平主席近年对优秀传统文化，主要是儒学价值予以高度肯定。习主席指示，培育和弘扬社会主义核心价值观必须立足于中华优秀传统文化。预计今后在国学进中小学课堂、进社会等方面会有大的进展。国学中有知识系统、价值系统与信仰系统，其价值系统与信仰系统是中华各民族凝聚和合的基础。

我们之所以重视并推动民间国学与儒学的复兴，主要是基于国家、民族的软实力的培养。这里涉及社会层面的“文化认同”与“伦理共识”以及个人层面的“终极关怀”的问题。

文化认同与伦理共识无疑是实现民族复兴与现代化的前提条件。如果没有长期以来形成的多民族统一的中华民族文化的自我认同，中国这样一个多民族的国家就会在全球化的浪潮中、现代化的过程中被“化”掉。什么是文化认同？文化身份的自我认同，要解决的是“我是谁”的问题。我是谁？我来自哪里？我是中华民族及其文化的一份子吗？我是中国人吗？这里有心灵归宿感。什么是伦理共识？伦理共识是最基础的国民，按照一种信仰生活，按照基本的伦理、伦常价值来生活，有相对共同的伦理价值。例如传统社会的“五伦”。伦理共识中有信念、信仰的内容。从私人空间、精神依归来说，叫终极关怀，就是信念、信仰。什么是终极关怀？终极关怀是人面向死亡时的最终关切、想法，人一生念兹在兹的牵挂，对一种精神信念的孜孜不倦的追求。文化认同、伦理共识和终极关怀是人之所以为人的最根本处。其实东西方不同民族、宗教的人，都有不同的文化认同、伦理共识和终极关怀。当然，不同之中也有共同的东西，因为我们都是同一地球上生活的人。

健康的法治社会需要文化认同、伦理共识、终极关怀的配合。今天我们当然要以法治为主，但法治与德治是相互补充、相互促进的。未来社会的发展仍需要价值理性的指导。如果没有终极关怀，没有诚信系统，社会更加缺乏归宿感、凝聚力，人们生活的无意义感将更增加。面对西方文化铺天盖地的席卷域内和西方宗教的无孔不入的渗透，我们一定要有文化自觉与文化安全意识。

中国的传统文化及其对一代又一代民众的养育是我们最大的国情，也是最大的中国实际。国家的兴盛与国学的复兴是一体两面的事情。国学是软实力。在文化小传统中，勤俭、重教、敬业、乐群、和谐、互信、日新、进取的观念，无疑是经济发展过程的文化资本。“诚敬”“忠信”思想有助于整顿商业秩序，增强企业内部的凝聚力并改善外部形象，提高效率，促进人的精神境界的提升。儒释道家的价值观、义利观和人格修养论，有助于克服拜金主义、享乐主义和坑蒙拐骗的行为。

中国需重建真正具有内在约束力的信仰系统，即以“仁爱”为核心的价值系统。从长远的、健康的、高品质的社会目标来看，儒家的“仁爱”思想可以纯洁世道人心，整合社群利益，调整人与天、地、人、物、我的关系，克治自我中心和极端利己主义。“恕道”对于环境伦理、全球伦理的重建提供了重要的思想基础，有助于全球持续性地发展。

这些价值至少对于中国大陆社会的整合、和谐社会的建构，具有极其重大的现实意义。国学中有大量的荣辱观、廉耻观的思想传统与整饬官治、吏治的办法。国学与现代化的新的伦理价值——个性自由、人格独立、人权意识等可以整合起来。儒释道若干价值观念与现代人权、平等、尊严、理性、道义，不乏可以沟通之处。现代权利意识、现代法律生活，缺乏终极信念的支撑，缺乏深度、积累的社会资本和文化资本之支撑，很可能平面化与片面化地发展。在法治社会的前提下，构建现代文明，建设公民社会的伦理体系，需要传统思想资源特别是儒学的支撑。

传统文化的教养在今天有重大的安身立命的意义。人性、心性、性情教育，文化理念与信仰的教育是根本的、管总的、长久的。我们提倡以仁、义、礼、智、信等价值与温、良、恭、俭、让的品行来美政美俗、养心养性。这是历史上儒家教育的传统，值得我们借鉴，将其用于今天公民社会之公民道德的建设之中。这也是我们今天构建和谐、文明的现代中国社会的需要。

世界上所有的民族国家的现代化的精神根基都建立在自身的、历史上形成的文化精神的基础上，这当然不排斥、不妨碍它对外来文化的吸取、融合与涵化，但根基与灵魂必须是渊源有自的，在历史上深入到草根百姓的自家文化精神。正如西方国家之于基督教（新教、天主教），俄罗斯之于东政教，阿拉伯国家之于伊斯兰教，印度之于印度教，日本之于神道一样，中国当然是以历史上成为主流文化的儒家思想为主体。西方学者认为，只有西方文明才是普遍的，所有非西方文明都是特殊主义的。我们认为，各文明的特殊性中，特别是其文化价值观中都含有普遍性，都有可提供给世界各文明参鉴的丰富内涵。

中国文化的重建，尤其是其价值系统的主体性的彰显，不仅仅有助于国民的文化认同与凝聚力的增强，尤其可以给现代世界提供新的营养。以儒家为代表的中国文化价值观曾经对欧洲的启蒙起过重大的作用。今天的世界，人与自然之间、人与社会之间、人与人之间、民族之间、文明之间，甚至人的身心之间的冲突与紧张日甚一日，中国的儒释道等思想资源的创造转化，可以贡献更多的智慧。充分吸取传统文化中的智慧与经验，在社会公正、弱者保护、礼法合治、德主刑辅、反腐倡廉、长治久安、生态环境保护等安邦治国的各方面，都会获得教益。

任何一个走在时代前列的民族，其民族精神都是民族性和时代性的统一。我们必须对自身文化有深切理解，确立文化自主地位，才能真正理解和消化其他民族的优秀文化来丰富自身。在迪尔凯姆看来，文化（集体意识或社会良知或共同价值体系）的功能乃在于维持社会秩序；而一旦文化瓦解了或失效了，社会也就进入无序状态。用更为宽广的中国精神融摄现代性与传统的价值冲突，引导世俗社会中个体价值的迷失，这也正是重建中国精神的题中应有之义。

习近平主席讲“中国梦”，讲中华民族的伟大复兴，而国学、传统文化则是实现中国梦的精神支撑，民族的复兴包含着国族意识、民族精神的自觉与挺立。

回到了中国文化的本根，返本开新，创造转化，重建中国精神，凝聚人心，并把“仁爱”为中心的核心价值理念贡献给世界。

（作者系武汉大学国学院教授兼院长）

从“调均”看中国文化的优秀传统①

◎李宗桂

从先秦到清末，中国传统文化中蕴涵着深厚的“均平”思想传统，其中，又以儒家的“均平”思想为主流。而儒家“均平”思想的主调，则是“调均”，即调节以致均衡。这种以“调均”为主调的“均平”思想，不仅在历史上影响深刻，对于塑造民族文化心理、促进经济社会发展产生了巨大作用，而且对于今天建设公平、正义、和谐的社会，具有重要的思想价值。

一、“均平”与“调均”的内涵

均，一指公平、均匀。《诗·小雅·北山》言：“大夫不均，我从事独贤。”一指调和、调节。《诗·小雅·皇皇者华》言：“我马维骃，六辔既均。”传：均，调也。《礼记·月令·仲夏之月》言：“均琴瑟管箫。”一指平。《说文解字》：均，平遍也。段注：无所不平也。《尚书·禹贡》：均于江海。马注：均，均平。《国语·鲁语上》：尧能单均刑法、仪民。注：均，平也。“均平”，使其平均也，公平也。《周礼·地官·贾师》：辨其物而均平之。《庄子·达生》：天下均平。

平，一指平坦，引申为安舒。《说文解字》：语平舒也。段注：引申为凡安舒之称，分之而匀适则平舒矣。一指太平无事。《大学》：国治而后天下平。一指和。《吕氏春秋·贵公》：公则天下平矣。注：平，和也。一指公正。《诗·小雅·节南山》言：“赫赫师尹，不平谓何？”《荀子·荣辱》言：“夫是之谓

① 基金项目：本文系2012年教育部哲学社会科学重大课题攻关项目“中国优秀传统文化的现代价值研究”（项目号：12JZD003）的阶段性成果。

至平。”

由上可见，“均平”是指通过调节（均）而达到平衡（平），而不是平均。

本文要特别指出并强调的是，在中国古代，“均平”又称“调均”。调是指调节，均是指均衡。“均平”也罢，“调均”也罢，其内涵都不是指平均，更不是绝对平均。平，是公平、平正。均既可作名词和形容词，也可作动词。作名词和形容词的均，是指协调、平衡、合理。作动词的均，是指调节、调整。所谓“均平”，就是通过调节使其均衡，也就是使其合理、公平。古代字书和先秦文献中的“均平”，并没有多年来某些人说的“平均主义”之意，无论是绝对平均主义，还是相对平均主义。鉴于过往相当长的一个时期中，“均平”被误解甚至被曲解为“平均”乃至“平均主义”，故本文使用“调均”一词来阐释相关问题。“调均”更能在本质上体现中国文化优秀传统的特质。实际上，在中国传统文化的发展进程中，有的思想家就明确使用“调均”的概念，其典型代表便是西汉“为儒者宗”的大思想家董仲舒（下文将会详论）。

二、先秦的“均平”思想

一般认为，均平思想是儒家最早提出的，具体例证是《论语》记载的那段著名的话：“不患寡而患不均，不患贫而患不安。”（《论语·季氏》）其实，在先秦时期，诸多思想家、政治家也都有均平的思想，均平思想并不是儒家的专利。

从文献来看，最早的直接提出“均贫富”命题并以之为目标的均平思想，来自《晏子春秋》。[①] 作为齐国名相的晏婴，认为贫富不均会导致社会矛盾的加深乃至恶化，统治者从民间获取财富，应当适度，应当权衡不同群体的财富情况而决定。他说：“其取财也，权有无，均贫富，不以养嗜欲。”（《晏子春秋·内篇问上》）社会人士的财富，不能太多也不能太少，且应“正德以幅之”。统治者不能罔顾民生，要“知其贫富，勿使冻馁”，这样“则民亲矣”（《晏子春秋·内篇问上》），民众才能拥戴你。如果统治者“藏财而不用，凶也……昧财之失守，委而不以分人者，百姓必进而自分也”（《晏子春秋·内篇谏下》）。晏婴作

---

① 《晏子春秋》和《论语》都产生于战国初期，但晏婴比孔子年长，《晏子春秋》是直接记载，《论语》是间接记载，故可认为晏婴的论说在前。

为统治阶层的重要人物，清醒认识到调节均衡不同阶层人士的财富的重要性，其重要的指导原则，便是根据不同阶层的不同情况，调均财富，防止两极过于分化，防止富人纵欲无度而穷人铤而走险。在这个意义上讲，晏婴的“均贫富”思想，是从社会财富的合理调节和社会秩序的稳定相结合而出发的。值得注意的是，在晏婴这里，明确出现了“均贫富”的表述，这是古代文献里第一次出现的“均贫富”。

同为记载春秋时期历史的《国语》一书，也表达了均平的思想：“夫惠大而后民归之志，民和而后神降之福。若布德于民而平均其政事，君子务治而小人务力，动不违时，器不过用，财用不匮，莫不共祀。”（《国语·鲁语上》）这里的“平均”，是指统治者实行惠民的德政，就能使不同阶层的人士都能享受到其治国安民行政措施的好处，从而实现“君子务治”，“小人务力”的各安其分的协调状态。

作为先秦时期与儒家同为“显学”的墨家，其均平思想十分突出。墨家忧民之三患：“饥者不得食，寒者不得衣，劳者不得息”（《墨子·非乐上》），他们崇尚兼爱，要以兼易别，平等待人，“视人之国若视其国，视人之家若视其家，视人之身若视其身”（《墨子·兼爱中》），要“使饥者得食，寒者得衣，劳者得息”（《墨子·非命下》）。他们尚贤尚同，最终要达到“刑政治，万民和，国家富，财用足，百姓皆得暖衣饱食，便宁无忧”（《墨子·天志中》）的理想治世。墨家理想中的古代圣王，是明天鬼之所欲、避天鬼之所憎，兴天下之利、除天下之害，祭祀恭敬、听狱公正，“分财不敢不均”（《墨子·尚同中》）。墨家这些思想，显然具有明显的均平倾向，以及通过均平而使社会和谐的目的。

道家虽然没有明确的均平思想，但是《庄子》中关于“盗亦有道”的著名故事，对于分赃合理（“分均”），也是肯定的。在《庄子》看来，大盗“妄意室中之藏，圣也；入先，勇也；出后，义也；知可否，知也；分均，仁也。五者不备而能成大盗者，天下未之有也”（《庄子·胠箧》）。这固然是调侃儒家的仁智勇理念，但不可否认其对于“分均”是持肯定态度的。这里的“分均”，显然不是平均分配，而是要以是否具备先入之勇、后出之义的行为作为标准，使得分配合理。

有趣的是，主张强权政治、崇尚“气力”的法家思想集大成者韩非，居然明确提出了“均贫富”的理念。他说：“故明主之治国也，适其时事以致财物，论其税赋以均贫富，厚其爵禄以尽贤能，重其刑罚以禁奸邪，使民以力得富，以事致贵，以过受罪，以功致赏而不念慈惠之赐，此帝王之政也。”（《韩非子·六反》）在韩非心目中，通过调均税赋而协调不同阶层的贫富关系，是帝王治国安邦的必要条件。韩非认为，“均贫富”是“帝王之政”需要关注的重要方面。尽管韩非并不是从整个经济社会发展的角度考虑“均贫富”，但能够从税赋的角度提出“均贫富”，其积极意义是显而易见的。

与前述情况形成映照的是，儒家的均平思想不仅明确系统，而且前后继承、绵延甚久，影响巨大。孔子是儒家系统中第一个明确提出并阐释“均平”理念的思想家。孔子对弟子说：“闻有国有家者，不患寡而患不均，不患贫而患不安。盖均无贫，和无寡，安无倾。”（《论语·季氏》）孔子在这里是从行政管理的角度谈论均平问题。有国、有家者，在社会治理中要能够有“不患寡而患不均，不患贫而患不安”的意识，否则社会就不安稳。这里的几个关键词需要注意。寡，自然是少；均，指均衡，亦即合理、协调，而非多年来不少人所说的“平均”①；贫，是指穷；安，是指安定、安稳，不躁动，心理平衡。不患寡而患不均，是说不担心东西少而担心分配不均，这里的均是均衡、公平之意。不患贫而患不安，是说不担心人穷而担心人的思想不安稳。这里的安，是安稳、安宁、安定，与不满、动荡、躁动、不平相对。事实上，孔子后面的话已经逻辑地诠释了相关意义。均无贫，意为如果分配均衡就不会有贫穷之感；和无寡，意为如果和谐（协调、中和）就不会有短缺之感；安无倾，意为安定（安稳、安宁）就不会有愤懑甚至造反之心，不会出现政权倾覆的危机。可见，孔子这里的意思，本质上是要实行调均政策，调节均衡社会财富的分配，使大家感到合理，没有怨气，避免社会戾气弥漫，避免仇官、仇富心态的出现，从而避免社会危机的总爆发。

孔子之后，孟子所讲的井田制、以制民之产为重心的仁政思想，荀子所讲的“天下莫不平均”（《荀子·王霸》）的主张，都是儒家均平思想的具体表现。孟子认为：“夫仁政必自经界始。经界不正，井地不均，谷禄不平。”（《孟子·滕文公上》）这里的“均”，显然不是平均，不是齐一，而是合理、均衡。孟子不仅关注“均”，而且重视“平”。他说：“尧舜之道，不以仁政不能平治天下。”

---

① 《中国儒学百科全书》的《均平说》条，就解释为“平均”，见中国孔子基金会编，北京：中国大百科全书出版社，1997年版，第183页。杨伯峻也解释为“平均”，见氏著《论语译注》，北京：中华书局，1980年版，第173－174页。

“人人亲其亲、长其长而天下平。”（《孟子·离娄上》）“君子之守，修其身而天下平。”（《孟子·尽心下》）“君子平其政。”（《孟子·离娄上》）荀子重视“平”，他的“平”主要是从政治行为方面讲的。他认为：“公平者，职之衡也。”（《荀子·王制》）行政公平，是为政者履行职责的标准。他还说：“君人者，欲安则莫若平政爱民矣。”“刑政平，百姓和，国俗节，则兵劲城固，敌国案自诎也。”（同上）“修礼以齐朝，正法以齐官，平政以齐民。”（《荀子·富国》）“刑政平而百姓归之。”（《荀子·致士》）荀子认为：“出若入若，天下莫不平均，莫不治办。”（《荀子·王霸》）“以礼分施，均遍而不偏。”（《荀子·君道》）这里的“均遍”，是指普遍公平，亦即按照礼的原则治国理政，则没有人会感到不公不平。

概而言之，先秦时期关于均平的思想已经流行，不仅儒家大力申论，而且其他派别的思想家、政治家也在大力提倡。有论者指出：春秋战国时期各家各派在政治思想和学术思想方面颇为不同，但在主张均平、崇尚平均方面，却有惊人的一致性①，可谓中肯之论。究其原因，在于春秋战国时期社会长期动荡，社会阶层剧烈分化，资源占有的两极分化极其严重，深刻影响到社会发展和阶层之间甚至同一阶层之间的关系协调，故进步的思想家和明智的政治家都力倡均平。当然，从思想发展的脉络看，先秦讲论均平思想的，儒家最系统最深刻，具有前后相继的连续性。

三、均平思想的儒学化：董仲舒的调均思想

如同战国百家争鸣中儒家虽为显学而毕竟只是争鸣中的一家一样，儒家的均平思想在先秦时期虽然系统深刻但毕竟也只是其中的一种声音而已。真正使这种声音持久不衰、产生深刻而久远的社会影响，成为中华民族文化的一种基因的，是汉代以董仲舒为代表的儒家的努力。质言之，促成“均平”思想真正成为儒家的、儒学的，并借助儒学官学地位的确立而成为主流思想的，其推动者、完成者，是西汉“为儒者宗”的董仲舒。

研究汉代思想的学者都知道，董仲舒针对暴秦速亡的历史教训，主张“更

---

① 李振宏：《中国古代均平文化论纲》，《学术月刊》，2006年第2期。

化”，反对贫富两极过度分化，主张在仁政德治的框架中实行“调均”。

董仲舒在其《春秋繁露·度制》中说：“孔子曰：‘不患贫而患不均。’故有所积重，则有所空虚矣。大富则骄，大贫则忧。忧则为盗，骄则为暴，此众人之情也。圣者则于众人之情，见乱之所从生，故其制人道而差上下也：使富者足以示贵而不至于骄，贫者足以养生而不至于忧。以此为度而调均之，是以财不匮而上下相安，故易治也。今世弃其度制，而各从所欲，欲无所穷，而欲得自恣，其势无极。大人病不足于上，而小民羸瘠于下，则富者愈贪利而不肯为义，贫者日犯禁而不可得止，是世之所难治也。”董仲舒在这里不仅提出了要“调均”，更提出了明确的调均的标准和原则，相对于先秦孔孟荀的均平思想，是一个进步。值得注意的是，董仲舒在这里引用的“孔子曰”后面的话，与《论语》记载的孔子原话不同。《论语·季氏》记载的是“不患寡而患不均”，董仲舒把“寡”变成了“贫”。一字之差，反应了董仲舒直面当时贫富严重分化，要求调节均衡，防止社会矛盾过于尖锐而导致社会动荡，变“难治”为“易治”“善治”的愿望。

董仲舒之所以提出要“调均”，是鉴于贫富严重分化，影响社会安定和经济发展。他借鉴历史上兼并过度而导致的贫富两极严重分化以致影响政权存亡的教训，提出了自己的对策：“秦用商鞅之法，改帝王之制，除井田，民得卖买，富者田连阡陌，贫者无立锥之地……古井田法虽难卒行，宜少近古，限民名田，以赡不足，塞兼并之路……然后可善治也。”（《汉书·食货志》）限民名田，是要限制占田的数量，防止少数人拥有巨量田地，防止兼并，是董仲舒调均思想的重要表现。这个思想，不仅在当时具有积极的意义，而且在整个中国古代史上都具有重要的价值，这从后世严重的土地兼并导致不断的社会动荡中可以得出反证。

董仲舒的调均，属于他“更化”思想的重要组成部分。他在第一次对策武帝的时候，就指出：“譬之琴瑟不调，甚者必解而更张之，乃可鼓也；为政而不行，甚者必变而更化之，乃可理也。当更张而不更张，虽有良工不能善调也；当更化而不更化，虽有大贤不能善治也。故汉得天下以来，常欲善治而至今不可善治者，失之于当更化而不更化也。古人有言曰：‘临渊羡鱼，不如退而结网。’今临政而愿治七十余岁矣，不如退而更化。更化则可善治，善治则灾害日去，福禄日来。《诗》云：‘宜民宜人，受禄于人。’为政而宜于民者，固当受禄于天。夫仁、谊、礼、知、信五常之道，王者所当修饬也；五者修饬，故受天之佑，而享鬼神之灵，德施于方外，延及群生也。”（《汉书·董仲舒传》）要想实现“善治”，就要实行“更化”。“更化”的价值支撑，是仁、义、礼、智、信“五常之道”。为政者由仁心生发出的政治，便是仁政。而仁政的重要表现和现实结果，是各安其分各得其所，上下左右和谐共处。因此，社会群体不能出现“大富”和“大贫”这样截然相反的两极，否则，前者会骄矜暴虐，后者会忧愁恐惧愤懑不平，最终导致铤而走险。在第三次对武帝的策问中，董仲舒提出：“夫天亦有所分予，予之齿者去其角，傅其翼者两其足，是所受大者不得取小也。古之所予禄者，不食于力，不动于末，是亦受大者不得取小，与天同意者也。夫已受大，又取小，天不能足，而况人乎！此民之所以嚣嚣苦不足也。身宠而载高位，家温而食厚禄，因乘富贵之资力，以与民争利于下，民安能如之哉！是故众其奴婢，多其牛羊，广其田宅，博其产业，畜其积委，务此而亡已，以迫蹴民，民日削月浸，浸以大穷。富者奢侈羡溢，贫者穷急愁苦；穷急愁苦而不上救，则民不乐生；民不乐生，尚不避死，安能避罪！此刑罚之所以蕃而奸邪不可胜者也。故受禄之家，食禄而已，不与民争业，然后利可均布，而民可家足。此上天之理，而亦太古之道，天子之所宜法以为制，大夫之所当循以为行也。”（同上）受大而不取小，食禄之家不与民争利，各安其分，使得利可均布、民可家足，这是“上天之理”“太古之道”。同样的思想，董仲舒在《春秋繁露·度制》里也有申论。他主张：“君子仕则不稼，田则不渔。”“已有大者，不得有小者。”当官就不种田，种田就不打渔。已经获得大利者，不得再取小利。通过这些主张的落实，实现其“调均”的价值目标。董仲舒这种调均思想，是对先秦儒家均平思想的创造性发展。有学者认为，董仲舒用调均贫富去诠释孔子的“均平”思想，对于汉唐士大夫理解和贯彻“均平”思想，具有巨大的影响。① 我觉得是符合实际的。

更化、调均、善治，推行并体现仁政德治，这就是董仲舒调均思想的内在逻辑。这个思维逻辑和治国理政的理念，体现了董仲舒所生活的那个时代的要求，反映了儒学在新的历史时期通过创新而获得进一步发展的生命力所在。从根本上讲，董仲舒的调均思想，是创造性地继承并发展了先秦孔孟荀儒家的均平思想，

---

① 陈明光：《“调均贫富”与“斟酌贫富”——从孔子的“患不均”到唐代的“均平”思想》，《历史研究》，1999 年第 2 期。

将其提升到社会协调发展、民众生活安定心态平衡、国家长治久安的战略高度。因此，董仲舒的调均思想，虽然是从经济入手并着重解决经济问题的思想，但并不仅仅是一种经济观念，更是一种强调公平的施政理念。① 这种调均思想，并不是很长时期中不少人认定的所谓“平均主义”（无论是相对平均主义还是绝对平均主义），而本质上是一种通过调节均衡以达到人们按其身份享受应有的相对公平待遇的中正和谐的思想。

从儒家思想文化发展的逻辑路径考察，从文化价值体系建构的战略层面衡量，我们可以说，董仲舒的调均思想使得先秦儒家的均平思想得以儒学化。这里的所谓儒学化，是指均平思想被纳入儒学价值系统，以礼治为核心，以“五常”特别是仁道为原则，成为基本的价值观念，成为儒学以民为本思想的重要构成。董仲舒的调均思想，成为儒家天下大同思想、贵和尚中思想、以民为本思想的载体。历史性地考察，先秦时期从孔子到孟子再到荀子的“均平”说，当然属于儒学范畴，但孔孟荀的论说都还没有将其提高到基本治国理念和基本价值观念的层面，故还不算“儒学化”。这里的所谓儒学化，是指调均作为一种基本的治国理政的理念，作为仁政思想、大同追求和中道原则的体现，而纳入作为一个价值系统的儒学体系之中，或者说承载着并体现了儒学的基本价值观念。②

有学者关注到一个颇为重要的思想现象，就是西魏苏绰辅佐宇文泰治国时，在其作为治国大政的“六条诏书”中提出了“均赋役”。在关于“均赋役”的诏文中，如此解释孔子的“均无贫”：“夫平均者，不舍豪强而征贫弱，不纵奸巧而困愚拙，此之谓均也。故圣人曰：‘盖均无贫。’”笔者认为“这应该是自先秦以来首次最为明确地对‘均平’思想赋予区别贫富以相对平均赋役负担的内涵”③ 未免过誉，但这条解释颇具思想深度，倒是应当承认的。该学者通过一系

---

① 汉代孔安国这样解释《论语·季氏》中孔子关于均平思想的那段话：“国，诸侯；家，卿大夫。不患土地人民之寡少，忧政理之不均平，忧不能安民耳。民安则国富。”可见汉儒已经从施政理念及其效果的公平合理而论，并不单纯将其解释为经济上的均平。

② 班固的《汉书·艺文志》把《晏子春秋》列为儒家著作，并不准确。其实晏婴年长于孔子，其去世时是公元前500年，孔子去世时已是公元前479年，把《晏子春秋》列为儒家著作在时序上就有问题。而且，《晏子春秋》里面的若干思想，显然与儒家距离甚大。笔者推测，班固撰写《汉书》的时代，儒学独尊的形势已经形成，而调均是一代儒宗董仲舒所倡导且是重要的社会趋势，《晏子春秋》主张“权有无，均贫富”，与汉代新儒学的价值观相契合，故班固将其列为儒家著作。

③ 陈明光：《“调均贫富”与“斟酌贫富”——从孔子的“患不均”到唐代的“均平”思想》，《历史研究》，1999年第2期。

列史料的考辨，对唐代均平思想作了颇有力度的阐释，认为“唐朝‘均平’思想的经济内容，在土地占有方面继承了董仲舒的‘调均贫富’思想”（同上），可见董仲舒调均思想的历史影响，也可见先秦儒家“均平”思想被董仲舒“调均”化、儒学化以后，所发生的重要作用。

四、“调均”思想的历史作用和现代价值

从秦汉以后的中国社会发展来看，调均思想经过长期的濡染、传播和自觉不自觉的实践，逐渐形成了一种思想传统，成为中华民族传统文化的合理内核，属于传统文化的优秀成分。①

从统治者治国理政的层面看，调均的思想传统对于防止和反对贫富两极分化、实现和谐、践行中道具有积极的警示意义。封建王朝有时也实行调均的政策，这主要表现为均田、限田措施，北魏的均田制以及相应的租调制，北宋王安石变法实行的方田均税法等，都是具体的表现。从下层民众反抗剥削压迫，要求相对平均平等的层面看，调均的思想传统往往成为发动民众、激励民众的思想武器。农民起义运动中的“冲天太保均平大将军”（黄巢），“天补平均大将军”（王仙芝），“吾疾贫富不均，今为汝均之”“均贫富”（王小波），“等贵贱均贫富”（钟相、杨么），“均田”（李自成）之类，典型地反映了下层民众对于调均思想文化传统的理解，是发自内心的价值认同。太平天国的《天朝田亩制度》，鼓吹“有田同耕，有饭同食，有衣同穿，有钱同使，无处不均匀，无人不饱暖”，“人人不受私，物物归上主”。孙中山领导的民主革命，要求“平均地权”，主张“天下为公”，追求“大同”世界。这些，都和调均的思想传统有着天然的文化血缘关系。从文化传统构建的层面看，从西汉董仲舒力主的调均，到北宋张载的民胞物与（《西铭》）和苏东坡的“以君子长者之道待天下”（《刑赏忠厚之至论》），无不浸透着调均思想的精神。

综合而言，儒家调均思想在历史上产生了重要的作用。其一，丰富了儒家仁爱思想、仁政理念的内涵。其二，彰显了儒家中和理想的价值，以及中庸的原则、方法及其意义。其三，在承认差别的同时强调相对均衡，如不均衡则实行调

---

① 李宗桂：《试论中国优秀传统文化的内涵》，《学术研究》，2013 年第 11 期。

节，反映了儒家重视整体和谐的社会理想。其四，体现了儒家的公平观，促进了社会公平意识的增长。当然，应当承认，儒家调均思想在后来的社会发展进程中，一度被农民起义领袖利用，衍化出带有绝对平均主义色彩的等贵贱、均贫富思想，成为后来“你有我有全都有”的民粹主义思想，从而使得儒家调均思想在社会实践中落空，衍变成追求绝对平均主义的乌托邦，成为社会进步的一种阻力。太平天国的实践及其《资政新篇》的空想，便是明证。从事中国政治史研究的学者白钢认为：“孔老夫子‘不患贫而患不均’的思想主张，在漫长的中国历史上，尤其是在思想界，曾经产生过莫大的影响。历代一些地主阶级的开明政治家所提出的‘均田’‘均赋’主张，与孔老夫子‘不患寡而患不均’有着直接的承续关系，自不待言。就是宋代以后，起义农民每每作为战斗纲领的‘均贫富’‘均田免粮’，恐怕也与孔子的这句话不无历史联系。”① 从总体上看，调均的思想文化传统，在历史上起的是正面作用，值得充分肯定并给予创造性继承。

儒家调均思想作为中华文化优秀成分之一，在现代社会的发展中具有重要的价值。这种价值首先表现为它有利于我们理性认识中华优秀传统文化。中华传统文化能够绵延数千年，自有其独特的存在价值。在全球化时代，中华传统文化是中国特色社会主义的重要印记，是中国模式、中国道路的重要价值支撑，也是社会主义核心价值观的重要精神滋养。而之所以如此，就是因为中华传统文化有其固有的优秀成分、优秀传统。现在成为人们共识的讲仁爱、重民本、守诚信、崇正义、尚和合、求大同是中华优秀传统文化的主流，而调均的思想传统则是这些主流价值观的若干方面的综合性表现。要调均，就得有仁爱精神，就得有安民养民的理念，就得有正义思想，就得有和谐合作、整合一体的思想，还得有中道原则和方法。否则，调均在理论上就无法确立，在实践中就无法操作。在这种意义上，调均思想传统是在诸多优秀文化的支撑下，对分配问题的正义期盼和合理解决。同时，它也是在对诸多优秀文化价值观的涵摄、整合的基础上形成的新的优秀文化，并经过长期的发展而成为传统。因此我们可以说，中华优秀传统文化绵长深厚，在中华民族的发展历程中，多元并举，异彩纷呈，成为内在的精微的动力，调均的优秀思想文化传统是其中的重要方面。从文化重构的层面看，理性认

① 白钢：《“不患寡而患不均”与平均主义》，《中国农民问题研究》，北京：人民出版社，1993 年版，第 232 页。

识调均的思想文化传统，对于我们提升文化自觉的意识，增强民族文化自信心，有着重要的价值。我们今天讲文化自信，讲中华文化的伟大复兴，离不开对包括调均思想传统在内的中华优秀传统文化的价值的合理阐发和创造性继承。

调均的思想文化传统，对于我们现今防止和解决两极分化，化解矛盾，构建和谐社会，具有重要的思想文化资源价值。在建设现代化国家的时候，在市场经济导向的今天，提倡并鼓励竞争，不同地区、不同群体、不同个人都各擅所长，为美好生活的实现而努力奋斗，甚至让一部分人一部分地区先富起来、先发展起来，显然具有很强的正当性。但是，由于不同地区不同群体不同个人的差异，包括历史文化传统的影响，改革开放前计划经济时代国家政策的区别性对待，改革开放后实行梯度发展战略而出现的政策优惠与否的差异，乃至自然条件等方面的限制等，使得不同地区、不同群体、不同个人的发展程度逐渐呈现出明显的差异，有的甚至发展到了两极严重分化的程度，社会矛盾日益凸显，仇官、仇富情绪滋生，已经到了必须严肃采取切实措施正确处理的时候。诚然，近年来各级政府已经正视现实，并采取了一系列措施来解决问题，但问题仍然很多。我们可以而且应当从调均的优秀文化传统中汲取思想智慧，从顶层设计入手，从分配制度上、施政理念上、价值观念上，以调节均衡为目标，为社会的和谐发展和人民的安居乐业创造新的有利条件。

调均的思想文化传统，是我们在市场经济条件下既承认不同社会主体的地位和收入差异，又注意均衡发展、重视公平正义的有益鉴戒。我们今天的社会，物质丰富程度远远高于历史上任何一个时期，但社会上却弥漫着少有的怨气和乖戾之气，这种情况的出现，固然有诸多原因，但人们对社会不公的普遍不满，是带有根本性因素的。某些特权人士、特权利益集团的存在，养老金双轨制的存在，医疗、教育资源的严重分布不均和分配不均，诸如周某康之流官商勾结、利用职权鱼肉人民中饱私囊的现象，引起全社会的不满。尽管政府采取了诸多措施解决问题，比如调整退休职工养老金，连续十年逐年增加，并让公务员也交养老金；倡导并实施公共服务均等化；等等，但收效并不如预期的理想，甚至刺激了民粹主义、平均主义思想的出现。在这个时候，我们如果注意从调均思想传统中汲取教益，显然就有很强的现实针对性。当然，正如上文所论，调均，并不是要提倡甚至实行平均主义。我们今天应当是在社会主义核心价值观提倡的公平正义的原则基础上，既承认合理的差异，又充分利用政府的能力调节均衡社会财富。至少，是能够让富者足以示贵而不至于骄横暴虐，让贫者足以养生而不至于忧忿愁苦。而且，调均不能局限于单纯的经济利益方面，而要涵括政治权益、精神生活，以及医疗教育等公共服务方面。调均，要防止和反对平均主义特别是绝对平均主义。要从传统农民起义“你有我有全都有”的狭隘思想中解放出来，要超越平均主义、民粹主义的狭隘性。借用董仲舒的话说，调均应当是“制人道而差上下”（《春秋繁露·度制》）。

综上而言，调均的思想传统不仅在历史上起重要的作用，而且在今天也有合理的价值，是中华优秀传统文化的有机成分。对调均思想的现代性阐释，对于我们如何鉴别优秀传统文化、如何对待优秀传统文化、如何创造性继承和创新性发展优秀传统文化，都有样板性的示范意义。从文化价值论的角度看，没有纯而又纯的优秀传统文化，任何优秀传统文化都要通过创造性诠释，赋予新的时代内涵，才能为我所用、为今所用，发挥正面价值。

（作者系中山大学哲学系教授）

从马克思主义哲学中国化的视角看马克思主义与儒学的关系①

◎何 萍

近年来，一些儒学的研究者开始热烈地讨论马克思主义与儒学的关系问题。马克思主义中国化是不是儒学化？马克思主义需不需要儒学化？非儒学化的马克思主义是否具有中国文化身份的合法性，能不能继续作为当今中国的主流意识形态？在建设中国特色社会主义中，马克思主义与儒学各自能起到什么样的作用？儒学的研究者提出和讨论这些问题，当然是出于对儒学自身建设和发展的思考，但同时也是对马克思主义中国化的历史和现状的质疑。因此，今天的中国马克思主义者绝不能不理这些问题，而必须重视和明确地回答这些问题。在我看来，要以马克思主义哲学的观点来回答这些问题，必须弄清楚五个最基本的理论问题：第一，马克思主义与儒学关系研究的理论视角和话语系统；第二，马克思主义与儒学关系中的“马克思主义”概念的确切含义；第三，马克思主义哲学与儒学发生关系的理论基础；第四，马克思主义哲学与儒学发生关系的社会基础；第五，马克思主义哲学与儒学发生关系的思想基础。本文将从马克思主义哲学中国化的理论和历史的结合上分别考察这五个理论问题，从而证明：马克思主义中国化不是儒学化，而是马克思主义世界发展的一个部分；马克思主义传入中国，能够成为中国的主流意识形态，是因为它适应了中国现代化的需要；马克思主义是在正确解答中国的现代化问题，创造中国的新思想、新文化的活动中，成为中国

① 基金项目：本文系国家社会科学基金重大招标项目“当代中国哲学史（1949—2009）”（11&ZD85）第一子课题“时代问题的转换与马克思主义哲学中国化的曲折发展”、国家社会科学基金重大招标项目“儒学形态与功能的近百年变化与未来展望”（09&ZD069）、国家社会科学基金项目“1949 年以来中国马克思主义哲学的研究范式及其转换研究”（13BZX004）的阶段性成果；武汉大学自主科研项目（人文社会科学）研究成果，得到“中央高校基本科研业务专项资金”资助。

先进文化的代表，并从中获得了中国文化身份的合法性。

一、问题的缘起与研究的视角

在马克思主义与儒学关系的讨论中，我们常常可以看到两种不同的用语：一种是“马克思主义与儒学的关系”，一种是“儒学与马克思主义的关系”。这两种用语绝不是随意写出来的，而是两种不同研究视角的表达：前者是马克思主义哲学中国化的研究视角的表达，后者是儒学的研究视角的表达。在这两种研究视角下，隐藏着不同的，甚至是对立的理论观点和话语系统。因此，要说明马克思主义与儒学的关系，首先要确定研究的视角，而要确定研究的视角，揭示出隐藏于其中的理论观点和话语系统的内核，就必须考察马克思主义与儒学关系讨论的缘起。

历史地看，马克思主义与儒学关系的讨论始于20世纪90年代。这一讨论最早是在马克思主义哲学中国化的视角下展开的。1991年，华东师范大学出版社出版了曾乐山先生的著作《马克思主义哲学的中国化及其历程》。在这本书的后记中，曾先生指出，他写这本书的目的，是通过考察马克思主义哲学中国化的思想历程，明辨是非，回应当时中国学术界对马克思主义哲学在中国传播和发展的重重非难。他说：“最近几年马克思主义哲学‘过时’论、马克思主义及其哲学在中国的传播中断了中国的启蒙运动论、马克思主义哲学的中国化是封建主义化等谬论，甚嚣尘上。为了明辨是非，澄清思想，以及总结理论思维的经验教训，我也觉得十分需要对这个问题进行学习、探索和研究。”① 为了实现这一目的，曾先生系统地考察了马克思主义在中国传播的历史进程，除此之外，他还专辟“马克思主义哲学的中国化与中国传统思想”一章，分别从实事求是的传统、认识论、辩证法、伦理学和历史观等方面辨析了中国马克思主义哲学与以儒学为主流形态的中国传统哲学之间的关系，从而得出了这样的结论：“马克思主义哲学中国化与中国传统思想有密切联系，中国的马克思主义者在使马克思主义哲学中国化过程中批判继承了不少的中国传统思想，并取得了重要的成就。从这里我们

① 曾乐山：《马克思主义哲学的中国化及其历程》，上海：华东师范大学出版社，1991年版，第284页。引文中所说的“这个问题”，是指马克思主义哲学的中国化及其历程问题。

可以看到，马克思主义并不是反对优秀传统，而是批判继承优秀传统。马克思主义哲学中国化、民族化，不能离开批判继承中国的优秀传统。中国的传统思想文化中，固然存在着大量封建性的糟粕。但也有许多民主性科学性的精华，必须具体分析，区别对待。”① 这一结论的核心观点，毛泽东早在《新民主主义论》中就已经提出了，曾先生此时阐发这些观点的意义在于，他通过考察马克思主义哲学中国化的历史进程，回应了20世纪80年代中国学术界在反思中国启蒙运动中对马克思主义哲学中国化的各种挑战，赋予了毛泽东这一观点新的时代内容，鲜明地表达了20世纪90年代的中国马克思主义学者对待马克思主义哲学中国化的基本态度，从而初步地确立了马克思主义与儒学关系讨论中的马克思主义哲学中国化的话语系统。

与马克思主义哲学中国化的研究视角相对的，是儒学的研究视角。这一研究视角早在20世纪80年代就开始酝酿了，但是，它的真正形成却是在21世纪的头十年。为什么这样说呢？汤一介先生在多次会议上回顾了他思考儒学与马克思主义关系问题的缘起。他最早接触到这个课题，是1983年在加拿大蒙特利尔召开的第十七届世界哲学大会上。当时，他作了主题为《儒学第三期发展的可能性》的演讲，主要讲“天人合一”“情景合一”的问题。当时，参会的台湾学者提出了问题：“汤一介讲的这些怎么没有马克思主义？”“马克思主义和儒学到底有没有契合点？”这一尖锐的提问，促使汤先生开始思考儒学与马克思主义的关系问题。按照汤先生自己的说法，这是一种被动的思考。② 但是，进入新世纪后，情况就不同的。随着儒学在大陆的复兴，儒学的研究者明确地提出了“儒学与马克思主义的关系”这一课题，并把对这一课题的学术讨论接合在文化保守主义的政治主张上，从而使“儒学与马克思主义关系”由一种被动的思考转变为一种自觉的学术检讨，从一种单纯的学术探讨转变成了一种政治的、意识形态的诉求。

当然，文化保守主义在大陆也有激进派和温和派之分。文化保守主义的激进派以蒋庆、康晓光为代表，坚决反对以马克思主义为中国的主导意识形态，宣称

① 曾乐山：《马克思主义哲学的中国化及其历程》，上海：华东师范大学出版社，1991年版，第259页。

② 见《“儒学与马克思主义研究”项目启动会议纪要》，汤一介：《儒学与马克思主义》，北京大学儒学研究院、北京大学高等人文研究院编：《“儒学与马克思主义研究工作会议”论文和发言》，2013年11月28日。

要把儒学和儒教作为当今中华民族的民族生命与民族精神的正统思想，概括地说，就是要“崇儒反马”。文化保守主义的温和派的核心观点是，尊孔崇儒，却不反对马克思主义，而是主张儒学与马克思主义相互补充，共同作为建设中国特色社会主义的思想资源。汤一介先生可以作为这一派的代表人物。他在《儒学与马克思主义》一文中明确地指出：“当前中国发展的目标是建设‘有中国特色的社会主义’，那么对这一目标的实现，儒学与马克思主义对之有什么特殊意义呢？从儒学方面说，一、它可以充分体现着‘有中国特色’；二、它有着特殊的‘社会主义’因素，这可以由其‘天下为公’的‘大同’思想体现出来，就此我们可以说儒学是一种有着‘人文道德理想的社会主义’，它无疑可以为建设‘有中国特色的社会主义’提供有意义的资源。马克思主义在中国近百年来改变着中国社会的面貌，它本身也在中国大地上改变中国面貌的过程中有着重大发展，这已经体现着‘有中国特色’；至于马克思主义在建设有‘中国特色的社会主义’中所起的作用，它可以被称之为革命的批判精神的‘社会主义’，它无疑也是可以为建设‘有中国特色的社会主义’提供有意义的资源。我认为，根据中国的历史和现实，也许儒学和马克思主义的有机结合可以创造出新型的‘有着中国特色的社会主义’的社会，这将为人类社会的发展提供一个范例。”① 在这段话中，汤先生虽然肯定了马克思主义在建设有“中国特色的社会主义”中的作用，但他是把这种作用归于一种外来文化对中国文化的影响，而否认中国马克思主义本身就具有中国的民族特色；他在把马克思主义哲学归于革命的批判精神的时候，又否认了中国的马克思主义也同时有着科学的建设精神。这就有失偏颇了。由于这种认识上的偏颇，所以他把“中国特色社会主义”的民族性归于儒学，要求以儒学为建设“中国特色”社会主义之本，或者让马克思主义复归儒学。在这里不难看出，大陆文化保守主义的温和派与激进派虽然政治立场不同，对待马克思主义的态度也大不相同，但是，在强调儒学在当代中国文化和意识形态建设中的本位性、优先性和合法性这一点上，则是一致的。这一观点，构成了“儒学与马克思主义的关系”讨论中的儒学的话语系统。

由此可见，在“马克思主义与儒学的关系”和“儒学与马克思主义的关系”

---

① 汤一介：《儒学与马克思主义》，北京大学儒学研究院、北京大学高等人文研究院编：《“儒学与马克思主义研究工作会议”论文和发言》，2013 年 11 月 28 日，第 7 - 8 页。

这两种用语下，隐藏着马克思主义哲学中国化和儒学两种不同的话语系统。这两种话语系统，无论是在思考的问题上，还是在研究的路向上，都有着很大的差异，在某种程度上可以说，两者是对立的。方克立先生把两者的对立概括为意识形态的领导权问题，指出这个问题的实质在于：其一，马克思主义与儒学，何者为主导意识，何者为支援意识？其二，建设中国特色社会主义，究竟是坚持马克思主义的科学社会主义，还是儒家社会主义？对此，方先生的回答是：马克思主义是主导意识，儒学是支援意识；中国特色社会主义只能是科学社会主义，而不能是儒家社会主义。从这一观点出发，他驳斥了大陆新儒学对习近平同志关于弘扬中华优秀传统文化讲话的解读。他说："有的大陆新儒家代表认为，习近平同志关于弘扬中华优秀传统文化的讲话，是中共'摒弃意识形态''回归中华道统'的标志，是他们'去马归儒''儒化中共'战略取得的一大胜利。这恐怕是他们一厢情愿的想法。其实，习近平同志的讲话传达了两个重要信息：一是新一届党中央非常重视弘扬中华优秀传统文化，指出中国特色社会主义植根于中华文化沃土，与源远流长的中华文化有着深厚的血脉联系，中国共产党人是中华优秀传统文化的忠实传承者和弘扬者；二是强调研究孔子、儒学和中国传统文化，必须坚持以马克思主义为指导，要用历史唯物主义基本观点和方法有鉴别地加以对待，有扬弃地予以继承，取其精华，去其糟粕，古为今用，推陈出新。这是一个鲜明的马克思主义的思想文化继承方针，与大陆新儒家'崇儒反马''复古更化''改旗易帜'的政治文化企求根本不是一回事。"① 方先生的这些论述，强化了马克思主义与儒学关系讨论中的问题意识，突出了马克思主义哲学中国化的话语系统的中心论题，这就是要论证马克思主义中国化何以不是儒学化，非儒学化的中国马克思主义为什么具有作为中国主导意识形态的合法性。

综观马克思主义与儒学关系讨论的历史和现状，我认为，要真正解决马克思主义与儒学关系问题，就必须采用马克思主义哲学中国化的话语系统。这里，不仅存在着一个政治立场和学术立场的问题，也有一个寻找解决这一问题的学术路径的问题。在这两者中，前者固然重要，但如果没有后者支撑，前者是得不到最终解决的。这正如马克思所说的："理论只要说服人，就能掌握群众；而理论只

---

① 方克立等：《大陆新儒学思潮平议》，《中国社会科学报》，2014 年 7 月 30 日，A04 版《学海观潮》。

要彻底，就能说服人。所谓彻底，就是抓住事物的根本。"① 因此，我在这里强调后者的重要性，就是要寻求理论的彻底性，这里的理论的彻底性，就是抓住马克思主义哲学中国化的根本，而要抓住马克思主义哲学中国化的根本，就必须进到马克思主义哲学中国化的话语系统中去。

二、如何界定马克思主义与儒学关系中的"马克思主义"

在确定了研究的视角和话语系统后，还有一个界定马克思主义与儒学关系中的"马克思主义"的问题。这里的"马克思主义"究竟指的是哪一种马克思主义？是具有强烈的西方特点的马克思的马克思主义，或西方的马克思主义，还是已经成为了中国文化的一部分，具有强烈的中国特点的中国的马克思主义，或者说是中国化了的马克思主义。厘清这个概念，对于我们明确本课题研究的对象和问题，是极其必要的。

我认为，界定马克思主义与儒学关系中的"马克思主义"概念，应该包括两个方面的问题：其一，这里所说的"马克思主义"，究竟是马克思的马克思主义，西方的马克思主义，还是中国的马克思主义，或者说是中国化了的马克思主义；其二，这里所说的"马克思主义"，是一个包含着哲学、政治经济学和科学社会主义等在内的总体概念，还是特指马克思主义哲学。我将分别分析这两个方面的问题。

首先分析第一个方面的问题。

客观地说，儒学的研究者滥用"马克思主义"这个概念，在很大程度上，是由中国马克思主义研究的复杂格局造成的。在中国，马克思主义的研究是由多个分支学科构成的：有马克思主义基本理论的研究，有马克思主义经典著作的研究，有马克思主义思想史的研究，有国外马克思主义的研究，还有马克思主义中国化的研究，等等。由于这些分支学科各有其具体的研究对象，所以研究者们使用了不同的马克思主义概念，比如研究马克思、恩格斯著作和思想的学者，强调的是马克思、恩格斯的马克思主义；研究马克思主义思想史的学者，就会用到苏

---

① ［德］马克思：《〈黑格尔法哲学批判〉导言》，《马克思恩格斯选集》第 1 卷，北京：人民出版社，1995 年版，第 9 页。

联马克思主义和西欧马克思主义的概念；研究马克思主义中国化的历史和理论的学者，就会交叉地使用一般的马克思主义和中国的马克思主义的概念。可见，中国的马克思主义研究中存在着多个“马克思主义”概念，是由存在着多个研究领域造成的，它们的存在是中国马克思主义理论丰富性的表现。但是，这并不意味着这些概念就可以不加区别、不加分析地运用于说明马克思主义与儒学的关系。马克思主义与儒学关系中的“马克思主义”也必须根据其研究的对象来界定其使用的边界，否则就会造成理论上的混乱。比如，如果把马克思主义与儒学关系中的“马克思主义”界定为马克思的马克思主义、恩格斯的马克思主义，或者是西欧的马克思主义，那么得出的结论必然是，马克思主义是外来的学说。但是，这样的界定显然是不对的。因为马克思主义与儒学关系讨论的缘起已经表明，这场讨论是从反思中国的启蒙思潮中产生出来的，它所针对的是已经对中国的经济、政治、文化和中国人的生活世界产生了一个世纪影响的马克思主义，是支配着中国人的思维方式、成为了中国的主流意识形态的马克思主义，这种马克思主义只能是中国的马克思主义，或者说是中国化了的马克思主义。

这一界定也符合思维的逻辑和历史事实。我们可以试想一下，如果仅仅是马克思的马克思主义、西欧的马克思主义，总之，是一个与中国社会没有发生过关系的马克思主义，儒学的研究者怎么会去关心它、重视它呢？当然也不会把它与儒学的发展联系在一起。事实上，儒学的研究者提出儒学与马克思主义关系这一课题，是以承认马克思主义已经中国化了，已经成为了中国文化的一部分为前提的，同样地，中国的马克思主义者研究马克思主义与儒学关系，也是以肯定马克思主义已经进入了中国人的日常生活，与中国的思想、政治和经济生活发生了密切的联系，并决定着中国未来的前景为前提的。正是这样，中国的马克思主义者明确地、自觉地探讨马克思主义与中国传统文化的关系，并不在马克思主义传入中国之初，而是在中国人接受了马克思主义之后。毛泽东是明确地、自觉地、严肃地提出和思考马克思主义与中国传统文化关系的第一人。他首次提出和思考这个问题是在 20 世纪 30 年代。当时，马克思主义已经成为了中国共产党的指导思想。20 世纪 90 年代，中国学者再度提出这一课题，是为了回击来自不同方面的对马克思主义中国化的种种诘难，是为了坚持马克思主义中国化的方向。

由此可见，马克思主义与儒学关系的问题，归根到底，是有关马克思主义中国化的问题，讨论的双方，无论是赞成和肯定马克思主义中国化的学者，还是否定和质疑马克思主义中国化的学者，其实都是对当下中国的实践和文化精神的反思和检讨。这一事实充分证明，进入马克思主义与儒学关系讨论中的“马克思主义”，绝不是马克思、恩格斯的马克思主义，也不是苏俄的马克思主义和西方的马克思主义，更不是后马克思主义，而只能是已经成为了中国文化的一个有机部分的中国化了的马克思主义，或中国的马克思主义。

其次分析第二个方面的问题。

即使把马克思主义与儒学关系讨论中的“马克思主义”界定为中国的马克思主义，也还是有问题。我们知道，马克思主义是由哲学、政治经济学和科学社会主义三个部分组成的，其中，哲学是世界观和方法论，属于较为抽象的、精神的东西，政治经济学和科学社会主义是现实的内容，属于较为具体的、现实的东西。由于有了这三个部分区别，人们在研究马克思主义的理论时，首先要根据研究的问题，界定研究的领域是哲学的、政治经济学的，还是科学社会主义的。马克思主义中国化的研究也是如此。马克思主义中国化包含了把马克思主义哲学中国化、把马克思主义政治经济学中国化、把马克思主义的科学社会主义中国化。中国马克思主义哲学、中国特色社会主义的政治经济学和中国特色的社会主义理论，就是这三个部分中国化的重大思想成果。如果说，马克思主义与儒学关系中的“马克思主义”，是中国的马克思主义，那么这个马克思主义是属于中国马克思主义研究的哪个领域呢？是中国马克思主义的哲学，是中国特色社会主义的政治经济学，还是中国特色的社会主义理论呢？显然，这需要由马克思主义与儒学关系讨论的问题来确定。我认为，马克思主义与儒学关系的讨论虽然论及到建设有中国特色的社会主义的资源问题，但其中心点还是解决中国人的文化精神建设问题，因而是一个哲学的问题。正因为如此，这场讨论始终是在哲学领域展开的，并且讨论的也都是哲学问题。从这一点看，这里的“马克思主义”指的是马克思主义哲学，因此，我们所讲的马克思主义与儒学的关系，确切的用语应该是“马克思主义哲学与儒学的关系”。

既然马克思主义与儒学关系中的“马克思主义”的确切含义是中国的马克思主义哲学，那么中国的马克思主义哲学的性质是什么呢？是马克思主义，还是儒学呢？如果说是马克思主义的，那么中国的马克思主义哲学是如何与儒学发生关系呢？它们之间是一种什么样的关系呢？我认为，要解决这些问题，就必须对中国马克思主义哲学开展内部与外部两个方面的研究。内部方面指中国马克思主义哲学自身的理论特点，这一研究指向了马克思主义哲学与儒学发生关系的理论基础；外部方面指中国马克思主义哲学产生和发展的历史环境，这一研究指向了马克思主义哲学与儒学发生关系的社会基础和思想基础。只有通过这两个方面的研究，我们才能把自己的结论建立在可靠的基础之上。

三、马克思主义哲学与儒学发生关系的理论基础

中国的马克思主义哲学研究者普遍认为，马克思主义哲学的性质与儒学的性质完全不同，是不可能儒学化的，马克思主义哲学中国化主要是指马克思主义哲学与中国革命实践相结合，而不是儒学化，而且马克思主义哲学也不可能儒学化。这实际上提出了如何看待中国马克思主义哲学的性质，如何从中国马克思主义哲学自身的理论特点上去说明马克思主义哲学与儒学的关系问题。我把这一研究路向称之为对中国马克思主义哲学的内部研究，这一研究指向的问题是：马克思主义哲学与儒学发生关系的理论基础。我认为，要从理论上论证这个观点的正确性和合理性，就必须重新思考中国马克思主义哲学的一般性和个别性及其关系的理论。

关于中国马克思主义哲学的一般性和个别性及其相互关系的理论，是中国的马克思主义者在思考如何使马克思主义哲学中国化的过程中提出来的。毛泽东在批判本本主义和教条主义的时候，反复强调要把马克思主义的普遍真理与中国革命的实践相结合，使马克思主义中国化。毛泽东所说的把马克思主义的普遍理论与中国革命的实践相结合，就是在讲中国马克思主义哲学的一般性和个别及其关系的问题。这既是一个实践的问题，也是一个理论的问题。长期以来，中国的马克思主义者注意到前一个问题，而忽略了后一个问题。因此，人们在讲到马克思主义哲学中国化时，只讲中国马克思主义哲学的特殊性、个别性，只强调中国马克思主义哲学的实践意义，而不去研究中国马克思主义哲学的普遍性和一般性，不讲中国马克思主义哲学的一般性对于改造中国社会和改造中国旧文化的意义。这就为人们把马克思主义哲学中国化理解为儒学化，打开了一个方法论的缺口。一些儒学的研究者提出马克思主义哲学中国化就是儒学化，从方法论上看，就是把中国马克思主义哲学诸多个别性中的一种，即马克思主义哲学与中国传统文化之间的联系，夸大成中国马克思主义哲学的全部内容，进而以中国传统文化为标

准衡论中国马克思主义哲学的性质。可见，要克服马克思主义哲学与儒学关系讨论中的这一方法论的缺陷，就必须充分地说明中国马克思主义哲学的一般性及其意义，坚持一般下的个别，而不是以个别否定一般。

关于一般与个别的辩证关系，列宁曾经有过一个精辟的论述："个别一定与一般相联而存在。一般只能在个别中存在，只能通过个别而存在。任何个别（不论怎样）都是一般。任何一般都是个别的（一部分，或一方面，或本质）。任何一般只是大致地包括一切个别事物。任何个别都不能完全地包括在一般之中，如此等等。任何个别经过千万次的过渡而与另一类的个别（事物、现象、过程）相联系，如此等等。"① 在今天看来，列宁这一论述的重大理论意义，就在于指出了一般的相对独立性。列宁强调，一般要通过个别来表现，但不可能在某一个个别中全部表现出来，而必须通过无数个个别、无数的偶然性来实现自己。在这里，一般的独立性就显现出来了：首先，它是个别的本质，规定着个别的发展趋势；其次，它是把无数个个别联结起来的纽带；最后，它是个别之间相互转化的环节。一般的这些特性，不允许人们忽略它，尤其是在分析某一事物的性质时，更是不能不理它。我们分析中国马克思主义哲学的性质，也必须重点分析它的一般性。

中国马克思主义哲学的一般性，就是毛泽东所说的马克思主义的普遍真理。马克思主义的普遍真理包含了多方面的内容：有马克思主义的世界观和方法论，有马克思主义哲学对时代的看法，有马克思主义哲学对世界历史发展的看法，有马克思主义哲学对资本主义和帝国主义本质及其规律的说明，等等。这些都构成了马克思主义哲学的基本观点和基本理论。中国马克思主义者正是依据马克思主义哲学的这些基本观点和基本理论来分析中国社会的性质，思考中国革命和中国现代化的特殊道路，说明马克思主义哲学与中国传统文化的关系，探求中国的经济、政治和文化发展的前景，创造了中国的马克思主义哲学。在这个哲学中，有对马克思主义哲学基本理论的新发展，有对世界历史的新看法，有对资本主义规律和社会主义革命必然性的说明，这些都构成了中国马克思主义哲学理论基础和内在根据，规定着中国马克思主义哲学的性质和内容，决定着中国马克思主义哲

① ［苏联］列宁：《谈谈辩证法问题》，《列宁全集》第 55 卷，北京：人民出版社中文第 2 版，1990 年版，第 307 页。

学的发展方向，是中国马克思主义哲学的一般性，而这个哲学中有关中国社会的性质、中国革命和中国现代化道路，马克思主义哲学与中国传统哲学的关系，中国的经济、政治和文化发展等理论，是中国马克思主义哲学的特殊理论，体现了中国马克思主义哲学的个别性，这些个别性从不同的方面体现着中国马克思主义哲学的一般，并随着中国马克思主义哲学一般的变化而不断变化。这就是中国马克思主义哲学的一般性与个别的关系。

这个关系表明：中国马克思主义哲学的个别性是由它的一般性所规定的，是一般下的个别，马克思主义哲学与儒学的关系问题，是中国特有的问题，属于中国马克思主义哲学的个别性，这个个别性与其他的个别性一样，都要受到一般性的制约，被一般性所规定；中国马克思主义哲学的一般性是决定中国马克思主义哲学性质的方面，也是主导中国马克思主义哲学发展的方面，由于这个方面的存在及其作用，中国的马克思主义哲学不可能儒学化，相反，只能是儒学被马克思主义哲学改造后，作为因素而纳入到马克思主义哲学之中。

四、马克思主义哲学与儒学发生关系的社会基础

中国的马克思主义哲学不可能儒学化，不仅有着自身理论的根据，而且有着现实的根据。这个现实的根据就是中国的现代化。中国的现代化是马克思主义哲学与儒学发生关系的社会基础。

我们知道，中国是在西方资本主义国家的侵略下被迫走上现代化道路的。在这一过程中，中国在思想上经历了一个西学东渐的过程，在文明形态上，经历了由农业文明到工业文明的转变。这两个方面决定了马克思主义哲学在中国传播和发展的必然性。从思想层面看，马克思主义哲学是作为西方的先进思想传入中国的，中国先进的知识分子在中国传播马克思主义哲学，是要用西方先进的思想来改造落后的中国。为了实现这一目标，中国的马克思主义者必须把马克思主义哲学由西欧的哲学变成中国人自己的哲学。在这一过程中，中国的马克思主义者与当时传入中国的其他西学思潮的代表人物，与儒学的代表人物，进行了激烈的论战，从而使马克思主义哲学与儒学之间发生了复杂的关系；在文明形态的变革上，中国的马克思主义者主张把中国的现代化建立在工业文明的基础上，通过革命的方式，推动中国走上社会主义的道路，而儒学的代表人物则主张在农业文明

的基础上，用改良的方式实现中国的现代化。这两种观点的对立突出地表现在20世纪20—30年代的东西文化论战中。[①] 中国的马克思主义者在这两个层面上的主张以及与儒学的论争，都是为了解决中国向何处去这个时代的大问题，代表了中国现代化的革命的观点，也是最先进的文化。由此可见，马克思主义哲学传入中国，能够为中国人所接受，完全是由中国现代化的内在要求所决定的。这一点，在马克思主义哲学中国化的内在机制中得到了鲜明的体现。

由于马克思主义哲学是在与中国思想界的各种思潮的论战中进入中国思想世界的，并代表了中国现代化的革命的观点和最先进的文化，所以马克思主义哲学中国化必然包含三个层面的内容：

第一个层面的内容，是马克思主义哲学与中国的实际情况和革命实践相结合。19世纪末20世纪初，世界历史进入了一个帝国主义战争与无产阶级革命并存的时代。在这个时代，一方面是帝国主义借助国家权力争夺殖民地、瓜分世界，终于引发了世界大战，造成了世界性的灾难；另一方面是十月革命的胜利，推动了无产阶级革命在世界范围内的蓬勃发展。而此时的中国，已经饱受了半个世纪帝国主义侵略、掠夺和瓜分的痛苦。在这半个世纪中，西方帝国主义列强向中国进行了一系列的侵略战争，如鸦片战争、中法战争、中日战争等，迫使中国一步步沦为一个半殖民地半封建性质的社会，不仅大片的领土被侵占，而且经济、政治主权也受到了帝国主义的控制，中国已经成为帝国主义的商品市场，甚至连农业生产也服从于帝国主义的需要。为了反抗帝国主义的侵略、掠夺和压迫，中国人民进行了一次又一次的革命，比如义和团运动、辛亥革命等，但是这些革命都不能抵御帝国主义的侵略战争，都无法阻止中国走向灭亡。中国的出路在哪里？什么样的革命能够挽救中国呢？这是当时中国面临的最大问题。这个问题困扰着中国一代革命者。马克思主义正是在这一困境下传入了中国，它的传入适应了中国革命的需要，当然要把解决中国革命的任务置于首位。由此决定，把马克思主义哲学与中国的实际情况和革命实践相结合，就成为了马克思主义哲学中国化的第一个层面的内容，也是最重要的内容。这个内容突出了马克思主义哲学在中国传播和发展的历史必然性。

---

① 关于这个问题的详细论述，见何萍：《马克思主义哲学史教程》下卷，北京：人民出版社，2009年版，第887－896页。

第二个层面的内容，是马克思主义哲学与中国传统文化相结合。马克思主义哲学传入中国，要在中国生根，就必然要面对中国的传统文化。在对待中国传统文化上，中国的马克思主义者和全盘西化派是有区别的：全盘西化派本质上是排斥中国传统文化的，而中国的马克思主义者从来就不排斥中国传统文化，而是强调改造中国传统文化，吸取其中的精华。中国的第一个马克思主义者、第一个马克思主义哲学家李大钊在阐发马克思的唯物史观时，就融入了儒学的民本思想。他强调，马克思的唯物史观固然重视生产力、经济关系，但同时也重视"民"、重视人民大众，信任和尊重人民群众，前者是一个历史必然性的问题，后者是一个善的问题。如此一来，他就把经济的必然性和伦理学对人性的研究有机地结合在一起，避免了机械唯物论和经济决定论，从而凸显了中国马克思主义哲学的特色。当然，在吸取儒学的民本思想的过程中，李大钊并没有把儒学作为唯物史观的内核，而是把马克思有关经济必然性的思想作为唯物史观的内核。可见，李大钊吸取儒学的民本思想，不是要使马克思主义哲学儒学化，而是用马克思的唯物史观改造儒学，激活儒学中有价值的思想。毛泽东发展了李大钊的这一思路。从20世纪30年代到新中国成立后，毛泽东反复强调，中国的马克思主义者要尊重中国的历史，批判地继承中国哲学这份珍贵的遗产。1938年，他在提出"使马克思主义中国化"时指出："学习我们的历史遗产，用马克思主义的方法给以批判的总结，是我们学习的另一任务。我们这个民族有数千年的历史，有它的特点，有它的许多珍贵品。对于这些，我们还是小学生。今天的中国是历史的中国的一个发展；我们是马克思主义的历史主义者，我们不应当割断历史。从孔夫子到孙中山，我们应当给以总结，承继这一份珍贵的遗产。这对于指导当前的伟大的运动，是有重要的帮助的。"① 1940年，在《新民主主义论》中，他进一步指出："清理古代文化的发展过程，剔除其封建性的糟粕，吸收其民主性的精华，是发展民族新文化提高民族自信心的必要条件；但是决不能无批判地兼收并蓄，必须将古代封建统治阶级的一切腐朽的东西和古代优秀的人民文化即多少带有民主性和革命性的东西区别开来。中国现时的政治经济是从古代的旧政治旧经济发展而来的，中国现时的新文化也是从古代的旧文化发展而来，因此，我们必须尊

---

① 毛泽东：《中国共产党在民族战争中的地位》，《毛泽东选集》第2卷，北京：人民出版社，1991年版，第533－534页。

重自己的历史，决不能割断历史。但是这种尊重，是给历史以一定的科学的地位，是尊重历史的辩证法的发展，而不是颂古非今，不是赞扬任何封建的毒素。对于人民群众和青年学生，主要地不是要引导他们向后看，而是要引导他们向前看。”① 在这里，毛泽东阐明了中国的马克思主义者对待中国古代文化传统的基本态度，这就是把马克思主义哲学与中国文化传统中的思想精华相结合，而不是与其中的封建主义的糟粕相结合，因此马克思主义哲学中国化不是封建主义化、儒学化，而是使包括儒学在内的中国传统哲学现代化。毛泽东的《实践论》和《矛盾论》就是中国马克思主义者用马克思主义的唯物辩证法改造中国古代辩证法思想的典范之作，从而表明，与中国传统文化相结合，吸取中国传统文化中的思想精华，是马克思主义哲学中国化的重要内容之一。

第三个层面内容，是马克思主义哲学直接参与了中国现代哲学传统的创造。历史地看，中国哲学有古代传统和近现代哲学传统之分：中国哲学的古代传统是在中国古老的农业文明中生长出来的，属于中国的本土文化；而中国近现代哲学传统是以西方近现代哲学为平台，经过中西方思想的激烈论争、相互碰撞、相互融合而形成的，因此，必然包括了近现代传入中国的各种西方的哲学传统，是由传入中国的各种西方的哲学传统与经历了现代转化的中国传统哲学共同构成的复杂多元的思想体系。马克思主义哲学在传入中国之初，就参与了当时的各种思想争论，比如问题与主义的论战、关于社会主义的论战、东西文化论战、唯物辩证法论战，等等。正是在这一系列的论战中，马克思主义哲学形成了中国的话语系统，成为了中国哲学的一部分，进而引领了中国哲学的现代发展。毛泽东在《新民主主义论》中谈到中国文化革命的历史特点时，专门论述了中国的马克思主义哲学在创造中国现代文化中的作用和意义。他说：“在中国文化战线和思想战线上，‘五四’以前和‘五四’以后，构成了两个不同的历史时期。在‘五四’以前，中国文化战线上的斗争，是资产阶级的新文化和封建阶级的旧文化的斗争……‘五四’以后则不然。在‘五四’以后，中国产生了完全崭新的文化生力军，这就是中国共产党人所领导的共产主义的文化思想，即共产主义的宇宙观和社会革命论……这支生力军在社会科学领域和文学艺术领域中，不论在哲学方面，在经济学方面，在政治学方面，在军事学方面，在历史学方面，在文学方

① 毛泽东：《新民主主义论》，《毛泽东选集》第2卷，北京：人民出版社，1991年版，第707－708页。

面，在艺术方面（又不论是戏剧，是电影，是音乐，是雕刻，是绘画），都有了极大的发展。二十年来，这个文化新军的锋芒所向，从思想到形式（文字等），无不起了极大的革命。其声势之浩大，威力之猛烈，简直是所向无敌的。”① 毛泽东这里所说的“五四”以后的共产主义的文化思想，指的是新民主主义的文化。这个新文化就是中国马克思主义哲学日后发展的基础。由此可见，我们今日的马克思主义哲学不是外来的，而是从中国现代哲学的创造过程中孕育而生的，中国现代哲学就是中国马克思主义哲学产生和发展的文化土壤，因此，不研究中国近现代哲学的历史，不研究中国马克思主义哲学参与中国现代哲学创造的过程，不研究中国马克思主义哲学与中国近现代其他哲学传统之间的关系，就不可能全面地了解马克思主义哲学中国化的丰富内涵，当然也就不可能准确地认识中国马克思主义哲学的本质。

概括起来，上述三个层面的内容可分为两类：一类是实践的内容，这是第一个层面的内容；一类是思想的内容，由第二、第三两个层面的内容构成。实践的内容是思想内容的社会基础，决定着思想内容的性质和发展方向。因此，在这三个层面的内容中，第一个层面的内容最为重要。它决定了中国人是否接受马克思主义，以及接受什么样的马克思主义，是接受苏联的马克思主义，还是接受西欧的马克思主义。同时，它还决定着第二、第三两个层面的内容，既决定着马克思主义对待中国传统文化的态度以及与中国传统文化发生什么样的关系，是排斥还是吸取，排斥什么，吸取什么，也决定着马克思主义哲学以什么样的方式参与中国现代哲学传统的创造。这就使我们有根据把马克思主义哲学中国化的实践内容作为尺度，去测定马克思主义哲学与儒学何者更具有合法性，离开了这个尺度，就会陷入历史虚无主义，马克思主义哲学与儒学关系也就很难评定了。

五、马克思主义哲学与儒学发生关系的思想基础

马克思主义哲学与儒学发生关系，不仅需要一定的社会基础，而且还需要一定的思想基础。这个思想基础要到马克思主义哲学中国化的第二、第三两个层面的内容中去寻找。

---

① 毛泽东：《新民主主义论》，《毛泽东选择》第2卷，北京：人民出版社，1991年版，第696－698页。

我认为，要揭示马克思主义哲学与儒学发生关系的思想基础，首先要对马克思主义哲学中国化的第二和第三两个层面的关系作一辨析。从总体上看，第二和第三两个层面的内容都属于思想的东西，但两者在思想的维度、研究的问题及其功用上，是有区别的：第二个层面呈现的是民族文化传统的内容，因此考察这个层面的内容，需要采用民族文化的思想维度，它的问题是探寻马克思主义哲学与中国传统哲学在哲学性格和思维方式上的相似相通之处，揭示马克思主义哲学与中国传统哲学相结合的可能性；第三个层面呈现的是时代思维的内容，因此研究这个层面的内容，需要采用时代思想的维度，它的问题是揭示中国思维方式变革的内在机制，说明马克思主义哲学与中国传统哲学相结合的现实性。两者相比，第三个层面的内容更为重要，因为它是把可能变成现实的运动。然而，在马克思主义哲学与儒学关系的研究中，无论是马克思主义哲学的研究者，还是儒学的研究者，都只是在第二个层面上探讨马克思主义哲学与儒学在哲学性格和思维方式上的相似相通之处，比如，马克思主义哲学中的革命理想主义与儒家的大同社会有相通之处，马克思主义的唯物辩证法与儒家的辩证思维传统有相通之处，马克思主义哲学与儒家都重视实践，都关心生活世界、强调民本思想，等等。在我看来，这些研究是必要的，但又是不够的，因为它只能说明马克思主义哲学与儒学相结合的可能性，却不能说明马克思主义哲学与儒学相结合的现实性，不能说明马克思主义哲学与儒学是在什么样的思维水平上发生关系，又是以什么样的方式结合在一起的。而这些只能在第三个层面的考察中找到答案。因此，我在这里着重论述第三个层面的内容。

在第三个层面上，我认为，要研究西方的反启蒙哲学对中国马克思主义哲学的影响。西方的反启蒙哲学是从 18 世纪维科、赫尔德的历史哲学中发展起来的，它的主要特点是反对以自然科学的方法，尤其是反对用近代机械论的思维方式研究人的历史，要求从民族文化的起源中去探讨人的文化创造活动，进而说明人类的历史。① 这种哲学与 18 世纪法国启蒙思潮中发展起来的机械论的哲学是尖锐对立的。自 19 世纪下半叶开始，西方的反启蒙哲学借助新发现的达尔文学说、地

---

① 关于维科、赫尔德的历史哲学的详论，见何萍：《文化哲学的哲学史论题》，《光明日报》，2011 年 2 月 15 日，《理论 · 学术》版；《卡西尔眼中的维科、赫尔德——卡西尔文化哲学方法论研究》，《求是学刊》，2011 年第 2 期；《论文化哲学的普遍性品格及其建构》，《江海学刊》，2010 年第 1 期；《维科与文化哲学》，《福建论坛》，2001 年第 3 期。

理学和生命科学等自然科学的新方法，开展了生命哲学的研究，在思维方式上确立了有机发展观。反启蒙哲学的观点和方法对19世纪末20世纪初的马克思主义哲学产生了很大的影响。在西欧，意大利杰出的马克思主义理论家拉布里奥拉和法国杰出的马克思主义理论家拉法格，都借助维科的历史哲学和摩尔根的人类学的成果来阐发唯物史观的原理，他们反对用因素论来解释历史唯物主义，主张用历史整体的方法叙述历史发展的过程，把一定社会的经济、政治、国家和意识形态看作有机整体，政治、国家和意识形态是从经济的运动中产生出来的，因而是经济运动中的一个方面、一个环节。① 在俄国，列宁在批评民粹派和经济派时，也反对用因素论来解释马克思的唯物史观。他指出，在马克思的唯物史观中，最重要的是社会形态这个概念，马克思的“社会经济形态的发展是一种自然历史过程”的观点，绝不是仅仅分析经济因素的结果，而是通过分析资本主义的整个社会形态来证明的。② 这些足以说明，运用当时的有机整体观来阐释马克思的历史唯物主义理论，把人类历史描述为一个整体的、历史的过程，是这一时期马克思主义哲学家们对于历史唯物主义理论发展所作出的最突出的贡献。中国的马克思主义者接受的就是这一时期的马克思主义哲学，并因此而接受了反启蒙哲学的思维方式。比如，李大钊在介绍马克思的唯物史观时，也介绍了维科、李凯尔特、孔德等反启蒙哲学代表人物的历史哲学及其思维方式，并把马克思的唯物史观置于整个历史哲学的背景下加以阐释和评价；蔡和森在他的《社会进化史》一书中叙述了拉法格的《财产及其起源》的主要思想，使中国人认识了拉法格；毛泽东在《矛盾论》中对矛盾特殊性的分析，贯穿了有机整体论的方法；等等。由于中国的马克思主义者接受的是反启蒙哲学的历史观点和有机发展观，而反启蒙哲学的有机发展观与中国古代哲学强调的有机整体观有相似相通之处，这就使得马克思主义哲学与儒学的思想有了契合点。

但是，这种契合点是建立在现代辩证思维方式与古代辩证思维方式的差别之上的。这是时代思维的差别：马克思主义哲学所采用的反启蒙哲学的有机发展观是建立在现代工业的发展和现代自然科学、历史学、人类学提供的现代思维方式

① 关于拉布里奥拉、拉法格的历史唯物主义思想的详论，见何萍：《马克思主义哲学史教程》上卷，北京：人民出版社，2009年版，第266－323页。

② ［苏联］列宁：《什么是“人民之友”以及他们如何攻击社会民主党人?》，《列宁选集》第1卷，北京：人民出版社，1995年版，第4－13页。

的基础上的，而中国古代哲学的有机整体观则是以中国的农业社会和朴素的辩证法为基础的。由于这种时代的差别，加之马克思主义哲学特有的批判品格，所以，马克思主义哲学与儒学之间建立的是一种批判的，并且是不确定的关系。在20世纪20年代的东西文化论战中，中国的马克思主义者对儒学的思维方式采取了否定的态度。当时，瞿秋白用批判的眼光审视了儒学的代表人物用于说明东西方文化关系的“体”“用”思维方式。他认为，“体”“用”的思维方式，只是从民族文化的性格和特点上来理解文化，把东西文化当作是因它们各自的性质不同而截然有别的东西，以为人们只能在它们之间进行选择，而不能进行创造。这种思维方式混同了文化与自然的关系，以自然的特性来说明文化，视文化为静止的、固定不变的东西，因而只强调东西方文化的差异和各自的特殊性，却看不到它们之间的同一性和人类文化的共通性，本质上是一种形而上学的思维方式。与这种思维方式相反，马克思主义的辩证唯物主义采用的是一般与个别辩证统一的思维方式。这种思维方式把文化看作是人类的创造活动，是一个由低到高的有规律的发展过程。他说：“所谓‘文化’（Culture）是人类之一切‘所作’：一、生产力之状态，二、根据于此状态而成就的经济关系，三、就此经济关系而形成的社会政治组织，四、依此经济及社会政治组织而定的社会心理，反映此种社会心理的各种思想系统，——凡此都是人类在一定的时间一定的空间中之‘所作’，这种程序是客观上当有的。‘作者’是人而非虚灵，不能离时间空间而独立。所以研究他的‘所作’，也自然应依此程序。若是研究文化，只知道高尚玄妙的思想，无异乎‘竖蜻蜓’之首足倒置的姿势，必定弄得头晕眼暗。”① 瞿秋白这里所说的“所作”，讲的是人类的文化创造活动；“作者”，指的是人在文化创造活动中的主体性。他把生产力的状态以及与之相关的经济关系和建立其上的政治制度、社会心理、思想体系作为“所作”的内容，是把人类文化的创造看作一个有规律的过程，是人的一般活动和具体的时间、空间活动的统一。这样，他就否定了儒学对文化所作的自然主义的规定，扬弃了儒学对东西方文化的特殊性的说明，把东西方文化的特殊性置于人类文化发展规律的平台上加以说明，从而揭示了中国新文化创造的历史根基和历史必然性。20世纪30年代，毛泽东写了他的

① 瞿秋白：《东方文化与世界革命》，《瞿秋白文集》政治理论编第2卷，北京：人民出版社，1988年版，第20页。

两部最重要的哲学著作《实践论》和《矛盾论》。在这两部著作中，毛泽东以马克思主义的能动的革命的认识论和唯物辩证法改造了儒学的知行观和辩证思维形式，激活了儒学思维方式中富有活力的内容。20 世纪 80 年代，邓小平立足于当代全球化的视野，吸取了儒学“和为贵”的思维方式，把它融于马克思主义辩证法的精髓之中，提出了“一国两制”的思想，成功地解决了香港问题。

马克思主义哲学与儒学之间的这种批判的、不确定的关系表明：马克思主义哲学传入中国，是按照马克思主义哲学的内在逻辑发展的，而不是按照儒学的内在逻辑发展的；马克思主义哲学是否定还是肯定儒学的思维方式，是吸取儒学的这一因素或那一因素，完全是由马克思主义哲学思维方式变革的内在要求决定的。由此可见，马克思主义哲学与儒学发生关系的最主要的思想基础，不是两者在哲学性格和哲学传统上的相似相通之处，而是在中国现代哲学的创造活动中找到了思维方式的契合点。而马克思主义哲学能够战胜儒学而居于中国哲学的主导地位，也是因为它能够站在现代哲学思维的高度，用马克思主义哲学的批判眼光，审视了儒学思想中有价值的成果，通过吸取和改造其中的思想精华，赋予了它们新的形式，激活了儒学中富有活力的思想内容，从而创造出了中国的新文化、新思维。

考察马克思主义哲学与儒学发生关系的理论基础、社会基础和思想基础，我们必然得出这样的结论：马克思主义能够在中国生根、成为中国人的意识形态，不是因为使自己儒学化了，而是因为它解决了中国现代化的问题，适应了中国社会发展的需要。一个多世纪的中国现代化历程表明，任何一种思想和学说在中国的合法性不是以是否儒学化来证明的，而是由它是否解决了中国的现代化问题来证明的。中国的现代化就是测定各种思想和学说获得中国文化的身份合法性的理性尺度，不仅马克思主义哲学需要以这个尺度来测定，就是儒学也需要以这个尺度来测定。因此，马克思主义哲学在今天是否仍然具有中国哲学的合法性，是否能够继续成为主流意识形态，不在于它是否儒学化了，而在于它能否解决当代中国的问题。

（作者系武汉大学哲学学院教授、武汉大学西方马克思主义哲学研究所所长、马克思主义理论与中国实践协同创新中心研究员）

社会主义核心价值观与儒家思想的关系

◎蔡方鹿

儒学中所体现的具有涵盖性的人文精神是中华民族可以提供全球社群的丰富资源。因此，除了大家熟悉的普遍价值如自由、法治、市场经济、民主和市民社会主要来自西方外，这些体现人类文明的成分，有的已被纳入当代中国社会主义核心价值观的内容。而儒学思想中影响深远的儒家传统价值如中道、和谐精神，“推己及人”的仁道和仁爱思想，“和而不同”的共生共处之道，以及“己所不欲，勿施于人”的恕道，仁、义、礼、智、信等人文精神亦是文明对话和人文交流不可或缺的基本原则。这些儒家思想中的精华亦应成为普遍价值，对世界文明的发展和现代化作出贡献，值得肯定的是，这些精华有的也被纳入了当今社会主义核心价值观，如和谐、诚信、友善等，但还值得深入探讨和发掘。儒家思想与现代思想文化的融合，是在当代文化语境中传承和发展中华优秀传统文化，促使其走进新的社会和文化境界的重要途径。

自鸦片战争以来，不屈不挠的中华民族面对外来入侵，奋起抗争，历经重重苦难，付出巨大牺牲，在掌握自己命运之后，又不断求索，克服艰难险阻，建设伟大祖国，取得举世瞩目的成就。中国已成为全球第二大经济体，并超过美国，成为世界第一贸易大国。中国在短短三十多年的时间里走过了一些西方发达国家一两百年才走完的历程。现在，我们比历史上任何时期都更接近中华民族伟大复兴的目标。我们有信心、有能力实现中国梦。用中华优秀文化和精神力量去影响和改变世界，建构一个梦想中的美好家园。

实现中国梦，构建美好家园，加强与中国大国地位相应的文化建设是十分必要的。社会价值观是文化建设的重要内涵，是民众对社会的认知和共识。有了积极向上的社会核心价值观，才能凝聚社会共识，以科学的态度，改革创新的追求，建设与经济、社会的发展相适应的当代中国新文化，实现美好的中国梦。在这方面，继承发扬儒家思想的精华和价值，为中国之崛起，不仅是经济之崛起，而且包括文化的崛起，提供思想文化包括社会核心价值观的指导和借鉴，为培养和孕育良好的价值观和社会共识作贡献。

广义的儒家思想与中国优秀传统思想文化及其所体现的民族精神具有相关性。当今时代，探讨在文化传承中如何发扬民族精神，客观、科学理解和评价儒家思想对促进社会发展和文明进步的作用及其现实价值，具有重要意义。儒家思想不仅在历史上为中国文化与中国社会的持续发展起到重大作用，而且儒家思想通过时代创新和现代转化，也具有重要的现实意义和时代价值。

价值观是社会成员对社会的认知和信仰，不同的价值观将产生不同的思想和行为，而对人们的日常生活和社会发展产生不同的影响。所谓社会核心价值观，即一个社会的核心价值体系，反映人们的基本价值取向，是人们对社会价值的性质、构成、标准和评价的根本看法和态度。当今社会的核心价值观，即是社会主义核心价值观，它的内容包括：坚持马克思主义指导思想，坚持中国特色社会主义共同理想，坚持以爱国主义为核心的民族精神和以改革创新为核心的时代精神，坚持社会主义荣辱观。

中共十八大报告用24个字提出社会主义核心价值观。其基本内容是：富强、民主、文明、和谐，自由、平等、公正、法治，爱国、敬业、诚信、友善。这个表述是分别从国家、社会、个人三个层面进行的。从国家层面看，是富强、民主、文明、和谐；从社会层面看，是自由、平等、公正、法治；从公民个人层面看，是爱国、敬业、诚信、友善。强调正确处理国家、集体、个人三者利益关系，这三个层面的社会主义核心价值观的表述，也体现了同样的思想方法。在这个基础上，有利于积极培育社会主义核心价值观。

在这24个字的核心价值观里，其中富强、文明、和谐、平等、公正、爱国、敬业、诚信、友善都与儒家思想有关，其他的也与中国优秀传统思想文化相关。反映出儒家思想和中国优秀传统文化及其内在精神具有超越时代的普遍价值。

一、富强与儒家思想的关系

关于社会主义核心价值观中的富强与儒家思想的关系体现在：儒家圣人之道

的代表人物孔子主张富而教之。“子适卫冉有仆。子曰：‘庶矣哉。’冉有曰：‘既庶矣，又何加焉？’曰：‘富之。’（朱熹注：庶而不富，则民生不遂，故制田里，薄赋敛以富之。）曰：‘既富矣，又何加焉？’曰：‘教之。’”（朱熹注：富而不教则近于禽兽，故必立学校明礼义以教之。）（《四书章句集注·论语集注》，《子路》）孔子主张对民众要富而教之，强调富民的重要性；朱熹亦加以补充，认为如果不富民，将导致民生不遂。

儒家思想的重要传人孟子继承孔子富而教之的思想，提出先富后教的仁政思想，即是要在满足民众衣食需求物质生活的基础上，然后施之以教化。

荀子在政治哲学上不仅提出“从道不从君”（《荀子·子道》）的思想，而且提出富国裕民的主张。他说：“罕兴力役，无夺农时，如是则国富矣，夫是之谓以政裕民。”（《荀子·富国》）通过减轻民众负担，使民以时，来实现国家富足而民众富裕的理想政治。并指出“修礼者王，为政者强，取民者安，聚敛者亡。故王者富民，霸者富士”（《荀子·王制》），批评以重税搜刮民财的霸道政治，认为实行王道政治就会使人民富足，而实行霸道政治则使武士富足。荀子亦主张“强本而节用，则天不能贫……修道而不贰，则天不能祸”（《荀子·天论》），其强本修道的思想亦是富民强国之途径。

二、文明与儒家思想的关系

关于文明与儒家思想的关系，儒家经典《周易·贲卦》提出：“文明以止，人文也。观乎天文以察时变，观乎人文以化成天下。”提到了文明，文明是指社会发展不断进步，使人们的行为合乎文明礼仪和社会规范，而区别于质朴、野蛮。有文明文雅、文治教化之义。它标志着与人类社会发展的早期阶段相比，在人文和物质生活方面，有了明显的进步。并随着社会的发展，文明程度也不断提高。

此外，从一定意义上讲，儒家道统思想的起源即是中华文明的产生。道统上溯至伏羲、神农、黄帝，体现着中华文明与文化的产生。后经尧、舜、禹、汤、文、武、周公的相传授受，加以发展，亦体现为中国文化的早期发展，从物质文明到精神文明，中国文化一步步走向成熟。

三、和谐与儒家思想的关系

和谐精神历来是儒家思想的重要内涵。《论语・学而》云："礼之用，和为贵。"这对后世影响很大。并与儒家中道思想相结合，形成了中道和谐的民族精神。和谐成为人们普遍遵循的思想方法论原则，弘扬中道和谐精神，有利于维护和实现天下和谐。同时对于中国的和平崛起，构建和谐世界，具有重要的现实意义。这与西方进化论所主张的"物竞天择，适者生存"之丛林野兽原则截然不同，而蕴含了深厚的儒家思想底蕴。

四、平等与儒家思想的关系

平等作为社会主义核心价值观的重要内涵，与儒家思想的平等观念密切相关。儒家思想强调平等，"从道不从君"，要求君臣共治天下。儒家思想重要传人程颐指出："夫以海宇之广，亿兆之众，一人不可以独治，必赖辅弼之贤，然后能成天下之务。自古圣王，未有不以求任辅相为先者也。"（《河南程氏文集・为太中上皇帝应诏书》）朱熹也上疏批评宋宁宗"独断"。均提倡建立一个"天下为公"，人人各得其所的公平社会。

孔子提倡均等、平均，认为其重要性在寡、贫之上。"丘也闻有国有家者，不患寡而患不均，不患贫而患不安，盖均无贫，和无寡，安无倾。"（朱熹注：寡谓民少，贫谓财乏，均谓各得其分，安谓上下相安。季氏之欲取颛臾患寡与贫耳，然是时季氏据国而鲁公无民则不均矣，君弱臣强，互生嫌隙则不安矣，均则不患于贫而和，和则不患于寡而安，安则不相疑忌而无倾覆之患。）（《四书章句集注・论语集注》，《季氏》）认为即使在贫而寡的情况下，也应平均分配财货，以避免因不平等而造成的嫌隙而带来倾覆之患。表现出对均平的重视和追求。

荀子亦认为取消贵贱的差异，使人人平等，这是先王之道的内容。他说："故尚贤使能，等贵贱，分亲疏，序长幼，此先王之道也。"（《荀子・君子》）在荀子看来，先王之道就包含着取消贵贱差别的平等观。

五、公正与儒家思想的关系

公正观念亦与儒家思想密切相连。宋代新儒学集大成者朱熹强调公正，他说：“天下之事，必得刚明公正之人，而后可任也。”（《朱熹集》卷十一，《戊申封事》）要求“明主进贤退奸，大开公正之路，使宗社尊安，生灵有庇，则熹之受赐厚矣”（《朱熹集》卷二十七，《答尤延之书》），认为只有开公正之路，才能使国家长治久安，民众受到保护。君主选任公正之人，才能担当天下大事。

实际上孔子早就指出：“其身正，不令而行；其身不正，虽令不从。”（《论语·子路》）强调首先自己必须身正，公正严明，以身作则，才能令行禁止，社会得到治理。

荀子也说：“公生明，偏生暗。”（《荀子·不苟》）强调做到了公正，政治才会清明，而偏私则导致政治黑暗。

《礼记·礼运》篇提出：“大道之行也，天下为公。”认为大道的推行与天下的公正是联系在一起的，即在圣人治理的时代，天下是公有的，治理社会的原则也是公正的。这一“天下为公”的观念对中国社会与中华文化的发展影响极大。

《古文尚书·周官》提出：“以公灭私，民其允怀。”认为以公心灭私情，民众才会心悦诚服，这体现了公正的原则。

六、爱国与儒家思想的关系

爱国主义历来是儒家思想的重要内涵，具有强烈而鲜明的民族文化的主体精神和主体意识。儒家经典《左传》记云：“临患不忘国，忠也。”（《左传·昭公元年》）把患难之际不忘报国称之为忠，即以报国为忠。《礼记·儒行》记云：“苟利国家，不求富贵。”要求把国家利益放在个人富贵之上。

《论语·卫灵公》云：“志士仁人，无求生以害仁，有杀身以成仁。”经孔子提倡，“杀身以成仁”成为后世爱国志士所追求的崇高精神。

司马迁肯定“常思奋不顾身，以殉国家之急”（《西汉文纪》卷十，《报任少卿书》）的爱国精神。提倡为了解救国家急难，不惜牺牲个人生命。

范仲淹大力表彰“先天下之忧而忧，后天下之乐而乐”（《范文正集·岳阳楼记》）的价值观。这种以天下为己任的情操为后世所效法，影响了一代又一代的中国人。

以上这些，对中华民族爱国主义精神的形成和塑造，产生了重要影响。激励着炎黄子孙为国家富强、人民幸福而追求真理，英勇不屈，前赴后继，谱写一幅幅壮丽的历史篇章，使中华民族岿然屹立于世界民族之林。

七、敬业与儒家思想的关系

敬业精神是中华民族的基本精神。孔子主张人在一生中始终要勤奋、刻苦，为事业尽心尽力。他说“执事敬”（《论语·子路》），“事思敬”（《论语·季氏》），并认为君子应具有“修己以敬”（《论语·宪问》）的品质。理学思想的代表人物程颐进一步指出：“所谓敬者，主一之谓敬；所谓一者，无适之谓一。”（《近思录》卷四）即思想专一、专心致志的精神状态乃为敬。宋代理学的集大成者朱熹亦要求“敬业者，专心致志以事其业也”（《仪礼经传通解》卷十六，《学记》），即用专心致志的态度对待自己的工作，认真负责，精益求精，这就是“敬业”的表现。

八、诚信与儒家思想的关系

诚信精神是儒家思想的基本原则。信为天下之本，信守诺言是中华民族的传统美德，孔子说：“民无信不立。”（《论语·颜渊》）信守诺言，言而有信，不仅是做人必须遵循的准则，也是保持社会和谐的一个基本要求。

曾子曰：“吾日三省吾身：为人谋而不忠乎？与朋友交而不信乎？传不习乎？”（《论语·学而》）把讲信用作为与人相交的重要原则，而自觉做到每日都要自我反省。

孔子云：“人而无信，不知其可也。”（《论语·为政》）即人如果不讲信用，就不可立身处世，表现出对诚信的重视。

九、友善与儒家思想的关系

友善是中华民族传统价值观的重要内涵和体现，为当今社会主义核心价值观所一脉相承。孔子要求："笃信好学，守死善道。"（《论语·泰伯》）通过好学笃信，来坚守善道。

孟子讲性善论，影响很大。性善论成为讲友善的理论基础。孟子主张："君子莫大乎与人为善。"（《孟子·公孙丑上》）把与人为善作为君子与人相交的原则，这对于正确处理人与人之间的关系，产生了重要影响。

友善的原则还成为处理与邻邦关系的原则。儒家经典《左传》记云："亲仁善邻，国之宝也。"（《左传·隐公六年》）把善邻视为国家之宝。在国与国交往中，表现出中华民族与邻为善、与邻为伴的爱好和平的思想。

朱熹不仅看到了友善的重要性，而且还要求在日常生活中贯彻善的原则。他说："君子不以善小而不为，不以恶小而为之，积小善必成大功。"（《论语精义·子罕》）强调积小善为大善，必然成功，而不因善小而不为。

以上可见，社会主义核心价值观中的富强、文明、和谐、平等、公正、爱国、敬业、诚信、友善等内涵都与儒家思想密切相关，在各个方面体现了儒家思想对当代社会主义核心价值观的影响。这是一个客观的事实，反映出儒家思想具有超越时代的普遍价值，对中国社会与中国文化的持续发展继续发挥着影响和作用。

但在儒家思想中最为重要的仁义之道，却没有被列入社会主义核心价值观的基本内容，这对弘扬中华民族优秀传统文化和民族精神不利。虽然在社会主义核心价值观的各个组成部分中有仁义之道的影响和表现，但还是应该更直接地把作为儒家思想和儒家思想的核心与本质的仁义观念列为社会主义核心价值观的重要内容。希望今后在对社会主义核心价值观作修改补充时，将仁义原则列入其中，以客观地反映从古到今，儒家思想和中国优秀传统文化的本质特征和重要内涵，以及仁爱观念至今仍然对当代中国社会与文化产生着重大的影响力和渗透力。

（作者系四川师范大学教授、中国哲学与文化研究所所长）

儒学转型与民间社会的新维度

◎景海峰

随着儒学为越来越多的人所关注，引发了广泛的社会兴趣，儒学形态的多样性和理解的复杂性也日益地呈现在人们的面前，是从经典描述来定位，还是着眼于现实生活中活的形式？是重视经典的学习和儒学知识的普及，还是在日常生活中推广儒家做人的道理并且实践之？入路的多样性和选择的复杂性，让一般的老百姓眼花缭乱、无所适从，而社会上对儒家的理解和看法也是五花八门、莫衷一是。如何应对儒学复兴大潮中所呈现出来的这些问题，学界在不断地思考，处理我们熟悉的、作为学术研究对象的儒学内容和今天现实生活中所展现出的、复杂的儒学形态之间的关系，也越来越成为一种真实的挑战。在这种情况下，很多学者着眼于所谓“民间社会”层面的考查，用实践性的眼光来分析儒学所发生的变化，试图从民间性来说明今天儒学发展的复杂问题，并且对未来儒学的走向做出大胆的寄望，欢呼民间儒学的兴起。但是说到民间社会，实际上这是一个很难界定的概念，究竟什么是“民间社会”？并没有一个准确而恰当的定义，可能学术界的研究，比如说政治学、法学、社会学、人类学或哲学，一般在讲这个问题的时候，看法都有可能不太一样，所以它并没有一个固定的模型。什么叫民间？按一般老百姓的理解，大概就是与官方对应的，就是一个体制外的。从今天的社会结构来讲，它不是一个单位，不属于企业或机关，而是私人性的，或者属家庭这样的场合。它不是官方背景的，不是单位体制的，这大概就是最通俗的理解。这样一种民间社会，它的内涵究竟是什么？把儒学和民间社会联系起来，对于我们理解与分析当代儒学的境况究竟又有哪些意义？这是需要进一步分析和探究的话题。

一、“王官学”与民间性

从儒学的视野来看民间社会，实际上是广大无边的。儒家学派在创立之初，它所依赖的思想资源主要是周代的礼乐文化或三代文明的遗产，那基本上是从贵族文化延续过来的，即带有“官”的背景。西汉末年的大学问家刘向、刘歆父子提出，被《汉书·艺文志》所延用的一个说法，就是“诸子出于王官”。所谓“王官学”，就是所有的先秦思想和各家各派，原本的身份都是属于官学，都有贵族教育的背景。我们经常说孔子开了私人讲学的先河，也就是说，在孔子之前，当时的文化教育都是官方背景的，孔子是以一个“布衣”的身份开始了“私学”的新历程。所以从源头上来讲，“官”和“民”实际在儒学一开始就包含有这两个方面。新文化运动的时候，胡适写了一篇特别有名的文章，讲“诸子不出于王官”，对刘歆以来以及当时章太炎的说法提出了批评。他强调诸子学术“皆春秋战国之时势世变所产生，其一家之兴，无非应时而起”①，应该从思想的时代性和新思潮的意义来理解诸子的兴起，强调它的草根性，而不是完全跟所谓贵族的旧文化联系在一起。这是在五四时代，因为要强调社会变革、提倡平民文学，所以围绕着“官”和“民”的问题就发生了一个历史性的翻转。

分辨儒学的“官”与“民”的身份，其意义和价值何在？我是这么理解的，如果从儒学的庙堂身份和经典传统来讲，它肯定跟历代的统治阶级和主流文化形态，跟中华文明一脉相承的基本价值是联系在一起的，这个身份特征对整个中国文化的延续、对中华文明的成长是非常重要的，相当于是一个主干性的东西。因为它是一个国家的主流文化形式，所以便与政治统治和文化权力这些内容联系在一起，这个身份是非常重要的，也非常自然，因为儒学能有那么大的影响力，它肯定是有这个背景的。当然除了“官”的身份之外，我们说儒学也不光是高居于庙堂之上，它也是深入于民间的，跟我们中国人的日常生活有着非常密切的关系，这种关系就不能完全按照体制的或庙堂的视角来理解，而应该看到它是深入民间、走入生活状态的，是和社会更广泛的层面结合起来的，所以我们今天讲儒学和民间社会的关系，大概就是从这个意思来的。

民间社会是一个非常复杂的场域，如果按照一般对民间的理解，大概除了官方形态以外的、在体制之外的，都可以归入到所谓民间的范围之内。但儒学发展和成长的过程，特别是它的知识形态和思想创造，往往又是和体制化的安排联系

---

① 胡适：《诸子不出于王官论》（1917 年），姜义华主编：《胡适学术文集·中国哲学史》上册，北京：中华书局，1991 年版，第 596 页。

在一起的，并不是所谓自发的形式。譬如隋唐科举考试兴起之后，它相当于是一根指挥棒，成为按体制的意志来调节的特别方式，只有按照体制化儒学理解的路子走，才能获得相应的身份和地位。所以整个科举时代，一直到清朝末年，绝大多数读书人都是受这个体制引导的。当然在宋代理学兴起以后，尤其是书院这种方式，也体现出了很浓厚的民间色彩，但书院的成分是比较复杂的，有些跟科举制度和官方的背景比较密切，有些可能是游离于主流系统之外的，这个层次和边界的划分比较复杂。宋明以后，整个书院的发展历史实际上就是在不断地中和科举体制的要求和民间的一些理解，通过这种调节的方式，把“官”和“民”的意愿融合在一起。明代心学兴起之后，尤其是阳明后学的形态，其民间性的色彩非常浓厚，有些人物就很难说跟当时的儒学主流是一条阵线，可能包含了一种歧出的、自发的意识和力量，想重新给儒学增添活力。所以在整个中国历史上，儒学发展的过程是非常复杂的，我们很难按照一个模式来讲儒学。但从总的形态来讲，儒学的学理或士大夫的背景是非常强的，尤其是它的经典系统，不管是汉代立五经博士还是隋唐后科举考试的制度安排，都使得整个对儒学的理解或儒学的传递是在一种秩序化的、威权化的结构里来运行的。而到了现代社会，没有了这么一个体制环境，儒学在学界、在官府没有了，实际上在民间也没有了，变成了所谓的“游魂”。因为儒学跟整个现代的体制都脱钩了，原本在传统社会里，儒学的每一个层面都有相应的社会制度保障及其附着的形式，而鸦片战争之后，随着西学的大规模进入，尤其是新文化运动之后，儒学的所有层面都处在了与社会现实脱钩的状态，既不是“王官学”，也没有了真正的民间性。

二、“儒学在民间”与现代性

我们过去有一个说法，就是所谓的“儒学在民间”，尤其是20世纪80年代，那个时候知识界对儒学已经相当隔膜，大多是反传统的想法，有些先生就说：在城市里、在高校和知识界已经看不到儒学了，也就是一般公家身份的职业人身上已经找不到儒家的影子，但在广大的农村还能看到儒家的印迹，也就是儒学在乡下还有它深刻的影响，儒学在民间还有潜在的力量。这种存在状态，按照美国汉学家列文森的说法，就是一种“心灵的积习”或者是“珍藏在心中的影子”，它还在潜移默化地对老百姓的生活有所影响。尤其是在广大的乡村社会，在一些老农的意识里，在他们的日常生活中，还能看到传统儒家的一些印迹，包括为人处事、日常生活中那些做人的道理，他们都还在亲身实践着。但我想在今天这个问题可能又有变化了，因为这二三十年中国社会的急速发展，农村之境况实际上跟改革开放以前，尤其是跟费孝通先生写《乡土中国》时的观察已经有了天壤之别。几十年前的中国还处在一个刚开始向现代化迈进的过程，有一些沿海的区域和都市可能受西方文化的影响比较多些，而稍微封闭一点的广大乡村地区可能还保留着传统的印迹，在一般农民的身上还有着浓厚的儒家色彩，在他们的道德意识和日常生活理念里还有不少儒学的印迹。但这二三十年，随着中国社会的巨大变迁，随着都市化进程的急速展开，农村已经有了翻天覆地的变化，它的整个结构都改变了。① 当时的一些乐观的说法可能今天需要重新去思考，就是对所谓“儒学在民间”的理解要有一些改变。现在再讲儒学和民间的关系恐怕就不是当时的那个意思了，我们已不可能把儒学复兴的希望只寄托在固守乡土的老农身上，因为今天中国社会所面临的问题如果仅靠那一点点资源，这对于未来的社会发展所具有的力量和意义都是有限的。所以，如果说我们今天要重新给民间或民间社会做一个定准的话，应该在观念上做一些思考、有一些创新的理解。

当然我也非常赞赏，比如说现在有很多学者深入到乡村去做儒家文化的普及工作，从事乡村儒学的建设，这是很有意义的。② 因为现在的广大农村地区，也同样缺乏儒学的教育，这方面也处在一个传统缺失的状态，说农村比都市的儒学土壤要丰厚，或色彩要浓些，现在已不是这个情况了。乡村里的道德问题，跟传统日渐远离的状况已经非常厉害，再加上现在很多人都搬到城里居住，整个状况跟过去的情形已大不一样。所以，现在除了做乡村儒学建设，在农村大力恢复忘却了的儒学记忆之外，更为重要的“民间”的眼界，应该转向今天的都市生活，这个社会状态已经渐渐地成为我们今天的主流形式。至少对于像北上广深为代表的这样的区域来讲，民间就不是一个乡村儒学的意思，你在这些地方讲乡村儒学

① 社会学家贺学峰最近的调查数据显示，当前的农业人口结构已经发生了重大改变，农村户籍人口大致可分为四种情况：进城户、半工半耕户、纯农户和老弱病残户。以上的四种农户比例为，完全在城市生活、纯农业、老弱病残各占 10 %，而候鸟式的占了 70 %。也就是说，完全扎根在农村、以农业为生、与城市生活不发生联系的人口，目前只占到农村户籍人口的 20 %左右。见氏著《农村社会结构已发生重要变化》，《北京日报》，2015 年 10 月 26 日。

② 有关这方面的情况，可参见《儒家文化的根在乡村——专访乡村儒学发起人赵法生》（《瞭望东方周刊》，2014 年 9 月）、《颜炳罡：背着干粮给孔子打工乡村儒学落地需“三化”》（“凤凰国学网”，2016 年 4 月）等对谈和专访。

就没有太大的意义和价值了，所以现在要讲“新都市儒学”。就是说，在现代都市的生态环境下，我们怎样去发挥民间的活力，它不是政府组织的，也不是一种体制化的，而是在我们的日常生活中，在我们居住的现实环境里，怎样来体现和发扬儒学的精神，这对于今天都市化的社会结构来讲，才是最为急迫的问题。所以，民间社会可能有过去的图景、有过去的理解，但在今天，“民间”的意味和内涵应该是随着时代的发展而变化的。正如郭齐勇先生所说的：“现代儒学除了乡村儒学的重振，更为主要的则是城市儒学的建设……我们所说的城市儒学的建设，是努力使中国文化的基本做人做事之正道，即儒家的仁义之道，透过家庭、学校、社区、企业、机关等现代公民社会的组织形式，运用网络等技术手段，亦可以尝试通过冠婚丧祭之家礼等宗教性的仪式，在每个国民的心中扎根，促进公民道德的重建。”① 在中国历史上，所谓“官”与“民”或“公”与“私”的格局，在当下的这个“民间”，可能就是所谓体制内和体制外的差别，它不是由体制的方式来组织和动员振兴儒学的活动，而是由广大的市民、一般的老百姓从他们的日常生活中所产生出来的一种需求和想法，是从人们的内心所激发出来的一种对儒家思想的情感，现实需要儒学的滋养，或者在日常的生活中怎样去践行儒家的道德理想。所以，这些活动的开展，就是当下的民间社会和儒学发生联系的具体意义之所在。

来自民间的热望所展现出来的方式，实际上是有它自身的活力的，甚至是有它的魅力的。在儒学的传播和发展的过程中，民间方式扮演了相当重要的角色，如果运用得当，它可能对儒学的普及是非常有用的一种方式。因为所谓民间的儒学，或民间社会的接受形态，与正统的学理派、与义理层面的精英传递方式是有很大差别的，它的特点就是所谓的“接地气”，即跟日常生活有着非常密切的关系，是一种应用型的儒学，讲“活学活用”，有非常强的切己感和现实关怀。也就是说，民间的传递方式有着很强的草根性，它可能不太讲特别理论化或系统化的东西，而是就日常生活中的问题，以一种实用的眼光来谈思想或义理，往往有很强的生命体验或生活体会的意味在里边，跟日常的经验有一个紧密的联系，这是它的一个特点。这个特点恰恰与体制化之后的儒学研究或者学理性的儒学传统是大不相同的，对于经典化之后的儒学系统来说，这方面可能是一个缺憾。尽管

① 郭齐勇：《民间儒学的新开展》，《深圳大学学报》（人文社会科学版），2013 年第 2 期。

历代的儒学大师也有面向生活实践的一面，但总的来讲，像经学研究的方式，基本上还是在一个比较小的圈子里。而在今天，像大学的教授或博士们研究儒学，按照他们的理路来讲，这跟老百姓的日常生活还是有非常大的距离的。

民间儒学的另外一个特点，就是没有一个严格的按照学理来理解的儒学分际，它有时候是一种比较混杂的状态，可能是儒、释、道不分的。像民间儒学的很多实践活动，或者民间的儒学讲法，往往就有这个特征，到底是佛教的还是道教的还是儒家的，有时候分不太清楚。而这恰恰也可能是体现了中国文化的一个非常优秀的特点，就是它没有很强的排他性，不是说我是讲儒家的，就绝对不能粘染佛教和道教，有时候是把这些资源都拿来活学活用，把它们混在一起，只要跟我的生命实践活动可以结合起来，不管是佛家还是道家还是儒家，反正都可以拿来为我所用，这个恰恰可能体现了中国文化没有排他性的特点，它有很强的统合力或者包容性，可以容纳其他的一些不同思想体系的东西，这可以说是儒、释、道各家所共有的很重要的特征。因为跟西方文明相比、跟基督教传统相比，中国文化恰恰在这点上有它很强的优势，排他性较小。这个特点在民间社会尤其显著，民间儒学的身上就表现得特别突出。如果说，所谓民间性对中国文化的普及起了很大的作用，一方面它是儒学在社会底层传播的结果，另一方面实际上也体现了中国文化的这个特点。

三、寻找新的“公共空间”

我们今天讲重构儒学，实际上是在重新培植一种土壤，因为传统的民间社会、农业社会或“乡土中国”，已经不是我们想象的图景了，它已经是一个遥远的历史回响和记忆。随着中国纳入所谓“世界体系”，在现代化的急速奔跑当中，整个的社会结构都变化了，我们今天的生活环境已经彻底改变，跟历史上的或古典形态的儒学所赖以生长的社会土壤已经很不一样了，我们一定要有这个清醒的认识。所以不管是提倡儒学也好、弘扬儒学也好，都不是要回到过去的那种乡土中国的儒学状态中去，那不是我们未来儒学复兴的目标。我们今天需要的实际上是重新培植儒学的土壤，这个土壤就是我们每个人的心田和心灵里的种子，也就是要找回我们已经失落了的、作为中国人之所以为中国人的那些根本价值。这个话说起来好像很抽象、很玄虚，但实际上我们每个人，我们的生命体悟，我们对这个世界的感受，我们与他人的交流，我们为人处事的基本方式，我们做人的态度，这实际上是每个中国人都在不断思考的一些东西。过去的一些价值或对于我们的一些引导，可能跟儒学的很多价值是有相当距离的，甚至是冲突性的，比如说斗争哲学。经过一段痛苦的历程和一种深刻的反思之后，我们今天来重新思考这些问题，试图从儒学里寻找生命的价值源泉，这实际上就是在重新培植心灵的土壤。原来我们的心田可能是已经处在了比较荒芜的状态，我们现在要使它丰厚化，使它能够把这种精神的力量怎么样培育和发挥出来，所谓复兴儒学就是这个意思。

就民间社会而言，在现代化的过程中，传统的一些东西都已经逐渐瓦解，甚至是一去不复返了。随着工业化的步履和现代化的加快，我们原有的对儒学的一些记忆，包括建构在农业文化形态上的好多东西，现在实际上跟我们的生活已经相距甚远。在现代中国或当下的社会，除了“现代化”对儒学的解构之外，还有一种过去对儒学长久的政治批判，这给几代中国人的心灵造成了非常严重的创伤，使得我们对传统往往是陌生化的，甚至是带有了某种敌意，将其视为是一个包袱，视为是前进道路上的一种障碍，这种心理或观念在我们几代人的思想意识里是非常强的。所以我们现在讲民间社会，就面临着怎样从那种对儒学错误的、或者陌生的、或者不理解的状态之中走出来，重新找回我们的价值根源，重新找到我们的精神家园，实际上就是这样一个问题。

在现代化的过程中，可能对儒家传统或古典文明形态都会造成一种瓦解或某种毁坏，比如在日本、韩国、越南，这些在历史上受儒家思想影响的地区，随着现代化的实现，可能都面临着传统和现代的纠结。中国也面临着这方面的问题，过去说走向现代化就要抛弃传统，就是在按照这个告别意识和二分逻辑来对待儒家资源的。但经过这几十年后，我们认识到了这种简单、片面地对待传统价值是一种幼稚的方式，因为一个文明的历史长河不可能把它切断，它总是在一种非常多样化的情景之下慢慢地流淌，所以不管你意识到了还是没有意识到，它实际上对这个文明一代一代的人都有一种潜移默化的影响和作用。现在我们聪明了，都意识到我们的文明传统不是包袱，而是丰厚的资源，是我们精神的养料，是我们生命的源泉。我们目前的这些想法，跟几十年前对儒家、对传统的理解已经有了非常大的变化。但除了现代化对传统的冲击和解构之外，我们今天所面临的另外一个问题，就是需要填补过去留下的一些空白，因为几代人对儒学的东西实际上已经很疏远了。特别是在1949年以后，大陆对儒家思想、儒家文化的继承弘扬实际上是中断了，儒学的土壤在一轮又一轮的大批判中都给铲除掉了，所以我们这几代人是处在心灵荒芜的状态，跟儒家的价值，包括它的基本经典都非常的陌生。这也就是为什么今天有那么多的人提倡读经，包括国学热的兴起，都跟这个特定的情景和状态有很大的关系。所以今天所谓的民间社会，还是处在一个逐渐培植的过程当中，它一方面有自发性，另一方面也反映了今天的时代潮流，大家都在向这个方向努力，要把传统的活力挖掘出来，使儒学生长的土壤丰厚起来，这跟过去对待传统的态度、对儒家的错误理解和“告别”的情绪是很不一样的。对儒学价值的重新认识和挖掘，就是在培植一种民间性，激起一种新的时代风气和产生新的意义。也就是说，并没有一个固体性的“民间”，好像几所老房子或几棵老树立在那里，“民间”实际上是一个活的图景，是一个活动的形态，也是一个逐渐呈现的东西，即在社会思潮的不同作用之下，可能开始出现的这么一种景象。

从儒学的现实情景来思考，所谓民间性的理解又可以和时下的一些学术概念来作一个联想和比较。比如“市民社会”，跟今天所讲的民间社会在语用上就非常接近，有时候在翻译的时候，可能法学、政治学或者研究黑格尔哲学，用市民社会比较多。后来法兰克福学派，像哈贝马斯这些人讲公共领域、公共空间问题，今天比较多的就用了“公民社会”这个说法，但传统上或我们老百姓俗用的还是民间社会。实际上，这几个概念在内涵上是有交叉的，我们所讲的“民间”多少有一点点中西合璧的味道，不光是回到传统的所谓乡土中国的民间性上，也包含了在现代的中国文化状态里，怎么样来构筑这种新的空间，即公共空间、公民社会的问题。这种公共空间并不是一个现成的，它实际上是在一种文化运动中相磨相荡、一点一点来呈现的过程，逐渐在形成和扩大它的影响，儒家思想今天面临的实际上是这样一个话题。都市化的情景，这不是中国历史上特定的东西，它是在现代化的过程中出现的，是在农业生态逐渐向工业化文明形态过渡之后，人口大量迁徙，脱离了原来宗族居住的环境之后，变成了一个陌生人的社会和一种新的结构形式，这种都市化状态要不要儒学，或者说还有没有儒学可以生存的空间，这是我们今天要去思考的问题。所以今天讲儒学，就是要在所谓新的公共领域或公共空间的意义之下，来找它的生长点或结合部。这个东西不是一个现成的内容，不是说老祖宗已经把这个问题都交代清楚了，而是要靠我们新时代的中国人在新的环境下怎么样去做一种新的创造。儒学的魅力就是因为它有不断发展的可能，“苟日新，日日新，又日新”，因为环境在不断地变化，在新的环境下，每一代中国人都可能面临着如何转化它的问题。

四、传统的复活

民间性所植根的土壤形成了无形的力量，成为后续发展的导引或者吸附力，常常使后人着迷、欲罢不能，这可能就是文化的魅力，也就是我们常常所说的那个“传统”。传统有时候好像只是一个历史的概念，实际上它是一种记忆的绵延，可能是在几代人之间，从祖辈有这个生活的感受，后来有意识地承接下来的东西，慢慢就构成了一个传统。儒家之所以有那么大的影响力，在中国历史上绵延不绝，几千年下来，到今天我们还在讲儒家的思想，就是因为它构成了一个强大的传统，只要你生活在这片土地上，都会实实在在地感受到它的力量。儒学对生活的浸润，体现在每一个细微的环节上，你的每个观念或行为可能都有一些潜移默化的印记，有时候可能是学理上的、比较清晰的一种灌输，有时候则是一种生活态度和行为细节上的不经意间的顺应，这大概就是儒家在整个中华文明里的主要价值和意义所在。它对于这个文明形态来讲是一个强大的支撑，就是一说中国文化，一说中国人，肯定马上就会想到儒家。

传统是非常奇妙的文化现象，又是很复杂的历史观念。美国人类学家罗伯特·雷德菲尔德在20世纪50年代写过一本书，提出了两个概念，即所谓“大传统”和“小传统”，后来这套理论对整个文化研究都有很深的影响。像80年代海峡两岸学术界在研究中国传统文化以及传统和现代化的关系时，经常会引述到所谓大、小传统的说法，亦有“精英文化”与“大众文化”之分或“雅文化”和“俗文化”的区别。像是主流的“官学”或者学理化、体制化的那种系统，学者们在一种比较规范的研究方式下所形成的内容，可能就构成了一个所谓的大传统，它是一个社会不断地正面弘扬和传递的东西。譬如一般讲到儒家，肯定就是孔子、孟子、荀子构成先秦的这个阶段，然后到两汉的经学，一直到隋唐，宋明时代即是理学，到今天一说儒学，肯定就是新儒家，即熊十力、牟宗三这些人，这大概就是所谓的大传统。它在文化记忆里面始终是具有典范意义的形态，这个就是大传统。那么小传统是什么东西呢？就是广大的民间社会的形态，可能没有很强的学理性，甚至是杂乱无章的，若隐若现，一会跟儒学有关系，一会又跟儒学没有关系，但它始终是一种涌动的、有活力的东西。有时候它只是表现在心中或者在行动上，不一定有系统的语言表达，更谈不上文字的书写，可能就是一些观念的记忆或暗中在支配你对生活的态度的那些东西，这大概就是所谓的小传统。这个小传统与书写的大传统有很大的区别，它不是靠典籍的传递，而往往靠生活的记忆，靠日常行为的一些潜移默化影响的力量，所以这个跟所谓的士大夫文化或所谓的精英文化在形态上就有很大的区别。

这两个传统在儒家里面都有，儒家有它很强的主流形态的陈述和传衍历史，每个阶段都有典范人物，有不断传承的经典叙述形式，它构成了很强的文化架构。但儒家除了这个外，之所以在中华文明的发展史上扮演了那么重要的角色，两千多年后我们还在这里讲儒家，就是因为它有很丰厚的民间社会的土壤，在小传统方面也发挥了巨大的功能和力量，以至于它深深地扎根到我们每个人的心里。可能在不同的时代，人们对它的有意识的亲近和接纳的程度不一样，比如在隋唐时期佛教兴盛的时候，一般的老百姓可能比较多地接触到佛教。到了五四以后，随着“批儒反孔”风潮的兴盛，一般人可能也跟它有了一个比较大的距离。但是我们说，通过一些特殊的观念传递方式或潜移默化的影响，在百姓的日常行为中，儒学还是有强大的力量的。包括像文革时“批儒反孔”那么厉害的风潮，很多人的处事方法以及对做人道理的把握，实际上还是受到儒家的影响。包括今天在市场经济的大潮下，有商业文化的猛烈冲击，可能不少人对儒家有陌生感或有很大的距离感，但在很多人的心目中，依然还有儒家观念的记忆，在做事情的时候，或在处理一些问题的分寸上，好像这些东西一下子就都跳了出来。我们每个人应该都有这种体会，这大概就是小传统在起作用，它有时候是看不见摸不着的，像气息一样，在不经意间就传递和蔓延，在我们的日常生活中发挥着功能和作用，这大概就是小传统。后来有学者说，这个东西应该是大传统，因为一个文明、一个文化形态能够保持长久，能够发挥巨大的能量，如果没有了这个东西，那典籍写得再精妙都没有意义，所以这个东西才是最重要的，它才是大传统。而士大夫的那种精神性文化形态才是一个小传统，因为那是比较狭窄的，是象牙塔里面的东西。在20世纪80年代的文化讨论里，对这两个概念有着很有意思的论辩。由此我们说，“民间”的意味在未来儒学发展或复兴的过程中就显得特别重要，如果我们现在只是把经典的东西恢复一些记忆，让学生读一些经典，或者推广读经运动，只是做一些书本上的活动，这大概对大传统记忆的恢复会起到一些作用，让大家对经典文化有一些亲近感。但我们怎样把这些东西落实到每个人的日常生活当中，和每个人的日常生活、学习、工作状态有所结合，成为一种活生生的形态，这大概才是最为重要的，也就是刚才讲的小传统的问题。而这个东西是现在最为缺乏的，是今天我们讨论所谓“民间”的最重要的意义之所在。

从小传统的散乱无章和缺乏有序性而言，民间社会或民间自发的热情往往表现出相当的复杂性。民间的想法和行动可能是从各种资源里迸发出来的，它的出发点和目标都不一样，这里面难免会有一种盲目的色彩，凭着一腔热情，有时候发展方向或对儒学本质的把握就会出现偏离，这在中国历史上向来如此。所以传统上儒学大师都要辟佛老，对民间混杂的现象有一种理性批判的精神，要去做鉴别工作。实际上儒学在发展过程中，就不断地面临着怎样恰当地对待和处理民间性的问题，一方面民间对儒学的发展和繁荣非常重要，但另一方面又不能完全随顺着民间的想法和意愿走，今天依然还是面临着这个问题。一方面民间很有活力，对传统的复兴有兴趣，对国学普及有热忱，对儒家思想的实践有一种渴望；但另一方面往往又处在一个自发的状态，缺乏很好的引导或系统的训练，这里面难免就会产生一些泥沙俱下的情况。现实中有些不好的苗头，甚至跟儒学没有什么关联，八竿子打不着，甚至可能是反儒学的那种观念或倾向，也都打着儒学的旗号招摇过市，这对儒学就不是一种弘扬，而是成为一种伤害。所以从这个层面讲，我想对学者而言，他们对儒学的知识掌握得比较系统，很重要的社会责任就是要有一种清醒的、理性的眼光，不能完全对民间的东西没有鉴别性，完全随顺着潮流走。他们应该扮演批判者的角色，要发挥这种文化功能，因为历史上的儒者就是这样的，对民间的东西不是一味地凑热闹，而是有自己的一些基本价值尺度，有一些标杆。如果说民间现象跟儒学的东西正好是悖谬的，或者是相反的，那就应该出来指正其不足，甚至对它有一种批判，这也是我们今天所面临的一个问题。很多学者对民间儒学有清醒的认识，我觉得这是有道理的，我们应该秉持一个比较客观的、有分际的态度，而不是说只要是打着儒学旗号就都是好的，那就失去了儒学所追求的“正道”。

（作者系深圳大学国学研究所教授）

从“文以载道”看中国传统文化的价值凝练与体系开展

◎王四达 董成雄

自十七届六中全会中央作出“建设优秀传统文化传承体系”的战略部署以来，学界已对此做了不少研究。然而我们认为，要构建优秀传统文化的传承体系，首先必须梳理出古代优秀文化的理论体系，才能为传承体系奠定基础。因此，本文将借助文化学的理论，从结构功能上揭示整体与部分、历史与现实的内在关联，以期推进对这个问题的研究。

一、众妙皆道：中国优秀传统文化核心价值的凝练

结构功能理论认为，每一个文化有机体都存在一个基本结构，并发挥相关的社会功能，这是一个社会能正常运转并得以延续的必要条件。所谓结构是指社会系统各要素之间相互关系的总和；而功能则是指该结构为达到其生存发展的目的而发挥的作用。

根据文化整体化原理，在每种文化中必有一个占主导地位的核心概念，规定着其他文化的从属地位。如果我们透过复杂纷繁的中国传统文化现象，而对其核心概念及价值体系作一个总体概括的话，那么它就是“于道为最高”（《汉书·艺文志》）的文化体系。“道”原指道路，《诗·小雅·大东》云：“周道如砥，其直如矢。”由于道路有“无不通、无不由”之特性，故又被引申为能把人们导向目的地的方法途径，如“君子之道”是能把人们导向君子人格的修养方法途径。其后再延伸为理想的社会政治和倡导这种社会政治的思想主张，如董仲舒说：“道者，所繇适于治之路也。”“人道”“王道”“治道”等便是“所由适于

治之路”。由于圣贤要为这种社会理想寻求一个具有终极性与超越性的根源，“道”又被理解为宇宙万物的本源、本体或规律、法则，如老子《道德经》视“道”为“万物之宗”“万物之奥”。由于“道”有全面的统帅作用，故《广韵》释：“道，理也，众妙皆道也，合三才万物共由者也。”所谓“玄而又玄，众妙之门”是也。因此，在中国文化中“道”是一个总纲，纲举而目张。《韩非子·解老》言简意赅地说：“道者，万物之所然者，万理之所稽也。”朱熹指出：“道之显者谓之文。”（《论语集注·子罕》）古人所谓“文以载道”之论，一方面可理解为整个社会文化均是“道”的载体、“道”的显现；另一方面也可以说“道”是全部传统文化的灵魂。一言以蔽之，中国文化就是一条中华民族所向往的大道，也是华夏子孙魂牵梦绕的精神家园。

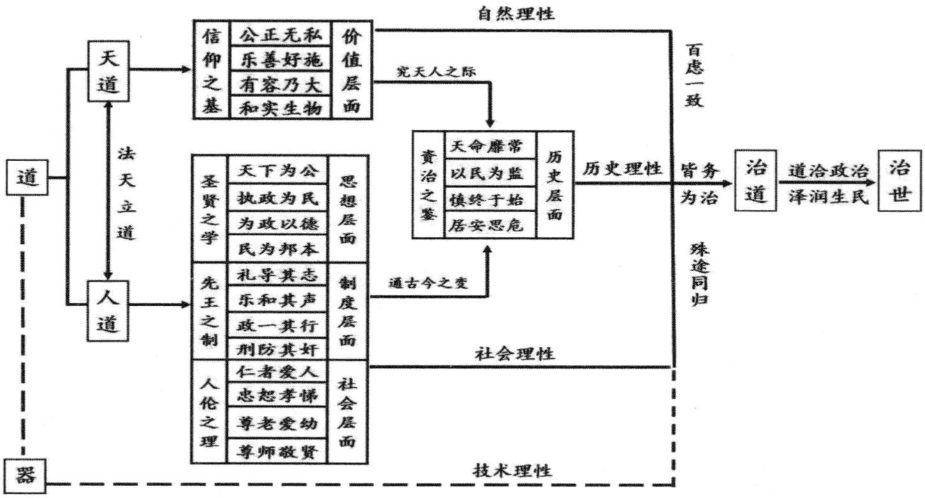

从历史上看，中华民族是一个富有理性精神的民族。众所周知，华夏文明是一种植根于自然经济土壤和宗法社会结构中，与农业文明相适应的伦理—政治型文化。《大学》之“三纲八目”就是一条由伦理扩张开来达到“治国平天下”之政治目标的经典表述。虽说每个民族天生皆有向往理想的倾向，但农业民族追求安定而务实，循天道又重人事。在这样的社会土壤中产生的民族文化往往兼具理想与现实的两重性：理论层面追求理想；实践层面立足现实，二者的结合点就是古人追求的“治世”。在古人心目中，“治世”也分为两层含义：一指“天下大治”的政治理想；二指落实这一理想的治国理政。从三代圣王到诸子百家，所思所虑皆聚焦于“治世”。尽管古代的理想与现实之间存在一定的落差与偏离，但其理想层面仍具有鲜明的理性色彩，其特点是从解读“天道”这一自然理性出发，推导出“人道”之社会理性，延伸为以“史鉴”为特征的历史理性，扩大为以“器艺”所包含的技术理性，综合为“众妙皆道”的文化理性。总之，“道”就是上述诸理性的最高抽象，也是优秀传统文化的价值所在；把“道”的精神“一以贯之”是中国传统文化的基本特色。

二、道洽政治：中国优秀传统文化体系的开展

从结构上看，以“道”为核心的文化结构中大致可分为“天道”与“人道”两大板块。从“道”作为宇宙万物之源这一点而言，它首先体现为“天道”。“天道”这个概念其实是从神性之“天”演化而来的。“天”字古文写作“”，是一个惟妙惟肖的人形，说明它最初是一个拟人化的神灵，被理解为有意志、有人格的造物主和主宰者，所以古人有“天生万物”“神主万事”的观念。敬天虽有神学色彩，但由于圣贤又为神性之天注入理性的内涵，《尚书·皋陶谟》提出“天叙有典”“天秩有礼”“天命有德”“天讨有罪”这些著名论断，使上天成为社会秩序、道德正义的化身，这就超越了普通的迷信层次而为世人奠定了具有价值层面的信仰之基。《左传·桓公六年》引季梁曰：“所谓道，忠于民而信于神也。”“是以圣王先成民而后致力于神。”它突出了民与神的主次先后关系。在圣贤对“天道”的解读中，天有公正、好善、宽容、和谐等价值属性，孔子曰：“天无私覆，地无私载，日月无私照。奉斯三者以劳天下，此之谓三无私。”（《礼记·孔子闲居》）从自然理性解读出来的“三无私”被奉为“劳天下”的原则。《国语·周语中》又曰：“天道赏善而罚淫。”《尚书·毕命》指出：“以荡陵德，实悖天道。”天道不但好善而崇德，还是和谐与宽容的。早在先秦时代，古人已从“和实生物”的自然现象中悟出了“万物并育而不相害，道并行而不相悖”的自然和谐，并据此提出了“君臣和敬”“父子和亲”“夫妇和合”“长幼和顺”“天下和洽”的社会和谐。古人还敏锐地看到社会和谐离不开宽容精神，它也来自对自然理性的感悟。老子说：“江海所以能为百谷王者，以其善下之，故能为百谷王。”（《老子·六十六章》）儒家也主张“同弗与，异弗非”（《礼记·儒行》），“躬自厚而薄则于人”（《论语·卫灵公》）“恢然如天下之苞

物。”（《荀子·非十二子》）不难看出“苞物”的胸怀正来自于对天道的效法。

然而，作为价值层面的天道信仰又是为人道服务的。《尚书·泰誓下》曰：“天有显道，厥类惟彰。”指出上天有明显的常道，它的法则应得到彰扬。在天道与人道的结构关系中，从表面上人道法天道，但古人又理性地看到“善言天者必有征于人”，所以《荀子·儒效》曰：“道者，非天之道，非地之道，人之所以道也。”因为无论是天道、地道还是人道，一切皆归结于人的需要；更确切地说，归结于“治世”的需要。《礼记·大传》指出：“圣人南面而治天下，必自人道始矣。”

“人道”虽是一个子系统，却是整个体系的重心。它由思想层面的“圣人之学”、制度层面的“先王之制”和社会层面的“人伦之理”，与历史层面的“资治之鉴”组合成百王道贯的“治道”。

《墨子·兼爱中》曰：“圣王之法，天下之治道也。”而“圣人之学”是继承和发展圣王之法的，这可以说是整个古代“治道”的核心，它大致包括“天下为公”“执政为民”“民为邦本”“为政以德”等重要环节。“天下为公”是“大道之行”的原初状态，也是圣人赞美的“选贤与能，讲信修睦”；人们皆公而无私的“大同”社会。即使到了“小康”时代，虽然现实层面已是“天下为家”，但在理想层面，圣贤仍没有放弃对“天下为公”的憧憬，还是宣扬“立君为公”“执政为民”的政治理想。由于“民为邦本，本固邦宁”，故君之“为公”必须落实为“为民”。《荀子·大略》说：“天之生民，非为君也；天之立君，以为民也。”古人把这种为民之君称为“民主”。《尚书·多方》曰：“天惟时求民主。”那么上天如何选择“民主”呢？《尚书·蔡仲之命》称：“皇天无亲，惟德是辅；民心无常，惟惠之怀。”所以“为政以德”便成为基本的政治理念。

理论层面的“圣人之学”，又是与制度层面的“先王之制”紧密联系在一起的，这便是先王所制定的礼制。《礼记·经解》曰：“礼之于正国也，犹衡之于轻重也，绳墨之于曲直也，规矩之于方圆也。”礼制又可分为礼、乐、刑、政四方面。《礼记·乐记》指出：“礼以道（导）其志，乐以和其声，政以一其行，刑以防其奸。礼、乐、刑、政，其极一也，所以同民心而出于治道也。”“礼、乐、刑、政，四达而不悖，则王道备矣！”这里所谓“王道”是就其制度的治理功能而言的，其本质仍然是“人道”，所以《荀子·礼论》又曰：“礼者，人道之极也。”《史记·礼书》则进一步指出：“人道经纬万端，规矩无所不贯，诱之以仁义，束缚以刑法……所以一总海内而整齐万民也。”

“人道”在社会层面，又体现为人伦之理。中国自古重视人伦教化，据《孟子·滕文公上》载：(舜)“使契为司徒，教以人伦父子有亲，君臣有义，夫妇有别，长幼有叙，朋友有信”，这“五伦”基本涵盖了古代社会各种人际关系。古代人伦的基本精神可概括为“仁”与“爱”。“樊迟问仁。子曰：‘爱人。’”(《论语·颜渊》)《中庸》曰：“仁者，人也。亲亲为大。”“爱人”的基础是“爱亲”，《孝经·天子章》引孔子曰：“爱亲者，不敢恶于人，敬亲者，不敢慢于人。”如果把“爱亲”“敬亲”之心扩展开来，“孝悌”与“爱人”就在其中了。由此，古人构筑了一个以“爱”为起点、“孝”为核心的社会伦理系统，它展开为“仁者爱人”“孝悌忠恕”“尊师敬长”“尊老爱幼”诸层次的伦理关系。这套人伦之理不但致力于打造和谐的人际关系，而且构筑了一个由亲情伦理扩及社会伦理再上升为政治伦理的道德建设的大战略，为古代“治世”理想奠定了坚实的基础。

《史记·太史公自序》曾精辟地指出：“《易大传》曰：‘天下一致而百虑，同归而殊途。’夫阴阳、儒、墨、名、法、道德，此务为治者也。”即使在秦汉以后“独尊儒术”的历史中，“务为治”仍然是士大夫们的政治理想。而圣人之学、先王之制、人伦之理、资治之鉴四者分别发挥了思想指导、制度安排、伦理协调和历史反思的功能，它们共同构成了古代系统化的“治道”，并聚焦于一个根本的目标——“治世”。《尚书·毕命》宣称：“道洽政治，泽润生民。”可见圣贤深知善政要靠善道来周洽，生民要靠善治来润泽。

三、继往开来：优秀传统文化当代传承的思考

今天，我们珍视并致力于传承这份传统文化资源，决不是在“发思古之幽情”，而是如《朱子全书·道统一·周子书》所言：“所以继往圣，开来学，而大有功于斯世也。”“继往开来，有功于世”既是先贤的抱负，也应该是今人的使命。德国学者蓝德曼在其所著的《哲学人类学》中提出四个著名的论断：“人是社会的存在”“人是文化的存在”“人是历史的存在”“人是传统的存在”。①

---

① ［德］蓝德曼：《哲学人类学》，贵阳：贵州出版集团，贵州出版社，1990 年版，第 206－221 页。

这四重存在构成纵横交错、表里结合的时空结构：社会与文化的存在是一种横断面：社会其表而文化其里；历史与传统的存在是一条纵览线：历史其体而传统其魂。也可以说，这四重存在就是人们的生存方式和活动条件，人既被这四重存在所塑造与限制，同时又能改造与超越它们。于是，这四重存在就构成一个伟大的因果循环：人既是四重存在之果，又能成为四重存在之因；人既是历史传统的产物，又是未来文化的创造者；人既站在过去的终点，同时又处于未来的起点。从这一点上说，人又是希望的存在、未来的存在、能动的存在、超越的存在。她与前面四重存在的有机结合就是“继往”与“开来”的统一。人是这样，民族也是如此。我们对传统文化的态度应该从这一认识出发。

既然人的多重存在是一个民族的生存方式和活动条件，那么传统文化便不是一个外在于我们自身的可以切割的东西，她作为中华民族的文化基因和遗传密码，千百年来已经融入我们民族血脉之中，对此我们只能正视她并正确地理解她。我们一方面要清醒地看到，传统文化确实存在着历史的局限和糟粕，19 世纪中期马克思对此曾有过精辟的分析和天才的洞见；另一方面，我们又要看到，当自然经济、宗法社会和专制政治已被历史的大潮冲刷涤荡之后，传统文化中的优秀成分，那些超时空的价值便重新焕发出她强大的生命力，就像“轴心时代”的思想总是为后人提供精神动力那样。如果缺乏历史传承，时代性与民族性就可能脱节；如果不对传统文化进行扬弃，继往开来的新文化建设便缺乏民族心理的依托。历史告诉我们，同是这个传统文化，不同的境遇会导致对她有不同的态度：国家积弱产生文化迷茫，民族自强则产生文化自信。清末民初的民族危机曾导致了对传统文化的全盘否定，而如今中国的大国崛起则催发了对优秀传统文化的再发现。

因此，我们要传承优秀传统，先要致力于“继往”，方能在此基础上“开来”。《易·系辞上》曰：“形而上者谓之道，形而下者谓之器，化而裁之谓之变，推而行之谓之通，举而错之天下之民谓之事业。”可见抽象无形的“道”要转化落实为具体有形的“器”，但在转化过程中还要进行合理的化裁、变通，其最终目的就是要把它推行到天下之民身上。古人的智慧是一笔宝贵的精神财富，经过我们的继往开来和时代化的化裁、变通，他们的“治世”理想一定会在今天的中国实现！

（作者王四达系华侨大学公共管理学院教授，董成雄系华侨大学公共管理学院博士生、讲师）

中国传统价值体系的结构解析

◎程　潮

社会文化是由多方面、多层次的价值观念构成的，不同方面的价值观念负责不同领域的价值解释，不同层次的价值观念相互支持、彼此呼应，共同形成一个有序组合的价值体系。中国传统价值体系是以儒家、道家、法家、墨家、农家、佛教等理论学说为基础，以天人、古今、群己、夷夏、义利和理欲等范畴之辨为取向，体现在哲学、经济、政治、文化等各个领域、不同层次之中的各种价值观念所构成的系统。

一、中国传统价值体系结构中的中外合璧

雅斯贝尔斯曾在《人的历史》中将人类的“精神基础”同时或独立地在中国、印度、波斯、巴勒斯坦和希腊开始奠定的“公元前800年到公元前200年”称为“轴心时代”。在这一时代，中国诞生了孔子和老子，兴起了中国哲学的各种派别，产生了所有我们今天依然在思考的基本范畴，创造了人们今天仍然信仰的世界性宗教。[①] 这就是说，中国在相当于雅氏称之为“轴心期”的春秋战国时代，在一个相对封闭的大陆环境中滋生了儒家、道家、法家、墨家、农家等本土文化。中国“轴心期”思想家提出的思想原则，塑造了中国的文化传统，为中国传统价值体系的建立提供了源头活水。在“轴心期”之后的封建时代，儒家和道家作为独立的学派长期活跃在中国传统文化的主航线上，它们的价值观在传统价值体系中占有显赫的地位；法家、墨家、农家等作为独立的学派已不复存在，但它们的一些价值观（如“法”“兼爱”“农本”等）有时被吸纳到儒家或

---

① 田汝康，金重远：《现代西方史学流派文选》，上海人民出版社，1982年版，第38－40页。

道家之中，特别是各家的代表作或主要理论观点也流传至今，可供后人选取。可见，中国“轴心期”所形成的诸子百家的价值观不因学派的存亡而泯灭，而是一直流传至今。

海、陆丝绸之路的开启，引来了佛教、基督教、回教（伊斯兰教）等外来文化。佛教在“轴心期”末期就渗入到中国，它使中国和印度之间“开始出现意义深远的精神联系”①。印度佛教传入中国的路线主要有西域陆上丝绸之路和南方海上丝绸之路，陆路为最早传播路线，南朝时则“多由海程”②。早期中国佛教在将印度佛教与中国传统文化相结合的过程中形成了各种宗派，佛教的价值观也逐渐融入到中国传统价值体系中，并在南北朝开始形成“以佛治心，以道治身，以儒治世”，“体上会通，用上合流，同归于善”③ 的三教鼎立之势，同时又被儒家和道家（包括道教）有选择地吸纳到自己的价值体系中。基督教在唐代以“景教”之名在中国传播。景教由波斯东传入中国，大概最初以陆路交通为主，后来才发展到海上交通。④ 从《大秦景教流行中国碑》提出的“真主无元，湛寂常然。权舆匠化，起地立天。分身出代，救度无边”⑤ 等内容，说明当时中国的统治者将“景教”视为与佛、道同道而加以重视。天主教在明清之际传入中国，为中国重建思想世界增添了一幅新的图案：以天主教“补儒易佛”为核心的精神世界和以汲取西学科技为基础的知识世界。⑥ 回教在唐高宗时由陆地传入中国，唐末回教徒转由海道来中国。⑦ 唐代学者王鉷在《创建清真寺碑记》中以回教注重“沐浴”“寡欲”“斋戒”“去恶迁善”“至诚不欺”等道德修养，得出了“西域圣人之道，有同于中国圣人之道”⑧ 的结论。明太祖敕建礼拜寺于金陵，御书《百字赞》，来“褒美清真，以示优异”。而“赞”中所云“存心真主，加志穷民。拯救患难，洞彻幽冥。超拔灵魂，脱离罪业。仁覆天下，道贯古

---

① ［德］卡尔·雅斯贝斯：《历史的起源与目标》，北京：华夏出版社，1989 年版，第 23 页。

② 汤用彤：《汤用彤全集》第 1 卷，石家庄：河北人民出版社，2000 年版，第 281 页。

③ 李四龙：《论儒释道“三教合流”的类型》，北京大学学报（哲学社会科学版），2011 年第 2 期。

④ 朱谦之：《中国景教》，北京：人民出版社，1993 年版，第 58 页。

⑤ 楼宇烈，张志刚：《中外宗教交流史》，长沙：湖南教育出版社，1998 年版，第 164 页。

⑥ 陈卫平：《明清之际西学流播与中国本土思想的接应》，南京大学学报（哲学、人文科学、社会科学版），2009 年第 6 期。

⑦ 傅统先：《中国回教史》，银川：宁夏人民出版社，2000 年版，第 16 页。

⑧ 周燮藩，沙秋真：《清真大典》第 18 册，合肥：黄山书社，2005 年版，第 590 页。

今”①，表达了对回教价值观念的高度肯定。当然，外来文化传入中国后难免会与中国本土文化发生碰撞和冲突，但最终都在中国扎下根来，成为中国传统文化的重要组成部分。这是因为，本土文化与外来文化在价值观上既有相合之处，又有相异之处。因其“相合”，有利于外来文化在中国的落地生根；因其“相异”，有利于弥补本土文化功能的不足。

因此，中国传统价值体系是本土价值观念与外来价值观念相融合的产物。本土价值观念是中国传统价值体系赖以形成的根基，外来价值观念的融入增强了中国传统价值体系的活力。两者的相推互促，构筑了中国传统价值体系的超稳定形态。

二、主导价值观念和非主导价值观念的互动互补

在构成中国传统价值体系的诸多价值观念中，存在着主导价值观念和非主导价值观念之分，它们在整个传统价值体系中的地位和作用是不同的，但在历史上也出现过主次地位更替的状况。

主导价值观念在整个价值体系中居于支配地位，决定着非主导价值观念的命运和方向。传统主导价值观念的职能主要表现为：一是主导着整个价值体系的价值解释，由此决定被解释对象的命运。例如，秦朝以法家的价值观念为主导，注重“以法为教”，从而否定了儒家“道德”、道家“无为”等价值观念的价值，而“焚书坑儒”则连法家之外的其他价值观念的载体也要摧毁。汉儒在获得了独尊地位以后，则对道家和法家的价值观念采取包容态度，而且汉儒“多染黄老色彩”②。实际上，汉代的整个价值体系呈现的正是一种“儒法结合”形态。二是引导着整个价值体系的整体方向，并要求非主导价值观念在价值方向上与其保持一致。例如，在儒学独尊的时期，道家的“无为”观念、法家的“法治”观念、阴阳家的“阴阳五行”观念都被纳入儒家主导的价值体系之中，从而使这一价值体系在价值解释功能上更加全面，在应对新的事物和新的价值观念的挑战上更富有弹性。

① 王岱舆：《正教真诠·清真大学·希真正答》，银川：宁夏人民出版社，1987 年版，第 11 页。
② 许地山：《道教史》，上海古籍出版社，2009 年版，第 76 页。

非主导价值观念在整个价值体系中处于从属地位，受到主导价值观念的制约。传统非主导价值观念的职能主要表现为：一是作为主导价值观念的唱和者，按照主导价值观念的基本精神去解释具体领域的价值。例如，宋僧契嵩认为，儒教的“五常”“仁义”与佛教的“十善”“五戒”是“异号而一体”[①]；儒家的“五常”与佛教的“慈悲、布施、恭敬”等道德规范都以“立诚修行、善世教人”为目的[②]。因此，佛教具有“辅教”的作用。二是作为主导价值观念的批判者，指出主导价值观念的弊端。如王充站在黄老道家一边反对董仲舒的神学目的论，叶适从功利论的立场反对宋儒“重道义而轻功利”的价值取向。而李贽对理学的批判，则表现出“异端”的思想倾向。三是作为主导价值观念的补充者，弥补主导价值观念的功能缺陷。契嵩指出：“治世者，非儒不可也；治出世，非佛亦不可也。”[③] 即是说，佛教在“治心”上具有儒家所不备的优势。明武宗评议诸教说：“儒者之学，虽可以开物成务，而不足以穷神知化；佛老之学，似类穷神知化，而不能复命皈真。盖诸教之道，皆各执一偏。惟清真认主之教，深原于正理，此所以垂万世，与天壤久也。”[④] 这是基于回教价值观念对儒、释、道三家的补益价值的认识。徐光启指出：在“修身事天”方面，儒学“及人之外行，不能及人之中情”（即重视外在的规范，忽视内在的自觉自愿）；天主教所言“上主生育拯救之恩、赏善罚恶之理”足以“耸动人心”，使人“爱信畏惧，发于由衷”（即出于自觉自愿），可以达到“补益王化、左右儒术、救正佛法”的作用。[⑤]

在中国传统价值体系的演变过程中，主导价值观念并非只有一家，亦非一成不变。秦朝是法家价值观念为主导，汉初是黄老道家价值观念为主导，汉武帝时是儒家价值观念为主导，而儒家价值观念在整个封建价值体系中占据主导地位的时间最长，影响也最大。当然，儒家维护其主导价值观念的地位也并非一帆风顺，其间也数度遇到其他价值观念的挑战：在东汉遭到倾向道家的王充的批判，魏晋时期遭到崇尚“自然”的玄学的挑战，南北朝隋唐时期遭到外来佛教的冲

① 契嵩：《镡津集》卷1，《辅教编上・原教》，台北：明文书局，1981年版，第7页。

② 契嵩：《镡津集》卷8，《杂著・寂子解》，台北：明文书局，1981年版，第91页。

③ 同上，第91－92页。

④ 王岱舆：《正教真诠・清真大学・希真正答》，银川：宁夏人民出版社，1987年版，第12页。

⑤ 徐光启：《辨学章疏》，《徐光启集》，北京：中华书局，1963年版，第432页。

击，宋明时期遭到儒家“异端”的挑战，明末清初遭到西学（包括基督教）的挑战，有时也会遇到重大挫折（如韩愈反佛被贬），但都挺过来了。

三、儒家价值观念长期居于主导地位的优势所在

纵观中国传统价值体系中不同学派的价值观念的历史地位，儒家价值观念长期居于主导地位，究其原因，与其儒家价值观念自身的特点密切相关。

一是全面性。法家讲求法治和事功，将“外王”推向极致，但却忽视了内圣成德的价值。道家讲求治身，佛教讲求治心，都将“内圣”推向极致，但却淡化了外王事功的价值。儒家讲求“内圣外王之道”，注重心性修养与政治追求的统一、自我价值与社会价值的统一，内外兼修，因而更为全面。儒家对现实政治的关心和对群体取向的提倡，更有利于维护封建统治者的利益，有利于维护封建社会的稳定，因而为历代明智的统治者所偏好。

二是中庸性。儒家价值观念的一个重要精神就是“中庸之道”，表现在：追求礼法并用的小康社会，但又不忘“天下为公”的大同理想；强调得志时的“兼善天下”，但又主张失意时的“独善其身”；提倡以农为本，但又不舍弃工商之末。儒家“即世间而出世间”“极高明而道中庸”的价值观念，既不同于佛教、基督教等宗教的“出世间”取向，也不同于只讲人伦日用（如政治、道德）的“世间”取向，而是“在世间的人伦日用中求得超越世间的人生理想的最高境界”①。

三是包容性。儒家强调“有忍，其乃有济；有容，德乃大”②；“万物并育而不相害，道不行而不相悖”③。这种包容精神运用到文化上，则表现为对儒家之外的本土文化和外来优秀文化的包容。从对儒家之外的本土文化的包容来说，儒家认同“法”对于治国安邦的重要性，认同“无为而治”的政治价值，有的儒家学者（如韩愈、张载等）还认同“兼爱”的道德价值。当儒家对于某些新价值、新现象无法给予合理的解释时，又不得不求助于其他学派的价值观念。如王

① 高秀昌：《冯友兰中国哲学史方法论研究》，北京大学出版社，2010 年版，第 65 页。

② 冀昀主编：《尚书·君陈》，北京：线装书局，2007 年版，第 234 页。

③ 朱熹：《四书章句集注·中庸章句》，北京：中华书局，1983 年版，第 37 页。

安石变法革新时，就曾引商鞅为同调，称“今人未可非商鞅，商鞅能令政必行”①。从对外来文化的包容来说，儒家一般认同佛教在“治心”方面的优势。明末清初儒家认同天主教的“格物穷理之论”和“历算、医药、农田、水利等兴利除害之事”②，主张“法有可采，何论东西”③。清代儒家还以孔子的“天子失官，学在四夷”和“礼失求诸野”之说为依据，通过“西学中源”论来为引入西学提供一个合理的解释。但不同学者对外来文化有不同的偏好。徐光启认为佛教之言“似是而非”，未能改易“世道人心”；天主教之法则能令人“为善必真，去恶必尽”。④ 而颜茂猷认同中国业已形成的儒、释、道“三教并兴”的格局，主张“不容减，亦不容增”⑤，反对在现有价值体系中加入天主教元素。

在中国封建时代，儒家价值观念具有其他价值观念无法比拟的优势，在其获得了主导地位以后，成为维系中国传统价值体系长期保持相对稳定的核心力量，也是中国传统价值评价的主要甚至唯一的标准。以儒家价值观念为主导的中国传统价值体系，对于维护中国封建社会的经济基础和政治上层建筑，对于构建中国封建社会的“超稳定结构”，发挥了极其重要的作用。中国传统价值体系虽然屡遭外来文化的冲击，但并没有被外来文化所冲垮，反而是外来文化被中国文化所同化，成为中国传统价值体系的重要组成部分，从而增强了中国传统价值体系的活力，也彰显了中国传统价值体系结构的“超稳定性”。

（作者系广州大学公共管理学院教授）

---

① 王安石：《王安石全集·商鞅》，上海古籍出版社，1999 年版，第 559 页。

② 徐光启：《辨学章疏》，《徐光启集》，北京：中华书局，1963 年版，第 434 页。

③ 梅文鼎：《堑堵测量·郭太史本法》，郭书春主编：《中国科学技术典籍通汇数学》卷 4，开封：河南教育出版社，1993 年版，第 681 页。

④ 同②，第 431－432 页。

⑤ 颜茂猷：《圣朝破邪集序》，《中华大典》编纂委员会：《中华大典哲学典佛道诸教分典》，昆明：云南教育出版社，2007 年版，第 600 页。

试论优秀传统文化的评价标准

◎王学伟

中国有悠久的历史文化，有丰富的文化资源，这是中国文化不断推陈出新的巨大优势。凡是推陈出新，就一定需要对传统文化进行评价和筛选。不过，理论的难题是用什么标准来评价传统文化。只有弄明白了评价标准，才能对传统文化的精华与糟粕进行恰当的取舍。笔者不揣浅陋，就这些问题谈点自己的想法，请方家指正。

一、改革开放以来的“评价标准”

中国文化有“传统”与“现代”的分殊，缘于西方列强入侵之后中国在经济、政治、文化等方面发生的深刻变革。改革开放前对待传统文化的态度一般有“中体西用”论、“全盘西化”论、“返本开新”论等。改革开放以来学界有一些新的主张，大体可以概括为以下几类：“科学—进步”实践论、“马克思主义指导”论、“结构分析”扬弃论、“理性洗礼”论、“优秀文化特征”论、“统治阶级”论、“文化价值”论、“现代文化意识”论等①。这些观点都有可取之处，评价传统文化要立足于中国现代化建设的实际，用马克思主义的理论原则为指导，评价传统文化的基础是对中国传统文化结构进行深入分析，要理性思考，总结优秀传统文化的特征，用时代精神熔铸传统文化，充分发挥中国优秀传统文化的现代价值，最终的目标是构建新的文化体系。这些都是今后研究传统文化的有益思考。

以“现代文化意识”作为评价传统文化的标准，值得进一步探讨。李宗桂认为价值重构是立足现实，用现代文化意识鉴别民族传统文化的价值系统，用开

---

① 王学伟：《中国优秀传统文化研究30年》，《中州学刊》，2014年第3期。

放的胸怀，吸收世界上一切有益的文化，予以现代意识的批判，并结合本民族条件和时代条件，创造出现代新型文化价值体系，作为新时代人们的精神归依。① 贾海涛认为，中国传统文化研究和比较的标准即政治、经济、法律、科学、宗教、哲学、文学、艺术以及伦理道德等标准的综合，认为无论对待中国传统文化还是西方文化，都要有清醒、鲜明的现代意识，认为立足现实、忠于现实、着眼未来是文化建设的根本出发点。② 考察中国传统文化的现代价值，或者评价出传统文化中的优秀成分，首先是一种现代中国的立场。所谓现代中国，简单来说是走上现代化道路的独立自主的中国。经过几十年的发展，现代中国已经具有强烈的现代意识。对传统文化的评判，可以用"现代意识"作为衡量的标准。所谓现代意识，是指处于现代化阶段的人们对于发展现代化的自觉意识，并且坚定选择现代化道路作为实现国家富强、民族独立、社会发展的必由之路。不过，以现代意识为标准评价传统文化，在理论上还需进一步深化和完善。深化和完善的第一步是要弄清楚"评价标准"的内涵。

二、对"评价标准"内涵的反思

评价活动离不开评价标准的选择。有论者指出，正是所选择的标准，使评价的对象具有十分确定的价值，包括价值的形式、价值量的变化，甚至是价值的对立性。③ 不过，只有正确的、合适的评价标准才能进行正确的评价活动，能对客体的价值进行正确的评估。

（一）"评价标准"的传统界定

关于"评价标准"，目前的基本共识是，评价主体的需要是价值的衡量尺度。有的学者说："我们都是为了满足自己的需要而进行评价的。"④ 有的学者认为，一个客体能够满足主体的需要，它就有价值；能够满足主体的特定需要，它

---

① 李宗桂：《文化批判与文化重构——中国文化出路探讨》，西安：陕西人民出版社，1992 年版，第 4 页。

② 贾海涛：《文化研究的方法与传统文化评价的标准》，《上海社会科学院学术季刊》，1997 年第 3 期。

③ ［捷］弗・布罗日克著，李志林、盛宗范译：《价值与评价》，北京：知识出版社，1988 年版，第 67 页。

④ ［英］W・D・拉蒙特著，马俊峰等译：《价值判断》，北京：中国人民大学出版社，1992 年版，第 14 页。

就有特定的价值，因此主体的需要就成为客体有无价值、有何价值的衡量尺度。① 有的论者认为，评价表明在主、客体之间一定的价值关系中，客体是否能够或已经使主体的需要和愿望得到满足，客体是否适合主体的需要并使主体意识到这种适合。② 这些观点的共同之处是把“价值”理解成是主体对客体的需要，即价值就是客体自身属性满足主体需要的有用性③。以上对“评价”和“价值”的界定有值得商榷的地方。

（二）对传统界定的反思

人类有主体需要，但人类不能是“需要”的奴仆，不论是物质需要还是精神需要，人类应该有节制需要的能力和智慧。而节制需要的能力和智慧可以通过价值观念的培育来落实和传承。人是自然的一部分，在人类早期，大自然的封限和宰制对人类的思想造成了极大的束缚，为了突破这种封限和宰制而挺立人的主体性，人类进行了几千年甚至上万年的努力。技术与科学发展到今天，人的主体性越来越强，随着工业化的推进，人类对大自然的诉求越来越膨胀，对大自然的破坏也越来越严重。完全以人类的需要为衡量价值的尺度和标准，是一种人类中心主义的表现。然而人类终究是大自然的一部分，人类的价值观念不能只是考虑“人”这一个维度，即人类对大自然的呵护，也应是人类价值观念不可或缺的部分。

恩格斯曾说：“我们不要过分陶醉于我们人类对自然界的胜利。对于每一次这样的胜利，自然界都对我们进行报复。每一次胜利，起初确实取得了我们预期的结果，但是往后和再往后却发生完全不同的、出乎预料的影响，常常把最初的结果又消除了。”④ 汤因比也有类似的说法：“如果滥用日益增长的技术力量，人类将置大地母亲于死地；如果克服了那导致自我毁灭的放肆的贪欲，人类则能够使她重返青春，而人类的贪欲正在使伟大母亲的生命之果——包括人类在内的一切生命造物付出代价。”⑤ 人类“陶醉于”对自然界的胜利，是人类主体性极端化的表现，导致的结果是人类对自然界无止境的索取，现在整个地球存在环境污

---

① 郑庆林：《也谈价值的哲学本质——与王玉樑同志商榷》，《哲学研究》，1992 年第 11 期。

② 李德顺：《价值论——一种主体性的研究》，北京：中国人民大学出版社，2013 年版，第 154 页。

③ 同①。

④ ［德］恩格斯：《自然辩证法》，《马克思恩格斯选集》第 4 卷，北京：人民出版社，1995 年版，第 383 页。

⑤ ［英］汤因比著，徐波等译：《人类与大地母亲——一部叙事体世界历史》，上海人民出版社，2012 年版，第 641 页。

染，就是大自然对人类的报复。

人类繁衍和保护自然环境是天平的两端，人类的主体性、人类的本质力量是平衡天平两端的支点。也就是说，评价标准不能只是“人类的需要”这一个尺度，同时还要有“自然环境的需要”这个尺度。有论者指出，价值是客体的属性、功能在主体方面的投射，价值的有无及大小，要依据主体的评价而定，这种“主观价值论”充满了悖谬，正是这些根深蒂固的观念，导致了现代社会的生态灾难，人类要选择的是将人类自己纳入到自然秩序中的价值观念，使人类在自然中获得幸福的价值观念。① 这是相当有见地的观点。

（三）评价标准的重新设定

现代化的发达，使人类在物质上极其富有和便利，但这种富有和便利也极大地消解着人类对“人的本质”的沉思。科学技术越来越像一个幽灵，控制着、奴役着追求物质享受、科技刺激的人们。英国学者马琳诺夫斯基说：“文化把人类提高于禽兽之上，并不是由于给人类以其所能有的东西，而是指示给他看其所能奋斗追求的目标。高度的物质繁荣的时期，往往在精神上是堕落的。”② 科学技术代表着人类智慧的高度，但并不是人类精神高度的标志。科学技术使生活物资极大丰富，但人类的精神境界、价值观念并不会随之而自动提升。不过，如果人类的精神境界、价值观念不能主导科学技术的发展方向，那么人类极有可能自取灭亡。

如何在科学技术与生态环境之间保持一种平衡？这是非常严峻的问题。人类对科技学术近乎贪婪的追求，源于人类在物质方面的无限欲求，生态环境的破坏只是这种贪欲的副产品。这个副产品发展到一定程度，足以毁灭整个地球。最根本的是要解决人类的价值观念。马琳诺夫斯基说：“只有在人类的精神改变了物质，使人们依它们的理智及道德的见解去应用时，物质才有用处。”③ 如果人类不能从理智、道德、精神、价值观念等方面使自己保持着对科技产品的主体性，那么人类将沦为科学技术的附属品。想要改变这种境遇，人类必须在精神和价值观念上超越科学技术的限制。

---

① 李明华：《生态文明对主观价值论的颠覆》，《广东社会科学》，2003年第6期。

② ［英］马琳诺夫斯基著，费孝通等译：《文化论》，北京：中国民间文艺出版社，1987年版，第91页。

③ 同上，第5页。

人类不是大自然的旁观者，人类就是大自然的一部分。人类应该是自身行为的监察者、反省者和校正者。在人类的价值观念里，应当有大自然（地球生物圈）的一席之地。

综上来看，评价标准不能再是主体需要这样一个维度，而必须把自然环境放在与人类同等重要的位置。这看起来是因为人类现在有保护环境的生存需要，实际上是对人类价值观念的完善。

三、以“现代价值观念”评价传统文化

评价中国传统文化，是在中国现代化的时代环境中进行的，不可避免地会用“现代”的价值观念作为评价的尺度和标准。前面提到的改革开放以来评价传统文化的种种标准，基本都是着眼于中国发展现代化的现实需要。但思想文化、价值观念不能是经济、政治的“侍女”，它必须成为经济、政治的“统帅”。

也就是说，评价传统文化的标准应该超越“有利于社会发展”“社会发展需要”这一类的观点，而应该建立涵括“自然环境发展规律”在内的新的价值观念进行评价，暂且称这种新的价值观念为“现代价值观念”。所谓“现代价值观念”，简单来说，是以“既注重自身存续发展的需要又注重大自然存续发展的需要”为衡量尺度的理性认识和精神观念。

“现代价值观念”作为评价标准，是否正确与合理，或者说多大程度上是正确的、合理的，也是需要检验的。不过，对这个评价标准的检验，却不是价值观念本身能够完成的，需要人类的实践，需要中华民族现代化建设的实践进行检验。有论者指出，凡是能适应社会主义精神文明建设需要的传统文化，都是符合批判继承原则①，在建设社会主义精神文明这个基本的前提下，各行各业各阶层都可以根据实情，进行遴选和应用传统文化的各种尝试②。理论上来说，实践是检验价值观念的最终标准。列宁指出：“必须把人的全部实践——作为真理的标

① 李锦全：《矛盾融合承传创新——论中国哲学、传统思想文化发展的特点》，《李锦全自选二集》，北京：中国文联出版社，2000 年版，第 15 页。

② 李锦全：《中国传统思想文化的回顾与前瞻》，《人文精神的承传与重建》，广州：广东人民出版社，1995 年版，第 30－31 页。

准，也作为事物同人所需要它的那一点的联系的实际确定者。”[①]“价值观念”虽然并不属于“真理”的范畴，但与“真理”一样，都是人类的认识活动，认识活动的正确与否，最终是要以实践作为评判的标准。正如有论者所言，对于价值的最终证明或检验，必须借助于社会实践，即把对于事物的价值认识运用于实践，看看实践的结果是否达到了预期的效果。[②]

以“现代价值观念”作为传统文化的评价标准，至少可以从三个方面入手，即社会发展需要、反思现代化、认识“人”的本质。

第一，有利于促进社会发展需要的传统文化即是优秀传统文化。中国传统文化涵盖经济、政治、伦理等各个层面，有许多智慧至今仍有着重要的意义和价值。经济思想方面，有论者指出，贯穿中国经济思想史上的义利之辨，对于扭转当前中国社会上重利轻义、商业伦理滑坡的现象具有现实指导意义[③]。如孔子主张“以义制利”，《荀子》主张“先义后利”，《墨子》认为“义即利”；政治方面，如孔子的“为政以德”，《大学》的“明德，亲民，止于至善”“诚意修身”思想；伦理方面如“己所不欲，勿施于人”“孝亲”“出入相友，守望相助，疾病相扶持，百姓亲睦”（《孟子·滕文公上》）等思想。

第二，有利于反思现代化问题的传统文化即是优秀传统文化。有论者指出，从这个世界文明的发展趋势来看，当今所谓发达国家和发展中国家，其差距主要表现在物质财富的积累和科学技术的水平方面。精神生活方面，特别在道德伦理、人际关系等，并没有明显的先进与落后的差别，只说是互有短长，中西文化应互相吸收、扬弃、输进外来血液，使自身的文化发展进入良性循环，例如儒家的道德伦理及其价值观念，对现代社会出现的精神危机是可以得到补偏救弊的作用[④]。也有论者表达了相似的观点，认为中国优秀传统道德中的理想主义代表的是一种追求、一种激励、一种对自我的超越，它的处世原则中的积极成分对于在市场经济下过分个人化、实利化、世俗化的价值取向可以起到一种遏制的作用[⑤]。例如前面提到的中国传统“义利之辨”的相关思想，对于反思现代化的经

---

① ［苏联］列宁：《列宁选集》第4卷，北京：人民出版社，1972年版，第453页。

② 郑庆林：《也谈价值的哲学本质——与王玉樑同志商榷》，《哲学研究》，1992年第11期。

③ 程霖，陈旭东：《中国传统经济思想的现代价值》，《文汇报》，2016年2月26日第10版。

④ 李锦全：《中国传统思想文化的回顾与前瞻》，《人文精神的承传与重建》，广州：广东人民出版社，1995年版，第29页。

⑤ 陈先达：《历史进步中的传统与当代》，《求是》，1996年第1期。

济发展、商业伦理有重要的意义和价值。再比如，中国传统文化中人与自然和谐相处的思想，对于反思和匡正现代化进程中出现的环境污染有重要的意义和价值。“三才”（天、地、人）思想，认为人可以参赞天地化育，但人类并不是天地的主宰。《孟子》强调“尽人知性以知天”；《易传》强调“有天地，然后有万物生焉”“有天地，然后有万物；有万物，然后有男女；有男女，然后有夫妇；有夫妇，然后有父子；有父子然后有君臣；有君臣，然后有上下；有上下，然后礼仪有所错”①。自然环境良好才有万物的生长发育，才有人类，才有礼仪文化。自然环境是人类赖以繁衍生息的根本环境，人与天地万物是一种“共生”关系。《庄子》中说：“天地与我并生，而万物与我为一。”（《庄子·齐物论》）人类与自然万物浑然一体，人类和自然万物共同存在于天地之间。张载说：“乾称父，坤称母；予兹藐焉，乃混然中处。故天地之塞，吾其体；天地之帅，吾其性。民，吾同胞；物，吾与也。”② 认为天、地是人类的父母，天下人是同胞，天下万物是友伴。

第三，有利于“现代人”认识人类本质的传统文化。中国的传统社会虽然在经济发展方式和政治制度上与现今中国有很大不同，但在这个时期对人的特质、人的终极追求等方面的思考和探索，也是现代化的生活中需要继续思考和探索的。中国传统文化中关于人的特质和人的终极追求等方面的智慧，不可避免地会有传统经济和传统政治方面的意识形态性，把意识形态这方面的因素剔除，对追求全面现代化的中华民族而言，仍然是思想资源的宝库。

综上，对传统文化的评价，所依据的衡量尺度不能仅仅局限于“社会发展需要”和“民族需要”，而应该把“大自然的需要”、大自然存续发展的规律也同时作为“衡量尺度”不可或缺的内容，这种“现代价值观念”并不仅仅着眼于现代化目前存在的问题，更应该着眼于对评价标准、价值观念的完善。通过这样的观念对中国传统文化进行评价，使其中的优秀成分为中华民族的伟大历史复兴、为人类价值观念的完善作出应有的贡献。

（作者系中共贵州省委党校哲学部副教授）

① ［清］阮元校刻：《十三经注疏》，北京：中华书局，1980年版，第95－96页。
② ［宋］张载著，章锡琛点校：《张载集》，北京：中华书局，1978年版，第62页。

儒学自我调节的文化基因与时代适应性

◎戢斗勇

中国文化为何能够成为四大人类古老文明中唯一没有被彻底更弦易辙的一枝独存，儒家文化居功至伟。从孔子前的儒家之源到现时代，历三千年而文脉一以贯之，其中儒家文化占中国文化的统治地位达两千年之久。儒家文化何以能够“寿比南山”？儒家文化具有时代的适应性。李锦全教授在多篇文章中论及这个命题，而且有以此为题的专论①；他还在一篇文章中揭示了“儒家内部的自我批评，这是由于时势的变化，体现出儒家内部也有自我调节的机能，以适应社会的变化和发展”②，这就是说，儒学具有自我调节以适应时代要求的功能。这就给了我以启示，儒学的自我调节功能乃是其能够顺应、引领时代的“适应性”的本因。但这一命题需要多做深入的学术理论研究，这就引发了本文从文化生态的“文化基因”理论入手来进行研讨。这应当是解答儒学文脉永续缘由的一种路径，对研讨“中国文化的历史反思和当代构建”问题，是绕不过的。

一

文化生态学以自然科学的生态学研究文化，虽然文化主要地并不是自然界的存在，但生态学的理论和方法，为文化研究打开了一扇眺望美景之窗，文化生态学已在文化研究中得到广泛应用。

“文化基因”（meme）概念是1976年由英国著名科学家、牛津大学动物学家理查德·道金斯（Richard Dawkins）在《自私的基因》（The Selfish Gene）中提

① 李锦全：《儒学对文明社会的适应性》，《乐山师专学报》，1999年第4期。

② 李锦全：《从历史进程看儒学发展前景》，《黄山高专学报》，1999年第5期。

出的。文化基因理论揭示了生物的遗传本性是文化继承性的自然基础，文化具有“遗传”性，其进化和变异制约着文化的继承和超越。

马克思主义经典作家虽然没有提出文化基因的理论，但类似的思想是明确的。马克思在《哥达纲领批判》中分析，由于社会主义社会在旧制度的母体中“脱胎出来”，就不可避免地带有资本主义社会母体的某些“痕迹”和胎记。恩格斯指出：“在希腊哲学的各种各样的形式中，差不多可以找到以后各种观点的胚胎、萌芽。”① 毛泽东说：“我们这个民族有数千年的历史，有它的特点，有它的许多珍贵品。对于这些，我们还是小学生。今天的中国是历史的中国的一个发展；我们是马克思主义的历史主义者，我们不应当割断历史。从孔夫子到孙中山，我们应给以总结，承继这一份珍贵的遗产。”“马克思主义必须和我国的具体特点相结合并通过一定的民族形式才能实现。”② 我将马克思主义经典作家的思想应用于文化生态学的文化基因理论，提出了：按照自然生态的遗传学规律，参照文化学者关于文化基因的有关论述，我们可以将文化的继承和超越的辩证发展的规律称为‘基因制约律’。这是按照生态学的一般规律应用于文化得出的文化生态的遗传规律。我们把这一规律的内涵表述为：文化基因的遗传与变异制约着文化的继承与发展。

李锦全先生提出的儒学的适应性、自我调节的机能，从文化生态学的角度看，实际上讲的就是儒学的遗传基因的优势。文化的遗传基因与纯自然物有所不同，它主要地不是受自然界的规律所支配，而渗透着人的主体性和社会性。儒学更是在文化现象中博大精深，广大悉备，从物质文化到行为文化，从表象符号到抽象哲学，其遗传基因更是历代儒学人物适应时代的主体选择和不断优化，显现出遗传的优势和强大的历史生命力。

研讨儒学的遗传基因及其优势，不仅是个学术问题，也有极大的现实意义。例如，我们今天研讨的主题“中国文化的历史反思和当代构建”，该如何反思和构建，从文化基因的角度来分析，尤其是从文化的遗传基因来分析，不是一种新的角度和视野吗？而发挥儒学遗传基因及其优势，推而广之，与儒家文化相关的国家的稳定、执政党的永葆青春，乃至人生的境界修养和自我完善，应当都有借

---

① ［德］马克思，［德］恩格斯：《马克思恩格斯全集》（第20卷），北京：人民出版社，1972年版，第380页。

② 毛泽东：《毛泽东选集》（第2卷），北京：人民出版社，1991年版，第533－534页。

鉴的作用。

二

儒学的遗传基因是其文化基因的内核，是围绕着儒家核心理念而形成的使儒学得以自我修复、完善、超越、发展而代代相传的特征、机制和趋势及其相关因素的综合体。这里不详细探讨儒家的“核心理念”，仅沿用传统的“仁、义、礼、智、信”观点。“机制”大致存在于各种管理、教育等上至意识形态，下至乡规家训之中。而“趋势”更为复杂，还需深入进行研讨。本文仅探讨儒学优势遗传基因的五大特征。

（一）自信的理论

我们现在十分强调理论的自信，而儒学就是一种自信的理论。儒学发展延绵两千多年，形成一以贯之的道统，就是历代儒者对道的追求，不断地弘道甚至殉道。孔子的道就是仁道，儒学的自信充分表现在孔子的“我欲仁，斯人至矣”和孟子的“人皆可以为尧舜”的名句所蕴含的意义之中。李锦全先生曾经从分析惠能的“獦獠也能成佛”说明岭南文化有自信的种子，发展到陈白沙开启明代心学接续了孔孟自信文化的传统，主体精神得到极大的发扬，成为岭南哲学的特征，抓住了儒学的根本，也揭示了儒学能够代代相传的重要的主体因素。

（二）民本的立场

一种理论能够长久地令人信服，光有主体的自信还不行，关键是要代表最广大人民群众的利益，否则它或许可以昙花一现，最终将会被人民群众所抛弃。儒学的生命力，在于它的立场是民本的，几乎没有民本立场的人就可以判定不是儒家。尽管儒学文化还没有经过现代文明的脱胎换骨式的洗礼，还未实现现代化的转型，因而它的民本观或多或少地带有“为民做主”的官本位意味；儒家文化孕育出的贤人治政还不是现代民主，有人治的弊端。但历史的事实证明，儒家的民本立场带给老百姓实实在在的好处，得到了历史的正面评价。即便到了今天，时代也正在用现代文明的甘泉为儒学洗礼，但我们发现，民主并非只有西方的一种模式，儒家文化的民本观是否能够嫁接西方的制度民主，海外的新儒家们虽然尝试却没有成功，李锦全先生认为他们主要是流于主观愿望和道德决定论，不能付诸实践，对当政者和民众影响有限，“返本”难以“开新”[①]，真是一针见血。但如果借鉴新儒家们的经验和教训，在实践中去努力推进两种民主传统的互动结合，不是可以发挥出儒学这一优势遗传基因的作用吗？

（三）开放的体系

正如我们常以佛教由外来宗教变成中国本土宗教，来论证中国文化的开放特征一样，对于儒学是开放的体系，乃是证据确凿。儒家的鼻祖孔子始创儒学，就归纳总结了殷周文化；汉代儒学总结了先秦诸子百家的学说；宋学融汇了儒释道；近代儒学吸纳了西方文化而形成新学的体系。李锦全先生在界定包括岭南儒学在内的岭南文化的特征时，就指出“开放性”“兼容性”是其显著的特点[②]，也是对儒学这一特征的个案分析。开放性之所以能够成为儒学优势的遗传基因，符合生态学原理，开放的生命力也是现代系统论、信息论、控制论、耗散结构论等做过充分论证的。任何一个组织系统，包括文化系统，只有是开放的，才能与外界进行信息和能量的交换，不断地使熵变趋于平衡态，从而维持系统的稳定，促进组织的发展。当然，这种开放又是以维护自组织的边界为前提的，换句话说，儒学的开放并没有放弃其核心理念，“仁义礼智信”更为巩固，是贯穿始终的不断的红线。

（四）批判的精神

文化的更新发展不能靠强权助长或毁灭，而只能靠文化的批判，尤其是自我的完善。马克思说过“批判的武器不能代替武器的批判”，批判精神是文化永葆青春的遗传排异、纯化和优化之方。儒学具有文化批判的遗传基因，它不仅有对非儒的竞争，如百家的争鸣、对佛道的批驳，乃至对西方文化的否定和排斥，更多的是儒学内部的批评论辩。孔子以后，儒分为八，孔子学说正是在不同的后学互相磨砺论辩中才逐渐形成学派和体系。孟子和荀子的人性论相左，汉代王充的自然哲学批判谶纬神学，宋明理学与心学的驳难，近代以降围绕着启蒙与救亡所展开的中西、体用、知行之辩，等等，一部儒学史可说是一部学术批评史。对于他人之长的吸收，也是在批判的基础上分辨出孰是孰非而实现的。所以，没有批

---

① 李锦全：《现代新儒学思想的历史反思》，《现代哲学》，1990 年第 2 期；李锦全：《从批判与承传中走向民主政治》，《西南民族大学学报》，2005 年第 4 期，等。

② 李锦全：《从开放性与兼容性看岭南文化的发展历程》，《岭南学刊》，1999 年第 2 期。

判的精神，就谈不上儒学的转型和发展。

（五）致用的导向

常言道："理论是灰色的，而生活之树长青。"这充分说明了文化理论的生命力来自于实践的应用。儒学是入世的，"学以致用"是儒学的品质，也是儒学的目的。如果儒学不用于实践，不但可能成为束之高阁的废品，儒学本身也会断绝创新的动力和来源，成为枯竭的死水而消亡。李锦全先生曾经研究过儒家文化在日本和"亚洲四小龙"经济腾飞中的作用，确认这些国家和地区经济崛起的文化因素是应用了儒家文化。几十年过去了，我们可以看到，儒家文化在这些国家和地区得到了较好的保护和发展。反观国内同一时期，正值"五四"新文化运动后的"打倒孔家店"直至"文革"的"批儒评法"，儒学惨遭灭顶之灾，造成了一定程度的文化断层。这充分说明儒学的生命在于应用。当然，日本对儒学的应用主要是企业家个人的选择和解决资本主义经济社会发生的问题而采取的实用主义的皮毛装点，"只是实用型的各取所需"①，并没有学到儒学的精神实质，这也是李锦全先生作了分析和批判的。

上述五大特征，可能概括得并不全面，冀望得到批评以臻完善。而且，我认为这些因素是综合起作用的，所以我提出文化的遗传基因是所有对其遗传产生作用的各影响因子的"综合体"。除遗传基因的特征外，其机制、趋势等的研究，对于文化的传续和进化，具有直接的作用和深层的指导意义。

三

从文化的遗传基因的角度来探讨"中国文化的历史反思和当代构建"，也是有必要的。因为儒学是中国文化的重要流派甚至是主要代表。反思是自我思想的剖析和批判，这正是儒学遗传基因中的精华。中国文化的当代建构与儒学的当代建构是同一个历史任务和进程。因此，本文分析的儒学遗传基因中的自信、民本、开放、批判、致用五大特征，正是中国文化反思、建构的进路和必须。我认为，要做到这五条，在当代中国的文化环境和国际文化生态下，我们应当更加注

---

① 李锦全：《〈儒家管理哲学〉序》，《广东社会科学》，1993年第3期。

意以下三个方面。

第一，要从文化基因的角度正确处理好中、马、西的关系。中、马、西的关系是中国文化的焦点和难点，不正确处理就一定会犯过左或过右的偏误，这是许多论者的共识。关键在于如何才叫正确处理。我以儒学与马克思主义的关系为例，学术界就有以儒学取代马克思主义的思潮，包括“儒教中国”说、“儒家马克思主义”说等。中国社科院院士方克立先生在与中山大学李宗桂、杨海文两位教授的信等文章中，对这些观点提出了严厉的批判。他认为马克思主义是当代中国的意识形态指导思想，儒家文化只是“支援”（或“支持”）意识。我基本赞同方先生的观点，如果将“儒家马克思主义”仅理解成二者的结合并没有什么不妥，但如果说成是儒学取代马克思主义而重上意识形态的统治地位，那从文化生态上就站不住脚。但是，我们可以在方先生的基础上更进一步，儒学可以成为当代中国马克思主义的文化基因、构建材料和民族风格，这就大大地提高了儒学的地位和作用。从这个角度来看待中、马、西的关系，那就是：马克思主义是指导，中国文化是基因，西方精华是营养。从文化基因来反思和建构中国文化，就是在马克思主义指导下，吸取西方文化的精华，对中国文化的基因进行解码、筛选、嫁接、重组，对中国文化进行优化培育，发展出符合时代需求的新文化。这也是儒学自我完善的文化基因和时代适应性给予我们的宝贵传统和文化优势。

第二，要从文化基因的高度来进行中国文化传统的普及和应用。李锦全先生曾评述儒学对日本现代化的作用时，告诫我们，实用主义地对待儒学是有弊端的。在现代中国，这不仅实现不了对儒学乃至中国文化的反思和重构，更对中国的发展起不了现实的促进作用。然而，这种实用主义的甚至是恶搞地对待儒学和中国文化的现象正在愈演愈烈，乱象丛生。如果说“于丹现象”只是解说儒家思想不够准确，但对儒学的普及宣传还有一定的作用的话，许多地方大办所谓“大师”班、“高管”班、“灵修”会，动辄收费成千过万，解说更是五花八门甚至胡说八道，儒学、国学成了“摇钱树”。面对这种乱象，我连续发表了几篇文章，提出了应当建立“应用儒学”①，将儒学科学地应用于实践。而要做到科学应用，除了我们常说的“吸收其精华，排斥其糟粕”的辩证方法外，还可以吸

① 戢斗勇：《“应用儒学”及其前景》，《孔子研究》，2015 年第 3 期；戢斗勇：《“用儒时代”儒学的历史定位与根本任务》，《深圳大学学报》，2015 年第 6 期，等。

纳诸如文化生态学等新学科方法。如果我们从文化基因的角度来应用儒学，就不会是皮毛的、实用主义的，而是把儒学看成是我们的文化生命。是基因就不依主观意志而改变，更不容任意脱离和恶意诋毁。换句话说，认识到儒学是我们的文化基因，儒学才能不被沦为工具，才能成为生命的必须。

第三，要从文化基因的角度来认识文化的更新和转型。“中国文化的历史反思和当代构建”，从文化生态学的观点来认识，就是要使中国文化的基因更加优化，具有时代的适应性。从儒学的更新和转型来看，可以发挥其基因优势，并在实践中进行基因的筛选和再造。中华文化的基因库中，存在着许多优质的资源，可值挖掘和培植。例如，李锦全先生就十分热爱岭南文化，他对岭南文化的研究倾注了心血，尤其是对岭南哲学家及其思想特质进行的研讨，就具有启发的意义。李老对岭南文化和岭南哲学家的研究著述很多，我理出来的线索是：岭南文化具有开放兼容性的特点，岭南哲学家具有极为鲜明的主体自觉意识，这正是从慧能开始所形成的心学传统，到陈白沙、湛若水集大成，影响到康有为、梁启超、孙中山等。正由于有了高扬主体精神的岭南心学的传统，岭南文化才能在明代以后独树一帜，哲学上开启明代心学，引发明末清初以民主、平等和自由为内核的中国早期启蒙思潮。到了近现代，岭南文化更是以反帝反封的新文化荡涤着文化风云，引领时代的潮流。在实行社会主义市场经济、建设现代化的今天，岭南文化的敢为人先、无中生有以及务实求新的精神，无不来源于岭南文化基因的传续和发挥。而这些，正是时代精神的重要特征，是文化再造的基因工程值得继承发扬的文化精华。我认为，在中华文化基因库中，类似于岭南文化的优秀基因还会有不少，不同民族、不同地域的文化是保存中华文化的基因库，都可以在文化的再造中发挥其基因的优势。

总之，正如自然生态中遗传的基因及其变异是一对矛盾，继承和超越是文化生态的一对矛盾。传统文化是由前辈传递下来，具有深厚的历史渊源，集中体现着文化的历史传承性和连续性。现代文化既是传统文化的延续，又是未来文化的母体。或者说，新文化就像一个婴儿，孕育和产生于旧文化的母体，在母体中吸收营养和血液，没有母体的供养，新文化这个婴儿就无从诞生。如果说自然生物的基因变异导致了遗传的进化，文化的进步也是文化基因的变异和进化造成的，是在传统继承基础上的文化超越。各文化子系统或元素彼此吸引、排斥、交往、互动而出现整合的过程，是一个与时俱进的文化自身的扬弃或辩证否定的过程。

文化应当继承传统，同时要根据应然性、理想性和时代的要求，并使之符合文化发展的必然趋势，成为代表文明发展方向的文化，传统的超越才能真正实现。没有文化的遗传和继承就没有文化的变异和超越的基础，而没有文化的变异和超越，文化的遗传和继承也就失去了生存的活力。二者构成的矛盾统一体，普遍存在于文化发展的历史进程中。因此，用文化生态学尤其是基因理论对“中国文化的历史反思和当代构建”进行研讨，将大大促进这一问题的认识走向深入。

（作者系佛山科学技术学院岭南文化研究院研究员）

儒学宗教性问题与儒学之命运的反思

◎杨清虎

儒学宗教性是第二、三代新儒家学者唐君毅、杜维明等人对儒学具有的超越性诠释，是关乎一个宗教的人的儒学取向问题，是一个作为独立人格的儒家的人何以实现终极的“自我转换”的问题。儒学宗教性更强调人的宗教精神信仰，更强调作为社会整体的人的终极的自我转化。无论儒教是否宗教，都始终带有浓郁的宗教性特征。近三十年来，学术界关于“儒教是否宗教”问题的争论主要是从任继愈提出的“儒教是宗教”的论断后发起的。

一、儒学宗教性问题的提出：儒教之争

20 世纪 80 年代初，任继愈提出“儒教是教”说，进而引起了学界的争论与辩论。任继愈大胆提出，儒教信奉“天地君亲师”，孔子开创了儒教，从西汉开始发展为宗教，到宋代正式形成儒教。① 针对任继愈提出的“儒教是教”的观点，先后有李国权和何克让、崔大华、冯友兰等先后发文提出了不同观点和看法，李、何二人认为孔子的天命观不是由殷周天命神学发展而来，“两次大的改造”不过是儒学发展的前进，孔子只是儒学创始人而非教主，“儒教”更没有严格的教义、组织、神职人员，因而谈不上宗教。② 还有崔大华、冯友兰、张岱年、王瑞来、曹锡仁、张智彦、蔡尚思、林金水、李锦全等人发表了一些类似的不同观点。

改革开放初所兴起的儒教之争，是有其思想根源的：第一，改革开放之前，

① 任继愈：《儒家与儒教》，《中国哲学》（第 3 辑），北京：三联书店，1980 年版，第 11 页。

② 李国权，何克让：《儒教质疑》，《哲学研究》，1981 年第 7 期。

学术界主要是以马克思主义为唯一指导思想，片面地理解马克思关于“宗教是人民的鸦片”的论断，认为一切宗教都是毒害人类身心健康的“精神鸦片”。为了打破学术界的这种思维束缚，上海社会科学院宗教研究所和上海宗教学会的罗竹风等人，与中国社会科学院世界宗教研究所的张继安和吕大吉之间展开了关于“宗教鸦片论”的“南北战争”。这种争论实际上是“中国大陆宗教研究的政治化和意识形态化的格局虽然受到冲击但是尚未受到根本颠覆的情势下发动和开展起来的”①。在这种背景下，任继愈抛出“儒教是否宗教”的问题，实际上是让儒学研究回归学术，是为了配合“拨乱反正”而掀起的一场思想解放运动。第二，“儒教是否宗教”之论断，其实亦并非改革开放才出现的新问题，早在明末清初就有所谓的“中国礼仪之争”——罗马教廷以一元宗教排斥中国儒教，遭到中国皇帝和政府的激烈对抗。甲午战争之后，康有为、陈焕章等人又创办“孔教会”，企图恢复儒教的“国教”地位。儒教之争，说到底还是一个儒学与意识形态关系的问题。改革开放以后，儒学是否可以脱离意识形态，去政教地位如何继续发展的问题。第三，儒教之争，还牵扯到一个“宗教”定义的问题，什么是宗教，衡量是不是宗教的标准问题。这个问题的核心在于是以西方理论下的宗教去定义儒教呢，还是以中国传统文化的宗教观去定义儒教，多少带有一些民族主义和文化复兴的色彩。在新时代，中国文化到底能拿回多少学术话语权的问题。

近代中国学者在处理中国在文化的策略上，包括康有为、陈焕章、唐君毅和牟宗三，还有新儒家代表梁漱溟和熊十力等都不能摆脱“以夷制夷”“中体西用”“融合中西”的思想，这些思想都是以西方文化价值为参照，努力提升中国文化竞争力的背景下产生的。然而，改革开放以后，任继愈、冯友兰、张岱年、季羡林、张立文、郭齐勇、蔡尚思、李申、陈詠明这些人发起的儒教之争是要把儒学作为学术问题进行厘清的思想解放运动。说到底，这场儒教之争适应了学术研究的需要，推动了大陆学者对中国传统文化的自我定位和反思，加速了学术多元化和深层次发展的步伐。

二、儒学宗教性问题的反思：儒学存有的合理性

儒教之争问题尘埃未定，从 20 世纪 80 年代中期后，又掀起新一轮对儒教问

① 段德智：《近 30 年来的“儒学是否宗教”之争及其学术贡献》，《晋阳学刊》，2009 年第 6 期。

题的回顾和再探讨。与80年代初儒教之争不同的是，大多数学者始倾向于儒学具有宗教性的观点，而不是断然否定儒学不是宗教。张岱年说："对于儒学是否宗教，可以有不同的观点。根据对于宗教的一种理解，可以说儒学不是宗教；根据对于宗教的另一种理解，也可以说儒学也是宗教。"他认为儒教是"一种以人道为主要内容、以人为终极关怀的宗教"。[①] 张岱年、李锦全、王瑞来、季羡林、蔡尚思、张立文等人虽并不赞同儒教是宗教的观点，但都倾向于"儒教具有宗教性"的看法，承认儒教在相当长的历史时期内，起到了宗教伦理和宗教哲学的多重任务和功用。儒教之争从"儒学是否宗教"的问题，开始过渡到了"儒学宗教性问题"的思考。儒教之争问题的回归，开始直接与新儒家所提出的儒学宗教性问题接轨。

儒学的宗教性的问题，一直是近现代中国儒学发展历程中备受关注的话题。1989年，杜维明首次对"儒学的宗教性"做了系统的论述。他受史密斯（W. C. Smith）"宗教学必须超越基督教神学的限制"思想的影响，提出了"儒家人文精神的宗教"含义，说："只有把儒家列入重点教学和研究项目的宗教学，才算是以研究人类精神文明为对象的人文学。""在比较文明的格局之中，强调儒家人文精神的宗教性，无非是要阐明儒家的人生哲学虽然入世，但却有向往天道的纬度。"[②] 1999年，郭齐勇、段德智先后把这种观点介绍到大陆。郭齐勇对唐君毅、牟宗三、杜维明、刘述先四人关于"道德宗教意蕴"进行了梳理和阐释，进而认为四人反思的共同点是承认儒学资源中饱含有超越的理念和宗教精神，尤其肯定了其特点是"内在的超越"，即相对于基督教的他在的上帝及其创世说，儒家的"天"与"天道"既是超越的，却又流行于世间，超越与内在是相辅相成的。[③] 段德智也认为，应该从宗教现象学或宗教多元主义的立场来观照儒学，从儒学的存有论层面来审视儒学的宗教性。[④] 此后，一些学者陆续从儒学宗教性的角度开始审视儒学，例如方朝晖就认为当前学术界把儒学的宗教性思维误当成中国哲学的特点，如中国哲学的所谓重直觉、重人生、重道德、"天人

① 张岱年：《儒学与儒教》，《文史哲》，1998年第3期。

② 杜维明著，段德智译，林同奇校：《中庸：论儒学的宗教性》，北京：三联书店，2013年版，第7、9页。

③ 郭齐勇：《当代新儒家对儒学宗教性问题的反思》，《中国哲学史》，1999年第1期。

④ 段德智：《从存有的层次性看儒学的宗教性》，《哲学动态》，1999年第7期。

合一”以及“知行合一”之类，都只是宗教性思维的体现，无关乎中国哲学与西方哲学之别。① 可以说，儒学宗教性问题，实际上是对儒教之争的合理回归，在学术上有积极意义。

提出儒学宗教性，关系几个问题：第一，儒学宗教性问题本身就是“儒教是教”问题的第三维，既不肯定是宗教，也不否认是宗教，带有明显的中庸和中和的认识倾向；第二，“儒学宗教性”观点扩大了“宗教”的内涵空间，把中国哲学纳入到了世界哲学的范畴，特别是把人们从儒学与宗教的对立中解放出来，让儒学成为超越传统中国文化认知的哲学范畴；第三，儒学宗教性的肯定，彻底摆脱了近代中国文化到底是摆向科学还是靠近宗教的顾虑，儒家去宗教化也好，与哲学联姻也好，让脱离政教纷争的儒学少了许多迷茫和顾虑；第四，儒学宗教性的提出，把新儒家的对宗教性的肯定，与中国儒学的定位与前途联系起来，让儒学研究走出国门，走向世界；第五，20 世纪以来，儒学宗教性问题既关系到康有为、陈焕章的孔教运动，又是现代新儒家对儒学的重要理论，还是马克思主义学者对于儒学认识的重要方向，从这个角度来说，儒学宗教性是一种“共识”。学者们的这些讨论看似在肯定儒学宗教性，实际上儒学的前途和命运才是诸多学者关注的焦点。儒学在新的时代，究竟怎么发展，以一种怎样的身份和角色存在，在大陆、港台、海外如何生存，才是众多学者不遗余力地去为儒学寻找合法性和合理性的初衷和目的。

三、儒学宗教性问题的回溯：传统与现代的冲突与交流

21 世纪以来，学界在对儒学宗教性问题的关注上，开始出现了多元化的趋势。既有坚持儒教是宗教之教的观点，也有认为儒教是人文宗教或宗法宗教的观点，还有把儒学放到“文明对话”向度关注儒学。儒学与耶教文明、与伊斯兰文明展开对话，同时学者也把儒学放到儒释道影响之下的传统文化环境中，以多维度、多层次地对儒学进行了更深入、广泛、多层次的讨论。

对于儒学宗教性问题的认识，从近年来学者的研究内容来看，实际上也存在着不同的看法和研究视角。其一，从神灵信仰方面来阐释“宗教性”，这种认识

① 方朝晖：《从儒学的宗教性谈中国哲学的“特点”问题》，《复旦学报》，2003 年第 3 期。

是以宗教的发源和原始信仰为视角的。李向平等认为儒学就是一种“信仰模式”，儒教的信仰就是个人信仰与他人信仰、儒教信徒与其他社会成员的互动结果，并以信仰“认同”作为儒教的行动单位。① 王帆认为，以超越文化形态的终极性宗教涵义为衡量标准，儒教确定无疑属于世界宗教大家族中的一员。② 其二，从道德宗教为基本认识来定性“宗教性”，这种认识是把儒学划入人文的宗教这一特征。赵吉惠认为，儒学是人文道德学说，以探讨人生哲理、政治道德为主要内容，具有思想上的二重性、矛盾性，是道德宗教。③ 吴震认为，德福问题上，也有某种宗教意识和宗教关怀，此可见儒学亦有宗教性特征。④ 其三，强调儒学的超越性，认为超越性的儒学才是儒学的“宗教性”。韩国崔英辰说，学者承认超越性才是宗教之所以成为宗教的本质，儒教是在对终极世界的坚定信念的基础上确立了现世的道德价值体系，信仰共同体中都可以找到儒教的宗教性。⑤ 有人反对所谓的“超越”，如胡金旺反对任剑涛所认为的儒学超越性时，认为儒学的内在超越性一说并不必然等于将儒学看作宗教。⑥ 其四，从“宗教性”所起的效果来阐释“宗教性”的存在问题。儒学的宗教性可以异化为迷信，王四达认为，儒学的宗教性在历史上发展上既有常态也有变态，经历了一个从“神道设教”经“人道设教”到“君道设教”的演变，儒学的宗教性畸变为迷信对中国传统社会的影响是消极的。⑦ 中国传统的儒家文化之宗教意识是基于对民“教化”的宗教意识，“神道设教”之“信仰”变革而入“人道设教”之“教化”的儒学在终极意义的关怀上并非完全摒弃超越性之诉求，因而有其深蕴的契合性的宗教性品格。⑧ 可以说，儒学具有的宗教性，是依赖于儒学所具有的哲学、信仰、道德、文化等内涵而一并存在的，是一个复合体。

儒学的特质不是在中国文化内部自发释放出来的，而是儒学与其他文化互动的结果，是文明对话的产物。李天纲就认为儒教是否宗教的问题，必然带出“文

---

① 李向平，石大建：《中国人的信仰认同模式——以儒教信仰为中心》，《社会》，2008 年第 6 期。

② 王帆：《论儒学的宗教底蕴——对儒学宗教性问题的再辨析》，《河北师范大学学报》（哲学社会科学版），2013 年第 2 期。

③ 赵吉惠：《儒学二重性：既是哲学又是道德宗教》，《孔子研究》，2002 年第 4 期。

④ 吴震：《德福之道——关于儒学宗教性问题的一项考察》，《船山学刊》，2012 年第 4 期。

⑤ ［韩］崔英辰：《后现代文明与儒教的宗教性》，《文史哲》，2011 年第 6 期。

⑥ 胡金旺：《论儒学的内在超越性——兼与任剑涛先生商榷》，《学术界》，2013 年第 12 期。

⑦ 王四达：《宗教性的常态与变态：一个解读儒学的新视角》，《哲学研究》，2006 年第 5 期。

⑧ 柳向忠：《信仰与教化之间：儒学宗教性之历史性格刍议》，《孔子研究》，2013 年第 3 期。

明冲突”的敏感话题，从17世纪“礼仪之争”的背后，其实存在着儒家思想和基督教神学对话和沟通的可能性。① 从某种程度上来说，儒学代表的是中国传统文化，儒学宗教性的表达是中国文化与西方文化对撞以后释放出来的，中西文明的对话是对儒学宗教性的阐释路径之一。2011年，《文史哲》编辑部以“儒学与基督教间文明”对话为内容邀请了许嘉璐、霍普金斯等近20位学者就“世界文明对话”的主体展开笔谈。这次笔谈的主要贡献在于呼吁学界在学术研究中注重中西对话。许嘉璐认为，当今世界需要对话，尤其是不同文明之间的对话，呼吁21世纪儒家文明与基督教文明两种哲学应相互包容，展开对话。② 儒学宗教性的阐释，固然与中西文明的对撞有重要联系，但并不是唯一的表达路径。文明之间的对话，既有儒学与西方耶稣文明、伊斯兰文明之间的对话，也有儒学与东亚文明圈的佛教、道教、民间宗教之间的对话。只不过，儒、佛、道三家在中国历史上一直互有争斗，又彼此融合，其实早已经融入中国文化，楼宇烈就说，中华人文精神是在儒、释、道三教的共同培育下形成。③ 可以说，建立在儒、佛、道三教融合之上的中国传统文化之所以能够源远流长，大概就在于其“和而不同”的多元而不是单一。④

如果说儒学宗教性是儒学面对西方文明倒逼而产生的对儒学自身的思考，那么关注文明对话，尊重文化差异，认识文化互通和共融，则是儒学继续进步的必然之路。儒学的发展，势必又把儒学的问题引向了儒家对儒学前途和命运的关注。

四、儒学宗教性的本质：儒学之命运

儒学宗教性是近代儒学面对西方文明，或者说面对现代化的过程中从自省的角度提出来的一个解决自身地位的问题。尤其是新文化运动以后，面对儒教危机，儒家学者更迫切地需要为儒学发展找到方向，实际上儒学宗教性关注的根本还是儒学的命运问题。2005年12月，首届“全国儒教学术研讨会”在广东举

---

① 李天纲：《儒家的宗教性：从“中国礼仪之争”两个文本看儒耶对话的可能性?》，《哲学门》，2004年第5卷第1册，第1-23页。

② 许嘉璐：《主张对话、反对冲突是时代的最强音》，《文史哲》，2011年第4期。

③ 楼宇烈：《中国文化中的儒释道》，《中华文化论坛》，1994年第3期。

④ 洪修平：《儒佛道三教比较研究若干问题的思考》，《哲学研究》，2013年第1期。

办，会议讨论了“儒学宗教论”“儒学国教说”和“公民宗教说”等一些儒学发展的热点问题。蒋庆认为应该“复兴儒教”，通过上下两条路线在意识形态和民间社会来实现儒教“全面的复兴”。[①] 方克立认为以蒋庆为代表的“大陆新生代新儒家”就是要实现儒学的“政治化和宗教化”。[②] 林存光则对这种“政治化和宗教化”的儒学发展的蓝图提出批评，认为复兴儒学和儒教走“上行路线”、走“与权力结合”的“道路”是一条去“孔子化”的危险之路。[③] “重建儒教”把儒学与意识形态捆绑在了一起，变成了一个是否把儒学上升为意识形态的问题，就当前中国社会发展的现状和政治走向而言，这条路显然是死胡同。

自从20世纪50年代美国人类学家罗伯特·雷德菲尔德提出了“大传统”与“小传统”的概念后，在人文学科被广泛接受。大传统存在于学校或教堂的有教养的人中，而小传统是处于其外的，存在于不用书写文字的乡村社区生活中。[④] 显然，在传统文化中，儒学是可以被划入大传统之中的。那么，从儒学宗教性层面考虑，儒学又有进入小传统的需求和趋势，在小传统中也占有一席之地。梁丽萍认为，“王权社会”“儒教中国”与“宗法社会”“巫术残余”影响了中国人的宗教观，中国哲学的政治化与人伦化特点和中国文化的“小传统”直接影响了汉民族的宗教信仰素质。[⑤] 周波等人研究认为，作为中国封建王朝的官方意识形态的儒学，依然存在着叫“礼”或曰“堂祭”的这类民间习俗。[⑥] 可以说，长期以来作为古代中国意识形态的儒学，以大传统的角色与小传统之间的互动一直都是存在的，这种互动无疑为儒学的发展提供了一些借鉴。

儒学到底是谁的儒学，儒学又是为谁服务的？颜炳罡认为，儒学从来就不是少数哲学家、思想家、历史学家的奢侈品，而是民众的生活向导，是人们的生活规范系统。[⑦] 郭齐勇也说，儒家学者要眼中有民，努力到民间去，弘扬儒学，把

---

① 蒋庆：《关于重建儒教的构想》，《中国儒教研究通讯》第1期，中国社会科学院世界宗教研所儒教文化研究中心，2005年，修订本发表于中国儒教网：http：//www.chinarujiao.net/p_ info.asp? pid = 3141，2009年6月3日。

② 方克立：《关于当前大陆新儒学问题的三封信》，《学术探索》，2006年第2期。

③ 张世保编：《大陆新儒学评论》，北京：线装书局，2007年版，第136－152页。

④ 宋雷鸣：《论大传统和小传统概念的时间意义》，《广西民族大学学报》，2010年第2期，第67－73页。

⑤ 梁丽萍：《中国传统社会汉民族的宗教观与宗教信仰——历史与文化的考察》，《中州学刊》，2002年第6期。

⑥ 周波，王霄冰：《大小传统理论视野下的礼生“叫礼”习俗》，《文化遗产》，2014年第5期。

⑦ 颜炳罡：《儒学：从来就不是少数哲学家的奢侈品》，《国学》，2007年第10期。

会议儒学、书本儒学转化为民间儒学、生命儒学。① 儒学是人民的儒学，是“有教无类”者的儒学，那么儒学就应该走进大众，走进民间生活。王义等人认为，儒学重建具有可能性和必要性，可以依靠个人宗教、国教或公民宗教等方式重建儒教。② 由此可见，儒学要继续发展，既要根植于大传统之中，又有必要与小传统不断互动，并进入小传统的方方面面。当代社会，只有把儒学融入民间、根植于生活，才能让儒学找到方向和存在的价值。为儒学找到合适的前途，推动儒学的发展与革新，这也符合儒学宗教性提出的终极目的。

列文森于20世纪60年代提出儒学业已死亡，在《儒教中国及其现代命运》一书中他断言中国传统思想的儒学，在近代经过一系列打击之后已经寿终正寝，是否真的如此？2014年9月9日，杜维明在《21世纪的儒学》出版后，接受采访时说，儒学研究正迎来否极泰来的时刻。同年9月27日，余英时在“新亚书院65周年座谈会”的视频互动中说，儒分两种，有“压迫人的儒家”，有“被压迫的儒家”，大陆提倡的儒家就是一种“死亡之吻”。一石激起千层浪，在学界发出不同声音的同时，让我们不禁开始迷茫，儒学的发展方向是什么，儒学到底应该走怎样的一条道路？儒学继续发展，必须从儒学宗教性问题角度继续深入挖掘儒学的潜力和优势，既要实现儒学在大传统中的角色转型，也要合理定位，加强与小传统之间的互融和互动。儒学天生不是意识形态，更多的是哲学、知识和道德伦理，与政治、文化、阶级有密切关系，但不能把儒家、儒学、儒家文化与政治捆绑在一起。

当前，儒学要继续发展，应积极重新挖掘儒家文化中正面的、积极的优秀文化传统，并赋予时代精神，使其发挥时代价值，彰显其在道德、伦理、文化、社会生活、知识修养等方面的价值。儒学从来都不是纯粹的形而上之学，它生于斯，亦长于斯。儒学离开民间大众就是一潭死水，只有把儒学的优良传统、道德、思想、经典在民众中发扬开来，积极走民间路线，儒学才能焕发生机。儒学早已融入中华文明的方方面面，早已渗入中华民族的血液之中。只有积极推动儒学走向现代，加快融入当代社会文化，才能真正发展，实现儒学复兴。

（作者系安顺学院马克思主义学院副教授，中山大学哲学系博士生）

---

① 郭齐勇：《民间儒学的新开展》，《深圳大学学报》（人文社会科学版），2013年第3期。

② 王义，黄玉顺：《重建与超越：新世纪儒教问题的诉求》，《教学研究》，2015年第1期。

“仁义礼智信”：儒家道德教化思想的现代价值[①]

◎黎红雷

“仁义礼智信”是儒家基本的道德条目。在《论语》中，“仁”有109见，“义”有24见，“礼”有75见，“知”有116见（其中读去声，可解为“智”的26见），“信”则有38见。[②] 孟子第一次将“仁义礼智”相提并论，指出：“恻隐之心，人皆有之；羞恶之心，人皆有之；恭敬之心，人皆有之；是非之心，人皆有之。恻隐之心，仁也；羞恶之心，义也；恭敬之心，礼也；是非之心，智也。仁义礼智，非由外铄我也，我固有之也。”（《孟子·告子上》）汉儒则在孟子“仁义礼智”的基础上加上一个“信”字，称之为“五常”。董仲舒认为：“夫仁谊礼知信五常之道，王者所当脩饬也。”（《汉书·董仲舒传》）班固进一步论述道：“五性者何？谓仁、义、礼、智、信也。仁者，不忍也，施生爱人也；义者，宜也，断决得中也；礼者，履也，履道成文也；智者，知也，独见前闻，不惑于事，见微者也；信者，诚也，专一不移也。故人生而应八卦之体，得五气以为常，仁、义、礼、智、信是也。”（《白虎通·性情》）从此，“仁义礼智信”五常被确立为中国传统社会的道德行为规范。相传成书于南宋的《三字经》即有：“曰仁义，礼智信，此五常，不容紊。”作为儒家道德体系的代表性符号，“仁义礼智信”对于当代社会的道德文明建设依然具有重要的价值。

---

① 基金项目：本文系2012年教育部哲学社会科学研究重大课题攻关项目“中国优秀传统文化的现代价值研究”（项目号：12JZD003）的阶段性成果。

② 安作璋主编：《论语辞典》，上海古籍出版社，2004年版，第62、22、102、196、236页。

一、立己立人：仁道思想的现代价值

“仁”是孔子的原创性概念，是儒学最核心的范畴。儒家的仁学，本质上是关于人的道德伦理，是一个人如何做人、如何待人、如何成人的道理，即所谓“仁也者，人也。合而言之，道也。”（《孟子·尽心下》）孔子指出：“夫仁者，己欲立而立人；己欲达而达人。能近取譬，可谓仁之方也已。”（《论语·雍也》）作为一个具有道德自觉的仁者，一方面要“立己”，主动地按照仁道的要求来修养自己，不断地自我完善；另一方面要“立人”，积极地按照仁道的要求去关爱他人，与人友好相处，而无论是“立己”还是“立人”，都要遵守基本的道德底线，做到“己所不欲，勿施于人”。这些，就是儒家仁道思想的主要内容。

关于“为仁由己，自我完善”。据《论语·颜渊》记载：“颜渊问仁。子曰：‘克己复礼为仁。一日克己复礼，天下归仁焉。为仁由己，而由人乎哉?’”这里的“为仁由己”，体现了人的道德主体意识。所谓“君子求诸己，小人求诸人”（《论语·卫灵公》），在人际交往过程中，一个具有道德主体性的“君子”[①]，总是要求自己而体谅他人。如孟子所说：你爱护别人却得不到别人的亲近，那就应反问自己的仁爱之心是否还不够深厚；你管理别人却不能够管理好，那就应反问自己的管理才智是否还不够充足；你礼貌待人却得不到别人相应的回答，那就应反问自己的恭敬之心是否还不够真诚，总之，“行有不得者皆反求诸己，其身正而天下归之”（《孟子·离娄上》）。这里的“克己复礼”则体现了人的道德自律意识。所谓“见贤思齐焉，见不贤而内自省也”（《论语·里仁》），在人际交往过程中，一个具有道德自觉性的“君子”，总是不断反省而自我完善。如孔子所说“君子有九思”：看的时候，考虑看明白了没有；听的时候，考虑听清楚了没有；脸上的颜色，考虑是否温和；容貌态度，考虑是否庄重；说话的言语，考虑是否忠诚老实；对待工作，考虑是否严肃认真；遇到问题，考虑怎样请教别人；将要发怒，考虑有什么后患；看见可得的，考虑自己该不该得。（《论语·季氏》）在当代道德建设中，我们应该大力提倡道德的主体性。社会是由人组成

---

① “君子”本义指在位的当政者，孔子对其赋予了“尚德”的品质，并强调：“君子之德风，小人之德草。草上之风，必偃。”（《论语·颜渊》）由此，“君子”亦成为民众的道德榜样。

的，每个人都是社会的一份子，都应该担负起自己应有的社会责任。既然我们都希望生活在安定和睦、文明有序的社会，那就从自己做起，从现在做起，从而带动整个社会风气的好转。我们还要高度重视道德的自律性。每个人都应该克制自己不正当的欲望、不健康的情绪和不正确的言行，自觉遵守社会规范，积极弘扬“正能量”。当然，制止当前社会严重的道德滑坡，没有包括道德教化、舆论褒贬乃至社会规范在内的“他律”手段是不可能奏效的，但是对于道德建设来说，“他律”毕竟只是过程和手段，“自律”才是结果和目的。就此而言，儒家“为仁由己，自我完善”的进路，可以说是抓住了根本。

关于“仁者爱人，相互关爱”。据《论语·颜渊》记载：“樊迟问仁。子曰：‘爱人。’”东汉许慎在《说文解字》中说：“仁，亲也，从人从二。古文仁从千心。古文仁或从尸。”《郭店楚简》出土的先秦儒家经典中，凡是“仁”的地方，都书写为上“身”下“心”，强调的是“立己”，即身心自我完善的一面。而汉代以后，更突出其“立人”，即己与人之间相互关爱的一面，如徐铉所说“仁者兼爱，故从二”。其实在儒家看来，“立己”与“立人”，“自我完善”与“相互关爱”之间，并不是彼此对立而是相辅相成的。孟子指出：“君子所以异于人者，以其存心也。君子以仁存心，以礼存心；仁者爱人，有礼者敬人。爱人者，人恒爱之；敬人者，人恒敬之。”（《孟子·离娄下》）君子通过自我修养，提升德性，把仁和礼保存在心中，就必然外化为关爱别人和尊敬别人的行为举止。关爱别人的人，就永远得到别人的关爱；尊敬别人的人，也永远得到别人的尊敬。在孟子看来，关爱别人是君子仁人自觉遵循的“道德命令”，是将他人作为自己的同类而发自内心的道德情感。“有人于此，其待我以横逆，则君子必自反也：‘我必不仁也，必无礼也，此物奚宜至哉？’其自反而仁矣，自反而有礼矣，其横逆由是也，君子必自反也：‘我必不忠。’自反而忠矣，其横逆由是也，君子曰：‘此亦妄人而已矣。如此，则与禽兽奚择哉？于禽兽又何难焉！’”（同上）由此看来，儒家的仁道本质上就是“人道”，把人当人看，尊重他的人格、同情他的人性、关爱他的生命，如果缺少对人格、生命和人性的尊重、同情与关怀，那就叫做“麻木不仁”。在当代道德建设中，我们就是要大力弘扬这种“人道”精神，尊重他人、同情他人、关爱他人；同时也得到他人的尊重、同情和关爱。即使自己的爱心一时得不到他人相应的回报，发生误解、矛盾乃至冲突，也不必气馁，更不应随波逐流、自甘堕落。因为就人类总体而言，人与人之间的关爱、同情与合作，比起误解、矛盾乃至冲突，具有更高的永恒的价值。“只要人人都献出一点爱，世界将变成美好的人间！”

关于“己所不欲，勿施于人”。据《论语·颜渊》记载：“仲弓问仁。子曰：‘出门如见大宾，使民如承大祭。己所不欲，勿施于人。在邦无怨，在家无怨。’”当代人对“己所不欲，勿施于人”这句话有不少误解。有人从中解读出“极端个人主义”。其实这句话的前提是“问仁”，仁道的本质是正确处理自己与他人的关系，自己不愿意别人施加给自己的东西，自己也不要施加给别人，正体现出自己对于他人的尊重，这怎么可能是“极端个人主义”呢？也有人从中解读出“专制主义”。其实这句话的另一个前提是“恕道”，“子贡问曰：‘有一言而可以终身行之者乎？’子曰：‘其恕乎！己所不欲，勿施于人。’”（《论语·卫灵公》）所谓“恕”，就是宽恕、宽容、宽厚，宽以待人，严于律己，设身处地，换位思考，又怎么可能走向“专制主义”呢？还有人从中推导出“反命题”——“己之所欲，施之于人”。其实二者并不是逻辑上等值的命题，从前者不能推导出后者，从后者也不能推导出前者。当然，与“己所不欲，勿施于人”的消极行为命题相对应，儒家确实还有一个积极行为命题，这就是所谓“己欲立而立人，己欲达而达人”（《论语·雍也》）。但这里所说的只是“立己”与“立人”，“达己”与“达人”之间的关系：自己要站得住也要让别人站得住，自己要通达也要让别人通达，其中丝毫也没有强加于人的意思。总之，“己所不欲，勿施于人”是人际交往最基本的原则，正如德国哲学家费尔巴哈所说：“在许多由人们思考出来的道德原理和训诫中，这个素朴的通俗的原理是最好的、最真实的，同时也是最明显而且最有说服力的，因为这个原理诉诸人心，因为它使自己对于幸福的追求服从良心的指示。”① 1993 年，世界宗教议会大会签署的《走向全球伦理普世宣言》：“从世界各大宗教和文化的道德准则中，提出了全人类都应当遵循的一项基本要求：每个人都应受到符合人性的对待！并以耶稣的名言‘你们愿意人怎样对待你们，你们也要怎样对待人’和孔子的名言‘己所不欲，勿施于人’作为支持。”② 因此，我们完全可以理直气壮地说，孔子所提出的“己所不欲，勿施于人”，已经超越时空，成为当今世界全人类共同遵守的“底

① ［德］费尔巴哈：《费尔巴哈哲学著作选集》上卷，北京：三联书店，1959 年版，第 577－578 页。

② 何光沪：《“全球伦理”——宗教良知的国际表现》，《中国宗教》，1999 年第 1 期。

线伦理”，也是当代中国道德建设必须认真吸收的宝贵资源。

二、公正合宜：道义思想的现代价值

“义”是中国古代一种含义极广的道德范畴，指的是公正合宜的道理或行动。《礼记·中庸》曰：“义者，宜也。”刘熙在《释名》中说：“义者，宜也，制裁事物使合宜也。”孔子主张：“君子之于天下也，无适也，无莫也，义之与比。”（《论语·里仁》）孟子提出：“大人者，言不必信，行不必果，惟义所在。”（《孟子·离娄下》）他们都把“义”作为判断一个人的思想、言论、行为是否公正合宜的唯一标准。要做到公正合宜，在个人操守上就要做到恪守道义，保持节操，如孟子所言“配义与道，无是馁也”（《孟子·公孙丑上》）；在与人交往中就要公平正义，恰当适宜，如孔子所言“以直报怨，以德报德”（《论语·宪问》）；在处理义利关系时就要做到取之有义，先义后利，如荀子所言“先义而后利者荣，先利而后义者辱”（《荀子·荣辱》）。这些，就是儒家道义思想的主要内容。

关于“恪守道义，保持节操”。儒家认为，人与禽兽的区别，在于是否拥有道德正义感。因此，具有道德自觉性的“君子”，总是始终恪守社会的道义，保持个人的节操。孟子主张“善养吾浩然之气”（《孟子·公孙丑上》）。在他看来，那浩然之气，最宏大最刚强，用道义去培养它而不用邪恶去伤害它，就可以使它充满天地之间，无所不在。那浩然之气，必须与仁义和道德相配合辅助，不这样做，那么浩然之气就会像人得不到食物一样疲软衰竭。浩然之气是由道义在内心长期积累而形成的，而不是通过偶然的行为来获取它的。自己的所作所为有不能心安理得的地方，则浩然之气就会衰竭。所以，孟子反对把道义看成是心外之物，一定要在心中始终恪守道义而不能中断。孟子又指出：“生亦我所欲也，义亦我所欲也；二者不可得兼，舍生而取义者也。”（《孟子·告子上》）孟子拿熊掌和鱼打比方，就像前者的价值高于后者一样，道义的价值也高于生命。生命是人们所拥有的，但是还有比生命更使人想拥有的东西，那就是道义，所以人们就不愿意苟且偷生；死亡是人们所厌恶的，但是还有比死亡更使人厌恶的东西，那就是违背道义，所以人们就不会因为厌恶死亡而逃避某些祸患。孟子进一步论证，在人们心中确实有比生命更使人想拥有的东西，也确实有比死亡更使人厌恶的东西。这种心理并不只是贤人才有，而是人人都有的。比如，一篮子饭、一碗汤，吃了便可以活下去，不吃就要饿死。如果吆喝着给人吃，过路的人虽然饿着肚子也不会接受；如果用脚踩踏后再给人吃，就是乞丐也不屑于接受。“羞恶之心，人皆有之”，这就是道义节操的心理基础。当今社会道德滑坡，许多腐败堕落现象的产生，究其原因，与当事人内心丧失起码的道德正义感，不把道义节操当回事，不辨“道义”与“不义”，有莫大的关系。“社会主义荣辱观”[①] 的提出，就是要重新唤起人们内在的“羞恶之心”，以提升对道义的自觉，辨别荣辱，厘清善恶，明确是非，让广大公民特别是党员干部通过道德修养，升华道德境界，从而在全社会形成一种追求崇高道义的风气。

关于“公平正义，恰当适宜”。儒家所说的“义”，不仅指公平正义，而且指恰当适宜。所谓“义者，宜也”（《礼记·中庸》）。公平正义与恰当适宜二者非但不矛盾，而且从根本上说是一致的。公平正义就是恰当适宜，恰当适宜就是公平正义。在这方面，孔子所说的“以直报怨”，就是典型的例子。据《论语·宪问》记载：“或曰：‘以德报怨，何如？’子曰：‘何以报德？以直报怨，以德报德。’”孔子的意思是说，如果用恩惠回报别人的仇怨，那又用什么来报答别人的恩惠呢？对坏人的宽容就是对好人的不公，对坏人的纵容就是对好人的犯罪。因此，孔子并不赞成“以德报怨”，而是提倡“以直报怨”。这里的“直”，指的是正直。所谓“以直报怨”，就是用公正的、合理的、适宜的行为，正确应对有负于自己的人和事。也就是说，讲道德要有一个公正合宜的标准，既不能冤冤相报，也不能姑息养奸。所谓“以德报怨”，虽然听起来很“高尚”，且在当事人愿意而不违背社会公众利益的前提下也不是不可以实行，但对于一般人来说，实在是难以企及的理想境界。而从总体上看，“以德报怨”实际上是一种不分是非、不讲原则的道德要求，是违背“公正合宜”这一根本道义精神的。“义者，天下之制也。”（《礼记·表记》）作为普遍性的道德原则，无论何人何事、何时何地，都必须严格遵循，而不能因为牵涉到自己就放弃退让。孔子十分反感

---

① 2006年3月4日，胡锦涛在参加全国政协十届四次会议民盟、民进界委员联组讨论时提出，要引导广大干部群众特别是青少年树立以八荣八耻为主要内容的社会主义荣辱观：“以热爱祖国为荣，以危害祖国为耻。以服务人民为荣，以背离人民为耻。以崇尚科学为荣，以愚昧无知为耻。以辛勤劳动为荣，以好逸恶劳为耻。以团结互助为荣，以损人利己为耻。以诚实守信为荣，以见利忘义为耻。以遵纪守法为荣，以违法乱纪为耻。以艰苦奋斗为荣，以骄奢淫逸为耻。”

那些不讲原则的“好好先生”，称之为“乡愿”。“子曰：“乡愿，德之贼也。”（《论语·阳货》）所谓“乡愿”，指貌似忠厚老实，讨人喜欢，实际上却是不讲原则、不能明辨是非的人。孔子认为，这种所谓的“老好人”，正是败坏道德的老贼。当代道德建设，不仅在个人修养上要坚守道义节操的底线，在人际交往中也要坚守道义原则的底线。我们提倡“以直报怨”，对于那些有负于自己同时也是有损于社会的人和事，要敢于挺身而出，坚持原则，进行严肃的道德批评和教育，必要时还要拿起法律的武器，以公正的法治来解决不公正的问题，以扬善弃恶，扶正祛邪，净化社会的风气，提高社会整体的道德水平。

关于“取之有义，先义后利”。当代人对儒家的义利观有诸多误解。其实，儒家并不反对人们谋利，而是主张谋利的行为必须符合道义的要求。孔子指出：“富与贵，是人之所欲也；不以其道得之，不处也。贫与贱，是人之所恶也；不以其道得之，不去也。”（《论语·里仁》）这就是后世所谓“君子爱财，取之有道”的最早出处。追求富足与尊贵，这是人人都有的欲望，这里并没有“君子”“小人”之分。而道德意义上的“君子”与“小人”，其区别则在于，前者心中拥有道义的准绳，因而不符合道义而得到的利益，就不会去占有它。如孟子所言：“非其义也，非其道也，禄之以天下，弗顾也；系马千驷，弗视也。非其义也，非其道也，一介不以与人，一介不以取诸人。”（《孟子·万章上》）反过来说，如果符合道义，则应该“义”不容辞，这就是所谓“取之有义”。在儒家看来，究竟是“取之有义”还是“取之有利”，二者的境界和结果都有天壤之别。荀子指出：“保利弃义，谓之至贼。”（《荀子·修身》）在他看来，把道义放在利益的前面是光荣的，把利益放在道义的前面是可耻的；光荣的人经常通达，耻辱的人经常困穷；通达的人可以制约他人，困穷的人则经常被他人所制约。当代的市场经济，为人们的谋利行为提供了广阔的空间。但市场经济本质上是道义经济，一个把个人私利放在公众道义前面的人，不但不能通达，而且最终会受到社会的唾弃。儒家的“义利观”，一方面主张“因民之所利而利之”（《论语·尧曰》），放手让民众谋利，官府不与民争利，这一点与市场经济的基本原理是兼容的；另一方面主张“义然后取，人不厌其取”（《论语·宪问》），这一点则是对市场经济的补充与完善；而孔子提出“见利思义，见危授命，久要不忘平生之言，亦可以为成人矣”（《论语·宪问》），这一点更是对“经济人”弊病的克服与救济。人不仅是经济的动物，也是道德的动物。只有将谋取利益的经济冲动与恪守道义的道德自觉结合起来，取之有义，先义后利，人生才能富足而尊严，光荣而精彩！

三、有礼则安：明礼思想的现代价值

“礼”是人际交往中的道德行为规范。“人有礼则安，无礼则危。”（《礼记·曲礼上》）在儒家看来，道德仁义没有礼就不能成就，教育人民没有礼就不能完备，论辩争执没有礼就不能解决，人际关系没有礼就不能确定，游学拜师没有礼就不能融洽，治国理政没有礼就不能树立威严，祭祀仪式没有礼就不能体现虔诚和庄重，“是以君子恭敬撙节退让以明礼”（《礼记·曲礼上》）。所谓“明礼”，一是明礼之仪，学礼以立，使自己教养有素，处事有节；二是明礼之义，恭敬辞让，尊重他人并获得他人的尊重；三是明礼之用，以和为贵，建立协调的人际关系。这些，就是儒家明礼思想的基本内容。

关于“明礼之仪，学礼以立”。礼仪是人们在生活和社会交往中约定俗成的仪式和程序。关于礼仪的起源，儒家经典《礼记》中有两种不同的说法：一说礼起源于社会的风俗习惯，一说礼来自社会管理者的有意制定。其实，这两种说法并不矛盾，礼仪正是在社会风俗习惯的基础上，逐步发展为相对固定的仪式与规范的。史称周公“制礼作乐”，是中华礼乐文明制度的奠基者。孔子将礼仪的学习与践行作为道德训练的切入点，主张“兴于诗，立于礼，成于乐”（《论语·泰伯》，认为学礼、知礼、践礼乃是一个人形成独立人格并进而自立于社会的必要条件，“不学礼，无以立”（《论语·季氏》）。荀子则将“礼”作为学习的最终内容和道德的最高境界，“故学至于礼而止矣，夫是之谓道德之极”（《荀子·劝学》）。必须指出的是，古代社会的“礼”，包含了政治制度与道德规范两个层面；在当代社会，作为政治制度层面的“礼制”已经消退，而作为道德规范层面的“礼仪”，对于规范人们行为，沟通人际交往，协调人际关系，促进社会和谐，却依然具有积极的作用。当代道德建设的任务之一，就是要吸收传统礼仪的精华，因应时代变化的需求，构建一套适应现代人际交往所需要的礼仪规范。一方面，对体现族群生活方式和民间风俗习惯的传统礼仪，包括婚丧嫁娶、祭祀祖先等日常生活礼仪，以及诸如春节、元宵、中秋、重阳等节庆礼仪，我们要予以充分尊重，积极引导；另一方面，对体现社会活动和人际交往的现代礼仪规范，包括政务礼仪、商务礼仪、服务礼仪、社交礼仪、涉外礼仪等，我们则要积极探索，不断完善。礼仪是一个人内在修养和素质的外在表现，也是一个国家文明的标志，既代表着“人格”，也代表着“国格”。目前社会道德滑坡，礼仪失范，实在是对我们这个“文明古国，礼仪之邦”的亵渎。“礼者不可不学也。”（《礼记·曲礼上》）我们要在广大人民群众特别是青少年中开展礼仪的养成教育，作为道德建设的“抓手”，以形成人人彬彬有礼、社会文明优雅的良好氛围，让我们的生活多一些愉悦与顺畅，社会多一些有序与文明。

关于“明礼之义，辞让恭敬”。儒家尽管主张通过学习礼仪而自立于社会，但更强调通过把握礼义而形成道德的自觉。孔子说：“礼云礼云，玉帛云乎哉？乐云乐云，钟鼓云乎哉？”（《论语·阳货》）人们总说礼呀礼呀，难道仅仅是指献上玉帛这样的仪式吗；人们总说乐呀乐呀，难道仅仅是指敲钟击鼓这样的动作吗？显然，孔子更看重的是礼乐仪式背后的精神内涵。“子曰：人而不仁，如礼何？人而不仁，如乐何？”（《论语·八佾》）在孔子看来，仁道才是礼乐的基础，辞让才是礼仪的实质。“子曰：能以礼让为国乎？何有？不能以礼让为国，如礼何？”（《论语·里仁》）刘宝楠在《论语正义》中对此解释道：“‘让’者，礼之实；‘礼’者，让之文。先王虑民有争也，故制为礼以治之。礼者，所整壹人之心志，而抑制其血气，使之成就于中和也。”孟子明确将辞让恭敬作为根植于人内心的种子，指出“辞让之心，礼之端也”（《孟子·公孙丑上》），又指出“恭敬之心，礼也”（《孟子·告子上》）。在这里，“辞让之心”与“恭敬之心”二者本质上是一致的。《管子·五辅篇》曰：“夫人必知礼然后恭敬，恭敬然后尊让。”人们通过学习礼仪、把握礼义，内心具有尊重他人的恭敬之心，对外就会表现为尊让他人的谦逊之举。儒家十分强调“敬”的意义。“子游问孝。子曰：‘今之孝者，是谓能养。至于犬马，皆能有养。不敬，何以别乎？’”（《论语·为政》）这里说的是对父母之“敬”：如果没有对父母的敬爱之心，那么养活父母跟养活犬马又有什么区别呢？“孟子曰：食而弗爱，豕交之也；爱而不敬，兽畜之也。恭敬者，币之未将者也。恭敬而无实，君子不可虚拘。”（《孟子·尽心上》）这里说的是对所有人的“敬”：养而不爱如养猪，爱而不敬如养狗；恭敬之心是在送出礼物之前就有了的，徒具形式的恭敬并不可取。“孝”是当代中国依然留存的传统美德之一，我们要以此为起点，从孝养父母而孝敬父母，从尊敬自己的父母而尊敬他人的父母，从尊敬老年人而尊重天底下所有的人，从尊重他人而获得他人的尊重，从相互尊重而相互尊让，从相互尊让而形成融洽的人际关系和良好的社会秩序。

关于“明礼之用，以和为贵”。礼作为协调人际关系的道德规范，其功能在于促使人们和谐相处，促进社会和睦安定。儒家主张：“礼之用，和为贵。先王之道，斯为美。小大由之，有所不行。知和而和，不以礼节之，亦不可行也。”（《论语·学而》）这里的“以和为贵”，肯定了和谐在社会活动和人际交往中的价值。荀子指出：“和则一，一则多力，多力则强，强则胜物。”（《荀子·王制》）和衷共济就团结一致，团结一致就力量增大，力量增大就组织强盛，组织强盛就能战胜万物了。这里的“以礼节之”则强调坚持原则，不要为和而和。孔子主张：“君子和而不同。”（《论语·子路》）这里的“和”指由诸多性质不同或对立的因素构成的统一体，这些对立的因素同时又相互补充、相互协调，形成新的状态，产生新的事物。“同”是没有不同的因素、不同的声音、不同的意见，完全相同的事物简单相加，不产生新的状态、新的东西。在儒家看来，“和而不同”是宇宙的自然状态，也是人类社会的理想状态。北宋思想家张载指出：“有象斯有对，对必反其为；有反斯有仇，仇必和而解。”（《张子正蒙·太和篇》）在他看来，有现象就会有对立面，有对立面就会有相反的行为表现，有相反的行为表现就会产生双方的矛盾，双方的矛盾必然通过和谐共存的方式而得到解决。如何处理人类社会的矛盾冲突？一种方式是通过斗争，矛盾双方不是你吃掉我，就是我吃掉你，最终结果是“胜者为王，败者为寇”，也可能是“两败俱伤”。另一种方式是通过协调，尊重双方的不同价值，谋求双方共同的利益，最终实现“双赢”。当代中国著名人类学家费孝通先生的十六字箴言：“各美其美，美人之美，美美与共，世界大同”①，虽然是针对处理不同文化关系而提出的，但实际上对于我们正确处理各种错综复杂的人际关系也具有重要的启示。在人际交往中，我们既要尊重自己，也要尊重他人，接受差异，理解个性，从而使社会更加和谐安定，世界更加丰富多彩，充满生机和活力。

四、尊德问学：明智思想的现代价值

“智”是儒家最基本最重要的德目之一。儒家经典《中庸》指出：“知

---

① 费孝通：《人的研究在中国——个人的经历》，《读书》，1990年第10期。

（智）、仁、勇三者，天下之达德也。”到底什么是“智”？历来众说纷纭，笔者认为，《中庸》本身的“尊德问学”三句：“君子尊德性而道问学，致广大而尽精微，极高明而道中庸”，其实就是对儒家明智思想的最好诠释。“尊德性而道问学”，就是要好学求知，明辨是非，即《中庸》所谓“好学近乎知”；孔子所谓“知者不惑”（《论语·子罕》）；孟子所谓“是非之心，智也”（《孟子·告子上》）。“致广大而尽精微”，就是要慎微慎独，积善成德，即《中庸》所谓“莫见乎隐，莫显乎微，故君子慎其独也”；荀子所谓“积善成德，而神明自得”（《荀子·劝学》）。“极高明而道中庸”，就是要合乎中庸，德行有度，即孔子所谓“中庸之为德也，其至矣乎”（《论语·雍也》）；《中庸》所谓“致中和，天地位焉，万物育焉”。以上，就是儒家明智思想的基本内容。

关于“好学求知，明辨是非”。儒家十分重视学习。《论语》首句就是“学而时习之，不亦说乎”；《荀子》首篇就是《劝学》：“君子曰：学不可以已”；《孟子·公孙丑上》也有：“学不厌，智也”；《中庸》则认为：“好学近乎知”；如此等等。但是，对于“学”的内容，儒家的理解却与今人有所不同。《论语·学而》言：“子曰：弟子入则孝，出则弟，谨而信，泛爱众，而亲仁，行有余力，则以学文。”又言：“子夏曰：贤贤易色，事父母能竭其力，事君能致其身，与朋友交言而有信。虽曰未学，吾必谓之学矣。”依此，儒家所说的学习，不仅指读书，而且包含实践。读书是学习，实践也是学习，而且是更重要的学习。儒家所说的知识，不仅指文化知识，而且包括道德知识。文化是知识，道德也是知识，而且是更根本的知识——后者与其称之为“知识”，毋宁称之为“智慧”，更准确地说，是“道德智慧”。孟子指出：“仁之实，事亲是也；义之实，从兄是也；智之实，知斯二者弗去是也。”（《孟子·离娄上》）所谓“智”，就是认识道德、实践道德，始终不背离道德的精神。孔子指出“知者不惑”（《论语·子罕》），孟子指出“是非之心，智也”（《孟子·告子上》）。只有通过学习，激发道德的自觉性，增强道德的实践性，提高道德的识别力，才能明辨是非，做一个真正的“智者”。就此而言，《中庸》所谓“尊德性而道问学”，“尊德”与“问学”本质上是一回事，“尊德”就要“问学”，“问学”就要“尊德”。当代社会，“德育”与“智育”相并举，实际上是“德”与“智”相分离。人们误以为“知”就是知识，而且仅仅指文化的知识；“智”就是智力，而不是道德的智慧。这样，“道德”与“知识”、“尊德”与“问学”、“做人”与“做事”就被截然区分开来，从而造成了一种人格的分裂。于是我们看到，人们的知识水平普遍提高了，道德水准却大幅下降了。一些人，学历不可谓不高，能力不可谓不强，却鲜廉寡耻，腐败堕落，当时自认为很聪明，可以瞒天过海，最终却身败名裂，证明还是蠢人一个。这就警示我们，知识不等于智慧，更不等于“道德智慧”。学习知识、明白事理、明辨是非，坚守道德的底线，追求道德的理想，才是真正的大智慧！

关于“慎微慎独，积善成德”。《中庸》提出“致广大而尽精微”，强调通过尊德问学，而达到既宽广博大又精微详尽的道德境界。在这里，“广大”与“精微”是相辅相成的，“精微”是“广大”的基础，“广大”是“精微”的结果。从道德修养的角度看，儒家更重视“尽精微”。从道德修养的主体来看，“尽精微”就是“慎独”。《礼记·礼器》指出：“德产之致也精微。观天下之物无可以称其德者，如此，则得不以少为贵乎？是故君子慎其独也。”所谓“慎独”，指人们在独自活动无人监督的情况下，凭着内在的道德理性，按照一定的道德规范而自觉行动。“莫见乎隐，莫显乎微，故君子慎其独也。”（《中庸》）世界上再隐秘的事情，也没有不被发现的；再细微的事情，也没有不被显露的。所以，一个具有自觉性的道德主体，即使在个人独处的情况下，也要谨言慎行，不要因为别人看不到而放松要求，也不要因为是细小的事情而不拘小节。从道德修养的过程来看，“尽精微”就是“慎微”。西汉儒者陆贾有《慎微》篇，指出：“建大功于天下者，必先修于闺门之内，垂大名于万世者，必先行之于纤微之事。”（《新语·慎微》）东汉儒者王符也有《慎微》篇，指出：“凡山陵之高，非削成而崛起也，必步增而稍上焉。川谷之卑，非截断而颠陷也，必陂池而稍下焉。是故积上不止，必致嵩山之高；积下不已，必极黄泉之深。非独山川也，人行亦然。”（《潜夫论·慎微》）所谓“慎微”，就是强调道德修养要从小事做起，“勿以恶小而为之，勿以善小而不为”。正如荀子所言：“积土成山，风雨兴焉；积水成渊，蛟龙生焉；积善成德，而神明自得，圣心备焉。”（《荀子·劝学》）只有积土成山，风雨才能从那里兴起；只有积水成渊，蛟龙才能在那里生长；只有积善成德，人们才能由此而达到最高的智慧。当代社会，市场经济为人们提供了更多的选择和诱惑，互联网则为人们的选择提供了一个似乎可以为所欲为的“虚拟世界”。在这种情况下，更需要我们发扬“慎微慎独，积善成德”的精神，从自己做起，从小事做起，洁身自好，防微杜渐，积小善为大善，避小恶而防大恶，坚守社会的道德底线，提升自己的道德境界。

关于“合乎中庸，德行有度”。“中庸”是儒家道德的最高境界。孔子说：“中庸之为德也，其至矣乎！”（《论语·雍也》）《论语》中的道德条目不少，为什么孔子偏偏拈出“中庸”作为“至德”呢？笔者以为这同儒家伦理道德的特性有关。儒家伦理本质上是“美德伦理”，强调的是伦理道德的主体性和实践性。由此，道德主体在实践过程中的行为选择是否适度，就成为决定其道德行为是否有效的关键。“中庸”的本质就是合适，即《中庸》所言：“致中和，天地位焉，万物育焉。”由此，《中庸》所说的“极高明而道中庸”，强调的不仅是高明的道德境界，更是合乎中庸的道德行为。举个例子：“子贡曰：‘如有博施于民而能济众，何如？可谓仁乎？’子曰：‘何事于仁？必也圣乎！尧舜其犹病诸。夫仁者，己欲立而立人，己欲达而达人。能近取譬，可谓仁之方也已。’”（《论语·雍也》）这里子贡说的“博施于民而能济众”，当然是一种“高大上”的道德理想，但又是一种极难做到的道德行为。孔子的仁德立足于“常人”而不是“圣人”，是“平易实”而不是“高大上”，所以才提倡“己欲立而立人，己欲达而达人”，让普通人都可以从自己做起，从身边做起。儒家所主张的道德，不仅是一种合乎中庸的行为，而且是一种德行有度的智慧。再举个例子：“宰我问曰：‘仁者虽告之曰：井有仁焉，其从之也？’子曰：‘何为其然也？君子可逝也，不可陷也；可欺也，不可罔也。”（《论语·雍也》）这里宰我的提问，实际上是对孔子仁道思想的过度诠释。孔子确实说过“志士仁人，无求生以害人，有杀身以成仁”（《论语·季氏》），但从来就不主张毫无意义的“献身”。君子可以被摧折却不可以被陷害，可以被欺骗却不可以被愚弄，这正是“知者不惑”的体现。道德是社会全体成员都认可、接受并愿意实践的行为。我们的道德建设，应该着眼于社会大众的道德行为，而不能变成空谈理想的道德说教。我们需要远大的道德理想，更需要适应现实需要的良俗美德。为此，就要将理想与现实、教化与行为、“高大上”与“平易实”结合起来，让广大人民群众喜闻乐见，便于实行，从而形成一个人人向上的良好道德氛围。

五、忠信为宝：诚信思想的现代价值

“诚”是儒家道德的重要范畴。孔子认为君子应当“主忠信”（《论语·子罕》）。孟子说："诚者，天之道也；诚之者，人之道也。"（《孟子·离娄上》）最早将"信"与"诚"连在一起使用的是《逸周书》："成年不尝，信诚匡助，以辅殖财。"在汉儒那里，则将"信"与"诚"的意思完全打通。《白虎通·性情》言："信者，诚也，专一不移也。"一般来说，"诚"指一个人内在的真诚，"信"则指一个人外在的信用。儒家十分重视诚信的价值，即所谓"儒有不宝金石，而忠信以为宝"（《礼记·儒行》）。在儒家看来，"诚信"不仅是个人也是国家安身立命的根本，即所谓"民无信不立"（《论语·颜渊》），"人而无信，不知其可也"（《论语·为政》）。要达到诚信，在个人修行上就要"内诚于心，真实无欺"，即所谓"反身而诚，乐莫大焉"（《孟子·尽心上》）。要达到诚信，与人交往中就要"外信于人，言行一致"，即所谓"与朋友交，言而有信"（《论语·学而》）。这些，就是儒家诚信思想的主要内容。

关于"诚信为本，立国立人"。儒家将诚信视为安身立命的根本，个人如此，国家也同样如此。对于国家而言，"民无信不立"（《论语·颜渊》）。在孔子看来，一个国家，需要有充足的粮食赋税、充分的军备武装，但这些都不是立国的根本，真正的立国之本在于民众对政府的充分信任。对于个人而言，"人而无信，不知其可也"（《论语·为政》）。在孔子看来，信誉是人的第二生命，一个人如果没有信誉，将无法立足于社会。政府的信用与民众个人的信誉二者关系密切，前者是后者的先导，后者则是前者的基础。《吕氏春秋·贵信》指出："凡人主必信。信而又信，谁人不亲？"在其作者看来，诚信树立了，那么虚假的话就可以鉴别了；虚假的话可以鉴别了，那么天下百姓就归服了。与此相反，如果君臣不诚信，那么百姓就会批评指责，国家就不会安宁；做官不诚信，那么年少的就不敬畏年长的，地位尊贵的和地位低贱的就相互轻视；赏罚不诚信，那么百姓就容易犯法，不可以役使；结交朋友不诚信，那就会离散怨恨，不能相互亲近；各种工匠不诚信，那么制造出来的商品就会粗劣作假。总之，从官府到民间，无不以诚信为本。当代中国，道德滑坡，诚信缺失，政务诚信、商务诚信、社会诚信全面失守。解决这一问题，我们要以政务诚信建设为先导，将"民无信不立"的传统理念现代化，着力解决腐败问题，维护司法正义，创造公平公正环境，以强化人民群众对党和政府的政治信任。我们要以商务诚信建设为重点，将"诚招天下客，信义通四海"的传统理念制度化，建设企业信用信息平台，打击商业欺诈、制假售假、偷逃骗税等不诚信经商行为，推动市场经济环境进入健康发展轨道。我们要以社会诚信建设为基础，将“讲信修睦”的传统理念具体化，加强诚信教育、弘扬诚信文化、树立诚信典型、开展诚信活动，在全社会形成“诚信光荣、失信可耻”的良好风尚。总之，我们要以弘扬诚信传统美德为内在要求，以守信激励和失信约束为外在机制，提高全社会的诚信意识和信用水平。

关于“内诚于心，真实无欺”。所谓“诚”，就是真诚、真实的意思。在儒家看来，这是个人内心修养的一种境界。孟子指出：“反身而诚，乐莫大焉。”（《孟子·尽心上》）一个人反省自己，做到完全真诚，就会得到最大的快乐。《中庸》指出：“诚者，自成也。”真诚是自我的完善，也是一切事物的发端和归宿。一个真诚的人，能发挥自己的本性，就能进而发挥众人的本性；能发挥众人的本性，就能进而发挥万物的本性；能发挥万物的本性，就可以帮助天地培育生命；能帮助天地培育生命，就可以自立于天地之间了。《河南程氏遗书》卷二十五云：“学者不可以不诚，不诚无以为善，不诚无以为君子。修学不以诚，则学杂；为事不以诚，则事败；自谋不以诚，则是欺其心而自弃其忠；与人不以诚，则是丧其德而增人之怨。”真诚是人之为人的宝贵品质，无论是修学还是为事、自谋还是待人，都不能没有真诚。《礼记·大学》说：“所谓诚其意者，毋自欺也。”真诚实意就是不自欺、不欺人，亦不为人所欺。清代著名徽商胡雪岩在杭州胡庆余堂药店中，挂了一块“戒欺”的牌匾，并在跋文中写道：“凡百贸易均不得欺字，药业关系性命，尤为不可欺。余存心救世，誓不以劣品戈取厚利。惟愿诸君心余之心，采办务真，修制务精，不至欺予以欺世人，是则造福冥冥，谓诸君之善为余谋也可，谓诸君之善自为谋也亦可。”这里所概括的修合诚心、采办务真、修制务精、真不二价等原则，既是经营药店的商业伦理，也是做人做事的道德准则。反观当代社会，政界中人的空话假话大话、学界中人的剽窃抄袭作伪、商界中人的假冒伪劣欺诈，究其原因，都是丧失了“真诚”这一人之为人的宝贵品质。明清之际的儒者黄宗羲指出：“诚则是人，伪则是禽兽。”（《孟子师说·卷七》）真诚是人与禽兽的根本区别之一，如果人没有真诚而欺诈作伪，那就是丧失了人性的禽兽行为。我们要通过广泛而持久的道德教育，呼唤真诚、推崇真诚、恪守真诚，保持做人的底线，从根本上堵住社会道德崩坏的缺口，使真诚成为各种善行的根源，社会文明的基石。

关于“外信于人，言行一致”。从汉字结构来看，“信”由“人”与“言”两个字组成。《春秋穀梁传·僖公二十二年》指出：“人之所以为人者，言也。

人而不能言，何以为人？言之所以为言者，信也。言而不信，何以为言？信之所以为信者，道也。信而不道，何以为道?”这里，完整地阐述了儒家“言而有信”的思想。首先，人之所以成为人，是因为能够言语。言语是人与人之间沟通的媒介，也是人之为人的外在标志。其次，言语之所以有意义，是因为能够表达承诺。如果言而无信，言语再多也没有意义。最后，信誉之所以可靠，是因为符合道义，如果不符合道义，那么言语和信誉也就没有价值了。由此，儒家十分重视“言”与“行”的关系，就个人修养来说，是“讷于言而敏于行”（《论语·里仁》）；就与人交往来说，是“先行其言而后从之”（《论语·为政》）；就判断他人来说，则是“听其言而观其行”（《论语·公冶长》）。据《论语·卫灵公》记载：“子张问行。子曰：‘言忠信，行笃敬，虽蛮貊之邦，行矣。言不忠信，行不笃敬，虽州里，行乎哉?”只有言而有信，言行一致，才能得到他人的信任，如果获得他人的信任，那么即使是在蛮荒陌生的地方也会行得通；如果说话不忠诚信实，行为不恭敬实在，就是在本乡本土，也处处受阻。孔子这段话，很有现实的意义。当代社会转型，从所谓“熟人社会“转向“陌生人社会”，有些人在本乡本土循规蹈矩，很讲信用；但到了异地他乡，却放纵自我，坑蒙拐骗。其实，信用是一个人内心真诚的外在标志。“人而不忠信，何以异于禽兽者乎?”（《陆九渊集·主忠信》）如果一个人自甘堕落，行禽兽之所行，那么他所遭遇的也只能是禽兽的境况，面对的也只能是一个丑陋而可怕的社会。《左传·僖公十四年》指出：“弃信背邻，患孰恤之。无信患作，失援必毙。”意思是说，如果自己丧失信用，背弃邻国，遇到祸患又有谁来同情自己呢。失去了信用，一旦祸患发生，没有人来支援自己，就一定会灭亡。由此可见，重诺守信是十分重要的，对熟人如此，对陌生人也同样如此。我们只有内诚于信，外信于人，始终讲求信用，才能获得社会的信誉，得到他人的信任，从而取得自己人生事业的成功，同时营造一个“讲信修睦”的美好社会氛围。

（作者系中山大学哲学系教授）

易学传承与创新

◎李振纲

《周易》研究历来成果丰硕。从台湾学者严灵峰主编的无求备斋《易经集成》（195 册）已足见两汉至晚清易学成就之大观。唐代李鼎祚的《周易集解》集两汉、魏晋、隋唐 30 余家易学注疏于一书，以虞翻、荀爽等象数易学为主，兼采郑玄、王弼、韩康伯、陆德明等音韵、训诂、义理之学，并附以己见。此书虽然以象数学为主，义理不免杂糅，但仍不失为研究《周易》必备的案头书。孔颖达的《周易正义》则属于经学正统之典范。宋明以至清代，在义理学大背景下阐释《周易》思想的著作，多不胜数。在经学史上影响深远的当称程颐的《伊川易传》、杨万里的《诚斋易传》、朱熹的《周易本义》、王船山的《周易内传》《周易外传》《周易稗疏》、焦循的《易通释》等。另有今人施维主编、刘大钧作序的《周易八卦图解》一书，辑宋、元、明、清间各类《周易》图解近 30 种。这些著作，或以理解易，或以史释易，或推原《周易》占筮本义，或发挥大易辩证哲理，或通释其名相义理，或衍绎其卦爻图象。为后人继承弘扬易学精神本原，留下丰厚的文化资源。

民国、建国后的易学研究也很活跃。有影响的著述，有李镜池的《周易探源》，熊十力的《乾坤衍》，金景芳的《易通》《周易全解》，高亨的《周易古经今注》《周易大传今注》，黄寿祺的《周易译注》，陈鼓应、张建伟的《周易今注今译》，张立文的《帛书周易注译》，冯国超的插图版《周易》国学经典读本，徐志锐的《周易大传新注》，朱伯昆的《易学哲学史》，董光璧的《易学科学史纲》，杨庆中的《二十世纪中国易学史》，林中军的《象数易学发展史》等；另有刘大钧的《易学概论》及主编《周易研究》《象数易学研究》辑刊，黄寿祺、张善文编《周易研究论文集》（共四辑）等。这些著作、辑刊、文集，或注重

《周易》卦爻起源、卦爻辞、经传关系之考释，或注重《周易》文本考校、注解、述译，或注重新易学之创立，或注重“科学易”及“易科学”之探索，或注重易学史的梳理及综合研究。把《周易》经、传（十翼）作为一个整体，放在儒、道（人文与自然）汇融、天地人和谐共生的大生命视域下进行“后现代性”诠释，仍有学术创新空间和现实意义。

就国外看，日本、欧美个别汉学家或华裔学者也涉猎易学思想，但研究阵容、深度又不及中国大陆、港台。倒是现代西方勃兴的环境科学与环境人文、生态科技与生态人文、生命科技与生命伦理的渗透，有助于推进儒道汇融、大生命视域下的《周易》哲学研究。

建构可持续发展与和谐生存世界已成为21世纪的一个综合性、全球性的问题。人们不能不问：如何理解生态、生存、生活、生命的意义，才能从根本上保证人类的可持续和谐发展？“可持续发展”与“建设和谐社会”作为针对经济社会发展中越来越严重的生态困境、世态矛盾、心态迷乱而提出的一种发展模式或对策，它可以从更深层次上归约为一种处理人与自然、人与社会、人与自我关系的哲学理念。就此而言，着力研究易学生存智慧——大生命价值观，在调适人与自然关系、化解现代社会矛盾冲突、开发生命潜能、建构和谐生存世界方面的理论价值和现实意义，理应成为当今易学研究的重要问题和现实关切。

推进《周易》研究的理论创新，第一，需要研究视域的转换。

视域是一种问题意识。生态问题、世态问题、心态问题，日益成为现代生活世界中的基本语境或基本的问题意识，此即本文所谓“大生命视域”。环顾当今，科技发展，商业弥漫，信息爆炸，把人们抛进一个高竞争、快节奏、功利化的现代生存世界。现代化打破了单一、封闭、落后的传统社会结构和文化结构，推动着经济、政治、科技、文化的历史进程，同时也无法避免地丧失了古代人生活中的恬静与和谐，陷入无可摆脱的“现代生存困境”。科学技术不断进步，对人的主体利益过度强调，最终导致“生态贫困”的发生与加剧，此即人与自然生命整体性断裂后的生态问题。吴国盛在20世纪末“绿色经典文库”丛书“总序”中说：“环境和生态问题事关人类的生存大计。我国经济正处在高速增长时期，环境和生态破坏相当严重，环境状况不断恶化，但有关调查却显示，我国公众和学界的环境意识均非常欠缺。我们深感，弘扬绿色意识、倡导绿色观念、确立绿色伦理，是我们走向新世纪所面临的一个迫切又艰巨的文化工程，中国的绿色事业任重而道远。”① 吴国盛先生的感言至今仍有现实意义。

人与自然的关系一定程度上反映着人的社会关系。割断传统价值认同后，于多元世界中狂烈追求，工具理性膨胀对价值理性的遮蔽，使现代人成为“被迫性竞争”中的漂泊者。功、名、利等外在功利性尺度异化为人的生命存在的内在依据，导致个人利益与社会整体利益、公平与效率、权利与义务、道德与法律、贫穷与奢侈等紧张与冲突，此即世态问题。现代人痛苦、困惑的实质在于，我们必须追求现代化，而现代化又绝非是完美无缺的。在价值理性迷失而工具理性不断膨胀的阴影笼罩下的现代人，类似歌德笔下的“浮士德”，他不断向外张扬、向外征服，展现自己的存在本质，野心勃勃地要征服一切，然而这种“张扬”“征服”，从根本上说，违背了《易传》中“天地之大德曰生”“生生之谓易”“保合太和乃利贞”的大生命原理，导致“生命内性”的损伤。这是现代人价值分裂、情绪焦虑、心灵迷失、急功近利、行为浮躁的深层原因。

现代环境科学、生态经济学、生态社会学、生命伦理学诸多新兴学科均不同程度上表现了对儒道汇融视域下“大生命价值观”的某种回归，大生命视域下的易学研究的价值和意义就在于为此种“回归”提供一种哲学基础和思维方式。有识者说：“随着当代生命科技的发展，人类主体力量日益彰显，生命样态正在从自然进化走向人工安排。在这一历史进程中，人的生命价值观也发生着变化。从生命价值观的原点出发，以‘敬畏生命’的历史内涵为思维框架，重新审视人类的生命科技活动，唤醒人们‘敬畏生命’的理性精神，对尊重生命和推动人类社会健康具有积极价值。”② 法国现代思想家阿尔贝特·施韦泽最早提出“敬畏生命”的伦理学。敬畏生命的伦理学认为，我们生存在世界之中，世界也生存于我们之中，生命世界是一个有机整体。所以，“善是保存和促进生命，恶是阻碍和毁灭生命。如果我们摆脱自己的偏见，抛弃我们对其他生命的疏远性，与我们周围的生命休戚与共，那么我们就是道德的。只有这样，我们才会有一种特殊的、不会失去的、不断发展的和方向明确的德性”；“敬畏生命不允许个人放弃对世界的关怀。敬畏生命始终促使个人同其他周围的所有生命交往，并感受到对它们负有责任。对于其发展能由我们施以影响的生命，我们与它们的交往及

---

① 吴国盛主编：“绿色经典文库”总序，长春：吉林人民出版社，1997 年版，第 1 页。

② 陆树程，朱晨静：《敬畏生命与生命价值观》，《新华文摘》，2008 年第 10 期。

对它们的责任，就不能限于保存和促进它们的生存本身，而是要在任何方面努力实现它们的最高价值"①。

《周易》哲学对天、地、人"生生"之"德"的放怀咏颂及"保合太和""大生""广生"的价值关切，正蕴含着这样一种"敬畏生命"的哲学意识，此种意识根源于《易传》所构建的天人合德的大生命世界观。易学研究的视域转换，就是要把研究的着眼点投注向《周易》生命哲学的开掘上。

第二，易学的传承与创新，离不开研究思路与观念创新。大生命易学建构于如下三大理论基点之上：

1. "太极"一源的生命本体论。

《系辞上》云："易有太极，是生两仪，两仪生四象，四象生八卦，八卦定吉凶，吉凶生大业。"《系辞》作者认为，宇宙生化的原理根源于"太极"，由太极分化出天地阴阳"两仪"，两仪继而演化出少阳、老阳、少阴、老阴"四象"，象征春、夏、秋、冬四时变化；四象复合衍生出乾、坤、震、巽、坎、离、艮、兑"八卦"，象征宇宙生命大时空赖以展演的八种自然现象，即天、地、雷、风、水、火、山、泽，由此构成了人的生存环境。《周易》哲学的内在精神是自然与人类和谐共生。《系辞上》云："日新之谓盛德，生生之谓易。"《系辞下》云："天地之大德曰生。"《序卦》云："有天地然后有万物，有万物然后有男女，有男女然后有夫妇，有夫妇然后有父子，有父子然后有君臣，有君臣然后有上下，有上下然后礼仪有所错。"按照《易传》的宇宙创生原理，"太极"或"道"作为天地万物及人类的生命本原，此种"生生"之"德"构成"大生命"世界的存在本质与价值本体。天地自然不仅是人类生命的源泉，而且是人类创造自身历史、社会组织、人文化成的历史前提。人只有与天地合其德，把自己融化在天地自然中，才能找到生命的本原、生活的基础、道德的源泉。

2. 八卦相错、六位时成的大生命时空观。

《系辞下》云："古者庖羲氏之王天下也，仰则观象于天，俯则观法于地，观鸟兽之文，与地之宜，近取诸身，远取诸物，于是始作八卦，以通神明之德，以类万物之情。"庖羲氏即伏羲氏，是远古先民智慧的一个象征。取象于天地自

---

① ［法］阿尔贝特·施韦泽著，陈泽环译：《敬畏生命——五十年来的基本论述》，上海社会科学出版社，2003 年版，第 19、32 页。

然的“八卦”图式源于远古先民的生产和生活经验，这个世界图式用简易的符号演绎了生命世界的创生原理与时空秩序。《说卦》云：“帝出乎震，齐乎巽，相见乎离，致役乎坤，说言乎兑，战乎乾，劳乎坎，成言乎艮。”传文复以八卦方位配四时八节，演绎自然造物之周期节律。朱熹注：“帝者，天之主宰。邵子曰：‘此卦位乃文王所定，所谓后天之学也。’”① 震，东方；巽，东南；离，南方；坤，西南；兑，西方；乾，西北；坎，北方；艮，东北。八卦之方位备矣。依照《说卦》的理解，“震”属东方，代表万物萌生的春分时节；“巽”属东南，代表万物茁壮发育的夏初时节；“离”属南方，代表万物争相展现的夏至时节；“坤”属西南，代表万物都得到护养的立秋时节；“兑”属西方，代表万物硕果累累赏心悦目的秋分时节；“乾”属西北，代表阴阳相互逼迫的立冬时节；“坎”属北方，代表万物劳倦归藏的冬至时节；“艮”属东北，代表万物终结于此而又重新开始的立春时节。人类生活在生命世界的大时空中，不仅物质生产要与其保持共同的节律，诸如春种、夏耘、秋收、冬藏之类，就是社会活动、精神生活，诸如战争、商旅、祭祀、婚姻、教育等也是如此。圣人的智慧最突出的一点就在于能够“与天地合其德，与日月合其明，与四时合其序”（《乾·文言》）。程颐说：“圣人先于天而天同之，后于天而能顺天者，合于道而已矣。合于道，则人与鬼神岂能违乎？”② 天人合德的实质是天地自然规律与人类社会实践方式的耦合，此种思维方式在《周易》六十四卦的《象辞》中得到淋漓尽致的发挥。

3. 天地生生与人文化成的统一。

《乾·彖》云：“大哉乾元，万物资始，乃统天。云行雨施，品物流行。大明始终，六位时成，时乘六龙以御天。乾道变化，各正性命。保合大和，乃利贞。首出庶物，万国咸宁。”《乾·彖》的作者强调，万物资取盛大无际的乾元而生长繁息，它是统领万物的初始和本原。天道变化行云施雨，众多的物类（品物）流行发育繁盛起来。乾卦象征太阳周而复始光照万物永不熄灭，六爻因时变化就像太阳驾乘六条神龙巡视宇宙变化的生命万象。天道变化赋予万物纯正的生命本性与命运，遵循天道规律，保持阴阳平衡达到高度的和谐，乃是包含人类在内的生命世界的根本利益。乾道是生长万物的本原，人道效法生生和谐的天道规

---

① 朱熹：《周易本义·周易说卦传第八》，《朱子全书》（一），上海古籍出版社，2002 年版，第 154 页。

② 程颐：《周易程氏传卷第一》《二程集》，北京：中华书局，1981 年版，第 705 页。

律，天下万国也就太平无事了。大生命易学强调，天地自然生生不息的内在价值，需要通过人合理的生活态度（法象天地，继善成性，裁成辅相）来实现；师法乾坤大生广生、易知简能的崇高德性，在改变自然、实现天地自然人文化成的同时，邀请自然走进人的生活，实现人文化成的自然化。《贲·彖》云："刚柔交错，天文也；文明以止，人文也。观乎天文，以察时变；观乎人文，以化成天下。"意思是说，阳刚阴柔的相互作用构成自然界的形式秩序，止于文明构成人类社会的形式秩序。观察日月运行，可以察知四时的变化；观察人道秩序，可以教化百姓止于文明之境。自然与人文的统一，体现了《周易》大生命哲学的基本价值取向。王夫之在论及因天化以骋人能的易道精神时说："天地之大德生也，珍其德之生者人也。胥为生也，举蚑行喙息、高骞深泳之生汇而统之于人，人者天地之所以治万物也。"① 人类生活在天地之间，与天地自然遵循着同样的变化规律和生命节律，所以在利用自然、改变自然的同时，要充分尊重乃至敬畏天地万物的生命本性，关爱其中的一山一石、一草一木，自觉与天地自然保持和谐。这是自然的福祉，更是人类的福祉，故曰"保和太和乃利贞"。唯其如此，才算尽到了以"人"化成天下的责任。

第三，研究方法的创新。

研究内容决定研究方法。从经学史看，传统易学有三个显著特点：一是源流远长，二是家派林立，三是科学、人文精神与神秘主义杂糅。传统易学，论其大端，有汉易、宋易、清易之分。上述内容、特点决定了大生命易学的研究方法：（1）取法古代易学音韵、训诂、考证之方法，搞清《周易》经传文本原意；认真归纳梳理古代易学文献，厘定出与生命哲学相关的范畴、命题，进行观点汇诠。（2）超越象数学与义理学门户之见，在诠释原则上，以义理易学为基础而辅之以象数，以义理征象数，以象数明义理，呈现生生不息之大易精神。（3）阐扬易学的科学与人文精神，剔除其神秘杂质，在人文与自然兼容互补的语境中构建大生命易学体系；偏开正统的经学立场，从易学生成演变的历史看，儒家人文主义与道家自然主义是构成《周易》哲学中或显或隐的两大基本元素，儒道视域融合是进入《周易》生命哲学的逻辑枢纽，也是易学创新的重要途径。（4）将文本解读与语境转化相结合，综合并扬弃以往易学研究中以气、以图、

① ［明］王夫之：《周易外传》，北京：中华书局，1977 年版，第 208 页。

以数、以理、以心解易等老程式，让哲学问题与现实问题、古代智慧与现代生活“对话”，激活大易之“道”中潜在的后现代生命意识，实现《周易》哲学研究范式的创新。

（作者系河北大学政法学院哲学系教授）

先秦道家“为我之说”的辨析与现代思考

◎彭　年

历来论者认为先秦诸子的思想解放突破了夏商时代的鬼神崇拜，确立了远神而傲物的人类中心主义价值观，但这种突破仍然停留在人类区别于动物的“类自觉”即群体精神的层面，而还没有出现个体精神的自觉，更没有使“人的意识”成为国家、民族的生命意识，在社会政治生活中确立起来。我觉得上述说法是值得赞许的，但仍然存在着某种偏颇之处。诚然，先秦时代个体精神没有真正成为国家民族的生命意识，即主流意识形态，但是说那个时代“没有出现个体精神的自觉”就不免欠妥了。先秦道家“为我之说”的问世，正是那个时代出现个体意识的最好说明。

一、“拔一毛而利天下不为也”

道家祖师、“东方巨人”老子最早提出“己有”“贵己”的主张，后来的庄周更有对“自由精神”的追求。老庄这种思想已经具有超越“类自觉”界限的个体意识的特征，而杨朱“拔一毛而利天下不为”的思想，更是先秦时代个体意识的典型代表。《列子》载杨朱之语曰：“损一豪利天下，不与也；悉天下奉一身，不取也。人人不损一豪，人人不利天下，天下治矣。”（《列子・杨朱》）“不利天下”，即不取利于天下。这段话的意思是说，以“利天下”为由损害个人的利益是不可以的，也不应该把全天下的利益奉献给一个人。如果“人人”的利益不受损害，“人人”亦不取利于“天下”，那么天下就太平了。在这里，“人人”指每个人，属于“私”；“天下”指天下人，即人群，属于“公”。“公”和“私”兼顾，界限分明，天下何尝不治。本来这是一种从保护个人利益入手来实现天下太平的“治术”，不料被孟子视为自私自利的利己主义，并且无限上纲，斥之为“无君”的“淫辞”，“率兽食人”的“诐言”，大加挞伐，必欲将其“灭绝”而后快（《孟子·滕文公下》）。《淮南子》作者不同意孟子的看法，书中写道：“全性保真，不以物累形，杨子所立也，而孟子非之。”（《淮南子·氾论训》）这是肯定杨朱保全自己生命的纯真本性，使身体不受外物损害的“自爱”思想，并非贪恋物质享受的利己主义，这同《荀子·子道》所说的“仁者自爱”是一致的。韩非子虽然不同意杨朱的观点，但对他的人格是尊重的，称杨朱“不以天下之利，易其胫毛”，是一位“轻物重生之士也”（《韩非子·显学》）。在我们看来，杨朱“损一毫利天下不与也，悉天下奉一身不取也”的命题，并非淫辞、邪理，更不是“率兽食人”的“诐言”，而是一种朴素的“爱身”即保护自己身体的自我权利意识和独立精神的萌芽，并且包含着某种初步的“群己权界”的意义。已故历史学家吕思勉先生认为：“杨朱之意，本在救世，所谓‘为我’，亦是一种治术，而非自私自利之谓，则无疑也。”① 两千多年前的杨子有这种觉醒，实在非同小可。

《吕氏春秋》的作者借用詹子（即詹何）答楚王的话说：“为国之本，在于为身。身为而家为，家为而国为，国为而天下为。故曰：以身为家，以家为国，以国为天下。此四者，异体同本。”（《吕氏春秋·执一》）显然，这是把“为我之说”应用到家国同本的政治生活中，践行先自我而后天下的个体本位构思，最终达到“为天下”的远大目标。

二、“后其身而身生，外其身而身存”

先秦道家“为我之说”有一个明显的特点就是，以逆反思维的方式来表达和论证个体权利和自我意识的合理性。老子说：“圣人不积，既以为人，己愈有；既以与人，己愈多。”（《道德经》第八十一章）意思是说，圣人没有为自己藏积，尽力帮助别人，自己反而更加富有；尽力给予人，自己反而更有盈余。这是一种“为人而利己”的双赢思想，“予人玫瑰，手有余香”。其论证方法很特别，以否定为出发点，得出肯定的结论，即今天我们常见的逆反思维之谓也。

① 吕思勉：《吕思勉读史札记（修订本）》（上册），上海古籍出版社，2005年版，第489页。

老子又说："圣人后其身而身生，外其身而身存。非以其无私邪，故能成其私。"（《道德经》第八章）这是说，圣人把自己置之于后，自己反而占先；把自己置之度外，反而保存生命。这不正是因为"无私"，反而达到"有私"的后果吗？显然，这同样是以逆反思维的方式，论证自我权利和个体意识的正当性。

关于自我与"天下"的关系，老子说了一句十分奇特的话。他说："故贵为身于为天下，若可以托于天下矣。爱以身为天下，如可以寄天下。"① 意思是说，重视自身甚于重天下，爱自身胜于爱天下，如此，可以把天下托付给他。在这里，老子更加注重以自我为出发点，但同时也强调其目标在于"为天下"。也可以说，老子认为每一个人自身的存在，是天下一切人存在的条件。这句话同两千多年后马克思、恩格斯所说的"每一个人的自由发展是一切人自由发展的条件"②，何其相似乃尔。可不是吗？如果没有一个个具体鲜活的人的存在，哪又会有人类社会的存在。

宋钘、尹文主张"情欲寡浅""不忘天下"（《庄子·天下》）。又提出"诽客""别有"，即待人接物要心地宽容、破除陈见。但支撑他们这种主张的心理动机则是"为己"（《荀子·正论》。这同老子"为我而利人"的论证方法如出一辙，都是以自我为出发点，以"利人"为归宿，达到"始以为己，率以利人"的双赢结果。所以《汉书·艺文志》说宋、尹二人"其言黄老意"，将其理论归之于道家学派是有道理的。

庄子继承和发展了老子和杨朱的"为我"思想，把"为我"的理念从物质层面提升到精神层面，即以保全个人自然本性为目标，进一步追求人格独立和自由精神，达到反朴归真的最高境界。他认为追求物欲和仁义道德皆为"以物累形"之道，不应接受。他提出每个人保全自身的自然本性有两条途径，一是以"养神之道"来实现个体生命的自我完善，即所谓"纯粹而不杂，静一而不变。淡而无为，动而以行天，此养神之道也"（《庄子·刻意》）；二是以脱离世俗，寻求绝对的精神自由来完成个体精神的自我超越。通过这两条途径就可以达到"独与天地精神往来，而不敖倪于万物"，"上与造物者游，而下与外生死无始终者为友"（《庄子·天下》）。惟其如是，遂能返朴归真，成为"不知说（悦）

---

① 《道德经》第十三章，此引文据长沙马王堆汉墓出土帛书《老子甲本》。

② ［德］马克思，［德］恩格斯：《马克思恩格斯选集》第一卷，北京：人民出版社，1978 年版，第 29 页。

生，不知恶死”，“倏然而来，倏然而往”（《庄子·大宗师》）的“真人”。

三、现代的思考

以上所述表明，先秦道家的“为我之说”是一种具有逆反思维特色的个体本位人类价值观。其内容包括物质层面的“始以为己，率以利人”的功利之说和精神层面的“返朴归真、淡而无为”的养神之道。这种价值观实质上是一种朴素的自由思想、独立精神和萌芽状态的自我权利意识。

包括杨朱“为我”思想在内的先秦道家学说，在中国古代曾经创造过历史的辉煌。孟子说：“天下之言，不归墨，则归杨。”（《孟子·滕文公下》这说明战国时期三百多年间以杨朱“为我”思想为特色的道家学说已经闻名于世，成为时代的“显学”，而那时的儒家还名气不兴呢。汉初六七十年间，由于朝廷的倡导，“黄老之学”上升为国家的“王官学”，在这一理论的支撑下，创造了中国封建社会历史上第一个“太平盛世”——“文景之治”。汉武帝“独尊儒术”以后，道家在朝廷庙堂中的地位一落千丈，但在江湖山野中仍然经久不衰。老子被尊奉为道教祖师。在封建时代许多次农民起义的大旗上还写着“替天行道”的口号。道家学说始终影响着中国文化的发展，特别是道家“贵己重生”“自爱保身”的思想更为中华民族热爱生命、追求长寿的民族性格的养成提供了不尽的活水源泉。

当今之世，中国已开始进入市场经济和法治社会的新时代，这个时代需要自我意识、自主观念、独立思想和创造精神，而先秦道家的“为我之说”正逢其时，合符时代的需要，适乎社会的潮流，可以在理论上、实践上发挥更好、更大的作用。

考察先秦道家“为我之说”的现代价值，我们至少可以获得如下几点认识：

第一，先秦道家“为我之说”的思想在现代社会生活中仍具有积极的政治意义。他们提出的保护个人毛发身体、财富藏积和对自由的追求等主张，为我们制定法律和落实、维护包括生存权、自由权和追求幸福的权利在内的各种公民权利提供了思想资源和理论支撑。各级人民政府和大小官员应该树立人民主权观念，履行守门人职守，牢记公仆责任，尊重和保护每个公民的法定权利。每个公民应该树立主人翁精神，培养公民意识，实现自我价值，为振兴中华作出贡献。

在这里最重要的是要划清公民权利和国家权力之间的界限。划分这一界限的标准就是宪法及其指导下制定的各项法律。对公民，法无禁止皆可为；对政府，法无授权不可为。公民和政府各安其位，各尽其责，唯宪是从，安分守法，不可越雷池一步。惟其如是，才能实现国家富强、民族兴旺、人民幸福的伟大梦想。

第二，“为我之说”具有生命教育的价值。现代教育学提出生命教育的新思维，其要义是以人为鹄的，以生命为起点，爱护身体，润泽生命，以成全生命，培养身心健康的新人。其实，作为教育的原生态，这种思想在两千多年前道家的“为我之说”中已有鲜明的表述。杨朱宣称“拔一毛而利天下不为”，当时人指出这是一种“爱身贵己”“轻物重生”的权利意识；也有人说是“全性保真，不以物累形”的理念。《庄子·让王》中进一步提出“天下至重不以害其生”，生命高于一切，不伤害生命是天下“至重”的大事；又提出“尊生”的主张，认为“能尊生者不以养伤生，虽穷贱不以物累形”。道家这种善待生命、自爱保身的思想，同今天“成全生命，润泽生命”的教育理念不谋而合，一脉相成。我们应该吸取前人的智慧，热爱生命，善于生活，培养一代体魄健全、品学兼优的新人。

第三，道家“为我之说”虽然在历史上和现实中具有积极的意义，但由于历史条件的限制，历代道家都没有认识到任何个人都是社会的人，其自我价值的实现都离不开群体的蕴育和制约。因此，我们在吸收道家“为我之说”的思想精华的时候，应该同时对这种思想进行必要的改造和补充，即以“人是目的，不是工具”的科学思维为准绳，在“每个人的自由发展是一切人的自由发展的条件”① 和“只有在集体中才能有个人的自由”② 的思想指导下，实现个体与群体的有机结合与和谐统一，达到“人人为我，我为人人”的理想境界。

（作者系广东省第二师范学院教授）

① ［德］马克思，［德］恩格斯：《马克思恩格斯选集》第一卷，北京：人民出版社，1978 年版，第 29 页。

② ［德］马克思，［德］恩格斯：《马克思恩格斯选集》第三卷，北京：人民出版社，1960 年版，第 23 页。

心灵安顿与自度度人

——佛家思想的合理内核及其现代价值

◎平　飞

一、心灵安顿

心灵安顿，尤其是芸芸众生的个体心灵安顿，历来是一个非常重要的问题。“心归何处”与“行归何处”，一直拷问着众生凡夫。佛教的最大特色或最大功能是“治心”，自唐宋以来几成定论。[①] 因此，很有必要挖掘出佛家思想中的“治心”智慧，为当代人的“心灵安顿”提供资鉴作用。翻阅众多文献，不难发现佛家经典文字里透出的“安心出世”“净心向善”“治心破执”“即心成佛”，非常有利于现代人在日常生活中安身立命。

（一）安心出世

佛祖身份高贵，本来可以享受“在世”的荣华富贵，但他抛弃凡尘一切物质享受而去追求自我心灵的救赎。这对任何有“贪嗔痴”三毒的人来说，是难以想象的。佛家认为，人生苦海无边，人生苦乐无常。要摆脱对世俗物质生活、精神生活的迷恋，摆脱对名利、权力、欲望的贪念，摆脱对友情、爱情、亲情的

① 刘谧论“中国三教”：大抵儒以正设教，道以尊设教，佛以大设教。观其好生恶杀，则同一仁也；视人犹己，则同一公也；征忿窒欲禁过防非，则同一操修也；雷霆众聩日月群盲，则同一风化也。由粗迹而论，则天下之理不过善恶二涂，而三教之意无非欲人之归于善耳。故孝宗皇帝制《原道辩》曰：“以佛治心，以道治身，以儒治世。”诚知心也、身也、世也，不容有一之不治，则三教岂容有一之不立。无尽居士作《护法论》曰：“儒疗皮肤，道疗血脉，佛疗骨髓。”诚知皮肤也、血脉也、骨髓也，不容有一之不疗也，如是则三教岂有一之不行焉。见［元］刘谧：《三教平心论》卷上，《大正新修大藏经》第52卷，河北省金智慧文化传播有限公司，2005年版，第781页。

痴恋，就需要辞亲出家，安心出世，真正放下一切去安顿自己的心灵精神、探求人生的终极意义、自度彼岸的极乐世界。的确，不管做什么都要先安心定心，决定自己的心归何处，正所谓“识心达本，解无为法”。佛家抓住了这个心灵的首要问题。如《四十二章经》所言，出家证果、断欲绝求、割爱去贪，勤修戒定慧，息灭贪瞋痴、深明四谛法也不失为一种生活方式。而要真能“去世资财，乞求取足。日中一食，树下一宿”还真要有很大的勇气和决心。① 安心出世，过简单的物质生活、过圣洁的精神生活，这对于消解物欲横流的世俗生活提供了一个参照系。

佛家出世能够安心的关键就在于无“贪嗔痴”三毒之心，能够彻底解脱获得自在神通，结果“无心”牵累反而无所不有。比如，佛说：“若离贪欲，即得成就五种自在。何等为五？一、三业自在，诸根具足故。二、财物自在，一切怨贼不夺故。三、福德自在，随心所欲，物皆备故。四、王位自在，珍奇妙物，皆奉献故。五、所获之物，过本所求百倍殊胜，由于昔时不悭嫉故。是为五。若能回向阿耨多罗三藐三菩提者，后成佛时，三界特尊，皆共敬养。”“若离嗔恚，即得八种喜悦心法。何等为八？一、无损恼心。二、无嗔恚心。三、无诤讼心。四、柔和质直心。五、得圣者慈心。六、常作利益，安众生心。七、身相端严，众共尊敬。八、以和忍故，速生梵世。是为八。若能回向阿耨多罗三藐三菩提者，后成佛时，得佛无碍心，观者无厌。”“若离邪见，即得成就十功德法。何等为十？一、得真善意乐、真善等侣。二、深信因果，宁殒身命，终不作恶。三、惟归依佛，非余天等。四、直心正见，永离一切吉凶疑网。五、常生人天，不更恶道。六、无量福慧，转转增胜。七、永离邪道，行于圣道。八、不起身见，舍诸恶业。九、住无碍见。十、不堕诸难。是为十。若能回向阿耨多罗三藐三菩提者，后成佛时，速证一切佛法，成就自在神通。”② 应该说，佛家所讲的这些思想不乏充满辩证法的生活智慧。安心出世，无心在世，反而更好安世，很值得在世者去反复品味。远离永离“三毒之心”，想必不仅有助于安心出世成佛，而且有助于安心在世生活。

---

① ［后汉］迦叶摩腾共法兰译：《四十二章经》，《大正新修大藏经》第 17 卷，河北省金智慧文化传播有限公司，2005 年版，第 722 页。

② ［唐］实叉难陀译：《十善业道经》，《大正新修大藏经》第 15 卷，河北省金智慧文化传播有限公司，2005 年版，第 158 页。

安心出世并不表示脱离在世，反而还要救世，针对在世难事，寻求化解方法。佛言“天下有五难：贫穷布施难、豪贵学道难、制命不死难、得睹佛经难、生值佛世难”①。后来又在此基础上加上十五难（共二十难）：忍色忍欲难、见好不求难、被辱不瞋难、有势不临难、触事无心难、广学博究难、除灭我慢难、不轻未学难、心行平等难、不说是非难、会善知识难、见性学道难、随化度人难、睹境不动难、善解方便难。其实，人生在世何止二十难，但不管怎样难，佛陀都主张举难劝修，排除万难，救苦救难。近代以来的太虚大师、印顺大师都倡导举出世精神，做在世事业，建立人间佛教，饶益有情众生。事实表明，有些时候，恰恰是完全安心出世者才有可能真正尽心尽力为众生解难。从这个意义上说，安心出世者不仅仅能实现自觉自度自利的个体价值，而且能实现觉人度人利人的社会价值。这就是为什么佛教作为一种宗教始终能够存在和发展下去的个中原因。同时，既然“安心出世”能达到实现个体价值与社会价值双重功能，那么“安心在世”又为何不可呢?

（二）净心向善

安心本是为了回归净心。佛家力求寻找一块属于个体本我的净土，保持一颗远离贪嗔痴的净心，修造一世身口意皆善的净业，这种出世生活方式对被尘世尘土尘业所杂染的尘心在世者来说，正好形成鲜明的反照。众所周知，心在佛家思想中非常重要，其无明是一切烦恼的根源。佛僧认为：“心者，万法之根本也。一切诸法，唯心所生，若能了心，万行具备。”② “心是众善之源，心是万恶之主。涅槃常乐，由自心生，三界轮回，亦从心起。”③ 万法唯心，可见心体、心用、心性之重要。

心分净心和染心。心性本净，不净是因为客尘所染。是否需要净心修心，关键要看是否被客尘所染。正所谓“心性清净，为客尘染。凡夫未闻故，不能如实知见，亦无修心。圣人闻故，如实知见，亦有修心。心性清净，离客尘垢。凡夫

---

① ［后汉］迦叶摩腾共法兰译：《四十二章经》，《大正新修大藏经》第 17 卷，河北省金智慧文化传播有限公司，2005 年版，第 722 页。

② ［宋］普济著，苏渊雷点校：《五灯会元》上，北京：中华书局，1984 年版，第 72 页。

③ ［唐］神秀：《观心论》，《大正新修大藏经》第 85 卷，河北省金智慧文化传播有限公司，2005 年版，第 1272 页。

未闻故，不能如实知见，亦无修心；圣人闻故，能如实知见，亦有修心”①。事实上，心的确常常被客尘污染，本净的心也常常受到遮蔽，因此安心归净必须去除心秽，使净心进入澄明之境。佛观水净梵志来，于是告诸比丘：“若有二十一秽污于心者，必至恶处，生地狱中。云何二十一秽？邪见心秽、非法欲心秽、恶贪心秽、邪法心秽、贪心秽、恚心秽、睡眠心秽、调悔心秽、疑惑心秽、瞋缠心秽、不语结心秽、悭心秽、嫉心秽、欺诳心秽、谀谄心秽、无惭心秽、无愧心秽、慢心秽、大慢心秽、慢傲心秽、放逸心秽。”② 如此二十一种秽心作怪，自然会引发很多种恶业。正是由于心秽必至恶处，要向善就必须保持心净，正所谓“心恼故众生恼，心净故众生净，譬如画师、画师弟子善治素地，具众彩色，随意图画种种像类”③。

净心可渐修和顿悟。禅宗神秀与惠能曾各有深入阐发。按照“菩提本无树，明镜亦非台。本来无一物，何处惹尘埃”的说法，直指本心，明心见性，即心成佛最为重要；按照“身似菩提树，心如明镜台。时时勤拂拭，勿使惹尘埃”的说法，那就必须时刻观心洗心，保持心如明镜。但不管怎样，不可“将心外求，舍父逃走”。一旦净心，必如神秀所言“绝三毒永使消亡，六贼不令侵扰，自然恒沙功德种种庄严”，必如慧能所言“心量广大，犹如虚空……世界虚空，能含万物色像，日月星宿，山河大地，泉源溪涧，草木丛林，恶人善人，恶法善法，天堂地狱，一切大海，须弥诸山，总在空中”④。可以说，佛家这种消除秽心、保持净心的思想对于道德心理建设始终具有发挥正能量的积极作用。即便是从世俗的意义上说，众生也应知道：“自性平等，众生是佛；自性邪险，佛是众生。汝等心若险曲，即佛在众生中。一念平直，即是众生成佛。我心自有佛，自佛只真佛；自若无佛心，向何处求佛？”⑤ 从内在根本上挺立人的本净佛性，向善就

---

① ［姚秦］昙摩耶舍共昙摩崛多等译：《舍利弗阿毗昙论》卷二十七〈绪分假心品第七〉，《大正新修大藏经》第28卷，河北省金智慧文化传播有限公司，2005年版，第697页。

② ［东晋］瞿昙僧伽提婆译：《中阿含经》卷二十三〈秽品水净梵志经第七〉，《大正新修大藏经》第1卷，河北省金智慧文化传播有限公司，2005年版，第575页。

③ ［刘宋］求那跋陀罗译：《杂阿含经》卷十，《大正新修大藏经》第2卷，河北省金智慧文化传播有限公司，2005年版，第69页。

④ ［唐］惠能：《坛经》，〈般若品第二〉，陈秋平、尚荣译注：《金刚经·心经·坛经》，北京：中华书局，2007年版，第151－152页。

⑤ ［唐］惠能：《坛经》，〈付嘱品第十〉，陈秋平、尚荣译注：《金刚经·心经·坛经》，北京：中华书局，2007年版，第295页。

必然始终扎根在人的内心深处。

（三）治心破执

以佛治心，佛疗骨髓。安心出世、净心向善，已包含“破在世执”与“破秽心执”，即破执着于“在世之有”与“染污之心”的含义。三法印中的“诸行无常”“诸法无我”表明，世界上的万事万物都没有自性，都没有自我主宰性，一切都虚幻不实、即生即灭、幻灭无常。如《心经》所言“五蕴皆空”，“色即是空，空即是色”①，如《金刚经》所讲“一切有为法，如梦幻泡影，如露亦如电，应作如是观”②。因此，面对尘世要“破法执”，不可执着“实有”与“常有”，要参悟万事万物皆变幻无常的道理。否则，就会以声色犬马为乐，追求尘世的权力、名利、欲望、情爱而无法自拔，最终陷入“诸受皆苦”之中永远也无法解脱。

“破法执”包括“破心执”。在佛看来，“唯心与目，今何所在”的问题就常常为论心者所不知。佛就这个问题曾问弟子阿难，阿难七次回答皆为佛所破，因为当时阿难“不知寂常心性”，不知“清净本心本觉常住”，也不知“色心诸缘及心所使诸所缘法唯心所现。汝身汝心皆是妙明真精妙心中所现物。云何汝等遗失本妙圆妙明心、宝明妙性，认悟中迷？晦昧为空，空晦暗中，结暗为色。色杂妄想，想相为身。聚缘内摇，趣外奔逸。昏扰扰相以为心性。一迷为心，决定惑为色身之内。不知色身外泊山河虚空大地，咸是妙明真心中物”③。也就是说，阿难不知“如来说诸心皆为非心，是名为心。所以者何？须菩提，过去心不可得，现在心不可得，未来心不可得”④。阿难用心求心不见心，不过是以分别心、认识心求心，而背后的如来藏心本体反而不见。这表明，仅仅从认识论的角度来领悟的分别心其实不过是我见我执，一旦有我见我执，就很难去把握存在论意义上的清净本心。

法执、心执终究归为我执，一切我执实际都因我见引起。佛家认为：“一切邪执，皆依我见，若离于我，则无邪执。我见有二种。云何为二？一者人我见，

① 《心经》，陈秋平、尚荣译注：《金刚经·心经·坛经》，北京：中华书局，2007年版，第87、89页。

② 《金刚经》，陈秋平、尚荣译注：《金刚经·心经·坛经》，北京：中华书局，2007年版，第74页。

③ ［唐］般剌蜜帝译：《大佛顶如来密因修证了义诸菩萨万行首楞严经》卷二，《大正新修大藏经》第19卷，河北省金智慧文化传播有限公司，2005年版，第110页。

④ 同②，第60页。

二者法我见。”① 因有我见，从而产生许多见惑，比如不知我身五蕴和合假我的“身见”，计度死后断绝或常住的“边见”，认为无因果缘起的“邪见”，以劣知见为始而取其他种种劣事并思为最胜殊妙的“见取见”，以及以非理非过戒禁为始，取其他种种行法，以为生天因或涅槃道的“戒禁取见”。心有“见惑”就会引起“修惑”，直接影响佛僧与众生的修炼行为。佛家强调“扫相破执”，回归本心，明心见性；强调“中道破执”，反对边见，超越偏见；强调“无心破执”，反对有心，无所用心，等等，无不在于超越俗谛而领悟真谛，“应无所住而生其心”，一心向善皈依成佛。因此，佛家有无心说②，如诗意“流水下山非有意，片云归洞本无心”。但是，无心并非完全不用心，而是无所不用其心，而且是破除了我见之后自然呈现且无所缘的本寂净心自用。任由此无人我执和法我执的净心善心自作主宰，自然能破除各种见惑，不为我心所累而实现自我的内在超越。

（四）即心成佛

佛家安心出世、净心向善、治心破执，最后就可以即心成佛，以佛心自救和救他，超然于无常、无我、无法、无相、无执、无染、无苦的“常乐我净”极乐世界。佛家认为：“一切法皆是心法，一切名皆是心名。万法皆从心生，心为万法之根本。经云：识心达本，故号沙门。名等义等，一切法皆等，纯一无杂。若于教门中，得随时自在，建立法界，尽是法界；若立真如，尽是真如；若立理，一切法尽是理；若立事，一切法尽是事，举一千从，理事无别，尽是妙用，更无别理，皆由心之回转。”③ 如此“无心而无所不立”，正是“即心成佛”的成效。

佛教尤其是中国化佛教主张“即心是佛，平常心是道”，坚决反对“认心作佛”。中国禅宗大师就曾指出：“是心是佛，是心作佛，情计所有。斯皆想成佛，是智人心，是采集主，皆对物时，他便妙用。大德，莫认心认佛。设认得是境，

---

① ［唐］实叉难陀译：《大乘起信论》，《大正新修大藏经》第32卷，河北省金智慧文化传播有限公司，2005年版，第579页。

② 释菩提达摩制：《无心论》，《大正新修大藏经》第85卷，河北省金智慧文化传播有限公司，2005年版，第1269－1270页。其论作颂曰：“昔日迷时为有心，尔时悟罢了无心。虽复无心能照用，照用常寂即如如。”其论认为：“言无心者即无妄相心也。”

③ ［宋］道原纂：《景德传灯录》卷二十八〈道一语录〉，《大正新修大藏经》第51卷，河北省金智慧文化传播有限公司，2005年版，第440页。

被他唤作所知愚。”① “即心即佛，是无病求病句；非心非佛，是药病对治句。”② 可见，即心成佛必须特别注意破除心执，不可将心求心。破除心执，直指本心，明心见性，我心是佛，是佛真佛，自迷自悟，自性自度，代表中国佛教禅宗的基本追求。

当然，作为佛僧，即心成佛并不表示不要劝念阿弥陀佛。净土宗中峰禅师（1263—1323 年）曾作过一个《劝念阿弥陀佛》偈颂：“是心是佛是心作佛，三世诸佛证此心佛。六道众生本来是佛，只因迷妄不肯信佛。智者觉悟见性成佛，释迦世尊开示念佛。弥陀有愿接引念佛，观音菩萨头顶戴佛。势至菩萨摄受念佛，清净海众皆因念佛。六方诸佛总赞念佛，祖师起教劝人念佛。捷径法门唯有念佛，一代宗师个个念佛。古今名贤人人念佛，我今有缘得遇念佛。念佛念心念心念佛，口常念佛心常敬佛。眼常观佛耳常听佛，身常礼佛鼻常数佛。香花灯烛常供养佛，行住坐卧不离念佛。苦乐逆顺不忘念佛，着衣吃饭无不是佛。在在处处悉皆有佛，动也是佛静也是佛。忙也是佛闲也是佛，横也是佛竖也是佛。好也是佛恶也是佛，生也是佛死也是佛。念念是佛心心是佛，无常到来正好念佛。撒手便行归家见佛，一道圆光即性空佛。了此一念是名为佛，常住不灭无量寿佛。法报化身同一体佛，千佛万佛皆同一佛。普劝有缘一心念佛，佛不念佛失却本佛。贪嗔嫉妒自丧其佛，酒色财气污天真佛。人我是非六贼劫佛，一息不来何处求佛。地狱三途永不闻佛，万劫千生悔不念佛。叮咛相劝念自己佛，急急回光休别觅佛。念念不昧谁不是佛，愿一切人自皈依佛。回向西方发愿念佛，临命终时亲睹化佛。九品莲台礼弥陀佛，得无碍眼见十方佛。”③ 唯心净土，自性佛陀，在佛家看来就是佛僧和众生最好的心灵安顿。

二、自度度人

佛教有小乘佛教和大乘佛教之分。小乘佛教之所以“小”，就是因为主讲自

---

① 萧萐夫、吕友祥、蔡兆华点校：《古尊宿语录》卷十二〈南泉普愿语录〉，北京：中华书局，1994 年版，第 191 页。

② ［宋］道原纂：《景德传灯录》卷七〈怀让禅师语录〉，《大正新修大藏经》第 51 卷，河北省金智慧文化传播有限公司，2005 年版，第 253 页。

③ ［元］中峰明本：《天目明本禅师杂录》，《大正新纂卍续藏经》第 70 册，台湾新文丰出版公司，1977 年版，第 162 页。

我解脱苦海，重心在自觉、自度、自利；大乘佛教之所以“大”，就是因为不仅要讲自我解脱苦海，而且要讲众生解脱苦海，要求自觉觉人、自度度人、自利利人。理论上，大乘佛教的自度度人度脱众生行为是以自觉觉人觉行圆满为认知基础，以自利利人利证佛果为最终皈依的。

（一）自觉觉人

要自度度人度脱众生，首先要对世界、人生有一个根本的觉解。觉与不觉就是佛与凡夫之别，不觉即是凡夫，觉了方为佛陀。就“世”而言，要知过去、现在、未来“三世”当中的“十二因缘”，“三世两重因果”；就“界”而言，要知欲界、色界、无色界三界二十八重天；就在世出世而言，要知在世的“一切行无常”“一切法无我”“一切皆苦空”与出世的“涅槃寂静”“常乐我净”“极乐世界”；就整个世界和人生而言，要知苦、集、灭、道“四谛”与戒、定、慧“三学”。

不管是自觉还是觉人，与觉解的眼光有关。父母所生的凡夫“肉眼”有限有形、天界所处的天神“天眼”无限无形、善业所证的罗汉“慧眼”无我无执、修道所成的菩萨“法眼”亲证佛法、觉悟所圆的无上菩提“佛眼”具足诸眼洞察一切。觉行的圆满在一定程度上取决于眼光的强弱。眼光强则眼界宽，眼界宽则世界大，世界大则境界高。真正的觉悟又与有我和无我有关。有我就会产生我执，无我才能没有我执，包括没有人我执与法我执。一旦众生陷入人我执与法我执，就会受到世界万物百法及其我的识别分别的牵累，难以真正超越自我的认识局限而产生无明无知，就会坠入循环缘起的三世两重因果轮回当中不得解脱。

佛的本意是觉悟者。正如惠能所言：“佛，犹觉也。分为四门：开觉知见，示觉知见，悟觉知见，入觉知见。若闻开示，便能悟入，即觉知见，本来真性而得出现。”[①] 大觉大悟者不仅要自我觉悟，而且要觉悟他人。自我觉悟的根本是“破我执”，克服“无明”的缺陷，超越自我并亲证自己的佛性，推行大慈大悲的施乐救苦活动。觉悟他人就是要用佛法教化他人，觉悟众生的佛性并使众生修道成佛获得自我解脱，并共同推行大慈大悲的施乐救苦活动。自觉与觉人并举，才是究竟意义上的觉行圆满。因此，建立在觉悟基础上的佛教具有理性的特征，

---

① ［唐］惠能：《坛经》，〈机缘品第七〉，陈秋平、尚荣译注：《金刚经·心经·坛经》，北京：中华书局，2007 年版，第 219 页。

建立一定理性基础上的宗教信仰更能打动人心。可以说，佛家对自觉觉人、觉行圆满的追求不仅具有改造众生主观世界的积极意义，而且诸如“破我执”的追求对净化心灵、提高认识同样具有直接的借鉴作用。

（二）自度度人

如果自觉觉人是从精神认识层面来说的话，那么佛家所讲的自度度人则是从实践活动来讲的，即要求佛僧身体力行地进行自我心灵净化活动与大慈大悲施乐救苦利他活动。小乘佛教只为自我个体的精神解脱与自度彼岸极乐世界而不过像条“小乘之船”，大乘佛教因为能救苦救难度脱众生并使众生都获得自我个体的精神解脱而像条“大乘之船”。这种将度人置于自度必要环节之中的思想无疑具有在实现社会价值之中实现自我价值的更高价值关怀。

佛家强调自度，求得自我精神解脱，本来就是立教宗旨，正所谓平等真法界，佛不度众生。正是因为佛性平等，佛与众生没有差别，而且从最终意义上讲，众生要获得解脱并成佛，毕竟需要靠自己，所以恰如六祖惠能所说：“心中众生，所谓邪迷心、诳妄心、不善心、妒忌心、恶毒心、如是等心，尽是众生，各须自性自度，是名真度。”① 有一个著名的“自伞自度”故事讲的也是“自度”对于每一个众生自我拯救的重要性和绝对性。《金刚经》里说：“灭度无量无数无边众生，而实无众生得灭度者。”又说：“我应灭度一切众生，灭度一切众生已，而无有一众生实灭度者。何以故？须菩提，若菩萨有我相、人相、众生相、寿者相，即非菩萨。”② 佛从来就没有刻意去拯救众生，至于随缘灭度众生只是因为众生得佛助而自度而已，因此从根本上说实无众生得灭度而是众生皆能自度。当然，众生毕竟不是佛，常有迷惑时，因此“佛度有缘人”。禅宗六祖得到五祖的指点，恰如六祖所言迷悟不同可以有所区别，正所谓“迷时师度，悟了自度”③。不过，自度也有真度与假度之别。对于真度，禅宗六祖惠能讲得真切：

---

① ［唐］惠能：《坛经》，〈忏悔品第六〉，陈秋平、尚荣译注：《金刚经·心经·坛经》，北京：中华书局，2007年版，第200页。

② 陈秋平、尚荣译注：《金刚经·心经·坛经》，北京：中华书局，2007年版，第21、56页。《金刚经》还云：“须菩提，于意云何？汝等勿谓如来作是念，我当度众生。须菩提，莫作是念。何以故？实无有众生如来度者，若有众生如来度者，如来则有我、人、众生、寿者。须菩提，如来说有我者，则非有我，而凡夫之人以为有我。须菩提，凡夫者，如来说即非凡夫，是名凡夫。”（同上书，第67－68页。）

③ ［唐］惠能：《坛经》，〈行由品第一〉，陈秋平、尚荣译注：《金刚经·心经·坛经》，北京：中华书局，2007年版，第139页。

“邪来正度，迷来悟度，愚来智度，恶来善度，如是度者，名为真度。”① 真度者，逐步脱离三世六道生死轮回流转，进入西方极乐世界。佛教所阐发的这种自度、真度思想高度肯定人的自性，对于发扬人的主观能动性和实践创造性始终散发着理性的光辉。尽管后来大乘佛教提倡普度众生，但也始终没有忽视自度的佛教本怀，乃至有所谓“度人度己”之说。这意味着，漠视自度而把希望寄托于他度，恰恰是对众生本有佛性的某种否认，必然与佛家第一义相左。正所谓自己未度，何以度人！但不管如何，有此菩萨心肠毕竟比没有好得多。

自度需要建立在自觉的基础上，先知先觉者有必要帮助后知后觉者自度。已经自度者更有必要通过度人帮助众生自度。大乘佛教主张菩萨在自己最终成佛前先要普度众生才能自度成佛，并发“无边众生誓愿度，无尽烦恼誓愿断，无量法门誓愿学，无上佛道誓愿成”四大宏愿。普度众生，要有下地狱、变饿鬼、化畜生的精神，因为普度恶鬼众生就要化身恶鬼，普度地狱众生就要亲入地狱。佛家这种“我不下地狱，谁下地狱”的无畏精神、担当精神、牺牲精神历来受到天上人间佛僧众生的赞许。为了普度众生，菩萨通常采取布施、持戒、忍辱、精进、禅定、般若六种法门让众生从生死苦恼此岸得度到涅槃安乐彼岸。佛家认为，布施能度悭贪，持戒能度毁犯，忍辱能度嗔恚，精进能度懈怠，禅定能度散乱，般若能度愚痴。只有度脱以上劣根恶习，才能实现自我超越，获得彻底解脱。同时，菩萨还有布施、爱语、利行、同事四种摄受众生方便法门。不难发现，“四摄”“六度”中有重复的内容，如布施。之所以重复，也可见布施对于自度度人的重要价值。通过“四摄”“六度”，菩萨就可以普度众生，使众生亲证自性自度成佛。

可以说，佛家对自度度人度脱众生的追求具有改造自我与众生的双重功效，对于加强自我道德修养和社会公德建设也具有直接的参考价值。

（三）自利利人

佛家反复强调自觉，力求获得对诸行无常、诸法无我、诸佛无执、诸受皆苦、诸蕴皆空、诸佛皆善的觉解，获得对“俗谛”与“真谛”三世三界因果缘起的认识，最终获得善法善知识，无疑是精神意念上的最大自利。佛教反复强调

---

① ［唐］惠能：《坛经》，〈忏悔品第六〉，陈秋平、尚荣译注：《金刚经·心经·坛经》，北京：中华书局，2007 年版，第 201 页。

自度，坚信自身的自性佛性，通过“三学”“四摄”“六度”“八正道”等方便法门逃脱三世六道生死轮回，行善成佛，也无疑是行为结果上的最大自利。不管是小乘佛教还是大乘佛教，都把自觉、自度、自利作为究竟第一义。从纯粹个体的精神追求上说，的确可以成为个体的心灵鸡汤，丰富每一个体的精神生命。撇开出家的佛僧不说，在世的历代知识分子和社会贤达心向佛教，应该说与个体的精神自利密切相关。当然，有的佛家信徒打着佛的名义，做假佛、乖佛理、贪佛宝，实则过着真佛反对的“贪嗔痴”三毒催生的自私自利的世俗生活，恐怕就不仅为世俗社会所反对，而且也为佛门净地所不容。就算承认真佛真谛，如果进一步站在佛教以外的立场就世俗生活世界而言，“去佛有利论”与“信佛有害论”也历来有人反复提倡，比如宋代的李觏就曾对此有过论述①。不可否认，李觏的这种观点具有代表性。正所谓精神毕竟无法万能，物质终究还是起决定性作用。

佛家不仅强调自觉自度，而且十分重视觉人度人，觉人度人实际就是利人。大乘佛教认为，自利利他，法皆具足。菩萨行“四摄”“六度”中的“布施度”，最能体现在世俗家所理解的那种“利他”思想。前面阐述摄度已有分析。必须指出的是，利人利他者必须有利人利他的素质、本领和才能。佛经特别强调这一点：“善男子，具足八法，能自他利。何等为八？一者寿命长远，二者具上妙色，三者身具大力，四者具好种姓，五者多饶财宝，六者具男子身，七者言语辩了，八者无大众畏。”② 八法从身体素质、道德素质、语言素质、精神素质、能力素质以及财力情况指出了利他的主观条件和客观条件。菩萨四摄中的“利行”更是明确要求努力学习五明，即声明（声韵学、语文学等）、工巧明（工艺、技术、算学、历数等）、医方明（医药学）、因明（逻辑学）、内明（佛学），从而提高利他的技巧和能力。尽管佛家和俗家都认为利他的最终目的是为了自利，但

---

① 李觏写过“信佛十害论”：“男不知耕而农夫食之，女不知蚕而织妇衣之，其害一也。男则旷，女则怨，上感阴阳，下长淫滥，其害二也。幼不为黄，长不为丁，坐逃徭役，弗给公上，其害三也。俗不患贫而患不施，不患恶而患不斋，民财以殚，国用以耗，其害四也。诱人子弟，以披以削，亲老莫养，家贫莫救，其害五也。不易之田，树艺之圃，大山泽薮，跨据略尽，其害六也。营缮之功，岁月弗已，驱我贫民，夺我农时，其害七也。材木瓦石，兼收并采，市价腾跃，民无室庐，其害八也。门堂之饬，器用之华，刻画丹漆，末作以炽，其害九也。惰农之子，避吏之猾，以佣以役，所至如归，其害十也。”（见［宋］李觏：《富国策第五》，王国轩点校：《李觏集》，北京：中华书局，1981 年版，第 141 页。）

② ［北凉］昙无谶译：《优婆塞戒经》卷二〈自他庄严品第十一〉，《大正新修大藏经》第 24 卷，河北省金智慧文化传播有限公司，2005 年版，第 1044 页。

能如此先利他者在任何时候都值得称道。

可以说，佛家对自利利人、利证果位的追求不仅具有改造众生主观世界和客观世界的双重积极意义，而且从究竟意义上将利人归结于自利与自我解脱，也有利于克服虚伪的利他主义而在众生的生命个体心田里生根发芽、开花结果。

（作者系南昌航空大学教授）

“以友辅仁”：仁爱思想现代转化的公共维度①

◎张　倩

所谓日常生活，主要是指社会成员在常识的基础上，为了延续个体生命、维持社会交往和适应社会生活，按照既有的规则和模式自然而然展开的实践活动。日常生活具有重复性、经验性、实用性等特征。在欧洲的语境中，“日常生活”范畴与欧洲基督教的生活范畴相对应，它揭示了伴随近代市场和市民社会的发展而产生的非宗教的世俗生活。与之不同，儒学的日常生活是指在“礼”“俗”的规范中的世俗生活，而“仁”则是儒学日常生活理论的情感基础和道德要求。在现代化的进程中，儒学日常生活理论需要自我更新，“仁”与“礼”都需要自我调适；同时，他们也能够化解现代社会的某些弊端，从而显示自身在现代社会的价值和合理性。本文即是在这种思路中展开对儒学“仁爱”思想的分析。

一、仁爱思想与儒学日常生活理论的特质

儒学的日常生活理论，建立在宗法、血缘的基础上，以人为中心，重视教化，关注个体精神生命，强调人与人之间的情感维系。以“爱人”来界定“仁”②，并强调“弟子入则孝，出则弟，谨而信，泛爱众而亲仁”（《论语·学而》），以及“亲亲，仁也”（《孟子·尽心上》）是儒学教人的主旨。这一思路建立在“孝”的基础上，是最贴近人的情感、贴近家庭生活的，因而容易被接受和践行。尽管宋明儒学把“仁”的含义形上化为“生”，“爱”也是其中不可

---

① 基金项目：本文系2015年广州市哲学社会科学发展课题“海外新儒学日常生活理论研究”（项目号：15Q03）的阶段性成果。

② 樊迟问仁。子曰：“爱人。”（《论语·颜渊》）

或缺的重要支撑。从日常生活的角度审视，以爱为核心的“仁”是儒学的根本所在，它建立在血缘基础上，经过伦理生活、礼乐教化的陶养，把个体人格的完善和社会历史责任结合在一起，成为引导人们生活方式、行为规范的主要依据。① 随着后世儒学把“孝”泛化，血缘伦理与非血缘伦理获得了最大程度的一致②，实现了“其为人也孝弟，而好犯上者，鲜矣”（《论语·学而》）的社会治理目标，维持了中国传统社会的稳定发展。

儒学认为“人为天下贵”，因为人有根于天的道德本原，有内于己的向善之能，即“诚者，天之道也；诚之者，人之道也”（《礼记·中庸》）。仁爱即是人的向善、为善之能的表现。章太炎在驳斥康有为建立孔教时说：“国民常性，所察在政事日用，所务在工商耕稼，志尽于有生，语绝于无验。”（《太炎文录·驳建立孔教议》）很好地描述了中国人的生活状态。传统的中国人对于超出生活经验的问题不做抽象讨论，只是给出了原则性的说明。“性者，天之就也；情者，性之质也；欲者，情之应也。”（《荀子·正名》）儒学肯定心性情一体，在仁与欲之间保持合理的张力，认为理性与情欲都是文化发生、发展的动力，以此来理解人的本质以及人的创造能力，重视礼乐教化的意义。这一认识使得中国传统文化在价值系统上缺乏圣与凡的对立，在社会结构上缺乏严密的组织系统，使得中国文化在理想与表现形式上不同于西方文化。

人与人在日常交往中结成群体，按照礼义规范行事，人心人情就是行为规范的来源。“礼以顺人心为本”。（《荀子·大略》）人根据自己的情感与生活，来推度、把握他人的情感与生活，是儒学日常生活理论中的重要内容。“恕”是儒学推己及人的理论表达，也是实践“仁”的基本方法。在与子贡的对话中，孔子把“恕”作为可以指导人一生行为实践的准则③，而在日常生活理论层面，“推己及人”的主要意义在于依此理念而展开的处世之道和生活结构。以自己为中心，根据他人与自我的亲疏远近而形成一个生活网络，依此来决定对他人的态度。这也就是所谓的“亲亲也，尊尊也，长长也，男女有别，此其不可得与民变

---

① 李泽厚把“仁”的解构概括为血缘基础、心理原则、人道原则以及个体人格。整体上则以实用理性为特征。见氏著《中国古代思想史论》，北京：三联书店，2008 年版，第 10 – 29 页。

② “夫孝，置之而塞于天地，衡之而衡于四海，施诸后世，而无朝夕，推而放诸东海而准，推而放诸西海而准，推而放诸南海而准，推而放诸北海而准。”（《大戴礼记·曾子大孝》）

③ 《论语·卫灵公》：“子贡问曰：‘有一言而可以终身行之者乎？’子曰：‘其恕乎！己所不欲，勿施于人。’”

革者也”（《礼记·大传》）。唐君毅指出，“恕道”的意义在于“可以使人人皆在世间有一立脚点，以阻碍自己与他人之过失与罪恶之流行。义愤以及与人为善之心，亦皆可以直接使善之在世间，得其自然生长之路”。[①] 强调人与人之间互相扶持、同步发展是人获得自我完善的重要方法，也是阻止罪恶扩散的方法。

儒学通过对传统礼仪、礼俗的承续来发挥教化功能，强调对民众生活的价值引导和人文提升。“礼之教化也微，其止邪于未形，使人日徙善远罪而不自知也，是以先王隆之也”（《礼记·经解》）；“先王有大事，必有礼以哀之；有大福，必有礼以乐之。哀乐之分，皆以礼终。乐也者，圣人之所乐也，而可以善民心。其感人深，其移风易俗，故先王著其教焉”（《礼记·乐记》）。礼乐均本于人的情感，“礼”主要成就人与人的生命精神活动的秩序、节制与条理，有“节制”和“尊敬”两方面意义；“乐”主要成就人与人的生命精神活动的充实、和融与欢喜，可以使人之内外生命相感通，亦与天地万物之活动相感通。追求日常生活中的“礼乐意味”，即是强调从日用常行中看到生命之灵气的流行，欣赏到日用事物之美，化解人之心灵困顿并自觉提升人之生存境界。在这种生活中，人可以获得对天地人我万物通而为一的生命感受，获得性与情合一的生命体验。礼乐精神在修养人格中的关键作用，在于内外相合、表里如一，对个人修养的完成起着贯通和整合作用。所以当子路问及修养“成人”的道理时，孔子回答说，有了智慧、清廉、勇敢、多才多艺这四方面的品格，还必须“文之以礼乐，亦可以成人矣”（《论语·宪问》），突出的正是现实生活对人格的陶养意义。

以礼节情、以乐养情，人们对礼乐文化之内在意味、情感的追求，是中国文化大小传统密切相联的原因之一。余英时指出：“中国古人不但早已自觉到大传统与小传统之间的密切关系，而且自始即致力于加强这两个传统之间的联系……中国古代的大传统非礼乐莫属，而礼乐便有民间的来源……大传统必须从各地小传统中吸取养料，这是中国古人很早就懂得的道理……另一方面，中国古人也自觉地要把大传统贯注到民间，以改造小传统，这便是历史上所常提到的礼乐教化与移风易俗。”[②]

通过最真实的情感来确立人在生活中的真实感，通过人与天、地、人、物的

---

① 唐君毅：《中国文化之精神价值》，桂林：广西师范大学出版社，2005 年版，第 165 页。

② 余英时：《从史学看传统——〈史学与传统〉序言》，《文史传统与文化重建》，北京：三联书店，2004 年版，第 396－399 页。

生命感通来提升人的生命意义，以礼俗来规范人们的行为，是儒学日常生活理论的特质之所在。以仁爱为核心，以礼乐教化为桥梁，以身载道的文化精英与普通民众形成良性互动，儒学的核心价值理念持续影响整个传统社会，这种特质和文化传承经验对今天的文化建设有积极意义。

二、仁爱思想自我更新的现实基础

儒学日常生活理论作为中国传统文化的重要组成部分，以生活方式的形式对中国人产生巨大影响，在当今社会乃至未来社会都有表现。其原因就在于儒学已融入中华民族血脉，“被称为传统文化的东西，必定是在社会有机体组织及人的心理—生理结构中有着生命力和潜影响力的东西，这些业已积淀为人的普遍心理—生理素质的因素时刻在规范、支配着人们未来的思想、行为，不具备这一特征，就不能划归传统文化的范畴”①。而儒学日常生活理论对于现代社会的影响既有积极的方面，也有消极的内容。我们讨论中国优秀传统文化的现代价值，着眼于发挥其积极因素的持续影响，剔除其消极因素。需要指出的是，用儒学日常生活理论中的情感原则、文化意味来化解现代化的弊端，展示自身在现代社会的价值和合理性，必须建立在儒学日常生活理论现代化的基础上。而在儒学日常生活理论变迁过程中，现代化与化现代又是结合在一起的两个方面。国内现代化问题专家罗荣渠教授说：“背弃了传统的现代化是殖民地或半殖民地化，而背向现代化的传统则是自取灭亡的传统。适应现代世界发展趋势而不断革新，是现代化的本质，但成功的现代化运动不但在善于克服传统因素对革新的阻力，而尤其在善于利用传统因素作为革新的助力。”②

总体而言，现代化作为世界性的历史过程，其核心在于工业化推动下的人类社会的全面变革，是科技理性渗透到社会生活方方面面的过程。中国从农业文明向现代文明转型，日常生活的现代化是必不可少的内容。一方面，要用现代科技理性和人文理性塑造人的主体性，培育人的主体意识、科学思维和分析精神，把当代的契约观念、法制观念、主体意识、民主观念、效益观念融入人的价值领

① 邵汉明：《中国文化研究30年》中卷，北京：人民出版社，2009年版，第84页。

② 罗荣渠：《中国近百年现代化思潮演变的反思》，《从“西化”到现代化——五四以来有关中国的文化趋向和发展道路论争文选》，北京大学出版社，1990年版，第33页。

域。从日常生活角度进行价值观的改造，是传统文化现代化必不可少的内容，因为“价值系统所涉及的不仅是观念世界，更重要的是日常人生”①。另一方面，在现代社会，人的生存空间，传统生活中靠私人感情和道德维系的日常生活领域日益缩小，而非日常生活领域逐渐扩大。这需要通过社会组织建设把非日常生活领域中的血缘、宗法、经验等自然原则剔除出去，确立民主、法治等原则。这正是儒学现代化的关键所在。

同时我们也要看到，在现代化的过程中，工具理性高扬，人们将一切化约为工具性的器物系统，为了获得更多的利益而对自身以外的事物采取利用的态度和方式，使得人们的价值感、真实感都无法确定，最终陷于物化、平庸、不安的状态之中，在追逐对象化的功用时日益背离自己的价值根源，造成人性的扭曲。改革开放以来，随着市场经济的发展，大众文化产生、发展，反映大众的日常生活实践，是为大众所广泛接受和参与的通俗性文化活动及成果。大众文化对日常文化生活的各个领域都产生了巨大影响，加重了文化市场中的商业化和世俗化，其本质除了具有商业性和消费性之外，还具有广泛的参与性和普及性。正视大众文化功利化、平面化和简单化特征，积极应对文化转型期的价值失落、道德缺失等现象，需要道德理想发挥作用。在这个意义上讲，儒学日常生活理论中的情感原则、文化意味成为化解现代化弊端的可用资源。而仁爱思想的抽象意义的价值就在于这一层面。

中国人在传统日常生活中所表现出的种种品性，具有复杂的现实表现，在今天依旧如此。通过文化生活来提升日常生活，无论在传统社会还是在现实社会，都具有重要意义。这种提升需要文化自觉意识。费孝通先生在 1997 年提出“文化自觉”的概念：“文化自觉是指生活在一定文化中的人对其文化有‘自知之明’，明白它的来历，形成过程，所具有的特色和它发展的趋向……首先要认识自己的文化，理解所接触到的多种文化，才有条件在这个正在形成中的多元文化的世界里确立自己的位置，经过自主的适应，和其他文化一起，取长补短，共同建立一个有共同认可的基本秩序和一套与各种文化和平共处、各抒所长，联手发展的共处原则。”② 发扬文化自觉，内在的包括自知、自反、创新几个层面的内容。我们既要看到仁爱思想的抽象意义和普遍价值，又要看到其中不适应现代社

---

① 余英时：《中国现代价值观念的变迁》，《现代儒学的回顾与展望》，北京：三联书店，2004 年版，第 89 页。

② 费孝通：《反思 · 对话 · 文化自觉》，《北京大学学报》（哲学社会科学版），1997 年第 3 期。

会发展、需要转化与更新的方面。只有建立在文化自觉基础上的文化自信，才有真实的价值基础和现实生命力。促进中华文化、中华民族“苟日新，又日新，日日新”（《礼记·大学》）的实现，要求我们对文化的民族性特征、时代性要求以及世界性趋势有基本把握，进而寻求创造性转化中国传统文化的路径。

三、“以友辅仁”：仁爱思想现代转化的公共维度

建立在血缘关系、共同生活经验上的仁爱思想的现代价值，除了抽象层面的克服物化、提升人的生存境界、强调人对他人的真情实感之外，还有具体面的作用。这主要表现为“以友辅仁”所彰显出的“友道”之爱，它可以排除血缘、身份的影响，而体现出人的独立性和主体性。扩充“以友辅仁”的友道之爱，在现代中国已经基本上实现了身份向契约转变，在礼治向法治转变的背景下，具有更加重要的意义，或许可以成为塑造个体独立精神、契约意识的起点。

以血缘亲情为基础的仁爱，经过“老吾老以及人之老，幼吾幼以及人之幼”（《礼记·礼运》）类比外推的思维方式，成为人们待人接物的主要方式，逐渐形成了中国传统社会的“差序格局”。“在差序格局中，社会关系是逐渐从一个一个人推出去的，是私人联系的增加，社会范围是一根根私人联系所构成的网络，因之，我们传统社会里所有的社会道德也只在私人群系中发生意义。”[①] 从理论上来说，这种推己及人在工夫修养论层面，可以促成天下一体、民胞物与的情怀与境界；而在日常生活层面，则容易造成人们的身—家观念偏重，道德自律的主要作用也是在这方面。人们一旦脱离血亲的家庭结构，进入陌生人的环境中，就容易出现一些非道德情感的心理和行为，如对他者的冷漠，以及在突发情况下的看客心理[②]，难以发展出真正的公共领域。公共生活的缺失，对中国现代社会的发展产生了重要影响。

在20世纪初，梁启超已经开始重视“公德”塑造，认为公德是中国国民普遍缺乏的道德，也是中国社会、国家衰落的根本原因。他把公德建设作为“新民”的核心，提出的公德建设的思路是在私德醇美的基础上塑造公德。“容有私

---

① 费孝通：《乡土中国》，北京出版社，2005年版，第40页。

② 靳凤林：《制度伦理与官员道德——当代中国政治伦理结构性转型研究》，北京：人民出版社，2011年版，第112页。

德醇美而公德尚未多完者，断无私德浊下而公德可以袭取者……公德，私德之推也。”① 把个人道德作为公德建设的基础，公德要在固有的道德传统中生长、衍生出来，在今天看来具有更强的合理性。其中的关键问题就是传统的个人道德中的私德与现代的社会公德如何转换。其中的核心问题是个人如何脱离身份意识的局限，形成独立的人格，并以契约意识、法治精神来更新传统。

“以友辅仁”的思想则可以为人们跳出身份、血缘的束缚提供一种空间，为提升、转化传统文化中的仁爱思想提供一条途径。在中国古代文献中，“友”有诸多涵义，而“同志为友”是解释“以友辅仁”的基础。强调有着共同志向、共同理想的人互相勉励，获得一种超越血缘和身份的“爱”之体验，在人格独立、身份平等的基础上获得“爱人”的情感体验。在包含了“以友辅仁”的基础上才能把握。个体要获得心灵安顿和自我认同，需要在“仁”中立足。“仁”是一种本于孝悌之亲情而有的关心人、爱护人的情感和态度，扩充“仁”则是与人为善、成人之美的待人接物之道。个体安心于仁，在生活中相互扶持成就生命的交感，与志同道合者为友，在这种集体交往中享受自由选择的乐趣，并完成个体的责任。这种自由选择、共同订立规则、遵守规则的体验，有利于培养人的契约精神。在私人领域的契约精神发展的基础上，逐渐可以讨论主体与公共组织的契约精神。这种转变，是中国现代化进程中的基本问题，也是中国传统文化自我更新的重要生长点。

仁爱思想作为中国传统文化的基础，无论在抽象层面还是具体层面，都有重要的现实意义，需要我们在文化转型的过程中认真总结。从日常生活角度来说，它是人们行为的出发点，是规范的源头。在传统宗法社会，仁爱思想既有抽象意义上的爱，又有现实意义上的“亲亲—仁民—爱物”的推扩脉络，受制于人们的血缘基础和身份属性。这导致传统道德发挥作用的空间局限于私人领域。“以友辅仁”的思想作为“亲亲—仁民—爱物”思路的补充，可以使人们获得一种超越血缘、身份局限的主体体验，可以作为塑造独立人格、契约意识的切入点。以此为基础，使得契约观念等现代理念逐步从传统文化土壤中转化出来，或许是仁爱思想现代转化的一条路径。

（作者系华南理工大学哲学研究所副教授）

---

① 梁启超：《论私德》，李兴华、吴嘉勋编：《梁启超选集》，上海人民出版社，1984 年版，第 249 页。

大同、至公与礼乐天下

——对大同思想历史价值的另一种思考

◎左康华

如果将大同之世视为“一个民族快乐的乌托邦”，那么其中所蕴含的不容错辨的平等思想无疑是大同思想留给古代人民的最大财富与勇气。但考察《礼记·礼运》及其前后的相关典籍，似乎可以发现大同思想在历史上的另一种影响。以刘向为代表的儒者们对于“至公”的追求，反映了大同思想对礼乐生活的曲折而坚定的渗透与实现。对他们而言，“家天下”是令人遗憾但依然可以接受的社会现实，但放弃了大同之志的礼乐制度，只能成为安而不稳的、随时可能陷落的脆弱理想。在这个意义上，正确评价大同思想的历史价值，需要回归经典文本，廓清其在历史上的真实面貌。

一、作为“历史”资源的大同思想①

对于《礼记·礼运》的作者而言，“大同”指向的是具体的历史时段，是真切地发生在过去的社会现实。“昔者仲尼与于蜡宾，事毕，出游于观之上，喟然而叹。仲尼之叹，盖叹鲁也。言偃在侧曰：‘君子何叹？’孔子曰：‘大道之行也，与三代之英，丘未之逮也，而有志焉。’”经学家们如郑玄、孔颖达，都将“志”理解为“记述”“典籍”，郑玄注为：“志，谓识古文。”孔颖达疏：“言生于周衰，身不及见上代，不能备知。虽然，不见大道三代之事，而有志记之书

---

① 这里以引号标注“历史”，意指相对于《礼记》及下文提及的其他典籍的作者而言，大同是更为遥远的五帝时期遗留下来的历史智慧，以区别于相对于现代社会而言的历史。

焉，披览此书，尚可知于前代也。”[①] 联系后文的记载，“孔子曰：我欲观夏道，是故之杞，而不足征也；吾得《夏时》焉。我欲观殷道，是故之宋，而不足征也；吾得《坤乾》焉。《坤乾》之义，夏时之等，吾以是观之。”（《礼记·礼运》）可知，孔子称“有志焉”，更多的是解释他的有关大同及小康的文献由来；其后文中所描绘的图景，是发生在过去的社会现实，而非寄托了孔子政治理想的乌有之乡。

然而，《礼记》的成书时间与孔子生活的年代相去甚远，其中隐隐表露的对于礼乐制度的贬低，更是引发了学界关于大同是否为孔子乃至儒家原意的争议。温和如梁漱溟，只是质疑“《礼运》是否为孔子所作，本已可疑”[②]；激进如吴虞，则认为“儒教义主专制”[③]，孔子没有大同思想，因此不可能说出这样的话。更有学者质疑，大同思想不但不是孔子所创，甚至不是儒家所创；其发明权，应归于墨家或是道家[④]。

对于大同思想学派归属的争议，反映了研究者们对于儒家经典《礼记·礼运》中蕴含的复杂的思想资源的困惑。这种复杂性，表现为大同思想几乎同时体现了先秦儒、墨、道等学派的社会理想与政治理想；它似乎是人们对于共有的远古美好回忆的追思，又或者是对理想社会图景的共同向往。正是因为这种心理上的共通性与一致性，才使得大同思想在随后几千年的社会中，始终凝聚着中国人的理想追求与价值信念。

因此，大同及其所描述的“天下为公”的场景，在一定程度上成为诸子百家所共同认可的历史。这种历史在多大程度上为真，今天的学者无从考证，但大同思想的广泛接受使其成为被信仰的历史真实，而获得了毫无疑问的权威性。惟其如此，在儒家所致力建构的小康社会出现危机时，大同思想才能成为可资借鉴的历史资源。

有学者认为，《礼运》篇中小康之世是被作为相对于大同社会的一种退化形

---

① ［汉］郑玄注，［唐］孔颖达正义，吕友仁整理：《礼记正义》（中），上海古籍出版社，2008 年版，第 874、877－878 页。

② 中国文化书院学术委员会编：《梁漱溟全集》（第 4 卷），济南：山东人民出版社，1997 年版，第 776 页。

③ 吴虞：《儒家大同之义本于老子说》，《吴虞文录》，合肥：黄山书社，2008 年版，第 39 页。

④ 关于大同思想出自墨家说，见伍非百：《墨子大义述》，上海书店影印，1933 年版；关于大同思想出自道家说，见吴虞：《儒家大同之义本于老子说》，《吴虞文录》，合肥：黄山书社，2008 年版。

态论及的，表露的是一种历史退化论思想。[①] 事实上，在经学的框架内，大同与小康两种社会形态最大的差别在于天子之位传递方式的改变，这种改变因为有天命的前提而不必视作道德的退化。如《孟子·万章上》的记载，对于弟子“人有言：‘至于禹而德衰，不传于贤而传于子。’有诸?”的疑问，孟子回答：“不然也。天与贤，则与贤；天与子，则与子。”朱熹对此注解道：“或禅或继，皆天命也。圣人岂有私意于其间哉?”[②] 大同与小康同为儒家认可的理想社会的形态，从“天下为公”的大同以至“天下为家”的小康的变迁，所引出的结论并非社会的退化，而是礼乐制度的必要性与急迫性。也正因为如此，接下来弟子言偃的发问“如此乎礼之急也”才显得理所当然而不突兀，《礼运》篇的重心也顺理成章地转为阐述礼乐制度的起源、功用与运转[③]。

尽管如此，从“人不独亲其亲，不独子其子”到“各亲其亲，各子其子”[④]，道德的衰微毕竟是客观存在的现实。混沌蒙昧而无私的状态一旦被打破，道德的全面收缩也就不可避免了。儒者以“大”称“大同”、以“小”称“小康”，正是看到了小康之世安而不稳、随时有可能陷入社会混乱的弊端。换句话说，将礼乐制度视为维系社会秩序的唯一一道防线，就必然会伴随着“如临深渊，如履薄冰”的胆战心惊。在儒者看来，这并不是一种值得放心的社会状态。老子断言“夫礼者，忠信之薄而乱之首”，正是出自同样的忧虑。

如果将小康视为儒家“行之而成”的“道”，那么大同则更多的是时时纠正、引领着这一理想的“志”[⑤]。为实现礼乐秩序在生活中的稳固，儒者选择从大同思想中汲取有益的历史资源，以另一种方式实现大同理想在现实中的复归。

---

① 裴传永：《“礼运大同”三题》，《东岳论丛》，2000 年第 5 期。

② ［宋］朱熹集注，陈戍国标点：《四书集注》，长沙：岳麓书社，2004 年版，第 343 页。

③ 对于大同、小康之篇为何冠以“礼运”的篇名，孔颖达认为“子游所问唯论礼之运转之事，故以《礼运》为标目耳。”孙希旦则认为：“礼运者，言礼之运行也。盖自礼之本于天地者言之，四时五行，亭毒流播，秩然璨然，而礼制已自然运行两间矣。然必为人君者体信达顺，然后能则天道，治人情，而礼制达于天下，此又礼之待圣人而后运行者也。周衰礼坏，孔子感之而叹，因子游之问，而为极言礼之运行，圣人所恃以治天下国家者以告之。”这也可作为本文观点的反证。见孙希旦：《礼记集解》，北京：中华书局，1988 年版，第 581 页。

④ ［汉］郑玄注，［唐］孔颖达正义，吕友仁整理：《礼记正义》（中），上海古籍出版社，2008 年版，第 875 页。

⑤ 大同、小康以“志”“道”分别概括大同、小康，源自唐君毅的《中国哲学原论》。本文区别于唐君毅关于大同、小康的具体观点，但在这里借用他的表述以阐明二者之别。见唐君毅：《中国哲学原论》（原道篇下），北京：中国社会科学出版社，2008 年版，97－98 页。

二、作为社会意识的“至公”追求

如上文所言，家天下本身并不是祸患的开端，建立在家天下基础之上的小康社会依然是值得追求的理想蓝图。但是，公天下向家天下的转变所开启的私欲膨胀的倾向，是儒家所极为警惕的。在《礼记》及大同思想现世前后，另外一股追求“至公”的思潮开始兴起，并逐渐从“公有”泛化为“公正”“公平”等社会意识，曲折而坚定地规范着新的政治格局。

“以公制私”，是“至公”思想的第一层内涵。在《礼运》篇中，“天下为公”中“公”的概念更接近于我们今天所理解的“公有”之意，与其相对应的则是“天下为家”。郑玄注曰：“公，犹共也。禅位授圣，不家之。”[①]《吕氏春秋》中提出“天下非一人之天下也，天下之天下也”（《吕氏春秋·贵公》），也是此意。但在家天下的背景下，“公有”之意已成为既陈之刍狗，以刘向为代表的秦汉之际的儒者，转而强调与“私”相对应的“公”，此时的“天下为公”意味着即便天下已归一家一姓所有，自人君以至人臣，依然有“公”的职责需要坚守。以《说苑》记载的一则故事为例：

> 诸侯之义死社稷，大王委国而去，何也？夫圣人不欲强暴侵陵百姓，故使诸侯死国守其民。大王有至仁之恩，不忍战百姓，故事勋育戎氏以犬马珍币，而伐不止。问其所欲者，土地也。于是属其群臣耆老，而告之曰：“土地者，所以养人也，不以所以养而害其慈也，吾将去之。”遂居岐山之下。邠人负幼扶老从之，如归父母。三迁而民五倍其初者，皆兴仁义趣上之事。君子守国安民，非特斗兵罢杀士众而已。不私其身惟民，足用保民，盖所以去国之义也，是谓至公耳。（《说苑·至公》）

“诸侯之义死社稷”本是大义所在，太王弃国而去，这种违背礼法的行为却获得了刘向“是谓至公”的赞许，正是因为太王的做法是不以社稷为私人所有，而以百姓为重。《新序·善谋》篇中记录了汉武帝时大行王恢与御史大夫韩安国的一次争议，韩安国反对武帝出兵平定匈奴，理由就是“圣人以天下为度者也，

---

① ［汉］郑玄注，［唐］孔颖达正义，吕友仁整理：《礼记正义》（中），上海古籍出版社，2008年版，第875页。

不以己之私怒，伤天下之公义”，荀悦在《申鉴》中要求人主“有公赋，无私求；有公用，无私费；有公役，无私使；有公赐，无私惠；有公怒，无私怨”，可以看出在当时的社会风气下，“不以国私身”“不以私害公”是被广泛期待的君主操守。对比后世黄宗羲所批评的“屠毒天下之肝脑，离散天下之子女，以博我一人之产业”（《明夷待访录·原君》）之社会现实，“至公”的要求无疑闪烁着进步的光辉。

“不以私害公”同样是臣子职责之所在。以《说苑·至公》篇的另一则记载为例：

> 晋文公问于咎犯曰：“谁可使为西河守者?”咎犯对曰：“虞子羔可也。”公曰：“非汝之雠也?”对曰：“君问可为守者，非问臣之雠也。”羔见咎犯而谢之曰：“幸赦臣之过，荐之于君，得为西河守。”咎犯曰：“荐子者公也，怨子者私也，吾不以私事害公事，子其去矣，顾吾射子也!”（《说苑·至公》）

在《至公》篇的开始，刘向提出“人臣之公”的判定标准为“治官事则不营私家，在公门则不言货利，当公法则不阿亲戚，奉公举贤则不避仇雠”，认为臣子需要做到忠于职守、不党不私，“忠于事君，仁于利下”（《说苑·至公》）。中咎犯不避仇雠，出于公心而向君主推举了仇人虞子羔，事后又不肯因公事而忘私仇，对“公事”与“私事”的划分清晰至此，被刘向目为人臣之典范。在刘向这里，“公”被细分为“人君之至公”与“人臣之公”，认为即便天下已归一家一姓所有，自人君以至人臣，依然有“公”的职责需要坚守。

公私分明的意识，要求君主以无私之心对待臣民、官员以无私之心勤勉于公事，共同以国家天下、社会公众为考虑问题的出发点，这也就使至公思想在一定程度上具有了公正公平之意。

对君主而言，“公正”意味着不以亲疏、贵贱、好恶、恩怨对待臣民，而要平等对待，一视同仁。东汉学者王符在《潜夫论》中提出：“皇天无亲，帝王继体之君，父事天。王者为子，故父事天也。率土之民，莫非王臣也。将而必诛，王法公也。无偏无颇，亲疏同也。大义灭亲，尊王之义也。”（《潜夫论·释难》）劝告君主应不分亲疏，公正对待子民。《说苑·至公》篇载楚国令尹子文的族人犯了法，廷理不予治罪，子文坚持以公法处置，被其国百姓作歌称颂曰：“子文之族，犯国法程，廷理释之，子文不听，恤顾怨萌，方正公平。”（《说苑·至公》）

对臣子而言，“公正”意味着克己奉公，对上忠君、对下爱民。司马迁在《史记》中评价郅都“为人勇，有气力，公廉不发私书，问遗无所受请”（《史记·酷吏列传》），《汉书》载汉成帝时尚书令孔光推荐成公敞接替尚书令一职，认为成公敞“公正勤职，通敏于事”（《汉书·孔光传》），范晔在《后汉书》中称许伏湛“公廉爱下，好恶分明”（《后汉书·伏侯宋蔡冯赵牟韦列传第十六》）。这些记载都可看出，其时“公廉”“公清”等被视为臣子所应具有的秉性，并逐渐得到广泛使用；而从观念史的角度看，这些接近于“公正”思想内涵的词语或概念的出现，反映出“至公”思想已经泛化为一种较为普遍的社会意识。

至此，“天下为公”的历史资源被扩充与调整为与家天下相适应的新的道德规范，稳固着新的社会秩序；以刘向为代表的儒者在一定程度上实现了大同思想对现实社会的影响与规整。

三、大同思想历史价值的双线考量

礼起源于实践。从典籍记载的宗周礼乐制度以及历代出土的文物来看，礼萌生于先殷，至夏、殷而稍具规模①。周代继承前代文明积累，又经周公制礼作乐②，文物制度已灿然可观。有学者认为周礼是从氏族习惯演化出来，是一种具有伦理宗教意义与功能的礼仪文化体系，其所造就的行为的退让与作事的恭敬使人文性得到了很大程度的保存。③ 正如《礼记·曲礼》所言：“道德仁义，非礼不成；教训正俗，非礼不备；分争辨讼，非礼不决；君臣上下父子兄弟，非礼不定；宦学事师，非礼不亲；班朝治军，莅官行法，非礼威严不行；祷祠祭祀，供给鬼神，非礼不诚不庄。”（《礼记·曲礼上》）在人类早期蒙昧纯朴的状态被打

---

① 陈戍国通过对先秦史料的研究，参考现代考古成果，认为多种礼萌生于有虞时期，到夏代，礼的门类多已具备而初具规模；殷礼已代表了相当高度的文明，五礼齐备而仪节渐趋繁缛。见氏著《中国礼制史》（先秦卷），长沙：湖南教育出版社，2011 年版，第 69－176 页。

② 有关周公“制礼作乐”的传说，最早见于《左传·文公十八年》所载季文子之言，更广为人知的出处则是《礼记·明堂位》：“周公……朝诸侯于明堂，制礼作乐，颁度量，而天下大服。”在经古文学者口中，《周礼》更是周公所建官政之法。近代以来，疑古之风盛行，周公制礼作乐的传说乃至三礼的可靠性受到极大质疑，甚至被认为全部出自汉儒的伪造，影响甚大。建国来，陆续有学者对这一观点做出修正，认为三礼中某些篇章可以与先秦古籍互证，若以三礼为全伪，则中国将无信史可言。有持中之论认为，今存三礼，虽然羼杂了不少战国时代的礼制，又经过汉朝人的篡改，但大体为先秦礼书；周公不一定是三礼的作者，但礼的设计及实施肯定是周初统治者所为，而主要是周公。

③ 陈来：《古代宗教与伦理——儒家思想的根源》，北京：三联书店，1996 年版，第 267－268 页。

破、德治难以为继的情况下，能够维持秩序、教化人心的礼治就成为差强人意的选择。从礼治原则的确立，到礼乐制度的设计，再到礼教的建构，儒者们逐步推动着礼乐天下的理想在思想上、制度上以及日常生活中的逐步实现。

然而，以实现“贵贱有等，长幼有差，贫富轻重皆有称者也”（《荀子·礼论》）为最本质目标的礼乐制度，毕竟还是伤害到了儒者所珍视的道德本身。从“君使臣以礼，臣事君以忠”到“君为臣纲”，从“父父子子”到“父为子纲”，从“夫妇以义合”（《新语·本行》）到“夫为妻纲”，这些使儒家思想散发着人性光辉的价值信念逐步屈服于秩序的考量，以至于今天的人们几乎辨认不出这“吃人的礼教”是数千年前那个听闻马厩被烧时问“伤人乎”而不问马的夫子所创。

理解了以上背景，才能真正认识大同、至公思想在中国历史上所发挥的作用。作为远古社会遗留给中央集权社会的历史资源，大同思想中所蕴含的平等、公正等价值观弥补着礼乐制度对于人性的戕害，并反过来维护着礼乐秩序在生活中的稳固。

另一方面，《礼记·礼运》篇中所描述的大同之世本身，也成为苦难深重的底层人民反抗现实的仅有的思想武器。多有学者认为，大同思想所展示的是与当时黑暗的社会现实绝然相反的理想蓝图，对于处于封建社会最下层的劳动人民产生了巨大的吸引力，因而多次为农民起义队伍的纲领口号提供了借鉴。[①] 近代史上，“先进的中国人”在向西方寻求真理的同时，也不约而同从大同思想中汲取资源，从康有为的《大同书》到孙中山的大同主义，莫不如此。如果将至公思想视为大同思想作用于现实社会的隐线，那么《礼记·礼运》篇所保留的对上古社会的摹写，无疑是其作用于现实社会的更为直观的一条明线。

我们并不认为大同之世是一种乌托邦，因为大同思想最可贵的理想信念从未远离，它真切地影响着古代社会，并成为传统文化留给我们的历久弥新、超越时代的思想资源。

（作者系广州大学马克思主义学院讲师）

---

① 孟祥才：《重评中国历史上的“大同”理想》，《山东大学学报》（哲学社会科学版），1996 年第 1 期。

因袭·撷取·创新

——孙中山传承与创新民族文化之贡献与启迪

◎黄明同

民族文化，是民族之根、民族之魂，是民族发展的支柱与动力。人类文化不断发展，民族文化也不断发展，其发展既有继承也有创新。中华民族正处在伟大复兴，以及现代化建设不断推进的历史阶段，民族文化如何传承与创新，至为重要。当辛亥革命终结封建帝制，中国历史翻开新的一页之时，孙中山以其“兼收众长，益以新创”的新文化观，及其创立的兼容与创新的三民主义学说，为民族文化在新历史阶段的传承与创新进行了探索，作出了杰出的贡献，为后人留下可贵的启示。

一、“兼收众长，益以新创”之主张

孙中山高度重视文化在民族振兴与社会建设中的重要作用，提出“兼收众长，益以新创”的文化主张，明确回应了中华文化在新的历史阶段中，如何传承与创新，以实现民族文化发展的问题。

孙中山生活的时代，国门已被打开，西学东渐。他看到欧美文化东渐，西方文化已潮水般涌入，中国已处在汉唐印度佛教传入之后的第二次大开放。面对这种文化被迫开放，有人拍案而起，为西学呐喊助威；有人遮遮掩掩，给西学披上中国古装；有人则视西学如洪水猛兽，罪之曰“离经叛道”，故发生了旷日持久的文化论争。孙中山拨开论争的云雾，响亮地提出：“内审中国之情势，外察世界之潮流，兼收众长，益以新创。”① 希冀既从中国的国情出发，又顺应世界潮

---

① 孙中山：《孙中山全集》第7卷，北京：中华书局，1985年版，第1页。

流，既兼收古今中外的文化养分，又进行文化创新。

“兼收众长，益以创新”的文化主张，一方面是对文明论争的回应；另一方面是揭示文化开放创新的重要性，为新文化建设指明方向。他认定，中国文化必须开放创新，而且指出只有文化开放创新，才可能使近代落后的中国重新振兴。

孙中山认为，文化的发展标志着人类的文明和进步。他把“文化”与“文明”作同义词，文化是一个国家或民族所创造的“物质”与“精神”的成果。他认为自古便有“哲学的文化、宗教的文化、伦理的文化和工业的文化”①。孙中山确认，文化的进步与落后同国家的强盛与衰落几乎同步：有四千年文明史的中国，曾是“文物之邦”，“文化上是最先进的国家”，而且又“是很富强的”，“堂堂大国”②，被奉为“上邦”，列国“年年进贡，岁岁来朝”③，并派员前来学习，盛唐时京城西安同时在学的留学生多达3万余人。然而，近几百年来，中国文化落后了，而原来较落后的欧洲文化却进步很快，“物质文明很发达”④，欧洲各国“才渐渐强盛起来”⑤，他们“专用这种武力的文化来压迫我们亚洲”⑥，中国就是在西方洋枪大炮的淫威下，沦为比殖民地更不如的“次殖民地”。因而，中国近代革命起因于对先进文化的追求，而革命之成功又有赖于新思想、新文化的形成。

正因为“欧美近来的文化比中国进步，我们羡慕他们的新文明，才主张革命”⑦，而要革命必须文化开放。孙中山主张“必须使我们的国家对欧洲文明采取开放态度”⑧，冀求通过中西文化的“比较”“选择”，而使我古老而又“停滞不前”的中华民族文化，重获生机⑨。具体也就是“取欧美之民主以为模范，同时仍取数千年前旧有文化而融贯之”⑩，在中西文化的融会中，给中国文化融入新的时代精神——西方的民主主义思想。他坦然说：“我素重西学，深染洋习，

---

① 孙中山：《孙中山全集》第11卷，北京：中华书局，1986年版，第401页

② 孙中山：《孙中山全集》第9卷，北京：中华书局，1986年版，第215、344页。

③ 同上，第209页。

④ 同上，第230页。

⑤ 同①，第401页。

⑥ 同①，第405页。

⑦ 同②，第345页。

⑧ 孙中山：《孙中山全集》第1卷，北京：中华书局，1981年版，第86页。

⑨ 同上，第86页。

⑩ 同上，第560页。

欲将中国格外振兴。"[①] 他以大半辈子时光，上下求索，不辞辛苦，在西方资产阶级武装中寻觅那能使"中国格外振兴"的思想武器。1911 年武昌起义后的风风雨雨，无数的挫折与折磨，更加深了孙中山对文化开放改革旧思想同革命成功关系的认识。他清楚地看到，暴力推翻了封建帝制，却无法清除人们头脑中的帝王观念，推倒了一个满清大皇帝，却接二连三地冒出一个个小皇帝。从中央的袁世凯到地方的陈炯明，多少人想当官、做皇帝。他愈来愈认识到"吾党欲收革命之成功，必有赖于思想之变化"[②]，只有以"欧美之民主"思想取代封建的"帝王思想"，方可实现由"帝制"向"共和制"的革命转变。所以，孙中山由衷地称赞用西方的"科学"与"民主"思想荡涤封建污垢的新文化运动，肯定"此种新文化运动，实为最有价值之事"[③]。他甚至大声疾呼："激扬新文化之波浪，灌输新思想之萌蘖，树立新事业之基础，描绘新计划之雏形。"[④]

孙中山不仅认为革命成功有赖于思想文化的变更，而且认定国家的强盛，更有待于文化开放而达到文化的发扬。他悟到，"大凡一个国家能够强盛的原故，起初的时候都是由于武力发展，继之以种种文化的发扬，便能成功"[⑤]。就是说，武力破坏之后，便是文化建设，包括心理建设、物质建设和社会建设，这种种文化的建设和发扬，才使国家强盛。所以，他呕心沥血去勾画中国建设的宏伟蓝图之时，仍不忘文化开放的主张，他提出："发扬吾固有之文化，且吸收世界之文化而光大，以期与诸民族并驱于世界，以驯致于大同。"[⑥] 显而易见，孙中山提出新文化观，旨在振兴中华，即通过"学习外国之所长"，"迎头赶上去"，"后来居上"，"跟上世界潮流"。文化开放，不仅为了民族平等、政治平等，而且为了建设世界上最新、最进步的国家，使中国尽快进入强国之列，以至"驾乎欧美之上"[⑦]。

孙中山的文化主张，蕴含"兼收众长"与"益以创新"辩证的两个方面。他认定，民族文化的发挥，既要"兼收众长"，以兼容各种文化为构建新文化的

① 孙中山：《孙中山全集》第 1 卷，北京：中华书局，1981 年版，第 28 页。
② 孙中山：《孙中山全集》第 5 卷，北京：中华书局，1985 年版，第 210 页。
③ 同上。
④ 同上。
⑤ 孙中山：《孙中山全集》第 9 卷，北京：中华书局，1986 年版，第 242 页。
⑥ 孙中山：《孙中山全集》第 7 卷，北京：中华书局，1985 年版，第 60 页。
⑦ 同⑤，第 345 页。

基础和途径；又要“益以创新”，以创新为构建新文化的宗旨。

所谓“兼收众长”，是要融贯古今中外一切于我有用之文化，为振兴中华之大业服务。“将取欧美之民主以为模范，同时仍取数千年前旧有文化而融贯之。”① 这便是主张，伸开臂膀去欢迎一切合乎国情，而又顺乎世界潮流的种种文化。人类的知识，不论是古的还是今的，不论是中的还是外的，只要对中国的发展、对民族的振兴能有积极的帮助，都要兼而收之。他又明确提出，在“兼收众长”中，必须正确处理古今中外关系，防止两个方面的偏向：在古今关系上，珍惜“国粹”，却又认为不可被古人牵着走，而要古为今用，应是“能用古人而不为古人所惑”，“能役古人而不为古人所奴”，使古籍史料皆“为我调查”，“使古人为我书记”②，力图纠正“华夏中心主义”论者的偏见。在中外关系上，既要“恢复我一切国粹”，又要“去学欧美之所长”③。他主张“要学外国”，“要迎头赶上去”④，“对欧洲文化采取开放态度”，但“不是说，我们要全盘搬过来”⑤，力图纠正西学东渐以来产生的“欧洲中心”论者的偏见。

孙中山强调，“兼收众长”以本民族文化为基础。孙中山主张文化的“兼收”与“融贯”，晚年又提出“复我国粹”，进一步揭示融贯外来文化必须以恢复和弘扬民族文化为前提和基础。于是合理地回应了民族文化发展中所遇到的文化个性与共性、时代性与民族性的问题，清晰表示在中西文化的碰撞与交汇中，民族文化不可抛弃。他指出：“有了固有的道德，然后固有的民族地位才可以图恢复。”⑥ 又说：“但是恢复了我们固有的道德、知识和能力，在今日之世，仍未能进中国于世界一等的地位，如我们祖宗之当时为世界之独强的。恢复我一切国粹之后，还要去学欧美之所长，然后才可以和欧美并驾齐驱。”⑦ 孙中山明确以民族文化为基础，在他看来只有有了这个基础，才可以解决文化开放必然碰到又亟待解决的关键——中外文化关系问题。

孙中山明确提出，“兼收众长”是为了“益以新创”。对各种文化的兼收，

---

① 孙中山：《孙中山全集》第1卷，北京：中华书局，1981年版，第560页。
② 孙中山：《孙中山全集》第6卷，北京：中华书局，1985年版，第180页。
③ 孙中山：《孙中山全集》第9卷，北京：中华书局，1986年版，第251页。
④ 同上，第252页。
⑤ 同①，第86页。
⑥ 同③，第243页。
⑦ 同③，第251页。

便是通过文化比较，摘一切文化之长，兼而收之。“兼收”绝不是“拼盘”，不是简单的“1+1”。“兼收”和“贯通”是对各种文化的“比较”和“选择”之后，进行汲取、消化。学诸家之长，最后达到“益以新创”，走自己的路的目的。孙中山明确提出，学古人必须超乎古人，学西方是要“驾于欧美以上”，终究要“作成一中西合璧之中国”①。其具体途径是：比较—选择—兼收、融贯—创新。这一过程，无疑合乎人类文化发展的规律。纵观人类文化史，不难发现，任何民族文化，虽有自身特殊形态及发展道路，但总离不开整个人类文化的大氛围，它难免要同外来文化相碰撞、相渗透。往往是由碰撞而渗透，由渗透而融汇，由融汇而创新和发展。因为，人类文化作为一个总体文化，是由无数的具体的特殊的民族的、国家的或地域的文化组合而成，而相对独立的民族、国家或地域的文化，它的存在，只能是在整个人类文化系统之网上存在。它与其他民族、国家或地区的文化，总是相互渗透、制约而发展。特别是在西方工业革命之后，由于交通的发达，传递能力的增强，世界市场的开拓，中世纪的封锁和禁锢，被民族、国家间的频繁交往所打破。一切的生产和消费都具有世界性，民族和国家的物质与精神文化，也成为世界性的公共财富。因而，各种不同形态的文化，彼此相互碰撞、相互渗透、相互融贯的现象更加普遍。

孙中山深刻认识到，民族文化，在开放中兼收、融贯、创新，这是文化发展的历史必然。1924 年，孙中山有提出：“就应该用我们固有的文化作基础。要讲道德、说仁义，仁义道德就是我们大亚洲主义的好基础。我们有了这种好基础，另外我们还要学欧洲的科学，振兴工业，改良武器。”② 应该看到孙中山晚年，重视民族文化，以之作为兼收众长的基础，但同时注重向外国学习，使中华文化在中西各种文化的交融中，传承与发展。

文化现象，同宇宙间任何现象一样，都有着自身的特殊状态，文化的共性总是通过个性表现。文化的发展，也如同其他事物一样，既须向外摄取新养分，又必是自身推陈出新，在自身的特殊形式和特殊道路中发展，也就是一方面不断“认同”外来文化，另一方面则要不断“寻根”“穷本极源”，按民族发展的需要，对固有文化和外来文化同时进行“创造性的选择、理解、诠释”，由此而达

① 孙中山：《孙中山全集》第 4 卷，北京：中华书局，1985 年版，第 332 页。
② 孙中山：《孙中山全集》第 11 卷，北京：中华书局，1986 年版，第 407 页。

到文化发展。

尽管孙中山未能从理论上阐述文化发展中共性和个性的关系，但他已用明确的主张和具体的行动来处理文化发展的共性和个性关系。他一生对中外文化进行了大量的“创造性的选择、理解、诠释”工作，并以其博大包容、独到创新的思想学说丰富中华民族的文化宝库。他既有全球意识，又有寻根意识。他既意识到在世界市场形成之后，人类文化更具有趋同性、同一性、世界性，由此而主张文化开放；又意识到任何文化都具有个性、差异性、民族性，由此而强调文化开放必须以民族文化为基础，力图正确处理文化的世界性与民族化的关系，即处理文化的共性与个性关系，以寻求中华文化健康发展的合理途径。其“兼收众长，益以创新”的文化发展观，合理地回应了在社会转型期，中国文化向何处去的时代问题，留下了宝贵的文化理念，对当今社会的新文化建设仍具有启迪意义。

二、三民主义之创立及其贡献

孙中山不仅提出了新的文化主张，而且创立了兼容中西的“三民主义”学说，实践了既兼容又创新的文化理念，展示其文化发展观的真理性。在中华文化发展史上，孙中山作出了重大贡献。

三民主义，是孙中山践履“兼收众长，益以新创”文化发展观的典范。三民主义既是对中国“固有”的传统优秀思想文化的承传，又是对西方学说和现实社会生活的吸取，还有他本人的创新和发展。孙中山曾自诩：“余之谋中国革命，其所持主义，有因袭吾国固有之思想者，有规抚欧洲之学说事迹者，有吾所独见而创获者。”①

三民主义，是“兼收众长”的产物。其兼收的内容：中国方面，“因袭吾国固有之思想”，具体有儒家的“均衡”“中庸”“大同”“民本”“仁民物胞”“天下为公”，道家的辩证思维、“老子之术”，墨家的“兼爱”，传统心学的“心为万事之本”，兵家的“攻心为上，攻城为下”，佛家的“普度众生”等思想；在外国方面，“规抚欧洲之学说事迹”，有西方的理、工、农、医等自然科学、民主思想、经济思想和哲学思想，不论是英美的间接民权，还是瑞士的直接民权；

① 孙中山：《孙中山全集》第7卷，北京：中华书局，1985年版，第60页。

不论是大卫·李嘉图、亚当·斯密的古典经济学，还是欧文、傅立叶的空想社会主义；不论是乔治·亨利、泰勒的平均地权，还是马克思的“资本公有”；不论是俾斯麦的国家社会主义，还是俄国列宁的“人民独裁”“新经济政策”；不论是达尔文的进化论，还是克鲁泡特金的互助论，以及近代西方的哲学、心理学、现代系统理论；等等。其兼收的内容涉猎面极广，取材极宽，皆为前所未有。

孙中山将其学说同林肯的主义作比较：就是美国前总统林肯的主义，也有与兄弟的三民主义符合的地方，“其原文为 The government of the people, by the people, for the people”，他把林肯的“民有”“民治”“民享”，变成了“民族”“民权”“民生”三个主义。[①] 有学者明确提出，“三民主义是一个开放的体系，它具备了与外界交换信息而保持生命力的进步机制”，“三民主义能够在特定的范围内根据国家和人民的需要，随着环境的变化进行自我调节”[②]。这是说，三民主义兼容了各种学说，而后创新，体现出文化创新精神。

三民主义对东西方文化的兼容，具体从如下方面看：

民族主义：孙中山早期的“恢复中华”，是对儒家“夷夏之辩”的继承；民国初年的“五族共和”，则是对儒家的“天下一统”的继承；晚年的“大亚洲主义”，则是对儒家的天下大同的继承。诚然，在孙中山的民族主义思想中，人们不仅看到儒学的承传，还看到西方现代民族主义思想的影响，那便是近代西方以独立、平等为核心理念的民族观。孙中山由于引进了近代西方的“民族主义”概念，及其先进思想，从而消除了儒家“夷夏之辩”中狭隘民族主义倾向。

民权主义：核心理念与制度构架，主要来源于西方，但其中“民为邦本”思想，以及考试制度、监察制度，则是因袭了儒家思想，以及在儒家思想影响下的“大一统”的行政设置。从其民权主义的产生与发展中，特别是其“主权在民”、革命程序论中的“贤者治国”论，则是因袭儒家的“选贤与能”与墨家的“尚贤”，使之更呈现对中华文化的继承，他正是在吸取西方文化中，进行了创新，而推进中华文化。

民生主义凸显了孙中山对儒学的继承：以“均富”为民生主义的基本内涵，承传儒家的均富理念；“平均地权”与“节制资本”为解决社会不公的途径，是

---

① 孙中山：《孙中山全集》第5卷，北京：中华书局，1985年版，第475页。

② 冯崇义：《五四运动与三民主义》，《孙中山研究论丛》第四辑，中山大学学报编辑部1986年，第192页。

对西方社会主义“资本公有”与“土地单一税”的借鉴，同时也是对儒家孟子的“制民之产”，为民众提供必要的生活资料的“仁政”思路的继承，为古代中华民族的经济思想赋予了现代气息。

晚年孙中山，在国共合作中，又极力吸取苏俄和共产党人的新思想，而将他的三民主义进行补充和作新的诠释。在其革命学说中添加了新的思想内容，如民族主义方面，孙中山明确提出：“国民党之民族主义，有两方面之意义：一则中国民族自求解放；二则中国境内各民族一律平等。”① 孙中山把“民族自求解放”，即反帝的内容加进其民族主义，明确说“民族主义实为健全之反帝国主义”②；民权主义方面，孙中山更明确提出，其民权主义区别于西方的民族主义，认为“近世各国所谓民权制度，往往为资产阶级所专有，适成为压迫平民之工具”，“国民党之民权主义，则为一般平民所共有，非少数者所得而私也”③；民生主义方面，孙中山继续阐明其“节制资本”与“平均地权”的“原则”，但更强调要让“农民得享人生应有之乐”，以及“改良工人之生活”④。晚年孙中山的三民主义，突出了“反帝”，以及对工农群众的关注，他强调：“盖国民党现正从事于反抗帝国主义与军阀，反抗不利于农夫、工人之特权阶级，以谋农夫、工人之解放。质言之，即为农夫、工人而奋斗，亦即农夫、工人为自身而奋斗。”⑤ 兼容于创新，孙中山的主义更明确了革命的目标，更明确了革命的动力，要依靠工农，更完善而更能顺应历史潮流。

孙中山创立三民主义学说，其在中华文化发展进程中的贡献，具体是：三民主义终结了以儒家思想为核心价值的古代文化体系，而诞生了富于现代理念与时代精神的、中西合璧的、具有民族特色的新的文化体系，竖起了中华文化现代转型的界碑；三民主义成为一个时代的核心价值理念，直接地、持久地影响着中华儿女，在相当的历史阶段里，成为民族振兴的精神动力与理论导向。孙中山创立三民主义，推进了中华文化，创新了中华文化，谱写了中华文化华章，其贡献永载史册。

---

① 孙中山：《孙中山全集》第9卷，北京：中华书局，1986年版，第118页。
② 同上，第119页。
③ 同上，第120页。
④ 同上，第121页。
⑤ 同上，第121页。

文化，作为人类物质生活与精神生活中所创造的一切的总和，它既是积淀下来的存在，又是在不断创造的“流变的过程”。有学者说：“文化者，人类心能所开积出来的共业也。”① 有学者说：“文化总是既作为人类在人本身的自然及外部自然的基础上、在社会活动中创造并保存的内容之总和而存在，又总是作为一种活生生的创造活动而演化。”② 中华文化与其他的民族文化一样，生生不息，源远流长，继往开来。有着数千年文明史的中国，其古代文化，无疑是无比的灿烂辉煌，然而当这文明古国面临走出中世纪的社会转型时，中华儿女责无旁贷地担负起创造新文化的职责。孙中山义无反顾地参与了推进中华文化的行列，有学者称：“以儒学为核心的中华文化，面临历史转折的关口。近代志士仁人对中华文化的转型所作的努力，都无力使中华文化更新，难以形成理论体系。只有孙中山三民主义，才是中华文化近代转型第一个完整的理论体系。孙中山是中华文化近代转型的第一推手。”③

孙中山在中华文化的传承与创新中的贡献，具有划时代意义。它集中体现了近代中国知识分子整合中西、创新发展的“超越式”路向，揭示了处理中西文化关系以建设新文化的正确方向。孙中山撷取西方现代技术、制度、思想，而同中国传统优秀文化相融合，由是创立的三民主义理论体系，第一次将前人的、外来的文化进行融合的时代关注，从理想拉到现实。

三、因袭·撷取·创新之启示

孙中山提出“兼收众长，益以新创”的文化主张，以及创立三民主义的践履，为中华儿女留下了珍贵的启迪，也激励着他们为民族文化的当代发展而努力奉献。

文化，是永无止境的创造，那么文化创新便是人类生存的需要，也是人类历史发展的必然。孙中山在推进中华文化之时，也便是创新了中华文化，实现了中华文化从传统向现代的转换。孙中山的文化创新，集中体现在他在“因袭”传

---

① 梁启超：《什么是文化?》，《晨报副镌》，1922 年 12 月 1 日。

② 张岱年，程宜山：《中国文化论争》，北京：中国人民大学出版社，2006 年版，第 1 – 2 页。

③ 沈渭滨：《孙中山推进中华文化近代转型的第一推手》，《孙中山与宋庆龄文献与研究》2011 年第 1 期，上海书店出版社，2011 年版，第 1 页。

统文化的同时，“规抚”了西方的思想学说和事迹，改造了中国固有文化不适应历史发展的内容，并赋予其新的时代精神，使之能顺应世界潮流。

中国古代，迄至汉代中期“独尊儒术”以来，儒家成为主流文化。儒家主张德治，有其合理性，曾对社会稳定和历史发展起着积极的推进作用，然而随着时间的推移，其历史的合理性渐渐消失，其社会功能也渐渐走向反面。孙中山正是辩证地审视了传统的儒家思想，吸取其可以超越时空的、具有普世意义的真理成分——“好的”，而扬弃其具有封建色彩的、过时的糟粕——“不好的”，借鉴西方的思想来对传统儒家进行新的诠释，从而实现民族文化的创新。

新与旧、传统与现代，不存在绝对的界限。当代解释学大师伽达默尔在《真理与方法》一书中说：“传统并不只是我们继承得来的一宗现成之物，而是我们自己把它生产出来的，因为我们理解着传统的进展并且参与在传统的进展之中，从而也靠我们自己进一步规定了传统。”马克思也曾说：“新思潮的优点就恰恰在于我们不想教条式地预料未来，而只是希望在批判旧世界中发现新世界。”① 新与旧交替，传统在延续着。任何一个民族要实现长久发展，都必须处理好传统与现代、民族文化与外来文化，以及理论与实践的关系。孙中山正是在正确对待传统中，实现文化创新。如道德方面，孙中山不像“全盘西化”论者那样一概否定传统道德，恰恰相反，他反复强调要通过恢复中国的好道德，来振兴民族精神，实现民族复兴。值得注意的是，孙中山也不像“东方文化中心”论者那样，死抱着传统的三纲五常，而是对传统道德赋予了新的内容，他说民国成立了，君没有了，那么“忠”，不再是“忠君”，而是“忠于国家”“忠于人民”；“信”，在新的时代里，便如西方那样讲“契约”。此外，如前所论孙中山的三民主义的方方面面，都在“因袭”传统的同时“规抚”西方，创新出既有民族性又有时代精神的文化学说。

在孙中山的文化创新中，人们会意识到，儒学代表中华民族的历史，关乎中国文化的未来。发掘儒学的现代价值，是建设中国特色社会主义新文化的重要内容，也是所有中国人崇高的历史责任。从某种意义上说，近代以来一百多年的历史，就是儒学地位从中心向边缘滑落的历史，也是儒学思想从几千年政治意志形

---

① ［德］马克思：《摘自〈德法年谱〉的书信》，《马克思恩格斯全集》第1卷，北京：人民出版社，1956年版，第416页。

态的枷锁中逃出，并在现代社会的背景下不断恢复其价值真义的历史。在古代，儒家是以制度化的形态出现的，它与科举制结合，成为封建社会占统治地位的意识形态，成为封建统治机构的组成部分。到了近代，失去了王权政治制度和组织结构的归依，儒学恰恰有了真正“回归本身”，实现自我蜕变、自我整合。

孙中山对中华文化的传承与创新，对后人的启示，集中到一点便是如何正确处理中外文化关系。如前所述，孙中山处于中西文化强烈碰击的时代，中国文化正面临着“向何处去”的关键时刻，他明确提出“兼收众长，日益创新”的开放文化观，大胆地“因袭”中国传统的、“窥抚”西方文化的同时，有“独见”和“创获”，实现文化的创新。其中西文化相融汇的硕果——三民主义，便是近代中国进行中西文化交融的探索，是把外来文化融进本土文化的大胆尝试。

孙中山的传承与创新的理论与实践，揭示了处理本土文化与外来文化关系，是民族文化发展的关键。事实也已经证明，各民族的文化其发展都会得益于外来文化，由于外来的、异质文化与本土文化的碰撞、交融而促使本土文化的发展。诚然，值得人们注意的是，外来文化只有根植于本土文化，才可能生根、开花和结果。古代的慧能，把印度的禅宗与中国的儒家思想结合，创立了禅宗南派，而实现了佛教的中国化与世俗化，并为宋明理学特别是明代心学的创立，提供了丰富的思想资源。历史的经验一次次告诉人们，本土文化的发展，离不开外来文化的养分，但外来文化只有根植于本土文化，才可能具有在异国他乡的生存能力。异质文化碰撞—交融—结合—创新民族文化，这就是民族文化发展的规律。“华夏中心主义”论者与“全盘西化”论者，都有意或无意地在不同程度上，忽略或无视民族文化发展的客观规律。他们或是将外来文化拒之门外，使中华文化无法或难以吸取新的养分而有所发展，或是全盘否定民族的本土文化存在和延续的必要，欲将本土的民族文化连根拔起，让外来文化取而代之。孙中山正是纠正了这两种偏向，遵从了文化发展的规律。

文化的建设与发展，中华文化的发展，在今天在一定程度上仍受着如何处理中外文化关系的困惑。在当今，马克思主义如何中国化，儒学如何传承，都必须解决本土文化与外来文化的关系问题。马克思主义是俄国十月革命一声炮响送来的外来文化，它的“中国化”问题，从一开始就存在，并愈来愈受到关注。抗战时期毛泽东的《矛盾论》与《实践论》，成功地把马克思主义哲学中国化，由此而为中国共产党提供了科学的理论武器，毛泽东的经验值得今人学习。马克思主义中国化，便是使之与中国文化相结合、相融汇，使之在中国特定的土壤上生根开花。遗憾的是，一些参与“中国化”的学者，他们缺乏中国民族文化的素养，甚至鄙视中国传统文化，无视民族文化对外来文化的主干意义，这种状况如不改变，“中国化”将如何化得了？“中国化”也必将成为空谈。

与此同时，另一种倾向则认为，只有回到中国的儒家，实现“儒学复兴”才可能解决当今的中国问题。“儒学复兴”的呼声，早在20世纪80年代已十分强烈。其实，传统儒学在当今，只能创造性地“传承”，而不可能是完完全全的“复兴”。文化，是一个动态的而非一成不变的概念；文化，从来是时代精神的体现。民族文化从内涵到表现形式，也日新又新，在保留民族性的同时须不断地增添新的时代内容。从孔子创立的原始儒家，到汉代董仲舒融汇先秦诸子的新儒家，再到融儒、道、释于一炉的宋明理学与心学，儒家思想不断与时俱进，才可能融入中国社会的主流价值体系。儒家思想，确实存在许多具有普世意义的、富有真理性的思想因子，这其中正体现着人类社会发展的进程中带普遍性、规律性的价值理念。正是在这个意义上，中国传统民族文化的核心价值与当代马克思主义的核心价值，客观上存在着一致性。通过学界的研究，以及普及性的文化教育，人们或许寻找到二者的叠合点，寻找到外来的价值体系与民族价值体系相统一的结合点，寻找到富有民族形式的、能为全体国民所接受的时代价值理念。一切都在辩证的、多元的运行中整合而求得新的突破和发展，线性的、单一的、孤立的观点，都不利于民族文化的推进。

近百年前，孙中山及其前辈与同辈，他们对外来文化进行本土化的尝试，可以说对今天人们寻找主流文化与传统的优秀民族文化间的叠合点，无疑有着极其可贵的借鉴意义。20世纪80年代后，国内、国际领域发生了许多根本性的变化。中国和东亚的崛起与快速发展，苏联的崩溃和东欧原体制的瓦解，全球性生态危机、宗教冲突以及社会犯罪现象的日益加剧，社会生活重利轻义、诚信缺失、物质至上、工具主义观念的迅速泛滥，等等，无不激发起人们对现代文化的批判意识，以及对文明转型的强烈渴望，并迫使人们重新审视东方文化和西方文化的价值，以及东西方文化的关系。这些，都为儒学的当代传承和转型提供了的良好社会契机。然而，如何实现传统与现代、中国与西方的整合，仍然是所有文化论者们面临的最大难题。在当今，在民族振兴，走向现代化进程中，文化发展仍然是绕不过去的关口。人们如何把握时代主题，学习和弘扬孙中山文化创新精神，以及像孙中山那样在实践中处理好中与西、传统与现代的关系，沿着“因袭”与“规抚”而后走出文化创新之路，无疑值得人们深思。毛泽东的两论与当年孙中山的三民主义，都是创新中华文化的典范，都成为今人学习的榜样。关注和探讨孙中山儒家情结，总结数百年中西文化交汇的经验与教训，展示先辈们“因袭”与“超越”传统文化的贡献，这一切的理论的和实践的意义，便在于此。

（作者系广东省社会科学院研究员）

“有生命的文化哲学”：朱谦之文化哲学研究的独特视角

◎刘林睿

20世纪20—30年代，基于对民族文化和国家危亡的忧患，学者们开始关注文化体系的建设问题。朱谦之先生是中国著名的哲学家、历史学家，一生研究涉及多个领域。他敏锐地意识到从哲学的高度建构文化理论对文化研究和解决文化危机的根本指导作用，认为迫切需要对文化进行专门而有系统的研究，总结其中的规律。1935年，时为中山大学教授的朱谦之先生出版《文化哲学》一书，自觉借鉴西方哲学理论，系统阐发文化哲学思想，强调文化哲学的根本地位，对人类文化活动进行总体考察，对不同的文化形态进行比较，探究文化发展的动力源和进化规律，在中西文化特质的分析比较中展开对中国文化定位的思考，并进而提出中国文化发展的路径，希望从根本上寻找救国之路。朱谦之的文化哲学坚持以历史和哲学的眼光来研究文化，以“文化”本身为研究主题，不断走向深层，寻找文化的本质及发展规律，挖掘文化哲学的生命精神。

一、文化与进化

变动与进化是朱谦之哲学体系的理论根基，他将这一理论一以贯之于自己的学术研究中，尤其体现在他的文化哲学与历史哲学研究中。这一理论的源起是朱谦之关于文化与生活的认识和讨论。

（一）文化与生活

朱谦之关于文化论证的出发点是生活。朱谦之认为文化之泉源是生活的经验之流。他指出，文化本来就是生活，生活是文化的核心，“文化就是人类生活的表现”[①]。“人类”和“生活的表现”是朱谦之文化概念的两个要素。朱谦之认为，人们对生活的体认证悟是没有差别的，因此只有一条路（这是相对于梁漱溟关于文化有三条路向的观点而言的），但由于生命发展进程是螺旋式的，是时时创新进化的，所以在不同时间和空间存在不同的文化。从朱谦之对文化的定义可以看出他的文化的两个特点：一方面，文化是自然力之外由人创造的。只有人类才能支配环境，创造文化，人支配环境的生活表现，就是文化，把文化和人的关系明确下来，强调了人在文化形成中的主体作用。文化是不可能独立于人而存在的，正因为此，文化是富有生命精神的。另一方面，文化是活的而不是死的。生活作为文化的源泉，是活泼流转变动不息的。“生活的表现”意味着文化不再是过去的死的东西，而是鲜活的、永恒的。可以说，以生活为源泉的文化有着天然的生命力。

（二）文化的进化：永远的现在

朱谦之的变动与进化观念经历了从突变到渐变（即从“变”到“化”）、从绝缘到仰故俯新的变化。

首先，关于进化是突变还是渐变。朱谦之曾经认为，宇宙进化是突变，但是在突变以外，还有潜变，“潜变是突变的酝酿”[②]，等到潜变成熟了，突变发生，就是进化的时候。在《周易哲学》中，他的这些观念又发生了巨大转变，“突变说”转而为“渐变说”。他认为，“突变乃是渐变上面的一个假象，所有突变，却无不成立于渐变之上。而宇宙进化虽表现突变，根底却是渐变的”[③]，即所谓“化”。因此，渐变是过程，突变是结果。

其次，关于进化过程中过去、现在、将来的关系。在进化过程中，过去与现在是绝缘，还是过去包含在现在中呢？在前期，基于“突变说”，朱谦之提出“绝缘说”。他认为，“过去的早已消灭了，现在和过去绝缘，到了未来，又和现

① 朱谦之著，黄夏年编：《文化哲学》，《朱谦之文集》（10 卷）第六卷，福州：福建教育出版社，2002 年版，第 247 页。

② 朱谦之：《革命哲学》，《朱谦之文集》（10 卷）第一卷，福州：福建教育出版社，2002 年版，第 310 页。

③ 朱谦之：《周易哲学》，《朱谦之文集》（10 卷）第三卷，福州：福建教育出版社，2002 年版，第 127 页。

在绝缘”[①]，认为“要求进化，就一定不取于一点一滴的改造”[②]，主张以革命根本推翻现实制度的决绝抨击改良派。而后期，经过了从“变”到“化”的转变，过去、现在、将来的关系再也无法处于绝缘状态了。

朱谦之认为，“文化本来就是生活……文化生活乃在永远创新，永远变化的过程当中；文化本身就是变和动的表现，而这个变动，就是生活进行，就是进化。所以文化和进化根本只是一个，一方面是时时刻刻的积累，一方面即时时刻刻的创新”[③]，“过去文化的精神是永远渗透永远扩张于现在之中的”[④]。在朱谦之这里，文化的变迁是不断发生着的，文化就在仰故俯新中绵延进化，时时有变化、时时有累积、时时有创新、时时有进化。变动与进化成为朱谦之文化哲学的理论基点。

朱谦之提出，文化“不仅仅是一个继承的延长形式，乃是生命之无穷的发展”[⑤]。他重新解释摩根和亚历山大的层创进化的五个概念：突创、层次、内包、上属、因缘，以此来说明文化的发展，包括进化与进化过程中的前后阶段之间的关系。其中，突创体现了文化于原有以外的创新；层次体现了文化超过原有的推进，体现了发展的思想；内包、上属体现了文化新旧阶段的包涵、支配关系；因缘体现文化新旧阶段具有不同的结构，体现了继承的思想。朱谦之以此将孔德的“三阶段法则”[⑥] 的每一阶段之间建立了继承和发展的关系，并将孔德的“三阶段法则”后延，建构了第四期发展阶段，并以此作为文化发展理想类型的补正，即文化发展的最高理想境——艺术的文化阶段，形成了他的文化类型说[⑦]和文化分期说[⑧]。

进化的观念是朱谦之文化思想的特色和亮点。而进化过程中蕴含着的深厚的继承与发展的思想，熠熠生辉，值得研究者深度挖掘。朱谦之的文化进化论说决

---

① 朱谦之：《革命哲学》，《朱谦之文集》（10卷）第一卷，福州：福建教育出版社，2002年版，第311页。

② 同上，第311页。

③ 朱谦之：《文化哲学》，《朱谦之文集》（10卷）第六卷，福州：福建教育出版社，2002年版，第253页。

④ 同上，第253页。

⑤ 同上，第259页。

⑥ 孔德把人类认识的发展分为三个阶段：神学阶段、形而上学阶段、实证的或科学的阶段。

⑦ 朱谦之把文化分为四种类型：宗教的文化、哲学的文化、科学的文化、艺术的文化。

⑧ 朱谦之把文化的发展分为四个阶段：宗教阶段、哲学阶段、科学阶段、艺术阶段。

定了他的文化发展路线不像梁漱溟的完全处于平行状态无任何交集的三条路向。朱谦之关于文化分播[①]的理论和例证更加充分地说明了这一点。

基于文化的进化观点，朱谦之认为："真文化是起于极微细，极简单，而累进自积的，无限扩张的，所以由微至著，积小至大，他是时时刻刻的累积，时时刻刻的创新。自过去而现在，过去即在现在当中；过去的保存而已……所以文化的进化也永远没有休歇。"[②] 他立论的出发点是文化根源于生命之流，即生活的经验之流。这"生命之流"的永远创造进化是动态的，有着无限生机的。这是朱谦之一直坚持的观点。他认为，文化永远处于积累、创造的流动状态中。文化在发展进化的过程中不断改造着现实的文化。文化的发展不是有限的、空间的、同质的物质的堆积，而是经过今我的创造活动，扬弃过去文化中的糟粕而实现进化的，"即文化的进化，一方面有如柏格森所谓'绵延'的现象，一方面又有如黑格尔所谓'扬弃'的现象"[③]。"文化则永远于过去之所有外，而时时另有所增，就是所谓'创新'。所以不说文化则已，一说文化就必是有些新的。同时又必须是创造出来的，换言之，文化即现在的文化。"[④] 文化在仰故俯新中绵延进化。而文化的进化，也就成了永远绵延创化之"永远的现在"了。

但是，朱谦之有意无意地提到了文化在各阶段发展的次第变化，虽没有强化"次第"的意味，却引起我们的不解：次第变化里的机械性与文化生命的无限生机是否发生了冲突？如何妥善地安排有着无限生机的文化生命的进化与发展？既然文化是"生命的无穷发展"，那么在他所理想的艺术文化阶段之后，是否还有更高、更理想的文化阶段？这一问题朱谦之并未解决。

---

① 朱谦之认为，文化原有独立发展与分播两种现象。各种文化有独立发展的部分，也有采借与分播的部分。当两种不同文化互相接触时，会互相影响，但"仍不失其为独立自存之文化的价值"。文化的发展不仅有其内在的原因和动力，也有着与其他文化的接触所带来的互相影响这样的外在的作用力，这就是文化的采借或分播。他认为，每一种类型的文化都是有体有用的，文化的用的方面虽然会随着其他类型的文化的分播发生变迁，但文化的本体，也就是其本质，是独立发展形成的，是不会变的。

② 朱谦之：《文化哲学》，《朱谦之文集》（10卷）第六卷，福州：福建教育出版社，2002年版，第256页。

③ 同上，第255页。

④ 同上，第257页。

二、“有生命的文化哲学”

什么是文化哲学？文化哲学的研究对象是什么？朱谦之的文化哲学是从对其研究对象——文化的哲学式理解切入的。他认为：“从事于各文化之综合的根本研究，而这就是所谓‘文化哲学’了。”① 他宣称自己文化哲学的最大旨趣是：“说明文化的本质及其类型，对于宗教、哲学、科学、艺术等各种知识生活，均加以根本研究，又分析文化地理上的分布，以明中外文化关系及本国文化之新倾向，并谋建设未来之世界文化。”② 他认为，文化来自于生活，文化哲学更是以生活为本源的综合学问。而生活本身是活泼流转、绵延不断的，是在永远创新，永远变化、进化的。因此，文化哲学是“有生命的文化哲学”，充满着可贵的生命精神。而这种生命精神，不仅体现在个人的生活之中，还要流淌在中华民族的血脉中，展示中国文化的生命力。

（一）文化哲学是文化史的哲学

“文化哲学作为一种在哲学层面深刻理解人的生存方式和社会运行模式的探索，是在文化现象的独特性日益凸显的基础上，全面检讨近代以来理性主义哲学传统的基础上所具有的全面性和根本性内涵。”③ 一般认为，文化哲学是 19 世纪兴起的思潮，与历史哲学、文化史、哲学史的发展密切相关。何萍提出，西方文化哲学的发展经历了两个阶段，第一阶段是指 18 世纪维科等人在民族文化的历史发展中探讨人类理性的规律，使哲学走进人们的生活实践，建构历史理性，在这一阶段，文化哲学停留于历史哲学层面；第二阶段是 19 世纪文德尔班、李尔凯特等人，以“普遍有效的价值”为对象进行的研究，在方法论的层面上建构文化哲学的基础。④ 朱谦之的文化哲学与历史哲学有着紧密的联系并且已经超越了历史哲学层面，他的文化哲学除历史哲学外，还包含着文化史。他以历史进化的方法去研究文化各个类型的性质并将它们用一种历史关系贯通起来。

---

① 朱谦之：《文化哲学》，《朱谦之文集》（10 卷）第六卷，福州：福建教育出版社，2002 年版，第 238 页。

② 同上，第 243 页。

③ 张倩：《试论文化学、文化哲学的联系和区别》，《学术研究》，2012 年第 6 期。

④ 何萍：《文化哲学的哲学史论题》，《光明日报》，2011 年 2 月 15 日。

朱谦之特别注重文化史，认为文化哲学是各文化学的入门，是各知识文化学的综合，是不折不扣的“综合文化史”，必须采用历史进化的方法进行研究。1940年冬，针对中国史学界的弊病，朱谦之发表《考今》[①] 一文，指出：“现代史学的第一职务，乃在怎样理解目前世界历史和中国历史的大转变，换言之即是‘考今’。”朱谦之批评当时盛极一时的史料学派以史料的搜集和整理为重，标榜“考而后信”“史学即是史料学”，有着脱离现实的“为历史而历史”的倾向，对此极为反感，他认为，“历史乃是时间的学问，时间的意义就是现在”，“历史应该是阐明从过去而现在而未来而不断的生命之流”[②]。他分析道，民族意识的增强，使我们对于本国文化的价值，从极端怀疑古史中解放出来。现代史学为要明了我们的现状，故将现在同过去同未来联成一条生命。而以“现代”为历史生命的中心。所以现代史学不应只是考古，更应该注重“考今”，否则没有任何价值和益处。现代史学与从前史学的不同，即在从前史学以“考古”为目的，现代史学则以“考古”为方法，而以“考今”为目的，所以说“一切真的历史就是现在的历史”[③]。《考今》虽发表于《文化哲学》之后，但其中的方法和思想在朱谦之文化哲学体系建构过程中体现得非常鲜明而独特。

运用“考今”的方法，朱谦之提出了“一切文化都是现代的文化”的论说。他强调，“过去文化须经过今我的创造活动，即将过去文化涌现于现代文化当中，而后才有存在的意义。这就是说，文化是有现在性的，一切真的文化都是现代的文化”[④]，“过去文化实为现在之积，将来文化实为现在之续，而一切文化都只是现代的文化”[⑤]。

朱谦之执着于用史学视角进行文化哲学的研究，关注历史时段的现在，关注过去与现在的关系，关注历史、文化的现代意义，将文化哲学看成是文化史的哲学，又将文化的发展融入到历史的发展过程中。因此，他的文化哲学研究带有浓重的史学色彩。他注重在文化史中寻找普遍的共性，运用哲学的眼光，以历史为

---

① 在朱谦之的论证中，考今是与考古等专门的文献学方法相对的一个概念。

② 朱谦之：《谈现代史学》，《朱谦之文集》（10卷）第二卷，福州：福建教育出版社，2002年版，第189页。

③ 朱谦之：《考今》，《朱谦之文集》（10卷）第二卷，福州：福建教育出版社，2002年版，第158页。

④ 朱谦之：《文化哲学》，《朱谦之文集》（10卷）第六卷，福州：福建教育出版社，2002年版，第254页。

⑤ 同上，第255页。

根据，对文化的发生发展汇通综合，体现了他高度的哲学智慧和文化自觉。

（二）文化哲学是生活哲学

价值哲学是西方文化哲学的早期形态。朱谦之批判了文德尔班和米田庄太郎关于文化哲学即价值哲学的观点，认为他们只关注“超越的价值之决定”，却忽略了“最能直接接触此价值附着之‘生活经验’”，是根本错误的。他强调，文化就是生活，对文化的根本理解，就是对生活经验的理解。因此，着力于从根本上理解文化的文化哲学应该完全依据于“生活经验”之上。文化之泉源是生活的经验之流，而非超经验的价值。那种将“生活经验”抛在一边，而追求所谓超经验的绝对价值，结果是只有形式没有内容，只有价值没有实在的。“文化哲学之最大目的，乃在文化之创造，即价值之创造”①，而价值之创造的根源却是来自生活的经验之流。“文化是本，价值判断是末；文化是原因，价值判断是结果。”② 因此，文化哲学并非价值哲学，而是生活哲学。由此，朱谦之指出，我们如果希望建立一个有生命的文化哲学，就必须不顾一切价值的判断，用我们的劳动来建立一种新的文化哲学，这个新的文化哲学不是和生活经验分离的抽象的价值哲学，而是根源于生活的经验之流的实在的生活哲学。朱谦之的文化哲学建立在充满生机和活力的生活经验之上，体现着不断创新发展的进化路向。

朱谦之一开始即给自己的文化哲学打上文化史的烙印，明辨自己的文化哲学非新康德派的价值哲学，而是同时包含有生命哲学的特点的，称之为生活哲学，即“有生命的文化哲学”。朱谦之曾说：“那些整理国故的先生们，要从既成的古文书典章之中，以为把他重要（新）排布一下，即可构成新的文化，却不知新的文化，乃为驾乎这些旧戏法以上的东西，这就是‘生命’。”③ “生命精神通过历史与传统的积淀，实质上已成为一种文化精神。文化也只有贯注一种生命精神，才永远不乏生机和活力，文化的血脉才能源远流长；生命也必须承载着一种文化精神，生命才有厚度才有深度，才能获得一种穿透历史的永恒和存在。真的生命是智慧的生命，是文化的生命。文化生命精神应该是生命中的文化精神与文

---

① 朱谦之：《文化哲学》，《朱谦之文集》（10 卷）第六卷，福州：福建教育出版社，2002 年版，第 252 页。

② 同上，第 252 页。

③ 同上，第 256 页。

化中的生命精神的历史和现实的有机统一。”① 这一观点再一次说明朱谦之对身处其中的中国文明历史价值的顾念。

历史与文化的关系使朱谦之的文化哲学体系有着历史的展开，文化与生活的契合又使朱谦之的文化哲学体系有着现实的依托。在朱谦之那里，文化是有着活泼生命的、与自然对立的，是现在的文化，是活的文化。因此一开始，朱谦之的文化和文化哲学就高扬人的主体地位，被赋予了生机和活力，他的文化思想洋溢着积极的、进化的光芒，具有可贵的生命精神和创新意识，继承、创新、发展的思想不时闪现。正是由于他关于文化的继承、创新、发展的思想，他肯定中国传统文化的积极成分，又认识到西方科学文化的优长，站在文化进化发展的立场上来接纳西方文化，对于西方文化认真学习并努力地将其融入中国文化之中，既坚持文化的民族性，又关注到文化的时代性，体现了一个中国知识分子的民族自尊心，为中华民族树立了民族自信心，同时以知识分子的世界眼光、以开放的胸怀，会通中西，指出了中国文化的出路，为中国现代文化建设提供了思想资源。这对于我们今天的文化建设来说，仍有可借鉴的积极意义。

（作者系广州市教育局副处长、中山大学文化研究所特约研究员）

---

① 朱人求：《儒家文化哲学》，合肥：安徽人民出版社，2008 年版，第 171 页。

张岱年文化哲学的方法论及其学派传承

◎杜运辉

早在20世纪90年代初期，李宗桂教授就指出："在80年代的文化讨论中，与全盘西化、复兴儒学、回归传统、中魂西体、彻底反传统等主张大异其趣，并且引起国内外密切关注，得到大多数文化讨论的参加者认同的关于中国文化出路的主张，是'综合创新'论。"这种"'坚持马列'的综合创新论"，具有"破除偏执的客观态度"，其"文化价值选择是客观的，科学的，克服了文化讨论中那种情绪化、玄虚化的弊端，超越了种种关于中国文化出路主张论者的偏执态度，从而有利于当代中国社会主义新型文化体系的建设。"① 笔者对此深为认同，可以说，综观20世纪前半期的中国化马克思主义文化哲学，以毛泽东和张申府、张岱年兄弟的理论贡献最为突出，作为"文化哲学研究的伟大先驱者"② 的张氏兄弟是中国化马克思主义文化哲学的重要奠基者和建构者；而在逻辑精密、结构严整的中国化马克思主义文化哲学体系的理论建构上，应该说张岱年作出了最重大的贡献。由张申府开创、张岱年初步建构的"兼和文化哲学"或中国化马克思主义综合创新文化哲学，是第一个比较完整的中国化马克思主义文化哲学体系，其典型特征就是体现了对唯物辩证法、中国传统辩证思维与逻辑解析法的圆熟运用。"运用唯物辩证法来考察文化问题"③ 是张岱年文化哲学的一贯立场，立足于经验而以"分"为态度的逻辑解析法和以实践为基础而以对立统一为核心的唯物辩证法，为他的文化哲学研究奠定了方法论基础。

---

① 李宗桂：《文化评判与文化重构》，西安：陕西人民出版社，1992年版，第225、227－228页。

② 冯国瑞：《文化哲学研究的伟大先驱者》，王中江主编：《学思之境　人格魅力——纪念张岱年先生诞辰100周年》，北京大学出版社，2012年版，第337页。

③ 张岱年：《张岱年全集》自序，《张岱年全集》第1卷，石家庄：河北人民出版社，1996年版，第4页。

解析法与唯物辩证法相结合，具体体现为“解析任何整体而区别其中之诸要素”的“要素之解析”，“审勘诸要素之相互关系而认识其联结之类型”的“要素之联结”和“辨识一整体之本性，以理解诸要素之根据”的“整体之本性”三个阶段。[①] 按照这一要求，对文化要“先加剖析而一一考验其诸成分，即将一全体剖析为若干相区别之成分”，析分区别、一一考察文化系统中所含之诸要素；其次要“辨识其间之相互关系”，厘定其各要素、各层次之间的相容与不相容、可离与不可离等复杂关系；再次要“就其相互关系以勘察各要素在全体中之位置”，明确文化诸要素在文化系统中的地位及其相互关系；最后则要“察识全体之本性，然后尽观全体之能事”。[②] 总之，文化研究要揭示民族文化与外来文化之间的关系、传统文化与现代文化之间的关系、政治统一与思想自由之间的关系等一系列重大问题，探讨文化发展历程中的系统性与可分性、变革性与连续性、民族性与世界性、独立性与开放性、阶级性与人类性等基本关系，确定文化之基本性征与发展趋向，通过继承、改造、综合、创新等基本环节而扬弃旧传统，创造新文化。

一、文化的系统性与可分性

张岱年文化哲学的“元理论”以文化系统论、文化变迁论和文化类型论为主体。范学德最早探讨了张岱年的“文化三论”[③]，这在张岱年文化哲学研究中具有重要意义，但所论尚较为简略。

张岱年的文化系统论或文化结构论要解决的问题是：“文化含有如何之要素，其诸要素间之关系为何如?”[④] 文化的系统性与可分性之统一不仅体现了“对理法”（唯物辩证法）之运用，而且有其宇宙论的理论依据。张岱年认为，“实有”是可由实际经验证实的“实在”或“实际”，只有一个实在的世界。他汲取马克思主义哲学与现代自然科学的新成果，并借鉴中国传统哲学中“气”的实在性

---

① 张岱年：《哲学思维论》，《张岱年全集》第3卷，石家庄：河北人民出版社，1996年版，第46－47页。

② 同上，第47页。

③ 范学德：《综合与创造——论张岱年的哲学思想》，北京：教育科学出版社，1989年版，第180－184页。

④ 张岱年：《文化通诠》，《张岱年全集》第1卷，石家庄：河北人民出版社，1996年版，第340页。

与运动性相统一之特点，把“物”界定为运动与结构之统一：“物体皆有其结构，结构成于要素及其关系。物体之中有其要素，要素之间有其关系。物之固定即其结构之相当固定。”物之结构并非一成不变，而是时时更新，结构之变化系于物之要素的流动。“物之要素可有新陈推移。所谓新陈推移者即有所出有所入。一物之要素可有所出有所入。要素之间关系亦可有转易，然皆不害其相当固定。”因此，物都是“常”“变”之统一：“物之要素与其关系之新陈推移谓之变；其固定不易者谓之常。物莫不变，物莫无常。兼常与变谓之历程。凡体皆历程。”① 物以其层次之不同而分为“单体”与“兼体”，兼体亦即系统。兼体的不同层次各有其性，而兼体自身又有其独特性。“物”有相互之间的外在关系和“物统事理”的内在关系。具体之物皆有内在要素与外在环境，因而皆有其内外矛盾，“物”之内在矛盾包括“一物之前后属性成对立，即一个历程之先后阶段之性质相互为对立”“一物所具有之某一属性与此物之本性成为对立，即一物具有一个与其本性相反或相非的属性”“一物所含之不同要素之性质彼此相对立，即一物之不同成分相互为对立”② 三种类型。事物之构成要素相互结聚而相成相济，物质之数量及结构在变化中得到一种新的平衡或和谐，即是新类与新级之创造，“一切新类与新级之创造，皆由于众元素之新结合。结合所成，复相结合，层层不已，即新类或新级层层出现”③。因此，一切事物都是由要素所构成的“事”“理”统一体，都由内外要素之间的新陈推移、由内外矛盾的共同作用而发生质量互变的运动。

由此而言，作为“人类改造自然环境同时亦变易人性之成就”④ 的广义文化亦是“事”“理”之统一体，这一客观存在的庞大系统包含种种的内外矛盾，既能够也应该进行系统与要素的解析与综合。1943 年，张岱年提出广义的文化大系统包括三层次、五要素：第一层（下层）的“产业”（生产事业）二级系统包括改造自然界的“利用”（“宰物”）、“厚生”（“健力”），第二层（中层）的“群制”（群体制度）二级系统是处理人群关系的“立制”（“尚群”），第三层

---

① 张岱年：《认识·实在·理想》，《张岱年全集》第 1 卷，石家庄：河北人民出版社，1996 年版，第 436、436－437、437 页。

② 张岱年：《事理论》，《张岱年全集》第 3 卷，石家庄：河北人民出版社，1996 年版，第 189 页。

③ 同上，第 145 页。

④ 张岱年：《文化通诠》，《张岱年全集》第 1 卷，石家庄：河北人民出版社，1996 年版，第 340 页。

（上层）“学术”（道德学问思想艺术）二级系统包括“对于自然之理解与关于当然之理想，以及表现理想之艺术”的“正德”（“尽性”）、“致知”（“穷理”）。其中，“利用”（“宰物”）是“宰制物质使各尽其用”，“厚生”（“健力”）是“充实生方令保其健”，“立制”（“尚群”）是“权时宜以立新制”，“正德”（“尽性”）是“扩充人之所以贵于禽兽者”，“致知”（“穷理”）是“穷究事理以知常而应变”①，第一层、第二层、第三层是下、中、上的关系，“下层乃上层之所本也，上层乃下层之所至也，中层乃居于其中者也。下层譬如木之根，中层譬如木之干，上层则木之花与果也”②。张岱年曾指出，所谓“有机体”有“活的生物体”和“有复杂结构的整个”③ 这两种内涵，因此，所谓“木之根”“木之干”“木之花与果”只是譬喻，文化有机体只是复杂整体而非活的有生命的整体。这种文化界定既汲取了“人们在自己生活的社会生产中发生一定的、必然的、不以他们的意志为转移的关系，即同他们的物质生产力的一定发展阶段相适合的生产关系。这些生产关系的总和构成社会的经济结构，即有法律的和政治的上层建筑竖立其上并有一定的社会意识形式与之相适应的现实基础。物质生活的生产方式制约着整个社会生活、政治生活和精神生活的过程。不是人们的意识决定人们的存在，相反，是人们的社会存在决定人们的意识”④ 这一唯物史观的基本原理，又把文化大系统更加明确地划分为以客观真理与“当然之理想”为引导、以政治制度为保障、以生产方式与生活方式为根基的三层有机统一体，“本”“中”“至”之间是由低到高的决定作用和由高到低的反作用的双向循环，这种以“一本多级”的“本至”论为基础的新诠释既有助于避免“经济基础”“上层建筑”的机械性比喻所可能带来的误解，又能够更深刻地理解文化的有机性、整全性，正确解决文化交流、文化移植、文化再造、文化复兴等复杂问题。

任何文化系统都具有可分性或可析取性，这可以从两个维度来理解：

1. 从共时性来看，任何单一的文化系统都由许多要素、成分或单元构成，“同一文化系统或不同的文化系统所包含的文化要素之间有相容与不相容的关系。

---

① 张岱年：《文化通诠》，《张岱年全集》第 1 卷，石家庄：河北人民出版社，1996 年版，第 341 页。

② 同上，第 341 页。

③ 张岱年：《西化与创造——答沈昌晔先生》，《张岱年全集》第 1 卷，石家庄：河北人民出版社，1996 年版，第 249 页。

④ ［德］马克思：《〈政治经济学批判〉导言》，《马克思恩格斯选集》第 2 卷，北京：人民出版社，1995 年版，第 32 页。

有些不同的文化要素，虽然似乎相反，实际上却是相辅相成、相互补充。如果仅取其一个而排斥另一个，就会陷于偏失，引起不良的后果”①。

（1）要素之间有必然联系和非必然联系之区别。例如，“三纲”不能脱离中国封建文化体系；科学发展与民主制度、学术自由不相离，科学创新只能产生于学术自由、独立思考的环境中；民主与平等意识、科学进步与经济发展都不可分离。科学与艺术并非不可分离。

（2）文化要素之间有相容与不相容之区别。例如，民主与专制、科学与迷信、宗教与无神论、平等思想与等级观念、专制主义与学术自由都不能相容，而社会主义同市场经济、经济发展与儒家思想都可以相容。韩非认为“夫贤势之不相容亦明矣”（《韩非子·难势》），但实际上文景之治、贞观之治都是贤与势相结合的典型。古代儒家强调道德教育而轻视法治，法家专重法治而否认道德，实际上道德与法治可以相辅相成。古代儒家倾向于重义而轻利，而正确的义利观则是以义导利与以利兴义之统一。

（3）一切文化体系都有其内在矛盾。每一民族都具有陈腐的文化与进步的文化、鄙陋的传统与优秀的传统之对立，如列宁指出：“每一个现代民族中，都有两个民族。每一种民族文化中，都有两种民族文化。一种是普利什凯维奇、古契柯夫和司徒卢威之流的大俄罗斯文化，但是还有一种是以车尔尼雪夫斯基和普列汉诺夫的名字为代表的大俄罗斯文化。”② 又如，哲学体系之中包含的概念、范畴、命题等理论环节都是有“见”亦有“蔽”，如马克思、恩格斯发现了黑格尔哲学系统与其方法的矛盾，在批判其哲学系统的同时却剥取了黑格尔辩证法的合理内核。

共时性的第二种表现，是“不同的文化系统包含一些共同的文化要素，也各自包含一些不同的文化要素。前者表现了文化的普遍性，后者表现了文化的特殊性”③。不同文化系统之间的普遍性与特殊性之统一乃在于人类在改造自然界与人性过程中之异同，比如，各种文化系统都具有“正德”“利用”“厚生”“立

---

① 张岱年：《中国文化与中国哲学》，《张岱年全集》第6卷，石家庄：河北人民出版社，1996年版，第44页。

② ［苏联］列宁：《关于民族问题的批评意见》，《列宁全集》第24卷，北京：人民出版社，1990年版，第134页。

③ 同①，第44页。

制”“致知”的基本要素而又各有其偏重。在文化比较和交流的过程中，不同民族文化虽各有其独立性，但也可以相互吸收、相互融合，“一个文化系统所包含的文化要素，有些是不能脱离原系统而存在的，有些是可以经过改造而容纳到别的文化系统中去的”[①]，不同民族文化所包含的文化要素，有许多可以并行不悖乃至相得益彰。

2. 在历时性上，一方面，文化发展的前后阶段之间有着继承与创新之关系，对于追求现代化的中国社会主义新文化来说，必须同时扬弃本土封建文化与西方资本主义文化。另一方面，同一民族文化系统的诸要素之间也是批判、继承与创新之统一，比如中国传统文化的“五伦”中的“父子有亲、夫妻有别、长幼有序、朋友有信”，以及“仁义礼智信”这“五常”都可以加以改造而纳入社会主义新文化之中。但也有一些文化要素不能脱离原来的文化系统，如“中体西用”论以中国的纲常名教为体、以西方的船坚炮利为用，本质上是一种试图用西方先进的科学技术来维护中国封建的旧文化、旧制度的典型的保守主义理论。西方近代的资产阶级民主制度与“自由”“平等”理念有其特殊的民族特色、时代背景、阶级利益和特定内涵，也不能机械地照搬到中国。

总之，每一时期的民族文化都是各个项目、各个要素所构成的复杂体系，但它们之间并不是清一色的“铁板一块”，“其中的项目、要素有些是密切结合不可离析的，有些不但可以离析而且是相互矛盾，相互差异的”[②]，但“一切符合客观实际的正确思想必然能够脱离其原来的系统而独立存在；一切适合社会发展需要的文化成果也必然是并行不悖、彼此相容的”[③]，真理性与人民性、真与善是统一的。从文化系统的角度来看，“文化的发展过程就是文化的不同要素的新故推移、选择取舍过程”[④]，“文化系统的新陈代谢，固然要靠文化要素的增减损益，但根本改造的途径在于旧系统结构的解构和新形态结构的重构”[⑤]，如中西医学、中西艺术、中西建筑等都可以并行不悖而达到新的综合。

---

① 张岱年：《中国文化与中国哲学》，《张岱年全集》第 6 卷，石家庄：河北人民出版社，1996 年版，第 44 页。

② 张岱年：《中国文化的改造与复兴》，《张岱年全集》第 7 卷，石家庄：河北人民出版社，1996 年版，第 141 页。

③ 同①，第 47 页。

④ 同②，第 141 页。

⑤ 张岱年，程宜山：《中国文化论争》，北京：中国人民大学出版社，2006 年版，第 327 页。

文化哲学的一个重要任务，就是以实证研究为基础来汲取人类文化实践的经验教训，以逻辑解析和辩证思维的方法“慎重考察古今中外不同的文化系统所包含的文化要素之间的相容与不相容的关系以及可离与不可离的关系”①，在马克思主义指导下实现中国传统文化、西方文化的一切有价值的文化成果的空前的大综合，达到“正德”“利用”“厚生”“立制”“致知”五要素的更高水平的均衡发展，努力创造超越资本主义文化的，光辉灿烂、内容丰富的社会主义新文化。在这个问题上，既要防止固执于整体性而夸大其不可分性的“全盘西化”论，也要反对误用文化的可分性而忽视其系统性的“中体西用”论这两种思维偏向，而张岱年则“既肯定了文化的整体性，又肯定了文化的可分性，克服了东方文化派和全盘西化派的笼统的思维方式”②。

二、文化的连续性与变革性

文化系统论是理解文化其他性质的理论基础，文化的其他性质可以说都是系统与要素关系的具体表现。前述文化的历时性已经涉及到文化变迁论，它所要解决的问题，一是文化发展历程中“自性”与“属性”、“常”与“变”、连续性与变革性、绝对性与相对性、恒久性与时代性的关系问题；二是“文化常在变易之中，其变易之原动力在何?”③ 也就是文化变易的动力机制。

张岱年认为事物之性分为自性与属性，自性与事物相始终，通贯于一事物的全历程；属性多样且多变，存在于事物的不同阶段、不同方面、不同层次（等级）。自性有其演变过程：“在一历程中，其自性常由不明显而趋于明显，由微而趋于盛。故自性亦可谓在发展之中，实随现象之发展而扩大充盈。”④ 张岱年改造传统“尽性”思想，认为“一性包括甚多要素，所谓尽性即具备此性的一

① 张岱年：《中国文化与中国哲学》，《张岱年全集》第 6 卷，石家庄：河北人民出版社，1996 年版，第 47 页。

② 刘静芳：《文化的综合创造何以可能——张岱年“综合创造”的文化观研究》，《哲学动态》，2006 年第 7 期。

③ 张岱年：《文化通诠》，《张岱年全集》第 1 卷，石家庄：河北人民出版社，1996 年版，第 343 页。

④ 张岱年：《人与世界》，《张岱年全集》第 1 卷，石家庄：河北人民出版社，1996 年版，第 372－373 页。

切要素，而非仅具有其一部分的要素；如仅具有一部分要素，即有性而未尽”①，“尽性亦即极其性，即尽量发展其所有之本性”或“充分扩大其与他类不同之点”②。我们可以说，如一物单纯摹仿他物之性而自失其本性，则实际上是自趋于灭亡，必失去其内在根基、实际地位（位置）、存在意义。性对于物的关系应该是：第一，物有无自性和属性，有多少属性；第二，物之自性和属性的发展程度如何。有的学者认为张岱年把“尽性”由“一个伦理学、人生哲学的命题转换成了普遍的哲学命题，在古代关于性的两重涵义中（人性、物性），剔除了人性的涵义”③，笔者认为这种理解并不完全恰当，因为张岱年所谓“物”是包括“人”在内的最广泛概念，“性”是其“一本多级”命题和天人关系论的关键环节，它既包括“物性”也包括“人性”，而且它们又都有不同的层次。

“尽性”思想为张岱年文化哲学提供了宇宙论基础。那么，如何理解文化之“自性”与“属性”呢？张岱年认为：“人之历史，一方面为人欲之满足与冲突之历程，一方面亦为求达理想之历程。其所以穷究事物之理，以谋产业之改进者，亦求理想生活之实现也。”④ 何谓“人之历史”？“人之历史即是文化历史”。“物（生产力量）是始，理（生之圆满）是终，觉（思惟、知识）居于中，生（人群生活）则原始要终。理是历史之所趋向，历史即人类为生活而改造物质自然以求达到理想境界之历程。然理想境界，永远不能完全达到。”⑤ 因此，人类历史都围绕“生”（生之扩大与生之充实）而展开，“物（生产力量）”与“觉（思惟、知识）”都是求“生”之手段，根本归宿则是“理”（生之圆满），“人生之归宿即在生活中，即生活之圆满”⑥，而“个人生活之圆满即在人群生活之圆满之中”⑦。可以说，所谓文化即是为实现“生活之圆满”而不断改造自然、变易人性的社会实践方式及其成就，文化之自性或“一贯大原则”就是追求

---

① 张岱年：《认识·实在·理想》，《张岱年全集》第1卷，石家庄：河北人民出版社，1996年版，第451页。

② 张岱年：《事理论》，《张岱年全集》第3卷，石家庄：河北人民出版社，1996年版，第164、165页。

③ 范学德：《综合与创造——论张岱年先生的哲学思想》，北京：教育科学出版社，1989年版，第161页。

④ 张岱年：《文化通诠》，《张岱年全集》第1卷，石家庄：河北人民出版社，1996年版，第345页。

⑤ 张岱年：《人与世界》，《张岱年全集》第1卷，石家庄：河北人民出版社，1996年版，第387页。

⑥ 同①，第454页。

⑦ 同①，第458页。

"生活之圆满"或"理想生活之实现",这种"理生合一"的崇高境界是张岱年文化哲学的最高价值和最高理想,它蕴含着天人关系和群己关系这两个相互交织的基本维度,具体体现为"动的天人合一"与"群己一体"之辩证统一。其中,"动的天人合一"是"顺天"与"制天"、"戡天"与"乐天"、"宰制自然"与"享受自然"之统一,是在顺应自然规律、尊重自然界内在价值的前提下,通过由人所主导的戡天而达到天人之间更高水平的动态平衡,它扬弃了中国传统哲学忽视改造自然和西方哲学强调征服自然这两种偏向,有助于实现科学创新、经济增长和环境保护的统一,促进人与自然关系的正确解决。它是中国哲学与马克思主义哲学、西方哲学的一个很好的结合点,是张岱年对马克思主义哲学、中国哲学、西方哲学的一次成功的综合创新。"群己一体"是个体生命与社会生命、个人利益与群体利益、独立人格和社会责任的高度统一,它蕴涵着社会主义民主和人际和谐的基本原则,扬弃了中国传统哲学偏重群体和西方哲学偏重个人这两种倾向,有助于增强民族凝聚力和实现个人全面发展,从而促进群己关系的正确解决。以"动的天人合一"与"群己一体"为内涵的"理生合一"契合了"这种共产主义,作为完成了的自然主义 = 人道主义,而作为完成了的人道主义 = 自然主义,它是人和自然界之间、人和人之间矛盾的真正解决……"① 的基本精神,其实质是在人与自然、人与社会的和谐状态中实现每个人的自由而全面的发展。

张岱年认为:"文化不仅是屡屡变革的历程,其发展亦有连续性和累积性。在文化变革之时,新的虽然否定了旧的,而新旧之间仍有一定的连续性。从根本上说,文化是不断地向前发展的,变革只是促使其前进。文化的发展可以说是一贯的发展。文化是向着一个大方向发展,在发展中常常改换小方向,而大方向是确定的。"② 文化的大方向、文化的连续性就是不断逼近"理生合一"的生活圆满的理想境界,文化的连续性既表现为文化发展方向的一贯性、稳定性,也表现为文化精粹的累积性。文化的变革性则比较复杂,它既可能是文化由低级形态向高级形态的飞跃,也可能是发展过程的中断或由高级形态向低级形态的堕落,飞跃与弯路、歧路、歪路和死路并存。

---

① [德]马克思:《1844 年经济学哲学手稿》,《马克思恩格斯全集》第 3 卷,北京:人民出版社,2002 年版,第 297 页。

② 张岱年:《世界文化与中国文化》,《张岱年全集》第 1 卷,石家庄:河北人民出版社,1996 年版,第 153 页。

总体来看，人类文化发展是“变”中有“常”、由低级到高级的曲折历程。凡是有利于推进人类“理生合一”的圆满生活境界的，就是文化的创造者，其成果就是文化之精华；凡是阻碍人类“理生合一”的圆满生活境界的，就是文化的破坏者，其结果就是文化之糟粕。这也就是要以否符合客观实际、是否适合社会发展的客观需要为判断标准。列宁曾指出：“应当明确地认识到，只有确切地了解人类全部发展过程所创造的文化，只有对这种文化加以改造，才能建设无产阶级的文化……无产阶级文化应当是人类在资本主义社会、地主社会和官僚社会压迫下创造出来的全部知识合乎规律的发展。”① 资本主义不是文化发展的终结，社会主义也不是文化发展的最后阶段，后来者必须汲取先行者的经验教训，扬弃既有文化成果，自觉创造文化发展的新境界。

张岱年不仅阐释了文化发展历程的“常”“变”关系，而且揭示了文化变易的物质动因。他认为：文化变迁之原动力在于生产事业之变迁，“人之生活状况之改进，基于人之生产状况之改进。产业之形式有变，则群制随之而变。群制有变，则学术思想亦随之而变。自东西古今之文化历史观之，每一类型之产业，有与之相应之制度，有与之相应之学术思想”②，生产力和社会关系的发展是文化进步之基础，文化或迟或早必然随着生产力形态和社会关系的改变而变化。如前所述，从生产力来说，人类文化由牧畜文化到农业文化、工业文化、超工业文化，每一时代的文化各有其特点，如“牧畜之民拙而猛，农业之民朴而宁，工业之民巧而狂”③；后一阶段对前一阶段既有继承也有抛弃，既有得亦有失，如“农业之民，失之于弱而佞；工业之民，失之于躁而奢”，惟希望超工业文化能自觉设计文化之发展，从而“能保工业文化之长而免其短者”④。从生产关系和社会制度来说，中西方古代文化、西方资产阶级文化中都有“永久价值的永远不磨的东西”⑤，这些传统文化中的优质要素是建设社会主义新文化的必要条件。因此，从生产力、生产关系的角度来看，文化体现着连续性与变革性、绝对性与

---

① ［苏联］列宁：《青年团的任务》，《列宁专题文集·论无产阶级政党》，北京：人民出版社，2009年版，第281页。

② 张岱年：《文化通诠》，《张岱年全集》第1卷，石家庄：河北人民出版社，1996年版，第341－342页。

③ 同上，第342页。

④ 同上，第343页。

⑤ 张岱年：《世界文化与中国文化》，《张岱年全集》第1卷，石家庄：河北人民出版社，1996年版，第154页。

相对性的统一。在这个问题上，既要防止固执于文化之“常”而拒斥变革性的因循守旧，也要反对固执于文化之“变”而盲目割裂连续性的文化虚无主义这两种思维偏向。

三、文化的民族性与世界性

张岱年的文化类型论要解决的问题，是“有创造力之诸民族，各自创造其独立文化，于是文化有不同之类型。各类型之同异何如?”① 也就是要正确理解文化的民族性与世界性、独创性与交融性的关系，这是文化的特殊性与普遍性关系的一个具体表现。

张岱年始终从整体上来理解中西文化之异同，他认为：“一切文化莫不大同，所异只在偏重。东方文化所有之种种，在西方非无，不过不发达，或只具萌芽。西方文化所有之种种，在东方非无，亦不过不发达，或只具萌芽”，中西文化“只是程度上的不相等”，而“中西文化精神”并没有“根本上本质的不同。”②为什么“人类文化大体相同”呢？张岱年认为这是“以人性大体相同故，以地上环境大体相同故”③。（1）从人性来说，所谓“性”皆“就一类物而言，即一类物之共同的特点。一类之物，虽有共同性质，而其具有此性的状态不同”④，“人性”是指“人类共同的性质”⑤，人之“尽性”即“扩充人之所以贵于禽兽者”⑥ 而臻于“理生合一”的圆满生活境界。从唯物史观而已，“尽性”的真正实现也就是以高度发达的社会生产力为基础而扬弃分工、消除“特殊利益和共同利益之间”的分裂，把异化劳动转化为真正自由自觉的创造性活动，进入“任何人都没有特殊的活动范围，而是都可以在任何部门内发展，社会调节着整个生产，因而使我有可能随自己的兴趣今天干这事，明天干那事，上午打猎，下午捕鱼，傍晚从事畜牧，晚饭后从事批判，这样就不会使我老是一个猎人、渔夫、牧

---

① 张岱年：《文化通诠》，《张岱年全集》第1卷，石家庄：河北人民出版社，1996年版，第340页。

② 张岱年：《西化与创造——答沈昌晔先生》，《张岱年全集》第1卷，石家庄：河北人民出版社，1996年版，第249页。

③ 同①，第343页。

④ 张岱年：《认识·实在·理想》，《张岱年全集》第1卷，石家庄：河北人民出版社，1996年版，第451页。

⑤ 张岱年：《人与世界》，《张岱年全集》第1卷，石家庄：河北人民出版社，1996年版，第389页。

⑥ 同①，第341页。

人或批判者"[①] 的共产主义社会。(2) 从生活实践来说，人类所处的自然环境虽有不同，但"人们为了能够'创造历史'，必须能够生活。但是为了生活，首先就需要吃喝住穿以及其他一些东西。因此第一个历史活动就是生产满足这些需要的资料，即生产物质生活本身"[②]。

人类诸文化系统大同而小异，其共同趋向和基本手段大致相同，在改造自然并同时改造人性的"穷则变、变则通"的历程中都要"由牧畜进而为农业，由农业进而为工业"，由工业而"超工业"。例如，在社会理想上，中国的"大同"理想与西方的空想社会主义都源远流长；在思维方式上，中国先秦时代的名辨之学虽然不如西方古希腊时代的形式逻辑之完整、精密，但也达到很高水平；中国先秦时代的辩证思维（"辨惑法""观复法""反衍法""通变法"或"解蔽法"）足以与希腊的辩证思维（如赫拉克利特的辩证法）相媲美，这说明各种文化类型在思维方式上既有普遍的共同性，亦有相对的差异性，如斯宾诺莎与康德的思想有比较接近东方之处，而中国先秦的荀卿、唐朝的刘禹锡、清朝的戴震的思想倾向都比较接近西方近代哲学。因此，中国学界 20 世纪 20—30 年代认为中国文化是主静的、西方文化是主动的，以及中国文化是精神文明、西方文化是物质文明等议论，实际上都是脱离人类文化实践的抽象的片面观点。

在人类文化大体相同的前提下，张岱年认为各民族独立创造之文化皆有其特异之点而不能尽同，"每一独立文化之特异之点，常历久而弥显，而为一民族之文化之一贯精神"，"各文化之不同，在于其畸重畸轻之不同，在于其何种倾向为主导"[③]，这种"特殊的精神""一贯的性征"[④] 或"一贯的偏重"[⑤] 就是文化的民族性，它是"反映特定民族文化类型的基本特质"，"能够反映特定民族的民族精神"，"具有超越性，即具有超越时代、阶级的内容和精神，与民族存亡

---

① ［德］马克思，［德］恩格斯：《德意志意识形态》，《马克思恩格斯选集》第 1 卷，北京：人民出版社，1995 年版，第 85 页。

② 同上，第 79 页。

③ 张岱年：《文化通诠》，《张岱年全集》第 1 卷，石家庄：河北人民出版社，1996 年版，第 343 - 344 页。

④ 张岱年：《关于中国本位的文化建设》，《张岱年全集》第 1 卷，石家庄：河北人民出版社，1996 年版，第 232 页。

⑤ 张岱年：《西化与创造——答沈昌晔先生》，《张岱年全集》第 1 卷，石家庄：河北人民出版社，1996 年版，第 249 页。

共始终”①。

那么，文化民族性的成因何在？张岱年认为，“地域不同是比较疏远的原因，生产力发展的程度不同是切近的原因”②，此外还有文化的变化迟速、发展阶段等差异。按照各民族文化的特异点而加以区别，人类文化可以分为“以战胜天然而餍生之欲为基本倾向”的、“主益”的“希腊型”的“向外之文化”，“以人神合一而消弭生之欲为基本倾向”的、“主损”的“印度希伯来型”的“向内之文化”和“以天人和谐而节适生之欲为基本倾向”的、“尚中庸”的“中华型”的“内外合一之文化”。③ 如果以中国文化的儒、墨、道来概括，则可以说“中国文化为儒家型，印度文化可谓道家型，而希腊文化可谓为墨家型”④。可见，中西文化在“变易人性”与“改造自然环境”上各有所偏重，“世界上的不同类型的文化，如中、西、印的文化，亦各有所见，各有所蔽。不同的文化各有所见，即各有独到之处，各有独特的贡献”⑤，都是人类文化这棵大树所不可缺少的有机组成部分。从这个意义上来说，各民族文化无所谓优劣之别，而是既各有其独特贡献又各有其偏蔽。张岱年认为，随着世界性的社会主义的到来，各民族文化将踏上克服民族文化差别的道路，“然而世界性不是无民族性，在民族存在的限度内，不能有无民族性的文化……在将来，将无有所谓东方文化与所谓西方文化的对立，但亦非无东西之殊”，各民族文化中的具有不磨价值的文化元素在本质上是对人类整个文化的贡献，将来民族文化消灭之时，“各民族文化中的优秀元素将被世界化；即使不能世界化，亦将被保持为世界文化内部变异中的某地方的特性。这样，民族文化的优秀元素，不仅不会随着民族文化的消灭而消灭，反而能得到世界化，这也是辩证的行程”⑥。

文化的世界性寓于文化的民族性之中，人类文化是各民族文化多元并存、交相辉映的统一体。因此，对待人类诸文化的正确态度是：一方面，必须保持全世

---

① 李宗桂：《传统文化与现代化之间——中国文化现代化的哲学省思》，北京师范大学出版社，2011年版，第49、50、50页。

② 张岱年：《世界文化与中国文化》，《张岱年全集》第1卷，石家庄：河北人民出版社，1996年版，第152页。

③ 张岱年：《文化通诠》，《张岱年全集》第1卷，石家庄：河北人民出版社，1996年版，第344页。

④ 同上，第344－345页。

⑤ 张岱年：《中国文化的光辉前途》，《张岱年全集》第7卷，石家庄：河北人民出版社，1996年版，第243页。

⑥ 同②，第153、155页。

界各民族文化的多样性、多元性，尊重各民族独立选择发展道路的自主性、创造性。从来不会有放之四海而皆准的唯一的文化模式，不能以某种特定的文化模式来限制各民族的文化发展道路，前苏联文化模式并不适合于其他民族，美国文化模式同样也不是人类文化发展的最高典范，各民族都应该立足于其历史传统和具体国情而自主选择其发展道路，创造性地追求“理生合一”的圆满境界。同样的，多民族国家内部、各地区之间也应该充分尊重其文化资源的特殊性，选择突出地方文化特色的发展模式，防止简单复制和盲目趋同。另一方面，必须看到各民族文化都有其优点与弊端，都需要在平等开放的环境中对话交流、和谐共生，多民族文化的共存不是自身的生存威胁而是发展机遇，“不同民族的不同类型的文化传统，彼此之间，相互影响，交光互映，这是文化发展的正常情况。摄取外来文化，从而丰富自己的文化传统，这是文化发展的一个正常途径”①。机械的、狭隘的文化冲突论是没有出路的，“脱离世界文化发展的正道去谈民族文化的发展，必然陷入民族自我中心主义的泥坑，必然产生封闭保守的狭隘心态”②。“天下同归而殊途，一致而百虑”（《易传·系辞传》），各民族文化的和衷共济、百花齐放、共同繁荣就是人类文化的正道。

陈寅恪曾提出：“其真能于思想上自成系统，有所创获者，必须一方面吸收输入外来之学说，一方面不忘本来民族之地位。”③ 张岱年对此深表赞同，认为对艰难转型中的中国传统文化而言，“一方面不要使中国文化完全为西洋所克服而归于消亡，要使中国仍保持其特色的文化；同时另一方面，又要使中国文化与世界文化相适应，使中国文化变成新的，而成为新的世界文化之一部分。也即是，固要吸纳西洋文化，却又要避免为西洋所同化；其吸纳西洋文化，要按着一种表准，但此表准是依中国文化之特性及现代的需要来决定的。换言之，即是要建设新的中国文化，既非旧文化，也非西洋文化之附庸”④，中国文化必须在确保自身的民族独立性的前提下“截长补短、兼采并纳西洋近代之创获，以裨益固

① 张岱年：《文化传统与现代化建设》，《张岱年全集》第6卷，石家庄：河北人民出版社，1996年版，第159页。

② 李宗桂：《传统文化与现代化之间——中国文化现代化的哲学省思》，北京师范大学出版社，2011年版，第53页。

③ 陈寅恪：《审查报告三》，冯友兰：《三松堂全集》第3卷，郑州：河南人民出版社，2001年版，第462页。

④ 张岱年：《关于中国本位的文化建设》，《张岱年全集》第1卷，石家庄：河北人民出版社，1996年版，第229－230页。

有之精神，而卓然自立于世，与人并驾而不仅追随于后”[①]，必须在全盘西化、保守旧文化和平庸调和之间另辟新路，走出一条“带着中国的特色”的社会主义文化发展道路。

张岱年对文化的系统性与可分性、连续性与变革性、民族性与世界性等一系列基本矛盾的阐发，充分体现了他对唯物史观基本原理与唯物辩证法的对立统一规律、质量互变规律、否定之否定规律的圆熟运用。[②] 以文化系统论、文化变迁论、文化类型论为核心的文化哲学“元理论”，为进一步探讨中、西、马文化资源的客观分析与综合创新奠定了重要基础。

正是因为有着方法论的高度自觉，张岱年文化哲学体现出两个显著特征：

第一，具有比较严密完整的理论体系，体现出真理性与人民性的高度统一。

张岱年文化哲学以马克思主义的唯物辩证法和唯物史观为指导，扎根于中国传统文化之深厚土壤，主动汲取西方文化之精华。同时，难能可贵的是，它始终坚持对马克思主义、中国传统文化和西方文化都保持一种“批评的精神与客观的态度”，摒弃“盲信”与“盲诽”、机械与独断，因此能够在三者的良性互动中取精用宏、含英咀华而创造出富有中国特色的马克思主义文化哲学。它坚持以“人类改造自然环境同时亦变易人性之成就”[③] 来界定“文化”，兼重内外、古今、中外三个维度。它坚持文化体系的整体性与可分性、连续性与变革性、民族性与世界性之统一，为反对“全盘西化”论和现代新儒家为代表的文化保守主义奠定了坚实的理论基础。它坚持“兼容多端而相互和谐是价值的最高准衡”[④]，追求以“动的天人合一”与“群己一体”之辩证统一为内涵的“理生合一”或“生活之圆满”，体现了以人为本、实现人类解放和自由全面发展的崇高理想。因此可以说，这种文化哲学具有“阶级性”“时代性”[⑤] 和民族性、先进性等基本特征，是中国化马克思主义文化哲学的重要代表。

第二，张岱年文化哲学始终坚持中国特色社会主义的发展方向，与“全盘西

---

① 张岱年：《文化通诠》，《张岱年全集》第1卷，石家庄：河北人民出版社，1996年版，第344页。

② 冯国瑞：《文化哲学研究的伟大先驱者》，王中江主编：《学思之境　人格魅力——纪念张岱年先生诞辰100周年》，北京大学出版社，2012年版，第338－342页。

③ 同①，第340页。

④ 张岱年：《客观世界与人生理想》，《张岱年全集》第7卷，石家庄：河北人民出版社，1996年版，第410页。

⑤ 沈志远：《新人生观讲话》，上海：生活书店，1946年版，第21页。

化”论和现代新儒家为代表的文化保守主义在哲学基本立场和方法论、中国文化的发展前途等根本问题上进行了不妥协的思想斗争。它始终自觉配合中国共产党的文化方针、政策，与党中央提出的“有中国特色社会主义的文化”“社会主义和谐社会”“中国特色社会主义文化”等精辟概括“在内容上和精神上都是完全一致的”①，从学理和实践上都有力地保障了中国特色社会主义新文化发展的正确方向，这充分表明了这种文化哲学的真理性与现实性。

近百年来的中国化马克思主义文化哲学，涌现出以毛泽东、侯外庐、张申府张岱年兄弟、冯契等为代表的学术流派，它们既有基本立场、核心理念、理论目标的根本一致，也有着理论任务、个人素养、学术兴趣、思想风格等多方面的显著差异，呈现出“统一”与“分殊”相统一的基本格局，这就使中国化马克思主义文化哲学在整体上避免了偏滞僵化而永葆其生机活力。在长期的发展过程中，它们之间既有平等、友好的相互批评和学术争鸣的良性互动，也曾经发生过这样那样的误解和独断、粗暴作风。当代中国化马克思主义文化哲学的发展必须充分汲取过去的经验和教训，摒弃狭隘的门户之见，在弘扬学派个性的同时更要保持高度团结。

我们党一贯重视毛泽东思想和中国特色社会主义理论体系的创新、宣传、教育，培养了一大批优秀理论工作者，这似乎可以称为“主流派”。同时，侯外庐学派和张申府张岱年学派、冯契学派等都具有比较纯粹的学术性，这可以称为“学院派”。其中，张申府张岱年学派已经形成以张申府、张岱年为代表的第一代，代表作有《张申府文集》《张岱年全集》和《中国文化论争》等；有以曾亲自受教于张岱年并高度认同其综合创新文化观的一批学者，如刘鄂培、衷尔钜、方克立、程宜山、王东、刘仲林、李存山等为代表的第二代，代表作有《综合创新——张岱年先生学记》和《中国文化的综合创新之路》《中国文化论争》《中华文明论》《中国传统文化综合与创新》《气论与仁学》等著作及一系列专论。当代中国化马克思主义文化哲学的发展，应该继续增强学派意识，采取有效措施争取、教育、培养优秀中青年理论工作者，使老一辈开创的中国化马克思主义文化哲学得以永续传承、不断创新。

① 方克立：《大力宣传我们的文化主张——“综合创新”论——〈中国文化与文化论争〉读后》，《光明日报》，1992年1月27日第3版。

从“五四”新文化运动算起，中国化马克思主义文化哲学已有近一百年的发展历程，在与保守主义文化哲学和西化派文化哲学的长期论争中逐渐取得主导地位，成为中国现当代文化发展的指导思想。当代中国文化哲学的最健康、最现实的发展模式仍是“以马克思主义哲学为基础和主导的中、西、马‘三流合一’、综合创新之路”，“张岱年先生在半个多世纪以前所倡导的以辩证唯物论为基础和主导的中、西、马‘三流合一’、综合创新之路，仍然是新世纪中国哲学发展的正确方向和现实道路”[①]。后来者应该继承先辈的优秀传统，继续沿着前贤所指引的光辉大道阔步前进，不断把中国化马克思主义文化哲学推向新的更高境界。

（作者系河北师范大学马克思主义学院、河北师范大学张申府张岱年研究中心副教授）

① 方克立：《张岱年先生与二十世纪中国哲学》，《中国社会科学》，2005 年第 2 期。

心性论与哲学诠释学交互下的理解活动

◎李海东

潘德荣教授提出："当代诠释学所应取的发展方向"，是"将诠释学的任务定位为立德弘道之学，使所有的诠释活动都以'德行'为核心而展开"。[①] 本文对伽达默尔哲学诠释学的梳理，一方面以理解活动为主线，另一方面即在与中国儒道心性理论交互中进行。心性论始终是一种解释活动，哲学诠释学本身也是一种哲学，因此这个交互既是在哲学诠释学中对心性论的反思，也是在心性理论中对哲学诠释学的反思。两个反思是一体的，凡反思活动都属于心官（"心官"一词取自《孟子·告子上》第十五章"心之官则思"一语）的意识运动。

一、通过自身的自身解释

本体诠释学要求，解释者要有自省、自我意识，从而使其自身成为解释活动和理解活动的对象。这个要求对于心性论范围内的解释活动应是有效力的。为什么呢？因为心性论的解释对象是人的心、性、仁、理等，这些东西都不是物，当心官只是用理解一个认知客体的方式去理解自我或他人这样的生命时，他所理解的已经是作为认知客体的人，人之为人的本质性的东西已经在解释活动开始之前就被取缔了。心官若要理解到一个真正的人心、人性，他就必须要去理解一个正在生活中的人，因此他必须要理解他自身，心性论解释的重心便从解释对象那里回溯到解释者自身上来了。当心官正尝试去理解他自身时，他要理解的这个自身既是解释对象，但同时又是解释者，因此解释者与解释对象是同一的。解释者如何认识自身呢？那就是说，心官在这个解释活动中是要通过自身去理解自身的。

---

① 潘德荣：《论当代诠释学的任务》，《华东师范大学学报》（哲学社会科学版），2015 年第 5 期。

谈解释，一般指对经典文本的解释。但由上文分析，哲学诠释学会提出要求，心性论经典文本的解释需要与作为文本解释者的心官对其自身心、性的解释一体起来、互动起来。经典文本，无论是文字，还是其描述的生活经验和思想世界，都只是对“道”的隐喻，不是道本身，心官的目标是得道，但道不是一个物、不是一个经验性知识，心官无法通过直接承继的方式得到道，心官只能在面对生活实情、对待困境、与经典对话中将自身生命潜存的道实现出来。这样，本体诠释学不是一个技艺、不是一个方法论，而是强调心官要通过自身去理解和呈现在自身生命中的道。文本诠释仍然是主要的工作，但解释活动的模式已有不同。

在接受本体诠释学训练之前，自我在学习过程中也会强调实践，强调将所学的心性理论应用于当下的生活实践。自我可能想通过学习心性论，精心绘制出一个心性图式，然后期待在今后遇到困境时，将其像锦囊一样拿出来，这是行不通的，这种办法仅适用于对技术性工具的使用。心官对心性理论的探索、应用、践行等活动必须是当下的，必须与解释活动、理解活动是同时的，否则便是不通过自身的，便是脱离自身的。圣贤用文字记录下古人面临的人生困境与他们的解答，这便是经典文本呈现出的圣贤生活经验与他们的思想世界，心官需要在对照中将自身当下正陷溺其中的相关境遇、困境找出来，再依据文本去猜度圣贤们的思考和对待办法，然后以内具的心性智慧为标准，在当下心性实践中不断做新的尝试。

以上便由解释者与解释对象的同一，进一步推至文本解释与解释者自身解释的同一。但如何将这一心官向自身的解释活动落到实处呢？以阳明“克私”工夫为例。《传习录》载：“然知得善，却不依这个良知便做去；知得不善，却不依这个良知便不去做。”[①] 这是讲工夫论困境，知得自身之私，却去不掉。阳明说：“未有知而不行者。知而不行，只是未知。”[②] 不能克私，便因为未真正把自身的私找到。所以有“认贼作子”之说。那为什么找不到私呢？或许是因为，心官只是在认知心中将自身的私当作一个客体，要将其找出来，然后灭掉。但实

① ［明］王守仁撰，吴光、钱明、董平、姚延福编校：《王阳明全集》第1卷，上海古籍出版社，2011年版，第317条，第135页。条数是另加的，见陈荣捷：《传习录详注集评》，上海：华东师范大学出版社，2009年版，下同。

② 同上，第5条，第4页。

际上，心官要找的私正是这个“正在找私的心官”其自身所具有的、在其中的私，当心官设想通过找私、灭私来实现完善人格时，这一设想便在私之中。实际上，他正需要在找私、灭私这一当下意念中去体会自身之私，找私、灭私这一意念便是心官的当下心性实践，心官要通过自身当下实践来体会自身之私，他绝无可能将自身生命活动放置一边，去另找一个可去掉的私，他必须要克他在其中的私，他必须到当下言行意之所由处的地方去体会自身。阳明批评弟子萧惠说，如今你虽“一心要做好人”，却终日外求名利，故“汝今正是认贼作子”①。又直指弟子陆原静的工夫是在私之中的工夫，“只‘养生’二字，便是自私自利，将迎意必之根”②。又针对学圣人话题提出：“只要此心纯乎天理处同，便同谓之圣”。“圣人之才力亦有大小不同。”后儒却“流入功利”“希高慕大”，故而“只在分两上较量”，“欲专去知识才能上求圣人”③，等等。又就求静工夫说：“欲求宁静，欲念无生，此正是自私自利、将迎意必之病。”④ 这“一心要做好人”“养生”“求圣人”“欲求宁静”等，便是心官当下的生命活动，心官就要在这个生命活动中去体会它们从何而来，为何而来，它们是必然的如此而来，还是心官对这言行意所从出的地方拥有自作主宰权，等等。仁、道、私，这些心性世界中的东西，大概需要在这样的解释方式中来理解。

再以《孟子》中“求放心”工夫为例。《孟子·告子上》第十二章说：“指不若人，则知恶之；心不若人，则不知恶，此之谓不知类也。”《告子上》第十一到十三章的三个譬喻都是讲“不知类”，另两个譬喻是“有鸡犬放”“拱把之桐梓”。孟子没有对“不知类”下定义，也没有详尽分析如何从不知类走向知类，似乎可惜。这或是经典文本的典型论证方式。这里讨论的是人，人的心，是生命本身，即使孟子描述出得道的具体过程，但文字已不是生命活动本身，只是隐喻，自我单单凭靠认知性的学习这样的心性论文字，是无以得道的。《尽心上》第十五章说：“孩提之童，无不知爱其亲者；及其长也，无不知敬其兄也。”对仁义是“良能”“良知”。能知而不为，为什么呢？《告子下》第二章说，非气

① ［明］王守仁撰，吴光、钱明、董平、姚延福编校：《王阳明全集》第 1 卷，上海古籍出版社，2011 年版，第 122 条，第 40－41 页。

② 同上，第 161 条，第 75 页。

③ 同上，第 99 条，第 35－36 页。

④ 同上，第 162 条，第 76 页。

力上不能，乃是心志上不为。《告子上》第六章说："求则得之，舍则失之。""求得"取决于求，求取决于"欲求"，欲求才是"求放心"工夫的根本。心官一旦发动起工夫，诸经典、诸路人皆可为我师，故在《告子下》第二章中，当曹交欲学于孟子时，孟子说："夫道，若大路然，岂难知哉？人病不求耳。子归而求之，有余师。"可见，在孟子对"求放心"工夫的叙述中，他没有强调区分出一个"在放心中的心体"与一个"求得放心后的心体"，对其详细定义和分析，描述出从前者到后者的可靠工夫论路径等。因为对于一个在放心中的心官来说，他的求放心工夫能否有成效，取决于他当下瞬间他在其中的放心状态是否被知晓，取决于他在文本解释活动中有没有触及到他当下在其中的放心状态，取决于他有没有将正在"做求放心工夫"、正在解释《孟子》文本的自身当作去体会、理解的对象。如果心官让始终在放心状态中的自身一直在工作着，一直在认知官能中去苦苦思索求放心理论，却又对自身没有反思到、意识到，那么他对求放心理论的知性思考将会越来越系统、深入，但唯有那个做这项工作的、在求放心状态中的其自身没有变化，一直停在对自身无意识的封闭中。孟子不忘指而忘心、"求则得之"等经典表述，直指那正环顾左右而言他的心官，使其无所逃脱。儒道心性论、工夫论的本质性义理即隐藏在这种描述方式之中，而又与本体诠释学的一些哲学观点相呼应。

二、理解总是前理解

上文提出，要从解释文本上升到在文本解释中解释自身，这是任务，而途径呢，心官必须通过自身来解释自身，总的来说，心官的解释活动在使命上是要呈用自身内具的仁、道。在这解释过程中，心官是主角，那心官是有局限的吗？《庄子·齐物论》说："夫随其成心而师之，谁独且无师乎？"陈鼓应教授说："成心：成见之心。""以成《疏》为确。成玄英说：'域情滞着，执一家之偏见者，谓之"成心"。'"① 陈教授解释"夫言非吹也"为："意指言论出于成见，风吹乃发于自然。"②《人间世》中孔子对颜回说："犹师心者也。"陈教授解释

① 陈鼓应注译：《庄子今注今译》，北京：商务印书馆，2012年版，第62、63页。
② 同上，第62、64页。

为："师法自己的成心，执着于自己的成见。"① 通常来说，心官总是成心，总是局限的，心官具有的总是成见。这样具体的说，成心便成了解释活动的主角。不单单作为解释对象的心官是在成见中的成心，作为解释者的心官也是成心，因为心官是要通过自身解释自身的，因而对成心的理解活动本身一定是在成心、成见中的。

劳思光先生在《齐物论》疏解中便描述了成心在构建知识时的情形。《齐物论》说："道恶乎隐而有真伪？言恶乎隐而有是非……道隐于小成，言隐于荣华。"② 劳先生疏解说：

"庄子将'道隐而有真伪'看作已成立之命题……一切理论之建立，皆必受一定之限制……故每一理论皆表一有限之知识，亦为一未完成之知识，依此，则每一理论既有所肯定，有所否定，而本身又为未完成者……此种知识既无绝对性……故任何一理论成立时，所显示之'是非'（肯定与否定）皆不能与'最后之真'相符。理论建立是一'小成'，而如此之小成，正足使心灵局限于此，而不能观最后之真或全体之真。此即所谓'道隐于小成'。"③

《齐物论》接着说："故有儒墨之是非，以是其所非，而非其所是。欲是其所非，而非其所是，则莫若以明。"④ 劳先生疏解说：

"此即表示，儒墨等学派之学说，庄子认为皆属一定限制下之成见。"⑤

"庄子认为儒墨各囿于成见。而欲破除彼等之成见，则唯有以虚静之心观照。易言之，道家不执著此类成见……以虚静之心照之，则存有之真相显出，乃得一超经验之观悟……此即庄子所谓'明'。"⑥

心官在达到道、仁之前所具有的一定是成见。劳先生从知识论角度疏解庄子观点说，一切理论，其建立"皆必受一定之限制"，从结果上看，就是"皆表一有限之知识"，"为一未完成之知识"，在真理性上"无绝对性"，因而与"最后之真"相比较是"小成"，乃至儒墨学说等"皆属一定限制下之成见"。依此，心官的有限性是必然的，这个成心所成就的理解一定是小成，理解活动从启动到

---

① 同陈鼓应注译：《庄子今注今译》，北京：商务印书馆，2012 年版，第 136、137 页。

② 劳思光：《新编中国哲学史》第 1 卷，桂林：广西师范大学出版社，2005 年版，第 198 页。

③ 同上，第 198 页。

④ 同上，第 199 页。

⑤ 同上，第 199 页。

⑥ 同上，第 199 页。

得出结论，再到下一环节的理解活动，始终便是在成见中。

伽达默尔说，心官只要在理解时，便“总是在完成一种筹划”，预先给文本“某个最初的意义”，并且“这样一种预先的筹划”，“当然不断地根据继续进入意义而出现的东西被修改”。[①] 这便是说，“对文本的理解一直受到前理解的前把握活动支配”[②]。因此，在哲学诠释学中，“前理解”强调一种在先的预期、筹划。心官的解释活动要通过自身，自身不可能是空白的，一定有前理解，前理解又常日日以新，解释活动因而一定是前理解不断得到更新的一个连续的历程，每一个新理解相对于下一环节的理解又都是前理解。若将前理解与《庄子》中的成见类比，便可说，这个前理解一定是成见，一定在局限性中。因此说理解总是前理解，便意味着理解总是有限的，理解总是成见。

伽达默尔说：“真正的经验就是这样一种使人类认识到自身的有限性的经验。”[③] 心官能够认识到，那个作为解释对象的自身总是有限的，为了提升自身所做的解释活动也始终在成见、前理解中，前理解需要不断地推进。但这样，心官就算认识到自身在理解活动中的有限性了吗？心官每每达到一个新的理解时，可能会惬然自得一下，并且也乐意开放性地迈向下一步的理解，但当他惬意时，他已经假定了当下的理解在当下瞬间和境遇中触及到了一点真理性，他对自身与真理性在这一点上的当下连接是有自信的。这时，被心官忽视的一个问题在于，解释对象是成心，解释者也是同一的成心，也有局限，所有的新理解都是由心官所给出的、所认定的，未必可靠，一方面，假设此时它在某一点上触及到了真理，也只能是真理一个具体和有限的呈现，只能是一孔之见；不过另一方面，它未必就真的触及到了真理，它之所以被认定为一个新的理解成果，它的可靠性，都是心官自以为的。伽达默尔引述海德格尔的话说，“解释理解到它的首要的经常的和最终的任务始终是不让向来就有的前有、前见和前把握以偶发奇想和流俗之见的方式出现，而是从事情本身出发处理这些前有、前见和前把握，从而确保论题的科学性”，如果做不到这一点，诠释活动就可能成为“一种恶性循环”。[④]

---

① ［德］汉斯－格奥尔格·伽达默尔著，洪汉鼎译：《真理与方法》，北京：商务印书馆，2007 年版，Ⅰ卷第 271 页。

② 同上，Ⅱ卷第 61 页。

③ 同上，Ⅰ卷第 363 页。

④ 同上，Ⅰ卷第 270－271 页。

这样，恒在成见中的心官仍可（且必须）为其理解的真理性找到可靠的标准，那就是“从事情本身出发”，也只有这样，才能避免使前理解“以偶发奇想和流俗之见的方式出现”，陷入坏的使用。但理解是否符合于事情本身，便不是一时、一次所能确定的。因此，无论心官对其一时的理解在情绪上多么自豪，他必须始终要意识到，这一时的理解是否哪怕在一丝程度上契合于事情本身、算得一孔之见，这都完全不是他此时可以独断的。

三、前理解的开放性

伽达默尔说，“理解的经常性任务就是构造正确的、与事物相称的筹划，这就叫先行冒险”①，“理解的经常任务就是作出正确的符合于事物的筹划，这种筹划作为筹划就是预期”②，先行冒险、预期“应该不断‘由事物本身’得到证明”③。那么什么是事情本身呢？他又介绍海德格尔的看法说，理解活动需要“对预期有意识，以便能控制预期并因而从事情本身获得正确的理解”④。那么对预期、前理解的控制又是什么呢？

“控制”预期、前理解首先要意识到它们。但心官从意识到它们的存在—理解总是前理解—出发，进一步又会意识到，在解释活动中，一方面需要跟随着前理解往前走，“除了构造出自我保证的前意见外，没有任何其他的‘客观性’”⑤，客观性必须要在主观性中实现；另一方面，需要不断从事情本身出发，去检查前理解“是否合法”，“检验它的来源和作用”⑥，时刻保持着对它的反思。孟子说仁义内具，阳明说心即理。因为心官通过解释活动要到达的是自身本具的心体、性体，而“仁是可以在我们的真实生命里具体呈现的”⑦，仁是“具体的普遍性（concrete universality）”⑧，因此，这个事情本身并非是客观在外的东西。在困境

① ［德］汉斯－格奥尔格·伽达默尔著，洪汉鼎译：《真理与方法》，北京：商务印书馆，2007 年版，Ⅱ卷第 60 页。

② 同上，Ⅰ卷第 272 页。

③ 同上，Ⅱ卷第 60 页。

④ 同上，Ⅰ卷第 274 页。

⑤ 同上，Ⅱ卷第 60 页。

⑥ 同上，Ⅱ卷第 60 页。

⑦ 牟宗三：《中国哲学十九讲》，上海古籍出版社，1997 年版，第 34 页。

⑧ 同上，第 31 页。

中的心官，不应是来寻求经典世界的庇护，乞求从经典文本中得到一点营养，以让奄奄一息的自身获得喘息。事实上，心官在解释活动中是不卑微的，他要意识到自身那无与伦比的身份和职分。他不仅是解释活动的发动者、主导者，乃至通过解释活动要实现的道、仁，就潜存于其生命体中，并且必须要通过其自身才能将其实现出来，舍此无他！他走到经典旁边，沐浴在圣贤之光中，因为他感到自身与经典有共通的趋向，真理和圣贤之光大概也必须通过心官这个载体才被反射出来，但之所以心官能与经典有光的对话，乃至汇聚，或是因为心官本也潜在的是光源，是光之本体。依此，从事情本身出发反思、检验前理解，便不是对外在理想物的单独追寻，而是讲求内在的心体、性体无条件地贯注到理解活动与实践作为中来。与事情相称，不是单单符合于某个外在物，而是内在心性本体与当下境遇、实情世界的相符合，这是一种在体用一体关系中的相符合。

伽达默尔说，诠释学循环“把理解活动描述为传承物的活动和解释者的运动的一种内在相互作用”①，“支配我们对某个文本理解的那种意义预期”，“是由那种把我们与传承物联系在一起的共同性所规定的”②。“事情本身”即是心官与文本之间的这种“在一起的共同性”“内在相互作用”。但因为心官始终在成心、前理解中，道心、仁心在现实世界圆满的呈现实际上不是心官所能独立完成的，不是一次性完成的，而是心官通过与文本、传承物的对话而逐步实现的。这样，“事情本身”就不仅仅是心官独自的体用一如的生命历程，事情本身便上升到心官与文本的对话过程。正因事情本身是体用之间、文本和心官之间的互动关系，因此心官对前理解要“保持开放的态度”，一方面，绝对不能忘掉所有的前理解，不能关闭前理解，具有前理解的心官是互动的一方；另一方面又“不能盲目地坚持”这些前见解③，而要坦率地把对他人或文本的意见“置于与自己所有意见的一种关系之中”④，“谁想理解，谁就从一开始便不能因为想尽可能地彻底地和顽固地不听本文的见解而囿于他自己的偶然的前见解中”，“谁想理解一个文本，谁就准备让文本告诉他什么”⑤，外在他者世界与文本世界则是互动的另一

---

① ［德］汉斯－格奥尔格·伽达默尔著，洪汉鼎译：《真理与方法》，北京：商务印书馆，2007 年版，Ⅰ卷第 298 页。

② 同上，Ⅰ卷第 298 页。

③ 同上，Ⅰ卷第 273 页。

④ 同上，Ⅱ卷第 60 页。

⑤ 同上，Ⅰ卷第 273－274 页。

方。这样，通过对前理解的反思便实现了它的开放性，开放性便是对其局限性的超出，这在某种意义上便是对前理解的“控制”。

依劳先生对《庄子》疏解，破成见，或者叫超越此成见，“唯有以虚静之心观照”，这个“虚静”就体现在对这些成见的“不执着”，这好比阳明讲的“不着意思”，良知本体在接物时譬如“明镜之应物”，妍媸“一过而不留”，“一照而皆真”。① 这样，一方面成见具有了一定的真理性，另一方面又不去假定其一定已在某一点上与事情本身、与真理相触及，即不以其为真，一旦自以为真，便将遮蔽他者、他时的真理性。这便是一种开放性，一种智慧的胸怀。从而“最后之真”“全体之真”便与当下“不以前理解为真”相统一了起来。庄子说圣人“照之于天”，劳先生疏解说“‘明’指用”，就是“排斥成见之封闭性”。② 对前理解若惟用之而不以为真，这便是“明”。由明而有前理解的开放性，这开放性是心官所实现的，实际上是心官的开放性。在虚静之心的明中，成见、前理解便尽其职分而又未超出其职分。若执泥于前理解，是一种超出；若将前理解关闭，是一种失职，都未达到“明”和开放性。

四、前理解的真理性

理解总是前理解，理解与前理解的角色是同一的，讨论前理解的真理性就是讨论理解活动的真理性。就前理解而言，虽然心官不认其为真，从而实现出其开放性，但一个重要的问题是，前理解如何用之？心官在持有前理解时能否创造出真理性来？到底如何显现出一个具体的前理解的真理性？

牟宗三先生在《中国哲学十九讲》中说，与自然科学、数学那种“外延的真理（extensional truth）”相对，儒释道文本讲的是“内容的真理（intensional truth）”。③ 内容真理具有“具体的普遍性（concrete universality）”，与外延真理那种“抽象的普遍性（abstract universality）”不同。④ 比如“孝也是仁的表现”，

---

① ［明］王守仁撰，吴光、钱明、董平、姚延福编校：《王阳明全集》第1卷，上海古籍出版社，2011年版，第167条，第79页。

② 劳思光：《新编中国哲学史》第1卷，桂林：广西师范大学出版社，2005年版，第201页。

③ 牟宗三：《中国哲学十九讲》，上海古籍出版社，1997年版，第20页。

④ 同上，第31页。

"孝的表现是无穷无尽的，它是在一个具体的强度里随时呈现，并且有不同程度的呈现，它是在动态的弹性状态中呈现。它不是一现永现，不是一成永成。所以它是具体的，绝不是抽象的"。[①] 对于内容的真理来说，它的一个特性是现实性，就是它要具体地呈现出来。某人若最终在某种程度上达到了仁，那么当下这一个点何以能在其整体历程中成为一个有意义的点，从而成为整体进程中的一个环节，就是因为在这个点上，虽然心官是有限的，具有的只是当下的这一个前理解，但它仍在当下具体地呈现了仁。对于心官当下生活世界来说，将来的仁是不可知、不存在的，因此不应拿一个将来的或预设的完善真理标准来称量当下的前理解，说其价值是微不足道的，甚至是谈不上什么真理性的。心官越能将目光聚焦在当下的职分上，就越有机会去更好地在当下呈现仁。

内容真理的另一个特性是无条件性。郭象在注《庄子·逍遥游》中"若夫乘天地之正"一句时阐述了他的无待思想。[②] 无待不是消极的，绝不是要消解掉生命的实在性和真理性，恰恰是要更好地实现生命的真理性。"不为而自能"即是天地之正，即是无待。"不为"就是不在有为心中去改变什么，不去创造出特定的条件性，心官只凭借自身即可在当下实情中创造出生命的真理性来。这是无条件的，这个真理性一定在实情界中创造出来的，但又一定是独立于实情界，乃至超出实情界而创造出来的。真理性取决于心官自身内具的道心、仁心，而不是当下实情，老子说"无为"，或即是强调道心呈现的无条件性。说某人有待、无待或有待之巨细，这都是被心官评价、认知出来的，因而成了心官要面对的实情。在这些实情面前，心官可以有何作为呢？对，仍然是无待。故说"有待无待，吾所不能齐也"，心官不能一定将某人从有待状态带入无待状态，但对其毫不侵扰，将一种逍遥、齐物的自在性在自身对待行为中呈现出来，奉送给对方，从而使"各安其性，天机自张，受而不知"，"同于大通"，这却是可以并应该做到的。"各安其性，天机自张"，这便如老子的"自然"；"受而不知"便如老子的"以万物为刍狗""为而不恃"。[③] 这便是说，心官在任何人、实情面前，皆可有无待的作为，皆可实现出真理性。这便是一种无条件性。心官当下一定处在某

① 牟宗三：《中国哲学十九讲》，上海古籍出版社，1997 年版，第 34－35 页。

② ［晋］郭象注，［唐］成玄英疏，曹础基、黄兰发整理：《庄子注疏》，北京：中华书局，2011 年版，第 11 页。

③ ［魏］王弼注，楼宇烈校释：《老子道德经注》，北京：中华书局，2011 年版，第 15、7 页。

个有局限性的前理解中，生命的真理性并不因此就被这个前理解所完全遮蔽了，心官若能开天眼，便能认识到，内容真理是具体的普遍性，讲求的正是心性本体的当机自在呈现。这样，心官就会扎根于当下实情界，看自身的仁心、道心到底可以何样地创造性呈现，前理解向下一瞬间又可以有哪些迈进，等等。从而，心官在当下前理解中创造出真理性是可能的。

不同人、不同时的心官在理解自身心性世界时，会有不同的方式，本文基本的出发点就是心官对在理解活动中的自身进行反思，通过指向自身的理解活动，来反思自身的心性世界及新的可能性。这里的预设是，不同的人有不同的理解方式，正是因为他们各自不同的心性世界造成了这一点。因此，通过自身的理解方式去认识自身，那个被认识的自身便不是从生命体中被抽离出来的客体认知对象，而是那个正在生活中的自身，那个正反思着自身心性的自身。因而本文便算是一个尝试，努力从认识论意义上的自我理解方式出发，并将其推向本体论意义上的自我理解方式。这一拓展心性论讨论场地的尝试正是由哲学诠释学所推动的。

（作者系中山大学中国哲学专业硕士研究生）

客家文化的当代社会治理价值

◎夏　辉　黄　强

推进国家治理体系的现代化，需要吸收和借鉴现代治理理念与制度，也需要强化本土治理资源的发掘与利用。区域文化是承载社会地方治理资源的重要载体，也是社会治理地方化探索与创新的重要支撑。客家文化作为一种具有广泛影响力的区域文化，其承绪于中国传统中原文化，是中国传统文化的重要组成部分和典型代表。梳理客家文化在地方社会治理上的内在功能与实践创新，有助于推进对文化治理功能的理论探索，也有助于加深对治理现代化实践路径的深入思考。

一、区域文化与治理现代化的地方探索

推进国家治理体系和治理能力现代化，是当前中国全面深化改革的一项重要任务。国家治理体系与治理能力的现代化是一个系统工程，需要适应经济全球化、政治多元化、生活多样化、社会信息化等形势要求，广泛吸收现代政治文明成果和现代管理（治理）技术，不断推进治理体系的完善与成熟。但国家治理体系与治理能力的现代化并非源于理念的设计或外来模式的简单移植。习近平总书记强调："一个国家选择什么样的治理体系，是由这个国家的历史传承、文化传统、经济社会发展水平决定的，是由这个国家的人民决定的。我国今天的国家治理体系，是在我国历史传承、文化传统、经济社会发展的基础上长期发展、渐进改进、内生性演化的结果。"① 中国幅员辽阔，各地人文及经济社会差异明显，如果脱离当地的社会文化土壤，不能与地方实践相结合，社会治理就缺少内在生

① 习近平：《完善和发展中国特色社会主义制度　推进国家治理体系和治理能力现代化》，《人民日报》，2014 年 2 月 18 日第 1 版。

命力和实践有效性。

在社会学尤其是在制度主义学派中，文化被当作是影响社会主体行为以及组织运作的重要变量，从而具有鲜明的“功能主义”动态特征。具体到社会治理，文化的功能大体包含三个：一是价值认同，大至国家核心价值观，小至区域的文化共识，都是影响社会治理的首要因素；二是社会权威及权力结构，即社会治理权威如何树立，并实现内部的权力分配等；三是关系网络，即社会内部成员组织起来的网络形态与特征。杜赞奇借助“文化网络”这一概念对此作过详细论述。他认为，“文化网络”由乡村社会中多种组织体系以及塑造权力运作的各种规范构成，既包括在宗族、市场等方面形成的等级组织或巢状组织类型，还包括非正式的人际关系网，如血缘关系、庇护人与被庇护人等关系以及村庄中的门头结构、生育观念、祖先崇拜等以及地方性的规范、知识和礼俗等内容。杜赞奇强调，乡村治理只有充分注重对地方文化网络的认知、接纳、利用和协同，才能有效推进乡村治理。① 因此，地方文化作为文化传统的具体体现，是治理体系本土化实践的重要载体与依托。社会治理体系的地方实践，需要地方文化的渗透和融入。

地方治理体系的建立与完善，需要将国家治理现代化的一般规律、中国特色治理体系的本质要求以及本地的具体实践有机结合起来。从地方文化着手，是探索地方治理体系“一般规律—本土特色—具体实践”之结合路径的有效切入点。与边界清晰的刚性制度不同，文化本身发展隐蔽、缓慢而持重，并且具有一定模糊性、包容性和渗透性。区域文化虽然是特定地域人文历史演进的产物，却贯穿了对跨民族、民族文化及本土文化多重因素的理解，从地域文化入手，社会治理实践可以有效体现出治理普遍性与特殊性、外生性与内生性、理念性与实践性的内在统一。

客家文化蕴藏着尤为深厚的社会治理资源。中国具有五千年文明历史，蕴涵着丰富的政治智慧，存在许多值得发掘和利用的“治道”资源。客家文化凭承自古代中原的河洛文化，后者是中华文明的核心和中华文化的主体。为逃避战争纷乱，客家人被迫从中原一路南迁。逼仄的生存处境以及“身居异乡”的“客

---

① 杜赞奇：《文化、权力与国家——1900—1940 年的华北农村》，南京：江苏人民出版社，2002 年版，第 15 页。

家”身份，反而在一定程度上强化了客家人内心的文化自觉，使其成为中华正统文化的典型代表。与其他区域文化相比，客家文化更具有治理的功能。首先，作为一种移民性族群，客家人为更好地适应外在的艰苦生存环境，除了需要培育强大的内部凝聚力，还必须厚植开拓创新、和谐共生的文化精神；其次，由于远离传统中央王朝，客家人必须自我创制，不断总结自我组织、自我管理的经验。这些，都是客家文化之所以能包涵如此丰富社会治理资源的根源。一定程度上说，客家文化的变迁发展，一直处于外向与内向、德行与世功、理想与实践的多重性格张力之中。他们“爱家”却不“守家”，重“群”又体“己”，崇“文教”又讲“事功”。这种内在的张力，一方面使客家文化具有接绪传统与现代两种文化精神的天然优势，从而使之成为观察中国传统文化现代转型的绝佳样本；另一方面，也使得客家文化相对更容易融入到现代社会的治理实践中，从而成为探讨当前中国社会治理体系的内生性转化的有效切入口。

二、客家文化在社会治理中的实践运用

利用传统文化资源提升社会治理能力必须立足于地方实践。客家文化在培育社会主义核心价值观、推进公民道德建设、完善乡村基层治理、开展志愿服务活动等社会治理实践中，不断传承转化、适应调整，为传统文化推进国家治理体系和治理能力现代化提供了有益的借鉴。

（一）依托族群文化，建立价值共识，培育社会主义核心价值观

建立价值共识，是推进社会良善治理的基础和前提，这需要与区域、群族的特色文化进行有效对接。客家作为与中华传统文化渊源极深且区域特色鲜明的族群，其文化理念和行为习惯与当前核心价值观培育存在很多契合之处。

社会主义核心价值观表述分别从个体、社会、国家三个层面进行分类释义，其目的是实现个体到社会再到国家的价值融合，构建起“个体—社会—国家”三位一体的价值体系。而客家文化既强调个体拼搏奋斗、自信自强的气质，如“好子不贪爷用地，好女不贪娘家衣”“各人洗米各人落锅”“各人食饭各火烟”

“爹有娘有不如自家有”①，又重视以血缘为纽带将个体生命联结成生死与共的整体，如“家中唔和旁人欺，楼中唔和外人欺”，更进一步将对小家（家庭和故乡）的爱延伸到对整个国家、整个民族的爱，如“有树才有花，有国才有家”“舍命才算真英豪、爱国方成大丈夫”②。这既体现了自我拼搏和个体意志的价值，又彰显了家国乡土的集体文化情怀，实现了自我价值与家国情怀的贯通与结合，对形成社会主义核心价值观的共识基础具有重要的启示意义。

价值共识的构建，需要知行合一、体认结合，以认知带动实践，以实践促进认知。客家文化性格中讲究务实。客家人喜欢说：“多下及时雨，少放马后炮。”“枯树无果实，空话无价值。”③ 广东蕉岭县新铺镇上南村林氏祠堂楹联写道：“看尽圣贤书，惟全吾忠，惟全吾孝，乃不愧实学；率由祖宗训，果勤尔读，果勤尔耕，更何让前人。”④ 鲜明地体现了客家人这种志高但不骛远的精神品格。客家文化品格一半来自于族训乡规的训导，一半来自于实践力行的反躬强化。从海外谋生，到起而抗争，客家籍出现一大批富于开拓创新意识的革命家和创业者。这些客家籍乡贤伟人的事迹与话语，反过来进一步成为强化客家人文化认同和价值凝聚的重要媒介。这种知与行、理想与实践的统一，和培育与践行社会主义核心价值观的内在要求正相契合。

客家文化自我强化效应进一步深化了主流价值认同。文化传承和道德教化存在一种“危机强化”的规律，即越是处于边缘或外族压力之下，其文化本性反而保持得越完整、越纯粹。所谓“礼失求诸野”，这有如客家与传统中原文化的关系，也有如海外客家华侨与本土客家文化的关系。这种来自边缘与中心、外来与本土、“出走”与“回归”的内在张力，常常能够反向带动一种文化的复兴。客家文化在近代的繁荣，一定程度上便是这种张力之下的结果。近百年来，无数的客家人为生计行走天下、移民世界，也因此有了“东方犹太人”之称。这些客家华侨不仅为故乡带来文化建设的资金，也带来对本土文化精神的再认识和再

① 梅州市民间文艺家协会：《梅州风采》，嘉应文学杂志社，1989 年版，第 284 页。

② 冯秀珍：《客家文化大观》中册，北京：经济日报出版社，2003 年版，第 715 页。在客家古代诗词、谚语及歌谣中，类似这种化解离乡之愁，抒发报国情怀的作品比比皆是。如“家贫出孝子，国乱识忠臣”“金窝银窝，不如家乡狗窝”“家乡水甜人心，十年不改旧乡音”“树高不离土，叶落仍归根”（冯秀珍：《客家文化大观》中册，第 715 页）。

③ 梅州市民间文艺家协会：《梅州风采》，嘉应文学杂志社，1989 年版，第 282 页。

④ 谢崇德：《客家祠堂楹联辑注》，梅州市政协学习和文史资料委员会 2006 年编，第 167 页。

“创造”。如一年一度的世界客属恳亲大会，其活动内容已从单纯的恳亲联谊，发展到融经济合作、文化交流和学术研讨于一体的活动载体，由此带来的文化反哺及品牌效应，进一步加深了当地民众的文化认同及道德自觉。也由于客属文化与中国传统中原文化的内在渊源关系，客属恳亲大会参与地区也从客家聚集地逐渐向客家发源地延伸。如2014年世界客属第27届恳亲大会由河南开封承办。传统优秀文化借助“他山”的品牌效应，逐渐具有向全国拓展和强化的可能，这进而为全国各地推进道德和文化建设创新，提供了可资借鉴的新思路。

（二）以文教化，开展渗透式德育，推进社会道德建设

加强道德建设，是推进社会良善治理的重要内容。中国地域庞大且文化差异明显，推进道德建设工作除了需要外在统一的宣传教育，更重要的是结合不同地域文化特点，实现道德目标与文化习俗的合理对接。在道德宣传和教化实践中，客家人自古以来存在一套颇具成效的“以文教化”的经验，值得当前深入发掘和传承。

一是以家庭为中心言传身教，实现道德的代际传承。古今中外，家庭都是实现个体社会化、推进社会道德建设的第一道关口，是习得人伦秩序的原点和文化传承的重要载体。客家文化非常注重父辈在子女教育上的作用。听长辈讲故事，几乎是所有客家人儿时的共同记忆。客家语言民俗中有许多教化类的谚语、俗语和歇后语，都意在引导客家儿女做人立事。在督勉后世道德上，客家人最直接的手段是家训族规。在艰难而漫长的迁徙过程中，客家人时刻不忘将族谱、先人的遗训带在身上，以作为维系记忆、团结族群的精神纽带。所谓“宁卖祖宗田，不卖祖宗言”。直至今天，每个客家宗族仍保留修族谱的传统，族谱中的族规家训，主要是教育族人与子弟如何忠公、睦族、读书、做人的劝勉训诫之辞，以及统一族内成员思想行为的道德原则和注意事项。大凡重要场合，族长都会郑重其事地拿出家谱，根据谱上所载的家训给晚辈进行说教和指导。另外，客家家庭对于后代成长的作用，也充分体现为对子女教育的重视。在对嘉应（现梅州）的近代历史记载中，“学校人数几乎超过城内居民的一半。在乡下每一个村落……便有一个以上的学校”①，该地区当前仍是广东教育的重镇。在梅州市最新出版的

① 张卫东，王洪友编：《外国人对客家人的评价》，《客家研究》第1集，上海：同济大学出版社，1989年版，第178－179页。

《图说价值观》中，大量运用图片、对联、剪纸传统文化素材去强调家庭的道德教化与传承作用。2016 年初，习近平等中央领导人多次提到“家风建设”。中纪委网站的《中国传统中的家规》栏目中，首个推出的就是“福建龙岩客家家训”①。可见，从家庭入手，加强代际之间的道德与文化传承，是客家推进道德建设的重要手段，在当代也得到广泛的借鉴利用。

二是通过民俗教化，潜移默化地将规范融入生活体验。道德教化不同于知识教育，其关键不在于外在的强制灌输，而在于经由现实生活体验产生的文化濡染。尤其是幼年时期的文化体验，对于一个人的道德教化作用至关重要。客家的民俗文化丰富多彩，例如祖先祭拜、民歌山歌、打醮游神、走古事犁春牛、汉剧木偶、八音十番等。通过享用这些雅俗共赏的风俗文化，客家人在获得身心愉悦的同时，也在一定程度上达到“化性起伪”的作用。客家人历来非常珍视自身的民俗传统，不论身居何地，客家人几乎是人俗相随，保持着大体相同一致的文化生活习惯。为保护和弘扬客家民俗文化，一些地区也已经开始有所行动。如福建省将上杭木偶艺术列为第一批非物质文化遗产保护名录。为解决传承问题，当地民间还成立“客家木偶文化艺术研究会”，制定了“让木偶戏进校园”的活动方案等。同样，“客都”梅州近年来在保护传统民俗民风方面也开展了大量工作，对于推进本地社会文明建设影响颇大。

三是通过社区文化遗产保育强化文化情感和道德记忆。在台湾、新加坡等中华文化圈地区，往往通过修葺重建旧式文物建筑的方式，即“记忆固化工程”，激发民众的道德感知力，恢复或强化人们的道德记忆和行为自觉。客家地区现存大量以宗族文化为核心的传统文物建筑，如祠堂、碑刻、族谱、堂联等。所有这些文迹、文物尽管历史久远，但仍以一种直观的方式，强化着宗族的集体记忆，教化着后人的成长。为更好地发挥文物建筑的文化功用，客家地区近年来纷纷加强对旧有文物的修葺与开发利用。一些地方围屋被重修，成为乡贤理事会的会议场所；一些地方围屋重建与文化广场建设结为一体，成为当地举办节日庆典的中心。另外，当地政府也积极改造利用旧式书院，并鼓励民间自办特色博物馆。在“文化梅州”发展战略中，梅州也提出将加快对客家文化资源的保护和开发，全

① 《中国传统中的家规——福建龙岩客家家训之一》，http：//v. ccdi. gov. cn/zgctjg/zgctzdjgfjlykjjx/index. shtml。

力打造客家文化大观园和“世界客都”。

四是通过“身边人、身边事”加强道德感召。实现道德教化的最佳手段，莫过于身边人的人格感染与行为示范。对于本地人来说，源远流长的村志村史、传统旧物，其润物无声的教化，可以获得“看得见、记得住、印象深、感染强”的激励和教化效果，往往胜过华丽的博物馆、纪念馆，也胜过宏大叙事的道德教化。客家人一向注重通过组织修撰村史、族史、村歌、村民荣誉榜等形式，强化对民众的道德激励和教化效果。如云浮云安县石城镇留洞村委横洞村将村史、村歌、公德榜等张贴上墙，把1863年第一代村民远迁而来的发展历程、重大事迹以及行孝敬老等善举，进行了详细的记录，通过文化记忆的呈现，发挥了积极的教育作用。[①] 为加强“身边人、身边事”的道德示范作用，梅州政府自2009年起，先后举办六届“梅州市道德模范”推荐评选表彰活动，其中设立了“助人为乐道德模范”“见义勇为道德模范”“诚实守信道德模范”“敬业奉献道德模范”“孝老爱亲道德模范”等五个评选类别，每年约选出20位“全市道德模范”。在贯穿梅州市区的梅江的一座浮桥上，各年度道德模范人相片及事迹被张贴在顶檐横栏及立柱上，每天吸引大量民众驻足观看，成为当地一道亮丽风景。

（三）挖掘文化内生资源，创新基层治理架构，推进新农村建设

乡村治理作为国家在乡村社会引入的民主和治理制度，其效果取决于其与农村社会治理环境和农民生活规则的契合程度。中国农村普遍缺乏有利于村落治理的现代资源，而传统社会的熟人社会、差序格局、人格信任等管理文化资源却非常丰富。梅州作为客家文化的集聚地之一，传统文化得到比较完整的保存，通过不断挖掘乡村治理的内生性资源，创新基层治理模式，在新农村建设实践中取得了较好的成效。

这一基层治理体系能够发挥作用，源于它扎根于传统客家文化土壤。在乡村治理中发挥作用的传统客家文化资源，既包括传统思想文化资源，也包括体现这些思想文化的传统组织及制度资源。一是利用宗族乡贤、族长等权威资源，打造村民理事会。乡村治理的新型权力架构。村民理事会的组织架构由过去的宗祠理事会转化而来，是对传统具有生命力的宗族组织架构的借用。二是利用传统以宗

---

① 黄强：《在文化传承中培育社会主义核心价值观》，《求是》，2014年第6期。

族为中心的熟人社会关系网络，推进村民小组一级的基层自治。村民小组大多是以自然村为基础，有着共同的地缘文化、亲缘文化、习俗文化等，从而让小组村民更有归属感，亲缘文化也使得理事会更有凝聚力和号召力。三是充分利用“出仕为公”的思维传统，推进服务型政府建设和精细化服务。在“乡政”改革上，传统文化与现代服务型政府的结合也焕发出新的生命力。客家传统文化中的做官为民的传统，推动了服务型政府的转型。

以梅州蕉岭县为例。蕉岭县以村民小组（自然村）为基本单位，设立村民理事会，与村委比较，村理事会成为决策平台，而村委成为决策执行平台。这就在基层形成一个决策—执行分开的架构。不仅如此，蕉岭还通过“三制协同”，即体制协同、机制协同、制度协同，实现四权同步，提升了村民选举权，用好了村民决策权，保障了村民管理权，强化了监督权，使“四权”得以同步，打造基层治理的升级版。实践证明，这一架构更能够保障村民自治和参与本村发展与建设，并且实现了农民在新农村建设的主体地位。在乡政层面也实施了系列制度创新：一是合并政府机构，推动服务“向下”；二是整合部门资源，开展服务“下乡”；三是下移办事平台，推动服务“进村”；四是下派镇村干部，落实服务“入户”。

梅州的乡村治理实践依托传统文化激活社区组织的活力和能力，通过社区组织能力建设提升乡村社会与国家、与基层政权之间的关系协调能力，形成自上而下的国家治权与自下而上的乡村治权之间的协商共治，为破解当前乡村社会治理困境提供了重要的参考路径。

（四）搭建乡邻社区关系网络，弘扬守望相助的客家精神，培育志愿服务内生力量

当前客家地区志愿服务呈现出异常踊跃的发展态势。以梅州市为例，目前全市的注册志愿者有近 16 万人，志愿服务组织有 290 多个，开展的项目主要分为扶贫助学、环境保护、关爱特殊群体等三个大类，形成了市、区（县）、镇（街）以及村（社区）四级志愿服务组织体系。梅州市的志愿服务发展，超前于其经济发展的阶段水平，这与客家传统文化的长期浸润不无关系。

首先，客家传统文化中包含了志愿服务理念的现代因子。在客家话语中，“人帮人，冇穷人”“有难就帮，功德无量”“过门就係自家人”“帮来帮去，石

头变豆豉”等有关于团结互助的民谚比比皆是。在客家家训中，“恤孤弱以广慈惠”“见贫苦亲邻，须多温恤”“守望相助，疾病相扶，有无相济”① 等规训也为家族子弟树立起慈善体恤的精神道德标杆。在客家传统中，一些如修桥、修路、封山等非个人力量所能承担的公共事务，也会由宗族出面出资办理，在一定程度上形成了共同举办公益与慈善的规则与习惯。这种重“义”的传统，是客家人对环境的自发适应。流传至当代，成为了培育志愿精神的一种人文财富。

其次，客家人重视乡邻关系网络建构、互帮互助的传统，对当今社区志愿力量的培育提供了重要的文化基础。在中国的社会关系结构中，根据血缘亲缘地缘等标准的不同，存在着“差序格局”特征。而这种关系的边界又具有灵活的延展性，在特定的文化氛围与相对封闭的生活环境下，人与人的交往会具有更高的亲密性与亲和力。如客家地区《大埔黄氏族谱.江夏最要家训》中有“和乡邻”条目：“乡邻乃同井共居，宜出入相友，守望相助，切不可相残相斗，务宜亲乡邻如同骨肉之亲。”② 这表明，客家文化中具有由“己”而及人，由“亲”而及“邻”的力量，这对现代志愿服务特别是社区志愿服务的动员，具有重要的启示意义。

以梅州市梅江区江南街道的社区志愿服务为例。2014 年 7 月，该街道建立家庭综合服务中心，通过引进专业社工，并由其带动壮大义工队伍来提供家庭综合服务。在一年多的实践中，在 13 名专业社工的带动下，街道目前已建立和发展义工队伍 10 支，注册义工近 400 名，其中本土街坊义工达 60% 以上。该街道居民参与社区服务的热情十分高涨，参与社区公益活动的表现十分积极。

江南街道社区志愿服务实践的成功，得益于其与客家传统文化中邻里互助精神的紧密结合。一是充分利用服务与被服务者居住地相近的优势，积极挖掘本土志愿资源。该社区义工队伍大部分由本土街坊组成，从利益关系看，他们本身就与社区公共事务的利益相关；从情感关系看，他们具有共同的生活体验与感受，与被服务对象相对熟悉，因而动员成本较低。二是围绕邻里生活日常开展活动。如关怀孤寡独居长者、开展亲子沟通教育、进行邻里关系调节等。这些活动本身就是客家传统中“友邻”的日常表现，具有强化社区网络、增进社区融合的功

① 管思燕：《客家古邑家训文化对“四德”建设的启示》，《文化学刊》，2015 年第 5 期。
② 李学明：《客家宗族组织治理对社会管理创新的启示》，《社科纵横》，2012 年第 4 期。

能，反过来又为社区志愿活动的开展提供了良好的社会氛围。在当前社会尚未大规模形成参与志愿者活动氛围的情况下，从身边的邻里日常志愿活动入手，带动志愿服务的发展，不失为一种行之有效的引导办法。客家文化和睦乡邻、守望相助的传统，既为现代志愿服务打下了坚厚的基础，又为志愿力量的培育提供了有效途径。

三、关于有效提升地方文化之社会治理效能的几点思考

实践证明，客家传统优秀文化对于促进社会治理具有十分重要的积极意义。进一步加强地方文化在社会治理中的渗透和转化，推动地方化治理现代转型，需要解决好几个基本问题：

（一）提升地方文化的治理效能，需要处理好党的领导与传统优秀文化引领之间的关系

加强对中华优秀传统文化的挖掘和阐发，努力发挥其治理功能和当代价值，离不开党的领导。只有加强党在社会治理体系包括文化治理中的领导作用，才能发挥传统文化的治理价值。

党的领导是国家治理体系的核心，加强党的领导能力建设是推进国家治理体系和治理能力现代化的关键。坚持党领导下的多方参与、共同治理，发挥政府、市场、社会等多元主体在社会治理中的协同协作、互动互补、相辅相成作用，是形成推动社会和谐发展、保障社会安定有序合力的根本保障。文化既是国家治理体系现代化的重要内容和组成部分，也是推进国家治理体系现代化的重要媒介，是决定国家治理体系现代化方向的重要因素。文化作为精神、价值观念和意识形态，在国家治理体系现代化中发挥着重要的价值引导作用；同时文化也是一种具有深厚影响力的权威资源，对一个地方的政治社会文化发展具有强大的号召力。我们推进国家治理体系现代化，必须以马克思主义立场、观点和方法为指导，体现国家主流意识形态，吸收中外优秀文化精华。中国共产党是中华优秀传统文化的传承者和弘扬者，传统文化有糟粕与精华之分，弘扬优秀传统文化才能发挥文化的善治功能。从中华优秀传统文化中汲取治理价值，需要注意反对国粹主义和民族虚无主义两种错误倾向。要划清封建腐朽思想与优秀传统文化的界限，深刻

分析并彻底摈弃封建专制思想、官僚主义作风、封建宗法观念、官本位意识以及其他封建没落思想，努力消除这些封建糟粕对社会治理的不良影响。

（二）提升地方文化的治理效能，需要加强传统因素与现代因素、内生资源与外生资源的有机结合

把现代社会治理的理念、规范和程序转换为村民所能接受的观念、规则或内容，是一个现代性因素的新生与传统性因子的复制相融合、转化、创造的过程。它既有现代民主法治的制度文化建设，又有本土文化资源的活化，是以现代组织与制度土壤来激活传统要素。中国传统文化源远流长、博大精深，在漫长的传播发展过程中，又形成了各具特色的地域文化。由于内生型文化发展与嵌入式文化输入相比，具有一种天生优势，因而更加容易获得人们的接受和认同。然而它终究不是现代治理的核心文化支撑。我们要以建立现代社会治理架构为立足点，一方面要充分利用和激活传统文化的治理资源，把传统文化资源转化为现代社会管理、经济发展和政治建设的社会资本；另一方面要用现代的治理理念和方法确立和塑造治理的基本原则和架构。例如参与式民主既需要外生的现代的制度架构，也需要内生的传统的文化土壤支撑。“村民理事会”的平台和制度建设，它的产生需要借助传统文化，也必须依托现代资源。传统文化的承传，文化网络关系的生成，人情、面子、权威等地方文化规则支撑了理事会的运作，同时理事会又受到现代公共治理规则的影响，具有现代民主政治的影子。村小组自治是以“民事民治、民事民办、民事民议”这一现代理念为宗旨，通过“搭建平台、明确职责、制定规则”等制度建设为基础的，是在此基础上发挥地域相关、文化相连的内生文化资源的作用。

（三）提升地方文化的治理效能，需要切合农村（社区）建设的内在需求，坚持以问题为导向的文化创新与社会治理路径

新农村建设与乡村社会治理是一体两面的关系。新农村建设只有在新型的乡村社会治理的架构下才能取得成效。乡村社会治理的完善与新农村建设的成就往往是相伴而生。推进基层社会治理创新必须不断回答实践中提出的问题，这是制度创新获得生命力的来源。

例如在新农村建设的主体是党委政府还是农民？这是在实践中做出的回答。在工作推进中，例如改善村容村貌，想要在村民的房屋墙上涂上统一的颜色。按

照传统的思路推动，政府决策推行往往遇到很大的阻力。因为这是政府“要农民做”，农民往往从传统政府与农民的博弈中获得经验与对策，在抵抗中讨价还价，交易成本十分巨大。因此，传统的做法实际上很难推行。在政策实践中，往往是那些村民自己提出的议题和项目才显示出强大的内生动力和执行效率。实践证明，只有以农民为主体，新农村建设的各项事业才能焕发出持久的生命力。那么如何做才能更有效地发挥农民主体参与性作用？正是这种在政策实践中遇到的迫切需求，成为推动蕉岭农村基层社会治理创新的直接推动力，也是蕉岭基层治理创新的核心问题意识。事实上，在“乡政村治”的“村治”中存在着“农民形式有权，实际无权”的悖论，从理论上分析，问题源于基层治理中“民主选举”一马当先，而民主决策、民主管理、民主监督“三马空悬”，但是促使“三马”落地的原因主要不是为了解决民主的理论问题，而是破解新农村建设中农民主体性不足的问题。近年来，在加强社会建设、创新社会治理的过程中，广东各地涌现出一些积极利用传统文化资源进行社会治理的典型，这些社会治理创新之所以取得了实实在在的成效，为广东推进社会治理现代化探索了新的路径，一方面是基于对地方文化的创造性转化和创新性发展，另一方面也是解决了当地本土性的问题而获得生命力。

社会制度的产生发展，具有价值意义和工具意义两个层面，两个层面是统一的，其中工具层面的意义更具有实现意义。生产生活实践的问题，是制度创新的起始，问题推动制度演进，解决问题的能力是检验制度生命力的根本。老百姓认不认同一项制度，就在于这个制度能不能解决好老百姓自己身边的实际问题，而不仅仅在于这个制度理论上、价值上的先进。在当前推进国家治理体系和治理能力现代化的背景下，文化作为一种非正式（非制度化）的治理手段所获得的实践成绩，是促使其发挥更大作用的现实基础。我们需要鼓励更多的切实解决社区发展问题的嵌入本土文化的制度创新。

（作者夏辉系广东省社会科学院副研究员；黄强系广东省委统战部副部长，广东省民族宗教事务委员会党组书记、主任，中山大学文化研究所特约研究员）

以文化产业促进优秀传统文化的传承发展

◎张造群

发展文化产业是市场经济条件下繁荣社会主义文化、满足人民多样化精神文化需求的重要途径，是增强文化整体实力和竞争力的重要支撑。中国历史悠久的传统文化是发展文化产业不可或缺的重要资本，是促进文化产业创新的重要源泉。要立足民族传统文化资源，通过创意化开发、产业化运作，深度挖掘其独特的经济价值、文化价值以及社会价值，推动文化产业跨越式发展。

一、优秀传统文化对发展文化产业的价值

传统文化能够为文化产业的发展提供丰富资源，没有对传统文化的开发利用，文化产业就是无源之水、无本之木。有效开发和利用传统文化资源，促进文化产业发展，助推经济发展方式转型升级，是文化建设面临的重大课题。

1. 传统文化是发展文化产业的根基。任何国家的文化建设都不可能完全脱离本民族的文化传统，文化产业的发展也不例外。作为一种符号消费，文化产品消费是一种差异性消费，没有独特性、没有区别于其他产品的独特符号价值，文化产品就缺乏竞争力。而传统文化“积淀着中华民族最深层的精神追求，代表着中华民族独特的精神标识”①，是文化产业特别是创意产业确立自身文化标识的根本所在。对内来说，带有地域特色的传统文化可以使文化创意者寻找差异、发掘个性、找准定位；对外来说，传统文化可以表明民族文化的国际身份、国家形象。虽然文化也经受着全球一体化的冲击，但事实上英国的文化产业不同于美国的，美国的文化产业又不同于日本的，都体现出独特的民族气质，深深地打上了

---

① 习近平：《在联合国教科文组织总部的演讲》，《人民日报》，2014 年 3 月 28 日。

民族的烙印，归根结底都得益于这些国家对本民族文化的传承利用。正如文化传播学者梅特·希约特所说："只有当我们以自己的特色展现自己时，我们才可望得到别人的认同。"① 面对激烈的市场竞争，文化产品和服务本身越来越难以带来竞争优势，而中国文化科技又没能在国际上引领潮流，只有利用传统文化资源为文化产品赋予独特的符号价值，才能使文化产业在国际竞争中占据一席之地。中国传统文化资源极其丰富，能给文化产品符号价值的生产提供原料，并因其不可复制而呈现独一无二性，可成为发展文化产业的重要文化资本。这是中国发展文化产业的优势所在，正如鲁迅所说："有地方色彩的，倒容易成为世界的。"②因此，建设当代文化，发展文化产业，"应该回到我们的根上，回到我们文化的根基与原点上。回到我们的母体文化中。只有在那里，才能找到我们鲜明的文化个性，我们的文化血型，以及骄傲和自尊的依据"③。事实上，近年来中国也不乏由于从民族文化中汲取营养而获得成功的文化作品，如《霸王别姬》《洗澡》《秋菊打官司》等电影，将京剧、方言和旧式澡堂等民族文化元素融入文化生产中，提升了文化产品的国际竞争力。但大量的传统文化资源还在沉睡之中，还没有被有效开发利用，要通过创意活动对传统文化资源进行创造性转化，赋予其现代意义，提升其文化附加值，使丰厚的传统文化资源转变为文化产业的独特优势。

2. 传统文化能为文化产业提供精神价值支撑。文化产业是以生产和提供精神产品为主要内容，以满足人们精神文化需求为目标。正确的价值观和精神信仰是文化产业的灵魂，是发展文化产业的根本保证，对文化产业起着保驾护航的作用。没有精神价值的文化产品，说到底只是一躯空壳，没有生命力更不会有竞争力。中国传统文化是华夏民族几千年来在从事物质生产和精神生产的实践活动中逐渐积淀而成的，体现着一代又一代先人对自然、社会和人生的思考与体验，彰显着人的理性智慧和主体能动性，饱含着丰富而深厚的精神价值。其精神内核、艺术价值、历史价值及舆论导向都有正面的、积极的内容，仍是现代人重要的精神食粮，可为文化产业提供精神价值支撑。当前，许多文化企业虽然引进了前沿

---

① ［丹麦］梅特·希约特：《"丹麦电影与国际认可策略"》，［美］大卫·鲍德韦尔等编：《后理论：重建电影研究》，北京：中国社会科学出版社，2000 年版，第 710 页。

② 鲁迅：《鲁迅全集》第 13 卷，北京：人民文学出版社，2005 年版，第 81 页。

③ 冯骥才：《到民间去》，《冯骥才文化遗产思想学术论文集：灵魂不能下跪》，银川：宁夏人民出版社，2007 年版，第 417 页。

多媒体科技，拥有了国际领先的技术团队，使得文化创意制作获得了崭新的承载平台和传播通道，但却很少生产出与之相应的高水平成果，存在着有数量缺质量、有“高原”缺“高峰”的问题，许多作品甚至是粗制滥造、低俗庸俗。其中一个重要原因是国人在发展文化产业中一味追求商业价值，在学习西方先进科技的同时，忽视传统文化精华，没能赋予文化产品以文化内涵，造成文化产业中“文化缺席”现象，导致国产文化作品难以在国际市场确立自身地位。因此，要挖掘和开发传统文化中蕴含的民族文化基因与基本精神，对其价值观念、群体意识、心理结构、气质情感等进行创造性转化、创新性发展，以充实丰富文化产业的精神内涵。

3. 历史文化资源为文化产业提供独特创意。创意是文化产业最富创造性的构成部分，是文化产业尤其是创意文化产业最为关键的要素。对创意文化产业而言，一个好的创意意味着成功的一半。因此，创意被称为文化产业的灵魂、文化产业发展的核心动力、文化产业的点金石。从某种意义上说，中国发展文化产业最缺乏的不是技术、资金、信息和营销网络等要素，而是独特的创意和创造力。由于传统文化能为文化产品的风格、基调、艺术特色等方面提供独创性，容易引起消费者的共鸣，因此带有历史文化印记的传统文化成为创意的最佳来源。世界上文化产业比较发达的国家和地区都十分注重对传统文化的发掘，例如日本、韩国、意大利、英国等国极为重视保护本国的文化资源，通过传承和发扬本国传统文化，取得了文化保护、文化传播和经济收益等多重效益。在文化遗产与创意产业对接实践中，最有影响力的是美国，好莱坞的很多电影都取材于文化遗产，迪斯尼公司甚至开发中国古代民间故事，其拍摄的《花木兰》《功夫熊猫》等动画片，在全世界赢得了较高收视率。20 世纪 60 年代，上海美术电影制片厂创作的水墨动画片《小蝌蚪找妈妈》以及《鹬蚌相争》等，把传统水墨画技法和动画有机结合起来，创造了一代经典。中国传统文化资源在数量和价值方面都处于世界前列，它们代表了特定的历史文化符号，具有举世公认的历史价值和艺术价值，是发展文化产业不可忽视的创意素材宝库。

4. 传统文化有助于文化产业获得品牌效应。文化品牌是文化经济价值与精神价值的双重凝聚，是文化软实力的重要标志，体现了文化的核心竞争力。建设好文化品牌对文化产业有巨大提升和带动作用，是文化产业赢得市场的必然选择。打造文化品牌，离不开传统文化的支撑。2014 年 2 月 25 日，习近平总书记在北京市考察工作时指出，“丰富的历史文化遗产是一张金名片”，“要像爱惜自己的生命一样保护好城市历史文化遗产”。[①] 传统文化蕴含的古老文明是众人争相拥有的最大“财富”，先天具有一种品牌效应。近年来，影视界热衷于翻拍《红楼梦》《西游记》《三国演义》等名著，一个重要原因就在于这些经典本身具有巨大的品牌价值。据调查研究，2009 年杭州在入境游客人次、海内外游客接待量增值、旅游接待硬件等方面均超过苏州，但在“区域旅游总收入”这个关键指标上，杭州却少了苏州 3.75 个百分点，也落后于它的近邻南京。针对这一现象，专家分析指出，杭州文化旅游的最大“短板”是缺乏世界文化遗产地所具备的国际品牌影响力，导致旅游投入远高于苏州、南京两地但获得的回报却低于这两地。[②] 事实表明，文化遗产尤其是世界级、国家级文化遗产，能够赋予当地文化发展巨大的影响力、竞争力。把民族历史文化精华倾注于文化产品生产中，不仅会大大提高文化产品的知名度、美誉度及文化品位，而且还会为当地经济社会发展增光添彩。剪纸是山西定襄县的一大民间艺术品牌，“张氏三姐妹”将传统的“喜鹊登梅”“孔雀开屏”“花好月圆”“鸳鸯戏水”等图案定型、成册走向市场，其剪纸作品不仅出国展演，在中央美术学院展出后被收藏，而且在各种展览和推介会上深受青睐。河南宝丰县是中国曲艺之乡、中国魔术之乡、中国民间艺术之乡。兴盛时期，全县拥有民间表演团体 1400 家，从业人员 5.5 万人，年收入 10 亿元，形成了叫响全国的“宝丰文化现象”。为了满足人们形式多样的文化需求，许多地方将传统文化与旅游“联姻”，使旅游文化呈现出新亮点，如壮族的“三月三”民歌节、苗族的“踩山节”、西双版纳的“泼水节”、四川自贡的“花灯节”、广东南海的“菠萝诞”等等。这些传统文化元素为现代旅游业注入了独特的文化内涵，成为展示地方风土人情和精神风貌的名片，吸引着海内外游客前来旅游观光，拉动了地方经济发展。

二、以优秀传统文化促进文化产业发展的路径

促进文化产业发展要充分发挥传统文化资源丰厚的优势，把传统文化资源转

---

① 习近平：《立足优势　深化改革　勇于开拓　在建设首善之区上不断取得新成绩》，《人民日报》，2014 年 2 月 27 日。

② 杨坤：《对立足文化遗产发展文化产业的思考》，《产业科技论坛》，2011 年第 10 卷第 19 期。

化为文化产业资源；把文化产业作为传承优秀传统文化的载体，夯实文化传承的基础，促进二者深度融合、共同发展。

1. 加强创意研发，促进传统文化资本向文化产品或服务转化。文化市场作为一种精神消费品市场，永远是“喜新厌旧”的，唯有创新才能发展，唯有求异才能生存。研究表明：“传统文化的开发越来越离不开创意元素的加入，创意产业呈现出向传统文化加速渗透的态势。”① 传统文化资源是一个文化富矿，但仅仅满足于开采远远不够，还必须有精细的冶炼和锻造，必须有现代甚至后现代的创意和设计，才能形成一个文化产业链。因此，创意成为历史文化资源转变为文化产业的关键环节。“丰富的文化资源不会自然转化为文化产品，只有通过创意利用文化资源，并对其进行再创造，才能产生经济社会效益。”② 众所周知，陕西省拥有非常丰厚的历史文化资源，但 2012 年陕西省文化产业总产值仅占北京的 1/15、山东的 1/6、广东的 1/4，人均产值则更低。这一特殊的“陕西现象”说明：丰富的文化资源虽然是一笔宝贵财富，但未被激活就不会创造价值；文化创意产业的发展依赖文化要素，但要超越文化要素和历史传统的局限。③ 创意不是对传统文化的简单复制，而是创意人才借助现代手段对传统文化资源的再创造，在历史与现实之间搭建起沟通的桥梁。传统文化与创意产业的对接，首先要找准创意的突破点，要“在保护好历史风貌和重点文物古迹的前提下，努力使隐性文化显性化，使在地下的、书本里的文化，走上来、走出来、活起来，使之变成为可读、可感和可消费的文化产品”④。通过文化创意，在传统文化的传承创新中，扬长避短、去粗取精，使传统文化融入现代生活，促进新的文化形态的形成。

2. 实施“文化 + 科技”战略，为文化产业插上腾飞的翅膀。科技是历史文化资源转变为文化产业的驱动力。推动文化与科技融合，有利于增加文化产品和服务的科技含量与附加值，增强文化的表现力、吸引力和感染力，更好地传承优秀传统文化。随着机械复制、电子传播及网络媒体的出现，曾经只供少数人欣赏

---

① 张京诚：《中国创意产业发展报告（2010）》，广州：中国经济出版社，2010 年版，第 8 页。

② 蔡尚伟，温洪全：《文化产业导论》，上海：复旦大学出版社，2006 年版，第 113 页。

③ 朱正威，王勇，梅红，吕晓宁：《论当代文化创意产业的核心要素》，《西安交通大学学报》，2013 年第 3 期。

④ 袁纯清：《文化是现代城市的灵魂》，《西安晚报》，2005 年 9 月 13 日。

的文化成果可以被大批量地转化为商品，使文化产品无论在数量、质量上，还是在规模、效益上，都获得空前发展。同时，运用高科技手段对传统文化进行诠释、解读、包装、创新，使传统文化得以用崭新面貌展示其丰富的历史文化内涵，使人们获得文化体验和智慧启迪，从而吸引消费者前往购买，最终实现价值增值的目标。2011 年，中国著名摄影测量与遥感学家、武汉大学李德仁教授主持的敦煌莫高窟数字化工程，以三维重建方式，将久远的历史还原到最本真的状态，极大地便利了今人的研究和观赏。在传统文化的传承创新上，只有提高科技含量才能生产出更多、更好的高、精、尖文化产品，增强文化产业的竞争力。要紧紧扭住提高自主研发能力关键环节，在文化建设的重点领域和关键环节推出更多具有自主知识产权的创新技术。

3. 培养文化消费群体，开发传统文化市场。一个健全而繁荣的文化市场是文化生产力发展的基本保证，它不仅可以运用“看不见的手”，协调文化生产力系统的各个环节，优化资源配置，促进文化生产，而且可以引导和促进文化消费，开拓生存空间，推动文化产业发展。研究表明，文化市场发展和繁荣的根本动力在于促进文化消费，并进而推动文化生产力的发展。在通常拉动经济增长的投资、外贸、消费三驾马车中，文化消费对文化产业发展起着主要推动作用。中国传统文化资源虽然内容丰富，形式多样，但许多是“养在深闺人未识”，要以传统文化发展文化产业，必须培养其消费群体。首先，要克服文化消费中的崇洋心理，增强对民族文化的自信。必须重新体认以儒家、道家为代表的传统文化对心灵安顿、社会和谐、生态保护等诸多方面的重大价值，以及戏曲、歌舞、杂技、武术等传统文化对提高国民文化素养的巨大价值，在小学、中学、大学的教学中渗入中国传统文化和本土文化教育，提高民众对民族文化的认同，增强民族文化自信。其次，要加大传统文化宣传力度，营造浓厚的文化氛围。要建设一大批展示传统文化遗产的博物馆，开发以传统文化为主体内容的旅游区，建立弘扬优秀传统文化的广播栏目、电视栏目，向大众宣传和传播优秀传统文化，使人民群众生活于传统文化的良好氛围中。最后，政府要加强扶持力度，促进优秀传统文化的弘扬和传播。政府应以财政资助传统文化消费和宣传，向基层和社区提供免费文化服务，释放农民潜在的文化消费需求。对目前居民最热衷的传统文化消费项目进行挖掘，提升其消费内涵、层次和服务质量，扩大服务范围，培育新的消费增长点，开发新的文化消费项目。

4. 促进传统文化与文化行业的深度融合，推动文化产业各门类的发展。文化产业是由具体行业门类组成的，以传统文化促进文化产业的发展，要把传统文化的具体内容跟文化产业相应门类结合起来，这样才能落到实处。要把传统文化中的文学、体育、音乐、舞蹈、戏剧、曲艺、美术、技艺、医药及民俗等资源开发利用起来，融入文化产业具体部门，凝聚成为新的经济力量。比如，旅游业是当前传承优秀传统文化的主要形式之一，可利用区域内的非物质文化遗产，开发出“人无我有，人有我特”的特色旅游项目；演出业是弘扬优秀传统文化的风水宝地，可利用传统音乐、舞蹈、戏剧、曲艺、体育，开发出具有民族特色的演艺产业；影视业也是传承传统文化的重要阵地，可利用传统文化中的众多故事和丰富素材，拍摄出深受观众喜爱的电影、电视剧；等等。

三、以文化产业促进优秀传统文化传承发展应遵循的原则

传统文化是中国各族人民智慧和经验的结晶，是文化创新的源泉和动力，在文化产业发展中，必须时刻注重对传统文化的传承和保护。由于传统文化自身属性要求的不同而产生诸多矛盾和冲突，比如经济效益与社会效益、保护与开发、传统与现代、政府与市场等之间的矛盾，要处理好这些内外矛盾，促进传统文化与文化产业有机融合、健康发展。

1. 经济效益与社会效益相统一。在社会主义市场经济条件下，文化产品既有教育人民、引导社会的意识形态属性，也有通过市场交换获取经济利益、实现再生产的商品属性、产业属性、经济属性。“在‘两种属性’中，意识形态属性是文化产品的特殊性，商品、产业、经济属性是文化产品的普遍性。正确把握‘两种属性’的关系，要求我们必须正确认识和处理‘两个效益’即社会效益与经济效益的关系。实现社会效益与经济效益相辅相成、相互促进、有机统一，是经营性文化产业可持续发展的重要条件。”① 传统文化产品的经济效益与社会效益总体上是一致的，但也存在着矛盾和冲突。在现实社会，根据受众喜好来调整自己的立场以争取更多的消费和更好的效益，已成为文化产业生产经营的重要策

① 李长春：《正确认识和处理文化建设发展中的若干重大关系　努力探索中国特色社会主义文化发展道路》，《求是》，2012 年第 12 期。

略，其发展到极端就是“庸俗、低俗、媚俗”的“三俗”文化大肆泛滥，对社会风气产生恶劣影响。在传承传统文化方面也存在着同样的问题，近年来一些文化企业片面追求经济效益，一味迎合观众口味，挖掘、传播传统文化中一些比如权谋、暴力、冷血等消极阴暗的内容去满足一些人的低俗、畸形心理需求。传统文化虽然具有经济价值，但其经济价值来源于它的文化价值。“文化价值是第一位的、主导性的，经济价值是第二位的、派生的，没有遗产的文化价值，就没有遗产的经济价值。”① 以何种价值取向来引导文化产业，决定着文化产业能否健康发展，也决定着传统文化传承的长远走向。因此，在以传统文化促进文化产业发展中，必须坚持把社会效益放在首位，社会效益和经济效益相统一，全面协调可持续地推动文化产业跨越式发展。

2. 政府与市场相协调。在市场经济条件下，任何产业发展都要利用好政府和市场“两只手”，妥善处理政府宏观管理和市场资源配置的关系，充分发挥二者的长处来促进传统文化的传承发展。在利用传统文化发展文化产业的实践中，既存在着政府管理不到位，也存在着市场作用不充分等问题，影响文化产业的发展。从政府层面来看，地方政府资金鼓励和扶持力度有限，难以满足保护与开发传统文化资源的需求，许多非物质文化遗产的代表性传承人或传承单位过于依赖政府，面临经费筹措困难等问题，成为制约发展的瓶颈；地方政府的管理与政策弹性过大，未能很好引入利益分享机制，导致对传统文化资源的商业开发混乱无序。从市场层面来看，主要是忽视市场需求和价值导向，造成传统文化传承形式“僵化”，与现代生活脱节。要按照政府与市场相结合的原则，充分发挥好“两只手”的作用，推动文化产业健康发展。政府要做好政策导向、产业引导和社会公共利益维护等宏观调控，市场要发挥好资源配置作用，在确保不破坏传统文化的前提下尽可能通过市场化运作，实现对传统文化资源的保护与开发。

3. 保护与开发相兼顾。保护文化遗产与开发文化遗产是相辅相成的。在挖掘利用传统文化资源，促进文化产业发展的过程中，存在着未能处理好保护与发展的关系。这主要表现为两种极端：一是过度开发，或者只开发不保护，或者破坏性开发；一是片面强调保护，限制了开发。事实上，这两种做法都不利于传统文化的传承发展，既保护不好也开发不好。在传统文化资源的开发利用中，如果

---

① 朱沁夫：《遗产经济学与文化产业发展》，《生产力研究》，2004 年第 8 期。

破坏了传统文化的原生态特质，背离了文化资源保护应遵循的基本原则，就会造成对传统文化的损害，从而影响到文化产业的健康发展。同样，保护传统文化并非仅仅为了使可能已经过时的传统不致消失，更不是为了阻止现代人利用传统的价值；恰恰相反，保护是为了更好、更积极地利用。在利用传统文化资源时应把握好一定的“度”，坚持积极有效的保护与适度开发，通过积极的保护，使文化遗产得以世代延续；通过适度开发，推动文化遗产的可持续利用。

4. 传统与现代相衔接。历史文化资源本身与现代价值之间存在价值鸿沟，在历史文化资源价值挖掘的过程中，如果处理不好传统与现代之间的关系，很容易造成历史文化资源在转化过程中的价值偏离：一方面，“历史资源最终实现的文化价值与现代价值撕裂”；另一方面，“文化产品或服务所承载的文化价值偏离了历史资源本身的传统价值”①。这两方面的案例在现实中屡见不鲜，前者如集贤古乐、关中老腔等许多非物质文化遗产，由于缺乏与现代价值之间的融通，面临着后继无人的失传危机；后者如一些电影、电视剧、小说、网游等文化产品打着传播历史文化的招牌，却一味歪曲史实、戏说历史，使得历史文化变得庸俗化。要坚持创造性转化和创新性发展的有机结合，在传承与创新中使传统文化获得新的生命力，推动文化产业不断发展。

（作者系广东省社会科学院当代马克思主义研究所研究员）

① 王颖晖，张雪钰：《历史资源型文化产业的创意扩散驱动机理研究》，《人文杂志》，2013 年第 12 期。

浅析文创产业视阈中的中国优秀传统文化传播[①]

◎黄有东

当下，中国文化创意产业（简称为“文创产业”）的进一步提升与中国优秀传统文化的有效传播各自面临难题：一方面，发展文化创意产业对调整中国产业结构，转变经济增长方式有着极为重要的作用，但其发展遇到一些资源障碍，内容提供跟不上产业飞速发展的要求；另一方面，整理与传播中国优秀传统文化对提升中国特色文化软实力有重大意义，但由于传播不力，中国优秀传统文化并没有彰显其应有的强大文化影响力。对以上问题学界多是分开独立研究，解决起来依然困难重重，实际上，以“文化”与“传播”为纽带，二者是紧密联系的。如果积极主动地把发展文化创意产业与传播优秀传统文化关联起来，则能够有效解决以上各自困境：文化创意产业可为传播中国优秀传统文化提供丰富且强有力的媒介支持，而中国优秀传统文化能为大力发展文化创意产业提供源源不断的内容资源。随着中国“文化强国”与“经济强国”同向可持续性建设，关于文化创意产业对传播中国优秀传统文化的支持，以及中国优秀传统文化对发展文化创意产业的滋养的关联研究必然会受到广泛重视。

一、二者关联：经济价值与文化价值的融合

自2006年左右以来，中国的文创产业发展具有高度的“经济自觉”，但是缺乏“文化自觉”与“传播自觉”；自20世纪80年代中后期以来，对待中国优秀传统文化具有“学术自觉”，但缺乏“传播自觉”与“经济自觉”。文化创意产

① 基金项目：本文系2014年项目“文化学建设的广东传统和战略性前瞻研究”（项目号：GD14CZX03）阶段性成果。

业的价值重心除了经济价值，还有文化价值；中国优秀传统文化除了文化价值之外，还可以有经济价值。发展文化创意产业与传播中国优秀传统文化二者关联的契机，就是媒介传播下经济价值与文化价值的融合。

（一）文化创意产业：从“经济自觉”到“文化自觉”“传播自觉”

发展文化创意产业对生发经济新业态、新引擎，对升级产业结构，转变经济增长方式具有重要意义，无论是学界、政府还是业界，对此基本上达成共识。但由于一直以来强调文化创意产业的经济价值，对其文化价值与传播价值重视不够，直接造成对通过文化创意产业进行文化传播，通过发展文化创意产业进行文化建设的自觉不够。

固然，发展文化创意产业首先是“经济自觉”。文化创意产业是一个华语文化圈特有的概念，与英国的创意产业、美国的版权产业、日本的内容产业等概念相近。无论是哪个国家或地区，对文化创意产业的重视，基本上首先是源于经济的冲动，基于发展经济的考虑。文化创意产业是传统制造业发展到一定阶段，自然而然出现的经济发展方式。英国是这样的：可以促进国家经济增长、积累财富和扩大就业。曾经是“世界工厂”的英国，失去了制造业大国地位后，英国政府为调整产业结构和解决就业问题，首相布莱尔于 1997 年 5 月提议并推动成立了创意产业特别工作小组。从发展战略层面，提出把创意产业作为振兴英国经济的重要手段。中国也是这样的：“未来文化创意产业对中国经济的全面协调发展和产业结构的进一步调整将具有越来越重要的作用”①。2002 年中国台湾官方发布《挑战 2008：国家发展计划》，正式提出发展文化创意产业升级经济结构。中国大陆 2006 年在《国家十一五文化发展规划》，中就正式提出发展文化创意产业，尤其是 2008 年金融危机之后，中国制造业大规模从沿海向内陆、海外转移，传统制造业经济危机凸显之后，中国文化创意产业开始“经济觉醒”了。

但是，文化创意产业发展到一定阶段，有必要开发其固有的文化价值与传播价值，要求发展文化创意产业要从“经济自觉”走向“文化自觉”与“传播自觉”。文化创意产业得到了学界的特别重视，但多强调产业特性，而对“文化特性”“传播特性”重视不够。只有少数研究者较早关注到了这一个重要命题，如

---

① 金元浦：《重视发展文化创意产业》，《瞭望新闻周刊》，2005 年第 41 期。

成思危积极肯定利用文化创意产业对中国当前文化建设的作用①；刘卫东、张传香强调利用文化创意产业增强中国文化传播力②。这为利用文化创意产业传播中国优秀传统文化提供了理论依据。但是，文化创意产业的“文化觉醒”与“传播觉醒”始终没有完成。

（二）中国优秀传统文化：从“文化自觉”到“经济自觉”“传播自觉”

中国传统文化的现代命运一波三折，从20世纪80年代中期以来，中国传统文化现代化的研究较为充分，中国优秀传统文化对于中国未来社会发展的积极意义得到了学术界的高度肯定。中国传统文化的“文化自觉”确实在不断加强，但对中国优秀传统文化的有效传播显然不够，缺乏“传播自觉”；且中国优秀传统文化对经济社会发展的支持价值也没有得到很好的重视，缺乏“经济自觉”。

中国优秀传统文化的当代价值未能很好彰显，从传播哲学角度来看，主要是传播不力造成的，中国优秀传统文化只有在传播中才能展现其生命力与社会影响力。作为传播内容的中国优秀传统文化，中国大陆学界自20世纪80年代开始中国传统文化与现代化研究以来，取得一定的学术成果，出版大量的如《中国传统文化概论》《中国文化概论》《中国文化导论》等著作，也出现如张岱年、方克立、冯天瑜、李宗桂等著名文化学家，研究者从民族性、时代性与世界性等角度，细致爬梳中国传统文化，系统整理其优秀部分，虽然仍有大量工作要做，但已取得坚实的基础。相比之下，中国优秀的传统文化在传播方式与媒介利用方面显得滞后。在新媒介与全媒体环境下，各种文化价值纷纷利用各种媒介、各种途径进行大力宣传，中国优秀的传统文化如果要发挥其很好的社会文化影响力，就应该在传播途径上创新，积极利用现代新媒介，要有“传播自觉”。

中国优秀的传统文化除了缺乏“传播自觉”外，还缺乏经济的自觉。中国优秀传统文化资源不仅没有得到很好的利用，而且由于经济自觉不够，导致中国优秀传统文化资源的流失。如日本对《三国志》《水浒传》《西游记》《封神演义》等中国的经典名著，都将其改成现代动漫。好莱坞影片《功夫熊猫》把在

---

① 成思危：《大力发展文化创意产业，为我国社会主义文化建设做出新贡献》，《中国科技产业》，2007年第11期。

② 刘卫东，张传香：《时代高起点上的中国文化传播创新——以我国文化创意产业为例》，《新闻与传播研究》，2007年第4期。

世界上代表着中国文化形象的功夫和熊猫结合起来创意。这些本属于中国的文化资源却被外国人利用，反过来再销售给中国，这样所造成的文化资源和经济的损失不可估量。中国优秀传统文化支持了中国几千年的高度发达的经济社会繁荣，其中的现代价值应该为文化创意产业好好利用，可以为文化创意产业的进一步提升提供有力的文化资源支持。

二、二者困境："文化创意不足"与"媒介传播不力"

当前进一步提升中国文化创意产业与传播优秀传统文化都面临一定的难题，其中发展文化创意产业的一个重要难题就是内容创意不足，而传播中国优秀传统文化的难题是媒介选择不力。

（一）文化创意不足：中国文化创意产业发展短板

自从2006年国家"十一五"经济文化发展规划正式提出发展文化创意产业，文化创意产业取得了很大的进步。经历2008年金融风暴后，文化创意产业发展势头更加强劲，但内容创意不足制约了中国文化创意产业进一步快速发展。中国通过近十年的文化创意产业的发展，无论是创意产业园平台硬件、高科技支持、资金支持，还是国家、地方政府的政策支持都已经相当有力。但是在文化创意这一核心因素上竞争乏力，正是高端文化创意人才的缺乏导致文化创意的不足，让中国的文化创意产业难以出现爆发式、可持续的发展。

中国文化创意产业的文化创意不足主要表现在：第一，低水平模仿抄袭，严重的同质化。文化创意企业产品的"山寨"现象流行，有搬抄国外模式的，如引进迪斯尼乐园之类；有抄袭国内的，如"云南印象"模式被很多地方沿袭。往往是一个文化创意火起来之后，很快有无数简单的模仿者，如《非诚勿扰》《中国好声音》出来后，低级模仿者众多。盲目跟风，进行了大量低水平重复投资，缺乏创新，造成资源浪费严重。第二，极度娱乐化，极端媚俗肤浅。在商业社会的物质化生存里，文化创意产品无疑需要在娱乐化方面迎合人们的审美文化趣味，提供感官、物质化、短暂的刺激。但是无底线的媚俗，让文化创意产品的内容肤浅，文化贫困，丧失灵魂，价值观迷失。人们既需要紧张工作之后一笑而过不用思考的快餐文化，更需要有增长知识、塑造人格、陶冶情趣的有思想、有美感的文化产品。第三，黔驴技穷式的博眼球，无底线地恶搞经典。这种恶搞式的创意，除了迎合极端的眼球经济，很有可能源于对中国优秀传统文化的无知。恶搞经典，混淆视听，不仅不能给人们带来文化的熏陶，相反产生消极的影响，不仅会误导受众，还会扭曲中国优秀传统文化，毁坏中国文化的根基。

造成中国文化创意产业的文化创意不足的原因主要有：第一，文化创新不够。文化创意产业的创新在很长时间里更多强调科技创新，文化创新不够，科技与文化创意结合的创新更是不够。文化创新的缺乏根本上导致了我们的文化创意产业普遍存在创意层次低、文化产品原创水平不高，附加值较低，产量虽大却盈利少。第二，创意人才培养单一。在对创意人才的培养方面，过多强调创意人才的技术素养，摄像只是学摄像，做动画的只做动画，编辑只是做编辑，等等；而忽视文化素养的培养，造成创意人才的文化底蕴薄弱。创意人才由于文化素养的缺乏，使得科技无法与文化有效地融合，文化资源得不到恰当的创意转化成文化产品。第三，文化创意企业急功近利。很多文化企业往往太功利，不会真正在创意设计上投入太多，像中国其他企业一样，山寨来得快且容易。习惯于因循既有的创意，热衷于抄搬模仿现成的创意成果，“山寨”现象流行。尽管开发的成本降低，短期获利明显，但显然没有核心竞争力，不可持续发展。

中国是文化资源大国，有深厚而丰富的优秀传统文化资源，如何利用好中国优秀的传统文化资源，加快中国未来文化创意产业发展，实现产业提升，经济突围，成为了学界、业界，包括政府与企业在内，都应该予以积极关注的课题。

（二）媒介传播不力：制约中国优秀传统文化传播的重要桎梏

尽管20世纪80年代末以来，中国传统文化的学术研究与民间传播场面比较热闹，但是由于种种原因，传播效果并不是太好，要么形式化、要么肤浅化、要么负价值化。中国的文化市场需要优秀传统文化来净化，中国的优秀传统文化需要文化创意产品来传播，以便让世界上更多的人了解。在全媒体背景下传播中国优秀传统文化面临着新的挑战和机遇。

中国优秀传统文化传播不力集中表现在：第一，中国优秀传统文化对人们生活影响小，自身的传承存在问题。中国文化是世界上唯一没有断裂的文化，历代的传承与弘扬至关重要。而现在的社会，很多丑恶的现象作为中国优秀传统文化的反叛而大量出现，如人与人之间的诚信缺乏问题、人的同情心淡漠等问题。第二，中国传统文化中的负文化大行其道，具有正能量的传统文化却被遮蔽。中国优秀传统文化的温良恭俭让、恭宽信敏惠、仁义礼智信、忠孝智仁勇，被享受物欲的奢侈、品味帝王的尊贵、追求房产的奢华等负文化遮蔽。而对于严肃的历史作品进行恶搞，混淆视听，不仅不能给人们带来文化的熏陶，相反产生消极的影响。第三，中国文化身份的丧失与异化。一些文化产品，尤其是像影视作品等，对传统文化的扭曲，加以媒体商业化的炒作，文化变形、变质、变味，丧失真正的文化内涵，失去文化的灵魂，值得深思。

中国优秀传统文化传播不力的原因：第一，媒介利用不力。中国传统文化在古代的传播很强势，是与古代的传播媒介有关。在现代的新媒介背景下，中国优秀传统文化如果还仅仅沿用以前的传播方式，显然不行，必须对现代媒介进行恰当的利用。在对传统文化进行现代转化的同时，也要借助于现代科技的先进成果，实现优秀传统文化的多层次、多途径、多方位相结合的对外传播。第二，社会文化风气压迫。在商业社会里，一切向钱看，物欲膨胀的同时导致道德滑坡，甚至是连最后的道德底线乃至人性的底线也被突破。为了追求物质的利益，不惜一切代价；为了达成既定的目标，不计任何得失，一些时候，邪压了正。社会文化的风向标发生了偏转，使得优秀传统在有些时候失去了原有的领地，逐渐地被侵占、吞噬。第三，为了追求极端娱乐化，为了出位、博眼球，很多文化企业不负责任地、不计后果地利用媒介话语权，进行公众的视觉污染，造成了非常负面的文化审美导向。这样的一种导向一旦形成，就会形成一种恶性循环，对于优秀传统的影响只会是越来越糟。

因此，中国优秀传统文化的现代传播面临诸多尴尬，在新媒体环境下传播乏力。中国优秀的传统文化不仅仅限于学术精英传播，应该积极借助大众新媒介传播，使中国优秀传统文化生活化。

三、二者互赢："创意转化"与"有效利用"

要解决以上发展文化创意产业"文化创意不足"与传播中国优秀传统文化"媒介利用不力"的困境，可以让二者互补，实现双赢：有效利用文化创意产业提升中国优秀传统文化的传播力，按照优秀传统文化元素的不同特点选择恰当的媒介；创意转化中国优秀传统文化资源提升文化创意产业，文化创意产业不同门类选择恰当的中国优秀传统文化元素进行创意。

（一）创意转化中国优秀传统文化提升文化创意产业

中国优秀传统文化可以为发展文化创意产业提供源源不断的文化资源。创意转化中国优秀传统文化中的文化精神、文化形象与文化元素，可丰富文化创意产品的内容。

第一，创意转化中国优秀传统文化精神，为文化创意产业注入思想灵魂。中华优秀传统文化有许多珍贵的文化精神遗产，如天人合一、以民为本、以德为重、天下大同、和为贵、包容博大、中庸、时新等精神，这些精神文化价值可以成为发展文化创意产业的思想资源，可以进行创意转化，为文化创意产品注入思想灵魂。韩剧一度为中国人所追捧，就是因为韩剧中蕴藏的人伦温情、自强不息等中国优秀传统文化精神，勾起中国观众的文化记忆，获得高度的文化价值认同。

第二，创意转化中国优秀传统文化形象，激发文化创意灵感。中国传统文化有很多经典的形象，包括人物形象和意象。中国传统人物形象资源来自神话系统、民间传说、寓言故事、笔记小说、章回小说、戏曲、历史人物传记等方面，十分丰富。中国有很多经典的动植物意象，如花中四君子、岁寒三友、龙麒麟等，意蕴深厚。这些故事形象与动植物意象，生动地体现了中国优秀传统文化的内涵和特性，在新媒介环境下，只需要借助高科技，利用动漫、电影电视、网游等，进行恰当的创意转化，就可以为文化创意产业提供源源不断的文化创意内容。

第三，创意整合中国优秀传统文化元素，创造出新的文化创意产品。中国优秀传统文化体现在中国传统宗教、哲学、艺术、科学、伦理、政治、法律等文化体系中，还存在于具体的日常器物、行为模式上，构成了丰富多彩的具有中国特色的文化符号。这些文化符号可以创意整合在文化创意产品之中，不仅可以丰富文化创意产业的内容，还可以标示中国文化创意产业的特色身份，从而提高中国文化创意产业的竞争力。

（二）有效利用文化创意产业传播中国优秀传统文化

中国有着悠久的传统文化，却没得到充分的利用，没有充分发挥出其所拥有的经济与文化功效。应该把中国的文化创意产业植根于中国优秀的传统文化，大力发展属于中国特色的文化创意产业。有效利用文化创意产业，建构中国优秀传统文化传播体系可有以下策略：

第一，对文化创意人才集中教育培训中国优秀传统文化策略。现在业界创意人才无论是摄影、摄像、编辑，还是动画制作、设计创意等方面的技术素养是值得肯定的。从事这些行业的很多人员专业技术不可谓不精，但很多只是“术”的阶段，远没有到“道”的境界，“道”的核心在于文化修养。要想从“术”上升到“道”，那就需要对创意人才进行文化素质的教育培训，提高与丰富文化修养。创意人才只有真正了解了中国优秀传统文化的内涵与韵味，再结合他们各自的技术，才会创作出更多更好的具有中国特色的作品，才会有利于我们的创意产业生产更多更好的具有中国特色的文化产品，才有利于优秀传统文化借助具有中国特色的文化创意产品对外传播。

第二，官方主旋律支持与企业多样化文化创意相结合策略。中国优秀的传统文化作为深厚的积淀，要深入全方位地影响人们的行为模式，就必须长期地刺激。中国优秀传统文化的现代价值转换与传播，是社会主义核心价值体系建设的重要内容。需要官方在公益支持上进行投入，对有关充分体现中国优秀传统文化的文化创意产品生产企业，进行适当的补贴，引导扶持。另外，文化创意企业应该紧贴市场，借助多样化的文化创意，融合高科技与古文化、新时尚与旧传统，生产多样化的寓有中国优秀传统文化因素的文化创意产品，在满足人们多样化的日常文化创意产品消费的同时，让人们了解、热爱传统文化中的精华，使中华民族绵延至今的优秀文化传承下去。

第三，学界挖掘整理精化与业界创意转化产业化联动策略。很长时期，中国优秀传统文化主要是通过学术传播的，仅仅停留在学术研究层面，与业界的交流互动较少，后来有通过电视和孔子学院等渠道传播，非常值得肯定。传播中国优秀传统文化，可以让业界与学界深入地联动，学术界可以对中国优秀的传统的精髓精心集中挖掘，并初步按照新媒体传播的特点进行适当转化，将中国的优秀传统文化通俗化。文化创意企业如出版报刊、广告创意、文化旅游、广播电视、影音制作、动漫游戏、网络文化、数字设计、文化会展等，则针对不同社会群体的特点，把学界挖掘整理的中国优秀传统文化进行创意转化，开发出满足人们个性化需求，又体现时代精神的文化创意产品，将传播中国传统文化的活动进行商业化、产业化运作，这样可极大地拓展中国传统文化传播方式，为中国优秀传统文化提供丰富的多样化传播途径。

从以上分析可以看出，尽管中国经济建设与文化建设上面临中国文化创意产业的进一步提升，以及中国优秀传统文化的强力传播的难题，但积极主动地把二者关联起来，让中国文化创意产业从“经济自觉”走向“文化自觉”与“传播自觉”，让中国优秀传统文化从“文化自觉”到“经济自觉”“传播自觉”，就可以让二者形成互补双赢：文化创意产业可为传播中国优秀传统文化提供丰富且强有力的媒介支持，而中国优秀传统文化能为大力发展文化创意产业提供源源不断的内容资源。这样让具有中国特色的文化创意产品广泛传播中国优秀的文化，利用中国文化所具有的独特魅力去影响世界，进一步提高中国的经济实力与文化软实力。

（作者系华南理工大学新闻与传播学院副教授）

“铸魂育人”应以优秀传统文化为精神滋养①

◎张利明

铸魂育人是在中华民族伟大复兴宏伟蓝图中，铸牢立国之本、铸塑兴国之魂、铸就民族之魄的系统工程。做好铸魂育人工作需要发挥马克思主义理论在铸牢信仰之本中的思想引领作用，需要发挥社会主义核心价值观在铸塑价值之基中的整体统筹作用，更需要发挥民族精神和时代精神在铸就精神之魂中的精神滋养作用。正如习近平总书记指出：“博大精深的中华优秀传统文化是我们在世界文化激荡中站稳脚跟的根基。中华文化源远流长，积淀着中华民族最深层的精神追求，代表着中华民族独特的精神标识，为中华民族生生不息，发展壮大提供了丰厚滋养。”② 中华优秀传统文化是中华民族的精神标识，滋养而形塑了中华民族共有的思维方式和行为方式，其内在的生命力和影响力已经成为中华民族未来发展的重要承载。铸魂育人必须与民族国家奋斗的历史和经历相互契合、必须以融入民族血脉的传统文化作为承载、必须与民族国家的奋斗目标达成一致才能发挥持久的影响力，这就要求我们将中华优秀传统文化作为铸魂育人的精神滋养。

一、“铸魂育人”需从中华优秀传统文化汲取精神滋养

每个民族都有其民族精神，优秀传统文化就是民族精神的重要承载。中华优秀传统文化是民族认同、安身立命、精神归根与心灵安放的精神家园，是民族凝聚力、创造力与生命力的活水源头。当代中国“铸魂育人”铸就的是中华魂、

---

① 基金项目：本文系2016年长春师范大学社科基金项目“立德树人与中华优秀传统文化精神滋养研究”（项目号：SKY2016003）。

② 习近平：《习近平谈治国理政》，北京：外文出版社，2014年版，第164页。

培育的是中国人，中华优秀传统文化构成魂之底色、育之方式和精神支撑，铸魂育人必须从中华传统文化中汲取精神营养。

在“铸什么魂”上，不能割裂传统。传统是指在一定时空中存续和发展的族群，为实现族群发展共同目标而通过协商、合作构成命运统一体，在共有的生活方式、思维方式和行为方式基础上逐渐产生的共同的文化形态、社会心理、价值追求和思想行为方式的总和。传统既体现为能够代际相传的生活习惯和行为要求，也体现为一脉相承的思想观念和价值体系，其体现为对族群个体隐性的、强有力的精神标识，根植于内心并规约其行为。“每一种持久性的社会关系都以行为的统一性为先决条件，从最基本的层次上来说，行为的统一性包含了他所说的‘习惯’和‘习俗’……它虽然不为其他人明确赞成或反对，但总是被某个人或许多人习惯地遵守。遵守习惯并不需要任何约束力来保障，而是行动者自觉的事情。”① 铸魂育人只有融合传统并在其中获得滋养，才能最终实现。这一点无论从中国古代社会的铸魂育人与传统文化的一脉相承及内在嵌入的过程，还是在当代资本主义社会承继传统并在制度要求下加以强化的过程，都可以得到侧面印证。当代中国的铸魂育人必然蕴含中国独特的多元文化、民族精神与中华民族的道德观、价值观、思维方式，这些元素已经融汇入中华民族共同的精神特质、价值取向、理想信念当中，成为魂的重要思想底蕴，割裂与这些传统因素的内在关联，就意味着魂失去了底色，就使魂无处安放、无所附着。

在“育什么人”上，离不开文化的承载。文化“无疑是指彻底的、统一的和在整个民族普及的‘对生活和对人的观念’，是某种‘世俗宗教’，是某种‘哲学’；它应该名副其实地成为‘文化’，即应该产生某种道德、生活方式、个人与社会的行动准则”②。文化具有整体上化育人的功能，其总是潜移默化地对人认识世界、社会、他人和自我的基本观点发生影响，致使个体精神世界特别是其中的核心部分总是在文化熏染中不断确立。恩格斯说：“通过传统和教育承受了这些情感和观点的人，会以为这些情感和观点就是他的行为的真实动机和出发

---

① ［英］安东尼·吉登斯：《资本主义与现代社会理论：对马克思、涂尔干和韦伯著作的分析》，上海译文出版社，2013 年版，第 196 页。

② 葛兰西：《论文学》，北京：人民出版社，1983 年版，第 2 页。

点。”[①] 在“育人”中，文化是涵养人才成长的重要力量，文化育人是培育优秀人才的重要途径。传统文化中许多熠熠生辉的思想、价值与追求是人才培育不可或缺的元素与养分，其在长期发展过程中形成的价值观念、理想信念、思维方式、伦理道德、为人处世乃至审美情趣等，都是文化育人的重要承载。

在“怎么铸魂育人”上，需要挖掘阐发优秀传统文化的现实意义。铸魂育人需要弘扬中国精神，以此铸就精神家园。以爱国主义为核心的民族精神与以改革创新为核心的时代精神，是数千年文化传承中中华民族最深层的心理、情感和文化认同，更是时代发展最迫切的呼声，它承接过去又延续未来：其不仅构筑民族国家共同的文化根基，构成民族国家共同理想的现实基础，更是优秀传统文化思想精髓和民族国家发展实践理论自觉的集中体现；既是对优秀传统文化的传承与升华，更是在新条件下把握时代发展的脉搏，总结时代发展的经验，反思时代发展的问题，归纳时代精神的现实要求。两者的相互融合构成铸魂育人的精神理念，铸魂育人就是要从时代角度筛选、过滤和总结优秀传统文化的精神精华，并使之发生创造性转化与创新性发展，实现与时代发展要求的良性对接。这就需要我们用民族精神和时代精神服务于马克思主义中国化、时代化、大众化进程，铸牢科学信仰；也需要传承和升华优秀传统文化，培育和践行社会主义核心价值观，塑造价值共识。

在充分肯定中华优秀传统文化在铸魂育人中的重要作用的同时，我们也应清醒地看到，在农耕文明和小农经济、宗法制度环境下形成和发展起来的传统文化，不可避免地带有时代和阶级局限，无法承载中国社会发展全部精神支撑的功能。

必须站在时代和历史的高度，用马克思主义的方法对传统文化加以鉴别和分析，汲取优秀传统文化的精神滋养。只有把优秀传统文化界定为“铸魂育人”的精神滋养，才能更好地把握优秀传统文化与“铸魂育人”的关系，不至于偏离与失措，由此培育的“人”才是中国的、健康的、现代的。

中华优秀传统文化在“铸魂育人”中的功能定位之所以是精神滋养，是因为在铸魂育人中马克思主义理论是指导思想，其起到思想统领的作用；中华民族

---

① ［德］马克思，［德］恩格斯：《马克思恩格斯选集》第1卷，北京：人民出版社，1995年版，第611页。

伟大复兴的中国梦是理想信念，其设计未来发展的目标；社会主义核心价值观是价值基础，其统筹和汇聚社会的价值共识。中华优秀传统文化的融入能够有效推动马克思主义中国化、时代化、大众化的步伐，更好地实现对整个中华民族思想的统领和指导。中华优秀传统文化是中华民族伟大复兴的精神滋养，前者体现为对传统文化基因的传承、对中国人民上下求索所确立的理想信念的寄托、对每个中国人美好生活愿景的承载，是中华民族在理想信念层面的共同目标，蕴含着文化传统对社会发展的期待，也需要文化传统对其滋养；中华优秀传统文化更是社会主义核心价值观的精神滋养，“使中华传统文化成为涵养社会主义核心价值观的重要源泉”清晰地表明两者之间的内在关联：社会主义核心价值观传承中华优秀传统文化的精神内核，延续中华民族群体生存方式和传统文化中体现的价值追求，使人们在价值观层面获得归属感、归宿感；中华优秀传统文化积淀民族共同的精神追求、传承民族的精神共识，为社会主义核心价值观提供文化支撑和丰富资源，是文化自信和价值观自信的重要来源。

习近平强调：“要讲清楚每个国家和民族的历史传统、文化积淀、基本国情不同，其发展道路必然有自己的特色；讲清楚中华文化积淀着中华民族最深沉的精神追求，是中华民族生生不息、发展壮大的丰厚滋养；讲清楚中华优秀文化传统的突出优势，是我们最深厚的文化软实力；讲清楚中国特色社会主义道路植根于中华文化沃土、反映中国人的意愿、适应中国和时代发展进步要求有着深厚历史渊源和广泛现实基础。”① 从当下时代发展要求看，对源远流长的中华优秀传统文化更应做一些深入的挖掘和阐发研究，这就需要我们坚持马克思主义的基本理论和方法论指导，以中华民族伟大复兴为理想信念，以社会主义核心价值观为价值基石，更好地实现用传统滋养现代，使之实现创造性转化、创新性发展，使传统文化在新时代条件下焕发出新的生机。

二、中华优秀传统文化是“铸魂育人”的智慧宝库

中华优秀传统文化在涵养中华民族精神、磨砺民族意志过程中，在时代的大浪淘沙、去芜存菁中，绽放着人性之美、思想之魅。其内在所包含的理想信念、

① 习近平：《意识形态工作是党的一项极端重要的工作》，《人民日报》，2013 年 8 月 20 日。

价值取向、中国精神和育人方式中，蕴含着滋养铸魂育人的宝贵智慧。从中华优秀传统文化中汲取丰富的智慧，发挥其情感与道德感召力，保持其生命力与鲜活性，使人们的内心信仰、价值操守及精神原则与自身相契合，有助于科学信仰、价值共识与精神家园深入人心。

一是理想信念。中华优秀传统文化以成圣成贤作为理想人格与人生追求，激励人们加强道德修养，完善人格操守，提高人生境界，完成“内圣”的实践功夫，实现人的价值与尊严；更通过社会实践，将内在人格力量外化于现实社会价值的创造中，实现治国平天下的宏大抱负。《大学》三纲领讲“明明德、新民、止于至善”，宗旨在于彰显人的品德，向内成己，向外成物，使人达到最完美的境界。这种信念激励着仁人志士为国家富强、民族复兴、人民幸福而努力抗争、不畏牺牲，留下了可歌可泣、惊天动地的感人事迹与壮美篇章。人格理想追求与倡导人们为国家民族发展作出自己的贡献，具有的强烈的忧患意识和家国情怀，“铸魂育人”要铸就人格高尚、关注民族前途与国家命运，把个人理想与国家兴盛、民族富强、百姓幸福紧密相连的人。这充分展示中华文化自信的宏伟气度，也折射出华夏儿女内心深处的命运共同体意识。

二是价值取向。中华优秀传统文化为凝聚中国力量奠定基本价值要求。价值观是指人们在处理普遍性价值问题上所持的立场、态度与观点。社会的核心价值观是社会所特有的文化、文明的精神实质和显著标志，是其赖以维系的精神支柱，也是社会决策的动机和目的所在。优秀传统文化把价值观以“仁”为核心，仁是对人之为人的内在价值的肯定，以“仁”为指向在生死取向上，杀身成仁，舍生取义；在义利取向上，重义轻利，见利思义；在国家与个人关系上，主张先公后私、公而忘私；在家庭范围内，以“孝道”为价值原则，强调父慈子孝，兄良弟悌，夫妻恩爱；在社会范围，以“爱人”为价值原则，主张由己达人，仁民爱物；在国家层面上提出“民本”，民重君轻，重社稷必爱百姓。由“亲亲”“仁民”再一步扩展就是“爱物”，爱物体现了对人之外的自然与外部环境的尊重与爱护。这就与社会主义核心价值观对个体要求、社会要求和国家要求实现了整体对接，“中国古代历来讲格物致知、诚意正心、修身齐家、治国平天下。从某种角度看，格物致知、诚意正心、修身是个人层面的要求，齐家是社会层面的要求，治国平天下是国家层面的要求，我们提出的社会主义核心价值观，把涉及国家、社会、公民的价值要求融为一体，既体现了社会主义本质要求，继承了中华优秀传统文化，也吸收了世界文明有益成果，体现了时代要求”①。此外，中华优秀传统文化中的孝老爱亲、扬善扶正、见义勇为、敬业乐群、自强不息的传统美德，与讲仁爱、重民本、守诚信、崇正义、尚和合、求大同的价值理念，也是社会主义核心价值观的重要精神滋养。

三是中国精神。中国精神的重要价值在于识别民族身份，唤醒民族发展动力，激发民族创造性。张岱年先生曾把中华传统文化的基本精神概括为刚健有为、和与中、崇德利用、天人协调等。② 中华民族长久的自强不息、厚德载物的民族精神，众志成城的团结精神，公而忘私的奉献精神，舍我其谁的担当精神，构成了中华民族的爱国主义精神传统。恩格斯指出：“每一个时代的理论思维，从而我们时代的理论思维，都是一种历史的产物，它在不同的时代具有完全不同的形式，同时具有完全不同的内容。”③ 中华传统文化中的也呼应时代发展的迫切要求，自强不息的进取精神、重群克己的合作精神、“苟日新、日日新，又日新”的创新精神、“变则通，通则久”的变革精神，催生了改革创新时代精神。这一方面表明中华传统文化中蕴含着中国精神的精神基因和思想精髓，另一方面也表明中华传统文化能够以爱国主义为核心的民族精神鼓舞人心、凝聚动力，铸就中华儿女的精神家园，以改革创新为核心的时代精神不断为中华民族注入新力量的过程中提供丰厚滋养和精神财富。

四是育人方式。中华优秀传统文化中蕴含着一系列行之有效的育人方式与原则，比如因材施教、循循善诱、言传身教、教学相长等，具有长久魅力，富有育人智慧。传统育人方式更多地融于“以文化人”“以文育人”当中，大量事实证明育人实践只有融入现实生活“洒扫应对”的文化中，成为自觉的“乡规民约”“家风家训”，成为习惯性的人伦日用，才能有效约束与引导人们的价值取向与实际行为。中华传统文化注重“以文化人”。“君子如欲化民成俗，其必由学乎!”（《礼学·学记》）通过社会教化、礼仪规范、纲常伦理、蒙学孝德、修身成贤及化民成俗，形成良好的社会风气，使人的外在行为规范与内在情操得以精进，人人向善，自然形成良好的社会秩序。“以文化人”体现于“礼教”“诗教”

① 习近平：《习近平谈治国理政》，北京：外文出版社，2014 年版，第 169 页。

② 张岱年：《中国文化和文化争论》，北京：人民出版社，1990 年版，第 19 页。

③ ［德］马克思，［德］恩格斯：《马克思恩格斯选集》第 4 卷，北京：人民出版社，1995 年版，第 87 页。

“乐教”当中，以“兴于诗、立于礼、成于乐”实现“成人”。“以文化人”更体现在以各种仪式和各种表达中，比如以婚丧嫁娶的仪式、祭祀、成人礼以及各种节日仪式“化人”，再如借用建筑、宗教、书法、绘画、碑刻、雕塑以及戏剧、诗文典籍等各种形式实现“润物细无声”的教化效果。中华传统文化善于运用各种形式与不同载体，利用各种时机与场合，把教化体现于社会生活的各个方面，融入具体的日常生活中。

三、从中华优秀传统文化到“铸魂育人”的转化

中华优秀传统文化凝聚历史，承载当下，昭示未来，“要加强对中华优秀传统文化的挖掘和阐发，努力实现中华传统美德的创造性转化、创新性发展，把跨越时空、超越国度、富有永恒魅力、具有当代价值的文化精神弘扬起来”[①]。作为转化对象的中华优秀传统文化不是被动地构成铸魂育人素材，而应通过重塑与创新，吸纳、融合时代精神，主动支撑与有效滋养“铸魂育人”。

从传统的“内圣外王”到新四有公民。传统文化的“内圣外王”是基于对人生的感悟、对心性修养的反省、对政治民生的关切、对社会伦理道德的体认，“内圣外王”之道是一套独具特色的有关人生、教育、伦理道德与社会政治的理想信念。所谓“内圣”，就是通过修身不断提升自身的道德水准和境界，为正己的功夫。所谓“外王”，就是将成就的高尚道德推而广之，及于家庭和社会，建立理想的社会和政治秩序，为正人的功夫。“外王”以“内圣”为前提和基础，没有修身正己的功夫，就不可能实现正人的政治和社会目标。在“铸魂育人”中转化为对个体生命有限性的超越，通过铸魂育人对生命存在进行不断提高，唤醒个体生命的理性自觉，以人为本，尊重个体的价值，从而追求人“自在自觉”地不断超越自身而实现个体生命的进步，最终完成个体与社会、个体价值与社会价值的统一。铸就的人是有坚定的理想信念，形成正确的人生观、价值观和世界观，让凝聚着民族精神、民族美德、民族文化的中国精神标识牢牢扎根心中，让友善、互助、明理、自强、谦让、包容、诚信、节俭的美德融入血液，塑造有理想信念、有中国精神、有核心价值、有能力素养的新时代的中国特色社会主义事

---

① 习近平：《习近平谈治国理政》，北京：外文出版社版，2014 年版，第 106 页。

业的合格建设者与可靠接班人。

从传统价值到社会主义核心价值观。习近平总书记强调重点发掘和阐发“讲仁爱、重民本、守诚信、崇正义、尚和合、求大同”的价值观。这六个方面表述了传统美德、政治理念、社会理想、民族精神的根本要素，是中华传统文化核心价值观的集中体现。不仅要讲清楚“讲仁爱、重民本、守诚信、崇正义、尚和合、求大同”的历史渊源、发展脉络、基本走向、价值理念与鲜明特色，也要梳理出这些观念对社会主义核心价值观的涵养与转化。“仁爱”就是爱人爱物，现代社会、国家与个人必须有“仁爱”之心，才能成己成人成物，仁爱是“和谐”“公正”“敬业”“友善”的源泉。“民本”的基本价值理念包括“立君为民”“民为邦本”“仁民爱民”等重要古训，传统民本思想向社会主义民主理念的转化，可进一步完善中国特色的人民当家做主的政治制度。诚信是进德修业之根，也是治国为政之本，历久弥新，继承、发展、创新诚信文化，建设诚信社会、诚信政府、诚信企业、诚信个人。正义是人类文明的普遍法则与基本价值，传统文化中的道义为先、舍生取义影响深远，可以由此重塑价值观念，形成崇尚正义、富于奉献、自觉维护社会公平与公正。和合是中华心、民族魂，也体现多元性、包容性的中华民族独特理论思维方式的体现，面对自然、社会、国家、人际、文明间的冲突，以和爱公正化解与融合。大同是中国人自古以来的梦想，在近代到现代的思想探索与政治实践中，大同理想都发挥过重要作用，由大同理想以更好地接纳自由、民主、公平、平等的现代价值，在“旧邦新命”中实现中华民族的伟大复兴。

从传统修身教化到富含时代内涵的教育感染。传统文化注重修身教化，修身是陶冶身心、涵养德性，是为了培养优秀的道德品格与高尚的道德人格而进行的自我磨练与力求完美的品格追求；教化是通过礼乐教育与道德教育而实现人心风俗的变化，是政教风化、教育感化与环境影响等各种因素综合运用的育人方略。在漫长的传统社会，自给自足的生产方式与传统的价值取向，修身与教化备受推崇。在今天不同于传统社会，开放、民主、鲜活的社会与快节奏的生活方式，使修身教化不可能照搬过去。要规范社会意识、传承美好道德就需要对修身教化进行创造性转化。传统修身教化的言传身教、俗约规化可以通过发挥学校、家庭与社会的合力强化教育而实施，创设优良的家庭环境、社区环境、工作环境与群体环境，发挥环境间良好的感染作用。在家庭中以尊老为例，现在社会尊老不必像

《弟子规》里所说："长者立，幼勿坐，长者坐，命乃坐"。晚辈应该尊敬长者，长辈也应该对晚辈讲究人格上的平等，这样的转化更富有进步意义与时代内涵。

"铸魂育人"需要坚持马克思主义指导、传承中华文化基因，展现中华文明风范，继承弘扬传统美德。现时代的"铸魂育人"需从不断绵延演化的历史进程中理解传统文化与时代在过去、现在与未来之间的关系，科学分析、鉴别和挖掘中华传统文化的思想精华，使优秀传统文化薪火相传，为信仰确立、价值重铸与精神成长提供有益的精神滋养。

（作者系吉林省社会科学院副研究员，东北师范大学马克思主义学部博士生）

浅谈发展广东先进文化

◎曾龙霞

文化是民族凝聚力和创造力的重要源泉，是综合国力的重要因素和经济社会发展的重要支撑。国家富强、人民安康，既需要强大的经济力量，也需要强大的文化力量。加快发展先进文化，是全面贯彻落实科学发展观的实际行动，也是广东率先全面建成小康社会、率先基本实现社会主义现代化的迫切需要。本文着重从提升全民文化素养、健全公共文化服务体系、壮大文化产业等方面来阐述如何发展广东先进文化。

一、广东文化发展现状

广东省委、省政府一直高度重视文化工作。特别是2009年、2010年先后出台《关于加快提升文化软实力的实施意见》和《广东省建设文化强省规划纲要（2011—2020）》，实施文化强省建设“十大工程”，明确了深化文化体制改革，推动文化大发展大繁荣的重点内容、重点项目和主要措施。全省掀起了重视文化建设的热潮，各地相继制定文化发展长期规划和实施意见，确立建设“文化强市”“文化名城”等发展目标，建立健全文化发展的财政保障机制。目前，广东省以文化惠民为核心的公共文化服务体系进一步完善，覆盖全省城乡的公共文化体系基本建立。文化体制改革在许多重要领域和关键环节取得新突破，“大文化”的行政管理格局和文化市场综合执法体系初步形成。文化产业发展迅猛，文化产业增加值、出口总值、总资产和从业人员等连续多年居全国首位。应当说，近年来广东省文化建设取得的显著成就，为发展广东先进文化打下了坚实基础。但文化建设总体上还与广东作为全国第一经济大省的地位不相称、与经济社会转型发展的要求不适应，迫切需要我们进一步提升文化综合实力、竞争力和影响力，形成与经济发展新常态相适应的文化动力、文化条件和文化支撑。

党和国家历来高度重视文化建设。党的十八大从“五位一体”总体布局的高度，作出推进社会主义文化强国建设的战略部署，提出了“社会主义核心价值体系深入人心，公民文明素质和社会文明程度明显提高。文化产品更加丰富，公共文化服务体系基本建成，文化产业成为国民经济支柱性产业，中华文化走出去迈出更大步伐，社会主义文化强国建设基础更加坚实”的文化建设目标。党的十八届三中全会，强调要以激发全民族文化创造活力为中心环节，推进文化体制机制创新。习近平总书记在主持中央政治局集体学习时曾指出，提高国家文化软实力，关系“两个一百年”奋斗目标和中华民族伟大复兴中国梦的实现。这都为我们站在新的历史起点上加快文化改革发展指明了方向。

当前，伴随着经济发展进入新常态，文化建设也面临系列新机遇新挑战。根据马斯洛的需求层次论，人的物质需求得到满足后就会产生精神需求，温饱问题解决后就有了精神和价值观的追求。目前广东人均 GDP 超过了 10000 美元，全国人均 GDP 超过 8000 美元，应该说温饱问题已经解决，正处于率先全面建成小康社会的决胜阶段。此阶段老百姓的需求必然会出现飞跃，不再满足于吃饱穿暖，而将更注重文化层面、精神层面、价值观层面的追求，这为我们推进文化建设提出了新的更高的要求，也提供了更为广阔的市场空间。

二、如何发展先进文化

先进文化是人类优秀文化成果的结晶，是人类文明发展的结晶，它符合人类社会发展规律，适应社会生产力发展要求，揭示了社会未来发展方向，能够为社会进步、政治稳定、经济发展、科技创新提供思想保证、精神动力和智力支撑。发展先进文化要把握好社会发展的进程、事业发展的方向，主动适应经济发展新常态，从“五位一体”全方位改革的高度来推动文化发展，充分发挥文化建设在凝聚民族精神、提升公民素养、促进社会和谐、推动加快经济发展方式转变中的重要地位和作用，努力塑造与广东经济社会发展相适应的新的文化优势和文化形象，为广东实现“三个定位、两个率先”目标提供强大的文化支撑，为丰富和发展社会主义先进文化确立新标杆。重点要从以下几方面推进文化建设：

（一）始终坚持先进文化发展方向

坚持中国特色社会主义文化发展道路，坚持以人民为中心的工作导向，巩固马克思主义在意识形态的指导地位，巩固全党全国各族人民团结奋斗的共同思想基础。深入开展中国特色社会主义和中国梦宣传教育，认真贯彻落实中央《关于培育和践行社会主义核心价值观的意见》，紧紧围绕“三个倡导”这一基本内容，坚持宣传教育、示范引领、实践养成相统一，政策保障、制度规范、法律约束相衔接，努力建设中华民族的共有精神家园，推动形成奋发向上、崇德向善的强大力量。大力弘扬广东人在改革开放和社会主义现代化建设中形成的敢为人先、务实进取、开放兼容、敬业奉献的精神品格，在全社会形成弘扬正气、引人向善的良好风尚，全面提升全民思想道德文化素质，培育现代人文精神，建设广东和谐文化和现代文明社会，使广东成为培育和践行中国社会主义核心价值观的示范区。

（二）构建现代公共文化服务体系

构建现代公共文化服务体系，是促进文化事业繁荣发展的必然要求。当前广东省还存在公益性文化事业财政投入不足、部分基层文化场馆服务功能弱化、社会力量参与文化建设的长效机制尚未形成等问题。要牢固树立文化民生的理念，以促进基本公共文化服务标准化、均等化为主攻方向，统筹推进公共文化服务均衡发展，加快建立覆盖城乡、便捷高效、保基本、促公平的现代公共文化服务体系。注重满足人民群众基本文化需求，加快研究制定公共文化服务标准体系，作为“底线标准”。建立公共文化服务体系协调机制，科学统筹全省公共文化服务设施网络建设，进一步加大对经济欠发达地区基层设施的奖补扶持力度。丰富文化惠民的手段和内容，推动将城乡基层现有的宣传文化、党员教育、科学普及、体育健身等设施整合为综合性的文化服务中心，充分发挥其服务效能。探索在公共图书馆、博物馆等组建理事会，引导社会力量参与公共文化建设，提高公共文化服务能力。

（三）做大做强文化产业

发展文化产业是提升文化生产力和文化综合实力的主要途径。近年来，广东省文化产业快速发展，整体实力和竞争力不断提升。文化产业总体规模稳居全国首位，约占全国1/7，已成为广东省新的经济增长点。但同时也存在文化产业结构不合理、区域分布不均衡、规模化和集约化程度不高等问题。要坚持把社会效益放在首位、社会效益和经济效益相统一、全面协调可持续的原则，集聚优势，加快提升文化产业的整体实力和竞争力。一是优化文化产业发展的软硬环境。注重满足人民群众多样化精神文化需求，加快培育合格的文化市场主体，完善文化市场准入退出机制，构建统一开放、竞争有序的现代文化市场体系。二是培育发展文化企业。鼓励文化领域"大众创新、万众创业"，在土地使用、资金扶持、税收优惠、人才培养等方面实施优惠政策，支持非公有制文化企业、小微文化企业发展。精心培育改革到位、成长性好的国有文化企业，打造一批"文化航母"。三是优化文化产业结构和布局。加快发展文化创意、动漫游戏、数字出版、网络音乐、多媒体广播影视、高清互动电视、数字娱乐等具有一定优势的文化领域战略性新兴产业，推动重点文化产业展会转型升级。建设珠江两岸新闻出版广播影视产业带，打造全国重要的影视传媒、动漫游戏、视听新媒体等文化产业集群。四是建立健全文化投融资平台。促进金融资本、社会资本和文化资本的融合对接，鼓励支持文化企业上市，培育一批文化领域的龙头企业和战略投资者。

（四）提升文艺创作生产水平

当前，人民群众日益增长的精神文化需求与落后的文化生产力之间的矛盾仍然是文化领域的主要矛盾。近年来，广东省创作生产了一批深受广大群众喜爱和欢迎的精品力作，涌现出舞剧《沙湾往事》、粤剧《梦·红船》、潮剧《古城风雷》、山歌剧《客魂·家风》等一批具有岭南地方文化风韵的优秀艺术精品，但整体上高质量文化产品仍然不多。要全面贯彻为人民服务、为社会主义服务的方向和百花齐放、百家争鸣的方针，坚持群众性艺术普及活动和艺术精品创作并举。一方面，要把抓质量放在文化产品创作生产的第一位。鼓励多创作一些能够启迪思想、温润心灵、陶冶人生的文艺作品，满足人民群众日益增长的文化需求。另一方面，要积极打造具有广东地方特色的文艺精品。创新文艺生产模式，完善文艺创作生产扶持机制，搭建优秀作品传播、交流、推广平台，培育一批有影响力的重大文化品牌，打造一批具有中国风骨、岭南风格、世界风尚的精品力作。

（五）深化对内外文化交流合作

提升文化开放水平是增强文化国际影响力和竞争力的有效举措。广东开放水平高，对外文化交流活跃，文化产品和服务出口连续多年位居全国首位，约占全国的40%。但与先进国家和地区相比，文化国际传播力仍不强、民间对外文化交流还不够、文化企业出口能力还有待提高。要坚持政府主导、企业主体、市场运作、社会参与，“引进来”和“走出去”并重，文化交流与文化贸易并举，有针对性地开展对内外文化交流合作，建立和完善科学化、国际化、现代化的文化传播体系，使广东成为具有全球辐射力的全国对外文化交流枢纽。一是瞄准国内文化市场，争取在国内文化市场保持市场主体地位。二是进一步深化粤港澳文化交流合作。完善粤港澳文化交流合作机制，整合三地文化资源，发挥互补优势，共同打造粤港澳文化创意产业园。利用文化的亲和力，辐射港澳台、东南亚华人文化圈，韩国、日本等亚洲汉字文化圈。三是加强对外文化交流。以“一带一路”建设为契机，拓展文化交流的广度深度，加强与世界各国特别是“海丝”沿线国家的文化交流合作。积极开展与世界跨国媒体集团的合作，利用他们先进的技术和有效的管理经验、雄厚的资金实力和全球性的市场网络系统，开拓国际文化市场，参与国际文化竞争。与此同时，积极推动对外文化贸易工作，鼓励文化企业更多地以民间和贸易形式“走出去”，通过独资、合资等方式到海外开设分支分销机构、兴办实体，参与当地市场竞争。着力培育一批外向型骨干文化企业，积极进军欧美等文化产品国际贸易的主流市场，推动粤剧、歌舞、杂技等文化产品“走出去”，努力使广东成为推动中华文化“走出去”的桥头堡和主力军。

（作者系广东省人民政府研究室副处长、中山大学文化研究所特约研究员）

“中国文化的历史反思和当代构建”的理论审视

◎林晓希

由广东省社会科学界联合会主办，中山大学文化研究所，学术研究杂志社承办的“中国文化的历史反思和当代构建”学术研讨会，于2016年5月21—22日在广州市举行。来自清华大学、武汉大学、华东师范大学、浙江大学、南京大学、中山大学和中国社会科学院等30多家高校和研究机构的近百名专家学者济济一堂，围绕中国传统文化的历史反思，社会主义核心价值观与中华优秀 传统文化的内在关联，创造性继承、创新性发展中华优秀传统文化的路径等问题进行了深入研讨。

一、中华传统文化的历史反思

中华传统文化是中国当代文化建设的重要资源。在新的条件下，反思中国的历史文化，是澄清社会主义核心价值观与中华优秀传统文化的内在关联，探讨创造性继承、创新性发展中华优秀传统文化的路径等问题的前提。与会学者对这一问题进行了较为集中的讨论。

一方面，学者们对中华传统文化进行了整体反思。武汉大学郭齐勇教授认为，国学不仅蕴含文化价值和民族精神，更有社会与国家治理的经验与智慧，其养育人之心灵，在当下社会仍发挥重要作用。他指出，对“国学热”和“书院热”等现象，要给予理性的认识和正确的引导。华东师范大学陈卫平教授通过对先秦儒学的阐释，论证儒学之“道”的哲学品格。他通过讨论康德的星空、道德律和孔子的性与天道，认为儒学之“道”是真善美统一的中国智慧。黑龙江大学柴文华教授认为，中国传统道德的发展经历了肯定阶段、否定阶段和否定之否定的重新肯定三个阶段，应进一步分析中国传统道德的具体影响，使其更加有生命力。佛山科学技术学院宁新昌教授探讨了中国哲学的特质，认为中国哲学是关于生命的学问，属于境界形而上学，中国哲学的意义在于通过理解、体贴、涵养，以及“觉解”确立信仰（信念）。

另一方面，学者们也以具体内容为切入点，讨论中华传统文化与当代社会发展的契合处，并提出创造性转化传统文化的思路。中山大学李宗桂教授从调均思想入手，指出：调均是儒家仁政理念的重要内涵，彰显了中和理想的价值，反映儒家重视整体和谐的社会理想，有助于促进社会公平意思的增长。四川师范大学黄开国教授探讨了清代今文经学兴起的历史背景，比较清代今文经学与西汉今文经学不同的历史命运和历史内容，从对旧制度的维护和主张社会变革两个角度指出晚清今文经学兴起的双重历史意义。深圳大学王兴国教授认为儒释道三家均有从中、从中道德思想，中的观念对当下社会建设有重要启示。河北省社会科学院张平研究员以董仲舒思想为核心，认为董仲舒通过儒学自身的转化，使其更契合时代精神之需要，实现儒学之道向行政的落实，实现理想企划与实际运作的沟通，将儒家终极价值关怀贯彻到具体的政治设计、规划和安排之中，切实达到道统对政统的统摄、整合。

从中华文化的土壤中总结有生命力的文化基因、文化建设的思路和方法，在学者们的讨论中呈现出多元面向。

二、社会主义核心价值观与中华优秀传统文化

培育和弘扬社会主义核心价值观，是建设文化强国的必然要求。探讨社会主义核心价值观与中华优秀传统文化的深层次关系，对进一步阐发社会主义核心价值观，弘扬中华优秀传统文化意义重大，本次研讨会对此进行了主题研讨。

四川师范大学蔡方鹿教授指出，社会主义核心价值观中的富强、文明、和谐、平等、公正、爱国、敬业、诚信、友善等内涵，均与儒家思想密切相关，儒家思想对当代社会主义核心价值观影响颇深，具有超越时代的普遍价值，对中国社会与中国文化的持续发展发挥着作用。李宗桂教授认为培育和弘扬社会主义核心价值观，需理性把握三个思想前提或价值准则：首先，优秀传统文化是当代核

心价值观的源头活水；其次，核心价值观是优秀传统文化的当代升华；最后，转化创新是弘扬优秀传统文化的必然路径。华南理工大学张情副教授从中国传统家国情怀出发，解读国家认同的中国特色，中国传统家国情怀不强调人的自然情感，以“天命”、“万物一体”为哲学根据，以忠孝一体、经邦济世为主要内容，以“天下太平”为终极理想，核心是对血缘、情感的尊重。在中国社会的自我发展以及外族入侵的双重影响下，中国人确立了现代国家理念，在国家认同方面则呈现出中国特色：以传统家国情怀为核心文化—心理层面的归属感认同和以主权，民主，法治为核心的现代国家认同并存，相互影响，情况复杂。用现代公民意识来引领，改造传统家国情怀，是增强理性国家认同的根本路径。

武汉大学何萍教授从马克思主义哲学中国化的视角出发，从理论视角和话语系统、“马克思主义”概念的确切含义、理论基础、社会基础和思想基础五个方面探讨了马克思主义与儒学的关系。何萍教授认为，马克思主义是否仍然具有中国哲学的合法性，是否能够继续成为主流意识形态，不在于它是否儒学化了，而在于它能否解决当代中国的问题。中国社会年斗学院牛冠恒博士从三方面总结了习近平总书记的中国传统文化观：一是明确肯定中国传统文化的当代价值；二是，准确概括中国传统文化的核心内涵；三是充分发挥中国传统文化在治国理政中的作用。吉林省社会科学院张利明博士认为铸魂育人需从中华优秀传统文化中汲取精神滋养，中华优秀传统文化是铸魂育人的智慧宝库，通过重塑与创新，从传统的“内圣外王”到“新四有”公民，从传统价值观到社会主义核心价值观，从传统修身教化到富含时代内涵的教育感染，实现从中华优秀传统文化到铸魂育人的转化。

从不同学科背景出发，学者们对社会主义核心价值观与中华优秀传统文化的内杂关联进行讨论，颇具启发。

三、中华优秀传统文化的创造性继承、创新性发展

中国文化的当代构建基于对中华优秀传统文化的创造性继承、创新性发展之上。围绕这一议题，学者们从转化发展的方法总结，视域沟通以及中华优秀传统文化的评价标准等方面进行了讨论。

中山大学李锦全教授将中国传统哲学发展的特点概括为：矛盾融合、承传创

新，认为中国传统思想文化自身包含着矛盾两重性，凡能适应社会主义精神文明建设需要的，均可在承传基础上有所创新。这也是中华优秀传统文化发展的思路和方法。武汉大学李维武教授在反思李锦全先生儒学史观的基础上，提出儒学现代转化的三点启示：以历史主义的态度和方法看待、研究和评价儒学；注重儒学在历史发展中存在积极合理和不足的二重性：儒学的生存和发展，需要在形态与功能上做出更新。浙江大学叶腾教授提出三元哲学的核心思想及其理论体系架构，并把这种架构作为中国文化发展的思路。三元哲学的主要内容是以理（客观知识）、气（客观物质）和心（主观精神）为本体的三元本体论，以学（学习）、行（经验）和思（先验）为途径的三元认识论，以诚（真）、慈（善）和谅（美）为特征的三元价值论。

河北大学李振纲教授以易学的传承和创新为中心，认为研究视域、理论观念及研究方法的创新是当今易学传承与创新的关键。李振纲教授指出，着力研究易学生存智慧，调适人与自然的关系，化解现代社会矛盾冲突，开发生命潜能，建构和谐生存世界的理论价值和现实意义，应成为当今易学研究的重要问题和现实关切。广东省社会科学院黄明同研究员从孙中山三民主义出发，认为孙中山对中华文化的传承与创新，集中表现为如何正确处理中外文化关系，其思想对当下马克思主义中国化和儒学传承有重要启示。河北师范大学杜运辉副教授提出，张岱年文化哲学是第一个比较完澄的中国化马克思主义文化哲学体系，其典型特征是体现了对唯物辩证法与逻辑解析法的圆熟运用，为探讨系统性与可分性、变革性与连续性、民族性与世界性等文化基本问题提供了方法论基础。

华侨大学王四达教授梳理出古代优秀文化的理论体系，提出“众妙皆道，是中国优秀传统文化核心价值的凝练，“道洽政治”为中国优秀传统文化体系的开展，“继往开来”是优秀传统文化当代传承的思考。贵州省委党校王学伟副教授讨论了优秀传统文化的评价标准：应将“现代价值观念”作为传统文化的评价标准，优秀传统文化的判断标准是有利于促进社会发展需要、有利于反思现代化问题和有利于现代人认识人类本质。

（作者系华南农业大学马克思主义学院讲师）